조사 과정에서 고생한 김인규 선생에게 고마움을 전한다.

전사는 하나의 문장을 어절 단위로 하여 소리 나는 대로 전사하는 것을 원칙으로 하였지만 하나의 억양 단위로 소리 나는 경우에는 어절보다 큰 단위로 전사한 경우도 있었다. 현대 한글로 전사가 어려운 경우에는 특수 문자를 이용하거나 국제음성자모를 나란히 부기하기도 했다. 경북 의성 지역어는 단모음 /ㅔ/와 /ㅐ/는 구분이 이루어지지 않지만, /ㅡ/와 /ㅓ/모음은 변별적이며 전설의 원순모음인 /ㅟ/와 /ㅚ/도 일반적인 환경에서는 단모음으로 실현되지 않는다. 비모음(鼻母音)은 비모음 기호(~)를 이용하여 나타냈으며 이 지역방언은 기본적으로 성조가 실현되는 지역이므로 이도 본문에 표시를 하려고 노력했다. 기본적으로 긴소리는 장음표시부호(:)를, 아주 인상적인 긴소리는 인상적 장음표시부호(::)를 사용했으며, '높은소리'는 고음표시부호('), 상승조는 모음자를 중복해서 적고 뒷모음의 오른쪽 위에 (')표시를 하며, 하강조는 모음자를 중복해서 적고 앞 모음의 오른쪽 위에 (')표시를 했다. 고장조는 모음자를 중복해서 적고 두 모음의 각각의 해당 음절 오른 쪽에 (')표시를 했다. 구술발화 자료의 경우 보고서에는 음장만 표시하기로 하고 성조표시는 안 해도 되었지만 이용자의 편의성을 높이기 위해 다소 정확성이 떨어지더라도 이 지역어의 특성인 성조표시까지 하였음을 밝히며 차후에 음성자료가 공개될 때 부족한 부분을 보완해 주기를 바란다.

본문의 글자체와 전사에 사용된 부호는 다음과 같다.

고딕체　조사자/ 보조조사자
명조체　제보자
—　　　제1 제보자/ 보조 제보자
:　　　장음의 표시이며 길이가 상당히 길 경우 ::처럼 장음표시를 겹쳐 사용했다.
*　　　청취가 불가능한 부분 또는 표준어로의 번역이 불가능한 경우

(3) 주석

주석은 각 장마다 주를 몰아서 붙인 미주(尾註) 방식을 택했다. 이 자료를 이용하는 독자의 입장에서는 각주(脚註) 방식이 편리하겠지만 책의 편집 과정에서 불가피하게 미주로 처리할 수밖에 없었다. 주석은 가능한 한 친절하게 제공하려고 노력하였다. 주로 새로운 어휘나 표현이 이해하기 곤란한 경우에 그 의미를 풀이하였지만 형태에 대한 음운적 해석이나 문법형태에 대해서도 최소한의 범위에서 그 기능에 대해 간략한 설명을 붙여 독자의 이해를 돕고자 했다. 경우에 따라 경북의 다른 지역에서 사용하는 방언형을 밝히기도 했으며 독자의 편의를 위해 다소 비슷한 내용의 주석이 반복되기도 했음을 밝힌다.

(4) 표준어 대역

전사된 방언 자료에 대해서는 모두 표준어 대역을 제시했다. 원래의 조사보고서에서는 원칙적으로 문장 단위로 표준어 대역을 달았으나 여기서는 문장보다 더 큰 의미 단락이 그 잣대가 되었다. 표준어 대역을 별도의 쪽에 배치한 것도 조사보고서와는 달라진 부분이며 이는 독자들이 원문과 표준어 대역문을 쉽게 대조해서 읽을 수 있도록 배려한 조치이다.

전사한 방언 자료를 표준어로 옮길 때는 직역하는 것을 원칙으로 하였으며 직역이 불가능한 경우에는 주석을 붙여 표시하였다. 문장 중간에 '어, 저, 거, 인제, 은제, 머'와 같은 군말이나 담화표지도 가능하면 표준어로 살리려고 노력했지만 한꺼번에 연이어 나타날 때에는 적절히 조절하였다. 적당한 표준어 어휘나 대응 표현이 없는 경우에는 방언형을 그대로 표준어에 사용하고 이를 주석으로 표시했다. 전사가 불가능하거나 전사한 방언 표현의 의미가 불확실한 경우에도 각각 *를 이용하여 표시했다.

(5) 찾아보기

이 자료가 지역어 자료임을 고려하여 이 책의 끝부분에 표준어에 대응되는 방언형의 찾아보기[素引]를 붙였다. 찾아보기는 표준어형을 먼저 제시하고 그에 대응되는 방언형을 제시하는 방법을 택했으며, 이는 타지역 방언사용자를 고려한 조치이다. 찾아보기에서 체언은 방언형을 가능한 한 형태음소적으로 표기하려고 했지만 음성형을 그대로 제시한 예도 있으며, 용언은 예문에 사용된 활용형을 그대로 제시하였다.

<사진 1> 경북 의성군 봉양면 신평리 전경

<사진 2> 주제보자 박학목 님

차례

01 조사마을의 환경과 배경

1.1. 마을 들여다보기

　어′르신 그:: 주로 이 마으′레 대해서 인지 쯤 함 여쭈오 보게씀더.

　이 마을′레 대애서 다른 사′암들, 저′라든지 첨′ 오는 사암더느 이 마으′레 대스 모른′다 아님미까?

　그래서 어, 이 마으′른 그 언제:, 어′떠케 형성덴′는지: 어르신분께서 알고 게신 데′로 함분 이야기해′ 주′십씨요.

　마을, 이 마을, 마을′ 이′르미 어떠쓰, 마을′ 이′르미 어뜨씀미까?

　— 이 마을′ 이′르믄 옌:나′레는 머 가′다~이라[1] 케떠[2], 가′단.

　— 왜 가′다이러 켄노[3] 카′마 이거 산은′[4] 이씨′드리, 이기 처 팽:: 도르 가마[5] 산은 이씨′드릴 거:시기[6] 사라끄덩.

　— 여 머 정승′도 나고 므 예 가 여기 사′러떠.

　— 그, 그어석, 그 사′암들[7] 가다′네, 사나′네 우리 마시′리[8] 생기따꼬′, 그′래가[9] 가다~′이라, 그르 데′꼬, 또 예 생′경 디는′ 이거′시 오′래 데′써, 이거′는.

　— 마:[10] 우리′가, 우리:, 내′가 여′어서[11] 나가주 커씨~′이끼네[12], 내′가 팔씨비이 여 하′몬, 우리 어:른′들부텀, 우린, 머 그래써~′이끼네 그 우로′는 모르′고 거~이 이 동:네′가 왜 옌나′레는 참 잘: 사′런는 동넨데, 한 사십 싸′, 한 삼시 포, 사, 삼시 바 오대 잘 사′른데, 먼′ 자꾸 도, 저브, 절′믄 사′암드르 버′리가주 자꾸 칸, 나가 뿐다 마′르아.

　— 여 머 쩜므[13] 먼 마네′쓰.

　— 하′창[14] 마늘 찌′엔느[15] 여:섣 잉구′가 함 팔′씸 밍 데′엔데, 오셴′[16] 머 서, 서른드 은 덴′더 까′이기너.

　— 돔: 버′리멈 마까′[17] 아:들하고 므 대′구로, 부사으로, 서울, 다: 가′ 뿌고, 머 이 솔가′ 내 뿍, 이제′ 여 나′믄능 거 영:감′드, 우리 그틍[18] 거

어르신 그 주로 이 마을에 대해서 인제 좀 한 번 여쭈어 보겠습니다.

이 마을에 대해서 다른 사람들, 저라든지 처음 오는 사람들은 이 마을에 대해서 모르지 않습니까?

그래서 어, 이 마을은 그 언제, 어떻게 형성됐는지 어르신께서 알고 계신대로 한 번 이야기해 주십시오.

마을, 이 마을, 마을 이름이 어떻습니까, 마을 이름이 어떻습니까?

ㅡ 이 마을 이름은 옛날에는 뭐 갓안이라고 했어, 갓안.

ㅡ 왜 갓안이라고 했느냐 하면 여기에 산음 이씨들이, 여기 저 팽 돌아가며 산음 이씨들이 매우 잘 살았거든.

ㅡ 여기 뭐 정승도 나오고 뭐 이래 가지고 여기에 살았다.

ㅡ 그, 그래서, 그 사람들의 멧갓 안에, 산 안에 우리 마을이 생겼다고, 그래서 갓안이라, 그렇게 됐고, 또 여기가 생긴 지는 이것이 오래 됐어, 이것은.

ㅡ 그냥 우리가, 우리, 내가 여기에서 태어나서 컸으니까, 내가 팔십이니까 여기 벌써, 우리 어른들부터, 우리, 뭐 그랬으니까 그 위로는 모르고, 그러니 이 동네가 옛날에는 참 잘 살았던 동네인데, 한 사십, 한 삼십 호, 삼, 삼십 한 오 호 잘 살았는데, 뭐 자꾸 도시, 전부, 젊은 사람들이 벌어서 자꾸 가, 나가 버린단 말이야.

ㅡ 여기 뭐, 전부 뭐 많았어.

ㅡ 한창 많을 적에는 여기에 인구가 한 팔십 명 되었는데, 요새는 뭐서, 서른도 안 된다고 하니까.

ㅡ 돈을 벌면 모두 아이들하고 뭐 대구로, 부산으로, 서울로, 다 가 버리고, 뭐 이 솎아 내 버리고, 이제 여기 남은 것은 영감들, 우리 같은 것

머 미치19) 나′머찌 머, 그′르타.

— 저어 절′믄 동장 하느20) 이′꼬, 그′르타, 그래, 그.

— 형편업써′여, 동네′가.

— 나′도 인지21) 쭈′그마 아들 랄 데리구 가다 아 하′고, 그르, 그테.

— 크리22) 이 노우23) 자′스뜰24) 돔:마′ 한 다르 한 오심 만 스25) 보내주
′고 아무 그케, 이로′일랄26) 와가주 무27) 반찬 쫌 해주 그레, 차: 어떤 진′
주그 파, 쭈그, 주굼 시픔 맘또 백′뻔 더해′지머, 그래 안뉴, 이안, 내′가,
내′가 안주 돈:도 이′꼬 인데 머할럭 중′노 시퍼 가지고, 그래 내가 사고,
그래여.

그러면 어르신 검 이 마으′리 정확하′게 언제 형성덴′지너, 시작뗀지는 모른
다, 그지에?

— 그르치예, 마지.

— 금 머 이, 여, 이, 여 오래 데′스, 여′싸28) 기′뻐, 여기 이 마′리.

— 역사 기′퍼요.

가′므 이 여기 요즈′믄 지금 함 며′ 까구 정도 사심니까?

— 수물:: 여쑤, 여′덜 까구 ***29).

스물 여덜 까구에?

— 에.

쯔 에저′네너 함 메′ 까구 정더?

— 웨저′네 사십 한 오 호오, 오순 넝깅가.

까′므 예저′네 사십 한, 한 다서 까구 이런 정도 데′에쏼 때, 주′로 어′떤
성씨드리 마니 사′라쏨미까, 여서?

— 박씨드리 여 마이 사러찌, 나도 바′까지만.

— 나′는 바′까라도 여, 여 사′암들하고 틀레′30) 가′주고, 나는 비안 디′실
꺼, 저, 저, 직, 은 저 저 저 저, 글 요, 난 진사공파′기31) 이 사′암드릉 구
정공파가32) 여 마이 사′러써요, 월래는.

뭐 몇이 남았지 뭐, 그렇다.

- 저기 젊은 동장이 하나 있고, 그렇다, 그래, 그래.
- 형편없어요, 동네가.
- 나도 인제 죽으면 아이들이 나를 데리고 가지도 않고, 그래, 그렇대.
- 그래 이 놈의 자식들이 돈만 한 달에 한 오십만 원씩 보내주고 아무 그렇게, 일요일 날에 와서 뭐 반찬 좀 해주고 그래, 참 어떤 때는 죽고, 죽고, 죽고 싶은 마음도 백 번도 더 했지만, 그래 아직, 아니, 내가, 내가 아직 돈도 있고 이런데 뭐하려고 죽나 싶어 가지고, 그래 내가 살고, 그래요.

그러면 어르신 그럼 이 마을이 정확하게 언제 형성되었는지는, 시작되었는지는 모른다, 그렇지요?

- 그렇지요, 맞아.
- 그 뭐, 이, 여기, 이, 여기 오래 되었어, 역사가 깊어, 여기 이 마을이.
- 역사가 깊어요.

그러면 이 여기 요즘은 지금 한 몇 가구 정도 사십니까?

- 스물여섯, 여덟 가구 ***.

스물여덟 가구요?

- 예.

저 예전에는 한 몇 가구 정도?

- 예전에 사십 한 오 호, 오십 넘겼나.

그러면 예전에 사십 한, 한 다섯 가구 이런 정도 되었을 때, 주로 어떤 성씨들이 많이 살았습니까, 여기서?

- 박씨들이 여기 많이 살았지, 나도 박가지만.
- 난 박가라도 여기, 여기 사람들하고 달라 가지고, 나는 비안면 지실33) 거기, 저, 저, 지금, 어 저, 저, 저, 저, 그 여기, 나는 진사공파고 이 사람들은 구정공파가 여기 많이 살았어요, 원래는.

- 그래가주 여 마이³⁴⁾ 사가³⁵⁾, 안지'늠³⁶⁾ 머 바'까들, 그 사'암들 다 떠' 나 뿌고 여 한 짐 나'머써.

- 다 사악' 다:, 대구 다 가' 뿌고, 마까³⁷⁾ 그엄 머' 저, 저 거 뭐'고, 하 나느 교웍, 교육, 거 저 하나는 교웍, 교익, 짜 저, 저, 저, 저, 거 머 하나' 이 저 머, 거 머 교유'께 거 저거 사무가'너 이뜨 나'오꼬, 하나안 뚤 여입 며네 이따'앋 대'구 가'아주 머 부꾸처인둥, 거 이떤, 사무까느르 마칼 은 지³⁸⁾ 정식 테인해 가주구 나와 가주 인떼 고르 다 고고 그래따.

- 그러이 머 여, 어이³⁹⁾ 함 딜따⁴⁰⁾ 보도, 안저니 머 거르코, 그러코.

- 그렘 머 무'를 꺼거'또 어꼬, 건.

아니, 그'러며너 이기 주'롭 박씯::들만 집'성초님미까?

- 예, 거 여 그여치.

다른 성씨'드른 안 살고예?

- 워'어' 업'써, 체'씨드 이'꼬, 머 김'씨드 이'꼬, 또 이써이, 그래.

그르, 감'며너 박'씨느 어데 미'랑 박씸미까?

- 미'랑.

미량 박씨 인제 어르신 파'가 다르'고 인저 미량 바?

- 아, 고헤, 아, 에.

감 주'로 미량 박씨드리 마니' 사:시고 그 다'으미 또 어떤 성씨드'르 산다 고예?

- 므어 거: 김'씨둑, 깅가도 사고'오, 쵀가도 사고'오 머 오새'늠 머 머 여러' 가'지 사제.

검' 김가, 체가가퉁 경우너 어느너넉 김써?

- 여 도우 저', 저', 저 송가도 이'꼬, 경주서', 경주김'씨고, 머 경주데, ***⁴¹⁾, 또 배'씨드 이'꼬, 배'씨름 머::, 배'씨가 여 멸 닝능 거 거느 머 한 지 비'꼬, 또 멀 요요쓰, 거기꺼스 각산'바지⁴²⁾ 마녀'요.

에저'네너 그'러며너 성:이 점부 다 어, 그 박'씨 집썽초니여씀꺼이, 여선?

─ 그래서 여기 많이 살다가, 인제는 뭐 박가들, 그 사람들 다 떠나 버리고 여기 한 집 남았어.

─ 다 삭 다, 대구로 다 가 버리고, 모두 그 뭐 저, 저 그 뭐냐, 하나는 교육, 교육, 그 저 하나는 교육, 교육, 저, 저, 저, 저, 저 그 뭐 하나는 저 뭐, 그 뭐 교육계 그 저기 사무관으로 있다가 나왔고, 하나는 또 여기 면에 있다가 대구 가서 뭐 북구청인가, 거기 있던, 사무관으로 모두 인제 정식으로 퇴임해 가지고 나와서 인제 그렇게 다 거기 그랬다.

─ 그러니 뭐 여기, 어찌 한 번 들어가 보지도, 완전히 뭐 그렇고, 그렇고

─ 그래 뭐 물을 것도 없고, 그건.

아니, 그러면은 여기는 주로 박씨들만 사는 집성촌입니까?

─ 예, 그 여기는 그렇지.

다른 성씨들은 안 살고요?

─ 왜 없어, 최씨도 있고, 뭐 김씨도 있고, 또 있어요, 그래.

그럼, 그러면 박씨는 어디 밀양 박씨입니까?

─ 밀양.

밀양 박씨 인제 어르신 파가 다르고 인제 밀양 박씨?

─ 아, 그렇지, 아, 예.

그럼 주로 밀양 박씨들이 많이 사시고 그 다음에 또 어떤 성씨들이 산다고요?

─ 뭐 그 김씨도, 김가도 살고, 최가도 살고 뭐 요새는 뭐, 뭐 여러 가지 성씨가 살지.

그럼 김가, 최가 같은 경우에는 어느 김씨?

─ 여기 또 저 저 저 손가도 있고, 경주에서, 경주 김씨고, 뭐 경주지, ***, 또 배씨도 있고, 배씨는 뭐, 배씨가 여기 몇 있는 것, 거기는 뭐 한 집 있고, 또 뭐 여기서 거기까지 각성바지가 많아요.

예전에는 그러면은 성이 전부 다 어, 그 박씨 집성촌이었습니까, 여기에서는?

- 여 크 제일 마이' 바, 빠써찌.

박씨:드리 망'코, 그 다'으메 김씨들하'고?

- 이여, 야, 야, 김씨 *** **.

으 멜, 그어쓰, 쪼곰' 그'래 이'썬는데, 요즈'믄 왜지에서 드로은 그런 성씨 드리 만씀미까?

- 왜'지 드론 사람' 업'써요.

- 여이 그.

아까 그 예전부'터 채'씨, 예, 김'씨, 채'씨, 손'씨, 머 배'씨, 이러케 그대로 이서따, 그지예?

- 예, 예, 그래쓰, ****, 예, 그르치.

아까', 거므' 이게 지움 가'다니라 핸'는데, 거 갇' 안'쪼게 이스서 갇'아니라 핸'는데, 검' 월'래 지금, 이 동네 월래 지명은 멈미까?

요즘' 행정명'은 멈미'까?

- 심평'리**.

심평'이미까?

- 이, 예, 심평'니 펨, 벼저⁴³⁾ 심펭'니, 이기 인제 요' 마전하'고, 신'동하고, 여' 평지하'고 연'나리 데'가조 한' 동'네가 인제 연나비⁴⁴⁾ 제이, 연나비, 그 연나빈데, 요 은제' 그래가주 인 연 새, 새'고러너이 신'동이고, 어 건'한 오시 포 데'제, 요: 저꼴 칸 데 마저'이고, 여'능 평지그'덩, 고'래 이까'게, 고' 인제' 한 연'나베 동자~'이⁴⁵⁾ 이제 하나 나고, 반자~이 근 나고, 그래.

그라'머, 아, 고'래 합쳐 가'주오 심평님미까?

- 예, 심평니.

심평'니 머, 머, 어느, 어느 동이라고, 여이갑'?

- 여언 평기'동.

평기'동?

- 여기 그 제일 많이 박씨, 박씨지.

박씨들이 많고, 그 다음에 김씨들하고?

- 예, 예, 예, 김씨 *** **.

어 몇, 그래서, 조금 그래 있었는데, 요즘은 외지에서 들어온 그런 성씨들이 많습니까?

- 외지에서 들어온 사람은 없어요.

- 여기 그.

아까 그 예전부터 채씨, 예, 김씨, 채씨, 손씨, 뭐 배씨, 이렇게 그대로 있었다, 그렇지요?

- 예, 예, 그랬어, ****, 예, 그렇지.

아까, 그러면 이게 지금 갓안이라 했는데, 그래 멧갓 안쪽에 있어서 갓안이라 했는데, 그럼 원래 지금, 이 동네 원래 지명은 무엇입니까?

요즘 행정명은 뭡니까?

- 신평리**.

신평입니까?

- 예, 예, 신평리 평, 평기 신평리, 이게 인제 요 마전하고, 신동하고, 여기 평기하고 연합이 돼 가지고 한 동을 해서 이제 연합이 돼서, 연합이, 그 연합인데, 요 인제 그래서 이제 여기 새, 새골은 신동이고, 어 거기는 한 오십 호 되지, 요 저골이라고 하는 곳은 마전이고, 여기는 평기거든, 그래 이쪽에, 그 인제 한 연합에 동장이 이제 하나 나고, 반장이 그래 나고, 그래.

그러면, 아, 그렇게 합쳐 가지고 신평리입니까?

- 예, 신평리.

신평리 뭐, 뭐, 어느, 어느 동이라고요, 여기가?

- 여기는 평기동.

평기동?

- 네, 예.

여, 여′어′, 여 저, 저, 저′거늠 마전′니, 여, 여 새′고른 신′동, 이래, 그르치. 그러′므 이′거너 가머 평기′동이라 함미까, 앙 그암 평′지임미까?

- 평기카′지여.

- 그′래 그 마, 머, 몹, 보통′ 심평′니어 카′제으.

- 그러′드46) 은′제 여 차끼여 지, 차′잘라 카′머 인제 아께 평기′럴 차′저쩨?

예, 평지?

- 막, 예, 평기.

까메 에′저네 여 편지′다, 그′지예?

- 에, 에.

끄럼?

- 에, 웨, 예, **.

평지′고, 그 다′으메 저:쭉 펴′네너 새′골?

- 신47), 아, 새′골.

새′골?

- 시, 신′동.

- 신′동.

어, 새어, 거어 요즘′ 신′동이라 하′는데, 에저′네느 점′부?

- 새′골.

새′골?

- 여′어′48) 저′ 머거, 정:꼴′ 저, 저는 쩌 정:꼴′.

정:꼴′?

- 여′언′ 가′단.

가′단?

- 그래 옌나레 열, 옌:날′ 이′르므 그′르코, 오새′49) 새′로 나어가′주 인제

— 예, 예.

여, 여, 여기 저, 저, 저기는 마전리, 여, 여기 새골은 신동, 이래, 그렇지.
그러면 이것은 그러면 평기동이라 합니까, 안 그러면 평지입니까?

— 평기라고 하지요.

— 그래 그 그냥, 뭐, 모두, 보통 신평리라고 하지요.

— 그래도 인제 여기를 찾으려면 저, 찾으려고 하면 인제 아까 평기를
찾았지요?

예, 평기?

— 막, 예, 평기.

그러면 예전에는 여기가 평기다, 그렇지요?

— 예, 예.

그럼?

— 예, 예, 예.

평기고, 그 다음에 저쪽 편에는 새골?

— 신동, 아, 새골.

새골?

— 신, 신동.

— 신동.

어, 새골, 그러니까 요즘은 신동이라고 하는데, 예전에는 전부?

— 새골.

새골?

— 여기 저 뭐냐, 정골 저기, 저기는 저 정골.

정골?

— 여기는 갓안.

갓안.

— 그래 옛날에 여기, 옛날 이름은 그렇고, 요새 새로 나와서 인제

신'동, 평:기', 마전' 이'카지에, 옌날 정:꼴', 새'골, 가'단, 이'래따 마'리라.

아:, 그'암 이 가단:하'고, 어 평'지가 또까'튼 거네, 그'지예?

— 그'러치.

검' 에:저'네느 점'부 가'다니라 해'꼬, 요즘므 평'지라고?

— 평지', 평지'.

평지'라고 하고, 그'러타, 그'지예?

— 에에, 예, 에, 예.

그러'며너 그그, 그::, 여:기'에 혹'씨 그어 멈미'까, 어'르신 그어, 인제 어'르신도 여'기서 사셔'꼬, 태어나서 사셔'꼬, 끄 다'으메 어'르신 그어 위'때도 여'기서 사셔씀미까?

— 우리' 여, 우, 나'는: 조:실부몰해'써요.

— 우라부'지가50) 저: 안동'서 나, 안동' 거'모리칸 데서 하'더 모사'라가 조 일러 너머 가주'고 여' 사다가, 나'는 우라부'지 얼굴'도 모르'고 아버진 도라가시 뼈쓰껴등뇨.

— 아부'진 도라가시고, 그리'이51) 아부지그 도라가'시이 우리'간 형'제가 미탕녀나 카'만, 누부'가52) 두, 서'이'고, 형'니미 하내'고, 이래'엔데 사이, 오 형'제가.

그럼'며 혹'씨 그: 이 마을' 그 이'르믄 아까' 평지'라 해'찌예?

— 예, 평기.

평지'?

— 예.

그, 아, 또늠 무 가:다'니라 해'씀미까?

— 예, 예, 예, 음.

그엄'며너 이, 이: 주이'에: 머 사'니나 아, 또'느 들파'니나 이'렁 거, 강:이'나 이런 이'름 민 다, 아:시는 데'로 쫌 함분 이야기해' 주십쑈.

머 그'렁 거, 아까 가:당'가트며너 왜 가단'잉가 설'명을 해 주'셔꼬, 아까 신동, 평기, 마전 이렇게 말하지, 옛날에는 정골, 새골, 갓안, 이랬다는 말이야.

아, 그럼 이 갓안하고, 어 평기가 똑같은 것이네요, 그렇지요?

— 그렇지.

그러면 예전에는 전부 갓안이라고 했고, 요즘은 평기라고?

— 평기, 평기.

평기라고 하고, 그렇다, 그렇지요?

— 에에, 예, 예, 예.

그러면은 그, 그, 여기에 혹시 그 뭡니까, 어르신 거기, 인제 어르신도 여기서 사셨고, 태어나서 사셨고, 그 다음에 어르신 그 윗대도 여기서 사셨습니까?

— 우리 여기, 우리, 나는 조실부모했어요.

— 우리 아버지가 저기 안동에서 나와서, 안동 거모리라고 하는 곳에서 하도 못 살아서 이리로 넘어 와 가지고 여기에서 살다가, 나는 우리 아버지 얼굴도 모르고 아버지는 돌아가셔 벼렸거든요.

— 아버지는 돌아가시고, 그러니 아버지가 돌아가시니까 우리가 형제가 몇 형제냐 하면, 누나가 둘, 셋이고, 형님이 하나고, 이랬는데 사, 오 형제가.

그러면 혹시 그 이 마을 그 이름은 아까 평기라고 했지요?

— 예, 평기.

평기?

— 예.

그, 아, 또는 뭐 갓안이라고 했습니까?

— 예, 예, 예, 음.

그러면은 이, 이 주위에 뭐 산이나 아, 또는 들판이나 이런 것, 강이나 이런 이름을 있는 대로, 아시는 대로 좀 한번 이야기해 주십시오.

뭐 그런 것, 아까 갓안 같으면은 왜 갓안인가에 대해 설명을 해 주셨고, 아까 머 저쭈'이 새'고리래 해씀미까, 거:느 왜 새'고린지, 이렁 걸 쫌'.

그러도 골짜'김 에저'네 므 나무하'러 감'며너 산'도 여러 산' 아 니께씀미까? 삼부'터 함분, 아, 마을 이'름부터 함분 이야기해' 주'시죠.

가다는 이야기핸'셔꼬.

─ 음, 새'골?

애에.

─ 새'고러능 고'어 저, 저, 저 모시 그어 여래 하나 이'써.

─ 모'시 안저'53), 새'골모시 야 이씨'이께네54), 모시 이'꼬, 거 뜰 드가'만 카:, 옌날부'턴 동고사55) 지낸' 나웅'끼, 우리 빼깐넌' 무'그너 낳기 이서그덩.

─ 거'어' 은젠 만날'56) 글 제살 지내 가주'고 그어 머 만날' 이래 하'이 끼네 거 은제 새'골, 거 인제'서 그 동:네 이'르미 인제, 그 안조57) 왜, 왜 죽 사암' 옴 음'녁 볼, 보'르메 와가 곤 우에 곧 드로'도58) 모와고'로59) 하고 마 이래가주 인제 거 엄하'게 합 때미'네 그래가주 인제 거'서 인제 새'골, 동:네'가 크다꼬 그래 인제 머 새'고리라 이 이르 마고.

─ 정:꼬'르느60) 은제, 글 머 나'느 잘: 모르지만, 정:꼬'레는 머 동네'가 쪼맨:한데, 한 삼'시, 한 삼'시 포, 이시 포빼'꺼61) 안 데는'데, 나도 모르'이 정:꼴, 정:꼴, 왜 정꼬르 카'이끼네, 거얼' 머 주 걸 너'머가는 목'찌가 적, 절꼴카'는 재'가 이'따누만.

─ 커, 그래 가주오, 그르가주 절'골, 저'꼴, 꺼르, 그리가 정꼬'르 데'꼬 점'꼬리미까, 정, 처?

─ 정:, 정:꼴', 정:꼴'.

정:꼴'?

─ 에, 에, 에.

여'는 똗 여'느 가사나들62) 군사아'페 여 사'니 여, 여, 여, 여, 여, 여 참 며', 명사~'이 하내 이'써, 여게.

산 이'르미 멈미'까?

전에 뭐 저쪽이 새골이라 했습니까, 거기는 왜 새골인지, 이런 것을 좀.

그래도 골짜기는 예전에 뭐 나무하러 가면은 산도 여러 산이 안 있겠습니까? 산부터 한 번, 아니, 마을 이름부터 한 번 이야기해 주시지요.

갓안은 이야기하셨고.

— 음, 새골.

예.

— 새골은 고기 저, 저, 저 못이 거기에 요렇게 하나 있어.

— 못이 인제 새골못이 여기 있으니까, 못이 있고, 거기에 또 들어가면 아, 옛날부터 동고사를 지낸 나무가, 우리 몇 백년 묵은 나무가 있었거든.

— 거기 인제 만날 그것을 제사를 지내 가지고 그 뭐 늘 이래 하니까 그 인제 새골, 그 인제 그 동네 이름이 인제, 그 인제 외, 외지 사람들이 오면 음력 보, 보름에 와서 거기 왜 그 들어오지도 못하게 하고 그냥 이래서 인제 그 엄하게 하기 때문에 그래서 인제 거기에서 인제 새골, 동네 가 크다고 그래 인제 뭐 새골이라 이름을 하고.

— 정골은 인제, 그 뭐 나는 잘 모르지만, 정골은 뭐 동네가 조그마한 데, 한 삼십, 한 삼십 호, 이십 호밖에 안 되는데, 나도 모르니 정골, 정골, 왜 정골이라고 하느냐고 하니까, 거기 뭐 저 거기를 넘어가는 길목에 절, 정골이라고 하는 재가 있다고 하구만.

— 그, 그래 가지고, 그래서, 정골, 정골, 그래, 그래서 정골이 되었고.

정골입니까, 정, 정?

— 정, 정골, 정골.

정골?

— 예, 예, 예.

여기는 또 여기는 가산 앞들 군사63)앞에 여기 산이 여, 여, 여, 여, 여, 여 참 명, 명산이 하나 있어, 여기.

산 이름이 무엇입니까?

― 사니'르, 여 저, 주, 이, 수, 산은 이'씨들64), 이거 저건 거: 우'때가 먼 정성' 하고 머 검 팡타 하고 머 이꺼 은, 하: 여'브스, 여 아'페 여가 므스 군'사아페라꼳 큰: 사'이 여'어 짜, 바루 여 아'펜 잘: 생기따 카'이끼네, 여게.

산 이'름 모름미'까?

― 군'사아피러 카'이, 군'사압.

― 군'사압, 군'사아피라 카이끼네.

군'서피예?

― 에:, 군'사, 군사압.

― 니까멍 껀 데, 그 사'이.

아예, 그 산' 이'럼미 군사아펨미?

― 예, 예.

― 응, 군'사압.

무슨' 성씨드'리 거기, 거쓰?

― 이'씨들, 산은, 저, 사, 산은니.

사너니씨더?

― 저, 저 산은니, 이, 예, 예, 사넌예시.

옥:씨 그럼'며느 거쭈'우:게 머 골짜'기 이'름, 이렁 거 아시'는 데'로 함번 이야기해' 주십시오, 이 동네에?

― 이짜' 머 동 그짱 머 인'노, 모꼬 리꼬 머 일, 므엄, 머 모꼬 리꼬 멀허, 그, 저, 천, 여' 꼴짝또 업'써요.

― 예, 꼴짝또 어꼬' 마 그'래.

― 여 모'꼬' 리'꼬, 새'골빼, 동:네' 이름 그 뿌인'데 머', 여, 머, 여 따릉 거.

모'꼴, 저엉, 정:꼴'?

― 예아, 야.

새'골, 이릉 그빠'께 엄씀?

－ 산이름, 여 저, 저, 산음 이씨들, 이 저 그 윗대가 뭐 정승을 하고 뭐 그 검사, 판사를 하고 뭐 이것 음, 아, 여기서, 여기 앞에 여기서 무슨 군사 앞이라고 큰 산이 여기 저, 바로 여기 앞에 잘 생겼다고 하니까, 여기에.

산 이름은 모릅니까?

－ 군사앞이라고 하니까, 군사앞.

－ 군사앞, 군사앞이라고 하니까.

군사앞이라구요?

－ 예, 군사, 군사앞.

－ 이러면 그건 돼, 그 산이.

아니, 그 산 이름이 군사앞입니까?

－ 예, 예.

－ 응, 군사앞.

무슨 성씨들이 거기, 거기에서?

－ 이씨들, 산음, 저, 산음, 산음 이씨.

산음 이씨들?

－ 저, 저 산음 이씨, 이, 예, 예, 산음 이씨.

혹시 그러면은 그쪽에 뭐 골짜기 이름, 이런 것을 아시는 대로 한 번 이야 기해 주십시오, 이 동네에?

－ 이쪽에 뭐 동네 그쪽에 뭐가 있나, 못골 있고 뭐 이, 뭐, 뭐 못골 있 고 뭐 허, 그 저, 저, 여기 골짜기도 없어요.

－ 예, 골짜기도 없고 뭐 그래.

－ 여기 못골 있고, 새골밖에, 동네 이름은 그것뿐인데 뭐, 여기, 뭐, 여 기 다른 것은.

못골, 정, 정골?

－ 예, 예.

새골, 이런 것밖에 없습니까?

― 예, 예, 예, 예.

모′꼴하고 새′고리 또까′씀미까?

― 모′꼬이라 캄′ 떼으서 산 이′르미, 꼴짜′ 여, 여, 열, 여′, 여′ 하성′사녀베65) 이여 사가′ 간데, 그′이 모′꼴 칸데, 그 동, 머 그 참해′엔데, 화성사녀비 사가′주 인제′ 건, 예뿌 그′랜니어.

에저′네 그르둗 너, 그′엄면 나무하′로는 주′로 어디로 가어섬미′까?

― 저′어′, 저′, 저′, 저 뿔땅′꼴66) 칸 데 글′로 가고, 요 아, 압사′넨 마이 가′찌, 머.

그′릉까 그′릉 걸 우리′느 잘: 모르′니까 그륵 이쭝 머 요: 동네′에 인능 검′마 이야기하지 마:시′고.

― 어, 거 뿌땅′꼴 나무하′러 마이 가′찌, 머′.

― 첨′방산 칸′ 데도 이′꼬, 첟, 첨′방산 가마′알67), 지보68) 다 더리르 그 첨′방사늘 나말69) 하러 그꺼′징 가′꼬, 뿐땅′꼴70) 카′는 요, 요, 바루 요 인:데, 거, 나무하′러 마:카′71) 글′러 뎅′기쩨, 머이.

― 요′ 압사′넨 연72) 이 사′암드리 사늠 모에지요73), 사눈이시들′ 모하′구로 하′이끼느74) 건 쫍, 좀: 모 하′고.

― 그래가주 면: 데 가′이75) 이, 저, 머 정:꼴′ 사암들른 저:, 저: 보′래골로76) 저리 너무′77) 가아찌므, 우리′느 주′루78) 여′ 뿐당′꼴 여 가 나무해써′꺼드

― 산 이′림79) 뿐땅꼬′리라.

뿔땅′꺼루고, 아까 저:쭈′게늠 머승 꼴′이라고예?

― 정꼴′.

정:꼴′로, 어, 가는데.

― 예, 에, 예.

꼬엄′며느 엄′ 머 아까′ 혹′시 머 거 산 쪼금′ 떠′러진는 저쭈 면 스, 여기서 면 소재지까지도.

면: 소재지가틍 경우엔 그르켐′ 암 멀다 아임미까?

– 예, 예, 예, 예.

못골하고 새골이 똑같습니까?

– 못골이라고 하는 곳에서 산 이름이, 골짜기에 여기, 여기, 여기, 여기, 여기 화성산업에서 이, 여기를 사가지고 갔는데, 그것을 못골이라고 하는데, 그 동네, 뭐 그 참했는데, 화성산업이 사서 인제 그것은, 예쁘고 그랬는데.

예전에 그래도 나무, 그러면 나무하러는 주로 어디로 가셨습니까?

– 저, 저, 저, 저 불당골이라고 하는 데 그리로 가고, 요 앞, 앞산에는 많이 갔지, 뭐.

그러니까 그런 것을 우리는 잘 모르니까 그래 이쪽 뭐 요 동네에 있는 것만 이야기하지 마시고.

– 어, 거기 불당골에 나무하러 많이 갔지, 뭐.

– 천방산이라고 하는 데도 있고, 천, 천방산으로 가면, 지보에서 다 들 일을, 그 천방산으로 나무를 하러 거기까지는 갔고, 불당골이라고 하는 요, 요, 바로 요기 있는데, 거기, 나무하러 모두 그리로 다녔지, 뭐.

– 요 앞산에는 여기는 이 사람들이 산은 나무를 못하게 했지요, 산음 이씨들이 못하게 하니까 거기는 좀, 좀 못 하고.

– 그래서 먼 곳에 가서 이, 저, 뭐 정골 사람들은 저, 저 보리골로 저리 넘어 갔지만, 우리는 주로 여기 불당골 여기에 가서 나무했었거든.

– 산 이름이 불당골이야.

불당골이고, 아까 저쪽에는 무슨 골이라고요?

– 정골.

정골로, 어, 가는데.

– 예, 예, 예.

그러면은 어 뭐 아까 혹시 뭐 그 산 조금 떨어진 저쪽 면 소재지, 여기서 면 소재지까지도.

면 소재지 같은 경우에도 그렇게 안 멀지 않습니까?

— 바루 윤:데', 멈', 머, 거, 거, 머.

아니, 그'르잉까 저쪽 저: 이 아'페 이룩, 이 산 이게 그럼'며너, 이 산 이 그느 이'름문 웝'씀미까?

— 압싼' 아이'가80), 이거.

압싸'니고.

그'암 쫌' 젿?

— 저:짤'81), 고 너'머에 물탕' 이 카는 사'이고.

무슨예 산'네?

— 물탕양지, 물탕양끼, 거82) 무'리 새:메', 끄어 쩌그 물탕이 하나 이'써써, 물타'이 이서 가주곤 엔:너'러느, 일쩨 떼'듬 머 하: 물 머러 마:이 와 끄덩, 꺼', 끄', 그'르가 산 이'리미 거 물탕'야잉 캄 요, 요 이'써서, 오새'두.

물탕양?

— 물탕양지'이'.

아, 물탕양'지?

— 아, 하이, 야이 물이 나'이83) 고 양지 바르'다, 물따'이, 무리 마이 나 떠까도, 걷 물.

물탕양'지'?

— 예, 그 양무'리 마:이 나'써요.

검' 저:쪽' 펴'네?

— 저', 저거'느 갈'비봉84).

— 저거, 저거느 갈'비봉이고.

하, 거 왜' 갈'비봉이라?

— 갈', 거, 꺼, 꾸 가꺼'치 생기따, 갈비우 도르 떠그르 갈, 갈'비보이까'데, 여게.

아, 갈' 모'양이?

— 여래 빼:자'85) 여 득 가'끄지 생기너 갈'비봉 가고 머.

— 바로 요기인데, 뭐, 뭐, 거, 거, 뭐.

아니, 그러니까 저쪽 저 이 앞에 이, 이 산 이게 그러면은, 이 산 이것은 이름은 없습니까?

— 앞산 아니야, 이것은.

앞산이고.

그럼 좀 저?

— 저쪽으로, 고 너머에는 물탕양지라고 하는 산이고.

무슨 산이요?

— 물탕양지, 물탕양지, 그 물이 샘에, 그 저 물탕이 하나 있었어, 물탕이 있어 가지고 옛날에는, 일제 때는 뭐 아주 물을 먹으러 많이 왔었거든, 거기, 그, 그래서 산 이름이 그 물탕양지라고 하면서 요, 요 있었어, 요새도.

물탕양지?

— 물탕양지.

아, 물탕양지?

— 어, 허, 어 물이 나니까 거기는 양지가 바르다고, 물탕이, 물이 많이 났다니까, 거기 물.

물탕양지?

— 예, 거기 약물이 많이 났어요.

그럼 저쪽 편에?

— 저, 저것은 갈미봉.

— 저것, 저것은 갈미봉이고.

아, 거기는 왜 갈미봉이라고?

— 갈, 그, 그, 갓 같이 생겼다고, 갈미봉 동그랗게 동그랗게 갈, 갈미봉이라고 하더라, 여기.

아, 갓 모양이?

— 요래 빼쪽하게 여기 똑 갓처럼 생긴 것을 갈미봉이라고 하고 뭐.

그거 저쪼여 갈'비봉?

― 예, 올, 저', 저'건' 첨'방상 카능 거, 첨'방상 카능 거는 옌:나'레 어른 드'른 저' 점'무 무'리 다아라줌, 무'리 다 여 잔 침수데'가주 첨'방삼 만데' 이 첨'마:춤배께86) 안 나'마가주 그'리87) 비'로가88) 첨'망사리 칸다 검, 그릉까 머 거르 걸 지께'더러만.

― 여래', 이건 무태산' 카'능 거느, 이거'늠 뭄'마춤 나'머따 카고, 무'리 져 가'주고.

무슨 산'예?

― 문태산', 무태산', 첨'망산, 무태산', 갈비'봉, 에, 그르여, 그'르타 카이 여.

그다'움 머 저쭉 펴'네널 또 업'씀미까?

― 어데'?

그라'고늘 또 산 이'름 땅 거늘 함?

― 머 요운, 여 압산', 첨'방산, 갈비봉, 여 무태산', 이거 아, 압산' 이그, 이거, 이거, 이 저, 저, 절, 여거, 저, 저, 이거, 여, 여, 적, 여 인제 검 매앵'상 구거, 구하구 구루치 머.

끄 다'으메 혹'시 그: 어 인쩌 머 저수'지나 모'슨 머' 이씀미까?

― 머 여 정:꼴모 디'꼬, 새'골몰 이써'꼬, 머 뚱 얼.

정꼴몯', 새'골몯 **?

― 예아, 거이, 고 아, 마카' 동네 아네 거 몯, 몯, 모 다, 모 다'네 마그' 머 정:꼬 리'꼬, 새'고 리떠 카이.

― 요'고, 요 새'고른 새골모'디고, 정:꼬'른 정꼴모'시라 거이.

거'므 그거'느 언제 만드러씀미까?

함부' 이야기해' 주이'소.

― 아유, 그'어느89) 오래 데'찌.

― 거는, 귀느 일'쩨 때, 일'쩨 때 맨드'런는90) 모'애이라91), 일쩨 때'.

― 일쩨 때 맨드러 가지구.

그것 저쪽이 갈미봉?

- 예, 옳지, 저, 저것은 천방산이라고 하는 것, 천방산이라고 하는 것은 옛날에 어른들은 저기 전부 물이 닿아서, 물이 다 여기 잠겨, 침수되어서 천방산 꼭대기에 천만큼밖에 안 남아서 그래 별호가 천방산이라고 한다 그러면서, 그러니까 뭐 그래 그것을 말하시더라만.

- 여기, 이 무태산이라고 하는 것은, 이것은 문만큼 남았다고 하고, 물이 차 가지고.

무슨 산이요?

- 무태산, 무태산, 천방산, 무태산, 갈미봉, 에, 그래요, 그렇다니까 여기는.

그 다음 뭐 저쪽 편에는 또 없습니까?

- 어디?

그리고는 또 산 이름 다른 것은 한 번?

- 뭐 요기, 여기 앞산, 천방산, 갈미봉, 여기 무태산 이거 앞, 앞산 이것, 이것, 이것, 이 저, 저, 저, 이것, 저, 저, 이것, 여, 여, 저기, 여 이제 그 명산 그것, 그것하고 그렇지 뭐.

그 다음에 혹시 그 음 인제 뭐 저수지나 연못은 무엇이 있습니까?

- 뭐 여기 정골못 있었고, 새골못 있었고, 뭐 또 어디.

정골못, 새골못 **?

- 예, 거기, 그 안, 모두 동네 안에 그 못, 못, 못 안, 못 안에 모두 뭐 정골이 있고, 새골이 있다고 하니까.

- 요것, 요 새골은 새골못이고, 정골은 정골못이라고 하니까.

그러면 그것은 언제 만들었습니까?

한번 이야기해 주십시오.

- 아유, 그것은 오래 됐지.

- 그것은, 그것은 일제 때, 일제 때 만든 모양이야, 일제 때.

- 일제 때 만들어 가지고.

두 개 다 그′러쓰미까?

— 으아, 그′러치, 우리능 모르고, 몸 파브모.

— 아유 일쩨야.

— 그 역사 기′쁘여, 모′시.

— 일쩨 때 맨드′러따 카′드라.

몯 크′기라든지 이′릉 거 함분 쫌′ 함분 이야기해′ 주시죠.

— 모′슨 여′, 모시으 저 정:꼴모′서는 한′ 오:심′ 마′지기, 하 뱅, 하쁘, 한′
오:심 마지기 델 끼′라.

— 오심′ 마′지기 머여, 밈 마리고.

— 이, 이백′ 피′잉게92), 어, 이백′ 피′잉게 그래 오, 오심 마지기만.

함, 마은, 크지예, 만네예.

— 에아, 어, 오심′ 마지′이끼네93).

— 새′골모션 한: 사심 마지기 데′고 그′르이.

아, 목′ 크′기가?

— 예, 그래.

가므′ 그그 무′를 점′부 다, 어디다, 일′로?

— 여′으94) 마 마까′ 이 들:로′ 니로′지.

들, 이.

— 예, 정:꼴 모′슨 일로′ 니루, 이꺼′정 어려, 거 또′ 양수재~′에 새생
까′주구 엽 머 일′로 퍼올′리 뿌레 가좀 미 꼴짜′앙맘95) 모 떼′여꼬 그′런뎀
머허.

— 아이′고 올′개96) 새골모′세 무′라칸 딸리′져즈가′97) 나알98) 라′따.

— 지싱물99) 찔100) 머안자석뜰′ 무′를 아, 아, 저수′를 앙 가다′ 가′주
구 말라, 이에가연101) 먼 논′ 모 수마′ 농 다: 마르′고 머 푸구 날리′그
나′짜나.

아, 올′래 인제 무′리 저:께 가두′어 노 가′주?

두 개 다 그렇습니까?

— 아, 그렇지, 우리는 모르고, 못 봤고.

— 아주 일제강점기야.

— 그 역사가 깊어요, 못이.

— 일제 때 만들었다고 하더라.

못 크기라든지 이런 것을 한 번, 좀 한 번 이야기해 주시지요.

— 못은 여기, 못이 저 정골못은 한 오십 마지기, 한 백, 한, 한 오십 마지기가 될 거야.

— 오십 마지기가 뭐야, 몇 평이지.

— 이 이백 평이니까, 어, 이백 평이니까 그래 오, 오십 마지기면.

한, 많이, 크지요, 많네요.

— 예, 어, 오십 마지기니까.

— 새골못은 한 사십 마지기 되고 그러니까.

아, 못 크기가?

— 예, 그래.

그러면 그 물을 전부 다, 어디에다가, 이리로?

— 여기 그냥 모두 이 들로 내려오지.

들, 이리로.

— 예, 정골 못은 이리로 내려와, 여기까지 내려와서, 거기에 또 양수장이 생겨 가지고 여기 뭐 이리로 퍼올려 가지고 뭐 골짜기만 물을 못 대고 그런데 뭐.

— 아이고 올해는 새골못에 물이 달려서 난리가 났다.

— 낙숫물이 낄 때, 망할 녀석들 물을 안, 안, 저수를, 안 가두어 가지고 말이야, 이래서 뭐 논에 모를 심어 놓은 것이 다 마르고 뭐 물을 퍼고 난리가 났잖아.

아, 올해 이제 물을 적게 가두어 놓아 가지고?

— 예, 가, 저께′ 가다 뿌리 가주고.

모: 수물′ 때 마:니 힘드′러따, 그′지예?

— 허이′굽102), 다, 모 수마′ 노′꿈 머 다 말러 뿌갑, 머, 나르103) 배빼 도라가′고 므 요붐′ 비′ 아104) 와′씸105) 나′악 한타, 하떠106) 업′따, 내힌데.

하′이뜬 머 이범, 이번 비′가 와가′ 거뜨 모′세 물또 쫌′ 마:니.

— 함′부107) 다: 데′써, 여하튼 야.

그럼′며는 저수′지너 고 두 개가 이′꼬, 들′, 들판′는 이름 머 어떵 게 인능가 함′ 가르′쳐 주′이소.

— 에.

— 요: 아브, 아′페는 이검 머, 이거, 이거늠 머 새′골 또 들, 새′골모쓰, 모′뜨리, 이건 정:꼴′모또리, 이캄데 머.

머′ 어′데 어 저:쭈′이 쫌 머 바′치나?

— 이건′ 디이뜰′, 요: 아′페 이거′는 딘:뜰′ 카고, 쯔거, 이거′는, 이거′느 인제 저, 저 정꼴모따′비그, 정꼴모따′비리 카그 므, 글치염.

이′에 디떠′리라 한′다고예?

— 예, 아′페 이건 디뜰′ 카지.

왜 아′페 인는′데, 왜 디뜨′리라 함′미까?

— 몰:래′, 거 옌날부′텅 디뜰′ 카데.

거므′ 디뜰′, 저쩌′게는 정:꼴뜨′리고, 저쭈′ 새′골 아′페도 뜰′ 리씀미까?

— 으, 이거 디뜰 카고, 으

뜨, 새골뜨′림미까?

— 새′골 아페 고: 이′써, 조:산뜰′108) 이′꼬 머, 거 끄 우′서버, 거′또.

조상′뜰예?

— 예, 조상′뜰 거그. 예, 조산들 그것.

거′ 왜: 조상뜨′리라 함미까?

— 쪼매넌′ 그 옌:나′레 사느이′씨드, 사′이 쪼매낭 가, 요마낭 거

— 예, 가두어, 적게 가두어 버려 가지고.

모 심을 때 많이 힘들었다, 그렇지요?

— 아이고, 다, 모 심어 놓고 뭐 다 말라 버려서, 뭐 나락이 뱅뱅 돌아가고 뭐 요번에 비가 안 왔으면 나락이 하나도, 하나도 없다, 나한테.

하여튼 뭐 이 번, 이 번 비가 와 가지고 그래도 못에 물도 좀 많이.

— 한 번 다 됐어, 하여튼 여기.

그러면은 저수지는 고 두 개가 있고, 들, 들판은 이름이 뭐 어떤 것이 있는가 한 번 가르쳐 주십시오.

— 예.

— 요 앞, 앞에는 이것 뭐, 이것, 이것은 뭐 새골 또 들, 새골못들, 못들, 이것은 정골못들, 이렇게 하면 되는데 뭐.

뭐 어디, 어 저쪽에 좀 뭐 밭이나?

— 이것은 뒷들, 요 앞에 이것은 뒷들이라고 하고, 저것, 이것은, 이것은 인제 저, 저 정골못답이고, 정골못답이라고 하고 뭐, 그렇지요.

여기를 뒷들이라 한다고요?

— 예, 앞에 이것은 뒷들이라고 하지.

왜 앞에 있는데, 왜 뒷들이라 합니까?

— 몰라, 거기는 옛날부터 뒷들이라고 하더라.

그러면 뒷들, 저쪽에는 정골못들이고, 저쪽 새골 앞에도 들이 있습니까?

— 응, 이것은 뒤뜰이라고 하고 응.

들, 새골들입니까?

— 새골 앞에 거기 있어, 조산들 있고 뭐, 거기 그것도 우스워, 그것도.

조산들이요?

— 예, 조산들 거그. 예, 조산들 그것.

거기는 왜 조산들이라고 합니까?

— 조그마한 것, 옛날에 산음 이씨들 산이 조그마한 것, 요만한 것이

이'선능 모'애이라.

─ 그르 냉'께 조사'이 이쓰 가주고 모: 판대가 그'래가 머 우레'가 거 조산뜰 카고 이래 그.

아, 조상드'리고?

─ 예, 예, 아'주 꼬 쪼매' 꼬 일, 아'직 고이 이'타 가여.

거 홉'시 머 그암'매 어르신 노'는 주'로 어디 이씀미까?

─ 우림' 머 논 뉴 아'페 한: 첨 평 이'꼬, 여 밭, 바'체늠 머 할'마이 주' 꼬 무카'109) 뿌고 머 그래.

그 바 딘는: 동네', 거'늠 머라고 부름미까?

─ 바루 여 너'멘데110) 머'.

─ 이, 여' 동'네지 머, 바로 여'인네.

꺼, 거, 거'르도 머 어 므'승 고'리던, 머스 그'릉 게 이슬' 꺼 아 니씀미까? 꾸오, 거, 거름 받 인는 거'게 어'디 가'자고 이야기할 꺼 아임미'까?

─ 어:, 그'러치.

─ 생꾸'오, 생꾸'오.

머라고예'?

─ 생꼬'.

생꼬'?

─ 아, 어, 생꼬' 카지, 글.

왜 생꼬'라 함'미까?

─ 그 생꼬르절, 재바, 그래 인 너머간 쳐가' 이씨'이111) 생꼬'르 케'쩨.

─ 재가 이씨'이끼니 그 생고'.

아, 걷', 저, 재 이'르미 생꼬'다?

─ 새, 어, 야, 그래가 오새'늠 굼 머 구언, 구어, 꾸, 꾸 마 꺼 차'가 질112) 따아'가113) 차구 워뚝, 와따 가따 한데, 옌:나'레 그 생꼬', 그 재'가 쪼매낭 그 이쓰 가이구 생고' 카고.

있었던 모양이야.

－ 그래 놓으니까 조산이 있어 가지고 못 팔아서 그래서 뭐 이래서 거기를 조산들이라 하고 이래 그.

아, 조산들이고?

－ 예, 예, 아직 거기 조금 거기 있고, 아직 거기 있다니까요.

그 혹시 뭐 그러면 어르신 논은 주로 어디에 있습니까?

－ 우리는 뭐 논 요 앞에 한 천 평 있고, 여기 밭, 밭에는 뭐 집사람이 죽고 묻어 버리고 뭐 그래.

그 밭 있는 동네, 거기는 뭐라고 부릅니까?

－ 바로 여기 너머인데 뭐.

－ 이, 이 동네지 뭐, 바로 여긴데.

그, 그, 그래도 뭐 무슨 골짜기든, 무슨 그런 것이 있을 것 아닙니까?

그, 그, 그러면 밭이 있는 그곳에 어디 가자고 이야기할 것 아닙니까?

－ 어, 그렇지.

－ 생꼬, 생꼬.

뭐라고요?

－ 생꼬.

생꼬?

－ 아, 어, 생꼬라고 하지, 그것을.

왜 생꼬라고 합니까?

－ 그 생꼬재, 재가, 그래 이래 넘어가는 재가 있으니 생꼬라고 했지.

－ 재가 있으니까 그 생꼬.

아, 그, 재, 재 이름이 생꼬에요?

－ 생꼬, 어, 예, 그래서 요새는 그 뭐 그, 그, 그, 그 뭐 그 차가 길을 닦아서 차로 왔다, 왔다 갔다 하는데, 옛날에는 그 생꼬, 그 재가 조그마한 게 있어 가지고 생꼬라고 하고.

― 저:짜' 저'는 또, 저짜' 더레 거언' 받 씬능 꺼'너 오'빠꼴 카등 그, 오'
빠꼴.

허'빠꼴레?

― 오'빠꼴, 오'빠꼴.

왜 거'느, 왜 오'빠꼴*?

― 몰'래어, 머 옌나'레 머 거 뭐 수펭'114) 꾸'버따 카다, 머 이'래 데떼,
그'르가 수꽁' 꾸'버 가'주굽 고오강 고, 고 순, 차:망 끼' 옥, 옥, 옥'빨꺼치
고 생'기따 그르 오빠꼬 카고'.

그 더'임 또 머 또 그'렁 골 바, 암 만:씀미꺼, ***?

― 어, 여' 압싸'니 이거'늠 머 쿵'골 카다 이거 득 화성사늑 다 드가 뿌'
고 머, 머, **.

쿵골레?

― 야, 쿵'골.

거'므 옥'빠꼴, 쿵'골?

― 쿵'골, 생, 생꼬'.

생꼬', 생꼬', 또 머?

― 저'으즈 저', 저 새'골 짜, 새'골 꼴짜'이늠 머 이깐 나'두'고 머.

아이, 섀'골 꼴짝' 아'네두 이름 인능 거 쯤' 항 가르치 주'십쑈?

― 새'골 동:네' 그 내'가 우'예115) 아노', 그 골짜'그 그'어 머.

그러'므 그를, 예저'네 그리너 머 어떼 일: 하'로나 가'실꺼나 그'르가?

― 예:나'레 그 머 머머, 나무하'로 꺼 글'로 까, 가더 아 하'고 우린' 나
무하'러 이 마'륵116) 일로 갇서, 일르' 첨'방사이 저 가'쩜 머.

자, 첨'방사네 주'로 가'고예?

― 예, 예아, 예.

꺼 저: 안'쪼게너 골: 이'름 모르심'미까?

― 아, 몰'라요.

― 저쪽 저기는 또, 저쪽 들에 거기 밭이 있는 것은 옥밭골이라고 하던 것, 옥밭골.

옥밭골이요?

― 옥밭골, 옥밭골.

왜 거기는, 왜 옥밭골 ＊?

― 몰라요, 뭐 옛날에 뭐 그 뭐 숯을 구웠다고 하던가, 뭐 이래 돼서, 그래서 숯을 구워 가지고 거기가 그, 그 숯, 참한 게 옥, 옥, 옥발처럼 그 곳이 생겼다 그래서 옥밭골이라고 하고.

그 다음에 또 뭐 또 그런 골짜기가 많지, 안 많습니까?

― 어, 여기 앞산이, 이것은 뭐 큰골이라고 하다가 이것은 저 화성산업에 다 들어가 버리고, 뭐, 뭐, ＊＊.

큰골이요?

― 예, 큰골.

그러면 옥밭골, 큰골?

― 큰골, 생, 생꼬.

생꼬, 생꼬, 또 뭐?

― 저기 저, 저 새골 골짜기, 새골 골자기는 뭐 일단 놓아두고 뭐.

아니, 새골 골짜기 안에도 이름 있는 것을 좀 한 번 가르쳐 주십시오?

― 새골 동네 그 내가 어찌 알아, 그 골짜기 그 뭐.

그러면 그래, 예전에 그리로는 뭐 어떻게 일을 하러 가시거나 그래서?

― 옛날에 거기 뭐, 뭐, 뭐, 나무하러 그 그리로 가, 가지도 안 하고 우리는 나무하러 이 모두 이리로 갔어, 이리로 천방산 저기로 갔지 뭐.

저, 천방산에 주로 가고요?

― 예, 예, 예.

그 저 안쪽에는 골짜기 이름 모르십니까?

― 아, 몰라요.

- 글'로는 머, 뗌, 머, 뻐열, 꼴짜'이 그거 머 알 피'료도 어꼬 머.

아, 그 다'음메 어 끄럼'며너 이쭈우:게, 그 멈미'까, 들판 이'름도 맨: 점'부 다, 여르쪼'엔 디뜨'리고?

- 이건' 정:꼴더'리고, 저거 방맨동네고, 그 아펜.

정:꼴'더리고 강, 머슨 도?

- 방매'똥네, 저 건네' 저'거너.

방매똥'네?

- 여 저 아페 그 동:네 아 이따', 이리 그게 엔:나'레, 오샌 도운'농 카지마 엔:나'렌 방매' 케'떠, 방매똥'네, 방매', 방매'.

아:, 도원'동을 방'매똥, 방'매?

- 야, 예, 에아, 저, 저: 미'테능 구:장터', 조 아페느 방:매'.

아, 방매'?

- 구:장터'.

여 혹'시 그음 머 여'기 머 내'려가는, 아, 물' 내'려가능 개처'니나 강 이 씀미'까?

- 강: 그 업'써요.

- 강은 머 여 쿵 무, 쿵'거렁117) 요 조, 저, 저, 저, 저 도'리원서118) 그 니'르오느 컹 그거', 그얼.

- 그 오새'는119) 거 하처'닐120) 해가' 그'런덴, 지낭' 내'가, 지낭 거느 비'가 와가지 이꺼'즘121) 물 채이'띠122), 이 아페 점부 다:.

- 아::, 저기'123) 마랕 저 몬: 니'러가가지124) 마럴 마캅'125) 쑤더제 가 주구 이이126) 쩨, 저거'느 이입, 젠, 첨'부 여 물, 우르' 마실 아페 이그 첨 물 다 데'고 머, 그'래떼이.

- 아::, 이게 왜 지낭 그 마 흘'테127) 안 드러머 뻠마.

- 그래'가 짐 낸, 날:리' 나따, 초 몰'고 삼맨드'에 올러가'고 워.

그게 어'데 쿵:거릉'이라 함미까?

- 그리로는 뭐, 저, 뭐, 골, 골짜기 그것 뭐 알 필요도 없고 뭐.

아, 그 다음에 어 그러면은 이쪽에, 그 뭡니까, 들판 이름도 맨 전부 다, 이쪽은 뒷들이고?

- 이것은 정골들이고, 저것은 방매동네고, 그 앞에.

정골들이고 강, 무슨 동이요?

- 방매동네, 저 건너 저것은.

방매동네?

- 여기 저 앞에 그 동네 안 있더냐, 이름이 그게 옛날에, 요새는 도원동이라고 하지만 옛날에는 방매라고 했어, 방매동네, 방매, 방매.

아, 도원동을 방매동네, 방매?

- 예, 예, 예, 저, 저 밑에는 옛 장터, 저 앞에는 방매.

아, 방매?

- 옛 장터.

여기 혹시 그 뭐 여기 뭐 내려가는, 아, 물 내려가는 개천이나 강이 있습니까?

- 강은 그 없어요.

- 강은 뭐 여기 큰 뭐, 큰 개울은 요기 저, 저, 저, 저, 저 도리원에서 그 내려오는 큰 그것, 그것.

- 그 요새는 그 하천에 제방을 해서 그런데, 지난해인가, 지난 수해에는 비가 와서 이곳까지 물이 찼었어, 이 앞에 전부 다.

- 아, 저것이 말이야 저것을 못 내려가서 말이야 모두 쏟아져 가지고 이게 저, 저것은 이, 저, 전부 여기 물, 이리 마을 앞에 이게 전부 물을 다 대고 뭐, 그랬어요.

- 아, 이게 왜 지난 그 그냥 완전히 안 들어먹어 버렸었잖아.

- 그래서 전부 난, 난리 났다, 소 몰고 산꼭대기에 올라가고 뭐.

그게 어디 큰 개울이라고 합니까?

- 쿵'거르128).

- 저그 쿵'거르.

쿵'거릉 하나빠'께 업씀'미까?

- 거', 그뿌'이, 연 소도라'이제 머'.

아, 일'론, 끄 여 도러, 도랑' 내러가는 꺼 이'름 업씀미까?

- 끄어 무 거'두 소두라'이제 머', 소도라'이제, 그 머 도 그 무슨 도글, 거즈 거리'러 카'지 머', 그 머.

걸: 이'름 업씀'미까?

- 업:써', 꺼저 거러', 이 카데.

이 여'이느 거:리'고, 저: 미'테 저'거너?

- 쿵거러'이.

쿵'거렁이고?

- 컹그래'여, 쿵거'러이고 글'치.

그 다'으미 혹'씸 머 이 동:네' 아까 어 저:기 어디라고 해'씀미까, 아, 아'네 가'며넘 머 남, 어데스, 여으 정꼴 그래씀며, 정꼴' 아'네 나무하'고, 큰: 나무'가 이따 해'씀미까?

- 새골.

끄'어 나:무르, 큰 나무가'튼 데 머?

- 거'여 구 동고'사 지'낸다 카'이, 안주꺼저129).

아:, 거, 거'기느 어'떠케, 머 언제, 동네, 그 동:제' 지'냄미까, 그머?

- 예, 동:제' 지'낸다 카이껴.

그으너 나무'가 무슨 나뭄미꺼?

그 함 나무'에 대해서 함'므 이야길 해' 주시죠?

- 꾸오 무 소나무'지 머.

- 콰::, 이그 므 인'능 기, 믿, 미 뺑 년 무'근 소나뭄 끼'라.

큼'미까?

― 큰 개울.

― 저것은 큰 개울.

큰 개울은 하나밖에 없습니까?

― 그거, 그뿐이지, 여기는 작은 도랑이지 뭐.

아, 이리로는, 그 여기 도랑, 도랑 내려가는 것 이름 없습니까?

― 그것 뭐 그것도 작은 도랑이지 뭐, 작은 도랑이지, 그 뭐 또 그 무슨 도랑, 그저 개울이라고 하지 뭐, 그 뭐.

개울 이름은 없습니까?

― 없어, 그저 개울, 이렇게 하더라.

이 여기는 개울이고 저 밑의 저것은?

― 큰 개울이고.

큰 개울이고?

― 큰 개울이고, 큰 개울이고 그렇지.

그 다음에 혹시 뭐 이 동네 아까 어 저기 어디라고 했습니까, 아, 안에 가면은 뭐 나무, 어디서, 여기 정골이라 그랬습니까, 정골 안에 나무하고, 큰 나무가 있다고 했습니까?

― 새골.

그 나무를, 큰 나무 같은 데 뭐?

― 거기 그 동네고사를 지낸다니까, 아직까지.

아, 그, 거기는 어떻게, 뭐 언제, 동네, 그 동제를 지냅니까, 그러면?

― 예, 동제 지낸다고 하니까요.

그것은 나무가 무슨 나무입니까?

그 한 번 나무에 대해서 한 번 이야기를 해 주시지요?

― 그 뭐 소나무지 뭐.

― 큰, 이것 뭐 있는 것이, 몇, 몇 백 년 묵은 소나무일 거야.

큽니까?

― 커고' 마:고 이.

함' 어느 정도 큰' 지, 머 어'떠게 생긴 지 함?

― 아이'구, 이 아'름, 미 다'름 데'지 머, 거이 머.

― 거인데, 거 머' 궁기'130) 쳐' 노코 건 먼 하, 하나'는, 하난 주'그 뿌,
탕아 비테, 가, 가, 거렁 까에먼 죽, 하난 떡 크'이더 커'.

― 거'이 만:날 저'울 머, 여, 여 봅, 열라'은나리가, 절 동'고사 지'내믄
먼 사람 모 오구'란다.

엉, 거 은제' 동제' 지'내무 혹씨 거쭈, 이 동네에 머 바'워나 큼 바'이 아
인쓰미까?

방'구라 하'임미꺼, 연 바'이라 함'미까, 방'구라 함미까?

― 방구.

방'구 가틍, 큼 방'구 가틍 금 머 전'서리나 이랜, 에 여 큼 방'구 이'씀미
까, 여'게?

― 여어' 전'설 인느, 여 만, 만데'이예에131) 쩌 상낭'기132), 한 천, 타
뱅, 미 뺑 년 무'거써.

― 하, 저, 저, 저 노'가제 낭기.

상나무'가?

― 아, 주'거 뿐는데, 주'거가주 미 뺑 년 덴'능 기라.

― 그'른데 거 저 마시'레서133) 거 저, 저, 저 뚜 마시'레서 거 어뚜, 거
아래 **'때기라꼬134), 고 지'베선 거 만날' 보르메 막, 막 저, 저, 저 불',
불 써 노코 말 그 기도 디'려고 해'끄덩, 그'랜데.

― 요, 요 위'딴집135), 요 오'다 집 하느 이'쩨, 꺼이 엔:날 꺼 저, 저, 수,
거뜩 마한' 자'세이, 거, 저, 저, 저, 뜩 신 떼'우고 하는 데 그으 끄 집' 찌
가주, 일분'서 도이 나어 신 떼 가와 누부고, 그'르가이 하단 마한' 다시
긴136) 걸' 거 비 뿐'닝 기라.

음:, 나무'를?

- 크다 말다 이게.

한 번 어느 정도 큰 지, 뭐 어떻게 생겼는지 한 번?

- 아이고, 이 아름, 몇 아름 되지 뭐, 그게137) 뭐.

- 그런데, 그 뭐 금줄을 쳐 놓고 거기는 뭐 하, 하나는, 하나는 죽어 버렸다, 하나는 밑에 가서, 개울가에만 죽고, 하나는 또 크기도 커.

- 거기 만날 정월 뭐, 여, 여 보름, 열나흘인가, 저 동네고사를 지내면 뭐 사람을 못 오게 한다.

어, 그 인제 동제를 지내면 혹시 그쪽, 이 동네에 뭐 바위나 큰 바위가 안 있습니까?

'방구138)'라 합니까, 여기는 바위라 합니까, '방구'라 합니까?

- 바위.

바위 같은, 큰 바위 같은 그 뭐 전설이나 이래, 이 여기 큰 바위가 있습니까, 여기에?

- 여기 전설이 있는, 여기 산마루에 저 향나무가, 한 천, 한 백, 몇 백 년을 묵었어.

- 한, 저, 저, 저 노거수 나무.

향나무가?

- 예, 죽어 버렸는데, 죽어서 몇 백 년 된 거야.

- 그런데 그 저 마을에서 그 저, 저, 저 또 마을에서 그 어떤, 그 아래 ** 댁이라고, 그 집에서 그 만날 보름에 막, 막 저, 저, 저 불, 불을 켜 놓고 막 그 기도를 드리고 했거든, 그랬는데.

- 요, 요기 외딴집, 요기 오다가 집이 하나 있지, 거기 옛날에 그 저, 저, 수, 그때 망할 자식이, 그, 저, 저, 저, 저 신을 때우고 하는 데 거기 그 집을 지어서, 일본에서 돈이 나와서 신을 때워 가지고 누비고, 그래서 하다가 망할 자식이 거기를 그 베 버린 거야.

음, 나무를?

- 어', 나무한'다우 비가'139) 떼' 뻔누, 데번 안 주'구 뿐나.

- 삐가, 그'애가 주'구 뿌고 찌꾸성' 마'해 뿌따.

- 그 나물' 비:가' 떼'곰 머 그래'역, 그래 그그'이, 그'리 동:고'사 지'내도 그기', 그'래 뿌고 동:고'사 모 지내'지 므.

- 그'라겁 소'가 막', 막 울140) 마시'레 함' 수'무 마리 주'그떼이.

아, 그 나무 베고 나'서예?

- 아, 그'래가주 마, 그래가주 마 소'가 만 니이미141) 글, 할 쩌'어142) 자'고 두' 말써143), 함 마'리서 막: 좋는'데 머열 이, 기, 기, 터, 동:네' 마'해짜나, 그'래 가지거.

아, 거 부'니 베브, 그 상나무'를 베' 버려?

- 어:, 비:고'144) 그르가이 머 한 일 릴르, 함 머, 한 사암 미 딸 얼마야, 한 일' 련떠 안 데가'지 막 소가 중는'데 머.

- 거, 그저 하루 쩌'어 자'먼 캄 마, 하루 쫄' 자'마 두: 바'리.

- 여끄 유, 울: 마시'리 여러'섬 마리 즈, 동네' 쪼마니 여러'섬 마리 주'거시이, 어'이 텐노 마.

꾸, 그 상나무'가 어디'예 인는데예, 그거'는?

- 그 마' 여' 삼만데이' 여게, 여' 이'써꺼덩, 고 비'이.

요 산 이'르미 무슨 사'닌데예?

- 디사이'지, 거 디사이'지.

아, 디산'?

- 예, 아, 고'래, 위', 위'능145) 걸 글 미' 빼 견 무'거가주 인능 거, 글 그 나무' 한다거 빕, 떼'146) 뿌러 가'주구 이기 뜨 동네가 소 막 글 쭈꼬, 엽 무당' 불러 가'주고 쿵 구 타'고 이 끌'찌147) 도'느 한 오심 만 드러따.

- 아'주 인 내 동네' 망헐', 안 조'진나 마.

그 한: 면 녀', 오래 데'씀미까?

- 머 한:, 한: 이심 년 안 데'껜나.

- 어, 나무한다고 베서 때 버리니까, 대번 안 죽어 버렸나.
- 베어서, 그래서 죽어 버리고 집안이 망해 버렸다.
- 그 나무를 베서 떼고 뭐 그래서, 그래 그것이, 그래 동네고사를 지내도 그것이, 그래 버리고 동네고사를 못 지내지 뭐.
- 그리고 소가 막, 막 우리 마을에서 한 스무 마리가 죽었어.

아, 그 나무 베고 나서요?

- 아, 그래서 그냥, 그래서 그냥 소가 뭐 네어미 그, 하루 저녁 자고 나면 두 마리씩, 한 마리씩 막 죽는데, 머 이, 그, 그, 동, 동네가 망했잖아, 그래 가지고.

아, 그 분이 벤, 그 향나무를 베어 버려서?

- 어, 베고 그래서 뭐 한 일 년이, 한 뭐, 한 서너 달, 몇 달이 얼마야, 한 일 년도 안 되어서 막 소가 죽는데 뭐.
- 그, 그저 하루 저녁 자면 한 마리, 하루 저녁 자면 두 마리.
- 여기 우리, 우리 마을에서 열여섯 마리 죽었으니, 동네는 쪼그마한데 열여섯 마리가 죽었으니, 어떻게 되었겠나 뭐.

그, 그 향나무가 어디에 있는데요, 그것은?

- 그 뭐 여기 산꼭대기에 여기, 여기 있었거든, 그게 보이니까.

요 산 이름이 무슨 산입니까?

- 뒷산이지, 그 뒷산이지.

아, 뒷산?

- 예, 아, 그래, 외치고, 외치는 것을 그 몇 백 년 묵어서 있는 것을, 그것을 그 나무한다고 베, 때 버려 가지고 이게 또 동네가 소가 막 그 죽고, 여기 무당 불러 가지고 큰 굿 하고, 이 그럴 적 돈으로 한 오십만 원 들었어.
- 아주 이 내 동네 망할, 안 조졌나 뭐.

그 한 몇 년, 오래 됐습니까?

- 뭐 한, 한 이십 년 안 됐겠어.

아:, 그′러며느 그어기, 그 한 이심 년 정도 덴′는데, 어, 그′때 인′제 그엄′
며너 소두, 사람′도 주′꼬?

　－ 사라′믄 안 주′거, 소′는 주′거시.

벤′ 사람 **?

　－ 그 벤′ 사′람 주′거찌 머.

어, 거 소′도 주′꼬 이′래가 호, 아까 굳′ 해′따 해′씀미까?

　－ 굳′ 해′찌 머.

굳 하′고 나′니가 쫌 나′아쓰미까?

　－ 굳′ 하′고 나′이끼네148) 그 머 한 일 런.

가′므 굳′ 해 가′주고 어:, 인′제 그 해′씀미까?

　－ 구 대′고 그래 그 나′아찌 머′, 그래가주.

다: 나′아쓰미까, 꺼른?

　－ 야, 고, 아′이구, 큼′ 무당 불러가 해′따, 찡그, 이, 머.

어′떠케 핸′는데?

　－ 어?

어′트게?

　－ 아′이고, 온: 동:네′ 사암 다: 절 하′고 머 저 빔, 돈: 한 오심′만 뜨,
글′띠 돈: 한 오심′만 들 드가이끄네.

도:늘′ 거두′어 가′주고?

　－ 아, 글, 동:네′어 그, 동:네′ 그, 그다′가149) 해′찌 머.

그러′구 나′니껌 머 쫌′ 효어′미 이′써쓰묘, 굳′ 하고 나′니까?

　－ 야, 구, 구 다 나′고 한 일′ 런 지′내구 안 죽떼′.

　－ 막 줌는′데 사′영150) 업′뜨라 카′이끼네, 막.

아, 걸 은제′ 그때 삼만, 디삼′ 만데′에 인′는?

　－ 그 나무′ 비:고 그래′삼 마리.

나무′ 베′ 버리가 그′러타, 그′지예?

아, 그러면은 거기, 그 한 이십 년 정도 됐는데, 어, 그때 인제 그러면은 소도, 사람도 주고?

─ 사람은 안 죽었어, 소는 죽었지.

벤 사람은 **?

─ 그 벤 사람은 죽었지 뭐.

어, 그 소도 죽고, 이래서 혹시, 아까 굿을 했다고 했습니까?

─ 굿 했지 뭐.

굿 하고 나니까 좀 나았습니까?

─ 굿 하고 나니까 그 뭐 한 일 년.

그러면 굿 해 가지고 어, 인제 그걸 했습니까?

─ 굿 하고 그래서 그 나았지 뭐, 그래서.

다 나았습니까, 그러면?

─ 예, 거기 아이구, 큰 무당을 불러서 했다, 저, 이, 뭐.

어떻게 했는데요?

─ 어?

어떻게?

─ 아이고, 온 동네 사람들이 다 절을 하고 뭐 저 빌고, 돈 한 오십만 원씩, 그때 돈으로 한 오십만 원씩 들어가니까.

돈을 거두어 가지고?

─ 아, 그래, 동네에서 거, 동네에서 거, 거두어서 했지 뭐.

그러고 나니까 뭐 좀 효험이 있었습니까, 굿 하고 나니까?

─ 굿, 굿 하고 나서는 한 일 년 지내고 나서는 안 죽더라.

─ 막 죽는데 사정이 없더라니까, 막.

아, 그래 인제 그때 산꼭대기, 뒷산 꼭대기에 있는?

─ 그 나무를 베고 그랬단 말이야.

나무를 베 버려서 그렇다, 그렇지요?

- 예, 예, 예, 예 아, 그래.

머 혹′시 인제′ 머 방′구나, 큼 머 전′서 린는′ 그런 방′구나, 그릉 방′구너, 큼 방′구 이′름가틍 건 업′씀미까, 여게 머?

- 고, 쭈, 골, 구 미투 큰 점부 방구더[151], 그 미′테.

그 이′름, 방′구 이′름 멈미?

- 몰:래′, 머 거 그제′ 바′우젠[152], 컨 머 박.

어, 그′릉 건 어꼬′예?

- 아, 이짝떠른 어꼬 그래.

꼬 머 거:면 인제′ 그어 방′금 은제 상나무′ 그건 은제 그′르케 뎅 거′고, 혹씸 머 그′른 비스:단′ 또 나무′라든지 그′렁 건 업′씀미까?

- 버 그라고늠 머, 무, 거′비 나가′주 머 금 비도′ 아고 만신, 끄래, 그 래 걸 끈′나여.

검′ 어, 그어 당′제 지′내능 그 소나무너 하나′느 은제 주′거따 해′씀미까? 하난′ 주′거쓰.

- 그 또, 이′래, 이′래, 이르[153] 복파넬 지′리[154] 이꾸′덕, 지′리 이닌데, 질: 우로넝 살꼬 보, 곧 여 질: 미′테늠 모시, 이′느 모뚜기 이써넌, 거:느 하′두 오래 데너′이낀 주′구 뿌떼요.

- 은, 주우가지 거르.

감′ 그거′너, 그거′너 두: 그, 나무 두 개 다: 에저′넨 당제′ 지′내씀미까?

- 예, 아, 무 다: 지내찌.

거며 한난 주′거쓰면 그′엄 베 내′씀미꺼, 거′너?

- 안지[155] 그대′로 이′찌, 써′어가주 인제′, 아주.

서거 가′주 그대?

- 아:, 안주가 서가 이써, 아이.

아, 거:느, 거늘 베즈, 쓰, 주′구도 베′고 안 하′미가?

- 아, 베, 아, 기′양[156] 이′따 카′이가, 안주꺼지아이.

― 예, 예, 예, 예, 그래.

　뭐 혹시 인제 뭐 바위나, 큰 뭐 전설이 있는 그런 바위나, 그런 바위는, 큰 바위 이름 같은 것은 없습니까, 여기 뭐?

　― 그, 저, 그, 그 밑에 큰 전부 바위다, 그 밑에.

　그 이름이, 바위 이름이 무엇인가요?

　― 몰라, 뭐 그건 그저 바위지, 그 뭐 바.

　어, 그런 것은 없고요?

　― 어, 이쪽으로는 없고 그래.

　그 뭐 그럼 인제 그 방금 인제 향나무 그것은 인제 그렇게 된 것이고, 혹시 뭐 그런 비슷한 또 나무라든지 그런 것은 없습니까?

　― 뭐 그러고는 뭐, 뭐, 겁이 나서 뭐 그 베도 않고 모두, 그래, 그래 그렇게 끝났고.

　그럼 어, 그 당제 지내는 그 소나무는 하나는 인제 죽었다고 하셨습니까? 하나는 죽었어.

　― 그리고 또 이래, 이래, 이리 복판에 길이 있거든, 길이 있는데, 길 위로는 살고 뭐, 그 여기 길 밑에는 못이, 이런 못둑에 있는 것은, 그것은 워낙 오래 되니까 죽어 버리데요.

　― 응, 죽어서 그래.

　그럼 그것은, 그것은 두 개, 나무 두 개 다 예전에는 당제를 지냈습니까?

　― 예, 아, 뭐 다 지냈지.

　그러면 하나는 죽었으면 그럼 베 냈습니까, 그것은?

　― 아직 그대로 있지, 썩어서 인제, 아직.

　썩어 가지고 그대로?

　― 아, 아직까지 서 있어.

　아, 그것은, 거것은 베지, 죽어도, 죽어도 베고 안 합니까?

　― 아, 베, 아, 그냥 있다고 하니까, 아직까지.

아, 거:또 당'제 지낸 나무'라서 암 벰'미까?

─ 암: 비'지 머, 흐 허이157) 비노.

앙 그람' 베'슬 껀데, **?

─ 거, 그 누'가 비너, 그 검'나가 빌: 수 인'나?

─ 아이그, 잔 네.

아:, 머, 이즈, 이여 으 당'제 지'낸 나무' 아닝 거'또 벤'는데?

─ 마자:, 그렁기'158).

어, 그'래가 주'거 버리고 해'쓰니?

─ 아, 글 사얌, 소 주'꼬 머 이거, 동:네' 그 쑥빨 데:따', 아이구: 완녀이 저.

어르'신도 그'아므 그때?

─ 나'는 소 그랟 파'라 뿌따.

─ 버떡'159) 구 퍼러 뿌깐네.

─ 요', 요' 주'거쩨, 요, 욘, 요 지'베드 주'거쩨, 요: 우리 압찌'비 요 지'브두 두: 마'리 주'거 뻬쩨, 조 여지'네 머 이, 저 톡톡톡 라가'마 다 주'거뜨 거.

─ 여르삼' 마리 주검미염미, ***.

나무 그게 완저'니 머 어'채틍 그, 그: 베고 나서 그래스'니까, 그'지에?

─ 예, 거'르치.

─ 동:네' 망한'다 켄:는'데 머'.

어:, 그 다:메 머 어'르신 혹'씨 이 마을 사람 주르, 드른 주로 여기 머: 해'서 머꼬 사'라씀미까?

─ 이' 동네는.

주'로 워, 머 그거 농'사 지'여김미까?

─ 주'로 농'사지여.

─ 나'는 첨 특'소잠물160) 마:이 해'써요.

─ 마:이 해 가지고 참 이'랜는데, 다웅' 사'암더룽 글' 아 하데.

아, 그것도 당제를 지낸 나무라서 안 벱니까?

– 안 베지 뭐, 어찌 베겠어.

안 그러면 베었을 것인데, **?

– 그, 그 누가 베겠어, 그 겁나서 벨 수 있겠어.

– 아이고, 참 나.

아, 뭐, 이, 이 그 당제 지낸 나무 아닌 것도 벴는데?

– 맞아, 그런 게.

어, 그래서 죽어 버리고 했으니까?

– 아, 그래 사람, 소 죽고 뭐 이거, 동네 쑥밭 됐다, 아이고 완전히 저.

어르신도 그러면 그때?

– 나는 소 그래서 팔아 버렸어.

– 퍼뜩 그 팔아먹었지.

– 요, 요 죽었지, 요, 요, 요 집에도 죽었지, 요 우리 앞집에 요 집에
도 두 마리 죽어 버렸지, 저 연달아 뭐 이, 저 톡톡톡 나가면서 다 죽었
다니까.

– 열여섯 마리 죽었는데, ***.

나무 그게 완전히 뭐 어쨌든 그, 그걸 베고 나서 그랬으니까, 그렇지요?

– 예, 그렇지.

– 동네 망한다고 했는데 뭐.

어, 그 다음에 뭐 어르신 혹시 이 마을 사람들은 주로, 사람들은 주로 여기
무엇을 해서 먹고 살았습니까?

– 이 동네는.

주로 머, 뭐 그 농사 지역입니까?

– 주로 농사지요.

– 나는 참 특수작물을 많이 했어요.

– 많이 해 가지고 참 이랬는데, 다른 사람들은 그것을 안 하데.

- 아 하'고, 여' 사'암들 기글'러161) 가주'고 여, 멀, 뜬, 유, 머, 참' 마:카' 나알' 망:코 절'먼 사'암 미'써더162) 아 하'데.

- 나'는 한163) 특수장'무를 래가 한, 참: 오'래 해'써여, 한: 삼심' 년 핸'는데, 에, 한드 오이 따고 머 두벅 따고, 수박' 해가'주 머 돈 오, 함 멀 다 큰, 다'음' 마지기 해 가'지굼, 잘 서: 마'지 에가주 오뱅마넌석 이'래 팔고', 글'찌 돔: 막, 막 끄'런능기라, 멀.

에:저'네, 그때 저?

- 예, 워 민 년 점'마 해도.

- 그'르가 오이' 다: 해가 밭고, 오이 해가 때구164) 아드 가뜨 막, 그래가 떠165) 나'느 글때 돈 쫌 마'이 버'리는데166).

- 버'어'리가주 아들 머 잠 장:개드'리고, 집툴 므 돔: 보테주'고 이래 거167) 인168) 시방껄'레169) 머 안주꺼정170), 할'마이171) 주'거찌늠 머 꺼 안줂172) 여 머 돈뚠 내 머'꼬 살 만항 거느 이'꼬 이'으이.

- 근'데 아드'리173) 머 날 뚜 오'라 카인, 내가 그이 대구 가, 가겐능'가 이, 앙 가지.

- 쌕 아빠'뜨 그 쪼꼬, 거 어예174) 사느.

- 아이'그, 내 혼차' 사다 주금 주꼬 그르치.

- 저 한 다르175) 한 오심만스 보내주지, 내 영금 나오제 머, 구까 또 쪼매176) 나오제 머, 참전농사 또 그이그등 내가, 그어서 두 구까 삼년녀, 요, 요, 유, 구까유공자이 머 한 다아 뚬 나오제, 그리그래 사우, 헤.

아니', 에:저'네느 그암' 어르'신 그거 트공장'물 할' 때, 머 머 해으, 하셔씀미까?

- 처'으멘, 첼 처'메'는 오일' 해'써, 오이'.

- 무리177), 오이 하고, 고 다'으메느, 오이'르 한, 확 이짜', 물 리짜'선 내'가 젤: 믿 해'끄덩.

- 그 한 오.

− 안 하고, 여기 사람들은 게을러 가지고 여, 뭐, 또, 여기, 뭐, 참 모두 나이가 많고 젊은 사람이 있어도 안 하데.

− 나는 한 특수작물을 내가 한, 정말 오래 했어요, 한 삼십 년 했는데, 에, 한 번은 오이 따고 뭐 수박 따고, 수박을 해서 뭐 돈 오, 한 뭐 다섯, 다섯 마지기 해 가지고, 참 세 마지기 해서 오백만원씩 이래 팔고, 그때 돈 막, 막 끌었던 거야, 뭐.

예전에, 그때요?

− 예, 뭐 몇 년 전만 해도.

− 그래서 오이 다 해서 팔고, 오이를 해서 대구에 있는 아이들에게 갖다 막, 그래서 또 나는 그때 돈을 좀 많이 벌었는데.

− 벌어서 아이들 뭐 장가들이고, 집도 뭐 돈을 보태 주고, 이래서 인제 지금까지 뭐 아직까지, 집사람은 죽었지만 뭐 그 아직 여기 뭐 돈도 내 먹고 살 만한 것은 있고 이러니.

− 그런데 아이들이 뭐 나를 또 오라고 하는데, 내가 거기 대구에 가, 가겠어, 안 가지.

− 새 아파트 그 좁고, 거기에 어찌 살겠어.

− 아이고, 내 혼자 살다가 죽으면 죽고 그렇지.

− 자기들이 한 달에 한 오십만 원씩 보내주지, 내 연금 나오지 뭐, 국가 또 조금 나오지 뭐, 참전용사 또 그것이거든 내가, 거기에서 또 국가참전, 유, 유, 유, 국가유공자 뭐 한 달에 또 나오지 그래그래 살아요, 예.

아니, 예전에는 그럼 어르신 그 특용작물 할 때, 무엇 무엇을 해, 하셨습니까?

− 처음에, 제일 처음에는 오이를 했어, 오이.

− 오이, 오이 하고, 그 다음에는, 오이를 한, 참 이쪽, 오이 이쪽에서는 내가 제일 먼저 했거든.

− 그 한 오이.

그 오이'르 함'미까, 여 무리'라 함'미까?

— 무리, 오이'러 카지.

여 보'이까.

— 무리 써, 예, 오이러 가오[178].

— 오이' 그여[179] 한 오 연' 하'다가 그래가' 여 또 은제 거 또 타다 또 건 막 꺼 짜뿌[180] 차차 차차 생'기고, 내 한 치팔', 한 십 년 가까이 해'찌요.

— 아, 해가주 하'다가 그 다'으멘 떠' 꼬치'르[181] 해'쓰, 꼬춰, 꼬추.

— 꼬추'를 또 마:이' 해'써요.

— 꼬칠' 해가, 꼬추 모'를 마:이' 내'가저[182] 파'러끄덩, 모종, 금 모, 모'를 마리야.

꼬치 모'를?

— 구'월[183] 마 한 삼맘[184], 이맘 펑'석, 삼맘 펑'스[185] 해가 파마 그 돈 데잔', 한 피씨'[186], 칠'시 번쓰, 팔시 번 바'꼬 함, 오새'도 맹' 팔시 번 칠 시 번, 그래가 하으다, 내 그그떠[187] 하다가 머 팔끝.

— 그'르 내가 하'이 자'꾸 자'꾸 생'기데.

아, 하'시니꺼 단, 다은 사'암두 아 안?

— 끄래, 거루[188], 거르가줍, 쩍 거어뚜 짜'꾸 유거 생'기긴너 안 데자'너, 그래 우.

— 구랄, 그'래 하다, 꼬지 하'다가 마 그래 참 사먹' 그래 너, 농'사드 여 마이 지'여쓰여, 논' 한 열땜 마지'이 지:꼬, 바'뚜 지'꼬 이'랜데.

— 그래 하다 머 은 참 지'난, 지낭꺼'지도[189] 농사 지'따[190] 카'이께넝.

— 우르 할마~이가 오러, 올 이월 이일랄 도라가시끄던.

— 이월 이일랄 주'거 뿌지, 그'질로 고'마 머 지꾸서'이 구'마 파상' 데' 뿌찌에, 머.

수박, 수, 인제 최그'네느 수박 하'셔씀미까?

— 여, 요' 수방'[191] 녀 이그 나'무[192] 노'네 도'질, 누어 부'쳐라 칸 땜

그 오이라고 합니까, 여기 오이라고 합니까?

― 오이, 오이라고 하지.

여기 보니까.

― 오이도 써, 예, 오이라고 하고.

― 오이를 그래 한 오 년 하다가 그래서 여기 또 인제 그 또 하다가 또 그 막 그 자꾸 차차 차차 생기고, 내 한 칠팔, 한 십 년 가까이 했지요.

― 아, 해서 하다가 그 다음에는 또 고추를 했어요, 고추, 고추.

― 고추를 또 많이 했어요.

― 고추를 해서, 고추 모종을 많이 내어서 팔았거든, 모종, 그 모종, 모종을 말이야.

고추 모종을?

― 그것을 그냥 한 삼만, 이만 평씩, 삼만 평씩 해서 팔면 그 돈이 되잖아, 한 칠십, 칠십 원씩, 팔십 원 받고 하면, 요새도 역시 팔십 원 칠십원, 그래 하다가, 내가 그것도 하다가 뭐 팔고.

― 그래 내가 하니까 자꾸 자꾸 생겼어.

아, 하시니까 다른, 다른 사람들도 안?

― 그래, 그래, 그래서, 저 그것도 자꾸 이것이 생기니까 안 되잖아, 그래 가지고는.

― 그래, 그래 하다가, 고추 하다가 그냥 그래 참 사뭇 그래 농, 농사도 여기 많이 지었어요, 논 한 열대여섯 마지기 짓고, 밭도 짓고 이랬는데.

― 그래 하다가 뭐 음 참 지난해, 지난해까지도 농사를 지었다고 하니까.

― 우리 집사람이 올해, 올해 이월 이일에 돌아가셨거든.

― 이월 이일에 죽어 버리고, 그길로 그만 뭐 집이 그만 파장이 되어 버렸지 뭐.

수박, 수박 인제 최근에는 수박을 하셨습니까?

― 여기, 요기 수박 여기 이것 남의 논에 도지(賭地)를, 누가 부치라고 했기

해 가주고 유 바더 역, 일`곰 마직헐, 일`곰 마져 반:지' 해`끄덩.

— 너: 마`지기 해 가`주구, 너 마`직 해 가주 글`찌193) 또`느로, 그 한:
시보 연 덴`나, 내가' 중국 깔, 중광194) 깔 쯔`게, 민: 넌' 드간노195), 중국
갈: 쩌`기 여이 함 보`르 미따 안`는더196), 글`찌가 이카 심 년 너`므뜨, 시
보 연 당, 가까'이 델 끼`라, 글`찌 도러 사백:오'심마 넌 캄' 큰 돈 아이가'.

시보 년 저`네예?

— 어.

큰도니지예, 큰도는.

요즘'도 큰데:.

— 어, 그 사백오십, 사백오심만 돌러 카'이껜, 사백이심만 줄러 카'그
드, 사백이십오마는 바`끄 파`러따 마'이라.

수바'글?

— 어.

수박'월레?

— 어허, 고'래 팔'구, 고 뚜 배:추' 해가'주 한 또 한 오류심마 넌 파`쩨,
또 끄 배'추 뽀'버 내고덥 머 거이 걸 구, 구'리이끼네 그어 수박 두 해' 해'
쩨, 두어 춤, 처메'능 걸'뜨 그이'커 마이 바드, 그 후테'는 또 연자 내마'
안 덴다그 할 떠, 그 후테'느 하'이껜 또 먹, 또 함'버 내, 거는 도을 그'르
크 모 바'꼬, 그래가 두: 해 하'고 치'아 뿌쭈.

거'므 트공장'무르 어르'시느 참' 마:니' 하'셔서 므아 끄래슨 자제분들 교
유, 교육'또 시'키고 마니 이'르케 사셔'다, 그지예?

검' 요 이 동네'에 다름 분'드른 주'로 어떤 농서 지'어이씀미까?

— 다응 사'암더른 그잉 거 아' 예.

감' 머 함'미까?

— 논농'사마197) 지:꼬' 머.

감: 나랑농'사마 함미?

때문에 해 가지고 여기 바로 여기, 일곱 마지기를, 일곱 마지기에서 반절을 했거든.

— 네 마지기 해 가지고, 네 마지기 해 가지고 그적 돈으로, 그 한 십오 년 됐나, 내가 중국 갈, 중국 갈 적에, 몇 년에 들어갔지, 중국에 갈 적에 여기 한 보름 있다가 왔는데, 그때가 그러니까 십 년 넘었다, 십오 년 다, 가까이 될 거야, 그적 돈으로 사백오십만 원이라고 하면 큰돈 아니냐.

십오 년 전에요?

— 어.

큰돈이지요, 큰돈은.

요즘도 큰데.

— 어, 그 사백오십, 사백오십만 원을 달라고 하니까, 사백이십만 원을 주려고 하거든, 사백이십오만 원은 받고 팔았단 말이야.

수박을?

— 어.

수박을요?

— 어, 그래 팔고, 거기에 또 배추를 해서 한 또 한 오육십 만원 팔았지, 또 그 배추 뽑아내고도 뭐 그렇게 그것을 그, 그러니까 그 수박을 두 해 했지, 또 참, 처음에는 그래도 그렇게 많이 받았지만, 그 후년에는 또 연작을 하면 안 된다고 할 때, 그 후년에는 하니까 또 뭐, 또 한 번 해서, 그때는 돈을 그렇게 못 받고, 그래서 두 해 하고 치워 버렸지.

그럼 특용작물을 어르신은 참 많이 하셔서 뭐 그래서 자제분들 교육, 교육도 시키고 많이 이렇게 사셨다, 그렇지요?

그럼 요 이 동네에 다른 분들은 주로 어떤 농사를 지었습니까?

— 다른 사람들은 그런 것을 안 해.

그럼 무엇을 합니까?

— 논농사만 짓고 뭐.

그럼 벼농사만 합니까?

─ 여기 머 나당 지'으꼬, 꼬치 저어 멀 꺼머 쩌메끄' 마 꼬래, 끄애, 끄이, 끄이 머.

그'이까 머 으 여'기서 자기들 머'글 껌마 하'지?

─ 예, 어, 쪼매'꿈198) 팔'고, 그러치 므.

그르'이깜 머 특'뻐리 어르신처'럼 거'르케 트공장물 하'고 그러진' 안는'다, 그제?

─ 아, 안 해'써, 안 해'써, 할 쭐'도 모르'고.

그'링까 그렁 걸 또 머 그그 머 또 할 쭐 아'러야 거 하지, 앙 구'엄 머 또 아무나 할' 수 인능 게' 아니니까?

─ 마, 와, 안 데지, 그리 머.

─ 할 쭐' 아르애199) 데'지.

그 어'르시느 예녑부'터 일'찍 그런 쪼게 누'늘 뜨'셔따, 그'지예?

─ 예어, 거'르치.

그러'며 혹'씨 어르신 여 이 동네'에넙 아까' 저쭈'게 아, 샌꼬'링갇, 아?

─ 새'골?

아, 예, 여 새'골.

새'골, 거'기에 어 당'제 지'내는 나무'가 이따 해'찌예?

─ 예아.

당'제:럴 그거: 어 지'낼려머너 그어 아무'래도 여'기서 머 그'냥 지'낼 순 업슬' 꺼 아임미'까?

마으'레서 머: 장'만도 해'야 데'고, 그거 할'려며는 그거 하'기 위해섬 으 사람드리 에 머 게'나 이렁 게 이씀미'까?

당'제 하기 위애서 어'뜨케 함, 당제 지냄?

─ 고 당제 지앰, 지내엔 데: 고 하멀 오일 전부'턴 황'솔 가주오 첨'므 껃 혀, 그 궁:개'200) 쳐가'201) 아202) 하고, 거 또 어데 저쭈' 지내은 사'라 머른 모욕하'고203) 거 또 나오'도204) 아 하고, 든데205) 이라 가주'굼 곧 인

― 여기 뭐 벼 지었고, 고추 자기들 먹을 것만 조금 뭐 그래, 그래, 거의, 거의 뭐.

그러니까 뭐 어 여기서 자기들 먹을 것만 하고?

― 예, 어, 조금씩 팔고, 그렇지 뭐.

그러니가 뭐 특별히 어르신처럼 그렇게 특용작물을 하고 그러지는 않는다, 그렇지요?

― 안, 안 했어, 안 했어, 할 줄도 모르고.

그러니까 그런 것을 또 뭐 그것 뭐 또 할 줄 알아야 그것을 하지, 안 그러면 뭐 또 아무나 할 수 있는 것이 아니니까?

― 그냥, 안, 안 돼지, 그래 뭐.

― 할 줄 알아야 되지.

그 어르신은 예전부터 일찍 그런 쪽에 눈을 뜨셨다, 그렇지요?

― 예, 그렇지요.

그러면 혹시 어르신 여기 이 동네에는 아까 저쪽에 아, 새골인가, 아?

― 새골?

아, 예, 여 새골.

새골, 거기에 어 당제를 지내는 나무가 있다고 하셨지요?

― 예.

당제를 그것 어 지내려면 그 아무래도 여기서 뭐 그냥 지낼 수는 없을 것 아닙니까?

마을에서 뭐 장만도 해야 되고, 그것을 하려면 그것을 하기 위해서 어 사람들이 어 뭐 계나 이런 것이 있습니까?

당제 지내기 위해서 어떻게 합니까, 당제를 지냅니까?

― 그 당제를 지내, 지내는 데 그 벌써 오일 전부터 청솔206)을 가지고 전부 그 해, 그 금줄을 쳐서 안 하고207), 그 저 어디 저것 지내는 사람들은 목욕을 하고 그 또 나오지도 않고, 그런데 이래 가지고 그 인제

제 유:사[208]) 해 가'주곤, 또, 뚜 건 쭝 음:석[209]) 장만해 가'지고 그래 은제 세 분[210]), 세 분새 바'멘 인제 이래 지내데.

- 지내'고, 우리'야 머 거 새'골[211]) 이씨'이끼네, 그떠 한동:네'러 카'지마느 연'나비[212]) 틀레'이끼네[213]) 고러 억'시[214]) 엄마'게 해'요, 거.

- 어마'게[215]) 지'내요.

- 정:꼴'또[216]) 가'머 거 모뚜'게 또 건 또 지'낸다 카이끼더.

- 모뚜'겐넘 지내.

그러'며느 거'기 거 멈미'까, 그'렁 거 잰느, 지낼려'며너 동네'에서 머 도:늘' 모'으던지 멀 해'야 안 뎀미까?

- 동:네' 돈 이짜'나?

거 동네'에서 어'떠케 함'미까?

- 새'골 도온'도 다, 각 동네매'쭝[217]) 도~'이[218]) 이'따 카'이끼네.

- 우리 마시'레도.

동해?

- 어, 동:네' 도니' 이'따 카'이께네.

- 동네' 인제 저: 멀 자그'믈 머 모, 모'어, 저, 저 한 멀 물, 머 일' 려네 건 멀 드로'는[219]) 돈또' 이'꼽, 골'뜬도[220]) 바'꼭[221]), 부역 안 너'므 꼴'뜬드 바'꼳, 이'릏 기[222]) 도:니' 쫌 마, 거, 꿔 마이, 마이 나온다 카'이께네, 새고렁.

- 우리 마시'르 한 삼백, 한 오뱅마 넌', 함 삼, 삼뱅마 넌 노'고, 오새'느 정부'에서 또 거 멀 도:늘 마이 주'데.

- 지름 떼'라꼬[223]) 그그 돈 주'제, 그'르이끼네 그 또 족, 노임 그 복삐 해'라 캄 돈 주'지, 이'르이끼네 도니' 머 마:이' 나온더 카'이으.

- 그'리가주 그 돈' 가주'고 인지' 하'고, 일' 려네 우리 여행'도 눈, 노, 또 두 붕' 가'고 그'란다 카'이끼네.

거엄' 예정'가틍 경우'에너 점부 머 골또'리나 이렁 거 까 해'씀미꺼?

- 그'르치, 아: 머, 그'르치.

유사를 해가지고, 또, 또 그 저 음식 장만해 가지고 그래 인제 세 번, 세 번째 밤에 인제 이렇게 지내더라.

- 지내고, 우리야 뭐 그 새골에 있으니까, 그것도 한동네라고 하지만은 연합이 다르니까 그것을 아주 엄하게 해요, 그것을.

- 엄하게 지내요.

- 정골도 가면 그 못둑에 또 그것을 또 지낸다고 하니까요.

- 못둑에서도 지내고.

그러면은 거기 그 무엇입니까, 그런 것을 제(祭)는, 지내려면 동네에서 돈을 모으든지 무엇을 해야 안 됩니까?

- 동네에 돈 있잖아.

그 동네에서 어떻게 합니까?

- 새골 동네도 다, 각 동네마다 돈이 있다니까.

- 우리 마을에도.

동회에?

- 어, 동네 돈이 있다고 하니까.

- 동네 인제 저 뭐 자금을 뭐 모, 모아, 저, 저 한 뭐 모, 뭐 일 년에 그 뭐 들어오는 돈도 있고, 벌금도 받고, 부역 안 나오면 벌금도 받고, 이런 것이 돈이 좀 많, 그, 그 많이, 많이 나온다고 하니까, 새골은.

- 우리 마을은 한 삼백, 한 오백만 원, 한 삼, 삼백만 원 있고, 요새는 정부에서 또 그 뭐 돈을 많이 주더라고.

- 기름을 때라고 그것 돈을 주지, 그러니까 그 또 복, 노인 그 복지비 해라고 하면서 돈을 주지, 이러니까 돈이 뭐 많이 나온다고 하니까.

- 그래서 그 돈을 가지고 인제 하고, 일 년에 우리 여행도 두, 두, 또 두 번 가고 그런다니까.

그럼 예전같은 경우에는 전부 뭐 벌금이나 이런 것을 가지고 했습니까?

- 그렇지, 아, 뭐, 그렇지.

부역 안 나오′면?

— 으야, 글 빼구 그르치, 오샌으

거므 그′렁 거는 누′가, 동:장′이 갈?

— 동:자~′이 이논224)하지.

— 동:자~′ 하, 동:자~′이 곧.

동장′이 갈′레?

— 야, 동장′ 이′꼬 똗, 또′ 거 저, 저, 저, 여 동장′어는225) 아~226) 하′고 또 동:네′ 거 저, 저 반자이 또 돈 췌, 쩌, 또 이 그 하′고 그래.

— 동자′어는 아~ 하′고 또 반자이 다 채′금지고227) 하지.

그아′명 그 당:제′ 지낼 때′에너 보:통 그 인제 누′갇, 으, 즈 그 당′제 지내:기 위′해서너 동:네′ 인′제 골또′니나 동:네′ 또′느로 한′다, 그제?

— 동네′ 또늘 하제, 동네.

그어′며 혹′씨 아까′ 그 머 어, 나무 베:고 나 가′주고 그′때 굳 해′따 아 해′쓰미까?

그렁 거′또 인제′ 동네 또′느로?

— 동네′ 또니.

— 걸′ 찌엔 동네 도′니 업서′가이 막 호다′228) 푸′러터.

아, 감′ 인저′ 피러하′며너 푸, 도늘′ 푸러 가′지고 한다?

— 야, 걸 거다′야 데′주, 머′ 어이′ 인:나, 그래.

— 와, 또 왜′ 돈: 업시′머229) 웰 메구 띠딜′고230) 띠드리가′231) 지싱 카능 거 발븐단 마랴.

— 그 바′다가′전 쌀′또 나오′고 돈′도 나오′므, 그 이저 그날 술 머′구 남:능 그거′ 동′네서 도 쏘오, 그라자느.

에.

가′며 어데 떠 당′제 지내고 나서′ 은제 지′심 발:꼬 해 가′주고 도늘 거둠미까?

부역을 안 나오면?

― 예, 그것을 빼고 그렇지, 요새는.

그러면 그런 것은 누가, 동장이 관리?

― 동장이 의논하지.

― 동장이 하지, 동장이 그것을.

동장이 관리를?

― 예, 동장이 있고 또, 또 그 저, 저, 저, 여기 동장은 안 하고 또 동네에 그 저, 저 반장이 또 돈 책임을, 저, 또 이래, 그렇게 하고 그래.

― 동장은 안 하고 또 반장이 다 책임지고 하지.

그러면 그 당제 지낼 때에는 보통 그 인제 누가, 어, 저 그 당제 지내기 위해서는 동네 인제 벌금이나 동네 공금으로 한다, 그렇지요?

― 동네 공금으로 하지요, 동네.

그러면 혹시 아까 그 뭐 어, 나무를 베고 나 가지고 그때 굿을 했다고 안 했습니까?

그런 것도 인제 동네 공금으로?

― 동네 공금이지.

― 그럴 적에는 동네 돈이 없어서 막 집마다 나누었다.

아, 그러면 인제 필요하면은 풀, 돈을 풀어 가지고 한다?

― 예, 그것을 걷어야 되지, 뭐 어디 있겠어, 그래.

― 왜, 또 왜 돈이 없으면 왜 꽹과리를 두드리고 두드려서 지신이라고 하는 것을 밟는다는 말이야.

― 그렇게 받아서 쌀도 나오고 돈도 나오면, 그 이제 그날 술 먹고 남는 그것을 동네에서 또 쓰고, 그러잖아.

예.

그러면 어디 또 당제 지내고 나서 인제 지신을 밟고 해 가지고 돈을 거둡니까?

- 아언'지, 그저'네느 업시'마232) 그랜는데', 안지'는 마.

아니, 예저'네예?

- 예저'능 그래찌.

예즈, 요즘 말:고에?

- 예저'넹 그래찌, 머 동 끌로.

카'므 점'부 다:?

- 머' 쌀' 야한 사'암도 이'꾸, 돈 나온 사'암도 이'꼬, 머 굴 마이 나'와요, 그라'마.

집, 집쩜마'다 인자 감:?

- 어, 그'래서 다 드가'마233) 옴 머 지신 발:꼬' 머.

- 끄 암만' 안 나아드, 암만 안, 안, 안 데'드, 거뜨, 건 돈 뗴, 드가'마 돈: 다 나온다 카'이께네.

- 쌀'또 나오'고 돈도' 나오'고 머.

아, 그'아므 쌀:, 살 곡'실 쭈'르느 사람 쌀 곡식 주'고?

- 쌀'또 나오'고 돈도 나오'고, 싸'렁234) 그러 파'러가주 도'늘 장만 걸띠.

그'러가'주 인제 동네 도'느로 써'따, 그'지에?

- 그'러치.

당'제도 지'내고?

- 예.

그 다'으메 혹씨 여 어'르신 여'기에 머' 이 동네 머 고사'아' 지'내꾸, 그렁 거'또 함'미까?

당'제 말:고'?

- 그'르 여, 거유, 그저'을 여 지'내뚜235) 카'이끼네, 만두236) 그리 나무'비 뿌'고 안 지너, 안 지낻'지 머.

아, 나무' 베'구, 그그, 그 나무'에 그 당제 말:고' 고사'를 지'낼슴미까?

- 그 저'네 여이237) 우리 마시렝'238) 고사 안 지내'써, 그'저.

－ 아니, 그전에는 없으면 그랬는데, 인제는 뭐.

아니, 예전에요?

－ 예전에는 그랬지.

예전, 요즘 말고요?

－ 예전에는 그랬지, 뭐 돈 걷으러.

그러면 전부 다?

－ 뭐 쌀 나오는 사람도 있고, 돈 나오는 사람도 있고, 뭐 그러면 많이 나와요, 그러면.

집, 집집마다 이제 그럼?

－ 어, 그래서 다 들어가면 음 뭐 지신을 밟고, 뭐.

－ 그 아무리 안 나와도, 아무리 안, 안, 안 돼도, 거, 거기에는 돈이 다, 들어가면 돈이 다 나온다니까.

－ 쌀도 나오고 돈도 나오고 뭐.

아, 그러면 쌀, 쌀 곡식 주는 사람은 쌀 곡식을 주고?

－ 쌀도 나오고 돈도 나오고, 쌀은 그래 팔아서 돈을 장만하고 그랬지.

그래서 인제 동네 공금으로 썼다, 그렇지요?

－ 그렇지.

당제도 지내고?

－ 예.

그 다음에 혹시 여기 어르신 여기에 뭐 이 동네 뭐 고사 지내고, 그런 것도 합니까?

당제 말고?

－ 그래 여기, 그전, 그전에는 여기에 지냈다고 하니까, 꼭대기 그래 나무를 베 버리고 안 지내, 안 지냈지 뭐.

아, 나무 베고, 그것, 그 나무에 그 당제 말고 고사를 지냈습니까?

－ 그 전에 여기 우리 마을에는 고사를 안 지냈어, 그저.

― ** 사니라.

아니, 검 여'페 다름 마으'레서 고사' 지'내씀미까

― 머: 저 새'골하고 정꼬'라곤 다: 지'낸더, 고사: 지'낸더 카이.

고사' 어'뜨게 지'냄미까, 거'게는?

― 고사 낭게239), 그 인제' 나무에 거, 거, 구 고사 구우 아이'가, 그래 겐.

그르 은'제, 언'제쯤 지내?

― 저'울240) 머 열라'은능가241) 그래 지'나제.

아:, 당'제 지'낼 쩨?

― 예, 야, 예아에, 그'르찌 머, 그 에.

거'머 여'기 혹'씨 그 머 어, 요:쯤 어'르신들 이르케 도라가'시그 이'람며 너 이 상녀게:가'틍 게 이'써씀미까, 예저'네?

― 예저'네 이'써써이242).

― 예저'네 이'써언데243) 오새'늠244) 머 마시'레늠 머 여, 오새늠 머 여, 상에'돈, 상에' 거 동:네' 여 참 엔나'렌 상에'게245) 이'꼬, 캄 커 잘: 핸'데 오새'늠 머 주'껌 마카' 병'으러246) 주거가'주 머 이십 사'러247) 바러 가' 뿌거 하'이 머 게구엠248) 인'너249), 거 즈겐.

거 에정:가'틈 경우'에 으 사, 상녀'게, 상녀'게 가틍 경우'엠 머 어'떤 시'우루 운녕해'씀미까?

― 어:이'고, 사람' 거 은젤'250) 부'모가 주'그마 은제 자'슥드리 그 드자'나.

― 들마'251) 은제 주'거마 인제' 상, 저 널:, 널:끼'이도252) 이'꼬 상포'기:도 이'꼬 이래 가'주오 주'그마 도늘' 글 태'이253) 가'조이, 마:254) 가'주고 인제 상'주녀 인제 그 돈: 타가'조 널:또 사'고 상포'도 해가'조 오또 하'고 이래가'주, 우리'도 글'끼255) 마이 사부'이256) 해'써, 그하다.

― 예, 그리가'257) 우리 엄'마도 도'라갈 찌'기258) 기 드'러 가'주고 그 핸'는데, 널, 두치'널259) 하고, 쌍뽀'게 드'러 가'주고 손'님더 먼 흐 게 일, 기 워~'이 머 한 삼'심 밍 오'고 머 여이 그래따 카이키니, 그, 그래.

― ** 사느라고.

아니, 그럼 옆에 다른 마을에서는 고사를 지냈습니까?

― 뭐 새골하고 정골하고는 다 지낸다, 고사를 지낸다고 하니까.

고사를 어떻게 지냅니까, 거기에는?

― 고사 나무에, 그 인제 나무에 그, 그, 그 고사 그것 아니야, 그렇게 지내지.

그러면 언제, 언제쯤 지냅니까?

― 정월 뭐 열나흘인가 그렇게 지내지.

아, 당제 지낼 때요?

― 예, 예, 예, 그렇지 뭐, 그 예.

그러면 여기 혹시 그 뭐 어, 요즘 어르신들 이렇게 돌아가시고 이러면은 이 상여계 같은 것이 있었습니까, 예전에?

― 예전에는 있었으니까.

― 예전에는 있었는데 요새는 뭐 마을에는 뭐 여기, 요새는 뭐 여기, 상여도, 상여 그것을 동네 여기 참 옛날에는 상여계가 있고, 참 그 잘했는데 요새는 뭐 죽으면 모두 병원에서 죽어서 뭐 있으면 산으로 바로 가 버리고 하니까 뭐 결국에는 있겠어, 그 전엔.

그 예전 같은 경우에 어 상, 상여계, 상여계 같은 경우에 뭐 어떤 식으로 운영했습니까?

― 아이고, 사람 그 인제 부모가 죽으면 인제 자식들이 그것을[260] 들잖아.

― 들면 인제 죽으면 인제 상, 저 널, 널계도 있고 상포계도 있고 이래 가지고 죽으면 돈을 그 모아 가지고, 모아 가지고 인제 모아 가지고 상주는 인제 그 돈을 타서 널도 사고 상포도 해서 옷도 하고 이래서, 우리도 그렇게 많이 사뭇 했어, 거기에다가.

― 예, 그래서 우리 엄마도 돌아가실 적에 계를 들어 가지고 그렇게 했는데, 널, 두 치 널 하고, 상포계를 들어 가지고 손님도 뭐 그 계 이, 계원이 뭐 한 삼십 명 오고 뭐 여기 그랬다고 하니까, 그, 그래.

어, 아, 그'엄며는 그 기, 게워'니 하, 기워'니 한 사으, 서'름 명 정도 데'쓰미?

― 야, 서'름, 수물여'써, 수울일'곱 데'이껜, 사웅 그인261) 다: 오'고 머 그'래뜨.

은, 아:, 널끼'하고, 상포'게 하'고예?

― 여, 상포'기하고 관 노웅게, 하, 그잉거.

검'며너 그 보통' 겐, 그'럼면 누오 도로가'심며너 머 그'른 기원'드리 도롸'서 일?

― 다: 보'하, 다: 봐 자찌 므 그.

어떠엽 머'?

― 머', 머' 음석'또 저어'가262) 다 하고 머 그래 머 음, 저'어가 다 해'찌 머.

― 동:네' 사'라믄 손님 데'고, 마가263) 그이.

카'므 도는 한, 도:는' 한 얼'마싱 냄미까, 그렁 경우에느?

― 그리 인자' 도:느로 말:하'모264) 오새 또, 오새', 오새'은, 오새 또'느로만 널:하'곤 상포'하고 할'라 캄마265) 그 너:리 글찌 두치'너린데, 구에, 거뚜 비'싸꺼등.

― 그찌 또:늘' 한 오'마 넌, 융마 넌하'고, 사 꺼 그'을치 함 칠'팔만, 한 돈 팔마 넌쭘 다 타'떠 까이.

― 오새' 또'르로 함 함 백, 빼웅, 팜 팔'씸마 너 넘'찌, 그래 마 걸쓰 그 타고.

머, 예, 그엄'며 그을, 도늠 모아야 델 꺼 아임미까?

― 기여 끄, 그르 기영, 그잉 기: 모워 나'짜너, 거끼.

거'므 예저'네 그'때늠 머 어떤 시'우루 모'아쓰미까?

― 고 어 주'건능 거, 저, 저, 저, 저 일 찌낀, 주'거만 사람 한 우든, 말하장 울찌'비266) 누구 주'거따 카마, 삼마 너이믄 도라간 데'르 낸다 카'이끼네.

어, 아, 그러면은 그 계, 계원이 한, 계원이 한 삼십, 서른 명 정도 됐습니까?

— 예, 서른, 스물여섯, 스물일곱 되니까, 사람들이 거의 다 오고 뭐 그랬어.

음, 아, 널계하고, 상포계하고요?

— 예, 상포계하고 그래 놓으니까, 예, 그러니까.

그러면은 그 보통 계, 그러면은 누가 돌아가시면은 뭐 그런 계원들이 도와서 일을?

— 다 봐, 다 봐 줬지 뭐 그.

어떤 일을 뭐?

— 뭐, 뭐 음식도 저희들이 다 하고 뭐 그래 뭐 음, 저희들이 다 했지, 뭐.

— 동네 사람은 손님이 되고, 모두 그러니.

그러면 돈은 한, 돈은 한 얼마씩 냅니까?

— 그래 인자 돈으로 말하면 요새 또, 요새, 요새, 요새 돈으로 말하면 널하고 상포하고 하려고 하면 그 널이 그때 두 치 널인데, 그것이, 그것도 비쌌거든.

— 그때 돈으로 한 오만 원, 육만 원하고, 다 그 그때 한 칠팔만 원, 한 돈 팔만 원쯤 다 탔다니까.

— 요새 돈으로 하면 한 백, 백, 한 팔십만 원 넘지, 그래 그냥 그것을 그 타고.

뭐, 예, 그러면은 그것을, 돈을 모아야 될 것 아닙니까?

— 계를 그, 그래 계를, 그 계를 모아 났잖아, 그러니까.

그러면 예전에 그때는 뭐 어떤 식으로 모았습니까?

— 그 어 죽은 그, 저, 저, 저, 저 이 저기, 죽으면 사람 한 우리, 말하자면 우리 집에서 누가 죽었다고 하면, 삼만 원이면 돌아가신 대로 낸다고 하니까.

― 그 싹:: 그'래 내'마돈, 기워'이 쭝 내마' 므아 구 심마 넝 그'트마 하
내'이267) 머 그 쭉 거다가'주 인제 검 무 주고 담능게든.

― 그래 하'만 다: 껠 찌'이는, 즈 다 태268) 주 껠 찌'이능 그래 돈 나'머
가'주 놓'구고, 그'래쓰.

그럼'며느 월, 도늘' 달다'리 모'으거나 이'렁 게 아니'고?

― 어:, 그'르치.

어, 사, 이리' 이쓰며너 하?

― 이리 사, 사르르, 사, 딱: 주'거따 카'마 고'만, 에, 이기, 너리' 얼'매,
상포'가 얼매 카'만, 곰 뱅'마 넝 거'트먼 뱅'마 넝 갇 푸'능269) 기'라.

― 푸'르 가주구 인저'270) 쭉: 그단271) 상주이 지'비 주'고, 남:능 거'느
은전 기:똔' 여 노'코, 그래, 구래 해'뜨.

요즈'므 인제 그런 어, 그 널:끼'나 이렁 거느 저녀 업:따', 그'지예?

― 업:찌', 머 이거.

점부 다 머 각자 인자 머?

― 잘 각짜가 하지 머.

그 모 예저'네 혹'씨 머 혼, 자식뜰 호닌시'키기 위애서도 기: 들'고 해'씀
미까?

기: 모'우, 그'렁 거 이'써씀미까?

― 아:들' 촌, 저, 저 장개디'이고272) 그'렁 거네는 아 해'써.

그'런 게느 으꼬?

― 그'릉 건 아 해'써, 그'릉 거.

거'므 여느 주'로?

― 어:른'들 위해 가'지고 핸능 거지.

그어 상녀:, 거 널끼'나 그런 어른'들 도'러가시 때 대비해 가주오 주'로
하'고?

― 예, 예, 예, 마'저, 예.

－ 그것을 싹 그래 내면, 계원이 쭉 내면 뭐 그 십만 원 같으면 하나가 뭐 그 쭉 걷어서 인제 그 뭐 주고 남는 것이든.

－ 그래 하면 다 깰 때에는, 저 다 내어 주고, 깰 때에는 그래 돈이 남아서 나누고, 그랬어.

그러면은 월, 돈을 달마다 모으거나 이런 것이 아니고?

－ 어, 그렇지.

어, 사람, 일이 있으면은 하고?

－ 일이 사, 사람, 사람이 딱 죽었다고 하면 그만, 에, 이것이, 널이 얼마, 상포가 얼마라고 하면, 그 백만 원 같으면 백만 원을 가지고 나누는 거야.

－ 나누어 가지고 인제 쭉 걷어서 상주 집에 주고, 남는 것은 인제 곗돈으로 넣어 놓고, 그래, 그렇게 했어.

요즘은 인제 그런 어, 그 널계나 이런 것은 전혀 없다, 그렇지요?

－ 없지, 뭐 이것.

전부 다 뭐 각자 이제 뭐?

－ 자기 각자가 하지 뭐.

그 뭐 예전에 혹시 뭐 혼인, 자식들 혼인시키기 위해서도 계를 들고 했습니까?

계를 모으고, 그런 것이 있었습니까?

－ 아이들 혼인, 저, 저 장가들이고 그런 것에는 안 했어.

그런 계는 없고?

－ 그런 것은 안 했어, 그런 것은.

그러면 여기서는 주로?

－ 여른들 위해 가지고 했던 것이지.

거기 상여계, 그 널계나 그런 것처럼 어른들 돌아가실 때를 대비해 가지고 주로 하고요?

－ 예, 예, 예, 맞아, 예.

그엄′며능 그′때느 기기틍 경우′에 어′트게 도라가′면서 어, 그얼 함′미까?

유:사′라 함′미까, 머라 함′미가?

― 유사, 유사.

― 유사그′이, 유사그 이짜′너.

― 유사으 나′마, 유사그 도러가′머 하자′너, 일 런 하고, 딴 디 그 도러가머 하자니.

기원′드리 인지 도러가′면서 그래 고?

― 아, 예예, 예예, 예예.

그암′메 ′주로 머 어르, 에, 어르′신더 예′저네 널끼′나 상포′기나 이런 쪼그너 핸′는데, 다르 기너′ 이 마으′렘 별로 업따, 그′제?

― 업:써′에.

그암′ 머 혹′시 그 저 널끼′나 상포′기, 이렁 게 햄′며너 가치 기월′들끼리 놀러′도 가′고 그람미까?

― 놀:러 가′찌.

― 놀러 가고.

머 어디 그겁 이 리쓸′ 때′느 그르게 돕′찌마너 어데 놀러′루 주′로 언′지, 얻′제 감미, 그암며?

― 보′므로 머 카곰, 그′르찌연.

그엄′ 다릉: 기릉′ 별′로 업스?

― 동′과끼273) 카′능 거이 또 이′써, 예.

동가끼늠 멈미′까, 하문?

― 한 동′가비 나운 사′암들마 모다 가′지고, 나이 인제 우리 또′리, 내간 올개274) 팔′시비그등.

― 팔십 사은, 고, 고′르 느맘 마, 머′아 난능 기러.

― 모′아 가지고 수′물, 수물너′이가 마′안는데, 커 참 쯔거 거게이 더 일, 거′르이 타, 여잔 수물너′이, 남자 수물너′이머 사심녀′덜 아이′라.

그러면은 그때는 계 같은 경우에 어떻게 돌아가면서 어, 그것을 합니까? 유사라 합니까, 뭐라 합니까?

─ 유사(有司), 유사.

─ 유사가, 유사가 있잖아.

─ 유사를 하면, 유사가 돌아가면서 하잖아, 일 년 하고, 다른 데로 그 돌아가면서 하잖아.

계원들이 인제 돌아가면서 그렇게 그?

─ 아, 예, 예, 예.

그러면 주로 뭐 어르신, 에, 어르신도 예전에 널계나 상포계나 이런 쪽으로 는 했는데, 다른 계는 이 마을에 별로 없다, 그렇지요?

─ 없어요.

그럼 뭐 혹시 그 저 널계나 상포계, 이런 것을 하면은 같이 계원들끼리 놀러도 가고 그럽니까?

─ 놀러 갔지.

─ 놀러도 가고.

뭐 어디 그것 일 있을 때는 그렇게 돕지만은 어디 놀러 주로 언제, 언제 갑니까, 그러면은?

─ 봄으로 뭐 가고, 그랬지요.

그럼 다른 계는 별로 없습니까?

─ 동갑계라고 하는 것이 또 있어, 예.

동갑계는 무엇입니까, 한 번?

─ 한 동갑에 나온 사람들만 모아 가지고, 나이 인제 우리 또래, 내가 올해 팔십이거든.

─ 여든 살, 그, 그런 사람들만 모, 모아 놓은 거야.

─ 모아 가지고 스물, 스물넷이 모았는데, 그 참 저기 거기 저 이, 그러 니 사십, 여자 스물넷, 남자 스물넷이면 마흔여덟 아니야.

- 제주'도 시 부, 두 붕 가쩨', 매, 어'랜너 놀러 앙 간' 데가 업써'.

- 그래 내얌275) 놀러 뎅'기고, 그래 하'다가 참' 인제 다:: 쭈'꼬, 여'어

시276) 나'만나.

- 다 주꼬, 그그, 그래, 쩌 여'어시 나먼농사이연.

아, 그 동각게원드'리?

- 다 주'거써여.

- 다: 주'꼬 인제 여'자드른 수타'게 마이 살:고, 남'자더른 여'어신동,

다'아씬동 나'머서.

- 고리 다: 주'꼰.

여자분드리 오래 사시니까.

- 여'자 아'진 머, 임, 머 아이, 머 이더 아지가지.

- 그기'277) 우리'가 그거 연젤' 거 때, 그 마'헌 지갇 칠'십 살, 칠심 데'

만 기를' 깨'그러278) 해'끄덩.

- 칠스아, 그'래 가'지고 칠'십 데 가주오는 고 이짐 머 다 멈 거:줌 그

래 가주오 다 타'야 델 껀 타 뿌'고, 칠'십 떼 가'중 깨' 뿌'꺼덩.

- 깨'가'주 임미 그리이 다 주'거 뻐써, 은제 그치짜네279).

엄, 머 동가끼 가'틍 경우너' 주'로 머 어'떠케 운'녕을 해'씀미까, **?280)

- 아'이고, 우녕 멀.

도늘' 모'아즈가이서?

- 도너'른281) 멀 일 려'네 기추하'만282) 널'매쑹 내자'나.

- 고'맘 모, 모드, 모두커'덩.

- 모다 노'마, 그'너머이 도아 가'지고 똘 그으또 도:니' 마느'이283) 또

그 동가비드 또 그 일, 글찐, 오새는 도니' 흔'치마너 그 인내'령284) 왜 기

똥' 까져 서르 씰'라 앙 카'나.

- 까하, 그읍 또 그 일, 그 씨'그득.

아, 아, 빌려주'고?

- 제주도 세 번, 두 번 갔지, 뭐, 어디든 놀러 안 간 곳이 없어.

- 그래 또 놀러 다니고, 그렇게 하다가 참 인제 다 죽고, 여섯이 남았나.

- 다 죽고, 그, 그래, 저 여섯이 남았나.

아, 그 동갑계원들이?

- 다 죽었어요.

- 다 죽고 이제 여자들은 숱하게 많이 살고, 남자들은 여섯인가, 다섯인가 남았어.

- 그래 다 죽고.

여자 분들이 오래 사시니까.

- 여자들이 아직 뭐, 이, 뭐 아직, 뭐 이 아직까지.

- 그게 우리가 그것을 인제 그 저 뭐냐, 그 모은 지가 이른 살, 이른 살이 되면 계를 깨기로 했거든.

- 이른, 그래 가지고 이른 돼 가지고는 이제 뭐 다 뭐 거의 그래 가지고 다 타야 될 것은 타 버리고, 칠십 돼 가지고 깨 버렸거든.

- 깨서 이미 그러니 다 죽어 버렸어, 인제 끝이잖아.

어, 뭐 동갑계 같은 경우는 주로 뭐 어떻게 운영을 했습니까, **?

- 아이고, 운영 뭐.

돈을 모아서?

- 돈을 뭐 일 년에 계를 하면 얼마씩 내잖아.

- 그만 모, 모으, 모으거든.

- 모아 놓으면, 그놈의 돈을 가지고 또 그것도 돈이 많으니까 또 그 동갑이 또 그 이, 그때는, 요새는 돈이 흔하지만 그 옛날에는 왜 겟돈을 가지고 서로 쓰려고 안 하나.

- 아, 그 또 그 이, 그 쓰거든.

아, 아, 빌려주고?

― 어, 빌려주맙 또 일 랄'썽285) 머 이'래 늘가286) 보'래, 돈: 음매287) 분:노.

― 그래 가지우 머 미: 뺑'마 넌 데가주 그래 동 가지곰 놀러'더 뎅'기고, 잘 노러찌.

― 한' 참, 한 이심' 년 또'안 차 껄 잘 해'쩨.

― 제주'도 두 버 감 므, 일 러레이 즈 여행을 미' 뿐, 두 분슥, 시 분덜 뎅기'고.

아, 감 봄, 가을로 이래 **288)?

― 예, 그러치요, 그래.

감' 머 어데 동네'에서 기으, 기추'느 하, 함 을 려네 함 분 함'미까, 어떡해?

― 일' 려네?

예.

― 일' 려네 쩌, 저, 저' 정'울 열, 정'월, 저'월 보'름날.

함 분 함'미가?

― 예아, 함 분 하'지, 함 분 하능 그네.

거'믇 도는' 일' 려네 함 분식 거두'고?

― 예.

― 그'래 머' 사고 나떠 카'멉 버뜩'289) 거다'야 데지 머.

거으 도, 동'갑끼가 이'꼬 인자 아까' 이야기해떤 어른들 위하여 뚣?

― 네, 여, 상포, 여, 상포'게 이'꼬 그래치, 마저.

어, 거르가 으 게 이꼬 그러타, 그이타?

― 예예, 음, 예, 야, 예.

그'엄 쪼:금 또 다릉' 거 하나 여쭈어 보'게씀미다.

이 마을'을'리나 아까' 머 이야기해'떤 여: 평'지나 또'늠 머 정:꼬'리나 그다 새'고리나 이럼 부언, 이 머 가치 해'도 데고, 이 마을'마 해도 데으'는데:, 어, 이쪼' 마으'리 다름 마으'레 비해가 쫌 머 특'뻐리, 특'뻐리 쫌 독'특한 그런, 특뻘항 거'나 또음 머 자'랑할 만항 그'렁 거 이씀미까', 특'히?

- 어, 빌려주면 또 일 할씩 뭐 이렇게 늘여 봐, 돈이 얼마나 불어.

- 그래 가지고 뭐 몇 백만 원 돼서 그래 돈을 가지고 놀러도 다니고, 잘 놀았지.

- 한 삼, 한 이십 년 동안 참 그것을 잘 했지.

- 제주도를 두 번 가고 뭐, 일 년에 저 여행을 몇 번, 두 번씩, 세 번도 다니고.

아, 그럼 봄, 가을로 이렇게 **?

- 예, 그렇지요, 그렇게.

그럼 뭐 어디 동네에서 계, 계는 한, 한 일 년에 한 번 합니까, 어떻게?

- 일 년에?

예.

- 일 년에 저, 저, 저 정월 열, 정월, 정월 보름날.

한 번 합니까?

- 예, 한 번 하지, 한 번 하는 것이지.

그러면 돈은 일 년에 한 번씩 걷고?

- 예.

- 그래 뭐 사고가 났다고 하면 빨리 걷어야 돼지 뭐.

그러면 동, 동갑계가 있고 인제 아까 이야기했던 어른들 위해서 또?

- 예, 예, 상포, 예, 상포계가 있고 그렇지, 맞아.

어, 그래서 어 계가 있고 그렇다, 그렇지요?

- 예, 음, 예, 예, 예.

그럼 조금 또 다른 것을 하나 여쭈어 보겠습니다.

이 마을이나 아까 뭐 이야기했던 여기 평기나 또는 뭐 정골이나 그 다 새골이나 이런 부근, 이 뭐 같이 해도 되고, 이 마을만 해도 되는데, 어, 마을이 다른 마을에 비해서 좀 뭐 특별히, 특별히 좀 독특한 그런, 특별한 것이나 또는 뭐 자랑할 만한 그런 것이 있습니까, 특히?

— 새골, 옌:나'레는 이 마'시일290) 참' 잘사'라써요.

— 여 세: 미'리 도떼, 브 동:네' 저 시 똥 디여 젤: 잘: 사'런데, 오새'는 첨'삭 다 나가' 뿌고 오샌' 젤: 모사'라요, 오새'느.

— 요 젤: 모사'우291) 여 또 새'골 여 동:네는 꼴뿌자~'이292) 또 드'론 다 카'만 동:네'가 다 팔리'따 카'이, 집찝, 저, 저 땅'이.

— 땅'이, 새'골 똥'네너.

— 땅'이인 그저'네능 머 비렁빠'지293) 머 그'냥 이마' 언더 앙 갈 꺼, 그 거또 사:마' 넌, 밭 삼마 너, 새'골 똥'네는 싹: 다 파'라써.

— 거이 우리' 동'네능 머, 므, 머 꼴프장 머 아 하'이 멀 우리암 민나294).

— 그래 도:늘 머, 이' 린당에 시', 시'보마 넌하'고, 우리'가 건: 서'어'인 데'나, 걸'찌엔 걸찌 이서따, 할'마이하구295) 우 라'들하군 서'어'이인데, 돈: 사십오마 는하'고, 집', 집', 지'깝스로, 집, 저, 저 오심마 은나'고, 한 사시 븐, 사시 언하우, 구시보마 너 주'드라꼬.

— 그엄 무 끄 아 꺼 쭉.

아, 보상'으로?

— 어, 구와 구걸' 바'꼬 은제'296) 지번 우리'인 또 깨'도 아' 하곤, 논'또 드가능 거'또 어:꼬 인제', 인제' 무'리 인즈 꼴프장 하'맘 무릴 니, 니르오' 마297) 우리한'테 피'해가 아 인나'아', 마 이'래간 대고 마 카'이끄네 인제' 그력, 그럭 그거 하 무 구'심마 늠 바고, 새'골 사'암더른 땅 다 파'러써요.

— 팔고, 정:꼴'드 칸' 데도 거뚜 멈, 거도 따욲, 쫌'시'298) 바'던느 모' 애299)이드라.

— 그래, 그래쓰, 그끄더.

— 시'방 꼴'쁘장 정:꼴'300) 인젬 머 지'를301) 딱뜨'람만도302) 그이 아지 이:심 년' 델' 똥, 심' 년 델' 똥' 머 크이이 끄 데능'겨303), 그거 이제.

— 그'래 미:는' 마'커304), 새'고른 미: 다 파'따.

— 이뱅'마 넌서.

- 새골, 옛날에는 이 마을이 참 잘살았어요.

- 여기 세 마을에서 동네, 그 동네 저 세 동 중에서 제일 잘 살았는데, 요새는 전부 다 나가 버리고 요새는 제일 못 살아요, 요새는.

- 요 제일 못 살고 여기 또 새골 여 동네는 골프장이 또 들어온다고 하면서 동네가 다 팔렸다고 하니까, 집집이, 저, 저 땅이.

- 땅이, 새골 동네는.

- 땅이 그전에는 뭐 비렁밭이 뭐 그냥 이만 원도 안 갈 것, 그것도 사만 원, 밭 삼만 원, 새골 동네는 싹 다 팔았어.

- 그러니 우리 동네는 뭐, 뭐, 뭐 골프장을 뭐 안 하니 뭐 우리야 만날.

- 그래 돈을 뭐 일 인당에 십, 십오만 원하고, 우리가 그럼 셋이 되나, 그때는 그때 있었다, 집사람하고 우리 아들하고 셋인데, 돈 사십오만 원하고, 집, 집, 집값으로, 집, 저, 저 오십만 원하고, 한 사십만 원, 사십만 원하고, 구십오만 원을 주더라고.

- 그러면 뭐 그 어 그 저.

아, **보상으로?**

- 어, 그래 그것을 받고 인제 집은 우리는 또 부수지도 안 하고, 논도 들어가는 것도 없고 인제, 인제 물이 인제 골프장을 하면 물이 내, 내려오면 우리한테 피해가 안 있나, 뭐 이래서 대고 막 말하니까 인제 그래, 그래 그것 한 번 구십만 원 받고, 새골 사람들은 땅을 다 팔았어요.

- 팔고, 정골이라고[305] 하는 곳도 거기도 뭐, 거기도 조금, 조금씩 받은 모양이더라.

- 그래, 그랬어, 그것도.

- 지금 골프장은 정골에 인제 뭐 길을 닦더라만도 그게 아직 이십 년이 될 지, 십 년이 될 지 뭐 하하하, 그것이 되겠습니까, 그것이 이제.

- 그래 묘는 모두, 새골은 묘를 다 팠어.

- 이백만 원씩.

― 보상 나와 다: 팔고, 정:꼴'또 머, 머 미썽306) 파'르따 카도, 그러코.
그'엄, 아:, 감' 인저 이 안'쪼게너 어 거 골'프장이 드론'다, 그'지예?

― 여, 새'골 똥:네는 드롸.

그 혹'씨 여'기에 머 옌:나'레 거 먼 정'월 대보'르미나 설나'리나 이'를 때
특'뻘히 다른 지방에 비해서 머: 민송노'리나 이렁 건 업씀'미까?

특'뻐리?

― 거즈, 그저'넴 마이'307) 해'도 오샌' 아 하'데.

아니, 그'르이까 예저'네 유명해'떤 머 민'송노리 이'써쓰며 저?

― 어, 이'써써여.

― 머 거 머, 지'심바, 거'얼 찌엔 지'신드 발꼬' 소울 때'맘 머 이래가 쫑
그랜는'데, 오새'늠 머 마카' 나 마308).

질세, 지심발끼', 그거'너 주'롣 누', 누'가 함'미까?

할 찌에?

― 청년'드리 하애'찌 머', 그얼 쩌 지엄.

아이, 그'러이까 잘하'는 부, 소'리 잘한 사'암 이'써쓰미까?

― 이'써써, 이'써저.

― 이'썬데, 안제'이309) 딸.

예저네?

― 예, 다: 주'거따, 은젠 다 주그 쁘려.

도러가'시고?

― 예, 주'거 뿌뜨, 그래.

― 에, 씨310), 메구' 친' 사'암드311) 이'꼬, 띠드 소리 한 사'암드 이'꼳
참 잘: 핸'더, 오샌' 다: 주거 뿌거 업따.

그 함' 멘' 년 정까'지 머 에이여?

― 한' 시'보 연 점'마 해'도 그르 잘: 노'러찌.

― 여 잠시에늠 머 내가 여'섣, 이 디쩜' 영'가미 나이 올'겨 팔십다'아'

- 보상이 나와서 다 팔고, 정골도 뭐, 뭐 몇은 팔았다고 해도, 그렇고.

그럼, 아, 그럼 인제 이 안쪽에는 어 그 골프장이 들어온다, 그렇지요?

- 여기, 새골 동네는 들어와요.

그 혹시 여기에 뭐 옛날에 그 뭐 정월 대보름이나 설날이나 이럴 때 특별히 다른 지방에 비해서 뭐 민속놀이나 이런 것은 없습니까?

특별히?

- 그전, 그전에는 많이 해도 요새는 안 하더라.

아니, 그러니까 예전에 유명했던 뭐 민속놀이가 있었으면 저?

- 예, 있었어요.

- 뭐 그 뭐, 지신밟기, 그럴 적에는 지신도 밟고 설이 되면 뭐 이래서 좀 그랬는데, 요새는 뭐 모두 나이가 많아서.

지신, 지신밟기, 그것은 주로 누, 누가 합니까?

할 적에?

- 청년들이 했지 뭐, 그를 적 지금.

아니, 그러니까 잘하는 분, 소리 잘하는 사람이 있었습니까?

- 있었어, 있었어.

- 있었는데, 이제는 다.

예전에?

- 예, 다 죽었다, 인제는 다 죽어 버렸어.

돌아가시고?

- 예, 죽어 버렸어, 그래.

- 예, 꽹과리, 꽹과리 치는 사람도 있고, 그 소리 하는 사람도 있고 참 잘 했는데, 요새는 다 죽어 버리고 없다.

그 한 몇 년 전까지 뭐 그렇게?

- 한 십오 년 전만 해도 그래 잘 놀았지.

- 여기 당시에는 뭐 내가 여기에서, 이 뒷집 영감이 나이가 올해 여든

사'리고, 고 다'으면 낸'데 머, 팔'심, 내:'가 두째 노이닌디.

음:, 그'잉까 예저'네너 요 사럼엄도 여이 므 한창' 마:니 살 때'에너 머 지심발끼 여 유명해씀미까?

— 아:, 야:, 아이:고, 여쓰 어이, 마이, 아이구, 여 절'믄 사'암 마네따'.

— 한'창 살 찌'이는312) 벌벌 끄'러따.

— 근'데 인지' 다 가' 뿌고 머.

혹'씨 머 어, 다른 어떤 동:네 가'머 수싸'움 가틍 게' 머 아'주 유:명한' 데, 아으, 그'릉 거 이뜨'시, 여'기늠 머 그런 특'뻘한 그'렁 건 업씀미가?

— 업써'요.

— 틀, 여'어 저' 은저 그저'네늠 멀 여 사는이시'들 여 저 벌'추해 자끄:'든, 동네서 은자' 나무해' 뗀'다꼬, 인자 아깨 칸 네 거어기, 군'사아페, 여'게.

— 벌:추하'러 가마 인제쓰 거'서 씨름하'고 머 술: 바다 머'꼬 그해 노'리로, 오샌', 고 오샌' 또 동넨득 그저'느 나무해 땔'라 카'이끼네, 저어313) 사느314) 나무 하'이끼넽315) 해 자찌머' 오샌' 나무 아 하'그더.

— 아 하'염, 우리 아 한'다 구마, 벌초' 아 해'이, 저어'가 돈: 주'고 사가' 한'다, 은체'.

요즘 머 그 할' 사'라미 업:스니까?

— 예:, 아, 그'르치연.

끄어 깜' 여기 머 특'뻘히 머 민송노'리나 그렁 거'는 특뻘항 건' 업:따, 그'지예?

— 업:떠', 업:써'여, 장'은 여, 저, 저 멷, 저, 저, 저, 저, 즈 만날' 열, 여, 저이, 해'매중 여 저, 저, 저 여든 도'리언316) 녀 즈, 여'스 하자'나 그애, 하자'녀 그해, 얘매기, 일' 려네.

— 여' 민송노리 꼭' 한'다, 일' 려네.

— 보양며:네'서.

머: 함미까?

다섯 살이고, 그 다음이 난데 뭐, 팔십, 내가 둘째 노인인데.

음, 그러니까 예전에는 여기 사람도 여기 한창 많이 살 때에는 뭐 지신밟기
가 여기 유명했습니까?

― 아, 아, 아이고, 여기 어, 많이, 아이고, 여기 젊은 사람이 많았다.

― 한창 살 때에는 버글버글 끓었다.

― 그런데 인제는 다 가 버리고 뭐.

혹시 뭐 어, 다른 어떤 동네에 가면 소싸움 같은 것이 뭐 아주 유명한데,
어, 그런 것이 있듯이, 여기에는 뭐 그런 특별한 그런 것은 없습니까?

― 없어요.

― 특별히, 여기 저 인제 그전에는 뭐 여기 산음이 씨들 여기 저 벌초해 줬거
든, 동네에서 인제 나무해 땐다고, 인제 아까 말했던 거기, 군사앞에[317], 여기에.

― 벌초하러 가면 인제 거기에서 씨름하고 뭐 술 받아먹고 그래 놀았는
데, 요새는, 그 요새는 또 동네에서 그전에는 나무해 때려고 하니까, 저희
들 산에 나무를 하니까 해 줬지만 요새는 나무를 안 하거든.

― 안 하니, 우리 안 한다 그만, 벌초 안 하니, 자기들이 돈을 주고 사
서 한다, 인제.

요즘 뭐 그 할 사람이 없으니까?

― 예, 아, 그렇지요.

그, 그러면 여기 뭐 특별히 뭐 민속놀이나 그런 것은 특별한 것은 없었다,
그렇지요?

― 없어, 없어요, 저 여기, 저, 저 몇, 저, 저, 저, 저, 저 만날 여기, 여,
저, 해마다 여 저, 저, 저 여기 도리원 여기 저, 여기에서 하잖아 그래, 하
잖아 그래, 해마다, 일 년에.

― 여기 민속놀이 꼭 한다, 일 년에.

― 봉양면에서.

무엇을 합니까?

워떵 기?

― 꼬, 아아:이고, 군, 여 암 널: 띠'고:, 머 저쭈믄 윤:318) 노고:, 머 거 째일 여, 여, 으성'구네 즈피, 애'빽 모 하즈, 아 하자'나, 여게, 보장'모엔, 보양'며네 엽 뜬 공던비어 땅: 이짜'.

― 거 난대처'네 거'서 일' 려네 저'운, 언:제라도이 음'녁설: 시'만 한 저, 한 이시' 빌 데'믄 거타319) 크'기320) 한다'.

― 예, 크'게 해, 크'기 한다.

아, 스, 설: 세'고 나서?

― 야, 여, 화저, 예, 예.

어, 정'월 대보'름 세, 세?

― 보르쁘, 으야아, 고, 고으드꾸 크'게 한더.

고때쯔메?

― 예, 한다.

아'주 유명'함미까?

― 여'아, 윰머거, 군수' 먼 여브 심머'이, 매일'심문321) 므 다: 온데 오 개, 어'데 머.

― 심문'사 오'고 머.

음, 머 머 하'는지 함' 이야기해 주이소.

그엠 머 어'떵 거 하'는지?

― 머 연 날리고, 연 날'리고, 윤 노고', 줄 땅기고, 또 머'고, 머 떠, 이 뜨 이랜, 이랜, 머 이랜 비로'322) 드러올'리고, 머어 그그, 그걸 마이' 해', 그 또

가'므 여'어 주'롭 면: 사'람드리 다: 참가함미까?

― 꾸, 아이우', 구네'서, 그'어성 군:수도 나오'고 다 온'다, 기본.

그 예전부'터, 예?

― 예'정부텅, 예, 여 한 정이 해'거레 군수' 나서'구부튼 드 한 이찌끄 핸'능 기, 아짜 하우, 꺼 머이 그잠부'터 낸'는데 아'주그자 한다 카'이끼네.

어떤 것이?

― 아이고, 그네, 여기 앞에 널을 뛰고, 뭐 저쪽에는 윷을 놀고, 뭐 그 저기 여, 여, 의성군에 저기, 여기밖에 못 하지, 안 하잖아, 여기, 봉양면에, 봉양면에 옆에 그 공터 땅 있잖아.

― 거기 남대천에 거기에서 일 년에 정월, 언제라도 음력설만 쇠면 한 저, 한 이십 일이 되면 거기에서 크게 한다.

― 예, 크게 해, 크게 한다.

아, 설, 설을 쇠고 나서?

― 예, 예, 맞아, 예, 예.

어, 정월 대보름을 쇠, 쇠고?

― 보름, 예, 그, 그때쯤 크게 한다.

그때쯤에?

― 예, 한다.

아주 유명합니까?

― 예, 유명하지, 군수 뭐 여기 신문이, 매일신문 뭐 다 오는데 여기, 어디 뭐.

― 신문사 오고 뭐.

음, 무엇 무엇을 하는지 한 번 이야기해 주십시오.

그래 뭐 어떤 것을 하는지?

― 뭐 연 날리고, 연 날리고, 윷 놀고, 줄 당기고, 또 뭐냐, 뭐 또, 이 또 이래, 이래, 뭐 이래 베를 들어올리고, 뭐 그것, 그것을 많이 해, 그 또..

그러면 여기 주로 면 사람들이 다 참가합니까?

― 그, 아이고, 군에서, 거기에서는 군수도 나오고 다 온다, 기본적으로.

그 예전부터, 예?

― 예전부터, 예, 여기 한 적이 해 걸러 군수 나서부터는 그 한 이제까지 했던 게, 아직 하고, 그 뭐 그전부터 냈는데 아직까지 한다고 하니까.

에, 구, 군수′, 에즈, 어르′신 어′릴슬 때′도 그 도′리언 닌′ 데, 그′어서 해′씀미까?

— 해′쓰, 해쓰.

— 씨′름 하′고.

씨′름 하′고?

— 예아.

예저′네느 씨′름 하′고?

— 여아, 그′래, 허예예.

주′로 그′렁 검마 핸′는데?

— 예, 예, 예, 오새 이 머, 므.

씨′름하우 줄땅′기기하고 이렁 검마 해′씀미까?

— 예, 예, 오새′늠 머 옹:각323) 다: 한′드.

아:, 예저′네 그여, 예저′네너 거, 에정′가트므 씨′름 머 어데 군′, 의성군 전′체에 시′름 거′으서 해′씀미까?

— 워성구′네우, 우성군324) 전′체에드, 그′래 거′서 해′찌.

— 그래떼 쩌게.

아, 저′게서예?

— 예, 야.

검′ 줄땅′기기도?

— 하고 이레.

주′로 면′ 사′람, 면 스, 면, 봉냥면′ 사′암들 함′미까, 앙 그람′며는?

— 보양면′ 사′라믄, 보양면′ 사′람 머 저 하욱, 저, 저, 저, 저, 저, 저 보여, 거, 저 줄: 땅기구, 이′거늠 보앵′면 사람 하제, 다른 사람 말 아: 하그′더.

— 음, 에.

음, 줄땅′기이늠 봉양면 사′암들마 하고여?

— 예, 줄 땅기고, 멀 윤′ 노고′, 머, 저, 저, 여, 절, 저, 저 연 날′리능

어, 군, 군수, 예전, 어르신 어렸을 때도 그 도리원 있는 곳에서, 거기에서 했습니까?

— 했어, 했어.

— 씨름 하고.

씨름 하고?

— 예.

예전에는 씨름 하고?

— 예, 그래, 예.

주로 그런 것만 했는데?

— 예, 예, 예, 요새 이 뭐, 뭐.

씨름하고 줄다리기하고 이런 것만 했습니까?

— 예, 예, 요새는 뭐 온갖 것을 다 한다.

아, 예전에 그, 예전에는 그, 예전 같으면 씨름 뭐 어디 군, 의성군 전체의 씨름을 그곳에서 했습니까?

— 의성군에, 의성군 전체에서, 그래 거기에서 했지.

— 그때 저기.

아, 저기에서요?

— 예, 예.

그럼 줄다리기도?

— 하고 이래요.

주로 면 사람, 면 사, 면, 봉양면 사람들만 합니까, 안 그러면은?

— 봉양면 사람은, 봉양면 사람 뭐 저 하고, 저, 저, 저, 저, 저, 저 봉양, 그, 저 줄 당기고, 이것은 봉양면 사람만 하지, 다른 사람 마을은 안 하거든.

— 음 예.

음, 줄다리기는 봉양면 사람들만 하고요?

— 예, 줄 당기고, 뭐 윷 놀고, 뭐, 저, 저, 여, 저, 저, 저 연 날리는 것

거' 머 대'구서도 오'고 머, 뿐, 모 옹: 거 다 오'드라, 연 날려.

연:날'리기, 이'건 인자' 요즘 도로가 하'고?

— 야하, 그, 끄시를 머 워, 멉 연'도 머 얼:매'난 나핀미뜨 날'리가구.

거엠 예저'네너 어'째뜬 여기 그거, 감' 어르'신 아'주 어'려쓸 때부'터 씨름하'고 줄땅'기기, 이'거느 해'따, 그'지예?

— 그'러치.

그아'므 그때 머 함며, 줄땅'기이 하고 나'몀 머 떠 이'기며늠 머 다릉 거 이씀미까?

— 비:료' 주'고 머, 구그게'찌.

저 시'러먼 머, 머 상', 상'을?

— 싸 도:느'럼 주'고 ㅁ 이제.

상'금 주'고?

— 예, 그'르치여.

아, 이'기 예점부'터 여 이' 동네, 에, 쫌 어, 가까'이 인는 여기 도'리원 쪼'게서 마:니' 해'따, 그'지여?

— 은, 네, 예, 예, 예, 예, 그'르치우.

그 다'음메 어르'신 어, 요줌' 그거, 사는: 요즘'하고 예전 어'려쓸 때 어르신하'고 어, 마으'리 마:니 바껴'찌예?

— 마'이 바께'지여, 머야.

그 마을': 어뜨, 그 마을' 주민 수'라든지, 이'렁 거 어, 빠, 어'트케 바견'는지 하'무 이야기해' 주'이소, 예즈.

— 주밈'325) 멈' 절'믄 사'암 다: 나'아 뿌'고 이검326) 머 늘'근 사람뿌'인데327) 머 그 머 하'노, 그 뿌인'데 머', 그 마:꺼'328) 나' 마은 나레 차므 야, 여, 얼라'요329), 요', 요'지베, 압찌'베 여 얼라' 하너 이'떠, 요', 요'지베.

— 요'지베 이제' 가'가330) 저~회'라꼬331), 거 이저'332) 안 거 인제 그어느 하'이꾜를 인젠 저 앙게'333), 끄어 머 농'기게 그 센트, 곤'친 데, 그'어 댕기

은 뭐 대구에서도 오고 뭐, 부산, 뭐 온갖 것이 다 오더라, 연 날리러.

연날리기, 이것은 인제 요즘 들어와서 하고?

— 예, 그, 그 뭐 얼마, 뭐 연도 뭐 얼마나 높이 날아가고.

그럼 예전에는 어쨌든 여기 그거, 그럼 어르신 아주 어렸을 때부터 씨름하고 줄다리기, 이것은 했다, 그렇지요?

— 그렇지.

그러면 그때 뭐 하면, 줄다리기 하고 나면 뭐 또 이기면 뭐 다른 게 있습니까?

— 비료 주고 뭐, 그것이겠지.

저 씨름은 뭐, 무엇으로 상, 상을?

— 상 돈으로 주고 뭐 이제.

상금 주고?

— 예, 그렇지요.

아, 여기는 예전부터 여기 이 동네, 어, 좀 어, 가까이 있는 여기 도리원 쪽에서 많이 했다, 그렇지요?

— 음, 예, 예, 예, 예, 예, 그렇지요.

그 다음에 어르신 어, 요즘 그것, 사는 요즘하고 예전 어렸을 때 어르신하고 어, 마을이 많이 바뀌었지요?

— 많이 바뀌었지요, 뭐.

그 마을 어떻게, 그 마을 주민 수라든지, 이런 것이 어떻게, 바, 어떻게 바뀌었는지 한 번 이야기해 주십시오, 예전하고.

— 주민 뭐 젊은 사람은 다 나가 버리고 이것 뭐 늙은 사람뿐인데 뭐 그것을 뭐하러 해, 그 뿐인데 뭐, 그 모두 나이 많은 사람이, 참 여기, 여기, 어린 아이요, 요, 요집에, 앞집에, 여기 어린 아이 하나가 있다, 요, 요집에.

— 요집에 이제 그 아이가 정희라고, 그 이제 한 그 인제 거기는334) 학교를 인제 저 안계, 그 뭐 농기계 그 센터, 고치는 곳, 거기에 다니며 장

마 장:개를 가 가주고 고'만 여' 드란떼'에'335), 저 출테근해' 가주 구만.

— 엄'마 나안' 초:네' 살란'다 까'머, 구래 여 아'이그336), 여시그337) 하아 나아 노, 고빽' 뿌'이다, 얼락 하나.

— 그으끄 점'부 머: 최하'가 나'이 고 하너 이'꼬, 점'부 열 이 나 젤: 나, 나, 나, 저, 저근' 사'러미 이제 이집 아'드린데 인제, 인제 아하'고338), 고긴 나이 올'기339) 서른 사'리가, 고기임 제일: 저:꼬', 마'컨', 마커' 칠'씸, 뉵'씸 너'머찌 머, 그르트, 그래 산다.

거이 요즈'믄 점'부 어, 나이 마런' 노인든분들빠'께 앙: 게신'다, 그'러치여?

— 그'르치, 그'르치, 노인들 뿌'이지 머'.

예저'네너 집쩜마'다?

— 아:이거', 울지'베더 그'리여 쩌, 저, 저 아:드릴 너, 아들 러'이340), 딸 하나, 이그 여'서 다: 키아가' 저, 쭈, 거슥, 수'머 살 마:커 너머 가'주 이짜 나간는데.

거'머여 예저'네는 집쩜마'다 머 하'러부지, 아버'지, 그 다으메 손'자, 이'러케 삼대가?

— 일'고비, 여'덜기, 보:통 여'덜 시꾸', 일'곱 시꾸', 그래 사'라따 카'이끼네, 그그 여.

요즘 점'부 노인, 할무'니, 하러브지빠'께?

— 오:옵'다, 처'머.

두 버여, 두 분'느썩빠에께 앙 게신더?

— 두 분'두 이'꼬, 내 혼차' 여꾸.

여 혼자 게시거나, 그지예?

— 아이그:어어, 보멉' 더그'프, 서'그퍼 모 뻔다.

그: 주민 수짜'도 예저'네 함, 함' 팔'심 명 가까이 너'먼는데?

— 오샌' 무얼'래, 한 사:심 명', 삼심 밍341) 데는 둥' 몰:래.

타 주'러다, 그'지예?

가를 가 가지고 그만 여기에 들어앉더라고, 저기 출퇴근해 가지고 그만.

— 엄마 나는 시골에 살겠다고 하면서, 그래 여기 아이가, 여자아이 하나 낳아 놓고, 그것밖에, 뿐이다, 어린아이 하나.

— 그렇고 전부 뭐 최하가 나이 그 하나 있고, 전부 여기 이 나이 제일 나이, 나이, 나이, 저, 적은 사람이 이제 이집 아들인데 인제, 인제 아이하고, 그게 나이가 올해 서른 살인가, 그게 제일 적고, 모두, 모두 이른, 예순 넘었지 뭐, 그렇게, 그래 산다.

그러니까 요즘은 전부 어, 나이 많은 노인 분들밖에 안 계신다, 그렇지요?

— 그렇지, 그렇지, 노인들뿐이지 뭐.

예전에는 집집마다?

— 아이고, 우리 집에도 그래 저, 저, 저 아들이 넷, 아들 넷, 딸 하나, 이것 여기서 다 키워서 저, 저, 그것, 스무 살 모두 넘어 가지고 이쪽으로 나갔던'데.

그러면은 예전에는 집집마다 뭐 할아버지, 아버지, 그 다음에 손자, 이렇게 삼대가?

— 일곱이, 여덟이, 보통 여덟 식구, 일곱 식구, 그래 살았다고 하니까, 그 여기.

요즘 전부 노인, 할머니, 할아버지밖에?

— 없다, 전부.

두 분, 두 분씩밖에 안 계신다?

— 두 분도 있고, 나는 혼자 있고.

여기 혼자 계시거나, 그렇지요?

— 아이고, 보면 서글퍼, 서글퍼 못 본다.

그 주민 숫자도 예전에 한, 한, 팔십 명 가까이 넘었는데?

— 요새는 몰라, 한 사십 명, 삼십 명 되는지 몰라.

다 줄었다, 그렇지요?

- 여, 다: 주′러342) 부거 어음′데.

- 서거푸′구므, 서거′퍼, 서거바고.

그: 으, 인제′ 옌:날′ 성:씨′느 아까 쪼금 이야길 하′션는데, 성씨′는 에저′ 인너 지′으므나 별: 차′이 업씀미치?

- 그′르치여, 별 차′이 업쬬.

- 궁, 거, 거, 꾸 비스칸′ 내 사′르.

- 나이 마:내서 아쭈343) 부′터 인능 그 이′꼬 그러′이껜.

아이, 그′러니까 게소케 사시늠 분들 사시니까 성:씨′는 별 차이 어′꼬, 왜 지인들 드론′는느 사′암들덕 별로 업′씀미까?

- 업′써요.

- 드루′긴344) 머 드.

- 여 미′테 즈: 한 집′ 드라, 채구′이라드 빼′라드 끄′자두 와따 가따 하 능 거, 머 홍, 머이 원하노이.

그′람 거′이 머 어, 주로′ 머 이 동′네에 게:속′ 태어나′서아, 시집와′서 사 시늠 분′들, 그럼 분′드리다, 이스, 끄지예?

- 그′러체, 예.

주′로?

- 야.

그′라므 여′게 그 어::, 혹′씨 어르′싱 급 어345), 이 마을′:리 예저′네 모′ 양도 에전′네, 지굼 모′양이나 또 까′씀미까?

어′려슬 때 모양하′고 지′굼 마을 모′스비 어′떠쓰미가?

달′라져씀미까?

- 이기 해:방 데′고 여기 어 므 요 동네 드, 요:짜′르 생′기끄덩.

- 이′거, 요고 모티′이346) 똥:네라꼬, 요골′ 해방 데고 꾸 와 일본′서 티 나오 여 터′느 어꼬 해가′지엄 머 여 띠′드얼 지:가′ 그랜데, 해방 저′네는 저: 안, 안 똥네뻭 뿌′이래.

─ 예, 다 죽어 버리고 없는데.

─ 서글프고, 서글퍼, 서글프고.

그 어, 이제 옛날 성씨는 아까 조금 이야기를 하셨는데, 성씨는 예전이나 지금이나 별 차이 없습니까?

─ 그렇지요, 별 차이 없지요.

─ 그, 거, 거, 그 비슷하게347) 내가 살아.

─ 나이 많아서 아직 붙어 있는 게 있고 그러니까.

아니, 그러니까 계속해서 사시는 분들이 사시니까 성씨는 별로 차이가 없고, 외지인들 들어온 사람들도 별로 없습니까?

─ 없어요.

─ 들어오기는 뭘 들어와.

─ 여기 밑에 저 한 집 들어와서, 최 군이라도 별나더라도 그자도 왔다 갔다 하는 것, 뭐, 무엇이 원하니까.

그러면 거의 뭐 어, 주로 뭐 이 동네에 계속 태어나서, 시집와서 사시는 분들, 그런 분들이다, 있었다, 그렇지요?

─ 그렇지요, 예.

주로?

─ 예.

그러면 여기에 그 어, 혹시 어르신, 그 어 이 마을이 예전의 모양도 예전에, 지금 모양이나 똑 같습니까?

어렸을 때 모양하고 지금 마을 모습이 어떻습니까?

달라졌습니까?

─ 이게 해방 되고 여기 어 뭐 요 동네 저, 요쪽으로 생겼거든.

─ 이거, 요것 모퉁이 동네라고, 요것을 해방 되고 그래 와서 일본에서 튀어나와서 여기 터는 없고 해서 뭐 여기 두드려 지어서 그랬는데, 해방 전에는 저 안, 안쪽 동네밖에, 그 뿐이야.

− 저::건' 음다'레 사, 미' 찝 사고 그'랜는데, 오새'348) 해방 데'고 일:로 이 집 찌가'주, 그 여 함', 한 사시 포' 가까이 덴'는덴, 오새'늠 머 집 땁, 다 짜꾸' 쩔뜨'더 뿌'고 머 머, 빈집' 데'이끼네 멈 며:네'서 머 뜨'더라 카'다가도, 오샌' 안, 안 덴'다 카'드라만도, 돈: 삼'심마 넌 나온다 카'이끼네.

− 거 지뜨'더349) 뿍, 죽 찌더' 뿍, 다음 머 다 디더 뿌고이.

− 오새'엔 돈: 안 준다 카'드라, 멘.

− 하, 지'넌, 저지'넘, 지녕꺼'짐 해돈 뜨'더만 며:네'서 삼'심마 넌 조:따 카'이끼네.

− 안지'누350), 오샌' 안 준더 케.

거'르스 떠 인지 지'블 마~이 뜨더' 버려따, 그지예?

− 뜨'더 뿔'찌염, 머.

− 꼬꾸래~'이351) 가'주 뜨더 버리.

그' 거'므 예저'네느 집', 지'비 점'부 다 어'뜨이 기와지'비여씀미까, 머 초'가지비여씀미까?

− 에이, 점'부 초'가지비느 박쩌이352) 그 새'마을 해가'주 개안353) 쭘'데 가'주구 그리.

그'링까 머 옌날하'고 지금하'고 모'양도 머 집', 집 모'양이나 이렁 거'또 마:니 바껴씀미까?

− 막, 마구 바끼'지, 머 이 즈거 엔:날' 찌'브 하아'떠354) 업찜, 머, 그래.

옌:날 지'븐 지'굼, 옌날 집 가주 인는 그'른 사'암 여 이씀미'꺼, 이 동'네에?

− 옌:날 지 까' 인는' 사'람?

− 업따'.

그이 머?

− 거'이터, 즈:: 아'네 가만 쯔 엔날 찌'베 건 개아'만355) 이'쩨, 옌날 찝 그대'르 이'따, 박○○'라꼬356), 거느 엔날 쭉: 그대'르, 그대르 이'따.

− 그대르 이'꼬, 그라고는 아, 급 보새' 비'이따.

- 저기는 음달에 살, 몇 집 살고 그랬는데, 요새 해방 되고 이리로 이 집 지어서, 그 여기 한, 한 사십 호 가까이 됐는데, 요새는 뭐 집 다, 다 자꾸 쥐어뜯어 버리고 뭐, 빈집 되니까 뭐 면에서 뭐 뜯으라고 하더니, 요새는 안, 안 된다고 하더라만, 돈 삼십만 원 나온다고 하니까.

- 그 쥐어뜯어 버리고, 쭉 쥐어뜯어 버리고, 다 뭐 다 뜯어 버리고.

- 요새는 돈 안 준다고 하더라, 뭐.

- 아, 지난, 지지난, 지난해까지만 해도 뜯으면 면에서 삼십만 원 줬다고 하니까.

- 인제는, 요즘은 안 준다고 해.

그래서 그 인제 집을 많이 뜯어 버렸다, 그렇지요?

- 뜯어 버렸지요, 뭐.

- 포클레인을 가지고 뜯어 버렸지.

그 그러면 예전에는 집, 집이 전부 다 어떻게 기와집이었습니까, 초가집이었습니까?

- 에이, 전부 초가집이었는데 박정희가 그 새마을운동을 해서 개량 좀 돼 가지고 그래.

그러니까 뭐 옛날하고 지금하고 모양도 뭐 집, 집 모양이나 이런 것도 많이 바뀌었습니까?

- 모두, 모두 바뀌었지, 뭐 이 저것 옛날 집은 하나도 없지, 뭐, 그래.

옛날 집은 지금, 옛날 집 가지고 있는 그런 사람 여기 있습니까, 이 동네에?

- 옛날 집 갖고 있는 사람?

- 없다.

거의 뭐?

- 거의, 저 안에 가면 저 옛날 집에 그 기와만 이었지, 옛날 집 그대로 있다, 박○○라고, 거기에는 옛날 집 그대로, 그대로 있다.

- 그대로 있고, 그리고는 아, 그 요새 비었다.

— 그 집 비'떠.

— 거: 떠'[357] 한 집', 거'떠 뜨'더야 덴'드, 그이 그 옌:날 찍' 그대'르 이'꼬 머, 그라고늠 마카' 머 다 뜨더 뿌고 머, 새로 지응 거.

새'로 지꺼'나 개:량'을 해'따, 그'지예?

— 이예예, 예에, 에에야.

그'르잉까 어, 이 요즘' 짐 모'양도 마니 바껴'꼬?

— 바끼'찌러여.

동:네 어'데 기'리나 이렁 거뚜 예전하'우 마이' 달라져'씀미까?

— 와:이구, 점'부 질: 새맨[358] 다 해 노'꼬 도로 포장 다: 해 나'안데 머.

— 더:레' 가능 거'또 머 다: 하고.

— 절'로 나가능 기', 일'로 나가능 거', 그저'네 므 이 질'[359] 어딘'노[360], 머 염 이그 일:로'도 보째 지 리'쩨, 졸로 이'쩨, 조 조루 이쩨, 점'부 새'맨 다: 해 나'떠이.

예저'으느 기'리 어뜨게, 쪼'바씀미까?

— 쫍'꼬 머 물'꾸디'이라구[361] 머 점'부 홀꾸'디이랜데, 요, 죠, 조 아'페 요: 질'면[362] 나두'고.

— 글'더 오샌' 한: 이 연'부튼, 이 연 점'부'턴 다 핻, 새먼' 다: 해'따.

검: 길 예정'네 널'피고 이'럴 때너 머: 어'떤 시'그로 머 해가' 해'씀미까, 누구, 동:네'에서, 예저'네 길' 쪼'바쓸 꺼 아님미까?

— 글[363] 며:네'서 그어 머 보:조' 나와 가'주고, 또, 또 쪼'번는 질: 머 명, 머 사: 미'떠마 사: 미'떠, 고대'로 머 해'쩰, 땅' 사가주 하'능 건 업'써.

— 에, 여'기 연:나'레 농'기 정리할' 찌 질 안 내 난:느', 왜'.

에, 에.

— 그'래, 그 사: 메'떰[364] 내 난'능 그 고고 마:카' 포장해'찌, 머.

가'므 이 마을' 앙'낄 일'로도?

— 새아, 여:거' 새'골로 마 점'부 디 꺼, 꺼멍다 아스벨'뜨 다: 해 나'따.

― 그 집 비었다.

― 거기에 또 한 집, 그것도 뜯어야 되는데, 거기에 그 옛날 집 그대로 있고 뭐, 그리고는 모두 뭐 다 뜯어 버리고 뭐, 새로 지은 것.

새로 짓거나 개량을 했다, 그렇지요?

― 예, 예, 예.

그러니까 어, 이 요즘 집 모양도 많이 바뀌었고?

― 바뀌었지요.

동네 어디 길이나 이런 것도 예전하고 많이 달라졌습니까?

― 아이고, 전부 길은 시멘트로 다 해 놓고 도로 포장 다 해 났는데 뭐.

― 들에 가는 것도 뭐 다 하고.

― 저리로 나가는 것, 이리로 나가는 것, 그전에 뭐 이 길이 어디 있어, 뭐 여기 이것 이리로도 보니까 길이 있지, 저리로 있지, 저 저쪽으로 있지, 전부 시멘트 다 해 났어.

예전에는 길이 어떻게, 좁았습니까?

― 좁고 뭐 물구덩이라고 뭐 전부 흙구덩이였는데, 요, 저, 저 앞에 요 길만 놔두고.

― 그래도 요새는 한 이 년부터는, 이 년 전부터는 다 했고, 시멘트 다 했다.

그럼 길 예전에 넓히고 이럴 때는 뭐 어떤 식으로 뭐 해서 했습니까, 누구, 동네에서, 예전에 길 좁았을 것 아닙니까?

― 그것을 면에서 그 뭐 보조금이 나와 가지고, 또, 또 좁았던 길을 뭐 마찬가지로, 뭐 사 미터면 사 미터, 그대로 뭐 했지, 땅을 사서 하는 것은 없어.

― 에, 여기 옛날에 농지 정리할 때 길을 내 놓았잖아, 왜.

예, 예.

― 그래, 그 사 미터 내 놓았던 것 그것을 모두 포장했지, 뭐.

그러면 이 마을 안길 이쪽으로도?

― 새골, 여기 새골로 뭐 전부 저 검은, 검은 아스팔트로 다 해 났다.

아, 예전부′터 이 길′로 쪼끔 기′른 쫌?

― 그 에, 아이′라, 아이′라, 질′또 여′선 지낭꺼′전365) 따′끄따, 새′골 저′
어는.

― 저 멀′ 이 삼만데′이르366) 떠 파가주′ 따′껀는데, 거′이.

와, 새′로 기′를 내:고′?

― 여, 지′얼367) 널:카′여368) 꺼′여거 융 무, 융 메따′라 너르나, 팔 미따
란, 융 메떠, 팔 미떠 널:카′짜나.

음:, 그′니가 글:로′는 새로 인자′ 그 해 가′주고, 그앰 머 끄 농:가′틍 경′
우도 인제′ 에저′네느 여 경지 정리가 안 데써씀미까?

― 엔:날′ 안 데′찌.

― 안 데′찌우.

― 오새′ 데′찌.

경지 정리한′ 지′가 한 언′마너 데′씀미까?

― 보′자, 한: 삼심 년 안: 데′껜나.

― 한: 삼시 음 떼, 으성′ 영가′미러 그 만, 여′시369) 한 삼심 년, 하 사,
한 이, 한 삼심, 이십 한 칠′ 련 데′께따, 여 핸: 즈′게, 여′게 아′페 핸′느여.

아:, 여′기에 경지 정리한′ 지가에?

― 여아, 경지 정이, 예.

아:, 꽤′ 그알′며느?

― 오′리, 오′래 데′쓰이.

오래 데′따, 그′지예?

― 예, 그르.

가′름 이 동네′느 드리′ 조′아서 그′러타, 그′지예?

― 뿅, 끄르치, 여 아′페.

― 저 뚜 저 우′, 저:짜′론370) 또 저′으′, 저′으, 저 마을′ 아′페 저짜′론 또
아, 아: 해′따, 그엔 머.

아, 예전부터 이 길로 조금 길은 좀?

－ 그 에, 아니야, 아니야, 길도 여기에서 지난해까지 닦았어, 새골 저기는.

－ 저 뭐 이 산꼭대기를 또 파서 닦았는데, 거기는.

아, 새로 길을 내고?

－ 예, 길을 넓혀서 거기 육 미, 육 미터로 넓혔나, 팔 미터, 육 미터, 팔 미터로 넓혔잖아.

음, 그러니까 그리로는 새로 인제 그렇게 해 가지고, 그래 뭐 그 논같은 경우도 인제 예전에는 여기 경지 정리가 안 됐었습니까?

－ 옛날에는 안 됐지.

－ 안 됐지.

－ 요새 됐지.

경지 정리한 지가 대략 얼마나 됐습니까?

－ 보자, 한 삼십 년 안 됐겠어.

－ 한 삼십 년 돼, 의성 영감이라고 그 뭐, 역시 한 삼십 년, 한 삼, 한 이, 한 삼십, 이십 한 칠 년 됐겠다, 여기 한 지가, 여기 앞에 한 지가.

아, 여기에 경지 정리한 지가요?

－ 예, 경지 정리, 예.

아, 꽤 그러면은?

－ 오래, 오래 됐어요.

오래 되었다, 그렇지요?

－ 예, 그래.

그럼 이 동네는 들이 좋아서 그렇다, 그렇지요?

－ 어, 그렇지, 여기 앞에.

－ 저기 또 저기 위, 저쪽으로는 또 저, 저, 저 마을 앞에 저쪽으로는 또 안, 안 했다, 거기에는 뭐.

아, 저쪼'게느 아 하'고?

— 아, 어, 요 은제' 욜'로마 욜'로 하고 머.

한: 이심 면 넌 저엄부'터 경지 정리'를 해'쓰므 괭'자이 오'래데응 그'런 펴'니다, 그'지예?

예, 그'러치요.

감' 구어' 여'기 그'러며너 머 쌀'가틍 겔 머 쫌' 조쏨'미꺼, 어'떠쓰미거? 살', 여 다른 데 비해가 미'지리, 인녀 살'?

— 여'어 미'지리371) 조'아여.

— 따~'이 찰따~'이372) 데 가주고.

— 쪼대'이러373) 가주고 싸'른, 쌀 참 조'아여.

— 찌 노'먼 싸'리 밤마 디'꼬.

— 거'떠 쌀'뜨 모래'땅으너서와 밥', 바리 머 어어, 우여 허무허물한'데, 여'느 참: 찰따~'이가 쌀', 쌀 조'아여, 내.

— 태야~'이 또 마'이두 바'꼬, 예, 이거.

— 태야~'이 욘, 요 머 해 빠'이불 태양 이꺼'등, 여'기너.

— 또, 뚜 고래 무, 미테 여.

아, 사'니 그러:케' 안 노프'니까?

— 야, 고'래 사~'이 그마, 야, 예, 야우, 그래 머 이지 해' 빠'일딴 서 이시'이, 저, 저, 여, 여 꼴짝' 쌀러' 거 저 햅, 거이 해 머이 저 버:떡' 써 뻐 머 즈 바빠'뜨 업:따, 거.

— 태'양을 바야 데지 머.

가'므 예점부'터 여'기에 싸'른 유명해'씀미까?

— 유:명해'찌, 여'기.

— 여' 방매제'무서 카'므 쌀' 잘: 팔린'데으.

아::, 여'기 무슨 살라고예?

— 방', 방매정'미소 칸 데, 요, 요, 요우 그거.

아, 저쪽에는 안 하고?

─ 안, 어, 요 인제 요리로만 요리로 하고 뭐.

한 이십 몇 년 전부터 경지 정리를 했으면 굉장히 오래된 그런 편이다, 그렇지요?

예, 예, 그렇지요.

그럼 그 여기 그러면은 뭐 쌀 같은 것이 뭐 좀 좋습니까, 어떻습니까?

쌀, 여기 다른 곳에 비해서 쌀 품질이, 이제 쌀?

─ 여기는 쌀 품질이 좋아요.

─ 땅이 차진 땅이 돼 가지고.

─ 찰흙을 가지고 쌀은, 쌀 참 좋아요.

─ 찌어 놓으면 쌀이 밥맛 있고.

─ 그것도 쌀도 모래땅이었으면 밥, 밥이 뭐 어, 어떻게 흐물흐물한데, 여기는 참 차진 땅이라서 쌀, 쌀이 좋아요, 예.

─ 태양을 또 많이 받고, 어, 이것.

─ 태양이 요기, 요기 뭐 해가 빠지도록 태양이 있거든, 여기는.

─ 또, 또 그렇게 뭐, 밑에 여기.

아, 산이 그렇게 안 높으니까?

─ 예, 그래 산이 고만, 예, 예, 예, 그래 뭐 이제 해가 빠지도록 서 있으니까, 저, 저, 여, 여 골짜기 쌀은 그 저 해, 그 해 뭐 이 저 빨리 져 버리면 뭐 저 밥맛도 없다, 거기.

─ 태양을 봐야 되지 뭐.

그럼 예전부터 여기에 쌀은 유명했습니까?

─ 유명했지, 여기.

─ 여기 박매정미소라고 하면 쌀 잘 팔린다.

아, 여기 무슨 쌀이라고요?

─ 박매, 박매정미소라고 하는 곳, 요, 요, 요기 그것.

- 고 마꺼 그레가저 므므.

거′므 요즈′믄 쌀:가틍 거 해 가′주고 점:부′ 여기 인느 그 수매해가′푸 그래 팜미까?

정부′?

- 수′매 므 점:부 수매 머 민′날 수 온다꼬.

- 여′ 점′분 쌀 찌′ 내즈, 정부에′즈 너, 넌, 논 함 마지긴 짜, 나′락 항 가마이석 주능 거, 함 푸′데일, 두 푸′데, 탐 푸데이 주능 거, 그 까지 그 머.

요즘′ 거′므 그′냥 판′다, 그′지예?

- 야.

그′염 그: 여어′기 혹′시 머 어, 그 풍′습까틍 그너 쯤 머 어떰 풍′스 비쓰미′꺼, 이 동네너?

- 풍′송 머, 무 여′ 풍′속또 안 차′뜨라, 보′이.

- 엔나′레 므여, 양:반 차′꼬 머 그렁 거 업′써여, 이건 함마374) 가지.

- 잉 거입 풍′서 업:써.

그′르도 이 머 이:쪽 이 동네′날 엽′ 똥네′에 어, 특뼐함′ 풍숩 까틍 게 이 쓰미까?

아까′ 이야기핸능 거′는 도′리원 쪼′게 머 시, 씨′름하고, 그릉 거느 핸′는데, 여′기늠 머 다른 머 이 동네읃에 먿?

- 그릉 거′ 머 여 멀 엔:나′레늠 머 함 믿, 하 심 년 점′매 해′돈 밍′절라375) 머 메′욱, 구, 쩌, 쁘, 쩌, 쁘런, 짬, 데브, 깨미′ 띠대′고 먿 이래 가 점 머′꼬 노:고′ 머 그래 해′는도, 오새′르 그어′또 어:꼬, 마′ 앙:꾸′도376) 업서져 쁘′체.

아니, 요즘 말:고 에저′네예.

- 예저′네 마:이 이′서찌, 그러.

예:저′네 명′절 어, 에:저′네 풍′습 어떵 거 해, 이′써쓰미까?

- 어, 그 명절이 되면 뭐 동네마다 뭐 그것 북 치고, 뭐 이 뭐 연, 연,

뭐 연 날리고 뭐, 명, 명절을 그렇게 놀았는데, 뭐 저 요새는 그것 할 그 것 저기, 옛날에 여기 많이 세게 놀았어, 여기.

— 새골하고 연결하여서.

아, 예전에는 여기 어, 그것?

— 명절 되면, 명절 되면 뭐 윷 놀고, 뭐, 뭐, 저, 저, 저, 저, 저, 저, 저, 저 지신 밟고 뭐, 만날 그렇게 며칠까지 그렇게 놀았다고 하니까.

그런데 요즘은?

— 아무것도 없어, 저.

아무것도 없습니까?

— 아무 데도 없어.

— 없어, 뭐.

— 다 모두 나이 많은 사람뿐인데 뭐 누가 놀겠어.

— 전부 나이 많은 영감만 수북이 있는데 뭐, 뭐 되겠어, 그게.

— 다 그 경로당에 가면 막 앉아있는 것이 모두 이 영감, 남자 셋이 있으면, 여자는 열도 넘는다.

— 진짜 큰 동네에 가면.

1.2. 장례 절차에 대한 이야기

어::, 예으, 이 동너이 그거, 요즈′머:: 머 장네′가 예전′하으 쪼움′ 달′라
져찌 안쓰미거?

장:르′, 사람′ 도러가′시며너?

— 끄′르이.

끄′, 그′래서 이 즈 장:네′에 대애서:: 함′분 여쩌 볼′려고 함′미다.

그′래서 사라′미 보:통′이, 인저 도러가′시며는 장네′를 치르′지 안씀미′까?

— 그′얼지.

어:, 그′르스 엔나′레: 머 어′르신 그어 어머′님 도러가′셔슬 때′, 거 쫌 데′찌예?

— 으

— 그′르찌, 오래 데′찌요, 하.

오래 데′찌예?

— 잉아.

그′때너 엔:날′시′그로 장네′를 치′르셔찌예?

— 거′르치여.

마을 사′암드리 도와주′시고 이래 가′주고.

— 어:.

그때′ 그: 보통′ 어떤 시′그로 장네′를 치런′는지 함′머 이야기를 쫌′ 해 주′십쏘.

— 우리′가 하, 우리 어머′이 도라가′시느 그 장네′, 고골′ 한븐′ 얘기해′
주′까, 주까?

예, 예, 예, 예, 함′분 쫌 머 개′역 나는 데′로 쫌′ 자쎄′이 이야기해′ 주′십쏘.
왜 그′릉가 함′, 요즘′ 사′암드런: 잘 모르′니까.

— 거 른잽′ 연′세가 팔십한 사′레 도러가′신는데, 아푼′ 지~′이는 딱′ 이
기 여리틀′마네 도러가′시따꼬.

어, 예전, 이 동네의 그것, 요즘은 뭐 장례가 예전하고 조금 달라졌지 않습니까?

장례, 사람 돌아가시면은?

— 그래요.

그, 그래서 이 저기 장례에 대해서 한 번 여쭤 보려고 합니다.

그래서 사람이 보통 이, 인제 돌아가시면은 장례를 치르지 않습니까?

— 그렇지.

어, 그래서 옛날에 뭐 어르신 그 어머님 돌아가셨을 때, 그 좀 됐지요?

— 응.

— 그렇지, 오래 됐지요, 벌써.

오래 되었지요.

— 예.

그때는 옛날식으로 장례를 치르셨지요?

— 그렇지요.

마을 사람들이 도와주시고 이래 가지고.

— 응.

그때 그 보통 어떤 식으로 장례를 치렀는지 한 번 이야기를 좀 해 주십시오.

— 우리가 아, 우리 어머니 돌아가셨던 그 장례, 그것을 한 번 이야기해 줄까, 줄까?

예, 예, 예, 예, 한 번 좀 뭐 기억나는 대로 좀 자세히 이야기해 주십시오. 왜 그러냐 하면, 요즘 사람들은 잘 모르니까.

— 그때 인제 연세가 여든한 살에 돌아가셨는데, 아픈 지는 딱 이게 열이틀 만에 돌아가셨다고.

- 그른데 참' 주글 찌'이돈381), 참 도라가'실 지'이도 우야, 저, 저으, 저,
저, 저어, 저 방, 쪼매낭', 고 아:들' 큰 더, 거'서 도라가'신는데, 참' 이사를
암 부리'고, 저 거즈 말하은 바랑낄382) 피슥하~'이383) 그래 도라가시끄덩.

- 그린데읍 그려 죠, 저이, 저이 요 오새' 열 쩌, 쩌으, 저 벼'운 떠 도'
리언 느 그 충'규라꼬, 그'으게 크니'사그덩, 그 중'국 까에 침 먹 하은득,
그 사람' 불'러 가주고 한 두: 분 침 마'꼬, 고래거 따악' 쪼 나띠'마능, 겨,
그르 고 성가'네 열하루까'정 고'만 이'걸 오, 이거 하나'도 앙 걸치드'라꼬.

- 하'울 답따'브니가 마, 아이.

- 정시'이 업:써'.

- 그'랜 우리' 영감할마'이가 나제'는 내'가 이'꼬, 바'메는 니 이꺼'라, 그'
래가 한:시'라도 인제' 거 아 뿌, 두, 도러가'실 때까'자 안:, 방을 암 비아찌'.

- 찹', 참 도러가'실 때 마지마'거 가'이껜 또'을 싸'드라꼬.

- 또을 막 싸능 기라.

- 또을 쌓 끈내이끼니 그 절 참말로 누늘 까마이싱어 도러가신는데,
참 역씨 다 불루고, 조은 데 가시라꼬.

- 그래 참 이불 더'퍼 노구, 더브 노'꼬 인제' 하'이 이제, 인제 저 장
네'사를 인제 업, 걸'쨋 장네'사도 머 암' 불'러섬.

- 마시'384) 사'암더 인제' 우 칭구 O'O라 칸' 사'러미 머 그 자 해'.

- 거 마을 사'암드리 인제 점 조 가'주 인제 딱 도러가'시므 인저', 인
제' 모시 너'꼬, 거, 저으, 전 무, 뭐 물' 치 노'코 인제 짝 집뗴, 집땅' 가주'
고 널: 하'만, 널: 인저 하머 집'딴 하'꼬, 기양 이제 하시머 인저'으 꺼'꿀로
누페' 가'주 인제' 이래 누뿌, 누페' 가'주우 이블' 딱 더'퍼 노'치여.

- 볼리 멀 자'기, 자'기 주'걸 띤 이'불 아 인'나, 그래 깔:거'드.

- 골' 깔'고 인제' 딱: 다른' 이'불 가 딱: 더'퍼 노마, 더퍼 노'꼬 인제
핑풍'을385) 딱: 쳐 노'으며 인제, 꺼르 나'며 인제' 상'주드이 와'야 델 꺼
아이가.

- 그런데 참 죽을 적에도, 참 돌아가실 적에도 어, 저, 저, 저, 저, 저, 저 방, 조그마한, 그 아이들이 컸던 곳, 거기에서 돌아가셨는데, 참 의사를 안 부르고, 저 거기 말하면 중풍 비슷하게 그렇게 돌아가셨거든.

- 그랬는데 그래 저, 저, 저 요 요새 여 저, 저, 저 병원 저 도리원의 저 그 춘규라고, 거기에 명의거든, 그 중국에 가서 침을 배우고 했는데, 그 사람 불러 가지고 한 두 번 침 맞고, 그래서 딱 좀 났더니만, 그, 그래 그 사이에 열하루까지 그만 이것을 옷, 이것을 하나도 안 걸치더라고.

- 하도 답답하니까 뭐, 응.

- 정신이 없어.

- 그래 우리 부부가 낮에는 내가 있고, 밤에는 네가 있어라, 그래서 한시라도 인제 그 안 비, 돌, 돌아가실 때까지 안, 방을 안 비웠지.

- 참, 참 돌아가실 때 마지막에 가니까 똥을 싸더라고.

- 똥을 막 싸는 거야.

- 똥을 싸서 끝내니까 그 길로 참말로 눈을 감으시며 돌아가셨는데, 참 역시 모두 부르고, 좋은 데 가시라고.

- 그래 참 이불 덮어 놓고, 덮어 놓고 인제 하니까 이제, 인제 저 장의사를 인제 어, 그때는 장의사도 뭐 안 불렀어.

- 마을 사람들이 인제 우리 친구 ○○라고 하는 사람이 뭐 그것을 잘 해.

- 그 마을 사람들이 인제 참 저 가지고 인제 딱 돌아가시면 인제, 인제 모셔 놓고, 그, 저, 저 물, 뭐 물리쳐 놓고 인제 짝 짚단, 짚단 가지고 널을 하면, 널 이제 하면 짚단으로 하고, 그냥 이제 하면 이제 거꾸로 눕혀 가지고 이제 이래 눕혀, 눕혀 가지고 이불 딱 덮어 놓지요.

- 본래 뭐 자기, 자기가 죽을 때 이불 안 있어, 그것을 깔거든.

- 고것을 깔고 인제 딱 다른 이불을 가지고 딱 덮어 놓으면, 덮어 놓고 인제 병풍을 딱 쳐 놓으면 인제, 그래 놓으면 인제 상주들이 와야 될 것 아니냐.

- 어:, 어'데 객'쩨에 나가' 이씨'마, 그'제?

글치, 다 앙 게시니까, 예.

- 아어, 그'래 안지 여 카먼, 자 오'늘 쪼, 주'거씨만386) 서, 사'밀짱 거 트마, 보통' 사'밀짱 하그'드, 사밀뜸 장네'를 한데, 대러'블 인지시, 오'슬 이페'가 대러'블 해'이 델 꺼' 아이'가, 그자?

- 그럼 인제' 즈, 저 은제' 사'밀짜앙 꺼'뜨마 오'늘, 오'늘 절 쭈'거떠, 내'일 찌네', 모레' 장:네'어, 장:니' 아이, 그갸?

- 그리 모레' 장, 우리'도 사'밀짱 핸'는데, 끄르 인제 참'말로 대:르멀 쩨 그 오'슬 이펜'데, 그래 이젬 형'님 거, 우리' 형'님 마름 미'리 도러가'신 시이 어꼬', 우리' 누부'드릴하고 우이 쪼'카드라곤 손'녀들 머 꼴 장:조'카 거 와'여 델 끄 아이'가, 장:조칸 대구에 인.

- 그르 와가'주 인제' 다: 모디'미387) 인제 거'서 인제 보'닌드 인저' 고'글 하마, 고'글 하고 인제' 오'슬 이페'가주 대르믈 씨겐닝 게로.

- 오'슬 작:388) 이기 이비여 짜 대러머 짜 내노으 놈, 나'느 그'으찌, 글'찌 잘: 해'써.

- 여'서 핸'데, 치'아르389) 크'게 치'고 쩌어, 절 너:를' 마르아 니치'390) 각, 이마:능 거', 생나무, 거'릉391) 가주'고, 글'찌 내 돈 잘: 부'이, 니치' 가 이릉 으, 브:얼겅 간솔 사'다가 대:목 두을' 딜'따 노코 치'알 쳐' 너커 밤: 세'두룹 널: 짜'고 마르아, 이금 머 술: 바'더 주고 도옹사'름 모디~' 가주 고 이 불: 피아 노꼴 여'서, 여기 이 마다아'서 여'끄덥, 그래 가줃 널: 짜 '고 밤 세:드' 짜'가 마리 저 술: 머'꼬 그래 가주 처만 다 짜'건 디:에', 그 나무 안주꺼정 올'걘392), 안주꺼즉 하'나뜨 안 써거씨 께'르, 파::알:강 간 솔 메'여끄덥.

- 꾸'러이 참', 참 대려'믄 이저 다: 상'주 와 아'주고, 완는 디에', 와가' 주 인제' 대려'믈 카마393) 인젤 므까 무'끈능가 요거 머게 딱 온 니'페 가 주오, 삼', 상포' 거'틍마 상포', 돈: 니'넌 사'람먼 안동포394) 거'틍 어, 점:부

– 어, 어디 객지에 나가 있으면, 그렇지?

그렇지, 다 안 계시니까, 예.

– 어, 그래 인제 여기 말하면, 자 오늘 죽, 죽었으면 삼, 삼일장 같으면, 보통 삼일장을 하거든, 삼일장 장례를 하는데, 대렴을 이제, 옷을 입혀서 대렴을 해야 될 것 아니냐, 그렇지?

– 그럼 인제 저, 어 인제 삼일장 같으면 오늘, 오늘 저 죽었다, 내일 저녁, 모레 장례, 장례 아니야, 그렇지?

– 그래 모래는 장례, 우리도 삼일장 했는데, 그래 인제 참말로 대렴을 이제 그 옷을 입히는데, 그래 이제 형님 그, 우리 형님을 말하면 미리 돌아가셨으니 없고, 우리 누나들하고 우리 조카들하고 손녀들 뭐 그 장조카가 와야 될 것 아니냐, 장조카는 대구에 있는데.

– 그래 와서 인제 다 모이면 인제 거기에서 인제 본인들이 인제 곡을 하면, 곡을 하고 인제 옷을 입혀서 대렴을 시키는 거야.

– 옷을 작 이게 입혀서 작 대렴을 작 내어 놓으면, 나는 그때, 그때 잘했어.

– 여기에서 했는데, 차일을 크게 치고 저, 저 널을 말이야 네 치 각, 이만한 것, 생나무, 그런 것을 가지고, 그때 내 돈 잘 버니까, 네 치 각 이런 것, 벌건 관솔을 사다가 대목 둘을 데려다 놓고 차일을 쳐 놓고 밤이 새도록 널을 짜고 말이야, 이것 뭐 술 받아 주고 동네사람이 모여 가지고 이 불을 피워 놓고 여기서, 여기 이 마당에서 엮거든, 그래 가지고 널을 짜고 밤이 새도록 짜서 말이야 저 술 먹고 그래 가지고 참말로 다 짠 뒤에, 그 나무 아직까지 올해, 아직까지 하나도 안 썩었을 거야, 빨간 관솔이었거든.

– 그러니 참, 참 대렴은 이제 다 상주 와 가지고, 온 뒤에, 와서 인제 대렴을 말하면 인제 묶어서 묶었는가, 이것 무엇 하게 딱 옷 입혀 가지고, 상, 상포 같으면 상포, 돈 있는 사람은 안동포 같은 것, 전부 그런 것을

그릉 건' 이페'가주 하자'너.

　－ 그려가 은제' 땅: 녀 이페' 가'지오 그 딱' 너:레', 내가, 너이, 자 이즌, 너:레' 딱 인제' 안장을395) 씨'긴녀어.

　－ 그래 가주 인제' 다: 상주 보여, 다: 와 은제' 거 다 딱' 띠가'먼 널 웅짝뿌396) 딱 빼아 뿌니.

　－ 은'짝 바'거, 널: 은'짝 바'아 뿌'므 시마'이거등397), 고만.

　－ 깍 고'마 그어 무 보'아398) 뿌능 거.

　－ 거' 은젤' 나두'며 인제' 거 이털, 사밀짜앙 거'뜨며 인제, 사밀짜아 거 오'을 쩐' 해'심 내일 장:녀' 아이'가.

　－ 장녀'머 인제' 그날 먼 이게 차::.

　－ 소:고'이 사'아, 구 소, 글'찜 먹 소곡' 기하'짜나, 글짐 녀'도.

　－ 크 히으 기하'이겐 꺼르 데:지'느 머, 먼 인'득 자'꼬, 소'고기 국 끼'리고 은젤 장:니 나'르아 새부뿌'튼 머 치 고'온뎀 글'찌 수물녀'이 미'이끄던399).

　아:, 상녀'를?

　－ 상여'를 수물너'이: 미'따 카'이.

　－ 상이'가 수물녀'이 미:고 압소'르꾼400) 이'꼬, 처 쿼이 행담 미'고 기'더 저: 삼만대~', 저:: 느'메401) 울: 산소게 이끄'덥.

　－ 일'루 올'로가'만 여: 노'네가덜 발'핸지402) 가'마 인제 처메' 이젠 다: 하'마 인제업 아'침 저'쓰 상네구'더러 인제' 내일 또, 은저, 은저' 사'밀짜염마 시견'해, 한: 일곱 씨: 데'먼 마커' 아, 아, 다 온'다.

　－ 지대'르 다: 상더군'들403) 다 온'다.

　－ 수물너'여' 카'마 한: 삼'심 명 온'다 마르어.

　－ 동네' 사'암 모쭈래'마404) 다은' 데 사름 똔, 새'골 사'암 떠 사가'주온 여'이 데, 머.

　－ 동네'스 수물너'이 미'어가 압쏘'리꾼하'고 이'래가즈 그: 인제 여'서 인제 신체'를405) 인'접, 너:를' 인제 상'주들 들'고 여'이 널, 그'을 찌영 골

입혀서 하잖아.

- 그래서 인제 딱 넣어 입혀 가지고 그 딱 널에, 내가, 널에, 자 이제, 널에 딱 인제 안장을 시키지.

- 그래 가지고 인제 다 상주 보여서, 다 와 인제 그 다 딱 들어가면 널에 은 장부를 딱 박아 버려.

- 은 장부를 박아, 널은 은 장부를 박아 버리면 끝이거든, 그만.

- 딱 그만 그 뭐 봉해 버리는 거야.

- 그 인제 놓아두면 인제 그 이틀, 삼일장 같으면 인제, 삼일장 그 오늘 저녁에 했으면 내일 장례가 아니냐.

- 장례면 인제 그날 뭐 이게 참으로.

- 소고기 사고, 그 소, 그때는 뭐 소고기가 귀했잖아, 그때만 해도.

- 그 귀하니까 그래, 돼지는 뭐, 뭐 인제 잡고, 소고기 국을 끓이고 인제 장례 날이라고 새벽부터 뭐 치고, 그때, 그때 스물넷이 멨거든.

아, 상여를?

- 상여를 스물넷이서 멨다고 하니까.

- 상여를 스물넷이 메고 앞소리꾼 있고, 저 그래 그 행상을 메고 깃대 저 산꼭대기, 저 너머에 우리 산소가 있거든.

- 이리로 올라가면 여기 논에다가 발인제 가면 인제 처음에 인제 다 하면 인제 아침 저 상여꾼들은 인제 내일 또, 인제, 인제 삼일장이면 식전에, 한 일곱 시 되면 모두 온, 온, 다 온다.

- 스스로 다 상여꾼들이 다 온다.

- 스물넷이라고 하면 한 삼십 명이 온다는 말이야.

- 동네 사람이 부족하면 다른 곳 사람들을 또, 새골 사람을 또 사서 넣어야 해, 뭐.

- 동네에서 스물네 명이 메어서 앞소리꾼과 이래서 그 인제 여기서 인제 시체를 인제, 널을 인제 상주들이 들고 여기 널, 그럴 때는 골목에 이

모' 이'래 이그 모 드'러오그덤.

‒ 이래: 강:목' 까주 이래 무꾼'능 기' 이'써.

‒ 그'래가주 걸, 키: 무겁'따::.

‒ 흐으 우'여 처음마406) 내매 해 노'마 꾸'래 저:꺼'전 이젠 멈 모:시'고, 들'고 가'능 게'르.

‒ 들'가면 머 참' 글'찐 머 죽'짜 사'자 우능'가, 아, 우노', 울'고 날리 아이'가.

‒ 참' 내: 마이 우'러꾸만.

‒ 걸'찌 낸: 톡'상주로407), 아이?

마쓰, 마씀미다, 예.

‒ 핸, 이'래가주 거 하여 가'이 저: 노'는, 조 여 아페 논' 아 이따, 그자?

예, 허에.

‒ 거 널: 떠'윽:: 미 채'애408) 노'꼬 인제', 인저 딱:스 행사~'을 꾸'민다.

‒ 꾸메 가주'우 따항: 인제' 지'믈 시, 딱: 시'르 노'꼬 인제 고'어 인'제, 은제이, 야 인제, 인전 걸 인제 제살' 지'내능 기'래.

‒ 상'보끼 카'능 거 이제' 지너이.

‒ 거르' 인젠 발현지 지'내머 지베 나가'면 삼부꺼지, 요' 삼복찌 지'내머 이제 고'마 뜨, 곰 시마'이라.

‒ 상복찌 지'내마 인제' 약상'가으, 상복 지'내고 약상가 그러따 카'능 그'는 상복찌 지'일마 주군 저스'이라 말.

‒ 여기, 여 지'베서 제:사' 지낼 상'복쩨라 이'써.

‒ 상복쩨 지'내먼 고'만 은진 이 세사으 엄능 기'라.

‒ 초'옴 불'러가주 저거 뜸 니라' 뿌'고, 언지 먼.

‒ 꼴' 인제 언 삼복 찌'내우 그'여 가'며 인제 따:앙 행사~'여 딱 쩌 안 장' 씨:게' 노'코느 이'제 거서 인제 거'느 인제 멀: 지어너, 발현지르 카'능 기 이'서.

‒ 발'현지여 카'능 거 인지', 거 행사'아.

뭐 이래 이것이 못 들어오거든.

- 이래 광목을 가지고 이래 묶는 게 있어.

- 그래서 그것을, 그것이 무겁다.

- 흐흐 우리가 천만 내 놓고 해 놓으면 그래 저기까지 인제 뭐 모시고, 들고 가는 거야.

- 들고 가면 뭐 참 그때는 뭐 죽자 살자 우는지, 아 우느냐, 울고 난리 아니냐.

- 참 내가 많이 울었구먼.

- 그때 내가 홑상주가, 아니냐?

맞습, 맞습니다, 예.

- 했는데, 이래서 그래 해서 가니 저 논, 저 여기 앞에 논 안 있더냐, 그렇지?

예, 예.

- 거기에 널을 떡 미리 차려 놓고 인제, 인제 딱 행상을 꾸민다.

- 꾸며 가지고 딱 인제 짐을[409] 실어, 딱 실어 놓고 인제 거기에 인제, 인제, 어 인제, 인제 그 인제 제사를 지내는 거야.

- 성복제[410]라고 하는 것을 이제 지내.

- 그것을 인제 발인제를 지내면 집에 나가면 성복제, 요 성복제 지내면 이제 그만 또, 그만 끝이야.

- 성복제를 지내면 인제 약식 상가, 성복제를 지내고 약식 상가라고 그렇다고 하는 것은 성복제 지내면 죽은, 저승이라는 말이야.

- 여기, 여기 집에서 제사를 지내는 성복제라고 있어.

- 성복제를 지내면 그만 인제 이 세상에는 없는 거야.

- 초혼 불러서 저것 또 내려 버리고, 인제 뭐.

- 그래 인제 어 성복제를 지내고 그래 가면 인제 딱 행상을 딱 저 안장 시켜 놓고는 이제 거기에서 인제 거기에는 인제 무엇을 지내냐, 발인제라고 하는 것이 있어.

- 발인제라고 하는 것은 인제, 그 행상.

상여′에 인제 올려너′코 인제 바′린제를?

— 예, 아, 발′현제르 카′능 기 이′써, 다하.

바′린제 하기 저′네 머 하, 머슨 제사 한′다고예?

상′복쩨여?

— 삼′복쩨.

아, 상′복쩨느 어′뜨게 지′냄며?

— 삼′복쩨 사러′미 저, 쭈, 쯔게 다 으히고 하적, 널: 다 무깐′, 다 무까′
노코, 그자′, 건 전 머 은젤 지:여′, 내러, 내′러 거′트마 인제′ 오′늘 인젇
아치′메 이젿 열 칠, 거 너 치, 홈브러 그업, 밥 요래: 언′저 나:따.

— 거′ 인제′ 초′함 불′르 뿐 초′ 니라′ 뿌고 인제 초: 니루′꼬 인제 상쭈,
상′복쩨 지′내, 상북쩨.

고러 어, 그 아치′메 지′내능 그여?

— 아치′메 지′내.

— 그 상′복쩨 지내′구.

구 머, 거′때너 어떤 시′우루 지′냄미까?

함번 이역, 상′복쩨 지′낼 땜 멀 스?

— 상′복쩨 지′내는 맹:.

차리야 뎅?

— 예?

차′리능 거라든′지?

— 차′리더 맹: 제′사게 또:까′테.

— 곡′ 하고.

— 집 제사 지′내고, 축′ 이르′고.

— 그′에 인제′ 가, 고 개 지, 지′내마 인젠′ 이′ 세상은 아 인제′ 끈나씨~
인제 저 세사을 가시오:: 카믄 상′복쩰 딱: 지내 뿌′머 인제.

거 다′으메 인제′ 웅구 해′가 행상까′지 가주 가′지예?

상여에 인제 올려놓고 인제 발인제를?

― 예, 아, 발인제라고 하는 것이 있어, 다.

발인제 하기 전에 뭐 하, 무슨 제사 한다고요?

성복제요?

― 성복제.

아, 성복제는 어떻게 지냅니까?

― 성복제는 사람이 저, 저, 저기 다 할 때, 널을 다 묶어, 다 묶어 놓고, 그렇잖아, 그 저 뭐 인제 저녁, 내일, 내일 같으면 인제 오늘 인제 아침에 이제 여기 차, 그 널 차, 이미 그것, 밥을 요래 얹어 놓았다.

― 그 인제 초혼 불러 버리고 초를 내려 버리고 인제, 초를 내리고 인제 성복, 성복제 지내, 성복제.

그것은 어, 그 아침에 지내는 것입니까?

― 아침에 지내.

― 그 성복제 지내고.

그 뭐, 그때는 어떤 식으로 지냅니까?

한 번 이야기, 성복제 지낼 때 뭐?

― 성복제 지내는 것도 역시.

차려야 되는?

― 예?

차리는 것이라든지?

― 차리는 것도 역시 제사와 똑같아.

― 곡을 하고.

― 집 제사 지내고, 축을 읽고.

― 그래 인제 그, 곡 하고 지내, 지내면 인제 이 세상은 아 인제 끝났으니 '인제 저 세상으로 가시오.'라고 하면서 성복제를 딱 지내 버리면 인제

그 다음에 인제 운구를 해서 행상까지 가지고 가지요?

– 아, 어.

거:, 그'때 인제' 발'린제 하'는데, 그 저'네 쫌 함 분 더 여쭈'어 보'게씀미다.

그:어'기 아까' 인제' 어:르신' 이녀 도'러가시며너, 처'음 도러가'셔슬 때', 그'어 보통 그 아까 은제 평풍 쳐' 가'주고 꺼꾸로 누'이신다 해'쓰니까, 어, 꺼꾸로 누'이시고 머 이'불 더퍼 논는'다 아 해'씀미까?

– 아, 아, 거르치, 아.

그'어 워 구거 하기 저'네 머: 어르신 그 머 이'런 심'바리나 오'시나 이'렁 거너 혹씸 머 지붕 위'에나 이른 데 엉'꼬 안 함'미까, 이여?

– 워, 그 미'러 어짜' 쭈, 초'옴 부, 초'홈 부르짜'나, 초'호 남411) 부르나.

초혼: 부르응 그'너 어'떠게 하은지 함 이야기해 주이소.

– 거 초'홈 부'르며 인제 암, 여으 저음 머.

아, 워어떠'케, 초'호늘 어'뜨게 부룬지 함' 이야기해 주'이소.

– 전, 거연, 저, 저, 저, 즘 자'기 인제' 저, 저, 전 죽근, 마여'네 소고'슬, 저구'리프 저구'리, 또 저 소고'슬 들'고 지분쳐' 올러가'능 기애, 지문쳐 알라가주 인제 안동건'씨 오늘 모시 모롤제 초홈': 부른다':., 초홈 불 주거따 카래데브걸, 시: 붐 부르'고 니로'마 그에 인제' 그 초'옴 불'르가 거 나 두'능 기라.

– 그'래 인지 상'복쩨 지'내먼 거 인자' 마꺼 거다 가주 인제 태'우, 그랭 기르.

아, 그럼'면 고', 고'때?

– 경상북또 으성'군 머 뿌야~며'이 심평'니에 권나무꺼제꺼제 촌, 허야 워, 초원:느, 촘 부르다아, 촘 붇, 시: 분' 제 헌드'러가'주 그거 그 해 뿌므 그기' 초'호이라.

그'아므 그때 초'호는 누가 부룸미'까?

– 뚜 거: 인:제' 동네 사'림, 누'구라도 저, 고어 쩜 장 젤'믄 사람녀 껀, 껀, 더, 껌 부르지여.

― 예, 예.

그, 그때 인제 발인제를 하는데, 그 전에 좀 한 번 더 여쭈어 보겠습니다.

거기 아까 이제 어르신 이제 돌아가시면은, 처음 돌아가셨을 때 그 보통 그 아까 이제 병풍 쳐 가지고 거꾸로 눕힌다고 했으니까, 어, 거꾸로 눕히시고 뭐 이불 덮어 놓는다고 안 하셨습니까?

― 예, 예, 그렇지, 예.

그 왜 그것을 하기 전에 뭐 어르신 그 뭐 이런 신발이나 옷이나 이런 것은 혹시 뭐 지붕 위나 이런 데 얹고 안 합니까, 여기는?

― 왜, 그 위에 얹잖아 저, 초혼 부, 초혼 부르잖아, 초혼 안 부르냐.

초혼 부르는 것은 어떻게 하는지 한 번 이야기해 주십시오.

― 그 초혼 부르면 인제 어, 여기 저 뭐.

아, 어떻게, 초혼을 어떻게 부르는지 한 번 이야기해 주십시오.

― 저, 그, 저, 저, 저, 저 자기 인제 저, 저, 저 죽은, 망인의 속옷을, 저 고리면 저고리, 또 저 속옷을 들고 지붕에 올라가는 거야, 지붕에 올라가서 인제 안동권씨 오늘 모시 모월에 초혼 부른다, 초혼 부르면 죽었다고 하는 것인데, 세 번 부르고 내려오면 그것이 인제 그 초혼 불러서 거기에 놔두는 거야.

― 그래 인제 성복제를 지내면 그 인제 모두 걷어서 인제 태우고, 그런 것이야.

아, 그러면 그, 그때?

― 경상북도 의성군 뭐 봉양면 신평리에 권아무개 초혼, 허야워, 초혼, 초혼 부른다, 초혼 부, 세 번 인제 흔들어서[412] 그렇게 그 해 버리면 그것이 초혼이야.

그러면 그때 초혼은 누가 부릅니까?

― 또 그 인제 동네 사람, 누구라도 저, 그 저 제일 젊은 사람이 그것은, 그것은, 또, 그것은 부르지요.

— 끄 올르가, 나 만 사'암드 지분 조' 올러갈 쑤 인'나?

아, 건 누'어 동:네 사임 와'서 해 주는 사'람 인'네예?

— 에, 이'지, 이쪄, 그러니.

— 도아시니.

도러가'셔따 하'며는?

— 야, 어.

— 고'래 가'주온 그 초홈 부르'마 인제', 인지 꺼 자기 주'그느 신' 아
인나'?

— 신', 신' 곧 쯔 다 무'에 딱: 가따 노'꼬, 밥 해 가'지우 절까'락 뚜
딱 꼬'버 노'꼬, 거 른제' 초홈 불'르가 가 혜가 인저' 바런제 지'내 뿜
맏 저, 저, 저일, 창'벅쩨 지내 뿜' 인저 그기 인자 바크 고 싹: 업써져
뿌'드라.

— 거 사무'이 자, 사무'우 기 전 행사'이 인즈 거 시차'가 나갈 까'안까
진느 고, 고 이따' 인전 상'복쩨 지'내야 인제 그객 없'써지능 기라.

그엄'며너 아까' 초혼하'면서 어, 저고'리나 이'렁 거너 적싸'머 지붕 위'에
올려 노'코?

— 그'래, 건든'다413), 헌들'만 그 사'라미 이젤 이름하'고, 경상북또 주소
허, 거 다: 불러 가'머 인제 그'래 쯔아 아무꺼시 초호::, 시: 분' 니애 부루'
문414) 은제' 가, 그게' 인제' 여 저서으'러 가'라 카능 기래.

그 다'으메 인제 그암'미 초혼 하고 나'서: 그 다'으메 드로아 가'주고 아까
인자' 어, 인자 꺼꾸로 누이시 노'코 인자 위에 이'불 덥'꼬, 그 다음 병풍 쳐
노'코, 어, 그 다'으메 인제 곡 하'고 * 머 그러치여?

— 어, 그'래, 상'주늠 머 글'제 저, 저우이, 널 안 널 땅까'전415) 쭈, 거
이더 너'어'른 여이브 거 쪼 오짐 므 오, 오, 오, 오쁘, 오'또 글 상'주드 다
와'야 오'슬 이페.

— 상복 오'설드 거드, 그어또.

— 거기 올라가서, 나이 많은 사람들이 지붕 저기를 올라갈 수 있겠어?

아, 그것은 누가 동네 사람이 와서 해 주는 사람이 있네요?

— 예, 있지, 있지, 그래.

— 도왔으니까.

돌아가셨다 하면은?

— 예, 예.

— 그래 가지고 그 초혼 부르면 인제, 인제 저 자기 죽기 전에 신었던 신 안 있어?

— 신, 신을 그 저 담 위에 딱 갖다 놓고, 밥 해 가지고 젓가락 둘을 딱 꽂아 놓고, 그것을 인제 초혼 불러서 그 해서 인제 발인제 지내 버리면 저, 저, 저, 성복제 지내 버리면 인제 그것이 인제 모두 그 싹이 없어져 버리더라.

— 그 사뭇 인제, 사뭇 거기 저 행상이 인제 그 시체가 나갈 때까지는 거기, 거기에 있다가 인제 성복제를 지내야 인제 그것이 없어지는 거야.

그러면은 아까 초혼하면서 어, 저고리나 이런 것은 적삼은 지붕 위에 올려 놓고?

— 그래, 흔든다, 흔들면 그 사람이 이제 이름하고, 경상북도 주소하고, 그 다 불러 가면서 인제 그래 저 아무개 초혼, 세 번 이렇게 부르면 인제 그래서, 그것이 인제 여기서 저승으로 가라고 하는 것이야.

그 다음에 인제 그러면 초혼을 하고 나서 그 다음에 들어와 가지고 인제 아까 인제 어, 인제 거꾸로 눕혀 놓으시고 인제 위에 이불을 덮고, 그 다음에 병풍을 쳐 놓고, 어, 그 다음에 인제 곡을 하고 * 뭐 그렇지요?

— 어, 그래, 상주는 뭐 그때 저, 저, 널에 안 넣을 때까지는 저, 그 이제 널은 여기 그 저 옷 뭐 옷, 옷, 옷, 옷, 옷도 그 상주들 다 와야 옷을 입혀.

— 상복, 옷을 그것도, 그것도.

― 그'래가지 오'마 더 올 다 이페: 노'꼬 인제', 꺼구 루페 노코, 이페 노꼬 인젤 너:레' 열: 찌'느 인제스 거 인제 거 이드 전 다: 인제 상지 모디'가주 자부 지:내'고 인젤 널 땅 끄 여 뿌마 인자 머 저.

걸'지예, 그'러며너 보통 인제 아까: 거 여:를 한다 아임미까, 그지예?

― 허그.

여'믄 누'가 합'니까?

― 여'므년416) 마실 사'암, 우누, 우리'느 우리 칭'국 해'써.

아:, 잘 하'시늠 부'니 이씀미'까?

― 예, 예, 그렁기, 히가마니417), 히가만 칭오이, 히가만니.

끈'데 인제 여: 상'복 까틍 경우'도 미'리 핻 두'진 안치 안씀미까?

― 우리'인 저 이 저, 저 함'복 저이, 저 여 은네418), 저.

아'니, 어, 그'릉까 상복 까틍 경우'에: 어, 누 이'버야 데'니까 갑짜'기 도라가심며너 상'복 까틍 거: 어'뜨겔 쩌 그검 머 지'베서 에저'네 어르'신 어머님 도러가'셔슬 때는 지'베서 만드러씀미까?

― 만드'러지.

누'가 만듬'미가?

― 그 마실'419) 사'암들하고 만드자나.

― 마을 사'아미420) 그릉 걸' 잘: 만든' 사'러미 이'써, 상복 꺼텅 말러 가주'고 그래 만든 사라머.

― 오새'느 마카'421) 걸 다 사가' 하'자나, 마.

― 글'찌는 마껍' 마실 사'암들 만데르드가스.

― 상복또 만들'고 거 온 인는'422) 거'또 첨'보 만드'러 가지 이팩' 끄'래써, 예.

검 ** * 쓰덤 굴건 하?

― 자기 시엔 여, 어, 그렁 거'어드 점'부 찜 만들'고, 그 저, 전 주'근 마인'도 올' 마컨' 삼'비 가'주 지'버 가주고요 올' 맨드'러 가주 이페'가 그래뜨 가이.

－ 그래서 오면 또 옷 다 입혀 놓고 인제, 거꾸로 눕혀 놓고, 입혀 놓고 인제 널에 넣을 때에는 인제 그 인제 그 저 다 인제 상주 모여서 성복제를 지내고 이제 널을 딱 그 넣어 버리면 이제 뭐 저.

그렇지요, 그러면은 보통 인제 아까 그 염을 한다고 아닙니까, 그렇지요?

－ 예.

염은 누가 합니까?

－ 염은 마을 사람, 우리는, 우리는 우리 친구가 했어.

아, 잘하시는 분이 있습니까?

－ 예, 예, 그런 것이 귀가 막혀, 귀 막히게 친구, 귀가 막히게.

그런데 인제 여기 상복 같은 경우도 미리 해 두지는 않지 않습니까?

－ 우리는 저 이 저, 저 상복 저, 저 여기 있네, 저.

아니, 어, 그러니까 상복 같은 경우에 어, 누가 입어야 되니까 갑자기 돌아가시면은 상복 같은 것은 어떻게 저 그것 뭐 집에서 예전에 어르신 어머님 돌아가셨을 때는 집에서 만들었습니까?

－ 만들었지.

누가 만듭니까?

－ 그것은 마을 사람들이 만들잖아.

－ 마을 사람이 그런 것을 잘 만드는 사람이 있어, 상복 같은 것을 말라 가지고 그래 만드는 사람이.

－ 요새는 모두 그것을 다 사서 하잖아, 그냥.

－ 그때는 모두 마을 사람들이 만들었었어.

－ 상복도 만들고 그 옷 입는 것도 전부 만들어 가지고 입히고 그랬어, 예.

그럼 ** * 쓰던 굴건하고?

－ 자기 식으로 여, 어, 그런 것도 전부 집에서 만들고, 그 저, 저 죽은 망인도 옷은 모두 삼베 가지고 기워 가지고 옷을 만들어 가지고 입혀서 그랬다니까.

- 오새'는 딱 고'만 따 한 세'트 나오'맘 머 첨'부 다 나오'지만, 그'을 찔 사:람' 딱 주'거따 허'면 상뿌어삐 여 뎀 막 이'거 삼비 가따 노'꼬 마르'고 즈 상, 게듭 주운 시체'하고 그거 마르'고, 상주들 임능' 거 그어 마르'고 점'부 지'베선 맨드'러다 가이.

- 맨드'러 가즈'어 두룹, 굴'간지 여버이[423] 켜적항[424] 기 씨'고, 그언, 그애, 그 왜 건, 우쪼'게달 삼비 부치 가저 풀'로 떼'아 가주 이리가지 이램 맨드거'등 그거, 그래.

- 여' 또 새끼' 까:가지[425] 이에 무꾸'꼬[426] 아 핸'나, 그래.

- 그이 꺼, 그여 굴간제복[427] 아이'가.

예, 그'런데 인제' 보:통 그업 도라가'시고 은잡' 그검 멈미까, 오'슬 바로 입'찐 안'찌예?

- 머:가?

상'보글래?

- 상'보글 머 옴 머어, 봄 매음' 두루마'기 이'꼬, 아네 처.

아니', 쩜 무 그거 스, 승, 승'복쩨 하기 저'네?

- 아'아', 성'북[428] 저'네너 이거 함, 둘:막 한 짜' 이 뺀:다, 그래.

한 쩍' 빼지예?

- 아허, 그래.

그'암머 그어 승'복쩨를 먼저 함'미까, 대려, 여'믈 먼저 함'미까?

- 여:믄' 미'리 해이 데'지.

염: 하'고?

- 어, 염: 하'고, 염: 하'고, 제 쓰, 저, 저, 저, 저 은제' 염: 다 하마 이걸, 오'설 인저 야: 이걸러 아, 바로 야: 임'나.

- 이걸' 바로 이'꼬 인제' 그래가 은제 성'복쩰 지'내자나.

그'러치예?

- 에.

- 요새는 딱 그만 딱 한 세트 나오면 뭐 전부 다 나오지만, 그럴 적에 는 사람이 딱 죽었다고 하면 상복 여기 어디 막 이것 삼베를 갖다 놓고 마르고 저 상, 거기 죽은 시체의 옷, 그것 마르고, 상주들 입는 것, 그것을 마르고 전부 집에서 만들었다니까.

- 만들어 가지고 둥그렇게, 굴관제복이 어벙하게 큼직한 것 쓰고, 그 것, 그래, 그 왜 그건, 위쪽에다가 삼베 붙여 가지고 풀로 때워 가지고 이 래서 이래 만들거든, 그것을 그래.

- 여기 또 새끼를 꼬아서 이래 묶고 안 했어, 그래.

- 그것이 그, 그것이 굴관제복 아니냐.

예, 그런데 인제 보통 그 돌아가시고 인제 그것 뭡니까, 옷을 바로 입지는 않지요?

- 무엇이?

상복을요?

- 상복을 뭐 옷 뭐, 뭐 마찬가지로 두루마기 입고, 안에 저.

아니, 저 뭐 그것, 성, 성, 성복제 하기 전에?

- 아, 성복제 전에는 이것 하나, 두루마기 한 쪽을 이래 뺀다, 그래.

한 쪽 빼지요?

- 아, 그래.

그러면 그 성복제를 먼저 합니까, 대렴, 염을 먼저 합니까?

- 염은 미리 해야 되지.

염을 하고?

- 어, 염을 하고, 염을 하고, 이제 저, 저, 저, 저, 저 인제 염을 다 하 면 이것을, 옷을 인제 안 이것을 아, 바로 안 입겠어.

- 이것을 바로 입고 인제 그래서 인제 성복제를 지내잖아.

그렇지요?

- 예.

검′ 염: 하기 정까′지는 파′리 한 쌍′만 내 노′코?

― 그래, 만능 기, 그에, 그, 그′러이지, 그래, 그르치, 그래, ****.

끄암′ 염: 하기 저′네너 다른′ 조:문′이나 이′렁 거 다른 사′암들 암 바씀미까, 바씀미까?

― 머?

서, 다:른′ 사얌드리′이′?

― 아:, 거, 거느 암 반, 저′어, 저 염: 함′머 작 시′꾸내러 하거여 저, 뱁, 저, 저, 저, 저 하 여 아, 암: 보:쩨′.

― 자기 딸′레429), 고′모, 이그른 사′암마 하′제, 나으, 나, 나′머는 넘: 할′찌 쩨리 그 바~′아 아무도 안 드룬다.

― 아′지 친한 사′름 거′틈 드로지마′느.

그르 여우, 염: 하′고 난 다′으메 조문하′러 온 사′암들 바′꼬 하고?

― 끄래, 거 인제, 워 그래 인제 성′복쩨 지낸 디′에느 인제′ 우 거 이 굴 간제복 아 하′나, 이거인 니루′코 여 다 오또, 두루막또 보 끼:고 은제스 고 하 은제으 구거 하이 가주은 성′복쩨 지′내마 인제 조문 다: 바짜나.

그′르치에, 그 성보쩨 지′내야 그어 하′지예?

― 그려, 그래, 에.

그′엄 성′복쩨으에너 보통 어떤 시′그로 지′냄미까?

― 맹: 축, 추우, 처 성′북제이 추 기′떼.

저, 쩌 일반 제사′ 우 지슫함′미까?

― 거′르치, 맹: 비스개′.

― 섬′부제 진, 지, 미이430) 일′번 제사으끄 거진 또까테, 거′르히.

그′어 머 거′이 비슫하′다, 그′지예?

― 그르치, 비스가지, 머.

― 제산데 머, 제사′늠 머엠, 맴 므 똑:까짐 머 그 머 빌′껄, 거: 충′마 즈, 충′만 틀래′지에.

그럼 염하기 전까지는 팔을 한 쪽만 내어 놓고?

─ 그래, 맞는 것이, 그래, 그, 그래야지, 그래, 그렇지, 그래, ****.

그러면 염하기 전에는 다른 조문이나 이런 것을 다른 사람들 안 받습니까,
받습니까?

─ 뭐?

사, 다른 사람들이?

─ 아, 그, 그것은 안 받지, 저, 저 염을 하면 자기 식구들이 하고 저,
별로, 저, 저, 저, 저 하지 여 안, 안 받지.

─ 자기 딸들, 고모, 이런 사람들만 하지, 남, 남, 남은 염 할 적에 절대
그 방에 아무도 안 들어온다.

─ 아주 친한 사람 같으면 들어오지만.

그러니까 염, 염하고 난 다음에 조문하러 온 사람들 받고 하고?

─ 그래, 그 인제, 어 그래 인제 성복제를 지낸 뒤에는 인제 뭐 그 이 굴
관제복 안 하겠어, 이것 내리고 여기 다 옷도, 두루마기도 뭐 끼우고 인제
그 하면 인제 그것을 해 가지고 성복제를 지내면 인제 조문 다 받잖아.

그렇지요, 그 성복제를 지내야 그것을 하지요.

─ 그래, 그래, 예.

그럼 성복제는 보통 어떤 식으로 지냅니까?

─ 역시 축, 축, 저 성복제도 축이 있더라.

저, 저기 일반 제사하고 비슷합니까?

─ 그렇지, 역시 비슷해.

─ 성복제 지내, 지내, 역시 일반 제사와 거의 똑같아, 그렇지.

그 뭐 거의 비슷하다, 그렇지요?

─ 그렇지, 비슷하지, 뭐.

─ 제사인데 뭐, 제사는 뭐, 역시 뭐 똑같지 뭐 그 뭐 별것, 그 축만 저,
축만 다르지.

－ 축', 충'마 틀레'지, 제산' 또까짜'나, 그렁 그녀.

아니 머 그 하'는, 차'리능 거나?

－ 으, 아, 그러치, 차'링 거도 또까테여, 그래 머 그긴.

끄 다'으메 끄러며 인제 아까: 은제 어르'신 그거 은젠 행상::이 인제 웅구'를 저:까'지 안 함'미까, 그'지에?

－ 어.

웅구'능 그'엄 누'가 해가 감'미까?

－ 그어'들 쩌, 짜 상주들하고 배깐'들하고.

－ 상주른 아 하'지여.

－ 상'주는 디:에 고'글 함 따'러가게 데'고, 배'깐드리 다 하자나.

－ 배'깐드리 다: 모 하'먼 동네 싸'암들 상데군'드리[431], 상데군'드리.

칭'구드리 하'미까?

－ 아, 상대꾼'들 가 인나.

－ 수물너'여 상대군'드리 그 무거'붕 거 어'이 꾸 아나.

－ 그류 그 거 상대군'들하우 그'래 모셔', 배'깐하우 그래 모이, 삼부느이 거 디:에' 곡' 하'이 데고.

끄 암'메 그어 바'린제를 인제' 저:쪼'게, 행상'에 올려나'코 인제 바'린제지'냄미까?

－ 거 쯔 거거'?

뼈예.

－ 그'래 다: 올리노'코.

바'린제에 대'해서 함므 이야기해 주이소.

－ 바'린제에는 인제.

머 어뜽, 어뜽 게 바린제인지?

－ 행상'에 처:메 거 인제' 전 행상'을 꺼미 노'코 행상'제러 카는 또:이'서.

— 축, 축만 다르지, 제사는 똑같잖아, 그런 것은.

안에 뭐 그 하는, 차리는 것이나?

— 어, 아, 그렇지, 차리는 것도 똑같아요, 그래 뭐 그게.

그 다음에 그러면 인제 아까 인제 어르신 그것 인제 행상이 인제 운구를 저기까지 안 합니까, 그렇지요?

— 예.

운구는 그럼 누가 해서 갑니까?

— 그 사람들 저, 저 상주들하고 백관[432]들하고.

— 상주는 안 하지요.

— 상주는 뒤에 곡을 하면서 따라가게 되고, 백관들이 다 하잖아.

— 백관들이 다 못 하면 동네 사람들 상여꾼들이, 상여꾼들이.

친구들이 합니까?

— 어, 상여꾼들이 안 있잖아.

— 스물넷의 상여꾼들이 그 무거운 것을 어찌 끌고 안 하겠어.

— 그래 그 거기에 상여꾼들하고 그래 모셔, 백관하고 그래 모시지, 상주들은 그 뒤에 곡을 해야 되고.

그 다음에 그 발인제를 인제 저쪽에, 행상에 올려놓고 인제 발인제 지냅니까?

— 그 저 그것?

예.

— 그래 다 올려놓고.

발인제에 대해서 한 번 이야기해 주십시오.

— 발인제는 인제.

뭐 어떤, 어떤 것이 발인제인지?

— 행상에 처음에 그 인제 저 행상을 꾸며 놓고 행상제사라고 하는 것이 또 있어.

― 고'오는 아 끼미433) 노코 인제 순:서대'로 가 주소'오 카'며 인제 상대꾸~'이 인제 한 상 채리 노'꼬 거일 저'를 하능 기라.

― 어'예뚱 가'네 꺼'꿀르 가지 마:고 우에434) 나 마:느마 나 마:은 대'으, 순서 대'르 가 주'시오 가꼬 꺼, 혀, 사여'쩨라 카'능 기 이'써.

― 고 사여'쩨를 따: 지내'여 녀마 인제 즐 하므 인제 골 인제 거 인제 사여'적 지'내머 인제 인제 시체'가 오자'너, 인제.

― 거 상'주가 오자'나.

― 오'머435) 인제, 이제엔 끄.

그'암며너 거 바'린제 지'내기 저'네 상여'제를 지'내미까?

― 상여'제 지'낸다, 그르.

상여'제늠 머 어뜬 시'그로 지'내는지 함' 이야기해 주'이소.

― 상이, 상, 사인, 절, 사, 상이제는 사, 사, 행사꾼 스물너이, 여던, 널, 널 미능 걸 새끼릅 까:악 이래 와아 가주 아 하나.

― 오새'느, 그 저느 강:모글 해'찌마너, 어새'느 강머'으로, 글찐 지 까'주움 군디'쭐436) 맨디늠, 패아:: 식쩜부'턴 막 와 가'마 이라능 기록.

― 걱 술 가따 녹' 데지고'금 막 가따 노'꼬 막 미 막: 기여, 그래 뿌어 마흑 도'그덩.

― 그'래 가주고 어떤 사암, 도 니는 사'암들 또 그으 또 한'다, 그어.

― 또 지열', 인자' 저어, 저, 그 함'분 논:다.

― 나' 만', 나' 마은 사'러미 주'거씨마 인제 글 쪼 더 생항그, 행상도'리437)라꼬 함분 더 어이어여야 카'마 압쏘'리 미게'꼬438) 이젠, 뿜 함마, 함먼 논:다.

― 노:은' 사'암드 이'꼬.

아:, 거'기서?

― 어, 마다'아' 거이 끼미 노'코, 행상 어업 집빠' 까'주 다 무까' 가'주 인제 그얼 들'고 상주 거 태'이 가'주고 걸 함부 노 논:다.

− 그것은 아 꾸며 놓고 인제 "순서대로 가 주세요."라고 하면서 인제 상여꾼이 인제 한 상 차려 놓고 거기에 절을 하는 거야.

− 어쨌든 간에 "거꾸로 가지 말고 어떻게 나이가 많으면 나이 많은 대로, 순서대로 가 주십시오."라고 하는 그, 행, 상여제사라고 하는 것이 있어.

− 그 상여제사를 다 지내고 나면 인제 절을 하면 인제 그것을 인제 그 인제 상여제사를 지내면 인제, 인제 시체가 오잖아, 인제.

− 그 상주가 오잖아.

− 오면 인제, 이제 그.

그러면은 그 발인제를 지내기 전에 상여꾼들이 상여제사를 지냅니까?

− 상여제사를 지낸다, 그래.

상여제사는 뭐 어떤 식으로 지내는지 한 번 이야기해 주십시오.

− 상여, 상, 상, 저, 상, 상여제사는 상, 상, 상여꾼 스물넷이, 여덟, 널, 널 매는 것을 새끼로 꼭 이렇게 조여 가지고 안 하냐.

− 요새는, 그전에는 광목으로 했지만은, 요새는 광목으로, 그때는 짚을 가지고 동아줄을 만드는, 막 식전부터 막 와서 감아 이러는 거야.

− 거기에 술 가져다 놓고 돼지고기를 막 갖다 놓고 막, 막 먹여, 그래 버리고 막 돌거든.

− 그래 가지고 어떤 사람, 돈 있는 사람들은 또 그것 또 한다, 그것.

− 또 저녁에, 인제 저, 저, 그 한 번 논다.

− 나이 많은, 나이 많은 사람이 죽었으면 인제 그 저 또 상여, 상여놀음이라고 한 번 더 '어이어여야'라고 하면서 앞소리를 메겼고 이제, 또 한 번, 한 번 논다.

− 노는 사람도 있고.

아, 거기에서?

− 어, 마당에 그것을 꾸며 놓고, 행상을 짚 바를[439] 가지고 다 묶어 가지고 인제 그것을 들고 상주를 거기에 태워 가지고 그것을 한 번 논다.

- 압소'리 미게' 가머 그리 논:다' 카'이기.

- 그'래, 아:, 그'래 함 노:능 겁, 노:능 거, 거뜨 마:넬.

- 도 닌: 사'라므.

아:, 거'는 바'메 함'미까?

- 뿌 걸 문 녀 건.

바'리엔 할, 발'인 하루 전날?

- 아, 아하, 그'래 하, 저어', 지여', 바'메.

바'메?

- 에하, 바'메.

- 끄 행'상 끼미 노'고 상'주 태이' 가주 은젤 크: 마 압쏠' 미게' 가며 인제 조은' 데 가라 카'며 인제 거, 그그 행상' 끄'이, 행상 근, 겨 또 행상 도'리랄, 행상노'리라구 이'따 꺼'이, 행난노리.

행상노'리에 대해서 함'믄 이야기해 주'이소.

- 그:기', 그그'이 행상노'르 아이'가, 그래.

머 거 어'뜨게 하'는지 함?

- 구 내 이저' 행산 줄 다: 매' 가주'고, 줄 다:: 매' 가주 인제' 딱 해 가조이 와 카미든 스물녀'이가 땅 미'그던.

- 미거'여 어으, 어, 시: 부'440) 카'거 거르 카르머 땅: 노'으마 그래 상'주 나오'라 카'그덕.

- 상'주 나오'머 저 행상노리 하야 가'그덩.

- 행상노'리 하지 깜' 상'주 나온'다.

- 상'주 인지 건 태'이뜨441).

- 태이'가 끄네'끼 메:가주 이래가'즈 그 압써'리 미게 가만 한 더일, 더이 시'간석 건 배:비 도'러댕'기미 인제 노:고442) 인제 노'꼬, 그 쫌' 한 잠 머'꼬

- 걸' 은제 그르 나뚜'먼 그'이 인제 행상노'리그덩.

아:, 고'는 저 하루 전'날 바'메?

- 앞소리 메겨 가면서 그렇게 논다고 하니까.

- 그래, 아, 그래 한 번 노는 것, 노는 것, 그것도 많았어.

- 돈 있는 사람은.

아, 그것은 밤에 합니까?

- 또 그것을 뭐 여기에서 그.

발인 하루, 발인 하루 전날?

- 아, 예, 그래 하, 저녁, 저녁, 밤에.

밤에?

- 예, 밤에.

- 그 행상을 꾸며 놓고 상주를 태워 가지고 인제 그 뭐 앞소리를 메겨 가면서 인제 좋은 곳에 가라고 하면서 인제 그, 그것 행상 그, 행상 그, 그것 또 상여놀음이라, 상여놀음이라고 있다니까, 상여놀음.

상여놀음에 대해서 한 번 이야기해 주십시오.

- 그게, 그것이 상여놀음 아니냐, 그래.

뭐 그 어떻게 하는지 한 번?

- 그 내 이제 행상 줄 다 매 가지고, 줄 다 매 가지고 인제 딱 해서 "와"라고 하면서 스물넷이 딱 메거든.

- 메고 어, 어, 세 번 하고 그래 그러면 딱 놓으면 그래 상주 나오라고 하거든.

- 상주 나오면 이제 상여놀음 하자 하거든.

- 상여놀음 하자고 하면 상주가 나온다.

- 상주를 인제 거기에 태운다.

- 태워서 끈을 매서 이래서 그 앞소리를 메겨 가면서 한 두, 두어 시간씩 빙빙 돌아다니면서 인제 놀고 인제 놓고, 그 또 한 잔 먹고.

- 그것을 인제 그렇게 놔두면 그것이 인제 상여놀음이거든.

아, 그것은 저 하루 전날 밤에?

- 아, 그'래, 밤, 거려.

그 행상'을 그럼'며너?

- 다: 끼미 가'지고 우'에, 우'에 그 하영 그, 그어'머 선척 그검'마 안
더'꼬, 주'런 다: 메 가'주구 인제 행상노'리라 칼 끄 이따 그이.

- 그어지 끄리 할두: 시'간 하'구 쎔만 두 시간 하'구, 술 머'꼬 머, 머,
무 걸 망 나온'다.

- 상주들 고 카'고 맹 꺼: 할깐 그어또 맹 안상'제드 어어 울'고 머 이
칸드 카'이끼네, 거.

- 그어, 거 그 그래'가.

- 거 머' 상'주드 모가 그'란다 가'이끄느.

- 그'야 인느 함무.

- 그'래가주 거 데지고기하'우[443] 술하'음 망: 나오다, 나'옴 저 끔 머'
꼬[444] 거 인잔 내일 인저 그 이'트널, 그 행상노'리 카능 거'느일 도 닌'는
사'암더른, 부:'자'는 행상노'리 그 할, 할래 카'마 해도'오' 카'그드.

- 해도' 카'먼 그르 한다 카이.

- 요' 우리'도 여 수:'타'케 해'써, 이 마시'레.

행상노'리 하'몀 머 조'응 게 이씀미'까?

- 몰', 자'기 인제 도니 이씨~'이[445] 인제 조:은 데' 가'라꼬.

- 근 넉[446] 행상' 미기'능 그 또:'가'찌 압써'리 미꺼 곡 하고, 상주두
곡' 학 다 해'에 덴더 까'이기네.

- 까, 그으러.

거미 행상노'리 하'고 은자 그 다'음?

- 거르 그'날 인제 자'제 뭐.

- 귀, 그 이'타렌[447], 내'일 거틈 오을 찌여'[448] 행상노'릴, 그 줄' 메가'
주 탁 끼'메가'즈 맨드'러 나'코 그래 행상노'러 캉 기 이'따 카'이긴.

- 엄:'는' 사람더'러너 그때 돔 모언능[449] 사암더'른, 그또 돈:도 건'데이,

- 아, 그래, 밤, 그래.

그 행상을 그러면은?

- 다 꾸며 가지고 위에, 위에 그 하얀 그, 그것만 천 그것만 안 덮고 줄은 다 메 가지고 이제 상여놀음이라고 하는 것이 있다니까.

- 그래 그러니 한두 시간 하고 싶으면 두 시간 하고, 술 먹고 뭐, 뭐, 뭐 그 막 나온다.

- 상주들 곡 하고 역시 그 할 것은 그것도 역시 안상주도 엉엉 울고 뭐 이러고 한다 하니까.

- 그, 그 그래, 그래서.

- 그 뭐 상주들 모두 그런다니까.

- 거기에 있는 사람들.

- 그래서 그 돼지고기하고 술하고 막 나와, 나오면 인제 그것을 먹고 그 인제 내일 인제 그 이튿날, 그 상여놀음이라고 하는 것은 돈 있는 사람들은, 부자는 상여놀음 그것 할, 할래 하면 해다오 하거든.

- "해다오." 라고 하면 그것을 한다니까.

- 요기 우리도 여기 숱하게 했어, 이 마을에서.

상여놀음을 하면 뭐 좋은 게 있습니까?

- 뭐, 자기 인제 돈이 있으니 인제 좋은 곳에 가라고.

- 그 역시 행상 메기는 것과 똑같이 앞소리를 메기고 곡 하고, 상주도 곡 하고 다 해야 된다니까.

- 그, 그것을.

그러면 상여놀음 하고 인제 그 다음?

- 그래 그날 인제 자지 뭐.

- 그, 그 이튿날에는, 내일 같으면 오늘 저녁에 상여놀음을, 그 줄 매서 탁 꾸며서 만들어 놓고 그래 상여놀음이라고 하는 것이 있다니까.

- 없는 사람들은 그때 돈 있는 사람들은, 그것도 돈도 걸고, 이 돈을

임 돔 막 그언더, 거.

행상노′리 할′ 때 또:까치 이래 함?

― 어, 그래, 어, 그래.

― 끄이, 그여, 고으, 고, 고부 이′라그덥.

― 도옹′ 꼬′구 머 역 꼬′프 맹 짝따′이450) 지′꾸, 곡 하′구, 다: 한다 카′이끼네.

― 그 머, 므, 그인 내간, 그′러 인제′ 그 다: 하머 인제 그 이′틀, 엄:는 사암드르넌′ 고′만 지옐′ 마커 줄′ 디으 나′따가, 첩 셔, 어떤 사′암 시견하우451) 저그.

― 걸′겐 찐, 나제 드리 나′따 그 이틀 따 무까′ 나′따어 곰 머 식, 움, 머 거르 바리 지내 뿜′멍 가 뿜 데지 마러, 그래 인는 사′암 그래 한다 카′이끼니.

거′ 민제′ 그 다′음날 인제′ 바린하′는 아치′메 어 인제 아까: 상더꾼′드리 모여 가′주고 어어, 그거, 바′린제 하′기 저′네 지으, 지′내는 제:사′를 상이′제러 해씀?

― 사이′제르 그′래, 상이′제.

상이′제를 인제′, 상이′제너 아까′.

― 사이′제느 은제′ 시껴′네, 너, 올르, 올 이제 쯔그 안 나가′나, 인제′.

― 나가′먼 행상, 거 끄이, 끄 가 머, 거여 끈, 끼미 난′능 거 그자′, 고 인젭′ 굴 맥452) 술, 거 음석하′꺼 함′ 채′리능 그′야?

― 다: 채′리 노′꼬 인제 거서 인제 거 저 인제′ 젤: 깨끄′던 사′러미 온 너 케어, 걸쓩 이래가 절′, 절′ 두: 분 하고, 여′어즈 을 이 지 다, 곧 단 자~′이다, 한 자′ 떡′ 술 한 잔′빼꺼 한 친′다, 한 정 까:주′고, 한 잔 치′고 행사′아 이래 해 가′지오 한 전 저 름, 짐 머′꼬 인제 저′를 이제 두: 분 하′므, '어:애′뜽 가′넵 순서대′르 가주쇼, 순서대르 가즈′, 이리 거 절 하′그등.

막 걸었어, 걸어.

상여놀음 할 때 똑같이 이렇게 합니까?

— 어, 그래, 어, 그래.

— 그, 그, 거기, 곡, 곡 이러거든.

— 돈을 꿰고 뭐 역시 꽂고 마찬가지로 작대기를 짚고, 곡 하고, 다 한다고 하니까.

— 그 뭐, 뭐, 그래 인제 내 가서, 그래 인제 그 다 하면 인제 그 이튿날, 없는 사람들은 그만 저녁에 모두 줄을 들여 놨다가, 어떤 사람들은 식전하고 저래.

— 거기에는 저, 낮에 들여 놨다가 그 이튿날 묶어 놨다가 그 뭐 식, 어, 뭐 그렇게 바로 지내 버리면 가 버리면 되지만은, 그래 돈이 있는 사람은 그렇게 한다니까.

그럼 인제 그 다음날 인제 발인하는 아침에 인제 아까 상여꾼들이 모여 가지고 어, 그것, 발인제 하기 전에 지내, 지내는 제사를 상여제라고 했습니까?

— 상여제야 그래, 상여제.

상여제를 이제, 상여제는 아까.

— 상여제는 인제 식전에, 오늘, 오늘, 오늘 인제 저것 안 나가냐, 인제.

— 나가면 행상, 그 꾸며, 꾸며 그 뭐, 그 꾸며, 꾸며 놓은 것이잖아, 거기에 인제, 거기 마찬가지로 술, 그 음식하고 한 번 차리는 거야.

— 다 차려 놓고 인제 거기에서 인제 그 저 인제 제일 깨끗한 사람을 오라고 해서, 거기서 이래서 절, 절을 두 번 하고, 여기는 그 이 저 단, 그것은 단잔이다, 한 잔 딱, 술 한 잔밖에 안 올린다, 한 잔 가지고, 한 잔 올리고 행상에 이래 해 가지고 한 잔 쳐 놓으면, 지금 먹고 인제 절을 인제 두 번 하면, "어쨌든 간에 순서대로 가주세요, 순서대로 가주세요", 이렇게 거기에 절을 하거든.

- 그'래 뿌'무 거 인제 꺼'꿀로 가자'느만, 넌, 나 마'은 사'암 나 두'구 절'믄 사'암 죽쭉 주'거이끼네 구래가 그거, 글, 그 사이'제그덩, 행상'제, 그게 사이'제덕.

- 고: 지'내머 인제 따 꺼 인제' 뜬 시체가 오자'나.

- 모 쭈 고오부'틍 지'내이 데능 기'라.

- 고 미드 딱' 지'내 믄제 거'서 또 술 한 잔 머'웅다.

- 장깐 누'어 하 짐 머'꼬 인 이시'미 인제 배꽌드'라고 상대군'들 가주 우 저어지 운:상', 운:상'해'라, 마으'리 운:상'해'라 카그덩 인제.

- 모:시'라, 운:상'으 해'라 카그덕.

- 운:상'을 하 카'머 지 주 뜨'로살미 우'고 인제 오만 참'마로 고 딱: 너:레 딱' 무까가'주 인제 딱 더'프 씨 가'주고 용주453) 딱 해 뿌'마 구 꼬, 오새'느 꼳', 꼳사~'이 카능 거 마이 하'데.

- 오새' 거'지454) 꼬싸~'이'가.

- 구'러 이저 그'어서 인제 다악' 해 너'으며 인제 거'선 인제이 구 저 아이거, 사.

- 거 인제아 바'릴, 쩌 그거 제' 아이거 인저.

- 고'선 인젠 바'임, 마지막 까'는 제.

바린제.

- 에, 바'린제, 끄래.

- 바'련제455) 아이'거.

- 바'련제를, 바'려언 지'내머 거'세 임즈 추: 기'르고, 거 추: 기른'다, 추 기르고, 참'마르능 건 상주들 타 먼: 절' 하거 시'퍼 한 드 점부 여 치, 잔: 다 치'고, 건, 거요 오'래 걸린'다, 워 그 다: 하'머 인제', 딱 하머 그거, 바'린제 지'내 뿌머 인제 고'만 인저 워 퀭성'군 드러서'라 카'머 어'으 카'마 미능 기'라.

- 미 뿜'마, 미' 뿌'마 안지느 그'질러456) 즈 고' 올러 갈지.

－ 그래 버리면 그 인제 거꾸로 가면, 늙은, 나이 많은 사람을 놔두고 젊은 사람이 쭉쭉 죽으니까 그래서 그것, 그, 그것이 상여제거든, 상여제, 그것이 상여제거든.

　－ 그것을 지내면 인제 딱 그 인제 시체가 오잖아.

　－ 뭐 저 그것부터 지내야 되는 거야.

　－ 그것 먼저 딱 지내면 인제 거기에서 또 술 한 잔 먹는다.

　－ 잠깐 놓았다가 한 잔 먹고 인제 있으면 인제 백관들하고 상여꾼들 가지고 "저기 운상, 운상해라, 마을 사람들 운상해라." 하거든 인제.

　－ "모셔라, 운상을 해라."라고 하거든.

　－ 운상을 하라고 하면 인제 죽 둘러싸면서 울고 인제 오면 참말로 그 딱 널에 딱 묶어서 인제 딱 덮어 씌워 가지고 인제 딱 해 버리면 그 꽃, 요새는 꽃, 꽃상여라고 하는 것을 많이 하더라고.

　－ 요새는 거의 꽃상여가.

　－ 그럼 이제 거기에서 인제 딱 해 놓으면 인제 거기에서는 인제 그 저 아니냐, 상.

　－ 그 인제 발인, 저 그것 제사 아니냐, 인제.

　－ 거기에서는 인제 발인, 마지막 가는 제.

발인제.

　－ 예, 발인제, 그래.

　－ 발인제 아니냐.

　－ 발인제를, 발인제 지내면 거기에서 인제 축을 읽고, 거기에서 축 읽는다, 축 읽고, 참말로 거기 상주들 다 뭐 절을 하고 싶어 하는 사람들 전부 여기 치고, 잔을 다 치고, 그것은, 그것은 오래 걸린다, 뭐 그 다 하면 인제, 딱 하면 그것, 발인제 지내 버리면 인제 그만 인제 "위 상여꾼 들어서라."라고 하면 "어으"라고 하면서 메는 거야.

　－ 메 버리면, 메 버리면 인제 그길로 거기에 올라가지.

- 거', 거'쓰, 거서 와:타' 가:타가 아 하나.

- 인제' 돈뜨, 그 간'다그 하'그 머 여음 모 간드 카'꺼 어띠 즈 압:쏘'리 미게'먼 상주들 동:457) 거:고 이제, 요 유 공'거레458) 가마 떠 으엠 멉 요 동'강을 건네일'라 카이 도~'이 업써 모 건'네 카'그 뜨 기래 동: 거:고, 히 그'랜 오대르이, 그래 애 미게'또, 오새'늠 므'이 이'러미 차'로 두울 가 뿜 그 머 씨마이 아이가 마.

그'언데 여'기 바'련제가?

- 우리 여 저, 저이, 저이, 저끄즈 간데, 점 만대~', 차:: 고개가, 할매 쌘'수 거 이끄덩.

- 어므'이 살 거 인'는데, 그거'정 한'데이 여 일로 가가젼, 쩌 미 뽕, 미 뽕 꺼든459) 동 모른'다.

- 글'쩌여 내 그, 그 자알'슥 그야 사'르끄등.

- 그 까짓 머여, 맏.

- 우'라, 울 할'마이460) 주'꼬도 거믄 대브'네 거므 뱅'마 넌 자: 뿐능 기'라, 내가.

- 상대군'들 고'맘 머 암 너어 돈: 솔'461) 하지 마'라 그'마, 그래 가'즈 그 마 하내'이, 아들한'텔 탁 꼼 뱅'마 넌 여'어러 케쓰.

- 뱅'마 넌 첩 탁' 봉터'에다 여'러 케이, 오마 노, 오만, 엄멀, 이'래 가'주굼 주 부, 주 부 씨역 줄 꺼 업'씨 구'만 한 서너 부'네 고'므 다 자 뿌'라 케'끄덩.

- 다: 자 뿌'라 카'이끼르, 자, 이'너무 자'슥, 동:장 씨게'간 다 자, 여 어 떠 동장 내 대구이 끄어 더, 대구 저, 저, 젼 칠곡, 끄어, 그어쓱 주' 어끄덩.

- 요양워르 거 주은데, 거 쭈 여은 내거 와따, 와가주 도오'늘 거인 너 이 머 소주 거틈, 맥'쭈 끄떵, 알'르 사'러 카'이끼네 아'라꼬마 카다~, 소 주 달, 서주 다'섭 빡'써, 맥'쭈르 열 빡쑬르 사 라, 사' 난'능 기르.

－ 거기, 거기에서, 거기에서 왔다 갔다 안 하냐.

－ 인제 돈도, 그 간다고 하고 뭐 여기 못 간다고 하고, 어디 저 앞소리를 메기면 상주들 돈을 걸고 인제, 요기 요기 콘크리트 다리에 가면 또 어 뭐 요동강을 건너려고 하니 돈이 없어 못 건넌다고 하면서 딱 이렇게 돈 걸고, 어 그래 요새는, 그래 애를 먹이더니, 요새는 뭐 이놈의 차로 차로 죽 가 버리면 그 뭐 끝 아니야 뭐.

그런데 여기 발인제가?

－ 우리 여 저, 저, 저, 저기까지 가는데, 저기 꼭대기, 저 고개가, 할머니 산소가 거기에 있거든.

－ 어머니 산소가 거기에 있는데, 거기까지 가는데 여기 이리로 가서, 저 몇 번, 몇 번 걸었는지 모른다.

－ 그때는 내가 그, 그 잘 그야말로 살았거든.

－ 그 까짓 뭐, 뭐.

－ 우리 집사람, 우리 집사람 죽고도 그만 대번에 그만 백만 원 줘 버린 거야, 내가.

－ 상여꾼들 그만 뭐 어 너희들 돈 소리 하지 마라 그만, 그래 가지고 뭐 하나, 아들한테 딱 그만 백만 원을 넣으라고 했어.

－ 백만 원을 참 탁 봉투에다 넣으라고 하니까, 오만 원, 오만 원, 오만 원, 이래 가지고 두 번, 두 번 세 번 줄 것 없이 그만 한 서너 번에 그만 다 줘 버리라고 했거든.

－ 다 줘 버리라고 하니까, 자, 이놈의 자식, 동장을 시켜서 모두 줘버려, 여기 저 동장 내가 대구에 거기 저, 대구 저, 저, 저 칠곡, 그, 거기에서 죽었거든.

－ 요양원에서 거기서 죽었는데, 거기 저 여기 내가 왔다, 와서 돈을 거기 너희들 뭐 소주 같은 것, 맥주 같은 것, 알아서 사라고 하니까 "알았어요"라고 하더니, 소주 다, 소주 다섯 박스, 맥주 열 박스를 사 놔, 사 놓은 거야.

— 두 박'스도 몸 머'꼬, 대'구서 머역, 그 디루' 와'끄덩, 거 음석 디루'
와'끄덩.

— 이'노무 자'슥 돔 뱅'마 너이제, 음석' 기리, 금'서아 차, 창고 구래움
말해 바야 항 기라, 항 거.

바린'제 가틍 경우'에 그럼 때, 음, 그 바'린제 지내'으고 그'때느 거: 상'
주 머, 마상'줌만 하'능 게 아니고 모든 상'주들 다: 함'미?

— 다, 다하저, 그려.

— 아, 마상'뉴에 하'고 또 싸'암들.

배'깐들도 하'고 다 한? (백관들도 하고 다 합니까?

— 배'깐들, 볼: 사'람 보러 카'지 머.

— 여 끄 마'지먹 가'니끼네.

어, 검' 부:인'들도 함'미까?

— 부'인들, 그 주'부루 서가주 꺼 가'치 하자'나, 항'꺼해.

다: 항꺼브네 다: 하'고예?

— 거, 에아, 웨, 어이.

— 부'인들 다: 해'이 데', 그.

응, 가'머 하'고 나'서 보통 그'러면 은제 에, 그'래 하고 나'며넙 그 음식
까'틍 걸, 차'린 음:시근 우'짬미까?

— 무, 만:체'.

— 음시'거느, 고오'는 상대꾸'우드 암 멍'나.

— 상더'을 땅 머그, 퀘'더 그 함 마이 머 데462) 멍나.

— 거'능 꾸 선'낟463) 머'어 뿌'맏 고대:로 나 두'우 가만 거 른'제464) 동:
믿', 동민드'리 그 다: 지'베다 앙 가가고, 동민'드리 그영 니여 그 또 크,
그 구:경하'러 마이 안 노오나'.

— 마:이' 나오자'나.

그 사'암드리?

- 두 박스도 못 먹고, 대구에서 뭐, 그 가져 왔거든, 그 음식 가져 왔거든.

- 이놈의 자식 돈 백만 원이지, 음식 그래 음석이 창고, 창고 그래 말해 봐야 가득한 것이라, 가득한 것.

발인제 같은 경우에 그러면 그, 어, 그 발인제를 지내고 그때는 그 상주 뭐, 맏상주만 하는 것이 아니고 모든 상주들 다 합니까?

- 다, 다하지, 그래.

- 아, 맏상주도 하고 또 사람들.

배'깐들도 하'고 다 한? (백관들도 하고 다 합니까?

- 백관들, 볼 사람 보라고 하지 뭐.

- 여기 그 마지막 가니까.

어, 그러면 부인들도 합니까?

- 부인들, 그 죽 서서 그 같이 하잖아, 한꺼번에

다 한꺼번에 다 하고요?

- 그래, 예, 예, 예.

- 부인들도 다 해야 돼, 그것을.

음, 그러면 하고 나서 보통 그러면 인제 어, 그래 하고 나면은 그 음식 같은 것은, 차린 음식은 어떻게 합니까?

- 뭐, 많지.

- 음식은, 그것은 상여꾼들이 안 먹나.

- 상여꾼들 딱 먹고, 그래도 그 하면 많이 뭐 어디 먹나.

- 거기는 그 조금 먹어 버리면 그대로 놔두고 가면 그 인제 동민, 동민들이 그 다 집으로 안 가져가고, 동민들이 그 뭐 그 또 그, 그 구경하러 많이 안 나오나.

- 많이 나오잖아.

그 사람들이?

- 그 사'암들 다어, 다: 인제 나 두'고 머'꼬 무 그'러짐.

- 그 다'음들 따: 먹'찌웁, 쑤리그 머고.

그 머 어'떤 동:네 보'며너 장:네' 이래 할 때 행상', 인제 바'린제 지내고 남쿠서 인제 상여 메:고 안 나가, 나갈려'꾸, 나아'기 직'쩌네 어떤 동네느 보 '니가 머 박'또 깨'고, 박또, 바가'치도 하너 깨'는 사'름도 이'꼬.

- 여'어느 그릉 건' 어'끄더.

그릉 건 업쓰이?

- 으, 여이 그릉 건 업'떠르, 여 깨'능 건 앙 꾸더 업써, 므 음써.

가'며 인제 음, 그어 그래 가'주고 인제 그걸, 상녀'를 메'고 인제 나간다, 그지예?

- 그래, 나가지, 글.

인제 바'린제즈 하'고 나'며넌?

- 나가'먼 자역 백, 대븐' 나가나.

- 함'비레465) 이르 다아아아 땡'기더.

그, 그 인저 그래가 어, 그 장:지'까지 가'는 똥'아네 어'떠케 하은지 함 이 야기해 주이'소.

- 거'먼, 가'맏 중그 요, 욥, 여' 가마 인제 상주들 인제 요, 요, 요뿌, 요'오서 공굴 아 인나, 항, 그 고'그 다리' 아 인나.

- 앙 간다.

- 미'르따아아 땡'기느.

- 머 요둥'가알 걸'라르 카'니 머, 므엄, 머, 두, 노:자' 웁'쑴, 무'리 마너 모 건, 노두, 배'을 뜬, 돈, 노자'똔도 내라 까기, 이르 카마 상주드리 마크 여 나'떠 봉트' 어제 인제, 그 마:이' 안 넌는'다, 마 넌', 이마 은빼'꺼 안 녀', 자:꾸' 돌러 카'이끼 주나 그래.

- 클가주 이 그르 인제' 거그 쩌 마:커' 또 상주 절 한다.

- 컨', 마사'우넘, 맏상'우466) 다, 사'우꺼증 다: 찬'는다.

─ 그 사람들이 다, 다 인제 놔두고 먹고 뭐 그러지.

─ 그 사람들이 다 먹지, 술이고 뭐고.

그 뭐 어떤 동네는 보면은 장례 이래 할 때 행상, 인제 발인제 지내고 나서 인제 상여 메고 안 나가, 나가려고, 나가기 직전에 어떤 동네는 보니까 뭐 박도 깨고, 바가지도 하나 깨는 사람도 있고?

─ 여기는 그런 것은 없거든.

그런 것은 없어요?

─ 어, 여기 그런 것은 없지, 여기 깨는 것은 아무 것도 없어, 뭐 없어.

그러면 인제 음, 그것 그래 가지고 인제 그것을, 상여를 메고 이제 나간다, 그렇지요?

─ 그래, 나가지, 그래.

이제 발인제 하고 나면?

─ 나가면 저기 대, 대번에 나가냐.

─ 아예, 이래 다 당기고.

그, 그 인제 그래서 어, 그 장지까지 가는 동안에 어떻게 하는지 한 번 이야기해 주십시오.

─ 가면, 가면 중간에 요, 요, 여기 가면 인제 상주들 인제 요, 요, 요, 요기 콘크리트 다리 안 있나, 하나, 그 콘크리트 다리 안 있나.

─ 안 간다.

─ 밀었다가 당겼다가.

─ 뭐 요동강을 건너려고 하니 뭐, 뭐, 뭐, 돈, 노자가 없어, 물이 많아 못 건너, 노자, 배를 돈, 돈 노자도 내라고 하고, 이렇게 하면 상주들이 모두 넣어 놨다가 봉투 어제 인제, 그 많이 안 넣는다, 만 원, 이만 원밖에 안 넣어, 자꾸 달라고 하니까 주겠어, 그래.

─ 그래서 이 그래 인제 거기에 저 모두 또 상주들 절 한다.

─ 그래, 맏사위는, 맏사위 다, 사위까지 다 찾는다.

− 머 딱: 임 머'이 다 찬'느.

− 여자'드릉 거'서 아 오그'던.

− 거 쩌 그 머 버어크467).

여자이너 바'린제 하고 지'비 드러간?

− 거 유, 지'부, 거'어서 인제 지'블 드가'이 저김 줌비해'고, 그래이 델 꺼 아이'가.

− 그러 믄 남'자들머 가'는데, 사'우들하고 마가 가'은데, 가'먼 또 저'으 저 가'다으 떠 머앰 몽' 마'르어 모 깐더 캄 또 시:자 캄 거' 시:고, 또 저래 데제, 저꺼'징 올'러간데일 수'무 번 더 시'터.

− 으어, 가마 돈' 드그, 동 거드, 또.

− 으아, 본투 끈.

돈: 내 나'이 데'고.

− 그'래 돈:, 그 린제 도느여ㄲ그 공'굴 건넬' 치 하고, 하, 오르막 올러갈' 찌 인지'아 한 울려 태'산 땡'겨라 미'르아 칸근데, 근: 데' 또 동: 거' 고입 상'주디레 아'페 가'이 마'강 그으라', 이게 그어 이려 돈: 흔드'만, 그 으 저 압서'리 주'마 크:: 이래 흔들'마 인젤 우, 그'래 우'이샤 우'샤 카므 쩌 빙:그'라 땡'기라, 압싸'람 미'르커 그래 올르가'고, 저 이글 저꺼'징 가 마, 그'르이 머' 사'우, 글 찌에 우리 오'을러, 으 무려 하'머 동'지딸 도러가 신데 안 추'번나.

아이거, 추'운네에.

− 야, 그른데 아, 마'이, 아이, 가죽쨈'버 이'꼬 머 한 삼심 머'이 거쭈 거 오, 와'쩨, 울쓰 상대꾼'더른 또 그 사'암들 하나'떠 암 배, 거 점부 디, 디 에 그만뜨, 그 사'암들 디:빠라'지 다: 해'그덩.

− 기래 느'이 가'담, 동:네 생거삗 참' 처'미르 케'따.

그 가므 스'무 메 부, 그 어, 스'무 메 뿐 시다'가 올러가'시스니까 애를' 마이' 머'기따, 그지에?

- 뭐 딱 이 뭐 다 찾는다.

- 여자들은 거기에서 안 오거든.

- 그 저 그 뭐 부엌.

여자들은 발인제 하고 집에 들어갑니까?

- 그 어, 집으로, 거기에서 인제 집으로 들어가서 점심 준비하고, 그래야 될 것 아니냐.

- 그래 뭐 남자들만 가는데, 사위들하고 모두 가는데, 가면 또 저기 저 가다가 또 뭐 목이 말라서 못 간다고 하면서 또 쉬자고 하면 거기에서 쉬고, 또 저렇게 되지, 저기까지 올라가는데 스무 번도 더 쉬었어.

- 어, 가면 돈 들어, 돈 걸어, 돈.

- 어, 봉투 그.

돈을 내 놓아야 되고.

- 그래 돈, 그것을 인제 돈은 콘크리트 다리 건널 때 하고, 아, 오르막 올라갈 때 인제 아, 한 번 올려 태산에, "당겨라 밀어라."라고 하는데, 그런 데에 또 돈을 걸고 상주들이 앞에 가서 모두 걸어라, 이게 그 이래 돈 흔들면, 그 저 앞소리를 주면 그 모두 이래 흔들면 인제 우, 그래 "우이샤 우샤" 하면서 저 밀어라 당겨라, 앞사람 밀고 그래 올라가고, 저 이 저기까지 가면, 그러니 뭐 상, 그럴 적에 우리 엄마, 우리 엄마 동짓달에 돌아가셨는데 안 추웠냐.

아이고, 추웠네요.

- 예, 그런데 어, 뭐, 어, 가죽점퍼 입고 뭐 한 삼십 명이 그쪽 그 왔지, 왔지, 우리 상여꾼들은 또 그 사람들 하나도 안 보이거든, 그 전부 뒤, 뒤에 그만, 그 사람들 뒷바라지 다 했거든.

- 그래 놓으니까 갓안 동네 생기고 참 처음이라고 했어.

그 그러면 스물 몇 번, 그 어, 스물 몇 번 쉬다가 올라가셨으니까 애를 많이 먹였다, 그렇지요?

- 마:이' 메게'쩨, 그러치.

그지예?

- 그래, 머, 여, 그이.

어, 그아'므 그어'기 인제 메구 올러갈 때마'다 엄, 머 이버'네 마상'주 차'꼬, 다'으미 또 뚜, 두째상'주, 또엄 머 앙 그아'먼 사'위, 이래 창'꼬?

- 그래, 창꼬, 아페 까여 절 해야 간다, 절 하고 도늘 검만 또 가고.

그'여므 거'기 보토: 인제어 헤, 그 행상, 상녀'가 이'꼬, 꺼므 소'리꾼, 압소'리꾸니 이'꼬?

- 압소'리꾸니 이'찌, 그래.

압쏘'리꿈 말:구 또 아'펨 머 어, 자거 홈'백함, 이거?

- 거' 두:리 미우468) 가자'나.

누어, 그는 누'가 메'고 감미?

- 고어 그 맹 므어 두 곤드, 고 쯔거 즈, 고 주~'에 절'믄 아:, 아디레 마이 민더.

- 고오'느 고, 고 상대꾸운느 그, 그으까 안 도러가'고 마시'레 거 인쩌 한 아:드'리 가 한 머 궁민하'이꾜 한 유'캉넌 정건, 거 밀'라끄 바륵 이짜'너, 구 돈: 드'로그덩.

- 함 벅, 그 상더구'구 또'깐 쪼'애 덴'다 마으라.

아, 그으'또예?

- 아:, 도'니 마리어 뱅마 넌 나오'마 그 매 고'도 상대꾸'잉 기'라.

- 구어 맹 그 파, 하르'에 뱅마 은 나어'마 그 돌'러간 대'르 고'또 또까짜이 데, 음석'도 노'느머 또까'치 자'야 데', 고오'또 그리 상대꾸'인, 젤: 그'이 워, 원대가'린데.

아, 그'엄 므 어'째떠 그그'넌 힘 쯤 들 드'리고?

- 덜: 디루 돔: 버'얼지 머.

그여 해'뜽 그'래 해가 간'다, 그'지예?

- 많이 먹였지, 그렇지.

그렇지요?

- 그래, 뭐, 여, 그.

어, 그러면 거기 인제 메고 올라갈 때마다 어, 뭐 이번에 맏상주 찾고, 다음에 또 둘, 둘째상주, 또 뭐 안 그러면 사위, 이렇게 찾고?

- 그래, 참고, 앞에 가서 절을 해야 간다, 절을 하고 돈을 걸면 또 가고

그러면 거기 보통 인제 행, 그 행상, 상여가 있고, 그러면 소리꾼, 앞소리꾼이 있고?

- 앞소리꾼이 있지, 그래.

앞소리꾼 말고 또 앞에 뭐 어, 작은 혼백함, 이것?

- 거기 둘이 메고 가잖아.

누가, 그것은 누가 메고 갑니까?

- 그것은 그 역시 뭐 저 그것도, 그 저기 저, 그 중에 젊은 아이, 아이들이 많이 멘다.

- 그것은 그, 그 상여꾼으로는 그, 그것으로는 안 돌아가고 마을에 그 인제 한 아이들이 그 한 뭐 초등학교 한 육학년 정도, 그것을 메려고 바라고 있잖아, 그 돈 들어오거든.

- 한 번, 그 상여꾼하고 똑같이 줘야 된단 말이야.

아, 그것도요?

- 어, 돈이 말이야 백만 원 나오면 그것도 역시 그것도 상여꾼인 거야.

- 그것도 역시 그 하루, 하루에 백만 원 나오면 그 돌아가는 대로 그것도 똑같이 줘야 되고, 음식도 나누면 똑같이 줘야 되고, 그것도 그래 상여꾼인데, 제일 그것이 우, 우두머리인데.

아, 그럼 뭐 어쨌든 그것은 힘을 좀 덜 들이고?

- 덜 들이고 돈 벌지 뭐.

그래 하여간 그렇게 해서 간다, 그렇지요?

- 또' 왜 이거 또 아 인'느, 기'때 안 드나, 그래.

만:장' 드르너?

- 어, 그, 그으'도, 거'또혹, 거'또우 쪼'매꿈 다: 자이 데.

또까쓰미꺼?

- 어, 다:느 안 주'고 건 쪼'굼 조에 데지, 아이 거지.

어, 거, 그'래가 하'이뜬 다: 합'쳐 상대꾼'드리다, 그지에?

- 그르이, 구'루치, 고 두:린' 점'버 항서꾸, 상더꾸'이러.

- 수물너'이하고 수믈, 수물일'보비라469), 상대꾸~'이.

- 왜 은'냥 카'마 압소'리꾼 하나 이'쩨, 저거 수물너이'제, 호여 미:능 그 두리: 아이'가, 그 스믈일'곱 아니'가, 그래.

아어, 아'페 고: 자'긍 고고늠 멈, 머라고 함'미까?

- 홈:백'.

- 호'이, 호, 홈뱅' 머 이거 은젠 다.

끄름'며느 인제 그 압소'리꾸느 가틍 경우'느 어데: 상녀 위'에 올르타'고 감'미까, 앙 그암며는?

- 아이'고, 타'마 그그 쩡, 그이 대안 낭깁 블로 머 이게 모여, 걸 적 뭅 이걸 여, 여서 일 할 찌넝 거 인쩌 압, 지~여'로 할 찌엔 타'제, 그 그 널: 그 므거'분데 미' 노'마 데나 저레 대나, 말:카'

- 거'르가'머 인제 압, 아'페 가'머, 거레가'머 인 제 스걸.

그 워, 압쏘'리 하'는 사'암 누구 함'미거, 주'로?

- 그거'늠 머' 주로:이 저 인 녀 마시'레 할 사'럼 업'시마 즈 부'굴 아 하나.

- 부구'470) 해' 가주오 인제 거 사'라믈 쩜 여, 여 그 썸 자'핳, 초'댈 아 하나.

- 짝:, 우이' 장:네 쫌' 거 저, 저에, 점, 호즈 거, 호:상' 한 다음드 우리 장니이 쫌 여쯔 우'릭, 그르이끼니 저 호:상' 카'머 거, 그 사'름 지'바이 호: 상' 앙끄'덩.

— 또 왜 이것 또 안 있나, 깃대 안 드나, 그래.

만장 들면?

— 어, 그, 그것도, 그것도, 그것도 조금씩 다 줘야 돼.

똑같습니까?

— 어, 다는 안 주고 그것은 조금 줘야 되지, 어 그.

어, 그, 그래서 하여튼 다 합쳐서 상여꾼들이다, 그렇지요?

— 그러니, 그렇지, 그 둘은 전부 상여꾼, 상여꾼이야.

— 스물넷하고, 스물, 스물일곱이야, 상여꾼이.

— 왜 그러냐고 하면 앞소리꾼 하나 있지, 저것 스물넷이지, 혼백 메는 것 둘 아닌가, 그래서 스물일곱 아닌가, 그래.

어, 앞에 그 작은 그것은 뭐, 뭐라고 합니까?

— 혼백.

— 혼, 혼, 혼백 뭐 이거 인제 다.

그러면은 인제 그 앞소리꾼 같은 경우는 어디 상여 위에 올라타고 갑니까, 안 그러면은?

— 아이고, 타면 그 저, 그러면 되나, 나무가 건성으로 뭐 이렇게 모여, 그 저 뭐 이것 여, 여기에서 이렇게 할 때에는 그 인제 앞, 저녁으로 할 때에는 타지, 그 그것 널이 그 무거운데 메어 놓으면 되나, 저렇게 되나 모두.

— 걸어가면 인제 앞, 앞에 가면, 걸어가면 인제 이 저것.

그 어, 앞소리를 하는 사람은 누가 합니까, 주로?

— 그것은 뭐 주로 저 이 여기 마을에 할 사람이 없으면 저 부고를 안 하냐.

— 부고를 해 가지고 인제 그 사람이 좀 여, 여기 그 좀 잘하는, 초대를 안 하냐.

— 장례, 우리 장례 좀 그 저, 저렇게 좀, 호 그, 호상 할 사람 우리 장례를 좀 여기 우리, 그러니까 저 호상이라고 하면 그, 그 사람이 집안사람이 호상으로 앉거든.

― 인제 그 대퍼'러 그, 장:니 대퍼'야.

― 그 사'러미 자우하그'덩.

― 무어이, 머 이랑, 그 사'러미 인제 그어 덛 누'가 잘: 아은 사'민데 가 가주 쫌 디루온'너 카'머, 그 사'암도 상대꾼' 말:고 그 사'러멀 탐 모거치 준:다 카'잉게르.

― 건:, 거'는 누'가 주노 카'마, 상주가이, 저, 저, 저, 저 풍수 아 인'나, 풍'수하고 건, 그건 또 별'또로.

― 또하 그이 상대꾼'들 쫌: 주마 저 서, 상주드리 쫌: 준'다 마'르아.

― 꺼여, 껌' 저 일'땅은 조애 데'.

― 거다 압소'리 미'기 잘: 미게'믄, 여 김○○471) 시'라꼬 요 보양면:장 한 사'암 믇 내 삼 으 한 제, 쩌, 천치, 즈 거 동: 거저 나온'다 카'이끼네, 그 하'맘 마'이.

― 하'두 잘: 미게'이끼네.

압소'리릴 잘: 하'이?

― 어어아, 와, 이 머 꺼.

아'직또 사'르 게:심'미까?

― 어, 꺼, 고 토'끼떤데, 안즈 사'르, 그르.

― 오샌' 아 한'더.

― 몬 사'러, 오새'늠 모 한데이.

― 참' 잘:: 메'이더472).

― 보'양면 뎅'기머 아야암, 밉, 면'장, 면'장 정니테'직 해'끄던, 아아.

아, 면장 하션는제?

― 아아, 면장 해드.

― 그'래473) 압썰' 잘: 미겐'다 하'이.

아:, 그' 부니 그암'머 이 근처에 * **기에 그 하'며너 주'로 압쏘'리 하'로너 그' 부니 주'로?

- 인제 그 대표로 그, 장례 대표야.

- 그 사람이 좌우하거든.

- 뭐, 뭐 이런, 그 사람이 인제 거기 저 누구 잘 아는 사람한테 가서 "좀 데려오너라."라고 하면, 그 사람도 상여꾼 말고 그 사람을 한 몫 준다고 하니까.

- 그것은, 그것은 누가 주나 하면, 상주가, 저, 저, 저, 저 풍수 안 있나, 풍수하고 그것은, 그것은 또 별도로.

- 또 그 상여꾼들 좀 주면 저 상, 상주들이 좀 준다는 말이야.

- 그, 그럼 저 일당은 줘야 돼.

- 거기에다 앞소리를 메겨서 잘 메기면, 여기 김○○ 씨라고 여기 봉양면장 한 사람은 뭐 내가 참 하는데 저 참 저 저 그 돈이 거저 나온다고 하니까, 그 하면 뭐.

- 워낙 잘 메기니까.

앞소리를 잘 하니까?

- 어, 어, 이 뭐 그.

아직도 살아 계십니까?

- 어, 그, 그 토끼띠인데, 아직 살아 있어, 그래.

- 요새는 안 한다.

- 못 해, 요새는 못 하는데.

- 참 잘 메겼다.

- 봉양면 다니면서 어, 면, 면장, 면장 정년퇴직 했거든, 아아.

아, 면장을 하셨는데?

- 어, 면장 했어.

- 그렇게 앞소리를 잘 메긴다 하니까.

아, 그 분이 그러면 이 근처에 * **** 그 하면은 주로 앞소리 하려는 그 분이 주로?

— 아, 그'러 다: 해'찌엄.

— 우:리', 우리', 우리 아'들 러:익' 주'레 그'어뜨, 그 사'름 다: 서'따.

— 주레'도 아'들, 딸', 마:커 그 사'르 다 서'따.

그'어 머' 혹'시 그, 그 멈미'까, 으어, 압소'리 주'로 어'떠케 하으는지 함'
분 아으, 생강나'능 거 아잉 이쏨미?

— 아이:거, 압쏘'리 굴' 래거 어'예 알:거 미헬루는궈?

어, 그에, 그, 그, 그래도 므 항 구'저리라도 혹'씨 아능' 거 이쏨미'까?

— 항: 거'즈엔 므엡, 머, 항 거이 하은너, 아능' 거'능 머' 여 저, 저 머
오새' 머' 해싱고'게 항 곡쭈', 그 또 나오'고 머: 그라'세.

— 끄거 나오'고 먹 저' 사'암더르 멀 저어, 쯔그, 김○○474)이, 거여, 그
사'라마늠 멀 신'세거리 잘: 미게'.

— 우리'늠 머' 요 압소'리 미게'만 첨 머 거저', 나도 쪼매' 함'번 쪼매
미게' 바:따'.

— 함: 미게' 보'이끼네 머' 그 파이'드르.

— 그'르가 아쏠' 미게'머 조 찬'타 칸데 므 치'아 뿌따.

아:, 압소'리 그 미기'능 그 자'체가 별'로?

— 사:라만'데 조 찬'타 카'능 기'래.

아:, 서루' 안 조?

— 아, 안: 조'타 칸 때미'네 그래가주 요 저 내 식쩌'네 놀:러 뎅기은
사'른, 그 사'암더 채○, 채○○라'꼬, ○○475)라'꼬, 고'뜨 십상 잘: 미겐는'
데, 글짬' 메암 모'도 무르 보~'이 압소'리 미겐' 사'름 조 찬'타 켄 너'이끼
누 고승 암' 미게테'.

왜, 왜 머, 머가' 안 조응거'예?

— 머' 미'시이제476), 머 아::이, 그그 미'시이데, 그 조 우짜.

구으, 그'어 머' 압소'리 미'긴다고 거 일'찍 도러가'시우, 그릉 그'또 업:
따 아임미'까?

— 아, 그래 다 했지요.

— 우리, 우리, 우리 아이들 넷 주례를 그것도, 그 사람이 다 섰다.

— 주례도 아들, 딸, 모두 그 사람이 다 섰다.

그 뭐 혹시 그, 그 뭡니까, 어, 앞소리는 주로 어떻게 하는지 한 번 어, 생각나는 것이 아직 있습니까?

— 아이고, 앞소리 그것을 내가 어찌 알고 메기나요?

어, 그래 그, 그, 그래도 뭐 한 구절이라도 혹시 아는 것이 있습니까?

— 한 구절 뭐, 뭐, 한 구절 아는, 아는 것은 뭐 여기 저, 저 뭐 요새 뭐 회심곡 한 곡조, 그것도 또 나오고 뭐 그러데.

— 그것 나오고 뭐 저 사람들은 뭐 저, 저기, 김○○이, 그, 그 사람은 뭐 신세타령을 잘 메겨.

— 우리는 뭐 요 앞소리 메기면 참 뭐 그저, 나도 조금 한 번 조금 메겨 봤다.

— 한 번 메겨 보니까 뭐 그 안 좋더라.

— 그래서 앞소리를 메기면 좋지 않다고 하던데 뭐 그만둬 버렸다.

아, 앞소리 그 메기는 그 자체가 별로?

— 사람한테 좋지 않다고 하는 거야.

아, 서로 안 좋다?

— 안, 안 좋다고 하기 때문에 그래서 요 저기 내가 식전에 놀러 다니는 사람, 그 사람도 채○, 채○○라고, ○○라고, 거기도 곧잘 잘 메겼는데, 그렇지만 뭐 모두 물어 보니까 앞소리 메기는 사람은 좋지 않다고 해 놓으니까 요새는 안 메기데.

왜, 왜 뭐, 뭐가 안 좋은가요?

— 뭐 미신이지, 뭐 아이, 그것은 미신이지, 그 좋지 않은.

그, 그 뭐 앞소리 메긴다고 그 일찍 돌아가시고, 그런 것도 없지 않습니까?

– 끄'르치여, 그여.

– 니 압서'리 미게'며 인제' 추'로 인제' 즈, 저기, 이 세상에 태'어나따,
누: 더'그로 태어난노', 아브안니'메 뼈'를 빌:고', 어머님메' 사'를 빌:고', 부
천'니메 보:글 빌:고', 칠'성니메 명:을 벼'러, 이내 인생' 탄생'하니, 한두 사
레 처'를 몰:라', 이삼'시비 당도하니, 그건 쩌거' 다: 모'르고, 부모니메' 거:
동 보소, 바늘거'치 야캄 모'메, 항소 거튼 병:이 드'니, 삼 신' 삼 야글 지
'오, 약창'강에 때'러 너'꼬, 아무' 공'얼 드'려도, 아, 소:용'이 업:따 마'려니.

– 끄'래 거, 무:당 버'이서 구'들 한'들, 구 떠'기나 볼 수 인'나.

중가'네 인제' 에, 상대꾼'드리 이에가 머, 이요 머 에, 이에 머?

– 아:, 끄리, 그리, 우리' 글 요'래 미겐능' 기'라, 그래, 어, 그'래.

거 중가네 함며느 또 어이그 어 ** **?

– 거, 고 숭간' 이래 하마, 그다너이 그'램 자 우리 이르 카'마 절 워
달:기'야 하으, 그야 하그드.

– 그라'믄 내'가 인제' 부모허니:메 응:더'이 뼈'라 카'며, 인제 어:허' 다:
리'여, 간:다' 간:다하' 나'능 간:다아', 어:허' 다:리'여얼, 인'생 밀짜'아춤'몽
인데에, 껑, 이'래 인저 함분 하마 그르 떠' 죽: 따르한다.

– 암, 그 인저' 낼 그일, 도: 니은 사'라멍 다'스 뿐 다'리고, 도, 보통'
사'라어른 시: 분' 다'리그덩.

아, 예.

– 그'찌 그'리 그 하'먼 핸신'꼭, 끄 저 사'은 사'암 멀 빌'끼 다 나오지 머.

다'린다라능 검' 먼: 뚜야?

– 미'르이 시체' 여:477) 노'꼴 빠, 막: 빠데자'나.

아:, 위'에 올러가'서?

– 어, 아으, 그래.

장:지'에 달구 할' 때?

– 올, 꺼이 달구' 그 도래, 그 이'거 아'이데.

- 그렇지요, 그것은.

- 이제 앞소리 메기면 인제 주로 인제 저, 저기, 이 세상에 태어났다, 누구의 덕으로 태어났느냐, 아버님의 뼈를 빌리고, 어머님의 살을 빌리고, 부처님의 복을 빌리고, 칠성님의 명을 빌려, 이내 인생 탄생하니, 한두 살에 철을 몰라, 이삼십에 당도하니, 그것 저것 다 모르고, 부모님의 거동을 보아라, 바늘같이 약한 몸에, 황소 같은 병이 드니, 삼시 세 끼 약을 지어, 약탕관에 때려 넣고, 아무리 공을 들여도, 아, 소용이 없다는 말이야.

- 그래 그, 무당 불러 굿을 한들, 굿 덕이나 볼 수 있나.

중간에 이제 어, 상여꾼들이 이래서 뭐, 이 뭐 에, 이, 뭐?

- 아, 그래, 그래, 우리 그것을 요래 메기는 거야, 그래, 어, 그래.

그 중간에 하면은 또 어이고 어 ** **?

- 그, 그 순간에 이래 하면, 그 다음엔 그래 인제 우리 이래 하면 저 뭐 달구야 하거든, 그래 하거든.

- 그러면 내가 인제 "부모님의 은덕을 봐라."라고 하면 인제 "어허 다리여", "간다 간다 나는 간다.", "어허 다리여", "인생 일장춘몽인데", 그, 이래 인제 한 번 하면 그래 또 죽 따라한다.

- 아, 그 인제 낼 그, 돈 있는 사람은 다섯 번 다지고, 돈, 보통 사람은 세 번 다지거든.

아, 예.

- 그때 그렇게 그 하면 회심곡, 그 저 사는 사람들은 뭐 별것 다 나오지 뭐.

다진다는 것은 무슨 뜻입니까?

- 묘를 시체 넣어 놓고 밟고, 막 밟잖아.

아, 위에 올라가서?

- 어, 어, 그래.

장지에 달구질 할 때?

- 어, 그게 달구질 그 노래, 그게 이것 아니냐.

아, 아니, 아니, 그'릏까 압써, 그어 인제 가'기 저'네 어, 에, 인제 압소'리
느 그램 메기 가'주고 은제 그 장지'에 인저 올러가'따, 그'지예?

　— 그러, 올르가'므 인제 다려 인제', 다련 인지 이거 거 찌.

**** 으, 거 은저' 봉분: 그 다'리면서 인저 달구노'래완, 이'기 머슨 노'
래, 멀, 달구노'래라 함'미까, 머?

　— 달구노'리에.

어, 달구노'래 인자'?

　— 어, 달기놀', 달구노'래.

그 달구노'래능 그암'며너 주'로 머 어'떠케 함'미까, 머 떠 에 이랜?

　— 사럼' 빌떼: 빌 또'라.

이륵, 머 으레 머 하'너 꼬저 노'코 함'미까?

　— 짝, 엔, 여 겹 처 제:일 중앙'에 막때'이 찌단:항478) 대'롱으 하'너 꼬'
버 노'머, 그'으따 은제 새'끼줄 매 가'주고 여래 너'머 상'주에르 마껴' 동:
거 앙 거, 새꿈매'드479) 돈: 앙 거:나'.

　— 거 부르'먼, 부르'머 걸 산, 머 츠, 상주 상주 마쌩'주야, 카'믄 또언
허 거이 해이, 그저.

또 상, 또 와'야 데'네?

　— 그'르, 와'야 데게, 돔: 가저 오그'등.

　— 무 둘째상주, 딸', 머 사우, 첨부 고 머 함 쓱 찬', 차'즈만 거'서
도~'이480) 막: 티'나오능 기'라, 머 그래.

또 이 봉분' 제대'로 해'야 뎀.

　— 어, 거 자'릴 떠아이 다'럴 찌'게.

　— 행사' 검 밀: 찌'으는 또 디'거481) 돈: 안 나아'고 거'서 돈: 다 나온'더
카'이끼네.

　— 구'르 나:는 뱅', 뱅'마 넌 자: 뿌'따 카'이끼네, 그음 하지 마'라꼬 그래.

아, 행상' 할' 때, 저:쪼'게 웅구할' 때르 돈: 나가'고?

아, 아니, 아니, 그러니까, 앞소리, 그 인제 가기 전에 어, 에, 인제 앞소리는 그렇게 메겨 가지고 인제 그 장지에 인제 올라갔다, 그렇지요?

— 그래, 올라가면 인제 다져 인제, 다져 인제 이것 그 저.

**** 어, 그 인제 봉분 그 다지면서 인제 달구노래라, 이게 무슨 노래, 뭐, 달구노래라고 합니까, 뭐라고?

— 달구노래.

어, 달구노래 인제?

— 어, 달구노래, 달구노래.

그 달구노래는 그러면은 주로 뭐 어떻게 합니까, 뭐 또 어 이래?

— 사람들이 빙빙 돌면서.

이래, 뭐 이래 뭐 하나 꽂아 놓고 합니까?

— 저, 어, 여기 그 저 제일 중앙에 막대 기다란 것, 대를 하나 꽂아 놓으면, 거기에 인제 새끼줄을 매 가지고 요래 놓으면 상주들이 모두 돈을 거기에 안 거냐, 새끼마다 돈을 안 거냐.

— 그 부르면, 부르면 그 상, 뭐 저 상주, 상주 맏상주야, 하면 또 어 그것을 해, 그것.

또 상주, 또 와야 되네요?

— 그래, 와야 되지, 돈 가지고 오거든.

— 뭐 둘째 상주, 딸, 사위, 전부 그 뭐 한 번씩 찾, 찾으면 거기에서 돈이 막 튀어나오는 거야, 뭐 그래.

또 이 봉분을 제대로 해야 되니까.

— 어, 그 자리를 또 다질 때에.

— 행상, 그것을 멜 때에는 또 많이 돈이 안 나오고 거기에서 돈이 다 나온다고 하니까.

— 그래서 나는 백, 백만 원 줘 버렸다니까, 그렇게 하지 말라고 그래.

아, 운구 할 때, 저쪽에 운구할 때도 돈이 나가고?

− 그'르치, 거'서 돔: 마:이' 더이.

달고, 달구할' 때어 마인 나오'고?

− 달구하'482) 찌', 달구할 찌' 그래 그 신, 그 도 니은 삼' 다서 뿐 다'려 커'드, 상주 저 일, 상대꾼'디리 이 지'베 다스 뿐 다'려야 덴:다' 카'먼, 조:타' 카'머 다서 분 다'리마483), 함분 디'린 덴 이:심마'느 다부저염 뱅마넌 아이'라.

함 이'여 므 다'릴 때마답 더 꼬꽁 누'르움?

− 그'래, 너, 누'려 주'서, 다'리 주소 카'머 이저 작, 자꾸' 동: 거능 게'러.

− 상주 상주 내 상'주야 멀 주'치또리 머 어'예가 이'래 그 하마 자끄 함 부르'먼뜨 안 주'구 데'나.

− 하두 상주드리' 한, 다'릴 찌게 할'라꼬 함' 봉토 제 돈 다:: 여 소'매미'떼 여 난능 기'라.

− 가프', 시: 분 다'리만 내가 함 무네뜨 오마'너 카'므 시보마'넌 조야 덴'드 칸.

− 다::, 딸려'드리고484), 다: 부르그'등.

− 머 사'우 멉 즈 점'부 다 부르그'덩.

− 그'르이 구 부르'망485) 머 안 주'구 데'나.

− 그'르가주 인제 모사'음 다'음드러넌486) 그 쪼매:끔'487) 여'치마넌 이는' 사'암드러늠 머 그 므엄, 뭄 뻘 떠 오심'마 넌쪽 삼 머 그래 뿌, 여 뿌떠이.

그암'므이 그때 인제 쫌 저'네 부르신능 게' 달구노'램미까?

− 그 달구'우래.

− 달갸, 달구으래.

그'어 그'른데 인제 그어: 그래가 인제 그걸, 달구노'래 부르'고, 그래 한'다, 그'지에?

− 그'르치.

- 그렇지, 거기에서 돈이 많이 들지.

달구질, 달구질할 때 많이 나오고?

- 달구질할 때, 달구질할 때 그래 그 세 번, 그 돈이 있는 사람은 다섯 번 다지자고 하니까, 상주들 저 이, 상여꾼들이 이 집에서는 다섯 번 다져야 된다 하면, 좋다고 하면 다섯 번 다지면, 한 번 다지는 데 이십만 원 다섯이면 백만 원 아니냐.

그러면 이것은 뭐 다질 때마다 더 꼭꼭 누르는?

- "그래, 눌, 눌러 주시오, 다져 주시오."라고 하면서 인제 자, 자꾸 돈을 거는 거야.

- 상주 상주 내 상주야 뭐 주춧돌이 뭐 어떻게 해서 이래 그래 하면 자꾸 한 번 부르면 안 주고 되겠어.

- 워낙 상주들이 워낙, 다질 때에 하려고 벌써 봉투를 인제 돈을 다 여기 소매 밑에 넣어 놓은 거야.

- 그럼, 세 번 다지면 내가 한 번에 오만 원이라면 십오만 원을 줘야 된다니까.

- 다, 딸들이고, 다 부르거든.

- 뭐 사위 뭐 저 전부 다 부르거든.

- 그러니까 그 부르면 뭐 안 주고 되겠어.

- 그래서 인제 못사는 사람들은 그 조금씩 넣지만은 있는 사람들은 뭐 그 뭐, 뭐 그 저 오십만 원씩 하면서 뭐 그래 버려, 넣어 버려.

그러면 그때 인제 좀 전에 부르신 게 달구노래입니까?

- 그 달구노래.

- 달구, 달구노래.

그 그런데 인제 그 그래서 인제 그것, 달구노래 부르고, 그렇게 한다, 그렇지요?

- 그렇지.

― 구'러 미제 달구' 따, 달구' 다알 쯔 며르', 그르맘 묘느 인젤 시: 분'
다'르만 다, 미를' 다알, 보오'느 다 맨드'러 뿌자'너, 그자.

― 그'러며 인젤 띠:를 딱:: 가'머 이펜능 기'라.

― 띠'를 딱: 이페'만 완증 다: 데'짜나, 그제.

― 다어 지'내며 인제, 완승 다: 하'머 인젤 다 써'씨며 인제 상'주드리
인제 거 병:술' 철거하'능 기'라.

― 변:술[488] 철거하고, 상'주더러 은제 그 인제 저, 저, 저 인제 상끄,
저, 저, 저 거, 저 걸, 걸 쪼 또' 제사'을 지'내르, 평'토제라 카'능 기 이'써.

평'토제예?

― 아, 아하, 평'토제르 카'너 인제' 사'느 인제스 묘:를' 다:: 쓰'고 인제
해'씨이, 고 참'점 바'들 찌'이느 고 변수를 인젤 그, 그 웡'기가주[489], 곧
오새'느 마커 거, 거'서 지'내드라.

― 평'떠제라꼬끄 또 차'려 오'그덩.

― 그 저'네느 다: 서'쑴, 널 다 써'씨모 우리' 이실 찌'이는 산술 다: 시'
만, 산수에, 고구따'알 따'악 채인 노'꼴 지내끄'덩.

― 그'래 곱[490] 쪽 제사'러그 인제 마지마'게 인 제산', 오새'늑 고, 고움
멍, 고'어스, 고'서 지'내드라꼬.

― 고'서 인제 머: 지'내먼뜨 겁 인제 평'토 지내:만 사'네 해'가 은제 은,
참 볼르, 상주드'리 은드 평떠지 지내:고 그어 저 산'소 인제' 하 빅: 돌리
보'꼬 은제 점'벅 절: 하고, 인사 하'고, 인자 고만, 고 또 행상 완'는 질'루
가'이 데능 기'라.

― 행사'이 일'로 와'씸[491] 일루 가'이, 절로 가심 절러 거[492], 고르가 절
철'거, 철'거, 산수에느 가' 뿌마 끄언 쩌 상대꾼'더르너 거 나'암'는 음석'
까'주오 인제 마:께' 무 농'거 머'꼬, 남:능 거'늠 멀 심마꺼 싸:가 가고 머
크, 컴 그'래티.

― 그'르가주 인제 그'륵 꺼틍 거'너 인제 동네' 꺼서이, 지'베 끄'러그런

− 그러면 인제 달구 다, 달구 다 저 묘를, 그러면 묘는 인제 세 번 다 지면 다, 묘를 다, 봉분은 다 만들어 버리잖아, 그렇지.

  − 그러면 인제 떼를 딱 가면서 입히는 거야.

  − 떼를 딱 입히면 완성 다 됐잖아, 그렇지.

  − 다 지내면 인제, 완성 다 하면 인제 다 썼으면 인제 상주들이 인제 그 빈소를 철거하는 거야.

  − 빈소를 철거하고, 상주들은 인제 그 인제 저, 저, 저 인제 평토, 저, 저, 저 그, 저 그, 그 저 또 제사를 지내는, 평토제라고 하는 것이 있어.

  평토제요?

  − 어, 어, 평토제라고 하는 것은 인제 상을 인제 묘를 다 쓰고 인제 했으니, 그 손님 받을 때에는 그 빈소를 인제 그, 그 옮겨서, 그 요새는 모두 거기, 거기에서 지내더라.

  − 평토제라고 또 차려서 오거든.

  − 그 전에는 다 썼으면, 널을 다 썼으면 우리 있을 때에는 산소를 다 쓰면, 산소에, 거기에다 딱 차려 놓고 지냈거든.

  − 그래 거기에서 똑 제사라고 인제 마지막에 있는 제사인데, 요새는 그, 그 뭐, 거기에서, 거기에서 지내더라고.

  − 거기에서 인제 뭐 지내면 그 인제 평토제 지내면 산에 해서 인제 음, 참 보러, 상주들이 인제 평토제 지내고 그 저 산소 인제 한 번 빙 둘러보고 인제 전부 절을 하고, 인사 하고, 인제 그만, 거기에 또 행상이 온 길로 가야 되는 거야.

  − 행상이 이리로 왔으면 이리로 가고, 저리로 갔으면 저리로 가고, 그래서 저 철거, 철거, 산소에는 가 버리면 그 저 상여꾼들은 거기에 남는 음식 가지고 인제 모두 뭐 나눠 먹고, 남는 것은 뭐 힘만큼 싸서 가고, 뭐 그, 그 뭐 그렇지.

  − 그래서 인제 그릇 같은 것은 인제 동네 것, 집의 그릇은 다 안

다: 안 씨그'덩493).

― 그'르이께네 동네' 그럭494) 씨'이껜 쫌 마컨 그 사'암드리, 디에' 사'암드리 참 머 해, 정니해' 가'주우 동네' 가따, 요 창'고 가따 여'을 껀 여'꼬, 하우, 쩌 깨~'이495) 머 점'브 끄릉 건 동네'스 다: 하'그덩.

― 여' 드 접'씨 거등 음서'근.

― 오새'늠 마거 사가' 하'이게느 그 사'암드 다, 옌나'렌 동네' 파 니'꼬, 동네' 그륵 이'꺼, 동넬', 첨'부 다 임 마, 임 도돌롱 다 조으 게, 여쩌즈 다 쪼'쓰 까서, 우리.

― 하'참 몰'라 저 일.

아, 예저'네 그암'믈 그 동네' 그러하'고 이'렁 거 까 인제 다 씀?

― 뻐에이, 동네얻' 판', 판', 동네 그르, 쑤가'락, 저가'락, 첨'부 노저'까르, 첨'부 노끄'러근, 참:부' 다 해 가즈 그일, 하아이고, 이근 마:는 짐'멀 함 오르'심 명습 옴, 버, 뱅' 밍스 오'머 그, 글 수, 첨'부 거 판 다 이'서떠 가이게.

― 인제너, 언지에너 아 끄, 아우 구'더 웁섣져 뿌제.

― 글, 더 글 여짱사~'으 다 거'디 쁘거 업'써, 은니.

머 예저'네 인자 동네' 그륵 까' 그르가 인저 하'고, 그 다'음 인제 평토제'에 지'내고, 그 다'으메 인제 에, 인제 상주드'런 행상 와떵' 길로, 꺼꾸로, 홈'배캄마 가'지고 인자 와'서, 인지 지'브 와'서 또 제'사 지'냄미까?

― 지래'이496) 데'제.

― 지'빈, 지'베 와 가'주우 이젤, 지'베 가 가주오 는자'497) 사모'끄, 사모498) 땔꺼'지는 맹: 다 제서 지'내이 덴'디.

아침, 저녀'그로?

― 아:, 다: 지'내이 데, 그섣.

어, 빈:소 차'리 나 나'꼬?

― 병:소499) 처'러에 데'제.

― 그 저'네 삼 넝꺼'저500) 해'짜나.

쓰거든.

　－ 그러니까 동네 그릇을 쓰니까 좀 모두 그 사람들이 뒤에 사람들이 전부 해, 정리해 가지고 동네에 갖다, 여기 창고에 갖다 넣을 것은 넣고, 하고, 저 괭이 뭐 전부 그런 것은 동네에서 다 하거든.

　－ 여기 저 접시 같은 것과 음식은.

　－ 요새는 모두 사서 하니까 그 사람들 다, 옛날에는 동네 상 있고, 동네 그릇 있고, 동네, 전부 다 이 뭐, 이 도둑놈 다 주워 가고, 엿장수 다 주워 갔어, 우리.

　－ 한참 몰라 저 있은 지.

아, 예전에 그러면 그 동네 그릇하고 이런 것을 가지고 인제 다 씁니까?

　－ 번하지, 동네 상, 상, 동네 그릇, 숟가락, 젓가락, 전부 놋젓가락, 전부 놋그릇, 전부 다 해 가지고 그, 아이고, 이것 많은 집에는 오육십 명씩 오면, 백, 백 명씩 오면 그, 그 수, 전부 그 상 다 있었다니까.

　－ 인제는, 인제는 아무 것, 아무 것도 없어져 버렸지.

　－ 그, 저 그 엿장수들이 다 걷어 가 버리고 없어, 인제.

뭐 예전에 인제 동네 그릇을 가지고 그래서 인제 하고, 그 다음 인제 평토제 지내고, 그 다음에 인제 어, 인제 상주들은 행상 왔던 길로, 거꾸로, 혼백함만 가지고 인제 와서, 인제 집에 와서 또 제사 지냅니까?

　－ 지내야 되지.

　－ 집에, 집에 와 가지고 이제, 집에 가 가지고는 인제 삼우 때까지는 역시 다 제사를 지내야 된다.

아침, 저녁으로?

　－ 아, 모두 지내야 되어, 거기서.

어, 빈소를 차려 놔 놓고?

　－ 빈소 차려야 되지.

　－ 그 전에는 삼 년까지 했잖아.

- 오새는' 사모'러 거머 다: 끈나지 머.

사모?

- 어여.

그', 가' 민제 어, 그 사무:까'지, 저 사무' 정까'지너 인자 변:소 여' 차려
나 나'코 제사 지내고, 그 다으메 사무', 사무' 때'너 또 제사'를 언'제 지'냄
미, 끄암'며?

- 사모', 사모' 인제 사모 쩨'느 인제 나자나.

- 제사'가 인저 마지막 아이'가.

- 고'러먼 지'베서.

지'베서 함'미까, ** *?

- 그래, 저 사'르, 사네 가 한 사'암드 이'꼬, 지'베서 한 사'암드 이'꼬.

- 그래: 전 므엄, 몬, 보:통' 사네 가'이 하'제.

아, 보통 사'네 가서'예?

- 거, 저'이, 에.

- 사'을501) 가' 인제 사모' 쩨502) 데 그'마 상'주 오 끄등 어 바::커503)
가'주504) 가'여 거 사무 지'내고 거서 버'서 가주' 이젠 소화505) 씨게' 뿌고,
소'화르 씨'에 쁘'거, 자'기 인제 쓰, 온, 주르마'기마506) 두르마'이, 참::부
거'서 은자 태'아 뿌능 기'르, 여삐.

- 다: 태'아 뿌고, 자기여 인젠' 옌나'러, 고:이, 고대'로 홈'몸507)으로 오'지.

- 홈'모믈 오'고, 고서 엔508) 절 하'고, 지'베 와 가'주엔 인제 저, 졸'
곡 찌내구 마 인제 자, 징 으, 즈 조'상한테 갈 꺼 은제 참붙 산, 우'때
수, 상, 수, 일, 이, 사, 사, 사 대'만 사 대', 점:부 판 따'르 채'리 노'꼬 구
마껄 인네 제:사' 쭉 챈 노꾸 지내 뿜 머 인제, 줄국 지내 뿜마 이윰 므'
씨마이지509).

그, 그거 인지 사무제'너 저쭈'게 산소 가'서 하'고, 어, 그 다임' 도라 와
가'주고 졸곡쩹미까?

- 요새는 삼우라고 하면 다 끝나지 뭐.

삼우?

- 예.

그, 그러면 인제 어, 그 삼우까지, 저 삼우 전까지는 인제 빈소를 여기 차려 놔 놓고 제사 지내고, 그 다음에 삼우, 삼우 때는 제사를 언제 지냅니까, 그러면은?

- 삼우, 삼우 이제 삼우에는 이제 끝나잖아.

- 제사가 제 마지막 아니냐.

- 그러면 집에서.

집에서 합니까, ** *?

- 그래, 저 산에, 산에 가서 하는 사람도 있고, 집에서 하는 사람도 있고

- 그래 저 뭐, 뭐, 보통 산에 가서 하지.

아, 보통 산에 가서요?

- 그, 저, 예.

- 산에 가서 인제 삼우 때가 되면 그럼 상주 옷 같은 것 모두 가지고 가서 거기에서 삼우를 지내고 거기에서 벗어 가지고 인제 소각 시켜 버리고, 소각 시켜 버리고, 자기 인제 저, 옷, 두루마기면 두루마기, 전부 거기에서 인제 태워 버리는 거야, 옆에서.

- 다 태워 버리고, 자기는 이제 옛날의, 그, 그대로 홑몸으로 오지.

- 홑몸으로 오고, 거기에서 인제 절을 하고, 집에 와 가지고 인제 저, 졸곡 지내고 뭐 인제 저, 저 이거, 저 조상한테 갈 것 인제 전부 삼, 윗대 삼, 삼, 사, 일, 이, 사, 사, 사대면 사대, 전부 상을 따로 차려 놓고 그 모두 인제 제사 쭉 차려 놓고 지내 버리면 뭐 인제, 졸곡 지내 버리면 이러면 뭐 끝이지.

그, 그것 이제 삼우제는 저쪽에 산소 가서 하고, 어, 그 다음 돌아 와 가지고 졸곡제입니까?

— 아, 졸곡쩬510) 지내이.

졸곡쩨'늠 머 어떵 이511)?

— 졸곡쩨'느 이젠 쩐, 저, 젤: 느께' 간 사럼512) 인젠, 울 할마'이거 주거'시며513) 인젠, 주거시며 인젠 어른한'떠르514) 린자 이'퍼515) 시겡 끄 인자 거 보낸는'다 이게'라.

— 바더 주'시오:: 카머 인제 우'때 할배', 할매' 샙시516), 사스 사 대먼' 사 대 뽁: 젤 변숟' 지'방 써 너'꼬, 촬 또:까'지 땅 다: 새'르 채르 노'꼬, 거르 지내 노'꼬 인제, 그래 마칸' 거 우'뜨, 우하, 우'에부텅 한'성517) 위러다:: 지'내구, 젤: 느께' 인젠 간 슴', 주근 사'암며, 거 인제 절 하면, 저 이 잘 분, 브덕 디'루518) 가라 이릏, 고겨' 인지 졸'곡쩨미.

쫄'곡쩽 감' 어느, 어느 날 지냄미까?

— 구 사'무 지'내구 오'머 그날 아 한'나.

사무 지'낸 날 바'메 즈, 바?

— 사무' 지내' 옴 바'메 즈, 그 밤뿌뿌, 그래업 제저으, 바메 쩌, 쩝 사'무 지내'고, 다, 사무 끈'나짜나, 그'제.

— 사무 끈나민' 제 그날, 그날 와 아중 인제 저 이.

지늑게?

— 이, 끄여, 야, 흠.

바'메 인제 제사' 지'낸다, 그지?

— 야, 허, 다 거르 찌내 뿌제.

아, 그'어 인제 졸'곡쩨 지'냄며 인제' 다 끈'난다, 그'지에?

— 거'르519) 데'며 인제 자금 인제, 은젠 다운, 다음 인'젭 머고'.

기'제사?

— 개'제사 지냄 터 불찌520), 머, 그어 뿌'이지 머.

예저'네느 인제 어, 삼년상'을 핸'는데, 엠, 머 이 근:녀'네는 점'모 삼, 사' 밀쨩 하'먼 끈'난다, 그'지예?

– 어, 졸곡제를 지내지.

졸곡제는 뭐 어떤 것이?

– 졸곡제는 이제 저, 저, 제일 늦게 간 사람 인제, 우리 집사람이 죽었으면 인제, 죽었으면 인제 어른한테 인제 입회 시켜 그 인제 그 보낸다 이거야.

– 받아 주시오라고 하면서 인제 윗대 할아버지, 할머니 많으니까, 사, 사 대면 사 대 딱 제일 빈소에 지방 써 놓고, 착 똑같이 딱 다 새로 차려 놓고, 그래 차려 놓고 인제, 그래 모두 그 윗대, 위, 위에서부터 항상 위로 다 지내고, 제일 늦게 인제 간 사람, 죽은 사람, 거기 인제 절을 하면, 저 이 잘 부탁, 퍼뜩 데리고 가라 이러는 것, 그것이 인제 졸곡이지.

졸곡제는 그럼 어느, 어느 날 지냅니까?

– 그 삼우 지내고 오면 그날 안 하냐.

삼우 지낸 날 밤에 저, 밤?

– 삼우 지내고 온 밤에 저, 그 밤에, 그래 저, 밤에 저, 저 삼우 지내고, 다, 삼우 끝났잖아, 그렇지.

– 삼우 끝나면 인제 그날, 그날 와 가지고 인제 저 이.

저녁에?

– 예, 그, 예, 음.

밤에 인제 제사 지낸다, 그렇지요?

– 예, 어, 다 그렇게 지내 버리지.

아, 그 인제 졸곡제를 지내면 인제 다 끝난다, 그렇지요?

– 그렇게 되면 인제 자기 인제, 인제 다음, 다음 인제 뭐냐.

기제사?

– 기제사 지내면 돼 버리지, 뭐, 그것뿐이지 뭐.

예전에는 인제 어, 삼년상을 했는데, 어, 뭐 이 근년에는 전부 삼, 삼일장 하면 끝난다, 그렇지요?

- 그'래, 오새'앤 사'모 해, 사모'에 다 끈'나자나, 네, 사머에 끈나제이, 거 끈너, 끈, 끈나지.

어, 그'언데 은제' 그 아까' 인제 어'르신 이야기 하'셔씀미다마너 어, 그'거 어, 머 이 상, 행'상 이여 꾸'미고 할'려며느 예저'넨 점부 다: 머 새'끼줄 이릉 어 꼬'고 해야 덴'다 아 해'씀미까?

- 그래.

- 지, 집' 까'주고 저, 지 까'주 두, 두:리'간 하적.

누'가 함'미까?

- 상더꾸~'이521) 다 하자'나.

근 거 즈 에, 으, 도라가'시씀며너 머 또러가신 날부'터 와 가'지고 새'끼도 꼬'고?

- 그래, 그래, 사으, 주'거떠 카'마, 사람' 주거더 사밀짜~'이 이'꼬, 오 일'짱 이'꼬, 사열'짱 이'꼬, 보오:토'응 머 여 사'밀짜이그덩.

- 카'머522) 전 그래 이 지'베 초사~'이 나따 카'만, 그' 날부턴 마실 사'램 오능 기'라.

- 와' 가주구 인제 먼' 부:고 갈523) 사'람머는 부우524) 가, 오샌'525) 저 날 다 해' 뿌지마'는 그'을 찌에능 구니'러 갈' 사'러믄 노:비'526) 자 가주 구니'러 가'거라, 똑 저어: 구'미 갈 사'암며어 구'미려 가'거라, 거서 댕그, 자'즈알 이심' 자기야 타오 가고, 똔 글'찌느 막: 우리'응 거'러 가즈 제 아::, 저쯔 구청까'지527) 거'러 가따 가'이끼네.

- 부고' 여 한 장 가주'고 거'러 가주'고, 거 가'머 인제', 거 가'머 인저' 부구 전하'마 인제 전너 저, 갈 쩨' 인젤' 더 그 술: 한' 잠 머'으러 깜'머 돈, 오새 뗜' 한 사, 한 사은, 한 삼처 넌 주'머 인저' 술' 한 잔' 바더머, 한 삼처 넌 줌 파, 바더머'꼬, 가따 오능 거'찌, 지: 혼차' 가따 오'이 덴'드.

아:, 아, 부:고', 부:우 가따 주'며느 부고 반는 사'러미 돈 쫌 줌'미까, 차 비 하'려고?

− 그래, 요새는 삼우 해, 삼우에 다 끝나잖아, 예, 삼우에 끝나지, 그 끝나, 끝, 끝나지.

어, 그런데 인제 그 아까 인제 어르신 이야기를 하셨습니다만 어, 그것 어, 뭐 이 행상, 행상 이것을 꾸미고 하려면은 예전에는 전부 다 뭐 새끼줄을 꼬고 해야 된다고 안 하셨습니까?

− 그래.

− 짚, 짚을 가지고 저, 짚을 가지고 둘, 둘이서 하잖아.

누가 합니까?

− 상여꾼이 다 하잖아.

그러면 그 저 어, 어, 돌아가셨으면 뭐 돌아가신 날부터 와 가지고 새끼도 꼬고?

− 그래, 그래, 사람, 죽었다고 하면, 사람 죽어도 삼일장이 있고, 오일장이 있고, 사일장이 있고, 보통 뭐 여기는 삼일장이거든.

− 그러면 저 그래 이 집에 초상이 났다고 하면, 그 날부터 마을 사람이 오는 거야.

− 와 가지고 인제 뭐 부고를 가지고 갈 사람은 부고를 가지고 가고, 요새는 전화를 다 해 버리지만 그럴 적에는 군위로 갈 사람은 노자를 줘 가지고 군위로 가거라, 또 저 구미 갈 사람은 구미로 가거라, 걸어서 다니고, 자전거 있으면 자전거 타고 가고, 또 그때는 막 우리는 걸어 가지고 저, 저쪽 구천면까지 걸어갔다니까.

− 부고 여 한 장 가지고 걸어 가지고, 거기 가면 인제, 거기 가면 인제 부고를 전하면 인제 전해 주고, 갈 때 인제 또 그 술 한 잔을 먹으라고 하면서 돈, 요새 돈 한 삼, 한 삼, 한 삼천 원 주면 인제 술 한 잔 받아먹고, 한 삼천 원 주면 받아, 받아먹고, 갔다 오는 것은 자기, 자기 혼자 갔다 와야 된다.

아, 아, 부고, 부고 갖다 주면은 부고 받는 사람이 돈을 좀 줍니까, 차비 하라고?

― 이 쯔, 아'이거, 거 치'는 저 머 딸'려 그'뜸, 그른 사'아므 그트믄 주'지만 여'서 지, 여'서 주자'느, 여'써, 여'써 이제.

검'메 부고:널' 주, 부:곤' 어데서 씀'미까, 그람'며너?

― 고' 마시'러528) 씨'자나, 마시'리서.

― 머' 섬'비 이짜'은, 섬'비 이짜'나.

― 마시'레 글' 그르, 그키 모'르나.

― 그 달 하'먼, 오새'능 꺼 한 장' 써' 가주고 머 이'래 멈 이, 이, 인세 해' 뿌제므 옌나'레는 한 장', 하 녀 다: 써'끄덩.

― 부스'로.

― 꺼 이그 딱: 써 가즈여 봉투'에드 여' 가주 인제 주'마 인저 구 지'부 간 쭈'구 머, 껄, 무, 무, 무 그래

가'머 인저 부고' 쓰'은 사'암 부고' 쓰'고, 그 다'으메 또 상대꾼'드리 새끼 꼬:고?

― 그'래, 사, 새웅, 상대꾼'더르느 인제 거'얼 미제앋 권 뜽 내'일쯤 장:네'를 해'야 줄 띠'리제, 그 저'네는 거저 인제' 상주 이래 비:게 맨드자'나.

― 이래' 상'주 아이고', 아, 이까'므 새끼 가아' 뚤뚤 암 마나.

― 그링 기'이나529) 하고 이제 마:컨'530) 디에 댕기'먼 인제 저어, 절 거저 수'리나 머'꼬 그'이으531) 하제, 저, 저, 대, 대'나무 비:러 간 사'라먼 대'나무 비:로' 가고 거 저 안, 안쭈인 주'그믄 뽀쁘라남'532) 비:고, 남'자 주'그므 대'나우 비러 가우, 글'찌음 마:꺼, 요'샌 사'가 하제, 옌:나'르 쩌 거 비가' 와'따 카이, 점'부 저 바.

― 저으 가'주 비가 와'주 해'끄던.

그러, 인제 그렁 거'라든지 또 음식'또 장만:아'야 데'고?

― 그려, 엄:식, 그여, 음:식 쨤므녁.

― 그리 사'먼', 사'밀짱 캄'머 그날 쭈'꼬 그 하루 지'내믄 사'믈싼, 장:사 아이'가, 구'리이끼네 고'만 그 나릉 그'르코 함 똑 음:석', 떡', 떡' 장'만 쩌,

- 이 저, 아이고, 거기 친한 저 뭐 딸 같으면, 그런 사람 같으면 주지만 여기에서 주, 여기에서 주잖아, 여기에서, 여기에서 인제.

그러면 부고는 주로, 부고는 어디에서 씁니까, 그러면은?

- 그것은 마을에서 쓰잖아, 마을에서.

- 뭐 선비 있잖아, 선비 있잖아.

- 마을에서 글을 그렇게, 그렇게 모르겠어.

- 그 다음 벌써, 요새는 그 한 장 써 가지고 뭐 이래 뭐 이, 이, 인쇄해 버리지만 옛날에는 한 장, 한 장 다 썼거든.

- 붓으로.

- 그 이것 딱 써 가지고 봉투에 넣어 가지고 인제 주면 인제 그 집에 갖다 주고 뭐, 그래, 뭐, 뭐, 뭐 그래.

그러면 인제 부고 쓰는 사람은 부고 쓰고, 그 다음에 또 상여꾼들이 새끼를 꼬고?

- 그래, 상, 상, 상여꾼들은 인제 그것을 인제 그것은 또 내일쯤 장례를 해야 줄을 늘어뜨리지, 그 전에는 그저 인제 상주 이래 빌게 만들잖아.

- 이래 상주가 아이고, 아, 이러면 새끼를 가지고 뚤뚤 안 마느냐.

- 그런 것이나 하고 이제 모두 뒤에 다니면서 인제 저, 저 그저 술이나 먹고 그것이나 하지, 저, 저, 대, 대나무 베러 가는 사람은 대나무 베러 가고 그 저 안, 안주인이 죽으면 포플러 나무를 베고, 남자가 죽으면 대나무 베러 가고, 그때는 모두, 요새는 사서 하지, 옛날에는 저 그 베서 왔다니까, 전부 저 뭐.

- 저기 가서 베어 와서 했거든.

그런, 인제 그런 것이라든지 또 음식도 장만해야 되고?

- 그래, 음식, 그래, 음식도 장만하고.

- 그래 삼일, 삼일장이라 하면 그날 죽고 그 하루 지나면 삼일장, 장사 아니야, 그러니까 그만 그 날은 그렇고 하면 또 음식, 떡, 떡 장만 저,

즈 떡'또 꾸:꼬' 므 다: 해'이 델 꺼 아이'가, 그' 날.

— 해'이데 무 인저' 이'트나른 하'무 줄: 띠'리고533) 모 잉 꼬 해 나눙
까우 투 그해 줄: 뜨리야, 주:런 똘 이래:쓰 서'까리 이래: 걸:치 노'꼬 이
래 끈, 이래, 이래, 이래, 이, 이끄르 이 땅 기'래 가주 이래가주 이래가준
나무 이래 베' 노'꼬, 저짜' 인저' 하나'는 띠'에선 줄: 이으 디'리마 하나'아
자꾸' 땡'기고, 땡'기먼 알, 두:리'는, 두:리너'언' 이이, 이리 이'래우 꼬:고
이래 하곤, 두:리'인 또 짐' 녀' 좌이' 덴'다.

— 여 주'맘 미게' 가주이 이래 저 돌'리마, 돌'리만 디에'선 짜:꾸 꼬이'
그등, 그럼 자:꾸 땡'겨 가능 기'러.

— 그그'이, 그기 수물너: 바'리라, 한짜'게.

— 한짜'게 수물너: 바'리겐 어'맨 마노'.

그 줄' 그 꼬'아 가'주 줄: 그그너?

— 글' 행사'암 무꾸자'누, 그래.

행상' 무꾸는' 데 인자 주룰르 게:석 꼬'고 한다, 그'지예?

— 어, 그래 글 무까', 수물너: 바'르드 온, 쩌, 절 마온여'덜 빠'를 꽈'이
데는데, 거 이망끔 굴:긍 기', 릉 거.

그'릉까 그릉 걸' 인제 누'가 어너?

— 행상'줄534) 카'자나, 그 까'주.

동:네'에 누'거 함' 부니 도러가'시며너 머 온: 동네' 사'암 달 **?

— 다이 나온, 다 나오지 머, 그.

다: 해'애 덴'다, 그'제?

— 그'래, 그'러치.

머 행쓰, 남'자드런 행상주'리며, 새'끼 꼬'여고, 또 므 나무 베러 가야 데고?

— 고 여자더'른 또 꾸:꼬, 그제, 떡' 보'고535), 여잔 떠 꾸'꼬 머, 데이'지
자'꼬 머, 머 그'을 찌'이느 동미'이536) 사'밀, 사'밀짜앙 고'마 꼼'바', 껌바
머' 사, 그 지'비 산:다.

저 떡도 굽고 뭐 다 해야 될 것 아니냐, 그 날.

— 해야 되지 뭐 인제 이튿날은 인제 줄 내리고 뭐 이 그렇게 하면 또 그렇게 줄 내려야, 줄은 또 이래 서까래에 이래 걸쳐 놓고 이래 그, 이래, 이래, 이래, 이, 있거든 이 딱 이래 가지고 이래서 이래서 나무 이래 베 놓고, 저쪽에 인제 하나는 뒤에서 줄을 이래 내리면 하나는 자꾸 당기고, 당기면 어, 둘은, 둘은 이리, 이리 이래 꼬고 이래 하고, 둘은 또 짚을 넣어 줘야 된다.

— 넣어 주면 먹여 가지고 이래 저 돌리면, 돌리면 뒤에서는 자꾸 꼬이거든, 그러면 자꾸 당겨 가는 거야.

— 그게, 그게 스물네 발이야, 한 쪽에.

— 한 쪽에 스물 네 발이니까 얼마나 많으냐.

그 줄 꼬아 가지고 줄 그것은?

— 그것으로 행상을 묶잖아, 그래.

행상 묶는 데 인제 줄을 계속 꼬고 한다, 그렇지요?

— 어, 그래 그것으로 묶어, 스물네 발 오, 저, 저 마흔여덟 발을 꽈야 되는데, 그 이만큼 굵은 것, 이런 것.

그러니까 그런 것을 인제 누가 어느 분이?

— 행상줄이라 하잖아, 그것 가지고.

동네에 누가 한 분이 돌아가시면은 뭐 온 동네 사람들이 다 **?

— 다 나오지, 다 나오지 뭐, 그.

다 해야 된다, 그렇지요?

— 그래, 그렇지.

뭐 행상, 남자들은 행상 줄이며 새끼를 꼬고 또 뭐 나무 베러 가야 되고?

— 그 여자들은 또 굽고, 그렇지, 떡 굽고, 여자는 떡 굽고 뭐, 돼지 잡고 뭐, 뭐 그럴 적에는 동민이 삼일, 삼일장 그만 꼼짝없이, 꼼짝없이 뭐 산, 그 집에 산다.

그'어 일: 다 도'와 주이 데'이?

— 다' 주이537) 델, 다 도'아 저'에지, 머.

그 다'으메 그'르또 동:네' 그'럭 가주 오가' 다, 판'도 그'럼 머 ****?

— 그'래, 그'럭538), 그'럭 까 오'마 또 노'근, 떠, 떠 때' 안 찌'인나.

— 때' 찌'시마539) 똗 그 가540) 가 녀 마:커 이'거르 가주 저물랴거 딸, 땅는'다.

— 따'꺼 가'주온 그래 하'제, 임 머브즈 초상' 함'분 나뗘 카'먼 머.

이:리' 저근 니리' 아이'다, 그'지에?

— 아이그:이, 잔치허'고 초사~'이고 하'뜨 가'먼뜨 급 동네'에름, 만 잔' 체는 다'이리지만, 타 하루 꾸:꼬 하라' 하'지만, 초상나따 카'먼 사밀'짬머 이 사'밀 끄 다아 이'쓰애 데, 사일짜이머 사일찌 다 이'쓰애 데능 그.

— 그'리이 머.

그' 인제' 아까 그 인저 어르'신 그 인제 이야길 하'션는데, 그거 은제 장지에', 장지'에 걸 터' 자'꼬 이럭?

— 풍구'.

풍'수가 껌'며느 도러가'시우 나'서 터' 잡씀미까', 터'느 어'떠케 함'미까, 보통은?

— 푸어, 돌'러가는 저, 쩜 퍼 잡'찌.

도러가시기 저'네예?

—아, 아, 아이'라, 도러가는 디에, 어뜬 사'암년, 나도 우리 할마일 쭈'꼬 난 디:에 저, 처 자'버찌만, 디:게541) 아프'마, 하'만 이래 디:게 아'품맘, 이 쌈 미'치 모 넝기게따 시푸'마, 까머 상'주드리 디루542) 땡기'만 * * *** 손수 디루우 댕기만 다 잡짠.

— 하모 자꺼.

그, 그'암 트'러 인제 풍'수가 터'를 잡'꼬, 그 다'으메 그::어기 인제 장 네: 주관하'는 사'람, 머 대표하'는 사'람묘 호상' 아임미꺼, 그'지예?

그 일 다 도와 줘야 되니까?

— 다 줘야 돼, 다 도와 줘야지, 뭐.

그 다음에 그릇도 동네 그릇 가지고 와서 다, 상도 그럼 뭐 ****?

— 그래, 그릇, 그릇 가지고 오면 또 녹, 또, 또, 때 안 꼈냐.

— 때 끼었으면 또 그것을 가지고 가서 여기 모두 이것을 가지고 주물러서 닦, 닦는다.

— 닦아 가지고 그렇게 하지, 이 뭐 초상 한 번 났다고 하면 뭐.

일이 적은 일이 아니다, 그렇지요?

— 아이고, 잔치하고 초상이고 했다 하면 그 동네에는, 뭐 잔치는 당일이지만, 다 하루 굽고 하루 하지만, 초상났다고 하면 삼일장이면 삼 일 그 다 있어야 돼, 사일장이면 사 일씩 다 있어야 되는 거야.

— 그러니 뭐.

그 인제 아까 그 인제 어르신 그 인제 이야기를 하셨는데, 그것 인제 장지에, 장지에 그 터 잡고 이런?

— 풍수.

풍수가 그러면은 돌아가시고 나서 터를 잡습니까, 터는 어떻게 합니까, 보통은?

— 터, 돌아가시면 저, 저 터 잡지.

돌아가시기 전에요?

—아아, 아, 아니야, 돌아가신 뒤에, 어떤 사람은, 나도 우리 집사람 죽고 난 뒤에 저, 저 잡았지만, 많이 아프면, 벌써 이래 몹시 아프면, 이 사람 며칠 못 넘기겠다 싶으면, 그러면 상주들이 데리고 다니면서 * * *** 손수 데리고 다니면서 다 잡잖아.

— 미리 잡고.

그, 그러면 터를 인제 풍수가 터를 잡고, 그 다음에 거기 인제 장례 주관하는 사람, 뭐 대표하는 사람은 호상 아닙니까, 그렇지요?

- 와요, 호'상, 그래.

호상'이 하'는데, 호상' 인제 시'키고, 일:도 시'키고 머 부고'도 누우 가따 주'라 하'고, 그르 한'데, 검 장, 아까' 인제 행상'을 장:지에까지 웅구해가' 가'는데, 가기 저'네 그 이 멈미까, 널:, 널:하'고 이 시신 드르갈 이 광:과' 글 입 파'야 델 꺼 아임미까?

- 으

어, 헉하'우 여 땅'을 파'야 델 거 아임미'까?

- 땅' 파'야지, 그래.

그어 풍'수가 이애 자리 자'버, 터'를 어디 어'떠케 파'라고 시키 줄' 끼'고?

- 그'러쳐, 요, 요 더 패'쭐543) 가주 요래: 땡기 가'주오 요러, 요, 요, 요러 파'러 카'자너.

어, 그'엄므 그 파'능 거는 쭈 언'제 팜'미까?

- 파'능 건 장:진544) 날 파'지 머.

- 거, 그, 그 저'네느 하루 저'느 파'따545).

하루 저'네예?

- 어', 하루 정, 오새'늠 머' 점무 꼬끄'렬 씽기 무 금방 여 가지 꼬끄레'546) 다 끄러 내 뿌이 머.

아, 기'그, 기'게로 하'니까?

- 어, 그'래, 그 옌나'레는 카'이고, 어치, 어즈, 며, 저, 저, 저, 즈 거쓰, 찌, 저 방구547) 인능' 거'는 차 이'틀, 사'을 만 미'리 가아 지 판다'.

- 파 가'주고, 이 모깨'이러548) 가지우 파거 이거 임 뿌, 뿌이나, 그.

- 그'르치만 하'마 이 즈 그르 프트끄549) 광주~'이550) 시:다551) 카'만 하'만 겁 터'를 바 가'점 ** 풍'수 털' 바 가여 광주'이 씨:다 카'맙, 그에 금'주끼 저'네, 함552) 미칠 저'네 거쓰 판 돈드 거 사~'이 마려 저, 저 사이 떠 끄뜨'마.

음, 머이 도:사, 돌:사'니나 이렁 거?

─ 예, 호상, 그래.

호상이 하는데, 호상 인제 시키고, 일도 시키고 뭐 부고도 누구 갖다 주라고 하고, 그렇게 하는데, 그럼 장례, 아까 인제 행상을 장지까지 운구해 가는데, 가기 전에 그 이 뭡니까, 널, 널하고 이 시신 들어갈 이 광중을 이 파야 될 것 아닙니까?

─ 어.

어, 흙하고 여기 땅을 파야 될 것 아닙니까?

─ 땅 파야지, 그래.

그 풍수가 이래 자리 잡아, 터를 어디 어떻게 파라고 시켜 줄 것이고?

─ 그렇지요, 요, 요 저 패철을 가지고 요래 당겨 가지고 요래, 요, 요, 요래 파라고 하잖아.

어, 그러면은 그 파는 것은 주로 언제 팝니까?

─ 파는 것은 장례 날에 파지 뭐.

─ 그, 그, 그 전에는 하루 전에 팠다.

하루 전에요?

─ 어, 하루 전, 요새는 뭐 전부 포클레인을 쓰니까 뭐 금방 여 가서 포클레인으로 다 끌어 내 버리니까 뭐.

아, 기계, 기계로 하니까?

─ 어, 그래, 그 옛날에는 아이고, 어, 어, 뭐, 저, 저, 저, 저 그것, 저, 저 바위 있는 것은 참 이틀, 사흘 뭐 미리 가 가지고 판다.

─ 파 가지고, 이 곡괭이를 가지고 파고 이거 이 보, 보이겠어, 그것이.

─ 그렇지만 벌써 이, 저 그것을 퍼뜩 광중이 세다고 하면 벌써 그 터를 봐 가지고 ** 풍수가 터를 봐 가지고 광중이 세다고 하면, 그래 그 죽기 전에, 벌써 며칠 전에 거기 파야 된다, 그 산이 말이야 저, 저 산이 꼭 그러면.

음, 뭐 돌산, 돌산이나 이런 것?

- 어, 저 이 산 찌끄마553), 요'얼, 요'어가 마따 카'만, 그 하'만 보그'마 아그'덩.

- 여 돌: 배기'따, 아흐, 여 파기 조:타 카는 아그'덤.

- 그 저'네 하만 미칠 쩌'네 하머 사라음 사 가'지 파'애 데.

- 여기 파' 나'따 은제 딱:: 파 가'주554) 은제 고르간 딱: 더퍼 나'타.

감'며 그 인제' 광:중 팔' 때 그검 머 거'또 은네 사'람 사 가'주 그래 해' 야 덴다, 그'지에?

- 걸'찌르, 걸 쩐' 사애 데'제, **.

요즘 머 궈, 골 함믕 기'에 까 하'니까 시게 파는데?

- 머 오새, 오새, 오십, 사심마 너이라.

- 하로', 하루' 그 하'능 기.

도:니 문제'지, 파'능 거늠 막 그냥?

- 뽀꾸, 그검' 머 한' 시'간도 앙 걸'리이555), 한, 오새' 저 상대꾼'들 일: 하나'.

- 가마: 안저 꼬구'레556) 헐557) 떠'머 지'내머 거역, 아깨' 달거니558) 하'능 거, 그인559) 내여' 도~이'너 버'리가 가지 머, 암: 뿌도 아 하잔.

끄, 그 다'으 민즈 광:중', 이래가 파: 노코' 은제 그럼 인제 웅:구'해가' 간, 가 '주고 그 빈수 차'려 나 나 나'코, 어, 그 장:, 장:지'에서도 그어 조품' 바'찌예?

- 바'더, 마~이' 바'찌 므.

끄, 거스 바꼬, 그 마:니, 그'이서 마:니 바'찌예?

- 오'는 사'엄 다 버'찌 머, 그.

그, 끄 다'으메 인제 그거 하:관' 아 함'미까?

- 음.

하관'는 하:관' 시간도?

- 시:간 이'써, 머 하 끄여.

누'가 바'찌예?

― 어, 저 이 산을 파면, 요기, 요기가 알맞다고 하면, 그 벌써 보면 알거든.

　― 여기 돌이 박혔다, 아이고, 여기 파기 좋다 하는 것을 알거든.

　― 그 전에 벌써 며칠 전에 벌써 사람을 사 가지고 파야 돼.

　― 여기 파 놓았다가 인제 딱 파 가지고 인제 그래서 딱 덮어 놓았다가.

그러면 그 인제 광중 팔 때 그것 뭐 그것도 인제 사람을 사 가지고 그래 해야 된다, 그렇지요?

　― 그렇지요, 그럴 때는 사야 되지, **.

요즘 뭐 그, 그 하면 기계 가지고 하니까 쉽게 파는데?

　― 뭐 요새, 요새, 오십, 사십만 원이야.

　― 하루, 하루 그 하는 것이.

돈이 문제지, 파는 것은 막 그냥?

　― 포클레인, 그것 뭐 한 시간도 안 걸리니까, 한, 요새 저 상여꾼들 일을 하냐.

　― 가만히 앉아서 포클레인 흙 뜨며 지내면 거기에, 아까 달구질 하는 것, 그것이나 해서 돈이나 벌어 가지고 가지 뭐, 아무 것도 안 하잖아.

그, 그 다음에 인제 광중, 이래서 파 놓고 인제 그럼 인제 운구해서 가, 가지고 그 빈소 차려 놓아 놔 놓고, 어, 그 장, 장지에서도 그 조문 받지요?

　― 받아, 많이 받지 뭐.

그, 거기에서 받고, 그 많이, 거기에서 많이 받지요?

　― 오는 사람은 다 받지 뭐, 그.

그, 그 다음에 이제 그 하관 안 합니까?

　― 어.

하관은 하관 시간도?

　― 시간 있어, 뭐 하는 그것.

누가 받지요?

- 그애, 그'어 저 풍'수가 하자'나, 풍'수가.

- 그 빔, 미 떡 받'는 사'래미 하:간 시가'을 다 정하'자나.

- 며 씨 아 까, 워, 여뚜, 열뚜 시므 열뜨, 하 시머 하 시 머 이러 워 뚜 이거 다: 정해 가'주 고'날 ***.

그 하:과'는 쭈'루 어떠'케 함'띠까?

- 하관', 땅' 파 가'주 거 이즈 무어, 모 까떠인 저으, 저 은젠' 너:레인, 너:를', 널: 기'양560) 문'는 사'러멀 이'꼬, 또 우리'늠 머 할마~'이 널 우짱 띠'이는561) 오동나무 핸'는데, 우짱디'인 내삐'리 뿌고562), 띠'드가563) 부 떼뿌고, 저, 저, 저, 저, 저, 절 건, 쩌, 절 흘론 치아 뿌.

- 건: 올 찌'늠 마'꺼564) 이리, 이른, 이르 조'우가565) 꽉꽉 채'어 너'끄 덩566), 그 무겁따꼬.

- 저 똘:방'567) 조'구568), 저'얼 꽉: 채'엔데 그, 그 마:커 빼'가지 불' 질' 르 뿌고, 흐'를 인제, 더 흘' 인저 보드라'웅 거, 어데 거 시:머569) 어'데 얼 그'메570) 쳐' 가'주고 인제 곧, 고드 꼰 초케, 차그 여'치, 차게차게571) 여' 꼬 인젠' 고'러가주 인제 고 우'에 다 무'덤머 인제 그 우'에서 은제' 또 머 얼, 어뜬 사'러먼 머 여, 여, 저, 즈이 우리'독 훼572), 훼, 훼, 훼' 석까' 여' 따마느너, 훼 인 떠 서까 가'주곤 그래 뽀멈 남573), 남: 뿌리' 그등, 범제 드574) 모 하'고 머 짠다 그래.

- 그래 뜨 걸 신체' 언 다: 무'드 디'에 우'에너 거'머 회 까줍 콰'악 다 이 뿜'마 그언 쌔띠'575) 데그'등.

- 내저' 파 보'오 쌔띠' 항 가'지러 말러이.

쩌 딴딴해져 부리거예?

- 예, 거'러, 그'르이 그어 무 그여구 구그 해 뿌고.

- 어뜬 사'암 널', 널:, 그대'로 따끄'이더576) 안 떼'고 편첨빠'다577) 안 띠'고, 저 뜨, 아, 떼, 따: 가'주고 조'구맘 빼 내 뿌고, 거따 흐'를 꽝: 녀' 가'주고 탁: 치'아 가'주고 또 그르 똘 그름, 나'물' 덥드'라꼬578).

- 그래, 그 저 풍수가 하잖아, 풍수가.

- 그 묘, 묘 터 본 사람이 하관 시간을 다 정하잖아.

- 몇 시에 할 지, 뭐, 열두, 열두 시면 열두 시, 한 시면 한 시 뭐 이래 뭐 또 이것 다 정해 가지고 그날 ***.

그 하관은 주로 어떻게 하던가요?

- 하관, 땅 파 가지고 그 인제 뭐, 뭐 갖다가 저, 저 인제 널을, 널을, 널 그냥 묻는 사람들도 있고, 또 우리는 뭐 집사람 널 덮개는 오동나무로 했는데, 덮개는 내버리고, 뜯어서 불 때버리고, 저, 저, 저, 저, 저, 저 그, 저, 저 흙으로 채워 버리고.

- 그 올 때는 모두 이런, 이런, 이런 종이를 꽉꽉 채워 넣거든, 그 무겁다고.

- 저 동그랗게 종이, 저것을 꽉 채우는데 그, 그 모두 빼서 불 질러 버리고, 흙을 인제, 또 흙 인제 보드라운 거, 어디 그것이 세면 어디 어레미에 쳐 가지고 인제 그, 거기에 그 차곡차곡, 차곡차곡 넣고 인제 그래서 인제 그 위에 다 묻으면 인제 그 위에서 인제 또 뭐 어, 어떤 사람은 뭐 여, 여, 저, 저 우리도 석회, 석회, 석회, 석회 섞어 넣었다만, 석회 이 또 섞어 가지고 그래 버리면 나무, 나무뿌리 같은 것이나, 범접도 못 하고 뭐 어쩐다고 그래.

- 그래 또 거기에 시체 얼른 다 묻은 뒤에 위에는 그만 석회가루를 가지고 꽉 다 해 버리면 그것은 쇳덩어리 되거든.

- 나중에 파 보면 쇳덩어리와 한가지란 말이야.

저 단단해져 버려서요?

- 예, 그래, 그러니 그 뭐 그러고 그것 해 버리고.

- 어떤 사람은 널, 널, 그대로 뚜껑도 안 떼고 편철로 연결된 바닥도 안 떼고, 저 떼, 아, 떼, 떼 가지고 종이만 빼 내 버리고, 거기에다 흙을 꽉 넣어 가지고 탁 채워 가지고 또 그것을 또 그것, 나무를 덮더라고.

- 그'른 사'암드 이'꼬, 우림' 막: 띠내579) 쁘'일, 띠내: 뻬 뻬고이.

아'예 너를 안 넌'는 사'암도 이'꼬 그'러씀미꺼?

- 아:, 싹짜'리580) 한 살581) 더 마네.

요', 요', 여'기너?

- 돌:럴' 한 사'암두 이'꾸.

가'므 여'기느 지움' 돌:럴' 하은 사'암도 이'꼬, 그 다'으메 나무널' 그, 그대르 하'는 사'암더 이'꼬, 앙 감 널 다 빼내' 버'리고 그'냥 홀'마 하는 사'암도 이'꼬, 그 지밤'마드 다 다르?

- 그려 모뜨, 그'르치에, 다르져.

- 그래'더 머 참 너지간하'면582) 모'두 돌러'라, 돌러'어 조찬'타 카이 우리'으 돌릴'하다 카 답' 마이고 난 치아'라 히이, 돌 여'이583) 근 거임 먼 존 찬타 카고.

- 그래 가'정 오샌' 쩌 어'쩐 사'암더른 마컨 첨파 띠뿌'고, 마컨 우'예584) 띠:뿌'고 흘'로 마크 채'워 여트라.

그 다'음메 그'래 인제 보통 하관 할' 때 꼬거: 은저 시'신 이리 너'코 그어 인제 너'코 나'며너 그'때 그 모, 상'주드리 어'뜨케 그냥 함미까?

- 상'두 곡' 해'이 데'지.

- 곡 해'잉 데이.

스, 곡, 고 하'고 머 이 그 흐'기나야, 흐 기'래 하능 거'또 누가, 누가 함미까?

- 흘' 연능' 거, 거뜨 치:토'585) 카'능 기 이'써.

치:토'느 어'떠게 하능?

- 마쌍'주가 하'지 머.

그, 그거'느 므어가', 치토'아 먼:지' 하므 이야기해 주'이소.

- 치:토 카'능 거느 인제: 상'주가 이건, 크'리여 싸'그덩, 이거.

- 음, 이거 오 무르'박 여'이 싼다 껄.

- 치토'오', 치토'오' 컴'마 이기' 흐'리586) 아디야 그'미러587).

- 그런 사람도 있고, 우리는 막 떼어내 버려, 떼어내 버려, 버리고.

아예 널을 안 넣는 사람도 있고 그렇습니까?

- 아, 돗자리를 하는 사람도 많아.

요, 요, 여기는?

- 돌널[588] 하는 사람도 있고.

그러면 여기는 지금 돌널 하는 사람도 있고, 그 다음에 나무널 그, 그대로 하는 사람도 있고, 안 그러면 널 다 빼내 버리고 그냥 흙만 하는 사람도 있고, 그 집안마다 다 다릅니까?

- 그래 모두, 그렇지요, 다르지요.

- 그래도 뭐 어지간하면 모두 돌널은, 돌널은 좋지 않다고 해서 우리는 돌널하려고 하다가 답이 아니고, 나는 치워라 하고, 돌 넣으니 그 그게 뭐 좋지 않다고 하고.

- 그래 가지고 요새는 저 어떤 사람들은 모두 전부 떼버리고, 모두 위의 덮개도 떼버리고 흙으로 모두 채워 넣더라.

그 다음에 그래 인제 보통 하관 할 때 그것 인제 시신을 이래 넣고 그 인제 넣고 나면은 그때 그 뭐, 상주들이 어떻게 그냥 합니까?

- 상주는 곡을 해야 되지.

- 곡을 해야 되니.

저, 곡, 곡 하고 뭐 이 그 흙이나, 흙 이래 하는 것도 누가, 누가 합니까?

- 흙 넣는 것, 그것도 취토라고 하는 것이 있어.

취토는 어떻게 하는?

- 맏상주가 하지 뭐.

그, 그것은 무엇이, 취토가 뭔지 한 번 이야기해 주십시오.

- 취토라고 하는 것은 인제 상주가 이것, 흙을 싸거든, 이것.

- 음, 이것 옷, 무르팍 여기에 싼다니까.

- 취토, 취토라고 하면 이것이 흙이 아니고 금이야.

― 금떵'거라, 금'.

― 치토', 치토', 조은 흐'려 이 금쪼.

― 이 가'주군 이걸' 까저 모'멘 아 따'거 가'라 이기'라.

― 그'래 은제 걸' 해 뿜마 그제 덴늠 마커 쒸589) 가 여차'나, 그래. 어이, **치토'**, **치토'**, 그걸' 인자 거늠 마상'주가 한'다, 그'지에?

― 마쌍'주 하'저.

마상', 마상'주가 업쓰'며너 인저 거 미테 상'주가 하'든지, 그래 하고?

― 거, 거'르치, 그그, 야.

그'르가 치토', 치토' 하고 난 다'으메 인제' 흐'글 다시 분'는다, 즈?

― 그려, 그뗘, 야, 그러 인.

요스 혹'씨 그 치토' 하기 저'네 머 아'네 머 넌능 거'너 머 글 쓴'능, 그'렁 거는 넌느 머?

― 모 영전590)하'고 다: 여차'너, 여기너.

영'정 머, 머, 머, 머 너쓴미'까, 그럼'며는?

― 그어 먼, 아이구, 영 그 보'자, 열 보'자, 위 영저'눌 젤: 우'예 더'꼬, 여이 우운591) 여'꼬, 양짜' 여'코.

먼: 는는'다고에?

― 거 와' 드을 까'메 조구 요래 우: 카'나가 아 인내, 이 요이 끼 이갇.

움판'?

― 어, 그래', 그거'.

＊ ＊＊ ＊ 운'네, 움하, 예?

― 어, 그래, 짜 그을 거.

고'느 어'데야 넌'다?

― 고' 시체' 이 여, 여, 여, 자자 다아이 에누, 글 다지 노'코 야알'쩜 여' 페 넌:더 카이끼너.

－ 금덩어리야, 금.

－ 취토, 취토, 좋은 흙이라 이 금쪽.

－ 이것을 가지고 이것을 가지고 몸에 딱 싸서 가라 이거야.

－ 그래 인제 그것을 해 버리면 그래 되면 모두 시신 가지고 넣잖아, 그래.

어, 취토, 취토, 그것을 이제 그것은 맏상주가 한다, 그렇지요?

－ 맏상주가 하지.

맏상주, 맏상주 없으면 인제 그 밑에 상주가 하든지, 그렇게 하고?

－ 그, 그렇지, 그것, 예.

그래서 취토, 취토 하고 난 다음에 이제 흙을 다시 붓는다, 그렇지요?

－ 그래, 그래, 예, 그래 이제.

여기에서는 혹시 그 취토 하기 전에 뭐 안에 뭐 넣는 것은 뭐 글을 쓴, 그런 것을 넣는 뭐?

－ 뭐 명정하고 다 넣잖아, 넣기는.

명정, 뭐 뭐 뭐, 무엇을 넣습니까, 그러면?

－ 거기 뭐, 아이고 명정 거기 보자 여기 보자, 위에 명정을 제일 위에 넣고, 여기 운판을 넣고, 양 쪽에 넣고.

뭘 넣는다고요?

－ 거기 왜 들고 가면 종이 요래 운이라고 하는 것 안 있나, 이 요렇게 끼워서.

운판

－ 어, 그래, 그것.

* ** * 운이요, 운하고, 예?

－ 어 그래, 인자 그런 것.

그것은 어디에 넣는다고요?

－ 거기 시체 이 여, 여, 여, 찬찬히 다 해놓고, 그것을 다져 놓고 양쪽 옆에 넣는다니까.

— 양:짜' 여'페 어'꼬.

영정'은녀?

— 영저'은 우'에 더'꼬.

우'에 인제, 위, 위로?

— 위, 여아아, 색 우'엑.

— 그'랙 흘: 려 노'꼬 인제' 우'엔 헐 지 어드 펜:하'이 고래 노'꼬 영게'

느 이제 우'에 딱:: 더'퍼거, 영전' 덥'꼬 구 우'에 인제 거'루 우쿨려592).

영정' 너'코 인제 치토 함'미까?

영'정 너머 남?

— 어, 영전', 영전', 저, 여으, 저 영전' 너, 여'키 저'네 찍쪼 한데이.

영정' 너키 저'네 치토 하'고, 그 다'으메?

— 운: 여'꼬, 우문.

우어, 움'판 너'코, 그 다'으메 영정 너'코 그 다'으미 인지 다'시 인자 상

대꾼'드리 헉'으로 인제 해가 봉:분 만드'능?

— 그'래, 그르치, 꺼르치.

주'루 그'래 한다, 그'지에?

— 그'르치.

그'음며느 예즈', 그 예전'하고: 요즘'하고: 어르'신 그거 장네'를 비교함'

며너 쫌' 마:니 달'러져씀미꺼, 어떠씀'미까?

— 거'언' 또까'치 머'.

— 고고'는.

— 아'네, 신체 아'네 연는 건 또까:테 거.

고그느 또까'코?

— 또까쳄 머.

그 다'임 달라젼'능 그'너 옌나'알' 그어 마을' 사'암드리 머 잔치하', 여

모등' 거 도와주'고 이'릉 게 인자?

- 양쪽 옆에 넣고.

명정은요?

　- 명정은 위에 덮고.

위에 인제, 위, 위로?

　- 위, 예, 맨 위에.

　- 그래 흙을 넣어 놓고 인제 위에 흙을 어디 평평하게 그래 놓고 명정은 이제 위에 딱 덮어서, 명정 덮고 그 위에 인제 그래 정리하고.

명정을 넣고 인제 취토 합니까?

명정을 넣고 나면?

　- 어, 명정, 명정, 저, 여, 저 명정 넣기, 넣기 전에 취토 하지.

명정 넣기 전에 취토 하고, 그 다음에?

　- 운판 넣고, 운판.

어, 운판을 넣고, 그 다음에 명정 넣고 그 다음에 인제 다시 인제 상여꾼들이 흙으로 인제 해서 봉분을 만드는?

　- 그래, 그렇지, 그렇지.

주로 그래 한다, 그렇지요?

　- 그렇지.

그러면은 예전, 그 예전하고 요즘하고 어르신 그것 장례를 비교하면 좀 많이 달라졌습니까, 어떻습니까?

　- 그것은 똑같지 뭐.

　- 그것은.

　- 안에, 시체 안에 넣는 것은 똑같아, 그.

그것은 똑같고?

　- 똑같지 뭐.

그 다음 달라진 것은 옛날 그 마을 사람들이 뭐 잔치하고, 여기 모든 것을 도와주고 이런 것이 인제?

― 옌나'레너는 쩌 꼬꾸'레 아이'고, 구걸' 가지'고 사'을, 라'을 파 가'주
고'래 해'찌만, 오새'느 머' 아웅 끼'라도 꼬꾸'레일 다 해 뿌'이 머, 머, 멈
하 끄 머 인'느이, 잠 마 상대꾸'은 마껍 미:다 노'먼 글 일 뿌끄레'이 다
하'제, 다'리능 거 뿌~'이지 머, 머, 앙 꾸'더 업따' 아이'거, 여.

― 거'르 어어'꼬 거역 불, 거, 저, 즈 파 노'꼬 하'능 거는 옌나러너 또까테.

― 머 운 녀:꼬 연장, 저 연장' 머 하능 거 또까찌, 머.

아, 고롱' 거'느 인제 또까꼬', 인제 일: 하'능 게 예저'네느 사람 소'느로
핸'는데, 요즈'믄 인제 기게 까'주고, 포크레이 까' 파'내 버리고, 그 다엳 그
거 멈'미까, 봉분' 만들' 때, 달구노래 할' 때도 그염머너?

― 구 꼬'끄레이 다 걸'지 걱 더뻐 노'코 하'지 머, 그래 므.

아, 예저'네느 사'비나 꽤'이 까 핸는데?

― 깨'이가.

― 하'이고, 져'다 부'어짜나.

요즈'믄 점'부?

― 바소'구리593) 질머지'고, 저:짜서 구디'594) 항: 군'더 파 가'주고, 서, 수,
여엄, 삼, 소복, 쏘'복 째 가'주 그걸 져다 버'어가즈 봉그'을 맨드'러끄던.

아:, 조은 흐'글 쪄으 가 와가?

― 아, 저, 으아, 거 져 져아 주'고, 서이'거 너이'거 사으쓰, 다'아씨고
여'어씨고 크 저'뜩, 끄 오새'늠 보오'리 크'꺼 안 스므 글'찌 크을 써'땀
마'르.

― 그'르임 먼' 거서 쁘 저 바소'구르 지으, 지'게 질므 징으 가'아주 글
첨'부 굳 져'다 부'어따 카'이께.

― 져'다 브어 가'주고 또 다'리고595), 또 져'다 부'꼬 또 다'리고, 져'다
부 짜쎄.

― 점'부 그래 고운 디', 꼬끄레'일 한' 지 민'년 안 덴'다고.

― 점'붇, 앙 그'러먼 저 니아까'러596), 오샌' 또 개잉'끼로597) 그 저'네

- 옛날에는 저 포클레인이 아니고, 그것을 가지고 사흘, 나흘 파 가지고 그렇게 했지만, 요새는 뭐 아무 것이라도 포클레인이 다 해 버리니 뭐, 뭐, 뭐 할 게 뭐 있나요, 저 뭐 상여꾼은 모두 메 놓으면 그 이 포클레인이 다 하지, 다지는 것뿐이지 뭐, 뭐, 아무 것도 없다 아닙니까, 여기.

- 그런 건 없고 그 그, 저, 저 파 놓고 하는 것은 옛날에는 똑같아요.

- 뭐 운판을 넣고 연장, 저 연장 뭐 하는 것은 똑같지, 뭐.

아, 그런 것은 그 인제 똑같고, 인제 일 하는 것이 예전에는 사람 손으로 했는데, 요즘은 인제 기계 가지고, 포클레인 가지고 파내 버리고, 그 다음에 그것 뭡니까, 봉분 만들 때, 달구노래 할 때도 그러면은?

- 그 포클레인 다 그 때 덮어 놓고 하지 뭐, 그래 뭐.

아, 예전에는 삽이나 괭이를 가지고 했는데?

- 괭이가.

- 아이고, 져서 부었잖아.

요즘은 전부?

- 발채를 짊어지고, 저쪽에서 구덩이 한 군데를 파 가지고, 소, 소, 여, 소, 소복이, 소복이 져 가지고 그것을 져다가 부어서 봉분을 만들었거든.

아, 좋은 흙을 져 가지고 와서?

- 아, 저, 아, 그 저서, 저어 가지고, 셋이건 넷이건 다섯, 다섯이건 여섯이건 그 잔뜩, 그 요새는 봉분을 그렇게 안 하지만 그때는, 그때는 그렇게 했다는 말이야.

- 그러니 뭐 거기에서 뭐 저 발채, 지게, 지게 짊어지고 가서 그 전부 그 져서 부었다고 하니까.

- 져서 부어 가지고 또 다지고, 또 져서 붓고 또 다지고, 져서 붓고 이제.

- 전부 그래 고운 데, 포클레인으로 한 지는 몇 년 안 된다고.

- 전부, 안 그러면 저 손수레로, 요새는 또 경운기로 그 전에 쓰, 손수

쓰, 니아까'러 시'러 부타'가, 저'면 지'겔 지다'가 니아까' 생'기이598) 니아
까'로 씨'르 부따'가, 그 다'메 더 개잉'기루 시'르 부타'가, 오새'느 또 꼬끄
레'이가 다 해 뿌자나.

요즘' 인저 꼬끄레'이 가즈 오가', 그래가 꼬끄레'이가 어'데 두드'임미까,
앙 그아'면 사라'믿 *?

— 꼬끄레'이너, 다'리기엔 꼬끄레'이 다: 다'리능 기러.

— 다'인 노'코, 다'리그, 덜구 하'능 거'는, 맹: 그으'납, 덜구소'래599) 내'
에 데그'덩, 자브.

— 그'래으 덜구서'리 시: 부'는 내'이600) 데능 기'라.

— 그래' 인데' 장:사' 한다 카능 거 아제', 저: 끄'래 갸'주온 암망 꼬끄
레'이 여'무게 다'으땀 매'어 사러'플겐 덜구소'리 내'에 데능 기'르.

— 다'리에 덴'드까, 여.

결국허' 에, 여, 예즈'네느 사람' 손'너 다: 해'떵 걸 니어까' 생'며 니어카'
하'다, 쫌 시:께' 하'다가, 그 다'으메 경웅'기에 하'다가, 이제 뻭, 꼬끄레'이
깜 마 **으다 다, 을'차 다져 나'따 사람덜' 인저 덜구' ****?

— 그'래, 구르, 그르침, 머'.

— 그'르이 다 바낀', 사라'머는 거'저, 거'저 멍능 기'야.

— 그그 호끄레'이 다 해'.

예저'넫 떼며.

— 꺼 끄 엔나'레는 더 하'이:고, 우리 쪼매꿈할' 찐 쯔, 오십 쩜, 백 찜
석 저'이 데.

— 이 노'무 자'승 머 죽'짜 짜쓰, 두 발서'그러601) 메가' 첨'부 저다 날'
러에 덴'다 카'이끼네, 그 아이구, 처.

— 그래 띠'돈, 띠'도 오새'느 마거 사'가 해'애제.

— 엔나'네 온: 사'네 뎅기'므 띧, 뜯, 띧 하나'쓰 따 가주이 점: 모다'가
주 그'래 해'끄덩.

레로 실어 붓다가, 처음에는 지게를 지다가 손수레 생기니까 손수레로 실어 붓다가, 그 다음에 또 경운기로 실어 붓다가, 요새는 또 포클레인이 다 해 버리잖아.

요즘 인제 포클레인을 가지고 와서, 그래서 포클레인이 어디 두드립니까, 안 그러면 사람이 *?

─ 포클레인은, 다지기는 포클레인이 다 다지는 거야.

─ 다져 놓고, 다지고, 달구 하는 것은, 역시 그것은, 달구소리 내야 되거든, 좌우간.

─ 그래 달구소리 세 번은 내야 되는 거야.

─ 그래야 인제 장사 한다 하는 것을 알지, 저 그래 가지고 암만 포클레인이 여물게 다진다고 해도 사람들은 달구소리를 내야 되는 거야.

─ 다져야 된다니까, 여.

결국은 예, 예, 예전에는 사람 손으로 다 했던 것을 손수레 생겨서 손수레로 하다가, 좀 쉽게 하다가, 그 다음에 경운기로 하다가, 인제 포, 포클레인 가지고 뭐 ** 다, 일차로 다져 놓고 사람들이 인제 달구 ****?

─ 그래, 그래, 그렇지, 뭐.

─ 그러니 다 바뀐, 사람은 그저, 그저 먹는 거야.

─ 그것은 포클레인이 다 해.

예전에 비하면?

─ 그래 그 옛날에는 또 아이고, 우리 조그마할 때는 저, 오십 짐, 백 짐씩 져야 돼.

─ 이 놈의 자식 뭐 죽자 살자, 두 발채씩을 매어서 전부 져 날라야 된다니까, 그 아이고, 참.

─ 그래 떼도, 떼도 요새는 모두 사서 하지.

─ 옛날에는 온 산을 다니면서 떼, 떼, 떼 하나씩 떼어 가지고 전부 모아서 그래 했거든.

- 띠', 이:거 오샏' 판' 지 미 태 덴'다고.

- 그 저'낸 띠 뜨'러 가자 온: 사'네 거 띠 떠 갸'주고, 그'러가줃 모다' 갸'주 해'끄덩.

그'르이 에저'이 이리' 정'말 마나'따, 그'지에?

- 망:코' 말:고', 사람 안 주금 뻬, 아이구 즈.

- 띠'도 촤:암버 머 쏙'쎄루602) 씌끼'드603) 안: 데'거 어'데 거 띠그 인'나.

- 그'르거 요'래 개리'604) 갸'주고 뜨, 그 떠 갸'주고 건느 다 이페'에 떼제.

그, 그'르이 엠, 머 어르'신 에저'네 모:친' 도러가'셔슬 때'너 이'를 때너 이:리 참' 마나'따, 그'지에?

- 그'을 찌'이느605) 점:부 지'기르606) 지'구 그'래쩜, 머 그르.

겨'울, 또 겨'울 동'지딸이녀?

- 거'림 말, 그'래.

- 꼬꾸레'이가 어딘' 노.

추'워, 추'워가 땅'이 어'러갇 잔?

- 그래 미 즈 그 쓰 따~'이 어'르만607) 사'네 가야 소까'발608) 나609) 갸가줌 두'릴릍, 얃 따, 땅'을 안 노쿤나.

- 구디'이, 이래: 뿌'를 라 깔'바 갸'주곧 하루 저'아라 가지으 찌 끋 따' 이 이마'침 어러 난:데 머.

- 거'러 갸'주읻 땅'을 막: 로쿤능 기'라.

- 끄 꿔'데 흘꾸디~'이를610).

- 헌, 흘꾸디'이.

- 저'거, 저, 저, 저, 즈 미: 파'능 거는 이마'침 언능 거 죽'짜 사'자 멀, 므인 저엉 까'저 띠드'려611) 갸'주 인제 글 파'짜나.

- 꾸리: 인제' 그 따아' 흘' 저드 분능 거'너 어'데 구디일' 파거 노카' 갸'주고 인제 그늠 흘' 저다 그래 보'코 인제 삼두'아느 그랜 대:강 인제 보 오'리믈 대 노'코 떼어 이케 너꼬, 다'음 봄' 데'므 인제 새'로 해'이 데', 사

─ 떼, 이것 요새 판 지 몇 해 된다고.

─ 그 전에는 떼 뜯으러 가서 온 산에 그 떼를 떼어 가지고, 그래서 모아 가지고 했거든.

그러니 예전에 일이 정말 많았다, 그렇지요?

─ 많고 말고지, 사람 안 죽었으니, 아이고 저.

─ 떼도 전부 뭐 억새가 섞여도 안 되고 어디 그 떼가 있냐.

─ 그래서 요래 가려 가지고 떼어, 그 떼 가지고 그것을 다 입혀야 되지.

그, 그러니 어, 뭐 어르신 예전에 모친 돌아가셨을 때나 이럴 때는 일이 참 많았다, 그렇지요?

─ 그럴 적에는 전부 지게를 지고 그랬지, 뭐 그래.

겨울, 또 겨울 동짓달이니까?

─ 그래 말이야, 그래.

─ 포클레인이 어디 있냐.

추워, 추워서 땅이 얼어서 참?

─ 그래 뭐 저 그 저 땅이 얼면 산에 가서 솔가지에 불을 놓아 가지고 구덩이를, 여기 땅, 땅을 안 녹이냐.

─ 구덩이, 이래 불을 놓아 긁어 가지고 하루 종일 가지고 저 그 땅이 이만큼 얼어 있는데 뭐.

─ 그래 가지고 땅을 막 녹이는 거야.

─ 그 어디 흙구덩이를.

─ 흙, 흙구덩이.

─ 저것, 저, 저, 저, 저 묘를 파는 것은 이만큼 언 것을 죽자 살자 뭐, 뭐 정을 가지고 두드려 가지고 인제 그것을 팠잖아.

─ 그러니 인제 그 땅의 흙을 져서 붓는 것은 어디 구덩이를 파서 녹여 가지고 인제 그놈의 흙을 져서 그래 붓고 인제 한 동안은 그래 대강 인제 봉오리만 만들어 놓고 떼 입혀 놓고, 다음 봄 되면 인제 새로 해야 돼, 사

람' 사 가'주구 여.

위에 새로 이펴?

— 응, 해'애 데'제.

그, 그:리'고 에저:네' 그 행상', 이렁 거'또 예전하'오 쫌 달러져씀미까?

— 행상'어른612), 머 요새'애는, 옌나'레 행상'어는, 쩌 오새'늠 마컴 먼 꼬장자' 해 뿌'이끼네 머.

— 점'부 끄엄 오샏', 옌나'렌느 봉: 이'꼬 이래, 이래, 이그'고, 아직 우리 마시'으 그 이'쓰.

나무'로?

— 아, 그'이, 해 난'능 그 일.

— 점'부 나무'로 허'제, 나무'러 거 수물너'이 미그'능 거, 그 나물 해갇' 첨: 미613) 바:라, 그 나무 이망'끄 마 끄 그찔' 너 두 개 다 여'푸루, 여'플 여'어딜 깨 찌'우제, 여'프로, 여'프로 이그 찌'우제, 그 집', 짐' 무꾸'체, 그'르이 여'러 숟, 수배 끈' 덴'다 카이'끼네.

무겁께따?

— 글 미:만614), 글 미이'께 글 추, 쭈 뿜, 분는'데, 머' 거.

아, 그게' 에, 이 마시'레 아'직또 이씀미'까?

— 그거' 하안 삼 년 저'네 불 라 뿌거 업:따, 은네.

그 정까징 계속 이서씀미가?

— 예, 사무'615) 이'서써.

— 그래 거 행상', 그 꼬생상'616) 매느 거 사'짜나.

— 사' 가지고 인제 고, 고올 그 앙꺼 끼:고 이'란데, 옌나적' 하쓰, 월마 즈 저뜨 행상찌'비라꾸 크안항 기' 이'써꺼든.

— 귀 가주'곧 그 나무하'고 거 마:커' 여' 나떠 자'암 주'그머 인제 꺼내 가주 와가주 하'고, 또 그 다부'617) 가떠 여'코 그래끄도.

— 우새'능 그은, 그래가주 인제 샏, 새로 네, 옌:날 행상' 그 은젤, 인젤

람 사 가지고 여.

위에 새로 입히고?

― 응, 해야 되지.

그, 그리고 예전에 그 행상, 이런 것도 예전하고 좀 달라졌습니까?

― 행상은, 뭐 요새는, 옛날에 행상은, 저 요새는 모두 뭐 꽃행상을 해 버리니까 뭐.

― 전부 그 오새, 옛날에는 봉이 있고 이래, 이래, 이렇고, 아직 우리 마을에 그것이 있어.

나무로?

― 아, 그래, 해 놓은 것이 있어.

― 전부 나무로 하지, 나무로 그 스물넷이 메는 것, 그 나무로 해서 참 메 봐라, 그 나무 이만큼 한 것 그 그것 두 개 다 옆으로, 옆으로 여덟 개 끼우지, 옆으로, 옆으로 이것 끼우지, 그 짚, 짚 묶지, 그러니 여러 수, 수 백 근 된다니까.

무겁겠네요?

―그것을 메면, 그것 메니까 그 축, 축축, 붙는데, 뭐 그.

아, 그게 어, 이 마을에 아직도 있습니까?

― 그거 한 삼 년 전에 불을 놓아 버리고 없다, 이제.

그 전까지는 계속 있었습니까?

― 예, 사뭇 있었어.

― 그래 그 행상, 그 꽃상여 메는 것 샀잖아.

― 사 가지고 인제 그, 그것을 그 안 쪽 것 끼우고 이랬는데, 옛날에 한, 얼마 전까지 저기 행상집이라고 커다란 게 있었거든.

― 꿰 가지고 그 나무하고 그 모두 넣어 놨다가 사람 죽으면 인제 꺼내 서 와서 하고, 또 그 도리어 갖다 넣고 그랬거든.

― 요새는 그, 그래서 인제 새, 새로 옛날 행상 그 인제, 인제 처리해

처리해' 뿌고, 막: 불 찔'르 뿌고 제사 지'내고 인젠, 인저 불: 찔'러 뿌고 인젠 새론 행상 맨드'러 가주 창구, 마실' 창'고 가떠 여' 노'꼼 머.

거:떠' 니아까'익 게영'기 다'러가주 사암' 암 미'구 구울'매어 달딸따떠 끄스'고 올러감며.

끄' 인제 예전'하고 아인제 행상' 커릉 기 끈행상으로 인저 다: 바껴' 나 나'느이까 마니 안?

— 예, 그'래, 우, 그라'우 쪽 구 인데, 구어 자 도: 니은 사'암더른 또 꺼 먼 그거 아: 하고 또 영청618) 까'맘 머 끈행사~' 삼심마 넝 카다, 사심마 능 가 주'군, 거 끄 사가' 와 가주 하'그더.

— 하, 끄 이 다 사가 와 주 해' 뿌고, 사르 가주 간 쯔 다 씌'고 불' 찔'르 뿌고, 임 머 어뜬' 사'얌 조오 조 시녀노오 나 두이껜 둘, 다부 가 가'데, 또.

거' 그'르잉까 머 예전하'고넌 사러'미 마니' 손시워져'따, 그치?

— 삼 머, 끄'르치, 거저 먹'찌 머.

거'므 요즘 멉, 머 부:고' 가'틍 경우'도?

— 전할' 다: 해 뿌'지, 머 그 하'나, 거 데.

그'이그 예전하'우 마:이 달'러져?

— 그'을지, 부고'두 우리 얼'매 댕'기따꼬.

— 우릭', 우리', 우리', 우 할마'이 지우 북 하아'더619) 아 하제.

— 아:드' 므 저날' 머 엑, 저나'로 머 열락해 뿌'이 다: 오'던데 머'.

거'르치, 예전' 가터 손수 다 머 거 오심' 니'고 머고 다 거'러가찌예?

— 꺼'르가찌, 그래.

— 전날' 해 뿌'이기름 머 점'부 다 오'는디, 므 짜.

그'르잉꺼 그렁 거'또 마:니 바껴'꼬, 그 다'엠 봉붕 크'기나 이'렁 거너 에 전하'고 어'떠씀미까?

— 머:?

버리고, 막 불 질러 버리고 제사 지내고 인제, 인제 불 질러 버리고 인제 새로 행상 만들어 가지고 창고, 마을 창고에 갖다 넣어 놓고 뭐.

그것도 손수레에 경운기 달아서 사람이 안 메고 수레로 달달달달 끌고 올라가지.

그 인제 예전하고 인제 행상 같은 것이 꽃행상으로 인제 다 바껴 놔 놓으니까 많이 안?

─예, 그래, 우리, 그리고 저 그것 있는데, 그 저 돈 있는 사람들은 또 그 뭐 그것을 안 하고 또 영천 가면 뭐 꽃행상 삼십만 원이라고 하던가, 사십만 원인가 주고, 그것을 그 사 와 가지고 하거든.

─ 하고, 그 이 다 사서 와 가지고 해 버리고, 산에 가져가서 저 다 쓰고 불 질러 버리고, 이 뭐 어떤 사람은 저기 저 신작로에 놔두니까 또, 다시 가져가더라, 또.

거기 그러니까 뭐 예전하고는 사람이 많이 손쉬워졌다, 그렇지요?

─ 참 뭐, 그렇지, 그저 먹지 뭐.

그러면 요즘 뭐, 뭐 부고 같은 경우도?

─ 전화를 다 해 버리지, 뭐 그 합니까, 그것 어디.

그러니까 예전하고 많이 달라졌지요?

─ 그렇지, 부고도 우리 얼마나 다녔다고.

─ 우리, 우리, 우리, 우리 집사람 죽고 부고 하나도 안 하지.

─ 아이들 뭐 전화를 뭐 해, 전화로 뭐 연락해 버리니 다 오던데 뭐.

그렇지, 예전 같으면 손수 다 뭐 그 오십 리고 뭐고 다 걸어갔지요?

─ 걸어갔지, 그래.

─ 전화를 해 버리니까 뭐 전부 다 오는데, 뭐 저.

그러니까 그런 것도 많이 바꼈고, 그 다음 봉분 크기나 이런 것은 예전하고 어떻습니까?

─ 뭐?

봉붕 크′기나, 요?

─ 봉:구 크′기넌 머′, 묘, 즈, 오즈, 머, 떠, 따이, 그′, 그거′느 아, 안 떼, 앙′ 키우데′.

─ *** 마써.

머′ 별 차′이 업씀′미까?

─ 차′ 업′써, 만:날′ 거 머 거저, 거저 거′른데, 엔날′보다 머 왜락′ 저, 저께′ 맨들드′라 가이께네.

아:, 으이 즈 머 하′이뜬 쫌′ 간′수하게 쓴짜, 그지예?

─ 에야, 그′래, 엔나′렌 지게 저′다 부′어도 테상끄′치 핸′느에, 오샌′ 터 그점보다 그′케 저:거.

하′므 머 에정: 가틈며너, 인자′ 아까′도 이야기 혀′씀다마넌, 동네 사′암드리 와: 가′주고: 온:통, 그거 멈미까′, 엠 머 이, 일:또′ 마:니 해′야 데′고, 음식′또 만드′레 떼′고, 사어, 상여 만드′런 얼, 상여쭐′도 만드러에 데′고, 머 이′래 할라 하′므 이:리 엄′청 마난′는데?

─ 망꼬′ 마거.

그어데 그′이꺼 요주′움머 그′릉 거 인제 아무′도 안 한′다, 그′지예?

─ 오새′느 머 숩, 쭈, 오, 즈, 오새′는 저, 저, 저, 선, 뜨, 초상′ 나떠 카′머 저 이 까′저 모′아 가능 거 뿌이′라.

머, 머 한다고예?

─ 이′ 까준 거즈 음성′620) 므′어러 가능 뿌′이라.

─ 끄′리이621) 거 하′만 요버′에 저 우, 요, 요 압 쎄′대, 우리 마시′리622) 여 온 낼 칭′구, 내하′거 한 동′거빈데, 주′군는데, 한 두어′ 달 떼′나, 그′른데 안동 머′, 안동병′워네 이따 주우가지 지′블 아 오′고, 저: 구니′623), 거 구니′ 거: 머′고.

장네식짱에?

─ 악, 끄′르 장니, 끄 구니′ 그어 머 삼성뺑′어이가, 거′ 가따 노′꼬 궈′서

봉분 크기나, 요?

－ 봉분 크기는 뭐, 뭐, 저, 저, 뭐, 또, 또, 그, 그것은 안, 안 저, 안 키우더라.

－ *** 맞아.

뭐 별 차이 없습니까?

－ 차이 없어, 만날 그 뭐 그저, 그저 그런데, 옛날보다 뭐 오히려 작, 작게 만들더라고 하니까.

아, 이 저 뭐 하여간 좀 간소하게 쓴다, 그렇지요?

－ 예, 그래, 옛날에는 지게로 져다 부어도 태산같이 했는데, 요새는 그전보다 그렇게 작아.

그러면 뭐 예전 같으면, 인제 아까도 이야기를 했습니다만, 동네 사람들이 와 가지고 온통, 그것 뭡니까, 어 뭐 이, 일도 많이 해야 되고, 음식도 만들어야 되고, 상여, 상여 만드는 어, 상여줄도 만들어야 되고, 뭐 이래 하려고 하면 일이 엄청 많았는데?

－ 많고말고.

그런데 그러니까 요즘은 그런 것을 인제 아무도 안 한다, 그렇지요?

－ 요새는 뭐 저, 저, 어 저, 요새는 저, 저, 저, 저, 저, 초상났다고 하면 저 입 가지고 모아서 가는 것뿐이야.

뭐, 뭐 한다고요?

－ 입만 가지고 그저 음식 먹으러 가는 것뿐이야.

－ 그러니 그 벌써 요번에 저 우, 요, 요 앞 세대, 우리 마을에 여기 우리 내 친구, 내하고 한 동갑인데, 죽었는데, 한두 달 됐나, 그런데 안동 뭐, 안동병원에 있다가 죽어서 집으로 안 오고, 저 군위, 그 군위 그 뭐냐.

장례식장에?

－ 어, 그래 장례, 그 군위 그 뭐 삼성병원인가, 거기에 갖다 놓고 거기

머 우리'엄 므 거 가가주 삐 하'고, 고'므 지'비드 안 드로그 머, 저: 지'베
여'언데, 고'므 사르오 무 저 저로 가'마 저 장네처', 장지차'오 고 와 가'주
고'므 골루' 사로 바로 올거가 뿐'데.

— 우리'도 그'래꾸.

— 우리'더, 우리'능 그래덜' 대'구서 여 와 가지곧', 여 와 가'주, 여 와
가'주오 마다'아 요, 요, 요 가따 노'꼬, 꼬 또 제:사 함'므 지내고', 지'베쓰.

함' 들'러따가?

— 여, 지'제, 지'벤 손'자들떠 그 솜'백624) 까지그 이 찌.

홈'백함 거 *****?

— 아, 거이그 여, 워 우리 온 지'별 다: 도'르 뎅기'고 그래 요 똗 저, 저
간, 요'서 제:사 지'내능 꺼 동:민 자 뿌'고, 구래 그 쌴스 앙 간나, 그래.

허'이 요주'움머 인제 예전 거튼 지'베서 일르하'고 머 빈서'도 다 차'리고
이래엔'데, 요즘 머 그암'머 에전처'럼 아까 그'암 머 초'혼 하능 거, 이'렁 거
또 업:따, 그'제에?

— 그'러침, 머', 초홈 쁘 쯔.

마, 점'부 장네식쌍에서?

— 거' 다: 해 뿌'이 초'호이 어딘노'.

그'렁 거또 업:코?

— 어허헙찌'.

— 초'홈 뿌르니언 더 어:꼬', 머 그' 업:써.

— 장네시짜'아서 머' 다: 해 뿌'이 머'.

장네식짜'에서 아'르스 할, 하'라능 데'로?

— 끄래가이 장니시짜'아서 영정'사진 가 오'라 카드꼬, 사진 찌'거 난능 거.

— 그: 가'주 이 저 머' 초호~'이625) 머 인'나, 머.

— 정'등 사'정626) 지'베 따: 뽀가내 나'따가, 나'느 영승 쯔, 저기'다, 저
으 쩌 저그, 저, 저, 저, 저, 즈 먼 저 조'하뻐서 저으 찌그 주능 저그'인데,

에서 뭐 우리도 뭐 거기 가서 뭐 하고, 그만 집에도 안 들어오고 뭐, 자기 집이 여긴데, 그만 산으로 뭐 저쪽 저리로 가면 저 장의차, 장의차 그 와 가지고 그만 그리로 산으로 바로 올라가 버리더라.

　－ 우리도 그랬고.

　－ 우리도, 우리는 그래도 대구에서 여기 와 가지고, 여기 와 가지고, 여기 와 가지고 마당에 요, 요, 요기 갖다 놓고, 거기 또 제사 한 번 지내고, 집에서.

한 번 들렀다가?

　－ 예, 집에, 집에 손자들도 그 혼백 가지고 이 저.

혼백함 그 ***?**

　－ 아, 그러니까 여기, 여기 우리 온 집을 다 돌아다니고 그래 요기 또 저, 저 가서, 요기에서 제사 지낸 것은 동민한테 줘 버리고, 그래 그 산소 안 갔나, 그래.

그러니 요즘은 인제 예전 같으면 집에서 일하고 뭐 빈소도 다 차리고 이랬는데, 요즘 뭐 그러면 예전처럼 아까 그럼 뭐 초혼 하는 것, 이런 것도 없다, 그렇지요?

　－ 그렇지, 뭐, 초혼 뭐 저.

뭐, 전부 장례식장에서?

　－ 거기에서 다 해 버리니 초혼이 어디 있어.

그런 것도 없고?

　－ 없지.

　－ 초혼 부르는 것도 없고, 뭐 그 없어.

　－ 장례식장에서 뭐 다 해 버리니 뭐.

장례식장에서 알아서 하, 하라는 대로?

　－ 그래서 장례식장에서 영정 가져 오라 하더라고, 사진 찍어 놓은 것

　－ 그 가지고 이 저 뭐 초혼이 뭐 있나, 뭐.

　－ 영정 집에 딱 보관해 놨다가, 나는 영정, 저, 저거야, 저기 저 저것, 저, 저, 저, 저, 저 면 저 조합에서 저 찍어 준 저것인데, 저 인제 저 집사

저으 인지'르 주운 할마'이던 찌거 난능 거 가주가 거 요곤 머느 해 나안
느 건 저, 전, 저언 내: 해'고, 저: 들'고 가 뿌'이께느 고서 해가주 몸, 머
크 가.

  — 쿠'얼가 디찌 버꾸 빠 매 므이 그르프 자승 머.

그 에, 이제' 예전 가'틀 초혼 하'고 이'렁 게?

  — 어서'. 요즈' 민제 영증 사진 가'져가능 그기'나이?

  — 할: 꺼' 머르'지, 언지 웝써지지엠 모.

  — 구 이 병오'르세 해 뿌'이 머 초'혼 부른'듬, 암 부른'덩 어'예 아노',
그거.

끄라'몀 머 여'즘, 에전, 상'주들 보'며느 예점뽀'다 마:니 편해젼'네예.

  — 아'이구, 우 라'드릉 거 굴'끄, 쩌, 접 굴간지븍627) 다: 해'따.

  — 다아'씨.

  — 첨'부, 여자'들 이'거 디기 다: 매'고, 그거, 그, 어, 어, 우, 걸, 글 첨'
머 다: 해'타.

그'어 그'언데 다른 지'베 보'면 요즘 머 어'떠씀미까?

  — 거' 완:장 하나 차' 뿌데.

  — 거, 거이더 허:연 더르막' 이'꼬, 허여' 강:목쭈름머 이'꼬, 완장' 하너
차 뿌'이 꾸 그'걸 끈'나드라 가이끄렁.

  — 꿀 꾸'래 엄 머 여, 유 그'래 뿌드라 카이.

그 예저'네 비함'며너 훡씸' 머 간'수해져따, 그'지예?

  — 간스하'고 마:고, 아이거.

  — 간소하'드 거' 만따' 모 하'지 머, 거저 머'낌 머, 이너'므 상'주드리 머
저 마음데'르 자'짐 먼, 옌나'레 민 저 밤' 세드'륵, 밤' 세:드륵' 교대'르 그
꼭해'애 데곰 머.

그 요즘' 머 하'기임 머 상'주도 밤 머 열'뚜 시 너므가'고?

  — 헤이, 여뚜 일 넘 자'지, 그 어디 꺼, 꺼끄.

람도 찍어 놓은 것 가지고 가서 요것 뭐 해 놓은 것 저, 저, 저것은 내 것이고, 저것을 들고 가 버리니까 거기에서 해서 뭐, 뭐 그래 가지고.

— 그래서 뒷집 없고 밥 해 먹으니 그 놈의 자식 뭐.

그 예, 이제 예전 같이 초혼 하고 이런 것이?

— 없어. 요 요즘 인제 영정 가져가는 그것이나?

— 할 줄 모르지, 인제 없어지지 뭐.

— 그 이 병원에서 해 버리니 뭐 초혼 부르는지, 안 부르는지 어떻게 아냐, 그것을.

그러면 뭐 요즘, 예전, 상주들 보면 예전보다 많이 편해졌네요.

— 아이고, 우리 아이들은 그 굴건, 저, 저 굴관제복 다 했다.

— 다섯이서.

— 전부, 여자들 이것 이것 다 매고, 그것, 그, 어, 어, 어, 그것, 그 전부 다 했다.

그래 그런데 다른 집을 보면 요즘 뭐 어떻습니까?

— 거기 완장만 하나 차 버리더라.

— 거기, 거기에도 허연 두루마기 입고, 허연 광목으로 된 두루마기만 입고, 완장 하나 차 버리니까 그것으로 끝나더라고 하니까.

— 그것을 그래 어 뭐 여기, 여 그래 버리더라고 하니까.

그 예전에 비하면은 훨씬 뭐 간소해졌다, 그렇지요?

— 간소하고 마고, 아이고.

— 간소하기는 그 말도 못 하지 뭐, 그저 먹기지 뭐, 이놈의 상주들이 자기들 마음대로 자지 뭐, 옛날에 이 저 밤이 새도록, 밤이 새도록 교대로 그 곡해야 되고 뭐.

그 요즘 뭐 하긴 뭐 상주도 밤 뭐 열두 시 넘어가고?

— 에이, 열두 시 넘으면 자지, 그 어디 있겠어, 그래.

손'님 안 오'고 하'며늠 마?

- 모 끄 자'지 머'.

어, 그'릉까이, 그릏 따지'며너 상'주들도 마:니 편해져'꼬, 간'소해져따,
그'지예?

- 하하, 걸'치.

그'암 머' 에더이, 인제 예저'네 그거, 누'가 도라가'심며너 좀문하'러 앙
감'미까?

- 그래.

문상하'러 가'음며너 에, 에전'네 문상하'능 거하'고 요즘' 문상하능 고 쫌'
다름미까', 어'떠씀미까?

- 다을 김' 머 다'을, 또:까'찌 머'.

- 상기628) 보'고 머' 해와두 까'꾸 머 주'거무 고, 꾸걸 머 가, 상주 보'
구 머 문:상' 가머 거 멀 장지'늘, 장질'라629) 모 하'끔 미르630) 가자나.

- 문사' 까 뿌'머 구'엄 머 상기 보'고 곡 하고 므 절 함분 해' 뿜' 머
궁을 변수 보'윽 절 함분 해 뿜 머 상주 보이 그 길'러 끄'치젬 머.

예저'네느 문'상을 어디' 장:지'로 감'미까, 앙 그'라면 지'브로 가'서 함'
미까, 주'로?

- 지'브로 간' 사'럼도 이'꼬, 장:지에, 사'느 간 사'암떠631) 마네'찌, 그
너 꺼, 그.

주'루 사'느로 가으쓰미가?

- 와, 마'이 가'찌.

- 아'준, 아'주 참말'러632) 멀 머:고 이'렁 꺼틍 껀 쩌, 저 이런 사'암뜨
언, 이런 사'라머넘 멀 걸'찌마 어지안하'만633) 점브 사'느로 가지.

- 사네 와 가'저 인제 걸 산, 산수 씨'능 걸 다: 보'고 머 덜 그 와줃'
이띠, 이 그 유긍'이라634) 카'그덩.

- 유군'둘 불'러 가즈어 사, 함믄 다'리라 카'고 인자 그래 마'이 모던'더

손님 안 오고 하면 뭐?

- 뭐 그 자지 뭐.

어, 그러니까, 그래 따지면은 상주들도 많이 편해졌고, 간소해졌다, 그렇지요?

- 어, 그렇지.

그럼 뭐 예전, 인제 예전에 그것, 누가 돌아가시면은 조문하러 안 갑니까?

- 그래.

문상하러 가면은 예, 예전에 문상하는 것과 요즘 문상하는 것은 좀 다릅니까, 어떻습니까?

- 다르긴 뭐가 달라, 똑같지 뭐.

- 상주 보고 뭐 하는 것 똑같고 뭐 죽으면 그, 그것을 뭐 가서, 상주 보고 뭐 문상 가면 그 뭐 장지를, 장지에 못 하면 미리 가잖아.

- 문상 가 버리면 그것 뭐 상주 보고 곡 하고 뭐 절 한 번 해 버리면, 뭐 그 빈소 보고 절 한 번 해 버리면 뭐 상주 보고 그 길로 끝이지 뭐.

예전에는 문상을 어디 장지로 갑니까, 안 그러면 집으로 가서 합니까, 주로?

- 집으로 간 사람도 있고, 장지에, 산으로 간 사람도 많았지, 그것은 그, 그.

주로 산으로 갔습니까?

- 어, 많이 갔지.

- 아주, 아주 참말로 뭐 멀고 이런 같은 것은 저, 저 이런 사람들은, 이런 사람은 뭐 그렇지만 어지간하면 전부 산으로 가지.

- 산에 와 가지고 인제 그 산, 산소 쓰는 것을 다 보고 뭐 또 그 와서 이, 이 그 유군이라고 하거든.

- 유군들 불러 가지고 하, 한 번 다지라고 하고 인제 그래 많이 모인

가이.

　― 여'스 박 빼'간드, 오새'는 첨'보 머 그 인'뜨, 하루 이 저'네 와 가주 움 머', 먼 산청635) 무 치'아 뿌리.

　― 사, 사'네 누'가 온: 사'음 인나.

　― 둘:때' 아 온'데.

　아:, 그'릉까 예저'네너 예:이'로 어, 장:네, 그 하'는 일들도 망:코 하'니 까 사'네 다: 가'따, 그'지예?

　― 거'르치.

　머' 어'디 사돈:니 누'거 도러가'도 그러 가'고, 칭'구 도러가'도 그래 핸' 는데, 요즈'먼 주'로 마 어'디 일'찍 어디 빌, 자 그, 장:네'식짱 가 가주고?

　그 그'래 끄'치라 카'이끄네.

　그걸'로 끄'치고 장네: 사'네느 별'로 안 오'따 그러치예.

　― 아: 오'지, 아 오'지, 저이, 저 사'넴 둘:떠', 서이'더 아 오'드라, 보'이껨.

　― 마껨' 머' 건 첨'부 무.

　아, 여 임 머 혹'시 인제' 이 동네' 사시'는 분'드리나 사'네 가'고, 상'주, 상'주 칭구드'리나, 이런 사'암드 거'이 아 논'다, 그지?

　― 사시'는 사시'는 분도 아: 노지, 점'부 꺼, 꺼, 거'어서 자 바 뿌고 치'아.

　― 그이 시나이636).

　머: 일가 친처기나'?

　― 일'가 친'저기납 지'바이나 오'지 머' 거 사'네 아 와'.

　그'래 봄'며너 에전하'고 봄'면 쫌 마:니 달라져따, 그'지예?

　― 쩨, 즈 그'르치.

다고 하니까.

― 여기서 막 빼어간다, 요새는 전부 뭐 그 이틀, 하루 이 전에 와 가지고 뭐, 뭐 산소 뭐 치워 버리고.

― 산, 산에 누가 오는 사람 있나.

― 둘도 안 오는데.

아, 그러니까 예전에는 예의로 어, 장례, 그 하는 일들도 많고 하니까 산에다 갔다, 그렇지요?

― 그렇지.

뭐 어디 사돈이 누가 돌아가도 그래 가고, 친구 돌아가도 그래 했는데, 요즘은 주로 뭐 어디 일찍 어디 빈소, 장례 그, 장례식장 가 가지고?

그거기 그래 끝이라고 하니까.

그걸로 끝이고 장례 산에는 별로 안 왔다 그렇지요.

― 안 오지, 안 오지, 저, 저 산에는 둘도, 셋도 안 오더라, 보니까.

― 모두 뭐 그 전부 뭐.

아, 여기 이 뭐 혹시 이제 이 동네 사시는 분들이나 산에 가고, 상주, 상주 친구들이나, 이런 사람들은 거의 안 온다, 그렇지요?

― 사시는, 사시는 분도 안 오지, 전부 그, 그, 그곳에서 다 봐 버리고 치워.

― 그것이 끝이지.

뭐 일가 친척이나?

― 일가, 친척이나 집안이나 오지 뭐 그 산에 안 와.

그래 보면은 예전하고 보면 좀 많이 달라졌다, 그렇지요?

― 저, 저 그렇지.

■ 주석

1) 이는 '뫼갓안'이라는 뜻을 지니는 이 지역어이다. 즉, '갓(山) + 안(內)'의 구성으로 서 이 어형은 경북지역어에서 일반적으로 분포하는 어형이다.

2) 이는 '~고 했다'의 어형이 축약된 이 지역어형으로서 이미 재어휘화가 이루어진 형 태이며 이는 경남북방언에서 일반적으로 분포하는 어형인 종결형어미 '-더'형이다. 이 지역어를 비롯한 경북지역어에서는 '켔(캤)다'형은 축약형으로 실현되기도 하지 만 '하다' 동사로 기능하기도 한다.

3) 여기서 서술어가 '캔노'형으로 실현된 것은 '왜'라는 의문사가 있는 설명의문문이기 때문에 실현된 어형이다. 이미 잘 알려진 대로 경상도방언에서는 의문사가 없는 판 정의문문에서는 의문조사나 의문형어미가 주로 'ㅏ/-ㅓ'형으로 실현되며 설명의문 문에서는 '-ㅗ/-ㅜ'형으로 실현된다.

4) 이는 '산음 이씨'를 뜻하는데 '산은'으로 실현된 것은 후행하는 '이씨'의 영향으로 인해 치조음화가 이루어진 어형이다. 대개 국어 자음동화에서는 '연구개음 > 양순 음 > 치조음'의 강도를 보이는 것이 일반적이지만 경북지역어에서는 수의적이지만 간혹 반대의 자음동화 현상이 일어남을 볼 수 있다. 산음이씨는 크게 구파와 경주 이씨에서 분파된 신파로 나뉜다. 여기서는 경주 이씨의 분파인 산음 공파를 가리키 는 뜻이다.

5) 이는 '돌아가며'로 해석되며 '돌아가- + -마(연결형어미)'의 구성으로 이루어진 이 지역어형이다.

6) 이는 원래의 의미는 '거세게'로 대역되지만 여기서는 '거세게 잘' 또는 '매우 잘'이 라는 뜻으로 사용된 경우이다. 이는 '거세게 → 거시기(고모음화)'의 과정을 거쳐 실 현된 예이다.

7) 이는 '사람들'로 대역되며 어중유음의 탈락으로 이루어진 어형이며 어중자음의 탈락 은 이 지역어를 비롯하여 경북지역어에서 일반적으로 실현되는 현상 중의 하나이다.

8) 이는 '마을이'로 대역되며 구술발화에서는 개신형 '마을'형과 함께 공존한다. 그러 나 이 제보자의 경우 어휘조사에서는 '마실'형이 아니라 개신형인 '마을'형으로 얘 기하고 있다.

9) 이는 '그래서'로 대역되며 '-가'형은 이 지역어에서 연결형어미 '-서'로 대응된다.

10) 이는 '그냥'으로 대역되는 이 지역어형이다.

11) 이는 '여기에서'로 대역되며 '여어 + -서'의 구성으로 이루어진 예이며, '여어'형은 경남지역어를 비롯하여 경북남부지역어에도 광범하게 분포하는 어형이다. '여어'형 의 변이형으로 '여'형도 실현된다.

12) 이는 '컸으니까'로 대역되며 '컸으니게 → 커쓰니께네 → 커씨니께네(전설모음화) → 커씨이께네(어중자음 탈락)'의 과정을 거쳐 실현된 예이다. '-니께네'는 어미로서

'-니까'로 대역된다.

13) 이는 '전부'로 대역되며 '전부 → 전부(경음화) → 쩜부(양순음화) → 쩜무(비음화) → 쩜므(비원순모음화)'의 과정을 거쳐 실현된 예로 판단된다.

14) 이는 '한창'으로 대역되며 어중 위치의 음절말자음 'ㄴ'음이 탈락된 예이다. 일반적으로 구술발화에서는 어중이나 어말의 자음이 탈락되는 경우가 흔하지만 이 제보자의 발화에서도 그 현상이 심하며 음성의 변동도 심한 편이다.

15) 이는 '적에는'으로 대역되며 '적(時) + -에(처소부사격조사) + -는(보조사) → 쩍에는(경음화) → 쪽에는(모음중화) → 찌게는(전설모음화) → 찌에는(어중자음탈락) → 찌엔는(양음절화에 따른 비음삽입) → 찌엔느(어절말자음탈락)'의 과정을 거쳐 실현된 예이다.

16) 이는 '요새는'으로 대역되며 '요새 + -는(보조사) → 요샌(축약) → 오샌(이중모음실현제약에 따른 단모음화) → 오샌(모음중화)'의 과정을 거쳐 실현된 예이며, '오세 ~ 오새'형은 경북지역어에서 광범위하게 분포하는 예이다.

17) 이는 '모두, 전부, 말끔히' 등으로 대역될 수 있는 이 지역어형이며 변이형으로 '마카 ~ 말카 ~ 말까' 등으로 실현되기도 한다.

18) 이는 '같은'으로 대역되는 이 지역어형이다.

19) 이는 '몇이'로 대역되며 '며치 → 메치(이중모음 실현제약에 따른 단모음화) → 미치(고모음화)'의 과정을 거쳐 실현된 예이다.

20) 이는 수사 '하나'의 음성변이형이다.

21) 이는 '인제'로 대역되는 이 지역어의 담화표지 중의 한 형태이다.

22) 이는 '그래'로 대역되며 '그래 → 크래(어두유기음화) → 크리(고모음화)'의 과정을 거쳐 실현된 이 지역어형이다.

23) 이는 '놈의'로 대역되며 '놈의 → 노므(이중모음실현제약에 따른 단모음화) → 노무(원순모음화)'의 과정을 거쳐 실현된 이 지역어형이다. 이 지역어를 비롯한 경북지역어에서는 'ㅢ'모음이 이처럼 'ㅡ'모음으로도 실현되는데 이는 이미 관형격조사의 형태가 이렇게 재구조화 되었기 때문으로 판단된다.

24) 이는 '자식(子息) + -들(복수접미사) → 자식뜰(어중경음화) → 자시뜰(어중자음탈락) → 자스뜰(후설모음화)'의 과정을 거쳐 실현된 이 지역어형이다.

25) 이는 접미사 '-씩'으로 대역되며 '씩 → 쓱(후설모음화) → 슥(자음중화) → 스(어말자음 탈락)'의 과정을 거쳐 실현된 예이다. 이 제보자의 구술발화의 음성형은 상대적으로 어절말 자음이나 어중 자음의 탈락이 많이 실현된 경우이다.

26) 이는 '일요일날'로 대역되며 '일요일날 → 이로일날(이중모음실현제약에 따른 단모음화) →이로일랄(유음화)'의 과정을 거쳐 실현된 이 지역어형이다.

27) 이는 이 제보자의 담화표지 중의 한 형태로서 '뭐'로 대역될 수 있는 어형이며 '뭐 → 머(이중모음실현제약) → 므(모음중화) → 무(원순모음화)'의 과정을 거쳐 실현된 예로 판단된다.

28) 이는 '역사(歷史)가'로 대역되며 '역사 → 역싸(경음화) → 여싸(어중자음탈락)'의 과

정을 거쳐 실현된 경우이다.

29) 이는 제보자의 음성이 들리지 않는 부분이다.

30) 이는 '달라'로 대역되며 이 지역어에서는 '틀리다'가 '다르다'의 의미역까지 지시하고 있는 경우이다.

31) 이는 밀양박씨의 여러 파중에서 한 갈래로서 '원(元)'을 파조(派祖)로 모시고 있는 후손들이며 주로 '사문진사공파'로 많이 불리어진다.

32) 이는 밀양박씨의 여러 파중에서 한 갈래로서 규정공 '현(鉉)'을 파조로 모시고 있는 후손들이다. 여기서 '구정공파'는 이중모음실현제약에 따라 실현된 어형이다.

33) 이는 경상북도 의성군 비안면에 위치하는 자연부락의 이름이다.

34) 이는 '많이'의 이 지역어형이며 어중자음의 탈락에 의해 이루어진 어형이다.

35) 이는 '살다가'로 대역되며 '살(居住)- + -다가(연결형어미) → 사다가(유음탈락) → 사가(축약)'의 과정을 거쳐 실현된 어형이다.

36) 이는 '인제는'으로 대역되며 '안지 + -는(보조사)'의 구성으로 이루어진 어형이다.

37) 이는 '모두, 전부, 다'로 대역되는 이 지역어형이며 수의적인 변이형으로 '말카, 말까, 마카, 마까' 등으로도 실현된다. 또 이 지역어에서는 이 어형과 이 동음이의 관계로 '말끔'이라는 뜻으로도 사용된다.

38) 이는 이 제보자의 담화표지 중의 하나로서 '인제'로 대역되는 어형이다.

39) 이는 '어찌'로 대역되는 이 지역어형이며 어중자음이 탈락된 어형이다.

40) 이는 '들어가다'로 대역되며 이는 '들다'에 전설모음화가 실현된 어형이다.

41) 제보자의 음성이 잘 들리지 않는 부분이며 이하 모두 같은 의미의 표시이다.

42) 이는 '각성(各姓) + -바지'의 구성으로 이루어진 낱말이며 '각성바지'에서 모음변이가 이루어져 실현된 이 지역어형이다.

43) 이는 후행하는 자연부락 이름인 '평지'를 발화하려다 일어난 우발적 발화실수형이다.

44) 이는 '연합(聯合)이'로 대역되며 '연합이 → 여나비(ㅎ음탈락) → 연나비(양음절화)'의 과정을 거쳐 실현된 예이다.

45) 이는 '동장(洞長)이'로 대역되며 '동장이 → 동장~이(비모음화) → 동자~이(비자음탈락)'의 과정을 거쳐 실현된 예이다.

46) 이는 '그래도'로 대역되는 이 지역어형이다.

47) 이는 한자어인 '신동(新洞)'으로 발화하려다 원래 지명인 '새골'로 발화를 전환하려한 상황에서 이루어진 실현형이다.

48) 이는 '여기'로 대역되는 이 지역어형이며 성조가 고조로 실현된 예이다.

49) 이는 '요새'로 대역되는 이 지역어형이며 '요새 → 오새(이중모음 실현제약에 따른 단모음화)'의 과정을 거쳐 실현된 예이다.

50) 이는 '우리 아버지가'로 대역되며 '우리 + 아버지 → 우라버지(축약) → 우라브지(모음중화) → 우라부지(원순모음화)'의 과정을 거쳐 실현된 예이다.

51) 이는 '그러니'로 대역되며 '그러니 → 그러이(어중자음탈락) → 그르이(모음동화에 따른 중화) → 그리이(전설모음화)'의 과정을 거쳐 실현된 어형이다.

52) 이는 '누나'의 이 지역어형이다.

53) 이는 이 제보자의 담화표지 중의 한 형태로서 '인제'로 대역되는 어형이다.

54) 이는 '있으니까'로 대역되며 '있(有)- + -(으)니께네(연결형어미)'의 구성으로 이루어진 어형이다. 이는 '이쓰니께네 → 이씨니께네(전설모음화) → 이씨이께네(어중ㄴ음 탈락)'의 과정을 거쳐 실현된 어형이다.

55) 이는 '동고사(洞告祀)'를 가리키는 어휘이며 '동신제(洞神祭)'라고 부르기도 한다. 지역에 따라 차이가 나기는 하지만 대체로 음력 정월 대보름날에 동민들이 마을신에게 무병과 풍년을 빌며 서낭당, 당산, 산신당에서 지내는 고사를 말한다. 이 때 고사를 지내는 제관은 마을회의를 통해 정하고 제관으로 정해진 사람은 고사를 지내는 날 보름 전부터 몸을 단정히 하고 여러 길흉사도 출입을 삼가고 지낸다. 동제는 대체로 정월 14일 밤에 지내며 제물을 차려서 신당에 올리고 자정이 되면 초헌(初獻), 아헌(亞獻), 종헌(終獻)을 올린 뒤에 축을 읽으며 소지(燒紙)를 한 다음에 끝낸다. 또 동제는 대상신의 성격에 따라 산신제, 서낭제, 천신제, 용신제, 부군제 등이 병행될 수 있으며 이튿날에는 마을 주민들이 모여서 음식을 나눠 먹고 마을일을 의논하고 지신밟기 등의 행사가 이뤄지기도 한다.

56) 이는 이 지역어를 비롯하여 경북지역어에서 '늘'로 대역되는 어형이며 '맨날'형으로도 실현되기도 한다.

57) 이는 이 제보자의 담화표지 중의 한 형태이며 '인제'로 대역되는 어형이다.

58) 이는 '들어오지도 → 드로지도(축약) → 드로도(축약)'의 과정을 거쳐 실현된 이 지역어형이며 '들어오지도'로 대역되는 어형이다.

59) 이는 '못하게'로 대역되는 이 지역어형이며 '못하- + -고로(의도형어미) → 모아고로(ㄷ, ㅎ음 탈락) → 모와고로(활음첨가)'의 과정을 거쳐 실현된 어형이다.

60) 이는 '정골은'으로 대역되며 '정꼴 + -(으)느(보조사)'의 구성으로 이루어진 어형이다.

61) 이는 '호밖에'로 대역되며 '이십호 + -빼끄(보조사)'의 구성으로 이루어진 어형이다.

62) 여기서 지명 '가산'은 경상북도 칠곡군 가산면(架山面)을 가리킨다. 가산면은 동쪽으로 군위군 부계면(缶溪面), 남쪽으로 동명면(東明面)·지천면(枝川面), 서쪽으로 석적읍(石積邑), 북쪽으로 구미시 장천면(長川面)에 접한다. 전역이 거의 산지로 되어 경지율이 낮으며, 남북으로 흐르는 한천(漢川)이 면을 동서로 양분하여 구미시 장천면을 거쳐 낙동강에 합류한다. 동쪽에는 조선 인조 때 축조한 가산산성이 있으며, 서쪽에는 임진왜란 때 의병장 곽재우(郭再祐)가 왜병을 무찌른 천생산성이 있다. 6·25 전쟁 때 격전지였던 유학산(遊鶴山), 다부리(多富里)에는 미군 제1기병사단장 마이켈리스 장군 전승비와 다부동 전적기념비가 있다. 면의 중앙을 남북으로 관통하는 국도가 안동시와 대구광역시를 연결하며, 상주시를 거쳐 청주시로도 이어진다. 그 밖에 서쪽으로 구미시와 연결되는 지방도와 군도(郡道)가 있으나 동쪽으로는 산지로 차단되어 있다.(네이버백과사전)

63) 이는 산 이름의 하나로서 고유명사이며 구체적인 행정명은 확인하지 못 했다.

64) 이는 '산음이씨'로 대역되는 어형이다. 산음이씨는 본관이 산음(山陰)이 아니고 원주

이씨의 한 분파에 해당하는 성씨이다. 네이버 사전에 따르면 원주이씨에 대한 설명은 다음과 같다. 원주이씨(原州李氏)의 시조 이신우(李申佑)는 신라의 전신인 진한(辰韓) 양산촌장(楊山村長) 표암공(瓢巖公) 이알평(李謁平)의 원손(遠孫)이며, 소판공(蘇判公) 이거명(李居明: 경주이씨의 1세조)의 12세손으로 1004년(목종 7) 문과에 급제하여 문종 조에서 병부상서(兵部尙書)를 지내고 나라에 공을 세워 원주백(原州伯)에 봉해졌다. 그로 인하여 후손들은 이신우를 시조로 받들고 경주이씨에서 분적하여 본관을 원주로 삼게 되었으며, 초기에는 원주의 별호인 익흥(益興)이라 불리기도 하였다. 후대로 내려오면서 판도공파(版圖公派)·월성군파(月城君派)·대장군공파(大將軍公派: 종파)·시랑공파(侍郎公派: 뒤에 경원군공파와 강릉공파로 분파됨) 등 크게 네 계통으로 갈라져서 세계를 잇게 되었다(네이버백과사전).

65) 이 마을에는 주변에 농공단지가 조성되어 있으며 이에 따라 이 기업체에서 이 지역을 샀다는 뜻이다.

66) 이는 '불당(佛堂)골'로 대역했지만 제보자는 이 지명의 유래에 대해 정확히 알고 있지 못 했으며 그 뜻을 짐작하여 옮겼다.

67) 이는 '가면'으로 대역되며 '가(去)- + -만(연결형어미)'의 구성으로 이루어진 어형이며 '-마알'은 성조표기를 하기 위해 이루어진 어형이다.

68) 이는 경상북도 예천군 지보면(知保面)을 가리킨다. 지보면은 동쪽은 호명면(虎鳴面) 및 안동시 풍천면(豊川面), 서쪽은 풍양면(豊壤面), 남쪽은 낙동강을 경계로 의성군 다인면(多仁面)·신평면(新平面), 북쪽은 내성천(乃城川)을 사이에 두고 개포면과 접한다. 북서부는 나부산(羅浮山:330m)을 비롯하여 대부분 산지로 이루어져 있고, 나머지 지역은 연화산(蓮花山:267m) 등의 낮은 산지와 구릉 및 평탄지로 구성되어 있다. 주요 농산물은 쌀·보리이며 고추·마늘 등의 채소류와 특용작물인 깨가 산출되고, 사과·감 등의 과수재배가 많다. 교통은 의성~예천 및 상주~풍산(豊山)의 지방도가 면의 남쪽을 지나가며, 낙동(洛東)~지보의 군도가 이 도로와 연결된다.(네이버백과사전)

69) 이는 '나마('나무'의 수의적 변이형) + -ㄹ(목적격조사)'의 구성이며 '나무를'로 대역된다.

70) 이는 이 지역의 고유명사형인 '불당골'로 대역되며 '뿔땅꼴'의 수의적 변이형이다.

71) 이는 '말카'로 실현되기도 하는 수의적인 변이형이며 '모두, 전부' 등의 의미로 대역할 수 있다.

72) 이는 '여기는'으로 대역되며 '여('여기'의 준말) + -ㄴ(주제표시의 보조사)'의 구성이다.

73) 이는 발화대로 직역을 하면 '산은 못하지요.'로 대역되는 어구지만 실제 제보자가 말하고자 한 내용은 '산에서 나무를 못 하게 했지요.'라는 뜻이다.

74) 이는 '하니까'로 대역되며 '하(爲)- + -이끼느(연결형어미 '-니까')'의 구성이다.

75) 이는 '가서'로 대역되며 '가 + -여(연결형어미) → 가이(이중모음실현제약에 따른 고모음화)'의 과정을 거쳐 실현된 예이다.

76) 이는 이 지역어의 골짜기 이름이며 '보리골'이 이 지역에서 실현되는 '고모음화'에 따른 과도교정의 산물로 '보래골'로 실현된 예이다.

77) 이는 '넘어'로 대역되며 원순모음화가 실현된 이 지역어형이다.

78) 이 제보자의 발화에서는 유음 아래에서 'ㅗ'모음이 'ㅜ'모음으로 상승이 된 경우가 많은데 그 중의 한 예이다.

79) 이는 '이름'으로 대역되며 '이름 → 이림(전설모음화)'의 과정을 거쳐 실현된 예이다.

80) 이는 '앞산이 아니냐?'라는 의미로 대역되며 이 지역어에서는 이미 잘 알려진 대로 의문문에서 설명의문문과 판정의문문의 외형적 형식이 차이가 난다. 이 지역어에서는 일반적인 경상도방언에서처럼 판정의문문의 어미는 '-아(어)'형이, 설명의문문에서는 '-오(우)'형으로 실현된다.

81) 이는 '저쪽으로'로 대역되며 이는 '저짜(저쪽) + -르(향격조사)'의 구성이다.

82) 기존의 이 지역어에 대한 조사보고서나 연구에서 이 지역어에서는 /ㅡ/와 /ㅓ/모음의 음운론적 대립을 인정하고 있다. 본 지역어조사보고서(2009)에서도 최소대립어의 환경에서는 구별했지만 구술발화에서는 이처럼 부분적으로 중화되어 있음을 볼 수 있다.

83) 이는 '나니'로 대역되며 이 지역어에서는 'ㅣ'모음 앞에서 'ㄴ'음이 잘 탈락되는 현상을 보인다.

84) 제보자의 경우 '갈비봉'으로 일관되게 발화를 하고 있지만 실제로는 갈미봉이며 갈미봉의 오류발음이다.

85) 이는 '뾰족하게'로 대역되며 '빼자하게'의 준말이다.

86) 이는 '천만큼밖에'로 대역되며 '천(千) + -마춤(보조사 - 만큼) + -배께(보조사 - 밖에)'의 구성으로 이루어진 예이다.

87) 이는 '그래'로 대역되며 '그래 → 그레(모음중화) → 그리(고모음화)'의 과정을 거쳐 실현된 이 지역어형이다.

88) 이는 '별호(別號)가'로 대역되며 '별호 → 빌호(이중모음실현제약에 따른 단모음화)'의 과정을 거쳐 실현된 어형이다.

89) 이는 '그것은'으로 대역되며 '그거 + -는(보조사) → 그어는(어중ㄱ음 탈락) → 그어느(어말자음 탈락)'의 구성으로 이루어져 있다.

90) 이는 '만들었던, 만든'으로 대역되며 '맨들(作)- + -었(과거시상)- + -느(진행)- + ㄴ(관형사형) → 맨드런는(비음동화)'의 과정을 거쳐 실현된 예이다.

91) 이는 '모양(模樣)이라'로 대역되며 '모양이라 → 모앵이라(움라우트현상) → 모애이라(음절말비음탈락)'의 과정을 거쳐 실현된 어형이다.

92) 이는 '평(坪)이니까'로 대역되며 '핑'은 이중모음실현제약에 따른 고모음화로 실현된 예이다.

93) 이는 '마지기니까'로 대역되며 '마지기 + -끼네(연결형어미) → 마지이끼네(어중ㄱ음탈락)'의 과정을 거쳐 실현된 예이다.

94) 이는 '여기'의 이 지역어형이며 수의적 변이형으로 '여'으로도 실현되기도 한다.

95) 이는 '골짝만'으로 대역되며 '골짝 + -만(보조사) → 꼴짝만(어두경음화) → 꼴짱만
(비음화)'의 과정을 거쳐 실현된 이 지역어형이다.

96) 이는 '올해'의 이 지역어형이며 이는 이 지역어 외에도 '강원도 및 경상도 방언'에
도 분포하는 것으로 보고된 바 있다.

97) 이는 '달려서, 모자라서'로 대역되며 '달리- + -가즈(연결형어미 '-어서')'의 구성이
지만 발화실수로 음절도치가 일어난 예이다.

98) 이는 '난리(亂離)'로 대역되며 '난리 → 날리 → 날(축약)'의 과정을 거쳐 실현된 어
형이다.

99) 이는 '기슭물 → 지슥물(경구개음화 현상) → 지식물(전설모음화 현상) → 지싱물
(비음화 현상)'의 과정을 거쳐 실현된 예이다.

100) 이는 '끼다'의 활용형이 경구개음화된 수의적 발화형이다.

101) 이는 '이래서'로 대역되며 '이래가여 → 이레가여(모음중화) → 이에가여(어중ㄹ음
탈락)'의 과정을 거쳐 실현된 예이다.

102) 이는 감탄사로서 '아이고'로 대역된다.

103) 이는 '벼'로 대역되며 '나락'의 수의적 변이형으로 '나악'형으로도 실현된다.

104) 이는 부정부사 '안'에서 음절말자음 ㄴ음이 탈락된 예이다.

105) 이는 '왔으면'으로 대역되며 '오- + -았 + -으면 → 와씨면(전설모음화 현상) →
와씸(축약)'의 과정을 거쳐 실현된 예이다.

106) 이는 '하나도'로 대역되며 '하나도 → 하나또(어중경음화 현상) → 하또(축약)'의 과
정을 거쳐 실현된 예이다.

107) 이는 '한 번'으로 대역되며 '한번 → 함번(양순음화 현상) → 함븐(모음중화) → 함
분(원순모음화 현상) → 함부(음절말자음탈락)'의 과정을 거쳐 실현된 예이다.

108) 이는 원주이씨 산음공파에서 인공적으로 만든 '조산(造山)' 근처에 있는 들이라는
뜻이다.

109) 이는 직역을 하면 '묵혀'로 대역해야 하지만 의미상으로 '묻어'라는 뜻이다.

110) 이는 '너머인데 → 너멘데(축약)'의 과정을 거쳐 이루어진 어형이다.

111) 이는 '있으니'로 대역되며 '있으니 → 이씨니(전설모음화) → 이씨이(어중자음 탈
락)'의 과정을 거쳐 실현된 예이다.

112) 이는 '길'로 대역되며 경구개음화가 실현된 예이다.

113) 이는 '닦아서'로 대역되며 '닦- + -아가(연결형어미 '-아서') → 따까가(어두경음화
현상) → 따아가(어중경음탈락)'의 과정을 거쳐 실현된 예이다.

114) 이는 '숯'으로 대역되며 이 지역어형인 '수껑'형이 이중모음실현제약에 따른 과도
교정으로 생겨난 어형이다.

115) 이는 의문부사 '어찌'로 대역되는 이 지역어형이다.

116) 이는 '모두, 전부'로 대역되는 이 지역어형이며 주로 이 지역어에서는 '마카, 말카'
등으로 실현되기도 한다.

117) 이는 '큰 개울은'으로 대역되며 '큰 거렁 → 쿵거렁(연구개음화)'의 과정을 거쳐 실

현된 예이다.

118) 이는 경상북도 의성군 봉양면 화전리를 가리키며 현재에는 봉양면 소재지이다. 현재 도리원(桃李院)은 원래 '도리원(都里院)'으로 표기되었으며 이는 조선시대에 역과 역 사이에 공식적으로 여행하는 관원의 숙소였던 '원(院)'이 존재해서 생긴 지명이다.

119) 이는 '요새는'으로 대역되며 이중모음 실현제약에 따른 실현형이다.

120) 이는 '하천에 제방을 하는 일'로 대역되며 결국은 '하천 제방'을 가리킨다. '하천 제방'에 대한 조어법이 흥미로운 예다.

121) 이는 '이까지'로 대역되며 '이 + -꺼즘(보조사 - 까지)'으로 구성된다.

122) 이는 '찼었어 또는 찼어'로 대역되며 그 구성은 '차 있다 → 차이따(음절말자음 탈락 및 경음화 현상) → 채이따(움라우트 현상)'이다.

123) 이는 '저것이'로 대역되며 '저것이 → 저게(축약) → 저기(고모음화)'의 과정을 거쳐 실현된 예이다.

124) 이는 '내려가서'로 대역되며 '내려가- + -가지(연결형어미 '-어서') → 네려가지(모음중화) → 니려가지(고모음화 현상) → 니러가지(이중모음의 단모음화)'의 과정을 거쳐 실현된 이 지역어형이다.

125) 이는 부사 '모두, 전부'에 해당하는 이 지역어의 수의적 변이형이다.

126) 이는 '이것이'로 대역되며 '이것이 → 이게(축약) → 이기(고모음화 현상) → 이이(어중자음 탈락)'의 과정을 거쳐 실현된 어형이다.

127) 이는 '완전히'로 대역되는 이 지역어형이다.

128) 이는 '큰 개울'로 대역되며 '큰 거렁(걸+-엉) → 큰 거릉(모음중화현상) → 킁거릉(연구개음화 현상) → 킁거르(어절말자음 탈락)'의 과정을 거쳐 실현된 예이다.

129) 이는 '아직까지'로 대역되며 '안주 + -꺼정(보조사)'의 구성으로 이루어진 어형이다.

130) 이는 '금줄'을 가리키며 '금기 → 굼기(역행원순모음화) → 궁기(연구개음화)'의 과정을 거쳐 실현된 예이다.

131) 이는 '산마루에'로 대역되며 '만데이(頂上) + -예(처소격조사) + -에(처소격조사)'의 구성으로 이루어졌으며 처소부사격조사가 이중으로 실현된 경우이다.

132) 이는 '향나무가'로 대역되며 '향낭기 → 샹낭기(경구개음화 현상) → 상낭기(이중모음의 단모음화)'의 과정을 거쳐 실현된 예이다.

133) 이는 '마을에서'로 대역되며 이 지역어에서는 다른 경북지역어와 같이 '마실'형이 유지되는 지역이다.

134) 이는 개인 정보라서 전사를 하지 않은 부분이다.

135) 이는 '외딴집'으로 대역되며 모음상승에 의한 고모음화가 이루어진 어형이다.

136) 이는 '자시긴'으로 발화되어야 할 어형이지만 발화실수가 일어난 어형이다.

137) 이는 '그게, 그것이'로 대역되며 '그게 → 그기(고모음화) → 그이(어중ㄱ음 탈락) → 거이(모음중화)'의 과정을 거쳐 실현된 예이다.

138) 이는 '바위'로 대역을 해야 되지만 방언형을 표현해야 되기에 '방구'형을 그대로

표현했다.

139) 이는 '베서'로 대역되며 '베- + -가(연결형어미 - 어서)'의 구성으로 이루어진 어형이다.

140) 이는 '우리'의 준말이며 이 제보자의 발화를 비롯한 경북지역어에서 발화가 빠를 때 'CVCV'형의 어형이 단음절어로 줄어든 경우이다. 곧 이어지는 제보자의 발화에서 '하루'가 '할'로 실현된 것도 이와 같은 현상이다.

141) 이는 '네어미'로 대역되며 흔히 못 마땅할 때 욕설에 가까운 말이다. 이는 '네어미 → 네에미(움라우트 현상) → 니이미(고모음화)'의 과정을 거쳐 실현된 어형이다.

142) 이는 '저녁'으로 대역되며 '저녁 → 쩌녁(어두경음화 현상) → 쩌역(ㄴ음탈락) → 쩌억(이중모음실현제약에 따른 단모음화) → 쩌어(음절말자음탈락)'의 과정을 거쳐 실현된 예이다.

143) 이는 '두 마리씩'으로 대역되며 '두 마리씩 → 두말씩(축약) → 두말쑥(과도교정에 따른 후설모음화) → 두말썩(모음중화) → 두말써(음절말자음 탈락)'의 과정을 거쳐 실현된 예이다.

144) 이는 '베고'로 대역되며 이 지역어에서는 고모음화에 의하여 '베다'가 '비다'로 실현되는 지역이다.

145) 이는 '외치는'으로 대역되며 '위(외치)- + -는'의 구성이다. 이 어형은 경북지역어에서 '이-'형으로도 실현되며 '외치다'라는 뜻 외에 '외다(誦)'의 뜻으로도 사용되는 어휘이다.

146) 이는 '뻬-'형으로 실현되어야 할 어형이지만 우발적인 발화실수로 일어난 어형이며 '베-'로 대역할 수 있다.

147) 이는 '그럴 적'으로 대역되며 이 어형의 준말이다. '그럴 적 → 글적(축약) → 글쩍(경음화 현상) → 글쭉(모음중화) → 글찍(전설모음화 현상) → 글찌(음절말자음탈락)'의 과정을 거쳐 실현된 예이다.

148) 이는 '나니까'로 대역되며 '나 + -이끼네(연결형어미 '-니까')'의 구성으로 이루어진 이 지역어형이다.

149) 이는 '거두어서'로 대역되며 '거두- + -아가(연결형어미 '-어서)'의 구성으로 이루어진 어형이다.

150) 이는 제보자가 '사정(事情)'이라는 어휘에 대해 발화 실수한 어형이다.

151) 이는 '바위다'로 대역되며 '방구(巖) + -더'의 구성으로 이 어형은 이 지역어를 비롯하여 강원, 충북, 황해, 평안도방언에서 분포하는 것으로 보고되어 있다.

152) 이 어형은 '바위지'로 대역되며 '바위'에 대응되는 이 지역어형인 '바우'형은 남부방언과 중부방언에 골고루 분포하는 것으로 보고되어 있다.

153) 이는 '이리'로 대역되며 이 지역어에서 자주 실현되는 전설모음화에 따른 과도교정형의 하나이다.

154) 이는 '길이'로 대역되며 이미 잘 알려진 대로 이 지역어에서는 '길'은 경구개음화 현상이 일반화되어 있는 지역이다.

155) 이는 ‘아직’으로 대역되는 이 지역어형이다.

156) 이는 ‘그냥’으로 대역되며 ‘그냥 → 그얭(어중자음 탈락) → 기얭(전설모음화)’의 과정을 거쳐 실현된 예이다.

157) 이는 ‘어찌’로 대역되는 이 지역어형이며 ‘어찌 → 어이(어중자음탈락) → 허이(ㅎ 음첨가)’의 과정을 거쳐 실현된 예다.

158) 이는 ‘그런 게’로 대역되며 ‘그런 게 → 그렁게(연구개음화) → 그렁기(고모음화)’의 과정을 거쳐 실현된 예다.

159) 이는 ‘퍼뜩, 빨리’로 대역되는 이 지역어형이며 변이형으로 ‘퍼떡 ~ 퍼뜩’ 등으로 실현되기도 한다.

160) 이는 ‘특수작물(特殊作物)’로 대역되는 이 지역어형이며 ‘특수작물 → 특소작물(이화에 의한 모음하강) → 특소잠물(양순음화)’의 과정을 거쳐 실현된 예이다. 일반적으로 국어 자음동화의 강도에서는 연구개음이 양순음보다 더 큰 강도를 보이지만 이 지역어를 비롯한 경북방언에서는 연구개음이 양순음으로 동화되는 경우가 구술발화에서는 간간히 나타나고 있음을 알 수 있는 대목이다.

161) 이는 ‘게을러’로 대역되는 이 지역어형이며 기본형은 ‘기글다’이며 수의적 변이형으로 ‘끼글다’로 실현되기도 한다.

162) 이는 ‘있어도’로 대역되는 이 지역어형이며 ‘있(有)- + -어도 → 미써도(양음절화에 의한 연음화) → 미써더(모음동화)’의 과정을 거쳐 실현된 어형이다.

163) 이는 이 제보자의 담화표지 중의 한 형태이다.

164) 이는 대구광역시를 가리키는 어형이며 ‘대구’에 어두경음화가 실현된 예이다.

165) 이는 부사 ‘또’를 가리키는 이 지역어형이며 모음변이에 의하여 이루어진 예이다.

166) 이 지역어에서 ‘벌다’형은 ‘버리다’와 함께 공존하는 어형이다. 중부방언이 ‘벌다’형이므로 ‘버리다’가 보수형이고 ‘벌다’형이 개신형일 가능성이 큰 것으로 판단된다.

167) 이는 ‘이래 + -거’의 구성이며 ‘이래서’로 대역된다. 원래 ‘이래가’의 구성이지만 수의적인 모음변이에 의하여 이루어진 어형이다.

168) 이는 담화표지 ‘인제’의 줄임말이다.

169) 이는 ‘지금까지’로 대역되며 ‘시방 + 껄레(보조사 - 까지)’의 구성으로 이루어진 어형이다.

170) 이는 ‘아직까지’로 대역되며 ‘안주(‘아직’의 이 지역어형) + -꺼정(보조사)’의 구성으로 이루어진 어형이다.

171) 이는 ‘할머니’가 아니라 이 지역 노인들에서 자기 부인을 부를 때 사용하는 부름말 중의 한 형태이다. 이 어형은 ‘할머니 → 할마니(모음동화) → 할마이(비음탈락)’의 과정을 거쳐 실현된 예이다.

172) 이는 앞의 발화에서 실현된 ‘아직’의 이 지역어형인 ‘안주’의 다른 변이형 중의 하나이다.

173) 이는 ‘아이(子息)들이’로 대역되며 ‘아(童, 子息) + -들(복수접미사) + -이(주격조사)’의 구성이다. 여기서 성조가 첫음절에 오면 ‘아들(子)’의 의미를 가리킨다.

174) 이는 '어찌'로 대역되는 이 지역어형이며 경북지역어에서는 '우예'형으로도 실현되기도 한다.
175) 이는 '한 달에'로 대역되며 '한 달에 → 한 다르(후설모음화)'의 과정을 거쳐 실현된 예이다.
176) 이는 '조금'으로 대역되는 이 지역어형이며 경북 및 충북지역어에 분포하는 것으로 보고된 바 있다.
177) 이 지역어에서는 보수형이 '무리'형, 개신형이 '오이'형으로 서로 쌍형이 공존하고 있는 경우이다. 물론 이 제보자의 발화에서는 '무리'가 일반적으로 사용되는 어형이며 '무리'를 이해하지 못할까 싶어서 발화한 것으로 판단된다.
178) 이는 '오이라고 하고'로 대역되며 '오이러 카고'로 발화되는 것이 일반적이지만 수의적으로 거센소리가 예사소리로, 그리고 어중 자음이 탈락되어 실현된 예이다.
179) 이는 '그래, 그렇게'로 대역되는 이 지역어형이다.
180) 이는 '자꾸'로 대역되는 이 지역어형이며 수의적 발화실수형이다.
181) 이는 '고추'로 대역되는 이 지역어형이며 이 제보자에게서는 '꼬치'형과 '꼬추'형이 공존하는 어형이다.
182) 이는 '내- + -가저(연결형어미 '-(아)어서')'의 구성으로 이루어진 어형이며, 고조가 동사의 어간에 놓인 경우이다.
183) 이는 '그것을'으로 대역되는 어형이며 이는 축약이 이루어지면서 활음화에 의해 '그월'형으로 되었으며 다시 모음동화에 의해 '구월'형으로 실현된 예이다.
184) 이는 '삼만'으로 대역되는 이 지역어형이며 이는 선행음절의 양순비음의 영향 또는 후행하는 발화의 단위명사가 '평'이므로 이의 예측에 의한 양순음화가 이루어진 어형이다.
185) 이는 '평씩'으로 대역되는 이 지역어형이며 '핑(평 → 핑(이중모음실현제약에 따른 단모음화)) + 스(씩 → 식(자음중화에 따른 평음화) → 슥(과도교정에 의한 후설모음화) → 스(음절말자음의 탈락))'의 과정을 거쳐 실현된 어형이다.
186) 이는 우연적인 발화실수형이며 '칠씨'로 발화되었어야 하는 어형이다.
187) 이는 '그것도'로 대역되며 '그것도 → 그긋도(모음중화에 따른 모음동화) → 그긋또(경음화현상) → 그그또(음절말자음탈락) → 그그떠(모음중화에 따른 모음동화)'의 과정을 거쳐 실현된 어형이다.
188) 이미 앞에서도 지적한 바대로 이 제보자의 경우 발화에서 수의적 음성변이가 심한 편이다. 여기서 보는 것과 같이 '그래'에 대한 어형으로 '그르, 거루, 끄래, 거르, 구랃' 등과 같이 아주 다양한 형태로 실현되는 것을 볼 수 있다.
189) 이는 '지난해까지도'로 대역되며 '해(年)'가 생략되어 표현된 예이다.
190) 이는 '지었다고'로 대역되며 '짓(作)- + -었- + -다 → 짓있다(모음동화) → 짓있따(경음화현상) → 지따(축약 및 자음탈락)'의 과정을 거쳐 실현된 이 지역어형이다.
191) 이는 후행음절 비음의 영향에 의해 비음동화가 실현된 예이다.
192) 이는 '남의'로 대역되며 '남(他) + -의 → 나므(단모음화) → 나무(원순모음화)'의

과정을 거쳐 실현된 이 지역어형이다.

193) 이는 '그적'으로 대역되는 이 지역어형이며 '그적 → 그즉(모음중화에 따른 고모음화) → 그직(전설모음화현상) → 그찍(경음화현상) → 그찌(음절말자음탈락)'의 과정을 거쳐 실현된 예이다.

194) 이는 '중국'으로 발화해야 할 부분인데 발화자의 머릿속에 '중국관광'이라는 말과 뒤섞여서 발화된 발화실수형이다.

195) 이는 '들어갔지?'로 대역될 수 있는 이 지역어형이며 '드가- + -았(과거시상)- + -노(설명의문형어미)'의 구성이며, 비음동화 현상이 일어난 예이다.

196) 이는 '왔는데'로 대역되며 '오(來)- + -았(과거시상)- + -는데(연결어미) → 왔는데 → 완는데(비음동화) → 안는데(이중모음 실현제약에 따른 단모음화) → 안는드(모음동화) → 안는더(모음중화)'의 과정을 거쳐 실현된 예이다.

197) 이는 '논농사만'으로 대역되며 '논농사 + -마(보조사)'의 구성으로 이루어진 어형이다.

198) 이는 '조금씩'으로 대역되는 이 지역어형이며 '쪼매 + 꿈(끔 → 꿈(역행원순모음화)'의 구성으로 이루어진 어형이다.

199) 이는 '알아야'로 대역되는 이 지역어형이며 '알(知)- + -으애(-어야 → -으야(모음중화) → -으애(이중모음실현제약에 따른 단모음화))'의 구성형이다.

200) 이는 '금기줄'을 가리키는 이 지역어형이다. '금기 + -에(처소격조사) → 금게(축약) → 굼게(역행원순모음화) → 궁게(자음동화) → 궁개(모음중화)'의 과정을 거쳐 실현된 어형이다.

201) 이는 '쳐서'로 대역되는 이 지역어형이며 '치- + -어가(연결형어미)'의 구성이다.

202) 이는 부정부사 '안'에서 어절말자음이 탈락된 예이다.

203) 이는 '목욕하고'로 대역되는 이 지역어형이다.

204) 이는 '나오(出他)- + -도(연결형어미)'의 구성으로 이루어진 어형이며 여기서는 고사를 지내는 제관이 밖으로 나오지 않는다는 의미이다.

205) 이는 '그런데'의 축약형인 '근데'형으로 실현되어야 할 부분이지만 우발적인 발화실수로 이루어진 어형이다.

206) '황솔'은 '청솔'의 발화실수형으로 우발적인 발화실수이다.

207) 여기서는 목적어 '나쁜 일을'이 생략된 발화이다.

208) 이는 '유사(有司)'이며 '어떤 단체의 사무나 실무를 맡아보는 직책'을 가리키는 말이다. 여기서는 당해 연도에 동제를 주관하는 사람을 뜻하는 의미이다.

209) 이는 '음식(飮食)'의 이 지역어형이며 '음식 → 음슥(후설모음화) → 음석(모음중화에 따른 과도교정형)'의 과정을 거쳐 실현된 어형이다.

210) 이는 의존명사 '번'형이 '번 → 븐(모음중화) → 분(원순모음화)'의 과정을 거쳐 실현된 어형이다.

211) 이는 경상북도 의성군 봉양면의 자연부락 명칭의 하나이며 행정명으로 '평기리'의 일부를 이룬다.

212) 이는 '연합(聯合)'의 뜻이며 '연합 → 연압(어중 ㅎ음탈락) → 연납(양음절화에 따른 ㄴ첨가)'의 과정을 거친 어형이다.

213) 이는 '다르니까'로 대역되며 '틀레이(異)- + -끼네(연결형어미 '-니까')'의 구성으로 이루어진 어형이다.

214) 이는 부사 '아주, 매우'에 대응되는 이 지역어형이며 경북지역어에 일반적으로 실현되는 어형이다.

215) 이는 '엄(嚴)하게'로 대역되는 이 지역어형이며 '엄하게 → 어마게(어중 ㅎ음탈락)'의 과정을 거쳐 실현된 어형이다.

216) 이는 '정골도'로 대역되며 '정골(고유명사) + -도(보조사)'의 구성으로 이루어진 어형이다. 여기서 정골은 경상북도 의성군 봉양면 소재의 자연부락 이름이며, 행정명으로는 평기리에 해당한다.

217) 이는 '동네마다'로 대역되며 '동네 + -매중(보조사)'의 구성으로 이루어진 어형이다.

218) 이는 '돈이'로 대역되며 '돈이 → 돈~이(비모음화) → 도~이(비자음탈락)'의 과정을 거쳐 실현된 어형이다.

219) 이는 '들어오는'으로 대역되며 '들오(들- + 오-)- + -는(관형사형어미)'의 구성이다.

220) 이 지역어형 '골돈(골똔)'형은 '벌금'으로 대역된다. 이는 어떤 모임에 불참했을 때 대신 내는 벌금을 뜻한다.

221) 이는 '받고'로 대역되며 '받(受)- + -고(연결형어미) → 박고(연구개음화) → 바꼬(경음화에 따른 음절말자음 탈락) → 바꼭(음절말자음 첨가)'의 과정을 거친 어형이다.

222) 이는 '것이'로 대역되며 '-것(의존명사) + -이(주격조사) → 게(축약) → 기(고모음화)'의 과정을 거쳐 실현된 이 지역어형이다.

223) 이는 정부에서 각 마을에 있는 경로당에 지원하는 연료비를 뜻한다.

224) 이 부분은 제보자의 음성이 미약하지만 '의논[이논]'으로 들려서 이렇게 전사했음을 밝힌다.

225) 이는 '동장은'으로 대역되며 '동장(洞長) + -어는(보조사)'의 구성으로 이루어진 어형이다.

226) 이는 부정부사 '안(否)'으로 대역되며 '안 → 안~(비모음화) → 아~(비자음탈락)'의 과정을 거쳐 실현된 이 지역어형이다.

227) 이는 '책임지고'로 대역되며 '채금지(책임(責任) → 채금(후설모음화)- + -고(연결형어미)'의 구성으로 이루어진 어형이다.

228) 이는 '집마다'로 대역되며 '호(戶) + -다(보조사)'의 구성으로 이루어진 어형이다.

229) 이는 '없으면'으로 대역되며 '없(無)- + -으면(연결형어미)'의 구성이며 '업스면 → 없시면(전설모음화) → 업시면(이중모음실현제약에 따른 단모음화) → 업시머(음절말자음탈락)'의 과정을 거쳐 실현된 예이다.

230) 이는 '두드리고'로 대역되며 '띠디리(打)- + -고(연결형어미) → 띠딜고(축약)'의 구성으로 이루어진 어형이다.

231) 여기서는 '두드려서'로 대역되며 '띠디리- + -가(연결형어미)'의 구성으로 이루어
진 어형이며, 용언 '가지다'의 활용형과 문법화된 어형의 판단기준은 일률적으로
나눌 수는 없지만 일단 여기서는 의미기능과 함께 형태론적 측면에서 완전한 활용
형이 아닌 축약형은 문법화된 것으로 판단됐음을 밝힌다.

232) 이는 '없으면'으로 대역되며 '없(無)- + -으마(연결형어미)'의 구성이며 '업스마 →
업시마(전설모음화)'의 과정을 거쳐 실현된 예이다.

233) 이는 '들어가면'으로 대역되며 '드가(入)- + -마(연결형어미)'의 구성으로 이루어진
어형이다.

234) 이는 '쌀은'으로 대역되며 '쌀(米) + -엉(보조사: -은 → -언(모음중화) → -엉(후행
음절에 의한 연구개음화))'의 구성이다.

235) 이는 '지냈다'라는 의미로 대역되며 '지내- + -았(과거시상)- + -다(종결형어미) →
지낻따(경음화 현상) → 지내따(음절말자음 탈락) → 지내뚜(모음변이)'의 과정을
거쳐 실현된 예이다. 이 실현형은 후행하는 '카이끼네'와 함께 융합된 어형이지만
표준어로 대역을 위한 과정에서 어형을 분리했음을 밝힌다. 이 어형에 대한 기존
의 경북방언에서 많이 논의된 바 있다.

236) 이는 '꼭대기'라는 의미의 이 지역어형의 변이형이다. 대체로 이 지역어에서는 '만
댕이, 만대~이'형으로 실현되는데 발화에 따른 우발적 변이형이다.

237) 이는 '여기'로 대역되며 어중 연구개음이 탈락되어 실현된 예이다.

238) 이는 '마을에는'으로 대역되며 '마실(村) + -에(처소부사격) + -ㄴ(보조사)'의 구성
으로 이루어졌으며 축약에 의해 실현된 어형이다.

239) 이는 '나무에'로 대역되며 이 제보자의 경우 '나무 + -에'에 대응되는 어형으로
'낭게'와 '나무에'가 함께 실현되는 양상을 보인다. 이 제보자의 경우, '낭게'형은
화석화된 어형으로 판단되는 어형이다.

240) 이는 '정월'로 대역되며 '정월(正月) → 정울(단모음화) → 저울(음절말비음탈락)'의
과정을 거쳐 실현된 이 지역어형이다.

241) 이는 '열나흘인가'로 대역되며 여기서 '열라은'형은 '열나흘'형에서 음운동화와 탈
락에 따른 실현형이다.

242) 이는 '있었으니까'로 대역되며 '있(有)- + -었(과거시상)- + -으니(연결형어미) →
이써써니(모음동화) → 이써써이(어중자음 탈락)'의 과정을 거쳐 실현된 어형이다.

243) 이는 '있었는데'로 대역되며 '있(有)- + -었(과거시상)- + -은데(연결형어미) → 이
써은데(어중자음탈락) → 이써언데(중화에 따른 모음동화)'의 과정을 거쳐 실현된
이 지역어형이다.

244) 이는 '요새는'으로 대역되며 '요새 + -는(보조사) → 요새늠(후행 어절에 따른 양
순음화) → 오새늠(이중모음실현제약에 따른 단모음화)'의 과정을 거쳐 실현된 예
이다.

245) 이는 '상여계(喪輿契)' 또는 '상포계(喪布契)'로 대역되는 이 지역어형이며, '상에'는
이중모음실현제약에 따른 실현형이다. 여기서 '상여계'나 '상포계'는 부모님이 돌

아가실 때를 대비하여 자식들이 모여서 만든 계이며 주로 상여나 상사에 필요한 물품, 일손 등을 서로 돕기 위해 만든 계를 말한다.

246) 이는 '병원에서'로 대역되며 '병원(病院) + -러(처소부사격조사) → 병으러(이중모음실현제약에 따른 단모음화)'의 과정을 거쳐 실현된 이 지역어형이다. 대개 경북 지역어에서 처소부사격 조사로 '-로'형이 실현되는데 이 제보자에게서는 모음변이가 일어나서 주로 '-러'형으로 실현된 경우이다.

247) 이는 '산으로'로 대역되며 '산(山) + -러(방향격조사) → 사러(어중비음탈락)'의 과정을 거쳐 실현된 이 지역어형이다.

248) 이는 '결국엔, 결국에는'으로 대역되며 '결국(結局) + -에(처소부사격) + -ㅁ(보조사)'의 구성으로 이루어진 어형이다. '결국 → 젤국(이중모음실현제약에 따른 단모음화)'의 과정을 거쳐 실현된 예이다.

249) 이는 '있느냐?, 있니?'로 대역되는 이 지역어형이며 '있(有)- + -너(의문형어미) → 인너(비음동화)'의 과정을 거쳐 실현된 어형이다.

250) 이는 이 제보자의 담화표지의 한 형태로서 '인제'로 대역되며 '은제'형으로도 실현되기도 한다.

251) 이는 '들면, 입회하면'으로 대역되며 '들(入)- + -마(연결형어미)'의 구성으로 이루어진 이 지역어형이다.

252) 이는 '널계'로 대역되며 '널(棺)끼이 : 널계 → 널게(이중모음실현제약에 따른 단모음화) → 널기(고모음화) → 널게(경음화)'의 과정을 거쳐 실현된 이 지역어형이다. 여기서 '널계'는 부모님이 돌아가셨을 때 널을 마련하기 위해서는 돈과 인력이 필요했으므로 이를 위해 부모를 둔 자식들이 모여서 모든 일종의 상포계에 해당되는 계조직을 말한다.

253) 이는 '모아'로 대역되며 '태이(輯)- + -이(연결형어미)'의 구성으로 이루어진 이 지역어형이다.

254) 이는 '모아'로 대역되며 제보자가 '태이 가주고'라는 보수형을 썼다가 혹여 조사자가 못 알아들을 것으로 판단되어 개신형으로 다시 설명한 말이며, '마'형은 축약으로 이루어진 어형이다.

255) 이는 '그렇게'로 대역되며 '그렇게 → 그러께(경음화현상) → 글게(축약현상)'의 과정을 거쳐 실현된 이 지역어형이다.

256) 이는 '사뭇'으로 대역되는 이 지역어형으로 판단된다.

257) 이는 '그래서'로 대역되며 '그리(그래 → 그레(모음중화) → 그리(고모음화)) + -가(연결형어미)'의 구성으로 이루어진 어형이다.

258) 이는 '적에'로 대역되며 '적에 → 쩌게(경음화) → 쯔게(모음중화) → 찌게(고모음화) → 찌에(어중자음탈락) → 찌이(모음동화) → 찌(축약)'의 과정을 거쳐 실현된 어형이다.

259) 여기서 '치'는 길이를 나타내는 단위명사인데 원래 한 자의 1/10인 3.03cm를 가리킨다. 이 제보자가 말한 '두 치 널'은 널의 폭을 가리키는 것이 아니라 널의 두께

를 가리키는 단위로 판단된다. 그만큼 널의 두께가 넓다는 것은 오래된 나무라야 되므로 돈이 많이 필요로 했고 '좋은 널'의 범주에 해당되는 것이다.

260) 이는 상여계를 뜻하며 '상여계'에 계원으로 든다는 의미이다.

261) 이는 '거의'로 대역되는 이 지역어형이다.

262) 이는 '저희'로 대역되는 이 지역어형이다. 이는 '저거 → 저어(어중ㄱ음탈락)'의 과정을 거쳐 실현된 이 지역어형이다.

263) 이는 '모두'로 대역되는 이 지역어형이다. 이 어형은 경상도방언에서는 부사 '말끔'으로 사용되기도 하지만 여기서는 '모두'라는 의미로 사용된 경우이며 변이형으로 '말까, 말카'형으로 실현되기도 한다.

264) 이는 '말하면'으로 대역되며 '말하- + -면 → 말하믄(이중모음실현제약에 따른 단모음화) → 말하므(어절말자음 탈락) → 말하모(원순모음화)'의 과정을 거쳐 실현된 예이다.

265) 이는 '하려고 하면'으로 대역되며 '하(爲)- + -ㄹ라(의도형어미)'의 구성으로 이루어진 이 지역어형이다.

266) 이는 '우리집에서'로 대역되며 '우리 + 집 → 울집(축약) → 울찝(경음화)'의 과정을 거쳐 실현된 이 지역어형이다.

267) 이는 '하나가'로 대역되며 '하나 + -이(주격조사) → 하내이(ㅣ모음역행동화)'의 과정을 거쳐 실현된 이 지역어형이다.

268) 이는 '내어'로 대역되는 이 지역어형이다. 이는 계원들이 목표로 하는 돈을 거두기 위해 각자 계에 돈을 낸다는 뜻이다.

269) 이는 '나누는'으로 대역되는 이 지역어형이며 여기서 '풀다'형은 얼마 간의 발생 비용을 전체 계원들에게 똑 같이 나눈다는 의미로 사용된 어휘이다.

270) 이는 이 제보자의 담화표지 중의 한 형태이며 '은젠'형으로도 실현된다.

271) 이는 '거두어'로 대역되며 '걷(收)- + -어(연결형어미) → 그더(모음중화) → 그단(자음첨가)'의 과정을 거쳐 실현된 어형이다.

272) 이는 '장가들이고'로 대역되며 '장가들이- + -고(연결형어미) → 장가디리고(ㅣ모음역행동화) → 장개디리고(움라우트현상)'의 과정을 거쳐 실현된 어형이다.

273) 이는 '동갑계'로 대역되며 같은 나이 또래의 사람들이 모여서 만든 계조직을 말한다.

274) 이는 '올해'의 이 지역어형으로서 경상, 강원, 충북지역어에서 실현되는 것으로 보고된 바 있다.

275) 이는 '또, 역시'로 대역되는 이 지역어형이며, '내나'형과 대응되는 이 지역어형이다.

276) 이는 '여섯이'로 대역되며 이 어형은 어중자음 'ㅅ'음이 탈락된 예이다.

277) 이는 '그게, 그것이'로 대역되는 이 지역어형이며 이는 성조가 '그기"로 실현되지만 '거기'형은 '그'기'형으로 실현되는 차이를 보인다.

278) 이는 '깨끼로'로 대역되며 '깨(破)- + -기(명사형어미) + -로(도구격조사) → 깨그로(후설음화) → 깨그러(모음변이)'의 과정을 거쳐 실현된 예이다.

279) 이 부분은 음성이 불완전하게 들리는 부분이지만 '끝이잖아'라는 의미로 쓰인 이

지역어형으로 판단된다.

280) 여기서 '**'은 두 음절로 된 표현 부분이 어떤 음성인지 청각으로 확인이 되지 않는 부분이다.

281) 이는 '돈을'으로 대역되며 '돈 + -으론(목적격조사)'의 구성으로 이루어진 어형이다.

282) 이는 '계하면'으로 대역되며 '기추하다'는 '계하다'에 대응되는 이 지역어형이다. '기추하- + -만(연결형어미)'의 구성으로 이루어진 어형이다.

283) 이는 '많으니까'로 대역되며 '많(多)- + -으니(연결형어미) → 마느니(어중ㅎ음탈락) → 마느이(어중비음 ㄴ탈락)'의 과정을 거쳐 실현된 이 지역어형이다.

284) 이는 '옛날에는'으로 대역되며 '옛날 → 엔날(이중모음실현제약에 따른 단모음화) → 인날(고모음화) → 인낼(ㅣ모음동화)'의 과정을 거쳐 실현된 이 지역어형이다.

285) 이는 '일 할씩'으로 대역되는 이 지역어형이며 '일할씩 → 일랄씩(ㅎ음탈락에 따른 양음절화) → 일랄쓱(후설음화) → 일랄썩(모음중화) → 일랄썽(후행음절에 따른 비음화)'의 과정을 거쳐 실현된 경우이다.

286) 이는 '늘여'로 대역되며 '늘구- + -아 → 늘가(축약)'의 과정을 거쳐 실현된 어형이다.

287) 이는 '얼마'로 대역되며 이 지역어형인 '얼매 → 언매(비음화) → 엄매(양순음화) → 음매(모음중화)'의 과정을 거쳐 실현된 어형이다.

288) 이 부분은 조사자의 목소리가 약해서 잘 들리지 않는 부분이다.

289) 이는 '빨리'로 대응되는 이 지역어형이며 '퍼뜩'으로도 실현되기도 한다.

290) 이는 '마을이'로 대역되며 '마실(村) + -이 → 마시이(어중유음탈락) → 마시일(음절말자음 첨가)'의 과정을 거쳐 실현된 예이다.

291) 이는 '못 살고'로 대역되며 '못-살- + -구(연결형어미) → 모살구(음절말자음 탈락) → 모살우(어중ㄱ음탈락) → 모사우(어중ㄹ음탈락)'의 과정을 거쳐 실현된 어형이다.

292) 이는 '골프장이'로 대역되며 '꼴뿌(golf) + 장(場)'의 구성으로 이루어진 어형이다.

293) 이는 표준어로 정확히 대역하기 힘든 어휘라서 그냥 '비렁밭'으로 대역했다. 이 어휘는 '비렁 + 밭'의 구성으로 이루어진 합성어이며 '밭의 토질이 안 좋아서 빌어먹기 좋을 정도로 척박한 밭'을 가리킨다. 즉, '자갈밭, 박토'라는 단어와 그 의미가 비슷하며, 박경리 '토지'에서도 '비렁땅'이라는 어휘가 등장한다.

294) 이는 '만날'로 대역되며 이 지역어형인 '맨날'형에서 고모음화가 실현된 어형이다.

295) 이는 '마누라하고, 집사람하고'로 대역되는 이 지역어형이며 여기서 '할마이'는 나이가 든 노인이 자기 부인을 가리키는 말이다. '할머니 → 할마니(모음동화) → 할마이(어중ㄴ음탈락)'의 과정을 거쳐 실현된 예이다.

296) 이는 이 제보자의 담화표지 중의 한 형태이며 '인제'로 대역되는 이 지역어형이다.

297) 이는 '내려오면'으로 대역되는 이 지역어형이며 '니르오(내려오다 → 네려오다(모음중화) → 니려오다(고모음화) → 니러오다(이중모음실현제약에 따른 단모음화) → 니르오다(모음중화))- + -마(연결형어미)'의 구성으로 이루어진 이 지역어형이다.

298) 이는 '조금씩, 좀씩'으로 대역되며 '조금씩 → 쪼금씩(경음화 현상) → 쫌씩(축약) → 쫌식(중화에 따른 평음화) → 쫌시(음절말자음 탈락)'의 과정을 거쳐 실현된 예

이다.

299) 이는 '모양이더라'로 대역되며 '모양이더라 → 모앵이더라(움라우트 현상) → 모애이더라(음절말비음 탈락) → 모애이드라(모음중화)'의 과정을 거쳐 실현된 어형이다.

300) 이는 경상북도 의성군 봉양면 평기리의 자연부락 중의 한 명칭이다.

301) 이는 '길을'으로 대역되며 '질(路 : 이는 지금 경구개음화가 실현된 어형이 아니라 이미 경구개음화된 어형이 재어휘화된 예임.) + -을(목적격조사)'의 구성이다.

302) 이는 '닭더라만도'로 대역되며 '닭(修 : 닭- → 딹(경구개음화 현상)- + -더라(보고법종결어미 : -더라 → -뜨라(모음중화)-)- + -만(보조사) + -도(보조사)'의 구성으로 이루어진 어형이다.

303) 이는 '되나요?'로 대역되며 '되(化)- + -능겨(의문형어미) → 데능겨(이중모음실현제약에 따른 단모음화)'의 과정을 거친 어형이다.

304) 이는 '모두'라는 의미로 대역되는 이 지역어형이며, 이 어형 외에도 '말카, 마카'형으로도 실현되기도 한다.

305) 형태상으로는 '정골도'로 대역해야 정확하지만 후행하는 어휘로 볼 때 그렇게 대역해서는 문장의 의미가 통하지 않아서 '정골이라고'로 대역했음을 밝힌다.

306) 이는 '몇씩은'으로 대역되며 '몇씩은 → 민씨근(이중모음 실현제약에 따른 단모음화) → 민씨건(모음중화) → 민써건(모음동화) → 민썩(축약) → 미썩(음절말자음탈락) → 미쎙(비음화)'의 과정을 거쳐 실현된 어형이다.

307) 이는 '많이'로 대역되며 '많이 → 마니(ㅎ음탈락) → 마이(어중ㄴ음탈락)'의 과정을 거쳐 실현된 예이다.

308) 이는 '나이가 많아서'로 대역되며 '나이 → 나, 많아서 → 마'처럼 어형이 극도로 축약이 이루어진 경우이다.

309) 이는 '인제'로 대역되는 이 지역어형이며, '은제, 은젠'형으로도 실현되기도 하면 다양한 형태로 실현된다.

310) 여기서 '씨'는 좁은 의미인 '꽹과리'로 대역을 했지만 실제로는 꽹과리를 비롯한 징, 북, 장고 등을 포함한 사물을 가리키는 말이기도 하다. 이 어형은 '쇠 → 세(이중모음실현제약에 따른 단모음화) → 시(고모음화) → 씨(경음화)'의 과정을 거쳐 실현된 이 지역어이다.

311) 이는 '사람도'로 대역되며 '사람 + -드(보조사)'의 구성으로 이루어진 어형이며 어중유음이 탈락된 예이다.

312) 이는 '때에는'으로 대역되며 '적에는 → 쩌게는(경음화 현상) → 쩌기는(고모음화)'의 과정을 거쳐 실현된 어형이다.

313) 이는 '자기들'로 대역되며 이 지역어에서는 '저거, 저어'로 실현되는 어형이다.

314) 이는 '산의'로 대역되며 '산 + -의 → 사느(단모음화)'의 과정을 거쳐 실현된 어형이다.

315) 이는 '하니까'로 대역되며 '하(爲)- + -니께네(연결형어미) → 하이께네(어중ㄴ음탈락)'의 과정을 거쳐 실현된 어형이다.

316) 이는 '도리원(桃李院)'으로 경상북도 의성군 봉양면 소재지가 있는 곳으로 행정명은 경상북도 의성군 봉양면 화전리이다. 옛 문헌에는 도리원(都里院)으로 되어 있으며 이는 대구를 지나 의성에서 안동과 상주로 가는 길목인 이곳에 말을 갈아타는 역(驛)이었음 알 수 있게 한다. 현재의 도리원(桃李院)은 20세기 들어서 하천에 있던 시장이 범람이 심해서 당시 면장이었던 김춘식(金春植)이 현재의 시장 위치로 시장을 옮기면서 주변에 복숭아나무와 오얏나무가 많은 것을 보고서 현재의 이름인 도리원(桃李院)으로 바꿨다고 전해지기도 하는 곳이다. 이곳은 행정명보다 도리원이라는 이름이 더 널리 알려져 있는 곳이기도 하다.

317) 이는 이 지역의 땅이름 중의 하나이다.

318) 이는 '옻'으로 대역되며 후행하는 비음에 의한 비음동화가 이루어진 어형이다.

319) 이는 '거기에서'로 대역되며 '거(거기) + -타(처소부사격조사)'의 구성으로 이루어진 어형이다.

320) 이는 '크게'로 대역되며 '크게 → 크기(고모음화)'의 과정을 거쳐 실현된 예이다.

321) 이는 대구·경북지역의 일간지인 '대구매일신문'을 가리키는 말이다.

322) 이는 '베를'로 대역되며 '비(베 → 비(고모음화)) + -로(목적격조사)'의 구성으로 이루어진 어형이다.

323) 이는 '온갖'으로 대역되며 '온갖 → 옹갓(연구개음화) → 옹각(유추에 의한 연구개음화)'의 과정을 거쳐 실현된 예이다.

324) 이는 '의성군'으로 대역되며 '의성'의 첫 음절의 발음이 이 지역에서 매우 불안정적인 것을 볼 수 있는 부분이다.

325) 이는 '주민'으로 대역되며 후행하는 음에 의해 양순음화가 이루어진 예이다.

326) 이는 '이것'으로 대역되며 후행하는 음에 의해 동화가 이루어진 어형이며 '이것 → 이건(비음화) → 이검(양순음화)'의 과정을 거쳐 실현된 예이다.

327) 이는 '사람뿐인데'로 대역되며 어중 비음이 탈락되어 나타났다.

328) 이는 '모두'로 대역되는 이 지역어형이다.

329) 이는 '어린애'로 대역되는 이 지역어형이며 이 어형은 이 지역어를 비롯하여 '강원, 함경도'에 분포하는 어형이다.

330) 이는 '가(개 → 가(이중모음실현제약에 따른 단모음화)) + -가(주격조사)'의 구성으로 이루어진 어형이다.

331) 이는 사람 이름인 '정희'이며 '정희 → 정~희(비모음화) → 저~희(비자음탈락)'의 과정에 의해 실현된 어형이다. 그리고 이 발화는 이를 경계로 내용이 달라지는 부분이다. 이 부분까지는 정희라는 아이에 대한 이야기고 이 뒷부분은 정희의 부모에 대한 이야기다.

332) 이는 '이제'의 수의적 변이형이다.

333) 이는 '경상북도 의성군 안계면'을 가리키는 말이며 '안계 → 앙계(연구개음화) → 앙게(이중모음실현제약에 따른 단모음화)'의 과정을 거쳐 실현된 어형이다.

334) 여기서 '거기'는 아이인 정희가 아니고 정희의 아버지를 가리키는 말이다.

335) 이는 '들어앉더라고'로 대역되며 '들앉(들(入)- + 앉(坐)-)- + -떼(보고회상의 선어 말어미 '-더'와 연결형어미 '-라고'형이 축약된 어형임.)'의 구성으로 이루어진 어형이다.

336) 이는 '아이가'로 대역되며 '아이(童)- + -그(주격조사)'의 구성으로 이루어진 어형이다.

337) 이는 '여자 아이'로 대역되며 '여식(女息) + -으(접미사)'의 구성으로 이루어진 어형이다.

338) 이는 '아이하고'로 대역되며 '아(童) + -하고(접속조사)'의 구성으로 이루어진 어형이다.

339) 이는 '올해'로 대역되며 '올개 → 올게(모음중화) → 올기(고모음화)'의 과정을 거쳐 실현된 어형이다. '올개'형은 이 지역어를 비롯하여 '강원, 충북지역어'에도 분포하는 것으로 보고되어 있지만 이 어형은 이 지역어를 비롯한 경북지역어에만 분포하는 것으로 보고되어 있다.

340) 이 제보자의 경우, 수사의 경우 '서이, 너이' 형처럼 이중모음으로 실현되는 형과 함께 '셋, 넷' 형도 등장하는데 이는 개신형이다.

341) 이는 단위명사 '명'으로 대역되며 이 제보자의 경우 개신형인 '명'과 보수형인 '밍'이 함께 공존하고 있음을 볼 수 있다.

342) 이는 원래 '주거'로 실현되어야 할 부분인데 조사자의 발음에 영향을 받아서 발화 실수가 일어난 부분이다.

343) 이는 '아직'으로 대역되는 이 지역어형이다.

344) 이는 '들어오기는'으로 대역되며, '들오(들(入)- + 오(來)-)기는 → 들오긴(축약) → 드루긴(고모음화)'의 과정을 거쳐 실현된 예이다.

345) 이는 조사자의 담화표지 중의 한 형태이다.

346) 이는 '모퉁이'로 대역되는 이 지역어형이며 '모퉁이 → 모튕이(움라우트현상) → 모팅이(이중모음실현제약에 따른 단모음화) → 모티이(비음탈락)'의 과정을 거쳐 실현된 예이다.

347) 이는 원래 '비슷한 모양새로 내가 살아.'와 같이 표현해야 할 부분인데 생략된 성분의 문제인지 표현의 실수인지 알 수가 없어서 표현상의 실수로 처리하여 대역을 했다.

348) 이는 '요사이, 요새'의 이 지역어형이며 '요새 → 오새(이중모음실현제약에 따른 단모음화)'의 과정을 거쳐 실현된 어형이다.

349) 이는 '쥐어뜯다'로 대역되는 이 지역어형이며 '쥐(執)- + 뜯-'의 합성으로 이루어진 어형이다.

350) 이는 '인제는, 이제는'으로 대역되는 이 지역어형이다.

351) 이는 기계 공구인 '포클레인(Poclain)'을 뜻하는 이 지역어이다.

352) 이는 '박정희' 대통령을 말하며 고유명사지만 경음화현상과 어중ㅎ음 탈락이 이루어진 결과이다.

353) 이는 한자어 '개량(改良)'으로 대역되며 '개량 → 개얗(어중ㄹ음탈락) → 개얗(이중 모음실현제약에 따른 단모음화) → 개안(음절말비음의 수의적 변이)'의 과정을 거쳐 실현된 어형이다.

354) 이는 '하나도'로 대역되며 '하나 + -도(보조사) → 하아도(어중ㄴ음탈락) → 하아또(경음화현상)'의 과정을 거쳐 실현된 예이다.

355) 이는 '기와만'으로 대역되는 이 지역어형이며 '게아'형은 경남지역에 분포하는 것으로 보고되어 있으며 이 지역어를 비롯한 경북지역어에서도 '개아, 게아' 형이 수의적으로 실현된다.

356) 이는 실명이라서 이름을 지운 부분이다.

357) 이는 '또'로 대역되는 이 지역어형이며 이 제보자의 발화형이 수의적 변이형이 더 심한 것으로 판단된다.

358) 이는 '시멘트(cement)' 또는 '양회(洋灰)'로 대역되는 이 지역어형이다. 영어의 'cement'를 이 지역어형에 맞게 발음한 변이형이다.

359) 이는 '길'로 대역되는 이 지역어형이며 이미 역사적으로 경구개음화된 어형이 재 어휘화를 거쳐 이 지역어형으로 자리를 잡은 것이다.

360) 이는 원래 '어디 인노'로 실현되어야 할 어형이지만 축약이 이루어진 어형이며, 이 지역어의 한 특징인 설명의문문과 판정의문문의 형태적 차이를 보여주는 경우이다. 즉, 설명의문문이므로 '오/우'계 의문형어미가 연결되어 있음을 볼 수 있다.

361) 원래 합성어로 '물꾸디이라구'로 실현되어야 할 부분이지만 발화상으로는 중간에 잠시 휴지가 있어서 그냥 띄어두었다. '물+구덩이 → 물꾸덩이(경음화현상) → 물 꾸둥이(모음중화) → 물꾸딩이(움라우트현상) → 물꾸디이(비자음탈락)'의 과정을 거쳐 실현된 예이다.

362) 이는 '길만'으로 대역되며 '질(길 → 질(경구개음화)) + -먼(보조사)'의 구성으로 이루어져 있으며 이 제보자의 경우 양성모음이 음성모음으로 변이된 경우가 많음을 볼 수 있다.

363) 이는 '그것을'으로 대역되는 이 지역어의 축약형이다.

364) 이는 '미터(meter)'로 대역되는 이 지역어형이다.

365) 이는 '지난해까지'로 대역되며 '지난 + -꺼전(보조사) → 지낭꺼전(연구개음화)'의 과정을 거쳤으며 '지난'은 '지난해'의 축약형으로 볼 수 있는 부분이다.

366) 이는 '산꼭대기를'으로 대역되며 '산만데이(산(山) + 만데이) + -르(목적격조사) → 삼만데이르(양순음화)'의 과정을 거쳐 실현된 예이다.

367) 이는 '길을'으로 대역되며 '질(路) + -얼(을 → 얼(모음중화)) → 지얼(어중유음탈락)'의 과정을 거쳐 실현된 예이다.

368) 이는 '넓혀서'로 대역되며 '널쿠- + -어서(연결형어미)'의 구성으로 이루어진 이 지역어형이다.

369) 이는 '역시'로 대역되며 어중자음 ㄱ음이 탈락된 경우이다.

370) 이는 '저쪽으로는'으로 대역되며 '저짜 + -로(도구격조사) + -ㄴ(보조사)'의 구성

으로 이루어진 어형이다.

371) 이는 '쌀 품질'로 대역되며 이는 한자어 '미질(米質)'이다.

372) 이는 '차진 땅'으로 대역되지만 이 지역어에서는 합성어로 이루어진 어형이다. 즉, '찰땅 + -이(주격조사) → 찰땅~이(비모음화) → 찰따~이(비자음탈락)'의 과정을 거쳐 실현된 어형이다.

373) 이는 '찰흙'으로 대역되며 '쪼대(찰흙) + -이러(목적격조사)'의 구성으로 이루어진 어형이다.

374) 이는 '벌써'로 대역되는 이 지역어형이며 '하마, 함마' 등으로 실현된다.

375) 이는 '명절날에'로 대역되며 '명절날 → 밍절날(이중모음실현제약에 따른 단모음화) → 밍절랄(유음화) → 밍절라(음절말자음 탈락)'의 과정을 거쳐 실현된 예이다.

376) 이는 '아무 것도'로 대역되며 '아무 것도 → 아무 거도(음절말자음 탈락) → 아무 구도(모음동화) → 암구도(축약) → 암꾸도(경음화)'의 과정을 거쳐 실현된 예이다.

377) 이는 '동네마다'로 대역되며 '동네 + -매중(보조사)'의 구성으로 이루어진 예이다.

378) 이는 '세계'로 대역되는 이 지역어형이며 '세게 → 시게(고모음화)'의 과정을 거쳐 실현되었으며 이 지역어를 비롯해 경북지역어에서 일반적으로 분포하는 어형이다.

379) 이는 '많은'으로 대역되며 '많은 → 마는(어중ㅎ음탈락) → 마은(어중ㄴ음탈락)'의 과정을 거쳐 실현되었으며 이 제보자의 경우 어중이나 음절말 위치에서 자음의 탈락이 심한 편이다.

380) 이는 '영감만'으로 대역되며 '영갬 + -멍(보조사)'의 구성으로 이루어진 이 지역어형이다.

381) 이는 '적에도'로 대역되며 '적에도 → 쩍에도(선행 어절에 따른 경음화) → 쩌기도(고모음화) → 찌기도(ㅣ모음동화) → 찌이도(어중ㄱ음탈락)'의 과정을 거쳐 실현된 예이다.

382) 이는 흔히 이 지역어에서 '풍기'로도 불리는 이 지역어형이다.

383) 이는 '비슷하게'로 대역되며 '비슷하 + -이(부사화접사) → 피슷하이(어두유기음화) → 피슷하~이(비모음화)'의 과정을 거쳐 실현되 예이다.

384) 이는 '마을'로 대역되며 '마실 → 마시(음절말자음탈락)'의 과정을 거쳐 실현된 어형이다.

385) 이는 '병풍(屛風)을'으로 대역되며 '병풍 → 평풍(유기음화) → 펭풍(이중모음실현제약에 따른 단모음화) → 핑풍(고모음화)'의 과정을 거쳐 실현된 어형이다.

386) 이는 '죽었으면'으로 대역되며 '죽(死)- + -었(과거시상선어말어미)- + -으만(연결어미) → 주거씨만(고모음화)'의 과정을 거쳐 실현된 어형이다.

387) 이는 '모이면'으로 대역되며 '모디- + -미(연결어미)'의 구성으로 이루어진 어형이다.

388) 이는 이 제보자의 담화표지의 한 형태이다.

389) 이는 '차일을'으로 대역되며 이 어형은 이 지역어형이며 경기지역어에서도 분포하는 것으로 보고되어 있다.

390) 이는 '네 치'로 대역되며 고모음화에 의하여 '니치'로 표현된 것이다.

391) 이는 '그런 것을'으로 대역되며 '것을'이 생략된 표현이다.

392) 이는 '올해'의 이 지역어형이며 '올개'형은 이 지역어 외에도 강원, 충북지역어에
　　도 분포하는 것으로 보고되어 있다.

393) 원래 '-고 하-'형의 축약형이 '카'형이지만 이 경우에는 이미 재어휘화가 되어서
　　'카다'가 '말하다'와 같은 동사로 사용된 예이다.

394) 안동포(安東布)는 안동지방에서 키운 대마의 껍질을 실로 만들어 짠 마직물, 즉 삼
　　베를 가리킨다. 흔히 안동지방은 대마 재배에 적합한 기후이며 가늘고 고운 실로
　　짰기 때문에 다른 지역의 삼베에 비하여 그 명성이 높았다. 예전 안동포의 경우는
　　보통 7새에서 보름 새에 이르기까지 있었지만 요즘은 아홉 새로 된 삼베를 짜기도
　　힘든 형편이라고 한다.

395) 원래 안장(安葬)은 편안하게 장사를 지내는 것을 뜻하지만 여기서는 널에 편안하게
　　눕히는 것을 말한다.

396) 이는 장부의 한 종류로서 원래는 '은으로 된 장부'를 뜻하는 것이었지만 여기서는
　　꼭 은으로 된 장부가 아니라 고급 장부를 가리키는 뜻으로 사용된 어휘이다.

397) 이는 일본어가 그대로 사용된 예인데, 제보자의 경우 일제 강점기에 어린 시절을
　　보냈기에 일본어가 그대로 사용된 경우이다. 이는 일본어 '仕舞い'에서 비롯된 것
　　이다.

398) 이는 '봉해'로 대역되며 '봉(封)하- + -아 → 봉하(축약) → 봉아(어중ㅎ음탈락) →
　　보아(음절말비음탈락)'의 과정을 거쳐 실현된 예이다.

399) 이는 '멨거든'으로 대역되며 '메다 → 미다(고모음화)'의 과정을 거쳐 실현된 어형
　　이며 목적어인 '상여를'이 생략된 경우이다.

400) 이는 '앞소리꾼'으로 대역되며 '앞소리꾼 → 앞소르꾼(과도교정에 따른 후설모음
　　화)'의 과정을 거친 어형이다.

401) 이는 '너머에'로 대역되며 이 어형은 축약으로 이루어진 이 지역어형이다.

402) 이는 '발인제(發靷祭)'로 대역되며 '상여가 집에서 떠나기 전에 상여 앞에 제사상을
　　차려 놓고 지내는 제사'를 가리킨다.

403) 이는 '상여꾼'으로 대역되며 앞의 '상네군'이나 '상더꾼' 모두 같은 뜻이지만 '상
　　여'와 '상두'에 각각 어원을 둔 말이다. 이밖에도 '상두꾼·영구꾼·영여꾼·운상
　　꾼·이정(輀丁)·향도(香徒)' 등과 같은 다양한 어휘가 사용되었다.

404) 이는 '부족하다, 미치지 못 하다' 등의 의미로 쓰이는 이 지역어 어휘이다. 이는
　　'못(否) + 자리다(及)'의 구성으로 이루어진 이 지역어형이며 수의적으로 '모자리
　　다, 모자라다, 모자르다' 등과 같이 다양한 형태의 변이형이 존재한다.

405) 이는 발화실수로 실현된 음성형이며 '시체(屍體)'로 발음해야 되는 어형이다.

406) 이는 '천만'으로 대역되며 '천 + -만(보조사) → 첨만(양순음화) → 처음('천'의 양
　　음절화)만 → 처음마(음절말자음ㄴ의 탈락)'의 과정을 거쳐 실현된 어형이다.

407) 이는 '홑상주'로 발화되어야 할 부분인데 수의적 발화실수로 실현된 어형이며, '홑

상주'는 '상주가 혼자인 경우'를 가리키는 말이다.

408) 이는 '차리어'로 대역되며 '차리어 → 채리어(움라우트현상) → 채례(축약) → 채래 (모음동화)'의 과정을 거쳐 실현된 어형이다.

409) 여기서 짐은 '시신을 넣은 널'을 가리키는 말이다.

410) 앞의 발화 내용은 '발인제'를 가리키는 말이지만 제보자가 '성복제'로 혼동해서 구술한 것이며 뒤에 가서 다시 바로 잡고 있음을 볼 수 있다. 여기서 '성복제(成服祭)'는 초상이 나서 처음으로 상복을 입을 때에 차려서 지내는 제사를 가리킨다.

411) 이는 부정부사 '안'으로 대역되는 어형이지만 선행하는 어절의 음절말자음 ㄴ음이 연음이 되었고 후행하는 음의 영향으로 인한 양순음화가 실현된 어형이다.

412) 여기서 흔드는 것은 죽은 이의 옷가지를 가리킨다.

413) 이는 '헌든다'로 발화되어야 할 부분이지만 우발적 발화실수에 따라 실현된 어형이다.

414) 이는 '부르면'으로 대역되며 원순모음동화가 실현된 어형이다.

415) 이는 '때까지'로 대역되며 '땅(時) + -까전(보조사)'의 구성으로 이루어진 어형이다.

416) 이는 '염은'으로 대역되며 '염(殮) + -으넌(보조사: -으는 → 으넌(모음중화))'의 구성으로 이루어진 어형이다.

417) 이는 우발적인 발화 실수로 실현된 어형이며 'ㄱ'음과 'ㅎ'음이 교체된 경우이다.

418) 이는 '있네'로 대역되며 '있네 → 인네(비음동화) → 은네(과도교정에 따른 후설모음화)'의 과정을 거쳐 실현된 예이다.

419) 이 제보자의 발화에서는 보수형인 '마실'과 개신형인 '마을'이 함께 실현되고 있음을 볼 수 있다.

420) 이는 '사람이'로 대역되며 '사람- + -이 → 사아미(어중유음탈락)'의 과정을 거쳤으며 이는 수의적으로 실현되는 현상이다.

421) 이는 부사 '모두'로 대역되는 이 지역어형이며 이는 '말카, 마카, 말까, 마까, 마껍' 등과 같이 다양한 형태로 실현되는 어형이다.

422) 이는 '입는'으로 대역되며 이는 '임는'과 같은 비음동화형으로 실현되는 것이 일반적이지만 이 어형은 여기에 추가적으로 치음화가 실현된 형태이다. 이런 현상은 국어의 일반적인 음운현상에서 벗어나는 형태지만 이 지역어를 비롯한 경북지역어에서 간혹 발견되는 수의적인 음운현상이다.

423) 이는 '어벙하게'로 대역되며 '어벙하- + -이(부사화접사) → 여벙하이(수의적 발화실수) → 여벙이(축약)'의 과정을 거쳐 실현된 어형이다.

424) 이는 '큼직한, 커다란'으로 대역될 수 있는 이 지역어형이며, '큼직한 → 컴직한(모음중화) → 커직한(음절말비음탈락) → 켜직한(수의적 발화실수) → 켜즉한(과도교정에 따른 후설모음화) → 켜즉항(연구개음화)'의 과정을 거쳐 실현된 이 지역어형이다.

425) 이는 '꼬아서'로 대역되며 '꼬- + -아가지(연결형어미) → 까가지(이중모음실현제약에 따른 단모음화)'의 과정을 거쳐 실현된 예이다.

426) 이는 '묶고'로 대역되며 '무꾸- + -고(연결형어미)'의 구성으로 이루어진 어형이다.

427) 여기서 '굴간'은 '굴건'과 같은 의미인 '굴관(屈冠)'에 대응되는 어형이며 '제복(祭服)'은 제향 때에 입은 옷을 뜻한다. 여기서 '굴관' 즉, 굴건은 '상주가 상복을 입을 때에 두건 위에 덧쓰는 건'을 가리키는 말이다.

428) 이는 '성복제(成服祭)'를 가리키며 이는 '초상이 나서 처음으로 상복을 입을 때에 차리는 제사'를 뜻하며 지역에 따라 차이가 있지만 이 지역에서는 성복제 전에는 두루마기의 옷소매 한 쪽을 입지 않고 뺀 상태로 있다.

429) 이는 '딸들'로 대역되며 '딸(女息)- + -네(접미사)'의 구성으로 이루어진 어형이며 '딸네 → 딸레(유음화)'의 과정을 거쳐 실현된 예이다.

430) 이는 '역시, 매, 아주' 등으로 대역될 수 있으며 '매 → 메(모음중화) → 미(고모음화) → 미이(장음화)'의 과정을 거쳐 실현된 이 지역어형이다. 후행하는 '맴'도 수의적으로 실현된 같은 어형이다.

431) 이는 '상두꾼·영구꾼, 영여꾼, 운상꾼, 이정(輀丁), 향도(香徒)' 등과 같은 뜻이며 즉, 상여를 메는 사람을 가리킨다. 이는 '상도(喪徒)꾼'에서 모음변이에 의하여 수의적으로 실현된 어형으로 판단된다.

432) 이는 원래 '모든 벼슬아치'를 가리키는 말이었지만 여기서는 고인의 가까운 친지나 제자 등을 가리키는 말로 쓰인 경우이다.

433) 이는 '꾸며'로 대역되며 이 지역어에서는 '꾸미다'형이 '끼미다, 꾸미다, 꺼미다'처럼 수의적인 변이형태로 등장한다.

434) 이는 '어떻게, 어찌'로 대역되는 이 지역어형이며 이와 달리 '우'에'와 같은 성조형은 '위(上)'라는 뜻으로 사용된 경우이다.

435) 이는 '오면'으로 대역되며 '오(來)- + -머(연결형어미)'의 구성이며 이 지역어에서 '-면'에 대응되는 연결형어미는 '-머/ -므/ -마' 등과 같이 다양한 형태의 수의적 변이형으로 실현된다.

436) 이는 원래 '그네 줄'로 대역을 하는 것이 1:1대역으로 정확하지만 의미상으로 볼 때 '그네 줄'이 아니라 '그네 줄'을 만들 때처럼 아주 굵고 튼튼한 줄을 가리키므로 '동아줄'로 대역했다. 여기서 '군다'는 '그네'를 뜻하는 이 지역어형이다. 이 지역어에서는 이 어형이 '짚바'로도 사용되고 있음을 후행하는 내용에서 볼 수 있다.

437) 이는 '상여놀음'으로 대역되는데 이 어형은 '행상노리'로 실현되어야 할 부분인데 제보자가 잠시 착각하여 수의적인 발화실수가 일어난 어형이다. 여기서 '상여놀음'은 '상이 호상(好喪)일 때, 상여가 집에서 묘지로 떠나기 전날 밤에 상여를 메고 상엿소리를 하면서 밤을 새우는 일'을 가리킨다.

438) 이는 '먹였고'로 대역되며 '미기(먹이다 → 메기다(움라우트현상) → 미기다(고모음화현상))- + -었(과거시상의 선어말어미)- + -고(연결형어미)'의 구성이며 '미기었고 → 미겠고(축약) → 미게꼬(경음화 및 음절말자음 탈락)'의 과정을 거쳐 실현된 어형이다.

439) 이는 '짚 바'로 대역했지만 실제로 이 지역어에서는 합성어인 '짚바[집빠]' 형태로

실현된 예이다.

440) 이는 '세 번'으로 대역되며 '세 번 → 시 번(고모음화) → 시 분(원순모음화) → 시 부(음절말자음 탈락)'의 과정을 거쳐 실현된 이 지역어형이다.

441) 이는 '태우다'로 대역되는 이 지역어형이다.

442) 이는 '놀고'로 대역되며 자음충돌에 따른 탈락형이다.

443) 이는 '돼지고기하고'로 대역되며 어중자음 ㄱ음이 탈락된 예이다.

444) 이 발화는 실제로는 두 내용이 나타난 경우이다. 제보자가 상여놀음 자체에 대한 설명을 하다, 상여놀음을 하게 되는 계기에 대해 설명 내용이 전환된 경우이다.

445) 이는 '있으니까'로 대역되며 '있으니 → 이씨니(전설모음화) →이씨~니(비모음화) → 이씨~이(비자음탈락)'의 과정을 거쳐 실현된 이 지역어형이다.

446) 이는 원래 이 지역어에서는 주로 '내나'형으로 실현되는 어형인데 축약형으로 실현된 예이며 '역시, 또'로 대역될 수 있다.

447) 이는 '이튿날에는'으로 대역되며 '이튿날에는 → 이튿날엔(축약) → 이타렌(축약)'의 과정을 거쳐 실현된 어형이면 이 지역어를 비롯한 경북지역어에서는 축약이 매우 심하게 일어나는 편이다.

448) 이는 '저녁'으로 대역되며 '저녁 → 즈녁(모음중화) → 지녁(전설모음화) → 찌녁(어두경음화현상) → 찌녀(음절말자음탈락) → 찌여(이중모음실현에 따른 ㄴ음탈락)'의 과정을 거쳐 실현된 예이다.

449) 이는 '있는'으로 대역했지만 직역을 하자면 '모았던'으로 대역할 수 있는 부분이다. 결국 '돈을 모았던' 즉, '돈이 있는, 부자' 이런 의미이다.

450) 이는 '작대기'로 대역되는 이 지역어형이다.

451) 이는 '식전하고'로 대역되며 이 어형은 경구개음화에 대한 과도교정으로 생겨난 어형이다.

452) 이는 '마찬가지로, 역시'로 대역되며 '맨'형과 함께 수의적으로 실현되는 예다.

453) 이는 이 제보자의 담화표지의 한 형태로서 '인제'로 대역되는 어형이다.

454) 이는 '거의'로 대역되는 이 지역어형이며 '거진'으로도 실현되기도 한다.

455) 이 제보자의 경우, 발인제의 발음이 수의적으로 변동을 일으켜 '바련제'로 발화실수가 일어난 경우이다.

456) 이는 '그 길로'로 대역되며 '그(관형사) - 질(<길(경구개음화)) + -러(부사격조사)'의 구성으로 이루어진 어형이다.

457) 이는 '돈'으로 대역되며 후행하는 연구개음에 의한 연구개음화가 실현된 어형이다. 여기서 돈은 상여에 있는 줄에 저승길을 가는 노자의 개념으로 거는 것이 일반적이다.

458) 이는 '콘크리트 다리'를 뜻하며 원래는 '콘크리트'를 뜻하는 외래어이다. 하지만 전후 문맥으로 봐서 콘크리트로 된 다리에 가면 상여꾼들이 한 번 애를 먹인다는 그런 뜻으로 쓰인 말이다.

459) 이는 '걸었는지'로 대역되며 이는 주어가 상여꾼이며 상여꾼이 상여를 멈추고 상

주들에게 돈을 걸게 한 것을 뜻하는 말이다.

460) 여기서 '할마이'는 이 지역어에서 나이가 든 부인을 가리키는 말로 쓰인 것이며, 앞에 등장하는 '할매'는 '할머니'를 뜻하는 어휘이다.

461) 이는 '소리'로 대역되며 '소리'의 축약형이다.

462) 이는 '어디'로 대역되며 원래 '어데'로 실현되어야 할 어형이지만 축약이 이루어진 어형이다.

463) 이는 '조금, 서너 개'으로 대역되며 '서너 낱'이 축약되어 실현된 것으로 판단되는 어형이다.

464) 이는 '인제'로 대역되는 이 제보자의 담화표지의 한 형태이다.

465) 이는 '아예'로 대역되는 이 지역어형이며 이 지역어를 비롯하여 경북지역어에 일반적으로 분포하는 예이다.

466) 이는 우발적인 발화실수형이며 '맏사우'에 연구개비음이 첨가된 형태이며 '맏사위'로 대역된다.

467) 이는 '부엌'으로 대역되는 이 지역어형이며 모음동화에 의하여 이루어진 어형이다.

468) 이는 '메고'로 대역되며 '미(메- → 미-(고모음화)- + -구(연결형어미)'의 구성으로 이루어진 어형이다.

469) 여기서 상여꾼의 숫자가 스물일곱 명이라는 것은 상여를 메는 사람 스물네 명, 혼백 함을 모시고 가는 두 명, 앞소리꾼 한 명을 일컫는 것이다.

470) 이는 '부고(訃告)'로 대역되며 모음동화에 의한 '부구'로 실현된 예이다.

471) 이는 고유명사라서 그 정보를 지웠다.

472) 이 제보자의 발화에서는 '미기다'와 '메기다'형이 공존하고 있는데 전자가 더 일반적으로 실현되는 이 지역어형이다.

473) 이는 '그렇게'로 대역되는 이 지역어형이며 이때는 '그래'와 같은 성조형을 나타내지만 긍정 표시를 나타낼 때는 '그래'형의 성조형을 보인다.

474) 이는 사람이름이 그대로 노출되어 삭제를 한 부분이다.

475) 이는 모두 사람의 이름이므로 삭제한 부분이다.

476) 이는 '미신(迷信)'의 이 지역어형이며 어중위치에서 치조비음이 탈락된 예이다.

477) 이는 '넣어'로 대역되며 이 지역어에서는 '넣다'형이 '옇다'로 대용된다.

478) 이는 '기다란'으로 대역되는 이 지역어형이다. 이는 '기다란 → 지다란(경구개음화 현상) → 찌다란(경음화 현상) → 찌단(축약)'의 과정을 거쳐 '하다'형이 결합된 어형이다.

479) 이는 '새끼마다'로 대역되며 '새끔(새끼 → 새끄(후설음화) → 새끔(ㅁ음첨가)) + -매드(보조사)'의 구성으로 이루어진 어형이다.

480) 이는 '돈이'로 대역되며 '돈 + -이 → 돈~이(비모음화) → 도~이(비자음탈락)'의 과정을 거쳐 실현된 이 지역어형이다.

481) 이는 '많이'로 대역되며 수의적으로 '디기'로도 실현되며 이 지역어를 비롯하여 경북지역어에서 일반적으로 실현되는 어형이다.

482) 이는 '달구할 찌'로 실현될 어형인데 음절말자음이 탈락된 예이며 '달구질할 때'로 대역된다.

483) 이는 '다지면'으로 대역되며 '다리(鎭)- + -마(연결어미)'의 구성으로 이루어진 어형이다.

484) 이는 '딸들이고'로 대역되며 '딸 + -려(복수접미사, 네 → 녀(과도교정) → 려(유음화)) + -들(복수접미사)'의 구성으로 이루어진 어형이다. 즉, 이 어형은 복수접미사가 중복으로 실현된 예이다.

485) 이는 '부르면'으로 대역되며 '부르- + -망(연결어미)'의 구성으로 이루어진 이 지역어형이다.

486) 이는 '사람들은'으로 대역되는 이 지역어형이며 바로 이어지는 '사암드러늠'의 우발적인 발화실수형이다.

487) 이는 '조금씩'으로 대역되며 '쪼매(조금) + -끔('씩'에 대응되는 접미사)'의 구성으로 이루어진 이 지역어형이며, 경북지역어 전반에 걸쳐 분포되는 어형이다.

488) 이는 '빈소(殯所)'의 이 지역어형으로서 이 지역어에서 이중모음 실현제약에 따른 과도교정에 따른 형태의 어형이다.

489) 이는 '옮겨서'로 대역되며 '윙기(遷)- + -가주(연결어미)'의 구성으로 이루어진 이 지역어형이다. '옮기- → 옹기-(비음화) → 윙기-(움라우트현상) → 윙기-(고모음화)'의 과정을 거쳐 실현된 이 지역어형이다.

490) 이는 '거기에서'로 대역되며 이 지역어에서 자주 실현되는 축약형이다.

491) 이는 '왔으면'으로 대역되며 '왔으면 → 와씨면(전설모음화) → 와씸(축약)'의 과정을 거쳐 실현된 예이다.

492) 이는 발인제가 끝난 다음 상여가 왔던 길과 같은 길로 돌아간다는 의미로 표현한 내용이다.

493) 이 지역어에서는 '쓰다(用)'에 대해 전설모음화가 이루어진 형태인 '씨다'형으로 실현된다.

494) 이는 '그릇'의 이 지역어형으로서 충북방언에도 분포하는 것으로 알려져 있다.

495) 이는 '괭이'의 이 지역어형이며 '괭이 → 갱이(단모음화) → 깽이(경음화) → 깨~이(비모음화)'의 과정을 거쳐 실현된 예이다.

496) 이는 '지내야'로 대역되며 '지내이 → 지래이(어두유음제약현상에 따른 과도교정)'의 과정을 거쳐 실현된 이 지역어형이다.

497) 이는 '인제'로 대역되는 이 지역어의 담화표지 중의 한 형태이며, '은자'형에서 어두유음제약에 따른 과도교정형이 실현된 예이다. 이 제보자의 경우에도 이 유형의 담화표지는 '인제, 인자, 은자, 는자, 언자' 등과 같은 다양한 형태로 실현된다.

498) 이는 '삼우(三虞)'로 대역되는 어형이며 이는 장례를 치른 뒤 세 번째로 지내는 제사를 말한다. 이는 장례일로부터 사흘째 되는 날에 지낸다.

499) 이는 '빈소(殯所)'의 이 지역어형이며 이 어형은 이 지역어에서 흔히 실현되는 음운현상인 이중모음의 단모음화와 고모음화에 대한 과도교정형이다.

500) 이는 '년 + -꺼저(보조사)'의 구성으로 이루어진 어형이며 연구개음화가 실현된 어형이다. '-꺼저'는 '-꺼정'으로도 실현되는 이 지역어의 보조사이다.

501) 이는 '산에'로 대역되며 '산 + -을(처소부사격조사) → 사을(비자음탈락)'의 과정을 거쳐 실현된 어형이다.

502) 이는 '삼우 때'로 대역되는 이 지역어형이며, '사모(三虞) - 제(時)'의 구성으로 이루어진 어형이다.

503) 이는 주로 이 지역어형에서 '마커'로 실현되는 변이형이며 '모두, 다'의 의미로 쓰인 어형이다.

504) 이는 성조가 실현된 '가지다'의 본동사의 실현형이다.

505) 이는 '소각(燒却)'으로 대역되는 어형이며 발화실수형으로 판단된다.

506) 이는 '두루마기면'으로 대역되며 '두루마기마'로 실현되어야 할 어형이지만 발화실수로 이루어진 어형이다.

507) 이는 비음동화가 실현된 어형이다.

508) 이는 이 제보자의 담화표지 중의 한 형태로서 '인제'로 대역되며, '인제'형에서 축약된 형태이다.

509) 이는 '끝이지'로 대역되며 일본계 외래어의 한 형태로 사용된 예이다. 즉, 일본어 '仕舞い'에서 온 어형이며 이 제보자를 비롯한 노년층에서는 자주 사용되는 외래어이다.

510) 이는 '졸곡(卒哭)'으로 불리기도 하며 이는 '삼우제를 지낸 뒤에 곡을 끝낸다는 뜻으로 지내는 제사'이다. 사람이 죽은 지 석 달 만에 오는 첫 정일(丁日)이나 해일(亥日)을 택하여 지낸다. 예전에는 강일(剛日 : 天干이 甲·丙·戊·庚·壬에 당하는 날)에만 지내도록 되어 있고, 그 시기는 초상으로부터 3개월이 지난 뒤에 지내도록 되어 있다. 옛날에는 장사를 지내는 시기가 귀천에 따라 달랐으나 모두 죽은 뒤 3개월이 되어야만 장사를 지내도록 규정하고 있고, 만약 3개월 전에 장사를 지냈다고 하더라도 졸곡만은 꼭 3개월을 기다려서 지내도록 되어 있었다. 세월이 흐르면서 장사의 기간이 빨라짐에 따라 졸곡의 시기도 앞당겨져서, 지금은 초상으로부터 10일 내에 지내는 것이 통례이다(표준국어대사전 및 한국민족문화백과사전).

511) 이는 조사자의 발화로서 '어떤 게 → 어떵 게(연구개음화 현상) → 어떵 기(고모음화) → 어떵 이(어중자음 탈락)'의 과정을 거쳐 실현된 이 지역어형이다.

512) 앞에서도 지적했듯이 이 제보자의 경우 수의적인 모음의 변이가 심한 경우이다. 이 어형도 뒤에 연이어 나오는 어형인 주격조사 '-거'형처럼 'ㅏ'모음이 'ㅓ'모음으로 실현된 어형이다.

513) 이는 '죽었으면'으로 대역되며 '죽(死)- + -었(과거시상)- + -으면(연결형어미) → 주거시면(전설모음화) → 주거시며(어저말자음 탈락)'의 과정을 거쳐 실현된 어형이다.

514) 이는 '어른 + -한떠르(보조사)'의 구성으로 이루어진 이 지역어형이며, '어른한테'로 대역된다.

515) 이는 한자어 '입회(入會)'로 대역되며 '입회 → 이풰(유기음화 현상) → 이풔(이중모음실현제약에 따른 단모음화)'의 과정을 거쳐 실현된 이 지역어형이다.

516) 이는 '많으니까'로 대역되며 '샜(多)다'형이 활용된 이 지역어형이다.

517) 이는 '항상'으로 대역되는 이 지역어형이며 이화작용에 의한 '한성'형으로 실현된 어형이다.

518) 이는 '데려'로 대역되며 이 지역어형인 '디리- + -어'의 구성형이 모음변이에 따른 '디루' 형태로 실현된 예이다.

519) 이는 '그렇게'로 대역되며 '그렇게 → 그러케(융합) → 그르케(모음동화) → 그르(음절축약)'의 과정을 거쳐 실현된 어형이다.

520) 이는 '버리지'로 대역되며 '버리지 → 브리지(모음중화) → 부리지(원순모음화) → 불지(음절축약) → 불찌(경음화현상)'의 과정을 거쳐 실현된 이 지역어형이다.

521) 이는 '상여꾼이, 상도꾼이, 상두꾼이'로 대역되는 이 지역어형이며 '상더꾼(상도(喪徒)꾼 > 상더꾼(모음변이)) + -이(주격조사) → 상더꾼~이(비모음화현상) → 상더꾸~이(비자음탈락)'의 과정을 거쳐 실현된 어형이다.

522) 이는 원래 '~고 하면'의 준말이지만 여기서는 '그러면, 그렇다고 하면' 정도로 대역될 수 있는 부분이다.

523) 여기서 '가다'는 그냥 '가고'로 직역을 할 수도 있지만 그렇게 될 경우 의미가 통하지 않는 비문법적 문장이 되어서 '가지고 가고'로 의역을 했다.

524) 이는 앞에서 바로 등장하는 '부고'형이 수의적으로 변이를 일으킨 어형으로 이처럼 같은 발화 안에서 이 제보자의 발음은 수의적 변동을 일으키는 것이 매우 심하며 이것이 이 제보자의 한 특징이다.

525) 이 지역을 비롯한 경북지역어의 대부분에서 이중모음의 실현은 대체로 제약적인데 이 제보자의 경우 이런 현상이 더 두드러지는 편이다.

526) 이는 '노자(路資), 거마비(車馬費)'로 대역되며 '노비(路費)'라는 한자어이다.

527) 이는 '구천(龜川)까지'로 대역되며 여기서 구천은 경상북도 의성군 구천면이다. 이는 북쪽으로 안계면(安溪面)·단북면(丹北面), 동쪽으로 비안면(比安面), 남쪽으로 군위군·구미시, 서쪽으로 단밀면(丹密面)에 접하며 면소재지는 유산리에 있다. 원래 이 지역은 비안군 지역이었으나, 1914년 군·면 폐합 때 단동면 등을 병합하여 의성군에 편입, 구천면으로 개칭하여 현재에 이르고 있다. 면의 북부, 안계면과 접경하는 위천(渭川) 연변에 평야가 넓게 전개되어 논농사가 활발하고, 남서부는 산지로서 밭농사가 많다. 주요 농산물은 쌀·보리이고 마늘·고추·담배 등의 특용작물과 과일 생산이 많으며, 소보~구담, 단밀~쌍계 간 군도가 교차하지만 교통은 불편한 지역이다.

528) 이는 '마을에서'로 대역되며 '마실(村) + -어(처소격조사)'의 구성으로 어형이다.

529) 이는 '것이나'로 대역되며 '-것 + -이나 → 게시나(움라우트현상) → 기시나(고모음화현상) → 기이나(어중자음탈락)'의 과정을 거쳐 실현된 이 지역어형이다.

530) 이는 '모두'로 대역되는 이 지역어형이며, '마카, 말카, 마커' 등으로 실현되는 이

지역어형이다.

531) 이는 '그것이나'로 대역되며 '그것이나 → 그게시나(움라우트 현상) → 그기시나(고 모음화 현상) → 그기나(축약) → 그이나(어중자음탈락) → 그이으(모음변이)'의 과 정을 거쳐 실현된 이 지역어형이다.

532) 이는 '포플러 나무'로 대역되며 '포플러(poplar)'에서 유래된 외래어이다. 이 지역에 서 장례 때에 실시한 상례를 알 수 있는 부분이다. 전통적으로 상례에 따르면, 참 쇠복(斬衰服) 3년은 얽은 삼베로 짓고 단을 꿰매지 않은 상복을 입고 대나무 지팡 이를 짚으며 기간은 24개월이며, 주로 아버지 상에 자식들(아들, 며느리, 딸)이 입 는다. 또 제쇠복(齋衰服) 3년이 있는데 이는 얽은 삼베로 짓고 단을 꿰맨 상복을 입고 오동나무나 버드나무로 만든 지팡이를 짚으며 기간이랑 상복을 입는 범위는 앞과 같은 경우이다. 아마도 이런 부분을 참고해서 제보자가 지팡이에 대해 이야 기를 한 것으로 판단되는 대목이다.

533) 이는 '내리고, 드리우고'로 대역되며 '디리(降)- → 띠리(경음화현상)-'의 과정을 거 쳐 실현된 이 지역어형이다. 이 어형은 같은 발화에서 '디리다, 뜨리다' 형과 같이 다양하게 실현되고 있다.

534) 이는 표준어로 정확히 대역되는 어휘가 없어서 '행상줄'로 대역했다. 이는 '행상줄, 상여줄'로 대역이 가능한데, 상여꾼이 상여를 메고 갈 수 있도록 한 줄을 가리킨다.

535) 이는 '굽고'로 실현되어야 할 내용이지만 발화실수가 일어난 부분이다. 이에 따라 내용을 고쳐서 대역을 했다.

536) 이는 '동민이'로 대역되며 대개는 어절말의 비음이 탈락될 때는 인접하는 모음에 비음화를 일으키고 탈락되는 것이 일반적인데 이 경우에는 그냥 비자음이 탈락된 예이다.

537) 이는 '주(輿)- + -이(연결형어미)'의 구성으로 이루어진 어형으로 '줘야'로 대역된다.

538) 이미 이 지역어에서 '그릇'은 후행하는 연구개음의 영향으로 인해 '그륵'으로 어휘 가 재구조화가 된 예이다.

539) 이는 '끼었으면'으로 대역되는 이 지역어형이며 '찌(介 : 끼- → 찌-(경구개음화)- + -었(과거시상선어말어미) + -으마(연결형어미) → 찌스마(축약) → 찌시마(전설 모음화현상)'의 과정을 실현된 이 지역어형이다.

540) 이는 '가지다'의 활용형으로 실현된 예이다.

541) 이는 '아주, 몹시, 많이, 심하게' 등으로 대역되는 이 지역어형이며 '되게 → 데게 (이중모음실현제약에 따른 단모음화) → 디게(고모음화)'의 과정을 거쳐 실현된 어 형이다.

542) 이는 '데리고'로 대역되며 '딜(데리- → 디리-(고모음화) → 딜(축약)- + -구(연결형 어미) → 디루(ㄱ탈락)'의 과정을 거쳐 실현된 이 지역어형이다.

543) 이는 지관이 가지고 다니는 패철(佩鐵)의 이 지역어형이다. 여기서 패철은 지관이 방향을 알기 위해 가지고 다니는 자침(磁針)을 말한다.

544) 이는 '장례 날'로 대역되며 '장지(葬地)'에서 장례를 치르는 날로 풀이된다.

545) 장지에서 광중(壙中)을 파는 작업이 예전에는 하루 전날에, 요즘은 당일에 파는 것으로 구술하고 있는데 이것은 기계에 의존하기 때문이다. 예전에는 모두 일일이 사람의 힘으로 만들었지만 요즘은 굴착기를 이용함으로써 미리 만들 필요가 없기 때문으로 판단된다.

546) 이는 굴착기 즉 외래어 '포클레인(poclain)'의 이 지역어형이다.

547) 이는 '바위'의 이 지역어형이며 이는 이 지역어를 비롯하여 강원, 경상, 충북, 평안, 황해도 방언에 이르기까지 광범위하게 분포하는 어형이다.

548) 이는 '곡괭이를'로 대역되며 '모괭이 + -러(목적격조사)'의 구성으로 이루어진 어형이다.

549) 이는 부사 '퍼뜩'의 이 지역어의 수의적 변이형이다.

550) 이는 '광중이'로 대역되며 '광중(壙中) + -이(주격조사)'의 구성으로 이루어져 있다. '광중이 → 광중~이(비모음화) → 광주~이(비음탈락)'의 과정을 거쳐 실현된 어형이다.

551) 이는 '세다'로 대역되며 '광중을 할 자리의 터가 세다'라는 의미이며 '세다'형에서 고모음화가 실현된 이 지역어형이다.

552) 이는 '하마'로 대역되며 이의 축약형이다.

553) 이는 동사 '찍다'를 사용한 것으로, 곡괭이나 괭이가 끝이 뾰족하므로 이 동사를 선택한 것으로 판단되는 예이다. 이 예는 '파다'라는 의미로 사용된 것이므로 '파다'로 대역했음을 밝힌다.

554) 이 지역어에서 '가지다'의 활용형과 연결형어미는 형태가 같지만, 이를 구분하는 한 준거로 '활용형'의 꼴이나 '성조'를 들 수 있다. 성조가 높은 경우는 본동사로 사용이 된 것으로 판단하여 기술했음을 밝힌다.

555) 이는 '걸리- + -니(연결형허미) → 걸리이(비자음탈락)'의 과정을 거쳐 실현된 이 지역어형이며, 비자음이 탈락되기 전에 비모음화가 실현되는 경우가 많지만 여기서는 그냥 탈락된 경우이다.

556) 이도 앞에서 살펴본 굴착기인 '포클레인(poclain)'에 대한 이 지역어의 외래어형이다.

557) 이는 '흙'으로 대역되며 이는 '흙 → 헑(모음중화) → 헐(자음군단순화)'의 과정을 거쳐 실현된 어형으로 이 지역어를 비롯한 경상도, 평안도 방언형으로 보고된 바 있다.

558) 이는 '달구질'로 대역되며 '달구 + 일[닐]'의 구성으로 이루어진 이 지역어의 수의적 실현형이다.

559) 이는 '그것이나'로 대역되며 이 어형이 극도로 축약이 이루어진 이 지역어형이다.

560) 이는 '그냥'으로 대역되며 '그냥 → 그양(자음탈락) → 기양(전설모음화)'의 과정을 거쳐 실현된 이 지역어형이다.

561) 이는 '덮개는'으로 대역되며 이는 '웃(上) + 장 + 띠이(떼기 → 띠기(고모음화) → 띠이(자음탈락)'의 구성이며 널의 덮개에 해당되는 부분이다.

562) 이는 표현이 중첩되어 있는 표현상의 오류이며, '내삐리'는 '내버려'로 대역되는

부분이다. 이는 '내뻐리(내버리- → 내뻐리-(경음화현상) → 내쁘리-(모음중화) → 내뻬리-(전설모음화))- + -어(연결형어미)'의 구성으로 이루어진 이 지역어형이다.

563) 이는 '뜯어서'로 대역되며 '뜯- + -으가(연결형어미) → 띠드가(전설모음화)'의 과정을 거쳐 실현된 이 지역어형이다.

564) 이는 '말끔, 모두'로 대역되는 이 지역어형이며 '말까, 말카, 마까, 마카' 등과 같이 수의적 변이를 일으킨다.

565) 이는 '종이를'로 대역되며 '조우(紙) + -가(목적격조사)'의 구성이다. '조우'형은 '조~'형과 함께 이 지역을 비롯한 경북, 경남, 강원지역어에서도 일반적으로 분포하는 예이다.

566) 이 지역어에서 일반적인 어형은 '엱다'인데 여기서는 '넝다'형으로 실현된 예이다. 다만, 이 지역어에서는 뒤따르는 활용어미가 경음화나 융합현상이 수의적으로 일어나는 것으로 볼 때 이 지역어형은 그 기본형이 '넝다/넣다'로 판단될 수 있지만 '넣다'형은 개신형으로 판단된다.

567) 이는 '동그랗게'로 대역되는 이 지역어형이며 여기서는 '널 안에 주검이 위치하고 사방으로 빈 공간을 모두 채워 넣다'는 의미이다. 즉, 원형이든 사각형이든 특정 사물을 중심으로 그 주변을 동그랗게 라는 의미로 사용된 이 지역어형이다.

568) 위에 등장하는 '조우'의 변이형이며 '종이'로 대역된다.

569) 이는 '세면'으로 대역되며 이는 '흙의 입자가 세면'이라는 뜻이다. '세다 → 시다(고모음화)'의 과정을 거쳐 실현된 이 지역어형이다.

570) 이는 '어레미에'로 대역되며 '얼금 + -에(처소부사격조사)'의 구성으로 이루어진 이 지역어형이다. 이 지역어를 비롯한 경북지역어에서는 주로 '얼기미'형이 많이 등장한다.

571) 이는 '차곡차곡'으로 대역되는 이 지역어형이다.

572) 이는 '석회(石灰), 회(灰)'로 대역되는 지역어형이며, 여기서 '회'는 '석회석을 태워 이산화탄소를 제거하여 얻는 산화칼슘과 산화칼슘에 물을 부어 얻는 수산화칼슘을 통틀어 이르는 말이다.

573) 이는 '나무'로 대역되며 '나무'의 축약형이다.

574) 이는 '범접도'로 대역되며 '범접(犯接) + -도(보조사)'의 구성으로 이루어진 이 지역어형이다.

575) 이는 '쇳덩어리'로 대역되며 '쌔('쇠'의 수의적 발음형) + 띠(덩어리 → 디(축약) → 띠(경음화현상)'의 구성으로 이루어진 어형이다. 이는 상황에 따라 수의적 발화에 따라 '쌔띠'로도 실현되기도 하고, 고모음화가 실현되어 '씨띠'로 실현되기도 한다.

576) 이는 '뚜껑도'로 대역되며 '따끄이 + -더(보조사)'의 구성으로 이루어진 이 지역어형이다.

577) 이는 '편철로 연결된 널의 바닥'이라는 뜻이다. 여기서 편철(片鐵)은 '쇠조각'이라는 뜻이다.

578) 이는 지역에 따라 매장하는 장례문화가 다른 것을 밝히는 대목이다. 널을 그대로

묻는 지역과 그렇지 않고 넋은 불에 태우고 시신만 광중에 넣어서 매장하는 문화의 차이를 설명하는 대목이다.

579) 이는 '떼어내다'의 활용형이며 이 지역어에서는 '띠- + 내-'의 직접적인 합성에 의한 어형인 '띠내-'형이 기본형으로 자리를 잡고 있는 지역이다. 중부방언과 달리 이 지역어에서는 15세기 중엽의 국어처럼 용언 어간끼리 바로 합성이 이루어지는 이런 합성어가 발달된 지역이다.

580) 이는 이 지역어를 비롯하여 경북지역어에서 '삭자리'로 실현되기도 하는 어형으로 '돗자리'로 대역할 수 있는 어휘이다. 이 발화는 넋을 매장하지 않고 그냥 돗자리를 깔고 덮어서 매장하는 풍습이 있음을 나타내는 것이다.

581) 이는 '사람'의 축약형이다.

582) 이는 '어지간하다'로 대역되는 이 지역어형이며, 유음의 어두위치에서의 분포상의 제약에 대한 과도교정의 예로 어두위치에서 'ㄴ'음이 첨가된 예이다.

583) 이는 '넣으니'로 대역되며 '옇(揷)- + -이(연결형어미) → 여이(어중ㅎ음탈락)'의 과정으로 이루어진 이 지역어형이며 이는 개신형인 '넣다'와 함께 수의적으로 실현된다.

584) 이는 '우(上) + -예(처소부사격조사)'의 구성으로 '위에'로 대역될 수 있지만, 이 발화에서는 '위의 덮개'를 가리키는 것이다. 따라서 여기서는 '위의 덮개도'로 대역했음을 밝힌다.

585) 취토(取土)는 장사를 지낼 때에 무덤 속에 흙을 넣기 위해 좋고 길(吉)한 방위에서 흙을 모으고, 모은 흙을 광중에 넣는 것을 말한다.

586) 이 지역어의 경우, 이 제보자처럼 '흙(土)'의 기본형은 '흘(土)'이 된다.

587) 여기서 '금(金)'은 비유적으로 표현한 것으로서, 풍수지리적으로 아주 좋은 방위의 흙을 떠다가 주검에 흙을 뿌림으로써 금과 같이 값진 흙이라는 의미이다.

588) 여기서 '돌널'은 '돌로 만든 널'을 가리킨다. 매장 문화에 따른 한 양식인데 분묘의 광중의 네 측면과 윗부분인 덮개를 대리석이나 '오석(烏石)' 등의 재질로 만들기도 했다.

589) 이는 주검 즉, 시신(屍身)을 축약하여 발음한 예이다.

590) 이는 제보자가 '명정(銘旌)'을 '영정'으로 착각하여 발화한 부분이다. 즉, 영정(影幀)은 제사나 장례를 지낼 때 위패 대신에 사용하는, 얼굴을 그린 족자를 말하며, 명정은 죽은 사람의 관직과 성씨 따위를 적은 기를 말한다. 일정한 크기의 긴 천에 보통 다홍 바탕에 흰 글씨로 쓰며, 장사 지낼 때 상여 앞에서 들고 간 뒤에 널 위에 펴 묻는 기를 말한다.

591) 이는 '운' 또는 '운판'으로 불리는 이 지역어형이며 장례 때 시신이나 관의 측면에 넣는 물품이다. 이는 보통 철판이나 단단한 판에 표식을 한 것으로서 상례의 행렬에 만장과 함께 기다란 장대 끝에 세워서 앞서가는 물품이다.

592) 이는 '정리하고'로 대역되는 이 지역어형이다.

593) 이는 '발채'로 대역되는 이 지역어형이며, 이 어형은 경북 지역어를 비롯한 '강원, 충북지역어'에도 분포하는 것으로 보고된 바 있다.

594) 이는 '구덩이'로 대역되며 '구덩이 → 구뎅이(움라우트현상) → 구딩이(고모음화) → 구딩(축약) → 구디(비음탈락)'의 과정을 거쳐 실현된 어형이다.

595) 이는 '다지고'로 대역되는 이 지역어형이며 이는 평북방언에 분포되는 것으로 보고된 바 있다.

596) 이는 '손수레로'로 대역되며 '리어카(rear car) + -러(기구격조사)'의 구성이다. 여기서 '니어카'는 국어에서 유음의 어두위치에서의 분포상의 제약으로 인해 이루어진 어형이며 이는 자전거 뒤에 달거나 사람이 직접 끄는 바퀴가 두 개 달린 수레를 말한다.

597) 이는 '경운기(耕耘機)로'로 대역되는 이 지역어형이며 '경운기 → 경웅기(연구개음화) → 경잉기(움라우트에 의한 단모음화) → 갱잉기(이중모음 실현제약에 따른 단모음화) → 개잉기(음절말자음의 탈락)'의 과정을 거쳐 실현된 예이다.

598) 이는 '생기니'로 대역되며 '생기(發生)- + -니(연결형어미) → 생기이(비음탈락)'의 과정을 거쳐 실현된 예이다.

599) 이 제보자의 경우 수의적 음성변이형이 심한 편인데 '딜구소래' 부분도 마찬가지다. 이는 '달구소리'로 대역되며 연이은 제보자의 발화에서 '딜구서리, 딜구소리' 등으로 다양한 변이형태로 나타나는 점에서 볼 수 있다.

600) 이는 '내야'로 대역되며 '내(發)- + -이(연결형어미)'의 구성으로 이루어진 어형이다.

601) 이는 '발채씩을'으로 대역되며 '발 + - 석(과도교정에 의한 후설모음화) + -어(도구격조사)'의 구성으로 이루어진 어형이다.

602) 이는 '억새가'로 대역되며 이 어형은 '속새' 등으로 수의적으로 변동되는 이 지역어의 어휘이다.

603) 이는 '섞여도'로 대역되며 '섞이- + -어도(연결형어미) → 서끼도(이중모음실현제약에 따른 단모음화) → 써끼도(경음화현상) → 쓰끼도(모음중화) → 씌끼도(움라우트현상)'의 과정을 거쳐 실현된 예이다.

604) 이는 '가려'로 대역되며 '가리- + -어(연결형어미) → 개리어(움라우트현상) → 개려(축약) → 개리(이중모음실현제약에 따른 단모음화)'의 과정을 거쳐 실현된 이 지역어형이다.

605) 이는 '적에는'으로 대역되며 '적 + -에(처소부사격조사) + -는(보조사) → 쩌게는(경음화현상) → 쯔게는(모음중화) → 찌게는(전설모음화) → 찌에는(어중자음탈락) → 찌이는(고모음화현상) → 찌이느(어절말자음 탈락)'의 과정을 거쳐 실현된 이 지역어형이다.

606) 이는 '지게를'로 대역되며 '지게 + -르(목적격조사) → 지기르(고모음화현상)'의 과정을 거쳐 실현된 이 지역어형이다.

607) 이는 '얼면'으로 대역되며 '얼(氷)- + -으맘(연결형어미)'의 구성으로 이루어진 어형이다.

608) 이는 '솔가지'로 대역되며 '소깝 + -알(목적격조사)'의 구성이다.

609) 여기서 '나'는 '놓아'로 대역되며 원래의 뜻은 '불을 놓아' 중에서 목적어 '불을'이

생략된 경우이다.

610) 이는 '흙구덩이를'으로 대역되며 '흙 + 구덩이 → 흘꾸덩이(경음화현상) →흘꾸뎅이(움라우트현상) → 흘꾸뎅~이(비모음화현상) → 흘꾸데~이(비음탈락) → 흘꾸디~이(고모음화현상)'의 과정을 거쳐 실현된 이 지역어형이다.

611) 이는 '두드려'로 대역되며 '두드리-(두드리- → 뚜드리-(경음화현상) → 뜨드리-(모음동화) → 띠드리-(전설모음화현상) + -어(연결형어미)'의 구성으로 이루어진 이 지역어형이다.

612) 이는 '행상은'으로 대역되며 '행상 + -으는(보조사)'의 구성으로 이루어진 이 지역어형이다.

613) 이는 '메(負)- → 미-(고모음화)'의 과정을 거쳐 실현된 이 지역어형이다.

614) 이는 '미(負)- + -만(연결형어미)'의 구성으로 이루어 이 지역어형이며 '메면'으로 대역된다.

615) 이는 '사뭇'으로 대역되는 이 지역어형이다.

616) 이는 '꽃행상'으로 대역되며 '꽃 + 행상'의 구성이며 '꽃행상 → 꼬생상(ㅎ음탈락)'의 과정을 거쳐 실현된 이 지역어형이다.

617) 이는 '도리어, 다시'로 대역되는 이 지역어형이다.

618) 이는 경상북도 영천시를 가리키며 후행하는 어절의 연구개음에 의해 연구개음화가 실현된 어형이다.

619) 이는 '하나도'로 대역되며 '하나 + -도(보조사)'의 구성으로 어중비자음이 탈락된 예이며 이 제보자의 경우 상대적으로 어중자음의 탈락이나 모음의 수의적 변이가 심한 편이다.

620) 이는 '음식'으로 대역되는 이 지역어형이며 '음식(飮食) → 음슥(과도교정에 의한 후설모음화) → 음석(모음중화) → 음성(후행음절에 의한 연구개음화)'의 과정을 거쳐 실현된 어형이며 이 지역어를 비롯하여 경북지역어에서 일반적으로 실현되는 어형이기도 하다.

621) 이는 '그러니'로 대역되며 '그러니 → 그르니(모음중화) → 그리니(모음동화) → 끄리니(어두경음화현상) → 끄리이(어중비음탈락)'의 과정을 거쳐 실현된 이 지역어형이다.

622) 이는 '마을에'로 대역되며 '마실(村) + -이(처소부사격조사)'의 구성이다. 이 제보자의 경우, 마실과 마을 형이 공존하지만 일반적으로 보수형인 마실 형이 더 잦게 실현되는 편이다.

623) 이는 경상북도의 군소재인 군위읍을 가리키는 말이다. 이 지역은 지역적으로 군위읍과 가까운 지역에 해당된다. 군위군은 경상북도의 중앙에 위치하여 남북이 짧고 동서가 길며 지형은 산악지형이 많다. 남쪽에는 팔공산이 위치하여 대구광역시와 인접하고 있으며 동으로는 영천시와 청송군과 경계를 형성하고 있다. 또 군의 중앙에는 위천이 흐르고 있으며 도로도 남북으로 고속도로와 국도가 지나고 있으며 대구와 일일생활권에 속한다. 군위군은 군위읍 · 소보면 · 효령면 · 부계면 · 우보

면 · 의흥면 · 산성면 · 고로면 등 1개읍 7개면 92개 동리가 있으며(법정리 기준, 행정리 기준은 182개), 군청소재지는 군위읍 동부리이다.

624) 이는 '혼백(魂帛)'을 가리키며 수의적인 발화실수형이다. 여기서 혼백은 신위를 만들기 전에 장사 때에만 임시로 쓰는 것으로 명주나 모시로 만든 신위를 말한다.

625) 이는 '초혼이'로 대역되며 '초혼(招魂) + -이(주격조사) → 초혼~이(비모음화) → 초호~이(비음탈락현상)'의 과정을 거쳐 실현된 어형이다. 여기서 초혼은 '사람이 죽었을 때 그 혼을 소리쳐 부르는 일'을 가리키며 이는 '주로 죽은 사람이 살아서 입던 윗옷을 갖고 지붕에 올라서거나 마당에 서서, 왼손으로는 옷깃을 잡고 오른손으로는 옷의 허리 부분을 잡은 뒤 북쪽을 향하여 '아무 동네 아무개 복(復)'이라고 세 번 부르는 행위를 가리킨다.

626) 이는 '영정 사진'으로 발화한 내용이 발화 실수로 실현된 예다. 다만, 영정(影幀)에 이미 사진이란 의미가 담겨 있으므로 여기서는 그냥 '영정'으로만 대역했다.

627) 이는 한자성어 '굴건제복(屈巾祭服)'의 수의적 발화실수형이다.

628) 이는 '상주'로 대역되며 '상주'에 대한 수의적 발화실수형이다.

629) 이는 표면적으로 '장지를'로 대역을 해야 하지만 실제 의미로는 '장지에 문상을 못하면'으로 대역해야 정확한 부분이다. 즉, 목적어가 생략된 표현이며 격표지가 잘못 실현된 어형이다.

630) 이는 '미리'로 대역되며 '미리 → 미르(후설모음화)'의 과정을 거쳐 실현된 이 지역 어형이다.

631) 앞에서도 지적했지만 이 제보자의 경우 수의적인 음성변이형이 다양하게 실현된다. 즉, 우발적 발화 실수이든 수의적 발화이든 간에 다양한 형의 어형이 나타남이 이 제보자 발음의 한 특징이라고 할 수 있다. 같은 발화 안에서 이 어형이 '사럼도'로, 다음 발화에서는 '사암뜨'로 실현될 정도로 다양한 변이형을 보인다.

632) 이는 '참말로'로 대역되며 '참말 + -러(기구격조사)'의 구성으로 이루어진 이 지역 어형이다.

633) 이는 '어지간하면'으로 대역되며 '어지간하 + -만(연결어미)'의 구성이며 모음 사이에서 어중자음 ㄱ음이 탈락된 예이다.

634) 이는 '유군(遊軍)'으로 대역을 했지만 '유건(儒巾)'으로 대역도 가능한 어휘로 판단된다. 다음의 발화에서 유군으로 실현되므로 '유군'으로 대역을 했다. 이는 장례를 치르는 동안 직접 참가하는 상여꾼이나 상주, 백관을 제외한 사람들을 가리키는 것으로 실제로 큰 할 일이 없다는 측면에서 '유군' 즉, '하는 일 없이 먹고 노는 사람'을 뜻하는 어휘가 사용된 것으로 판단된다. 다만, '유건'으로 대역하려면 '유건'을 쓴 사람들이라는 뜻으로 사용되어야 하는데, 전통적인 유학자의 장례 절차를 고려할 때 상정해 볼 수 있는 어휘이다.

635) 이는 '산소'로 대역되며 '산소'에 대한 우발적인 발화실수형이다. 이 구절의 의미는 '산소에 가는 것은 뭐 치워버리고'라는 뜻으로 표현된 것이다.

636) 이는 '끝이지'로 대역되며 일본계 외래어인 '시마이'의 수의적 발화실수형이다.

02 생업 활동

2.1. 논농사

그라'며 인젭' 뻐, 그 김, 모'느 은제 져' 나르 가'주고 모'를 숭구'지 안씀미까'?

— 그'래.

요저'엠메 기'게러 머 어으, 트액'타나[1] 여 앙 감' 모 숭:구'눙 기게 까'주 숭:구'는데, 에정 가'트며너 모: 숭굴' 때 점'부 어'트여, 놉' 하'고 함'미까, 앙 그'암 어'뜨케 함?

— 푸마'시[2].

푸마'시예?

— 푸마'시 마:이 하'고, 노'브너 혹:씨 하'지.

— 농'초네서 돈:, 다 품' 해가' 가아져 머' 나'믈 꺼 머: 인'노.

— 거'절 내, 우리 해' 너어 수무' 저'껴 녀어 우리' 야 수마: 도', 끄래, 그래 하'제 므.

검: 푸마'시 인저 해 가'주우 모: 숭구'면?

— 아, 앙: 그라 반, 앙: 그르마 반싱'기[3] 해 가'주 하'능 기라.

— 농우부' 쪽:, 한 지'베 두리'먼 두', 서임버 서'이, 이끄은 델' 다: 나오'능 기라.

— 그래 하로'[4] 인제' 사러'미 울찌'베 두:리 나가씨'마 하'런, 쩌 하나 나온 사'암드 이'꼬, 서:이' 나온 사'암드 이'꼬, 그'리 노을' 딱: 은절 니 해', 내 해' 업:씨 마' 함 마, 한 동:네' 끌' 다: 수마'[5] 뿌능 이.

— 다: 수무' 빰 농'사 마:는 사'러믄 돈: 쫌' 내 나'애 데'고, 농'사 저:근 사'라먼 함 마지기 인제 논, 모 수문는' 데, 가'스, 함 마지'게 오새'늠 머' 삼마 너이제마'넌, 기'게로 숭'건느 거' 삼마 이지'만, 그'을 찌 숨먼능 거'는 머 한 이, 이, 거 워 돈'두 업시'이끄네 글' 찌'도 한: 삼마 넌 이'래 치'마, 그'리 열: 마지'그도우두 거'트만 삼심'마 는 아이'르, 그'자.

그러면 인제 뭐, 그 김, 모는 인제 져 날라 가지고 모를 심지 않습니까?

— 그래.

예전에는 기계로 뭐 어, 트랙터나 여기 안 그러면 모 심는 기계를 가지고 심는데, 예전 같으면 모 심을 때 전부 어떻게, 놉 하고 합니까, 안 그러면 어떻게 합니까?

— 품앗이.

품앗이요?

— 품앗이를 많이 하고, 놉은 가끔 하지.

— 농촌에서 돈, 다 품을 해서 가지고 뭐 남을 게 뭐가 있나.

— 그저 내, 우리 것 너희 것 심어 줬으니 너희들은 우리 것 심어 다오, 그래, 그래 하지 뭐.

그럼 품앗이 인제 해 가지고 모 심으면?

— 안, 안 그러면 반, 안 그러면 반심기 해 가지고 하는 거야.

— 농사꾼들 쪽, 한 집에 둘이면 둘, 셋이면 셋, 있는 대로 다 나오는 거야.

— 그래 하루 인제 사람이 우리 집에서 둘이 나갔으면 하나, 저 하나 나온 사람도 있고, 셋이 나온 사람도 있고, 그래 논을 딱 인제 네 것, 내 것 없이 뭐 한 마을, 한 동네 것을 다 심어 버리는 거야.

— 다 심어 버리면 농사 많은 사람은 돈을 좀 내 놓아야 되고, 농사 적은 사람은 한 마지기 인제 논, 모 심는 데, 그, 한 마지기 요새는 삼만 원이지만, 기계로 심는 것은 삼만 원이지만, 그럴 적에는 심는 것은 뭐 한 이, 이, 그 뭐 돈도 없으니까 그럴 적에도 한 삼만 원 이래 치면, 그래 열 마지기 같으면 삼십만 원 아닙니까, 그렇지요.

— 삼심마 넌 거트'만 담' 마지기 선금'만 시'보마너이께네6) 쇼:러'미 인
제 저 열 마이7) 스'먼 사람 마느'마 돈: 안 내 나'으 데'고, 저그'만 열: 마
지'이, 농'사늠 망:꼬' 사러'믄 저그'마 그 사암'더른 도:늘 내' 나'애 데'고,
그르 엄:는 사'러믄 차저 가고, 내역, 마여 찐' 사'암 쫌' 내 노'꼬, 그'러다
보'마 크'기 마이 진는 사'암더 도:니 크'기 마이 안 내 나야 데'이, 짜 이
껍 자:꼬 이:를 해 뿌'이 끼느.

— 끄러'면 전 내지'에8) 아주 야칸 사'러믄 돈: 쫌' 마이 차'꼬, 마:이
진:는 사'아므 쪼매'이 내 노코, 그'르타 카'이낀녀.

그'으검 머'라고 한다고예?

— 그 반싱'기.

아:, 반싱'기?

— 예, 뚝, 에, 반싱'기, 반싱'기.

아:, 그 반싱'기를 그'래 하기도 한'다, 그지?

— 아, 에, 그'르치여.

끄러'므 인제 으, 아까' 이야기 해'으셔쓰미다마는 모 숭구'능 그너' 여자'
드리 잘: 함'미까?

— 걸 떠 더, 걸 떠 잘 쑤'무찌으

— 여자'디얼 뚝, 뚝, 카두, 더 잘: 수머'찌.

그'염 보통' 여자드'리 머 여 한, 여자들'도 거 혼'자 쑹그'머 그 또 재미업'
써가 모 숭궁미'까, 요느?

— 모 저, 모을 그 한 지, 여나음'씨쓰 닝'기 숭군'다, 그 빠.

— 아:, 아리빤' 이'꾸, 우빤'9) 이끄'덩.

— 우리 마시'리 저쓰 띠우, 두 바'이 이'선데, 우빠'네야 이'꺼, 아래빤'
이'꼬, 함 바'네 꺼르 사:랑 가 열띠'여, 열, 열따'아씩, 열러'스성 나온'다 카
이끼네, 그'래가.

거'음 모: 숭굴' 때 어'뜨에, 예저'네 모 숭구능 거 그'냥 머 막 씽구'움미

− 삼십만 원 같으면 다섯 마지기 심었으면 십오만 원이니까 사람이 인제 저 열 마지기 심으면 사람이 많으면 돈 안 내 놔도 되고, 적으면 열 마지기, 농사는 많고 사람은 적으면 그 사람들은 돈을 내 놔야 되고, 그래 없는 사람은 찾아 가고, 내서, 많이 지은 사람은 좀 내 놓고, 그러다 보면 크게 많이 짓는 사람도 돈을 크게 많이 안 내 놔도 되니까, 저 이것 자꾸 일을 해 버리니까.

− 그러면 저 나중에 아주 약한 사람[10]은 돈을 좀 많이 찾고, 많이 짓는 사람은 조금 내 놓고, 그렇다니까.

그것을 뭐라고 한다고요?

− 그 반심기.

아, 반심기?

− 예, 또, 예, 반심기, 반심기.

아, 그 반심기를 그래 하기도 한다, 그렇지요?

− 아, 예, 그렇지요.

그러면 인제 어, 아까 이야기 하셨습니다만 모 심는 것은 여자들이 잘 합니까?

− 그것을 또 더, 그것을 더 잘 심지.

− 여자들이 더, 더, 더, 더 잘 심지.

그럼 보통 여자들이 뭐 여기 한, 여자들도 그 혼자 심으면 그 또 재미없어서 못 심습니까, 요기는?

− 모 저, 모를 그 한 저, 여남씩 넘게 심는다, 그 뭐.

− 아, 아랫반 있고, 윗반 있거든.

− 우리 마을에 저 두, 두 반이 있었는데, 윗반이 있고, 아랫반 있고, 한 반에 그래 사람이 한 열다섯, 열, 열다섯씩, 열여섯씩 나온다니까, 그래서.

그럼 모 심을 때 어떻게, 예전에 모 심는 것을 그냥 뭐 막 심습니까, 안 그

까, 앙 그암'며넘 머 어'뜨케 주'울 리를 치념?

　― 줄리11), 줄, 려곤, 주리 아' 인'너.

　― 주' 려가 여'어 치 이'꼬, 다'아 치 이'꼬, 니 치 반' 이'꼬, 듀'레다가12)
여 포'를13) 해 나'따 카'이끼네.

　― 여' 새:파랑 거' 노, 하얀: 주'레떼 요래 새파늘 따 파애 끄뜨 꼬'버
나'끄덩.

　― 그래 꼬을 따'으메 양:짜엔 바:짝' 땡'긴담 마'으라.

　― 땡'기 가즈 양:짜 둘'만 인제 요래 한', 쩌 한 줄' 쪽: 서' 가'주 인제
솜' 마'차 가즈 넌, 나'은 이린 나가'고 이열, 이'러 나오'만 한 사'러믄 여
이이, 이'기 모'쭐 거'트믄 이리, 이'러 나가'고 저'리 나가'그더.

　― 그래 가즈 거 서가 다: 수어드, 다: 수머'믄 저'짝 사'알뚜 고'르 오자'나.

　― 고'노무 요'쏘느 요'라먹14) 고 다 마'저 뿡 고: 선능 기'라.

　― 또 서가' 줄: 링'기야 브 닝'기마15) 똑: 고'서 요'래 오그'담.

　― 이건' 일'러 가마 만날 솜 마'지어이, 손뜨, 그래 땅: 마짜'나, 그자.

　― 께, 그르이끼'네 잉, 잉, 너무 일'쩡으 수마'은 사'름 미'르 서'도 안 데'그덩.

　― 그'르이끼니 고' 딱:: 조'정을 해가' 마차' 뿌능 기'라.

　― 그르' 잘므 슴먼' 사'러믄 점' 마이' 주'고, 므, 그다 보'므 지대'두16)
마네지자'나, 잘 수무'이끼네.

　― 몬: 수만' 샴', 저:께 수만' 또까'치 일라'능 기'랄.

　― 웹', 닌제' 주, 닝'기더어, 닝'긴다, 줄 릉'기다 카먼 쪽: 일랄' 꺼 아이
거, 그자.

　― 겁 또::까'치 일라'지, 인저.

　― 거'르 또 앙 그'라먼, 소~'이17) 암 마'즈만 조'르 이 절짜' 쯤, 쩐 여
자:라, 절:르 더 가:라 카'멈 고'래으 그 빵 마차'가 은제 니 숭:구'먼 닝'기고,
숭구'만 닝'기고, 글 잘: 수먼 사'러머 리'거 하내 함 마'지기 숨'먼다 카'그등.

　하루'에?

러면 뭐 어떻게 줄을 이렇게 쳐서?

　－ 줄이, 줄, 이것, 줄이 안 있냐.

　－ 줄이 이게 여섯 치 있고, 다섯 치 있고, 네 치 반 있고, 줄에다 여기 표를 해 놨다니까.

　－ 여기 새파란 것 노, 하얀 줄에다가 요래 새파란 것 땅 파였거든 꽂아 놨거든.

　－ 그래 꽂은 다음에 양쪽을 바짝 당긴단 말이야.

　－ 당겨 가지고 양쪽을 들면 인제 요래 한, 저 한 줄 쭉 서 가지고 인제 손을 맞추어 가지고 난, 나는 이리로 나가고 이래, 이래 나오면 한 사람은 여기 이, 이게 못줄 같으면 이리, 이리 나가고 저리 나가거든.

　－ 그래 가지고 거기 서서 다 심어서, 다 심으면 저쪽 사람도 그렇게 오잖아.

　－ 그러면 요기서는 요러면 거기 다 마쳐 버리면 거기 선 거야.

　－ 또 서서 줄을 넘겨야 뭐 넘기면 또 거기에서 요래 오거든.

　－ 이것은 이리로 가면 만날 손 맞아야, 손, 그래 딱 맞잖아, 그렇지.

　－ 그, 그러니까 일, 일찍, 너무 일찍 심은 사람은 미리 서도 안 되거든.

　－ 그러니까 그 딱 조정을 해서 맞춰 버리는 거야.

　－ 그래 잘 심는 사람은 좀 많이 주고, 뭐, 그러다 보면 저절로 많아지잖아, 잘 심으니까.

　－ 못 심은 사람, 적게 심은 사람도 똑같이 일어나는 거야.

　－ 어, 인제 줄, 넘긴다, 넘기다, 줄 넘긴다 하면 쭉 일어날 것 아니냐, 그렇지.

　－ 그럼 똑같이 일어나지, 인제.

　－ 그래 또 안 그러면, 손이 안 맞으면 저리로 이 저쪽으로 좀, 좀 넣어 줘라, 저리로 더 가라고 하면 그래 그 딱 맞추어서 인제 네가 심으면 넘기고, 심으면 넘기고, 그 잘 심는 사람은 이것을 하나가 한 마지기 심는다고 하거든.

　하루에?

― 예, 하내'이.

아:, 한 사'러메 하루'에 함 마'지이?

― 그래, 아, 그, 이에, 아, 아.

― 그'랴만 조기 조'래, 저래 그거 잘: 수면 사'아믈 어'에18) 숨믈'러 까만 이'래 망을' 따악딱 이랜 띠' 노코, 여래 하, 중 나그'맘 마을' 쭈 위 딱: 이르 한' 주, 한' 줄', 고 요' 니:19) 피'일20) 딱 수묵뚜'업 즉, 점:부' 주를 딱: 띠 노'꼬 고' 서 가'지 착: 게송' 해'여 고면 나, 나가 뿌'이 거 므, 머' 나가 뿌'고, 거 저: 영주' 사'암더른 오'마 여 돈, 니그 하'르 마:이 와', 영즈 사'암드리.

― 요: 오'만 그 사암'더름21) 마 하르'에22) 두: 마지기 수마.

― 거' 주'를 타'악 쳐 노'꼬 고만, 어이.

― 주를 거'만 탐 면, 마지'게다얀 주'를 딱떡 해' 노'꼬 곰'만, 고망 고'서 고 지, 저짜'석 끄티'선 저꺼즈 나간 뜨아 서, 함 분 서'더 아 하능 기라.

― 게소' 기 나가 뿌'잉께, 그그.

― 하여 뿡'아이23) 브악 수마' 뿌아두 거르 두: 마지'기 수무쩌만 여' 사암더룽 거전' 잘: 수마'야 거전 잘: 수문' 사 함' 마지기, 앙 그럼 일곱 떠'지24), 그리끄 여'러 바지이가 이그르, 그르배'께.

아:, 구욷 가'므 그 영주 그 분'드런 머 완저니?

― 완저'이25) 마' 게액쩌'르 돔 버르 와.

― 거' 버뜩 싱게 노'꼬 여 와 가'주우 마'이 버'르 간'다 카'이겐, 일러.

기'술자다, 그'지예?

― 여아, 기술'짜라.

― 새부'26) 하멈, 하멈 워, 언제' 하머 새붐' 모 쩌 노'꼳 거'므 한 날 새' 만 점 망 다 띠 나 뿌맘 머 그 멈, 무 버'떡 다 수'마 뿌이 머.

어:, 근데'이 야, 어'르, 어르'시너 마: 모 숭기'는 잘' 아 하시습쩌야?

- 예, 한 사람이.

아, 한 사람에 하루에 한 마지기?

- 그래, 어, 그, 예, 예, 예.

- 그러면 저기 저렇게, 저렇게 그것을 잘 심는 사람은 어떻게 심느냐 하면, 이래 망을 딱딱 이래 떼 놓고, 이래 하여, 쭉 나가면 망을 저 이 딱 이래 한 줄, 한 줄, 그 여기 네 포기 딱 심도록 저, 전부 줄을 딱 떼 놓고 거기 서 가지고 착 계속 해서 그만 나, 나가 버리니까 그 뭐, 뭐 나가 버리고, 그 저 영주 사람들은 오면 여기 돈, 이것 하러 많이 와, 영주 사람들이.

- 여기 오면 그 사람들은 뭐 하루에 두 마지기 심어.

- 그 줄을 탁 쳐 놓고 그만, 어이.

- 줄을 그만 한 번, 한 마지기에다 줄을 딱딱 해 놓고 그만, 그만 거기에서 그 저, 저쪽 끝에서 저기까지 나가는 동안에 서, 한 번 서지도 안 하는 거야.

- 계속 해 나가 버리니까, 그것.

- 한 순간에 막 심어 버리니까 그래 두 마지기 심지만 여기 사람들은 그저 잘 심어야 그저 잘 심는 사람 한 마지기, 안 그러면 일곱 떠지, 그러니까 여러 떠지가 있거든, 그렇게밖에.

아, 그 그러면 그 영주 그 분들은 뭐 완전히?

- 완전히 그냥 계획적으로 돈 벌러 와.

- 거기에 퍼뜩 심어 놓고 여기 와 가지고 많이 벌어 간다고 하니까, 여기에서.

기술자다, 그렇지요?

- 예, 기술자에요.

- 새벽에 벌써, 벌써 언, 언제 벌써 새벽에 모 쪄 놓고 그러면 한 번 날 새면 전부 망 다 떼 놔 버리면 뭐 그 뭐, 뭐 퍼뜩 다 심어 버리니 뭐.

어, 그런데 야, 어르, 어르신은 뭐 모 심기는 잘 안 하셨지요?

- 머 슴, 냐늠 마' 마'커 큰 니:에 소 몰'고, 손 쩨, 소 일 하'구, 숩 쩌, 소 써:리'고 머 논 다루:고 논뚜'럼 하'고 마 그그 하지 머', 그잉 꺼 하지 머 모 숭군능 거느 봄마 그 저 여자들 수머찌 머.

아'너르 주'로 한다, 그지예?

- 예.

그암'무 어르'신 인제 모: 숭'거 너'커 은제 으 기'므르, 에즌' 지'심 만치'예?

- 지'심27) 마메어.

꺼 찌'슴 매'야 델 꺼 아임미'까?

- 매'애 데지.

꺼' 보:톤 지'심 언제 맴'미까, 그람며는?

- 어, 쩌 아이' 모생'기늠28) 모생기해' 노'꼴 이래'애' 모' 사르맘만, 모: 스마' 노코 한, 함 보'름 이'씸, 즈 한, 즈 한 이시' 빌 이씨'마 하'만29) 나 라 지'심 싱싱 그 난'다.

또' 올러옴'미까?

- 예, 올러오'지여.

- 올로'만30), 올러'망, 그'을 찌에는, 엔나'레영 호매~'이31) 가'주곤, 삐 쭈가'32) 호매~'이그 이'써, 커:, 그이 찌'브33) 가주 막 닝'긴느이.

- 닝'겨 달, 다: 어'퍼따.

- 어'풉.

아, 주'긴더, 그'지예?

- 아에, 수'기쓰여.

- 이래 흐'리 이래' 즈'아믇34) 비짜'르 거'트 이래 오'마 이러 지 이 소~'을35) 드가'마36) 이기 히떡', 히떵' 너'머 가' 뿌능 기르.

- 거'를 이게 따으, 지'시믄 땅: 므이트로 가'고 텼, 투'우에 껀 이래 올 라가'즈, 거'러 뿜머 지'시미 은제어 고 상:가'네 다: 나피'인 데, 고긴'느 인 자 아은, 안' 찌케자'나, 그제.

- 뭐 심, 나는 그냥 모두 큰 일에 소 몰고, 소 저, 소 일 하고, 소 저, 소로 써리고 뭐 논 다루고 논두렁 하고 그냥 그것 하지 뭐, 그런 것 하지 뭐 모 심는 것은 보면 그 여자들이 심었지 뭐.

아녀자가 주로 하신다, 그렇지요?

- 예.

그러면 어르신 인제 모 심어 놓고 인제 어 김, 예전에 김이 많았지요?

- 김 많아요.

그 김 매야 될 것 아닙니까?

- 매야 되지.

그 보통 김은 언제 맵니까, 그러면은?

- 어, 저 애벌논매기는 모심기해 놓고 이래 모 심어놓으면, 모 심어 놓고 한, 한 보름 있으면, 저 한, 저 한 이십 일 있으면 벌써 벼에 김이 슬슬 그 난다.

또 올라옵니까?

- 예, 올라오지요.

- 올라오면, 올라오면, 그럴 때에는, 옛날에는 호미 가지고, 빼쪽한 호미가 있어, 그, 그 찍어 가지고 막 넘긴다[37].

- 넘겨서 다, 다 엎었다.

- 엎어서.

아, 죽인다, 그렇지요?

- 예, 죽였어요.

- 이래 흙이 이래 저러하면 빗자루 같은 것이 이래 오면 이래 저 이 손으로 들어가면 이게 히뜩, 히뜩 넘어 가 버리는 거야.

- 그래 이게 땅, 김은 땅 밑으로 가고 저, 위의 것은 이래 올라가고, 그래 버리면 김이 인제 그 상간에 다 누웠는데, 거기에는 인제 안, 안 찍히잖아, 그렇지.

- 고고' 은제' 두불'롱38) 카'능 거 인제, 거 모' 수'마은 내' 노코 한: 일'
쭈, 한 여'흘 이따 보'만 고 은제'어 뜨 고 지십시 뿌'링 꼬 뿌39), 나'먼능 거
인데, 그 두불'롱 카'능 거 인 두:부' 린젤' 소'느러 막: 매'능 기러, 소'느르.

검 아, 아이'노넌 호매~'이 까'즈고 막 에 찌'으가 엉'꼬, 인제 아이'논느,
아'이논 매'능 게 모 숭'가 나' 나코 한 열'르, 보'르미나, 아, 한: 스무 날'
정도 지'나면 하'고, 그 다아' 두불로'느 한 어?

- 호매~이 쩌'꼬.

- 두불'로능 고므 연'해으

- 한', 항'꼬움 모두 꺼 아이논: 매 너'꼬 한 여을40) 이'찌, 여을떠 앙
가'여, 한 일 쩌이 지양 두불'런 저서에41) 데.

- 그', 그러 노'꼰 저'스만 그아 멀' 뜨 끄 쩌, 저은 열 거떠' 즈, 세어래
히'마 거드 일:꾼' 디'리가주 거 이께 어부루 워 카'미 놈매'기 소리 해 가
맘 마 그 알:그'던 기 일:꾼' 그'랜 디엘 여자더'른 수 가'즈, 버재'이42) 이
고 이래 쯔에 댕기'온 마'시 긴 주오', 으열 거'또 열, 열서뜨, 열따으시드
우: 끄래 미르망 해'따 마려라.

아, 머 그 두불'롬 맬: 때?

- 끄 아이'논도 그러'꼬, 두불론'도 그'러꼬.

- 그 내주'에 시불'로넌 노'네 가 춤'만, 베고 치고.

아:, 씨불'론 인자 별'로어 어, 벨 께 업쓰가?

- 거 은제 어, 꺼, 그, 머얼 거' 지, 치, 찌'싱 거 픽, 크'다꾸 망 그, 그
엄'메 지: 뽀'브마 안: 데나', 모드.

- 그여' 먼 그'애가 술:멈 머'꼬 잠: 머 매구 하고 댕기'만 징'믈러 치'
고, 일:꾼'들 그'래 마이 해'떠 거이.

아', 그'음며느 그 인저 놈매'기, 그르가여 지'슴, 놈매'기 할 때 인제 두둘
론, 아으 저, 아이'놈매'기여 젤' 힘'드네, 그제?

- 젤: 심'드지43), 그으씨.

- 그것 인제 두벌논매기라고 하는 것 인제, 그 모 심어 내 놓고 한 일 주, 한 열흘 있다가 보면 그 인제 저 그 김 뿌리 그 뿌리, 남은 것 있는데, 그 두벌논매기라고 하는 것은 인제 두 번 인제 손으로 막 매는 거야, 손으로

그럼 애, 애벌논매기는 호미를 가지고 막 이래 찍어서 엎고, 인제 애벌논매기는, 애벌논 매는 것은 모 심어 놔 놓고 한 열흘, 보름이나, 아 한 스무 날 정도 지나면 하고, 그 다음 두벌논은 한 얼마?

- 호미로 찍고.

- 두벌논매기는 그만 연속으로.

- 한, 한껏 모두 그 애벌논 매 놓고 한 열흘 있지, 열흘도 안 가, 한 일 주일 지나면 두벌논 저어야 돼.

- 그, 그래 놓고 저으면 그 뒤 또 그 저, 저 여 그것도 저, 저 세월에 하면[44] 그것도 일꾼 들여서 그 이때 아울러[45] "위"라고 하면서 논매기 소리 해 가면서 뭐 그 알게 되거든 그 일꾼, 그래 뒤에 여자들은 술 가져, 버치를 이고, 이래저래 다니면서 마실 것 주고, 이래 그것도 열, 열셋, 열다섯이 그래 밀면서 했다는 말이야.

아, 뭐 그 두벌논 맬 때?

- 그 애벌논매기도 그렇고, 두벌논매기도 그렇고.

- 그 나중에 세벌논매기도 논에 가서 춤만, 베고 추고.

아, 세벌논은 인제 별로 어, 맬 것이 없어서?

- 그 인제 어, 그, 그 말쟎지 그 김, 김, 김 그것 큰, 커다란 것, 그것만 집어 뽑으면 안 되냐, 모두.

- 그래 뭐 그래서 술만 먹고 참 뭐 꽹과리 하고 다니면서 징을 치고, 일꾼들은 그렇게 많이 했다고 하니까.

아, 그러면은 그 이제 논매기, 그래서 김, 논매기 할 때 이제 두벌논매기, 애벌논매기 저, 애벌논매기가 제일 힘드네요, 그렇지요?

- 제일 힘들지, 그것이.

－ 근' 카이그드, 그 참: 잘 흔' 사'아멀 잘: 해'.

－ 콰:: 먼 칭커덕 칭거덕 칭거덕 찌거득 혀 거'치무, 우리'느 할 찌'르 몰'래, 쪼매날' 따'르 댕'기 발까'륵 다: 쪼'서 뿌고 머, 송까'르 다 짜째 가이.

아, 염 머 이어로, 호매~'이 때'매?

－ 어, 땡'기, 호매이즈 끄틱' 이마너:이 이래 지다나46) 카이, 그기이.

－ 이마:나다 가'이, 이거 한 이리.

－ 삐딱:하'그던.

－ 이리 저'그마 이 송' 까' 철뚱 미마'47) 이리 철끄덩 너머치고임 너므 간'다 카'이끼느.

잘모하아따가는 다'치겔?

－ 다'치지, 우리'으48) 그르, 그르 그 무이 쪼마끔할 찌'으 그르 그기', 우리'가 한 수무나아, 서'른 살루, 수'무 살려, 걸' 찌으, 글'찌 한:참' 마.이 해'써.

－ 마:이 거' 한 삼십 쌀까'진 그'래 하다가 머 그라'우부턴 제 머, 먼 인제 기'게가 나고 머 은제 돔매'기 인제 또 이'래 이'래쓰, 이래 이래 미고' 댕'이는49) 기게'애 나'고50), 논도 은제 야기 나'고 머어 짜 약똘, 그그 마이' 안 너'느 야글51) 치고 그랴 뿡 기느 오새' 놈매그 삼' 민'나, 으'데.

꺼 거므 이제 두불롬매'기 하'고 시불롬매'기 할' 때', 그'때느 아까 인제 이야기 하'셔씀다마너 어, 아녀여자드'리 술'도 해가 오고?

－ 수어, 그'래어, 술 해 갸즈 버재'기 채로 이'고, 놈뻰, 논또 가따 노차'나.

－ 가따 노'만 새'애창 카'구, 꾸, 국시하'고, 술하'고 해 가지우, 굴 티 해 가지얼, 니 와 가주고 그 일꾼'들 여주일, 거서 거 저, 접 여어식 어불'러아 매'그덩.

－ 오'늘 무52) 애' 매고, 내'이런 누' 애 매, 그'을 찐 일:꾼' 디'리 노'꼬 이 이근 사'암 마네'끄덩53).

－ 그'른 사'암들, 오'늘 누 해' 매고', 내'이른 누 해 머 카'머 인제 귀시

- 그 아이고, 그 참 잘 하는 사람들은 잘 해.

- 막 저 뭐 철커덕 철커덕 철커덕 철커덕 아 그렇지만, 우리는 할 줄을 몰라, 조그마할 때 따라 다니면서 발가락 다 쪼아 버리고 뭐, 손가락다 잡아 째고 하니.

아, 여기 뭐 이것으로, 호미 때문에?

- 어, 당겨서, 호미 끝이 이만하게 이래 기다랗다고 하니까, 그것이.

- 이만하다고 하니까, 이것이 한 이래.

- 삐딱하거든.

- 이래 저으면 이 손을 가지고 슬쩍 밀면 이래 철커덕 넘어지고 넘어간다고 하니까.

잘못했다가는 다치겠어요?

- 다치지, 우리가 그래, 그래 그 우리 조그마할 때 그래 그것이, 우리가 한 스물, 서른 살, 스무 살, 그럴 적에, 그때 한참 많이 했어.

- 많이 그 한 서른 살까지 그래 하다가 뭐 그러고부터는 인제 뭐, 뭐인제 기계가 나오고 뭐 인제 논매기 인제 또 이래, 이래서 이래 이래 밀고 다니는 기계가 나오고, 논도 인제 약이 나오고 뭐 저 약도, 그것이 많이 안 나는 약을 치고 그래 버리니까 요새 논매기 하는 사람 있나, 어디.

그 그러면 인제 두벌논매기 하고 세벌논매기 할 때, 그때는 아까 인제 이야기 하셨습니다만 어, 아녀자들이 술도 해서 오고?

- 술, 그래, 술 해 가지고 자배기 채로 이고, 논둑, 논둑에 갖다 놓잖아.

- 갖다 놓으면 새참이라고 하고, 국, 국수하고, 술을 해 가지고, 그 또해가지고, 이고 와 가지고 그 일꾼들 여럿이, 거기 그 저, 저 여럿이 아울러서 매거든.

- 오늘 누구 것 매고, 내일은 누구 것 매고, 그럴 적에는 일꾼 들여 놓고 있는 사람 많았거든.

- 그런 사람들, 오늘은 누구 것 매고, 내일은 누구 것 매고 하면서 인

인제 건수 국'시드 해가 오'고 술:뜨' 해가 니고 오'고, 머멋 놈'무르 가'따 노'꼬 여자로 와 아주엄 머 주구 **.

거'므 거'기 인제 놈매'기 하'고 그'엄며너 예저'넴 놈매'기 하'며넘 머 벌'레나 이'렁 거 와 가' 망 물'고 안 함'미까?

— 와 아' 해.

— 흠 머 아 해. 그 왜 안 해.

그, 그, 그'릉 거 또 휜', 후'쳐 주는 사'암드 이씀미'까?

— 군 후'치 주군 누까 떡 그여 후'치녀54).

— 거', 꾸 머 사'네 가'제 나무', 시퍼'런 나무 그거 끄'너 가주'고, 이, 어, 이거 저 삼'베어덩 그런 데'다 열, 열, 등거 찡가'55) 뿌'거덩.

— 찡가'므 그 벙그레'56) 떠들래'자나57), 참나무 거'뜨 에 여' 나멍, 꺼르.

— 크래 가'주 은제, 그래가'주 하나'는 여꾸'리 이자 하더'인 여: 차고, 파리'이 오'머 여'페 사'르 차 흐'은치 주'고 또 히:고, 그'란다.

아:, 그암'며, 아:, 놈' 매'면서 하나 빼 가'주 여'페 사'람 보치 주고?

— 거, 그'러치열.

— 에'헤이, 그' 글'찌누 원 파래'이그58) 또 그'키 인'노59), 그거 마르아60).

— 터'파리61) 거틍 거'.

에, 음, 머 시'파리 가'틍 거', 아주 쿵 거 만:타, 그'지에?

— 만:치, 그거 즈 무느.

사람' 물'고, 피' 빠라머'끝?

— 예아, 예, 허, 하이구:.

그, 그'라며 인제' 그래 해 가'주고 하'고 아, 검 놈매'기 다 끔마'치고 나'며 함분' 놈미'까?

그'래어 그'날 뜨어 거 망나'일 오'늘 아치'메 이 지'브 가 가'주고, 아침부'터 가 가'주고 밤' 느또'록 해가' 얼, 쩌은, 저늑땁까'지 다: 매'고 나'며넌?

— 매:고' 또 그어 저 품'멍 치'고 또 안: 노나'.

제 그 인제 거기에 국수도 해 오고 술도 해서 이고 오고, 뭐 뭐 논머리에 갖다 놓고 여자들이 와 가지고 뭐 주고 **.

　그러면 거기 인제 논매기를 하고 그러면은 예전에 논매기를 하면은 벌레나 이런 것 와 가지고 막 물고 안 합니까?

　－ 왜 안 해.

　－ 흠 머 아 해. 그 왜 안 해.

　그, 그, 그런 것 또 쫓아, 쫓아 주는 사람도 있습니까?

　－ 그 쫓아 주기는 누가 또 그것을 쫓겠어.

　－ 그, 그 뭐 산에 가서 나무, 시퍼런 나무 그것을 끊어 가지고, 이, 어, 이것 저 삼베옷 그런 데다 여기, 여기, 등에 끼워 버리거든.

　－ 끼우면 그 덩그렇게 떠들렸잖아, 참나무 같은 것도 넣어 놓으면, 그래.

　－ 그래 가지고 인제, 그래서 하나는 옆구리 이래 하던지 여기 차고, 파리가 오면 옆의 사람 착 쫓아 주고 또 하고, 그런다.

　아, 그러면은, 아, 논 매면서 하나를 빼어 가지고 옆의 사람에게 쫓아 주고?

　－ 어, 그렇지요.

　－ 아이고, 그 그때는 뭔 파리가 또 그렇게 있나, 그것 말이야.

　－ 쇠파리 같은 것.

　에, 음, 뭐 쇠파리 같은 것, 아주 큰 것 많다, 그렇지요?

　－ 많지, 그것 저 무는.

　사람 물고, 피 빨아먹고?

　－ 예, 예, 하, 아이고.

　그, 그러면 인제 그래 해 가지고 하고 아, 그럼 논매기 다 끝마치고 나면 한 번 놉니까?

　그래 그날 또 그 만약에 오늘 아침에 이 집에 가 가지고, 아침부터 가 가지고 밤 늦도록 해서 어, 저녁, 저녁때까지 다 매고 나면은?

　－ 매고 또 그 저 풍물 치고 또 안 노느냐.

거′기쓰예?

— ***, 어, 병물 치′고, 걸′찌 지.

거 머 어, 어, 어′떠케 함′미꺼, 그 함′ 이애′기 해′ 주이스.

— 끄엄 머 꺼어 저 풍물 치′고, 함 머′르 검 메구′ 띠디′은62) 사′러 미′
꼬, 장구 띠′인 사′암디 있, 북′ 치′은 사′암드 이끄′덩.

— 끄′래 인젤 그 치′고 인젤 소리 하′곤 그 지′브로 은제, 그 지′브로 제,
주인 지′블63) 아 오′나.

— 그 지′벼, 끄 집′ 모여 이씨′마 그여뜸64) 마다′아 가 아주고 은젤 떼,
떼어, 데′구 띠드′만 주인 인제 술하′고 쏘쓰 내′ 논능 기′라.

— 내 노′머65) 귀′서 뚣 지영′66) 모′꼬 사′알 절, 저 뚜 한:참′ 노′다가, 고
쩐 내′이런 누해′ 하′자구, 내′이런 누우해′ 하′러 가자 카먼, 그래 떠 만:날′
그′러체, 머′, 그래.

가′며 인지 저녀′게너 어, 인제 거스 두불′론네 세불′롬, 시불′롬 매:고′느
그냥 술 한 잔 잡수′꼬, 그날 저′녀게 쯤: 놀다′가 인제 또 주′무신다, 그지예?

— 그′래, 그′러치, 그럼 머.

— 거′임 므 저, 저어 또 노다′간, 그′을 쩐 더 모구′도67) 어이 그리 마노
아, 모′구도 만씨′미꺼?

— 만′찌이.

— 도리′이68) 카′능 하너 이′써.

— 도리′ 거′틍 글 이께 걸먼미:고 삼만′데에69) 저′ 가가주 크 간 부쳐아
여 가즈′거 시 꺼 도리~′이 깔고 먼 시:컨70) 자′다가 새부′우71) 드로′고,
그′러타 가이꼐느.

거′므 그′때 인제 음, 보통 노′네 거 놈매′기 할′ 때 머 노래 부르응 거 쯤
아심미까?

— 이야아아 사나아아, 서어허어로오하네에에, 에헤이 후후야, 저로 하
네, 카므 인제 압쏘리에 엔즈, 해가 뜨고오오어 머 다리 뜨고 카므 인자

거기서요?

― ***, 어, 풍물 치고, 그때 저.

그 뭐 어, 어, 어떻게 합니까, 그 한 번 이야기 해 주십시오.

― 그것 뭐 그 저 풍물 치고, 한 마을에 그 꽹과리 두드리는 사람 있고, 장구 두드리는 사람도 있고, 북 치는 사람도 있거든.

― 그래 인제 그 치고 인제 소리 하면서 그 집으로 인제, 그 집으로 인제, 주인 집으로 안 오냐.

― 그 집에, 그 집에 모여 있으면 거기도 마당에 가 가지고 인제 대고, 대고, 대고 두드리면 주인이 이제 술하고 또 내 놓는 거야.

― 내 놓으면 거기에서 또 저녁 먹고 모두 저, 저것 또 한참 놀다가, 그 저 내일은 누구 것 하자고, 내일은 누구 것 하러 가자고 하면, 그래 또 만날 그렇지, 뭐, 그래.

그러면 인제 저녁에는 어, 인제 그 두벌논이나 세벌논, 세벌논 매고는 그냥 술 한 잔 잡숫고, 그날 저녁에 좀 놀다가 인제 또 주무신다, 그렇지요?

― 그래, 그렇지, 그럼 뭐.

― 그럼 뭐 저, 저 또 놀다가, 그럴 적에는 또 모기도 얼마나 그렇게 많나.

아, 모기도 많았습니까?

― 많지.

― 도롱이라고 하는 것 하나 있어.

― 도롱이 같은 것을 어깨에 걸머지고 산꼭대기에 저기 가서 그것을 갖다 붙여서, 가져가서 그 도롱이 깔고 뭐 실컷 자다가 새벽에 들어오고, 그렇다고 하니까.

그러면 그때 인제 어, 보통 논에 그 논매기 할 때 뭐 노래 부르는 것 좀 아십니까?

― "이야아아 사나아아, 서어허어로오하네에에, 에헤이 후후야, 절로 하네."[72]라고 하면 이제 앞소리에 이제, "해가 뜨고오오어 뭐 달이 뜨고."라

압싸리 하마 걸 디엔 또 이야 사네 카오 껄 그래, 그략, 끄래 하자나, 인지에.

아우, 그'어, 아이 어르'신도 예즈'네 끄어, 그 놈매'기 하'셔슬 때 그 부'른는 노래 잘 하'셔슬 꺼 가'튼데예?

— 해찌'에, 그.

목쏘'리 드러 보'며 지'금도 아짐 목쏘'리가 아'주 우렁차'고여 쪼'은데?

— 그래가즈 역 허오호호호호우우우우우주 카고 인제 떠르 댈찌 그래 한다아.

검' 머 노'네 그업 머 어떤' 경우'엡 머 노'네 가스 쯤 구불기도 함미까?

— 아이곤, 술 머'꼬, 구부'고73) 머 그르츠, 고르 즈 커 일 보토~으더74).

— 그래 가'즈 무'레 퍼등덕75) 깨브'을라꼬76), 일버'럭 홀치77) 내 가주고, 그 무'레 퍼등덕 드가'고, 그래압.

아:, 그'엄 머 농 끔 머, 놈매'기 끈'나우곧, 끈'날 때 뎀'며너 마지망 노'늘 가가' 쯤' 장'난도 침'미까?

— 쳐지'이'.

어'떤 시르 침'미까?

— 거: 머 서로' 인제 홀' 칠'해 가'주고 니: 잘 핸'니, 내 잘 핸'네 카고 인제 근 오더 점:부 글 꺼 해 가'주우 인제 그'래 장난 치'마, 글 노'네선 모 치'제.

— 구 머' 하'이다 노은 넘' 나'럭 뽈굼78) 데능가'.

— 그 우씨데'억 하'다가 이제 나오 가'주 거러'어' 가아지 모 까'믈 찌' 장남 마이' 치'제.

— 그애 하'먼 자앙79) 앙 깜'나, 모 당 깜나.

— 거 은젤' 즈, 즈 장난 치고 노다'가 거 지 보 쪼 씨'코 은제언 빠아지고80) 트 머구 머.

거 은제어 수: 난' 잠 머'꼬 언젤 그래 한다, 그'지예?

고 하면 이제 앞소리를 하면 그 뒤에 또 "이야 산에."라고 하고 그것을 그래, 그래, 그렇게 하잖아, 이제.

아이고, 그 아니 어르신도 예전에 그, 그 논매기 하셨을 때 그 부르는 노래 잘 하셨을 것 같은데요?

— 했지요, 그.

목소리 들어 보면 지금도 아직 목소리가 아주 우렁차고 좋은데요?

— 그래서 "여 허오호호호호우우우우우주"라고 하며 이제 돌아다니면서 그래 한다.

그럼 뭐 논에 그 뭐 어떤 경우에 뭐 논에 가서 좀 구르기도 합니까?

— 아이고, 술 먹고, 구르고 뭐 그렇지, 그래 저 그 이 보통이다.

— 그래 가지고 물에 퍼등덕 뒤집어엎으려고, 일부러 흙칠 해 가지고, 그 물에 퍼등덕 들어가고, 그래서.

아, 그럼 뭐 논 끝 뭐, 논매기가 끝나고, 끝날 때 되면은 마지막 논에 가서 좀 장난도 칩니까?

— 쳤지.

어떤 식으로 칩니까?

— 그 뭐 서로 인제 흙을 칠해 가지고 "네가 잘 했니, 내가 잘 했니?"라고 하면서 인제 그 옷에 전부 그것을 그렇게 해 가지고 인제 그래 장난을 치면, 그 논에서는 못 치지.

— 그 뭐 하다가 놀다 남의 벼를 부러뜨리면 되겠어.

— 그 으스대고 하다가 인제 나와 가지고 개울에 가서 목욕할 때 장난 많이 치지.

— 그래 하면 늘 안 하냐, 목욕 안 하냐.

— 그 인제 저, 저 장난 치고 놀다가 그 집에 와서 또 씻고 인제 눕고 또 먹고 뭐.

그 인제 술 한 잔 먹고 인제 그렇게 한다, 그렇지요?

― 그르치.

아:따', 그'으, 그, 그러'으, 그'때 아시놈매'기느 참' 힘들 끄'고, 그 다 아이놈매'깁 빼'곧 두불, 시불롬매'기는 그르도 쪼:곰 나'따, 그지?

　― 시불래'기넝 머 그엄 머 건 장나~'이, 술: 머어, 술: 머꺼 하능 거이지, 그은 머.

근'냔 노, 그'냥 놀:기 사'마?

　― 어허, 그, 그'어르 그'래 빠데'구81) 머 그러찌 머.

　― 거저' 저어 간 피'나 뽀'꼼 머, 서 가'주우 머 솜'마 일러'기넝 꾸므 댕기굼.

아:따', 그'때 참 이:리 만타', 그'지예?

　― 야:, 거' 그'래도 나'르얼82) 마이 멍'나.

　― 오새'엠83) 나'라기 저, 저 매상포데'이84) 거'틍 건 그래 하'만 저게' 난, 찌 오새 저, 저, 즈 매상뽀데'일 논 이:백 평'엘 열 까'쑤아, 열 깨'썩, 이 여'덜 깨득 이래 나'지만, 그'을 찌'이는85) 그'륵 해 바짜 머 비'로가 흐'나86), 머 처'넌, 켜 사'네 가즈 갱자'리87) 카'능 기 이'써, 펴, 풀 비가' 써까' 가'따, 노'네 가떠 여' 가'즈 그래 해'끄듭.

　― 비료'은 또 머' 찬 자'쪽 주능 거, 배급, 비:로'를 며'네'서 쩌, 쯤 버, 비로'을 배'그블 쭈'능 기'라.

　― 이'럼머 자'슥 욤 머 이 오새' 보'까88) 꺼'틍 기'릉 걸 여:러으 까'지, 까지 이'렁 건 동:네'로 한 여'나'음 포 나오'만 정'얼러 가'주오 마'커 함 마지'기 인자 항 그'니마 항 근', 이래 노'녀 가'주고 그래가 하'이끼네 농'사그 머'거 데'노 마'으라.

　― 그'르이끼능89) 갱:자'리 카'능 거 사'네 가아주 인제 참나무 이'퍼'리 짠 뜨 푸'를 비 가'저고 노'네 써:리어 까'주오 노온느 가을 거'뜸 가 쩌 아즈 간 놈매'기 해'일 논 써'리긴, 농' 갈:기 저'네 그'어끄 사'네 가주 풀' 해 가'주오 막 노'네 가따 까'러 가'주고 그래 갈'가가 써'쿠아90) 가'주고 거 모

‒ 그렇지.

아따, 그, 그, 그런, 그때 애벌논매기는 참 힘들 것이고, 그 다음 애벌논매기 빼고 두벌, 세벌논매기는 그래도 조금 났다, 그렇지요?

‒ 세벌논매기는 뭐 그것은 뭐 그것은 장난이지, 술 먹고, 술 먹고 하는 것이지, 그것은 뭐.

그냥 놀, 그냥 놀기 삼아?

‒ 어, 그, 그것을 그래 밟고 뭐 그렇지 뭐.

‒ 그저 저기 가서 피나 뽑고 뭐, 서 가지고 뭐 손만 일렁일렁 거리면서 다니고 뭐.

아따, 그때 참 일이 많다, 그렇지요?

‒ 예, 거기 그래도 벼를 많이 먹나.

‒ 요새는 벼가 저, 저 수매포대 같은 것 그래 하면 저게 나는, 저 요새 저, 저, 저 수매포대가 논 이백 평에 열 개씩, 열 개씩, 여덟 개씩 이래 나지만, 그럴 적에는 그래 해 봤자 뭐 비료가 흔하나, 뭐 처넣어, 그 산에 가서 풋거름이라고 하는 것이 있어, 풀, 풀을 베어 섞어서 갖다, 논에 갖다 넣어 가지고 그래 했거든.

‒ 비료는 또 뭐 조금 씩 주는 것, 배급, 비료를 면에서 저, 저 배급, 비료를 배급 주는 거야.

‒ 이 놈의 자식 요 뭐 이 요새 복합비료 같은 그런 것을 여러 가지, 가지 이런 것 동네로 한 여남은 포대가 나오면 저울을 가지고 모두 한 마지기 인제 한 근이면 한 근, 이래 나눠 가지고 그래서 하니까 농사가 뭐가 되겠냐는 말이야.

‒ 그러니까 풋거름이라고 하는 것을 산에 가서 인제 참나무 잎, 또 다른 풀을 베 가지고 논에 썰어 가지고 논은 가을 같으면 저기 아주 논매기를 해서 논 썰기, 논 갈기 전에 그 산에 가서 풀을 해 가지고 막 논에 갖다 깔아 가지고 그래 갈아서 썩혀 가지고 거기 모를 심으면 그것은 벼가

숨'머 건 나'럭 꾸꾸 쫌' 낸'데, 기'양91) 앙: 꾸떠 아 하'고 거느 버리' 껄띠'
이92) 가주 하'이 머 나'러기 나'나.

— 함 마지기' 마바'려93) 카'만 함 마지겔' 나'럭 두: 가'마이, 두: 가'마이
머'어끄덩.

— 그'야면 땀 마 함 마지게' 쌀' 항' 가'마이 반, 머 이'래, 이'래 나오'이
끼니 오새'느 함 마지게' 쌀' 니:94) 가'마이썽95) 나오'는데.

그'엄 머 날' 쑤가 엄:청 차'이 난다, 그?

— 그'르치.

비료' 안 하'니가 그'러테, 그?

— 그'을 찐 차::알, 농'사 잘: 미'야 쌀 두 가'마이 마버'러 카'그더, 두
가'마이 나온데.

아, 갱:자'리 그거 아, 마네 함마느?

— 으아, 야, 아도 검 마 한' 뚜 가'마이 나오'고 그'르치면 오새'는 머 구
무 기'양 해'도 쌀' 니 가'마이, 니: 가'마이 반'썽 나오'이기니 그' 느므 자'
쓰 그'리, 그리이 머 지'쁘.

검' 갱자'리 하'러도 마이' 가'셔씀미까?

— 사'네 가'여 하'에젬, 머' 똠 므.

— 위'까96) 가' 이'지온97) 그 짠대'미도98) 미:고, 머 밀'때 카'능 그으 가
주 짠대'미도 미고 멀.

머 주'로, 머 어, 감'며너 머 해가 옴'미까?

— 아'우, 사'네 가'음 모 뚜 붐, 보'메 가'멈99) 머 둠 풀', 폴 푸'르가 안
나오'나.

— 그능' 거' 머'엄, 므 조옹 막, 막' 매'이100) 데.

— 싸:리' 입'써, 싸:리' 그거하'고 참나'무 이'쁘101), 그어즈더거 오램102)
막 입쒀 그능 거 먼, 그릉 걷', 시퍼'렁 건' 나오'능 건' 다: 비'제.

— 비' 가'주구 인제 노'네 가'떤 버'어'103) 로'우먼 쩨104) 논' 가'을 찌'게

그것 좀 나는데, 그냥 아무 것도 안 하고 그 놈의 보리 그루터기 가지고 하니 뭐 벼가 나겠어.

－ 한 마지기의 소출이 마바리라고 하면 한 마지기에 벼 두 가마니, 두 가마니를 먹었거든.

－ 그러면 딱 뭐 한 마지기에 쌀 한 가마니 반, 뭐 이래, 이래 나오니까 요새는 한 마지기에 쌀 네 가마니씩 나오는데.

그럼 뭐 수확량이 엄청 차이 난다, 그렇지요?

－ 그렇지.

비료를 안 하니까 그렇다, 그렇지요?

－ 그럴 적에는 잘, 농사 잘 지어야 쌀 두 가마니 마바리 한다고 하거든, 두 가마니 나오는데.

아, 풋거름 그것을 안, 많이 하면은?

－ 예, 예, 아주 그 많이 해야 두 가마니 나오고 그렇지만 요새는 뭐 그 뭐 그냥 해도 쌀 네 가마니, 네 가마니 반씩 나오니까 그 놈의 자식 그래, 그러니 뭐 저.

그러면 풋거름 하려고도 많이 가셨습니까?

－ 산에 가서 해야지, 뭐 또 뭐.

－ 위쪽멧갓에 가 가지고 그 잔대도 밀고, 뭐 고무래라고 하는 그것 가지고 잔대도 밀고 뭐.

뭐 주로, 뭐 어, 그러면은 무엇을 해서 옵니까?

－ 아유, 산에 가면 뭐 또 봄, 봄에 가면 뭐 그 풀, 풀이 푸르게 안 나오나.

－ 그런 것 뭐, 뭐 좋은 것 막, 막 매야 돼.

－ 싸리 잎사귀, 싸리 그것과 참나무 이파리, 거기에다가 쪽 잎사귀 그런 것 뭐, 그런 것, 시퍼런 것은, 나오는 것은 다 베지.

－ 베 가지고 인제 논에 갖다 부어 놓으면 인제 논 갈 때에 그것을 흩

거'드 헌'치가주 갈거 인 그래 노'만 거쓰 가'러가즐 사'이나온105) 내저' 모
수마' 넘'만 무'리 세::파라'게 울라'안따 까'이, 예, 그.

아, 그 이파'림 물'잉고네?

— 거'서 우'리남 물, 예, 에, 어서아즈 끄아::맘 무'리 나'거두.

— 그언' 나'라 그'르도 한 두어 가마이 쩐 쌀' 헌 두어' 가엠 머'꼬, 앙:
꾸더 업씨~'이 버리' 끌때~'이 핸'능 거는 개코'도 머' 후제'마106) 나고 나'
악 데'드 아 하 그래.

— 그'리이 갱자'리 하러 거 봄' 데멈 먼 논, 사'네 마여 머 까'지 머'.

아:, 그 이'기 보'메 갱자'리 하'로, 그어또 이:리' 만:타, 그'지예?

— 마'안치, 머'을러 카망 곤수멀 까 망 그러 데어.

아:, 그', 그'래 따지며'는 요즈'믄 참' 이리' 엄는' 펴'니다, 그지?

— 그르'치, 그'을 찐 하이거::, 어, 쌀' 항 가매 머'을러 카'먼 참' 처, 주
거난'다, 아이고, 쩌 근.

— 버리' 갈:라 카'먼 그거 인제 끈나'먼 똥, 뚜 끄 거름' 모'으거든.

— 거름', 이 노'무107) 자'쓱 사'네 가즈 비: 가'주곤 풀' 비:다' 여' 해 가
주곤 써:리'가 써카' 가'주고 글 쫌 일'쩨 때 그 이 쯔, 그' 넘무 자'슥뜰 그
아:무108) 또 안 데'네, 마, 머.

— 하'러 칸데, 강제'러 마'이라109).

— 테비'루110) 해' 가주운 자'이111) 재' 노'콘 민, 미, 미 찜, 미 찌'베르
농'사 엄멘'데, 엄'매석 하러 칸'다 카'이.

— 강제'르 마'.

테, 일쩨시대부'터?

— 예, 아으아, 그래, 가께르 하, 무무.

테비', 저쭈' 가'서 또 여, 여'르메는 모싱'끼 해나 나 나고 또 풀' 베'러 가
'애덴네?

— 가'여, 가'이 데'그마, 거름', 버리 꺼룽'112), 버리 꺼름' 여'애 덴'다

여서 갈고 인제 그래 놓으면 거기에서 갈아서 삭여놓은 나중에 모 심어 놓으면 물이 새파랗게 올라온다니까, 예, 그.

아, 그 이파리의 물이니까?

— 거기에서 우러난 물, 예, 예, 거기에서 까만 물이 나오거든.

— 그것은 벼 그래도 한 두어 가마니 저 쌀 한 두어 가마니 먹고, 아무 것도 없이 보리 그루터기로 한 것은 개코같이 뭐 쭉정이만 나고 이삭은 되지도 안 하고 그래.

— 그러니까 풋거름 하러 그 봄 되면 뭐 논, 산에 많이 막 가지 뭐.

아, 그 이것이 봄에 풋거름 하러, 그것도 일이 많다, 그렇지요?

— 많지, 먹으려고 하면 곡식을, 많고 그렇게 돼요.

아, 그, 그래 따지면 요즘은 참 일이 없는 편이다, 그렇지요?

— 그렇지, 그럴 적에는 아이고, 어, 쌀 한 가마니 먹으려고 하면 참 죽, 죽어난다, 아이고, 저 그.

— 보리 갈려고 하면 그것 인제 끝나면 또, 또 그 거름 모으거든.

— 거름, 이 놈의 자식 산에 가서 베 가지고 풀 베다가 여기 해 가지고 썰어서 썩혀 가지고 그것을 또 일제 때 그 이 저, 그 놈의 자식들 그 아무 것도 안 하면 또 안 되네, 뭐, 뭐.

— 하라고 하는데, 강제로 말이야.

— 퇴비로 해 가지고 자로 재 놓고 몇, 몇, 몇 집, 몇 집에는 농사가 얼마인데, 얼마씩 하라고 한다니까.

— 강제로 막.

퇴비, 일제시대부터?

— 예, 예, 그래, 강제로 하는, 뭐.

퇴비, 저쪽에 가서 또 여, 여름에는 모심기를 해 놓아 놔 놓고 또 풀 베러 가야겠네요?

— 가야지, 가야 되고말고, 거름, 보리 거름, 보리 거름 넣어야 된다고

그앙께.

아:, 보리′ 껌′ 하′로 여, 여′르메 감′머 거 보리 거름 하′러우 거또 머?

— 오새′ 거′츠만[113] 멀 만:날 풀′ 비′능 기, 풀′ 비′더[114] 지′베 테비 하능 기 이리′지에, 머, 머, 저문.

— 아쯔, 아침 지여′으러[115].

거′르니까 맏 도랑′ 가′튼 데 풀′ 비 하나또 어선′데, 요주머 온동:?

— 그′리, 그′올′[116] 짐 푸리 어딘노′.

— 소′ 미갤′러[117] 케도 소 풀 할′러 카′므 쩌 운: 데, 짜, 쪼, 저겐′데, 오새′느 점 풀′ 구디~[118] 아′이가, 머.

으야, 오움 머 오, 기르레도 풀′ 거드′이고?

— 저′ 위기다도[119] 풀′ 머 열 찜 더한′다.

크′걸 옌:날 가′트며는 점′부 다: 베′여 가 뿌고 하나′또 업슬 끈?

— 하나′떠 업:지.

— 도레′[120] 바:알강′ 여′꾹데도[121] 업′서은데 머, 건 비′ 가주우 풀′ 라′머[122] 다 비자, 거름′ 해 뿌 그′라이끼네 머.

거름 하그나′ 앙 가믄 소′?

— 소 자′, 쪼미 자 뿌고.

소′ 꼴′ 하′그나 그래 한다, 그′지예?

— 여, 야, 그′르이.

아:따′, 그′래 따지′며너 정′말로 요즘머?

— 너믈′, 너′므 판′치, 머, 너그[123] 살기 조체, 머, 어이그.

그′르가 인제 그′어멱 아까′ 그 지′슴 매:능 게′ 소, 에저′네 소′느로 핸′는데, 기게 까′주고도 지′슴 매′씀미까?

— 여 밀:고[124] 아자 일[125], 유가[126] 쩌 해방데′고드 그 나오드′르.

— 기′게 이래′ 요′랜, 요래으 저 바리 요래 성 요긴 똘, 도루룩 돌기 우, 도러가′능 기, 빨뜽′[127] 두 너′찔, 걸′ 미만′ 도루루, 도루 카′미 요기′, 요기

그러니까.

아, 보리 거름 하러 여, 여름에 그러면 보리 거름 하러 그것도 뭐?

ㅡ 요새 같으면 뭐 만날 풀 베는 게, 풀 베서 집에 퇴비 하는 것이 일이지요, 뭐, 뭐, 전부.

ㅡ 아침, 아침과 저녁으로.

그러니까 뭐 도랑 같은 데 풀을 베어서 하나도[128] 없었는데, 요즘은 온통?

ㅡ 그래, 그럴 적에는 풀이 어디 있냐.

ㅡ 소를 먹이려고 해도 소 풀 하려고 하면 저기 먼 곳, 저, 저, 저기인데, 요새는 전부 풀 구덩이 아니냐, 뭐.

예, 요즘은 뭐 어, 길에도 풀 구덩이고?

ㅡ 저 윗길에도 풀 뭐 열 짐 더한다.

그걸 옛날 같으면은 전부 다 베어가 버리고 하나도 없을 것이고?

ㅡ 하나도 없지.

ㅡ 도랑에 빨간 여뀌도 없었는데 뭐, 그 베 가지고 풀 나면 다 베지, 거름 해 버리고 그러니까 뭐.

거름 하거나 안 그러면 소 풀?

ㅡ 소 줘, 조금 줘 버리고.

소 풀 하거나 그래 한다, 그렇지요?

ㅡ 예, 예, 그래요.

아, 그래 따지면은 정말로 요즘은 뭐?

ㅡ 너무, 너무 편하지, 뭐, 너무 살기 좋지, 머, 아이고.

그래서 인제 그러면 아까 그 김을 매는 것이 손, 예전에는 손으로 했는데, 기계를 가지고도 김을 맸습니까?

ㅡ 여기 밀고 인제 일제, 육이오, 저 해방되고 그 나오더라.

ㅡ 기계 이래 요래, 요래 저 바퀴가 요래 생긴 요게 돌, 도르르 도는 게, 돌아가는 것이, 바퀴 두 개가, 그것을 밀면 도르르, 도르르라고 하면

게 요'래 쾅쾅쾅 찌'브 가즈 닝'긴다129) 카'이게, 요, 요지 요으가.

— 고고 인제 놈매'이130) 기'게 카'능 거, 고귀 파러따 카'이끼네.

— 고, 과, 거 전 제 곤 고롱매'중131) 다: 댕'기니그더132).

— 정조'시우루133) 수만능134) 거'는 쪼, 요'래도 쪽:빠'르거, 요'래 쪽:빠
르 그이 정조시'이그등.

— 걸:러' 매: 뿌'므 요'래 함'번 해 뿌'고, 두불'론135) 햐 니 요'래 해 뿌'
마 칼뚜 맬 꺼 업:서'.

아:, 기'게가 소용'이 인'네예?

— 여', 이'서, 소용'이 이'서따 카'이, 그르.

— 그워 사무'136) 이'산는데, 우리덕, 우리' 사무 그'얼르 매'끄덩.

— 끄'어 인제' 열 구엄 즈 이그 유'르 가면 요'래 하, 옥, 아'이넌137) 요
짜'를, 욜:롬 매:고, 거 정죽심'마 두 분'째느 이 욜'러 미러 뿜'마 꺼 머' 지'
심 다 미'러 뿌짜녀.

— 머 하'도138) 업찜' 머'.

— 꺼 여 모 피'가139) 사너꺼 상140) 무 뿌'떤누 그어늠 머 녀 저을 머
건 지대'르 질'도141) 모 씨'고, 그래유 다: 매 뿌'고, 그리, 그래어 머 그얼
해 뿌'이 수'얼꺼.

그'영 모싱'끼도 이걸 똑빠'로 잘 시'머야 덴'다, 그치?

— 그, 그'려, 기'게로 수물' 캄'142) 잘: 수마'애 데'지 머.

— 농', 그'또 논'도 그'제, 미반뜩항 건 돈' 데.

— 이, 이 꿀'렁꿀러항 건 데'도 안 해, 그거는.

거:능 기'게아 하'도 모 하게쓰미, 그지?

— 그리, 그'어늘.

메' 뿐 하'다 봄며너 할 끄'도 어코'?

— 크르, 그 이그 머' 가라 버'임143) 무 또 노뚜'이고 머 이'른데144), 그'
언 줄모'도 안 데'고, 그릉' 거'또 몸 매, 그어느145) 홈매'이146) 매'이 데'고.

서 요게, 요게 요래 쾅쾅쾅 집어 가면서 넘긴다고 하니까, 요, 요게 요렇게.

— 그것 인제 논매기 기계라고 하는 것, 그것을 팔았다고 하니까.

— 그, 그, 그 저 인제 그것은 고랑마다 다 다니거든.

— 정조식으로 심은 것은 똑, 요래도 똑바르고, 요래 똑바른 것이 정조식이거든.

— 그것으로 매 버리면 요래 한 번 해 버리고, 두벌논매기 할 때 요래 해 버리면 하나도 맬 게 없어.

아, 기계가 소용이 있네요?

— 예, 있었어, 소용이 있었다고 하니까, 그래.

— 그 사뭇 있었는데, 우리도, 우리도 사뭇 그것으로 맸거든.

— 그 인제 여 거기 저 요래 가면 요래 하, 어, 애벌논은 요쪽으로, 요쪽으로 매고, 그 정조식이면 두 번째는 요리로 밀어 버리면 그 뭐 김 다 밀어 버리잖아.

— 뭐 할 것도 없지 뭐.

— 그 여 모 포기가 사납게 늘 뭐 붙은 그것은 뭐 여기 저기 뭐 그것은 저절로 길도 못 쓰고, 그래 다 매 버리고, 그래, 그렇게 뭐 그것을 해 버리니까 수월하고.

그럼 모심기도 이것 똑바로 잘 심어야 된다, 그렇지요?

— 그, 그래, 기계로 심으려고 하면 잘 심어야 되지 뭐.

— 논, 그것도 논도 그렇지, 네모반듯한 것은 돈이 돼.

— 이, 이 구부렁구부렁한 것은 되지도 안 해, 그것은.

그것은 기계로 하지도 못 하겠습니다, 그렇지요?

— 그래, 그것은.

몇 번 하다 보면 할 것도 없고?

— 그래, 그, 이것 뭐 갈아 버리면 뭐 또 논둑이고 뭐 이런데, 그건 줄모도 안 되고, 그런 것도 못 매, 그것은 호미로 매야 되고.

그, 꼬′러이 그으 논′도 빤드빤드다거 덜롱′ 가틈며나 일꼬′리아 저:꼬′?

– 그래, 그르이.

– 그′래 가주일 농′지, 경지 젱니 캬′능 게 안 생′견나.

– 그′래 가주 니모 바뜩바뜨하′이 정니덴 그앤 다주고, 그′래 가′주 게이, 그′래 가′주 머 해′찌.

– 그′을′ 찌느 오′르 넌 어딘′느.

– 여: 아페드 첨′부 요′래뚜, 요래:, 이기.

아:, 이 아′페도 경지 정니하′기 저′네넘 머?

– 점′부 유임 지 요, 요, 요거, 요, 이래 뿌′꼬, 요′래 부꼬 머, 반:달 그′꼬 이래끄′드.

– 첨′부 이′랜데이 경′지 정니해가지 니147) 빠뜨뻐타지 머.

가′므 여이 경지 정니한′지 오리데′찌예?

– 한: 삼′심 년드, 하나으 사:심 년 데′찌, 이자.

아:, 감′ 여′게느 글도 경지 정니 드리′니깜 빨리 데′따, 그지아?

– 여, 이흐, 여, 일, 일찍 해인, 아, 일찍 해써이, 예, 그래, 여, 예.

– 여′거 구리하′고148) 여′ 대구 괌무′이그덩, 그′르이겐 여어 머.

크, 크′르이까 이 그′르도 여′기넙 경지 정니을 빨′리 해따, 그지?

– 빨르, 빨리 해따, 그래.

– 한: 사:심 년 데′찌, 이그 머쓰.

그′ 그′엄면 벼 인제 그′러가 멈 모싱′끼 하′고 해 가주고′ 그 다임 젙 벼 베′기, 가을 데′며 인저 벼 베기 할′ 꺼 아임미까′?

– 벼 베그149) 하′지.

벼 베′기너 에저′네 어′떠케 해′씀미까?

– 엔:나′레는, 우리 쪼매꿈할′ 찌′이는 저, 저, 저, 저, 머고, 이래 발른′ 기′게기 이′써써.

– 발쁘아150).

그, 그러니 그 논도 반듯반듯하고 들논 같으면 일거리가 적고?

— 그래, 그러니.

— 그래 가지고 농지, 경지 정리라고 하는 것이 안 생겼냐.

— 그래 가지고 네모 반듯반듯하게 정리해서 그래 해주고, 그래 가지고 경지, 그래 가지고 뭐 했지.

— 그럴 적에는 옳은 논이 어디 있냐.

— 여기 앞에도 전부 요랬어, 요래, 이게.

아, 이 앞에도 경지 정리하기 전에는 뭐?

— 전부 여기 저 요, 요, 요것, 요, 이래 버리고, 요래 버리고 뭐, 반달 같고 이랬거든.

— 전부 이랬는데 경지 정리해서 네모 반듯반듯하지 뭐.

그러면 여기 경지 정리한지 오래됐지요?

— 한 삼십 년, 한 사십 년 됐지, 이제.

아, 그럼 여기는 그래도 경지 정리가 들이라서 빨리 됐다, 그렇지요?

— 여기, 어, 여기, 일, 일찍 했어, 아, 일찍 했어, 예, 그래, 예, 예.

— 여기가 군위하고 여기 대구 관문이거든, 그러니까 여기 뭐.

그, 그러니까 이 그래도 여기는 경지 정리를 빨리 했다, 그렇지요?

— 빨리, 빨리 했다, 그래.

— 한 사십 년 됐지, 이것 뭐.

그 그러면 벼 인제 그래서 뭐 모심기 하고 해 가지고 그 다음 저 벼 베기, 가을 되면 인제 벼 베기 할 것 아닙니까?

— 벼 베기 하지.

벼 베기는 예전에 어떻게 했습니까?

— 옛날에는, 우리 조그마할 때는 저, 저, 저, 저, 뭐냐, 이렇게 밟는 기계가 있었어.

— 밟아.

아:니', 빠, 아니, 그거 벼' 베:기?

— 나'수루151) 베'찌, 머, 나'수로.

점무 다:?

— 나수'어 디가'152) 까'러짜나.

— 이'래, 요'래, 이래 가'주온 달, 다'숨, 요애가 인저 다'서 꼴'153) 나가만154) 열 피'이 안 지나'.

— 요기' 두 피'석 캄프 딱 낙' 거머진 데 시: 피'이155)도 땡'기고, 두 피'드 땡기 그라그동.

— 구'래 다서 쭈를 이'랜 요오섬 츠 하나', 두:리', 서이', 너이', 다'서 쭈이마 한' 줌 데그'덩.

— 고르 가' 요 노'므 깔리'자너.

— 또 이래 어래가156) 또 빨루고.

— 그'래어 처 일'차 나가'고 이차', 삼차' 고 쭈:: 나가'마 인체 주'리 쪽: 줄'루 짜 안 데'나.

— 거르 가'157) 이제 나'라기 인제 다 마든'다, 인제.

— 거: 까르 노'마158) 암 마르'나, 그제'.

어:, 인제 나'락 베 가'주오 인제 넝기 노'옴멘 ***?

— 어:, 그래 미'칠 데'마 마른'다.

— 우에 마르'만 중 고래 고마 인저 그 마르'마 인제 쫌 인제 고오섬 지:까'주고 또 요마꿈 하'이 무꾼능'159) 기'라.

고 깨딴이미까?

— 깨스, 께'딴.

— 요'래 요', 요 무까' 가준, 무까' 가주 인제 나 둠'마, 고르 노'꼬 은제 또, 그올, 나'라글 말룰'러 카'마 골슈꿈 노'네더 요래 서'우멍 때느, 요'래 서'아가 당:그'래160) 카'능 기 이드, 당:그'래어 카'그덩.

고' 당그'래예, 그 머?

아니, 밟는, 아니, 그것 벼 베기?

— 낫으로 벴지, 뭐, 낫으로

전부 다?

— 낫으로 베어서 깔았잖아.

— 이래, 요래, 이래 가지고 다섯, 다섯, 요래서 인제 다섯 고랑을 베어나가면 열 포기 안 쥐냐.

— 요게 두 포기씩이라고 하면 딱 낫 거머쥔 데 세 포기도 당기고, 두 포기도 당기고 그러거든.

— 그래 다섯줄을 이래 요기에서 저 하나, 둘, 셋, 넷, 다섯줄이면 한 줌 되거든.

— 그래 가지고 요기 놓으면 깔리잖아.

— 또 이래 요래서 또 깔고.

— 그래서 저 일차 나가고, 이차, 삼차 그 쭉 나가면 인제 줄이 쪽 줄이 짝 안 되냐.

— 그래 가지고 이제 벼가 인제 다 마른다, 인제.

— 거기 깔아 놓으면 안 마르나, 그렇지.

어, 인제 나락을 베 가지고 인제 뒤집어 놓으면 ***?

— 어, 그래 며칠 되면 마른다.

— 어떻게 마르면 저 그래 그만 인제 그 마르면 인제 좀 인제 거기에서 짚을 가지고 또 요만큼 하게 묶는 거야.

그것이 볏단161)입니까?

— 볏단, 볏단.

— 요래 요, 요 묶어 가지고, 묶어 가지고 인제 놔두면, 고래 놓고 인제 또, 그걸, 벼를 말리려 하면 그것을 논에다가 요래 세우면 되는, 요래 세워서 낟가리라고 하는 게 있어, 낟가리라고 하거든.

그 낟가리, 그 뭐?

— 어, 당:그리 요래 해 노'먼 나'륵 이사'은162) 요랜, 집'또 마르'고 이삭 '또 마르'고 그러우, 고고'느 해으 나:도따' 그래가주 인자 논:뚜'우 그래 나 따 버리' 다: 갈:고, 버리' 가'안163) 디에' 시'르달 띠디'리그덩164), 지'베서.

— 검' 발릉' 기게 까'주 에용웨영165) 까'머 인제 지'비166) 띠드'러 붐 나 륵또 다 마르'고 집'또 마르'고 그'으꼬.

— 고오'르 그르코, 앙 그르 하'안더는167) 또 거'서 고'마 대부'네 해가주 지'베 가'주 가여 띠디'러 사'암 디'꼬, 그르타 카'이.

— 그'릉 건 싸'암들 나'러글 또 지바'에168) 말라'애 데'고.

— 그어'는 또' 흐~'이169) 그래'도 마거170) 지'베 와가주고 그마 띠드'르 고 버리 가고 이'라'ㄴ더, 그 마:'는 사'러멀 할: 쑤 업씨 당:그래 하'고.

— 우린' 마:꺼 당그'래 해'써, 쪼매 해'도 매:171).

당:그'래 해 나'움 빨리 마른'다, 그지?

— 요'래 여' 수아172) 노'먼 이상'스 또하릉 마르자너.

— 마르'멍 곧, 그 짚'또 새:파'러이 마르'고, 사부'도 잘 무꼬173).

구르가 인자' 보리' 가르 너'코 인자 당:그'리 핸 나은능 거 인자 다'시 타: 작한'다, 그'지에?

— 어', 벌' 거'을, 부 군, 벌' 다: 가르 노'코 이제 그 찌베'이 은, 찌, 쑤 저, 소'르 찌 시'러다가 거 함멀 타작함'머, 그떠 타자'드 잘: 때', 잘: 말러 가'주우.

언, 잘: 떠'러지게따, 그지?

— 예, 그래 가'주 인제 가'마이 너꼬'174), 두지'175) 카'는 뇨, 우리' 두지' 이'써써.

— 두지'에 인젤 탁 퍼여' 논능 기'라.

— 딱: 퍼여' 가'주고이 그래 너'임므 찌'이루 가'머 인제 정'미소서 와 가 지고 이제 오'늘 미 까'마이 찌'인느 캄' 저어'가176) 와 가저이 퍼내' 가'주 찌:간 쌀' 가뜨 주'고.

– 어, 낟가리를 요래 해 놓으면 벼 이삭은 요래, 짚도 마르고 이삭도 마르고 그렇고, 그것은 해 놔두었다가 그래서 인제 논둑에 그래 놨다가 보리 다 갈고, 보리 간 뒤에 실어서 두드리거든, 집에서.

– 그 밟는 기계를 가지고 애용애용 하면서 인제 집에서 두드려 버리면 나락도 다 마르고 짚도 마르고 그렇고.

– 그것은 그렇고, 안 그런 사람들은 또 거기에서 그만 대번에 해서 집에 가지고 가서 두드리는 사람도 있고, 그렇다고 하니까.

– 그런 것은 사람들이 나락을 또 집안에서 말려야 되고.

– 그것은 또 흔히 그래도 모두 집에 와서 그만 두드리고 보리 갈고 이러는데, 그 많은 사람은 할 수 없이 낟가리를 하고.

– 우리는 모두 낟가리를 했어, 조금만 해도 역시.

낟가리를 해 놓으면 빨리 마른다, 그렇지요?

– 요래 여기 세워 놓으면 이삭이야 노랗게 마르잖아.

– 마르면 고, 그 짚도 새파랗게 마르고, 소도 잘 먹고.

그래서 인제 보리 갈아 놓고 인제 낟가리를 해 놓은 것 인제 다시 타작하다, 그렇지요?

– 어, 보리 갈고, 보리 그것을, 보리 다 갈아 놓고 인제 그 집에 어, 저, 소 저, 소에 실어서 그 한 번 타작하면 그것도 타작도 잘 돼, 잘 말라 가지고.

어, 잘 떨어지겠다, 그렇지요?

– 예, 그래 가지고 이제 가마니에 넣고, 뒤주라고 하는 여기, 우리도 뒤주가 있었어.

– 뒤주에 인제 탁 퍼 넣어 놓는 거야.

– 딱 퍼 넣어 가지고 그래 놓으면 찧으러 가면 인제 정미소에서 와 가지고 인제 오늘 몇 가마니를 찧는다고 하면 저희가 와 가지고 퍼내 가지고 찌어서 쌀을 갖다 주고.

어, 두지′에 인제 그거 다: 지버너′코?

— 여 노치, 그래, 예, 예, 예.

거′ 벼 베′기 가틍 경우′에 나: 까′주고 벨 꺼 아임미까′?

— 글, 나 까′ 비:지[177].

그′은 나 까′우 벰′며너 한, 한 사′러미, 잘 베′는 사′람마 한 얼′마나 벰′미까?

— 잘 베′은 사′암 두: 마지′기.

하루′에?

— 야.

아침 일′쯩꼬 나아가′ 그′러쓰미꺼?

— 으, **, 두 마지기.

아:, 그러′며너 어, 머 여러 사′람 부트가′ 그어′또 벨러며엉, 그어′떠 쫌?

— 아:이고, 그워′떠[178] 쩌, 구워′뜨 힘:드러.

— 나′럭[179] 삐′능 거 얼′매이 끋, 나락 잘: 떼′믄 솜머′기[180] 휘: 도러간′ 더 카′이껜, 이기′.

— 아:, 이기′[181] 나′러기, 나락 켜′리, 여 크′이께 나럭 이사′기 여 뚜 거 무지′이[182] 기 이여 함′머 솜:모′겨하 우′시[183] 도러간′다 카′이껜.

아, 솜모′기 우리:하′고 이′르케테?

— 이야, 예, 도′르간드.

— 끄리 가′ 촥 거쓰 잘한 사′러먼 먹 꾸러안즈가이 비가′ 노′꼬 하즈, 그 래 우리′늠[184] 머′ 그름 모 오, 거른 나찌′릉 그 이 크′ 잘: 모 해′끄덩, 그.

그 허′리, 욥, 요두, 무릅′또 아프′고 허′리도 아′커에따, 어지?

— 아푸′고[185] 마, 조즈안′즈[186] 비′은데, 그예.

이러 할, 할′라 그아′머, 그′지에?

— 야, 아푸′고 마고이.

— 그거′ 함부′ 이멈 무′르파하우 다리′드 아퍼, 그어.

그르케′따, 그′지에?

어, 뒤주에 인제 그것을 다 집어넣고?

― 넣어 놓지, 그래, 예, 예, 예.

그 벼 베기 같은 경우에 낫을 가지고 벨 것 아닙니까?

― 그래, 낫 가지고 베지.

그렇게 낫 가지고 베면은 한, 한 사람이, 잘 베는 사람은 한 얼마나 벱니까?

― 잘 베는 사람은 두 마지기.

하루에?

― 예.

아침 일찍 나가서 그렇습니까?

― 응, **, 두 마지기.

아, 그러면은 어, 뭐 여러 사람 붙어서 그것도 베려면은, 그것도 좀?

― 아이고, 그것도 저, 그것도 힘들어.

― 나락 베는 것이 얼마나 그, 나락 잘 되면 손목이 획 돌아간다고 하니까, 이게.

― 어, 이게 벼가, 벼가 크니, 여기 크니까 벼 이삭이 여기 또 감아쥐니까 이것이 이래 하면 손목이 많이 돌아간다고 하니까.

아, 손목이 욱신거리고 이렇겠네요?

― 예, 예, 돌아간다.

― 그래 가지고 촥 그것을 잘하는 사람은 뭐 꿇어앉아서 베어 놓고 하고, 그래 우리는 뭐 그렇게는 못 하고, 그런 낫질은 그 이 그 잘 못 했거든.

그 허리, 요기, 요기도, 무릎도 아프고 허리도 아팠겠다, 그렇지요?

― 아프고 마고, 주저앉아 베는데, 그것이.

이래 할, 하려고 그러면, 그렇지요?

― 예, 아프고 마고.

― 그것 한 번 베면 무르팍하고 다리도 아파, 그것.

그렇겠다, 그렇지요?

— 그리.

그아'면 낙', 끄으또, 머 연장'도 조'야 델 꺼 아임미까?

— 그'래, 그어'떠 잘: 뜨'러애 데'지.

구'운 저 아, 거'이 수또'림 늘: 갈'고 해'애 데겐'네?

— 꾸어 우 수뚤하'우187) 물하'우 가따 노구 를, 함 무 가'따 와' 여업쁘 갈:고 머 두 붕 가따아 간: 사'람 니'끄, 늘: 가'르애 데'지 머.

음, 그래좀 하'이뜬 그때 그래가 인제 당:그'리 해 가주고 타자'어글 인제 예저'네너 점'부 발:로'?

— 발:버쩌'나.

발:른' 탈곡끼 까 해'따, 그'지에?

— 그'르치.

그 발:른' 탈'곡끼 말:고'느 은제 머?

— 거고 말:고'능 거 은저 우리'더 샤: 가주뜨 그 판:188), 내삐'리 뿌고, 인제 저어, 저, 저, 저 게웅'끼에189) 미'아가저190) 항 기 이짜'나, 게웅'끼 메가.

아, 여, 이, 그 동:녁' 그 해 가'지고?

— 에아, 그'래, 게으껜뜨 미'아 노'우맏191) 간 짝숨 맏 중:: 녀'므192) 이 짜르 머 이 지피 디 노우193) 나라거 그어때어 딱.

음, 자'동으로 나'랑 나오'고?

— 자, 나랑 머 거 나우저.

거'므 그그'너 훨:신 인'젬 머 어?

— 워려우, 우리'우 구으 까'지고도 그게 기게이리, 우리'간 여' 두 부, 두 번째 샤'쩨, 우리가.

— 여'은, 녀 딸, 다른 사'암 샤 가주곤 우리'거 두: 번째 샤 가주, 우리' 더 돈: 쫌' 머 거뜨, 걸 땡'깁 쫌' 버리 나'머이 쫌' 해 자:써'194).

아, 그'때는 쫌: 탈곡 기'게가 업쓰'니까 그 빨'리 할 수 이스'니까 또 다른 지'베, 다: 하'고 남 다른 지'비두 쫌 하'고?

- 그래.

그러면 낫, 그것도, 뭐 연장도 좋아야 될 것 아닙니까?

- 그래, 그것도 잘 들어야 되지.

그럼 저 어, 거기 숫돌에 늘 갈고 해야 되겠네요?

- 그래 왜 숫돌하고 물하고 갖다 놓고 물, 한 번 갔다 와서 여기 갈고 뭐 두 번 갔다가 가는 사람도 있고, 늘 갈아야 되지 뭐.

음, 그래도 하여튼 그때 그래서 인제 낟가리를 해 가지고 타작을 인제 예전에는 전부 발로?

- 밟았잖아.

밟는 탈곡기를 가지고 했다, 그렇지요?

- 그렇지.

그 밟는 탈곡기 말고는 이제 뭐?

- 그것 말고는 그 인제 우리도 사 가지고 그 밟는 것, 내버려 버리고, 인제 저, 저, 저, 저 경운기에 매어서 하는 것이 있잖아, 경운기에 매어서.

아, 여, 이, 그 동력을 그 해 가지고?

- 예, 그래, 경운기에 매어 놓으면 그 짝 뭐 죽 넣으면 이쪽으로 뭐 이짚이 뒤로 나오고 이삭은 그대로 딱.

음, 자동으로 이삭이 나오고?

- 자, 이삭 뭐 그 나오지.

그러면 그것은 훨씬 인제 뭐 어?

- 우리가, 우리가 그것 가지고도 그것 기계를, 우리가 여기서 두 번, 두 번째 샀지, 우리가.

- 여기, 여기 다른, 다른 사람 사 가지고 우리가 두 번째 사 가지고, 우리도 돈 좀 뭐 그때, 그걸 당겨써서 좀 벌어 놓아서 좀 해 줬어.

아, 그때는 좀 탈곡 기계가 없으니까 그 빨리 할 수 있으니까 또 다른 집에, 다 하고 나면 다른 집에도 좀 하고?

— 어요, 하'드195), 해 돌'러 칸' 사'음 마네.

마'냐게 예저'네 그럼며너 이 경웅'기에 그 동:녁 이러 해가' 하능 거 말:고, 그그너 이'래 이 멈미까', 어, 바라'메 자'동으로 이 지빌 지 르노, 집' 나오'고, 나'렁 나럭때'로 나오지예?

— 끄래.

그 다'음메 뿍띠'이 거'튼 날러가'고?

— 어.

끄'은데 옌:날 이거 멈미'까, 이그 발:른 타자어, 탈'곡기, 이그너 함'며너 뿍디기하'고 그하'고 막: 서끼'지예?

— 구'래 뚤 띠디'리만196) 쯔 여 저 곰 비'테 자꾸 얼그'러지그더197).

— 뿌끼'하그198) 어르지능 게르.

— 어으'르지며 인저 까꾸'리199) 가'주고 사람드 거 끄 차'꾸 끄러 가주고 이'래 이'래 땡'기마 대비 가'주고 삭:싹: 씨르200) 내'이201) 덴'다 가이.

— 씨르 내'믄 데'.

뿍띠'너?

— 예, 뿍띠' 뿍띠' 덴 짜꾸' 씨르 내:고, 저'윽 뿍띠' 뿍띠대'로 모'오고, 그 점 나'러이202) 쫌' 미:203) 그'치.

— 뚬 며: 그'치 스보:우카기 이른, 내저 가'마 한 열' 마지기'으, 숨, 열 땜'마이 띠디'디마 캬::한 뚜 무, 미: 그'쩨.

— 그 나'랑 모 수'무 섬도 거 데'고 머 열따' 섬더 데'고.

— 함'모204) 띠디'려 빠, 하:룬 나따, 밤 새:두루 띠디'그덩.

— 그'럭 놉' 해 가'지 너이 석', 요오써 쓱 그냐 가'주고 교대'로 은제 한단.

— 내' 한드, 한, 한 이시 뿐 하'며 또 고 다'으메 사'음 또 드러오'고, 시개 도'르205) 하'믄 기게 안 서'고 조'일 하'지 머.

게:송 유 발:능 거?

— 어, 시: 고대'르206) 하'먼, 시: 고대르 하'그덩.

— 예, 하도, 해 달라고 하는 사람 많아.

만약에 예전에 그러면은 이 경운기에 그 동력 이래 해서 하는 것 말고, 그것은 이래 이 뭡니까, 어, 바람에 자동으로 이 짚은 짚대로, 짚 나오고, 나락은 나락대로 나오지요?

— 그래.

그 다음에 북데기 같은 것은 날아가고?

— 어.

그런데 옛날 이것 뭡니까, 이것 밟는 탈곡기, 탈곡기, 이것은 하면은 북데기하고 그것하고 막 섞이지요?

— 그래 또 타작하면 저 여 저 그 밑에 자꾸 뒤섞이거든.

— 북데기하고 뒤섞이는 거야.

— 뒤섞이면 이제 갈퀴를 가지고 사람들이 그 저 자꾸 끌어 가지고 이래 이래 당기면 대비를 가지고 싹싹 쓸어 내야 된다니까.

— 쓸어 내면 돼.

북데기는?

— 예, 북데기는 북데기대로 자꾸 쓸어 내고, 저기 북데기는 북데기대로 모으고, 그 전부 나락이 좀 묘 같지.

— 또 묘 같이 수북하게 이래, 나중에 가면 한 열 마지기, 스무, 열대여섯 마지기를 타작하면 큰 또 묘 같지.

— 그 벼가 뭐 스무 섬도 그 되고 뭐 열다섯 섬도 되고.

— 한목 타작하면 밤, 하루 낮, 밤이 새도록 타작하거든.

— 그래 놉 해 가지고 넷 씩, 여섯 씩 그래 가지고 교대로 인제 한다.

— 내 한, 한, 한 이십 분 하면 또 그 다음에 사람이 또 들어오고, 세 개 조로 하면 기계 서지 않고 종일 하지 뭐.

계속 여기 밟는 것?

— 어, 세 교대로 하면, 세 교대로 하거든.

- 항 교대 하'먼 항 구대'안 또 걸 뿍띠'이 끄러내:고, 항 금'대는 똔, 또 집'또 가'떠일 저, 즈 나럭삐까'이 뜨'자즈 여 가따인 여', 여'삐, 여'페 나'야, 떠 여: 나'야 구 또, 뜨 그 띠디그 하'제207).

거 즌 **?

- 그래'.

- 그라'고 하거드'언 또 씨러내'고208).

지뽀, 집'또, 집 과'따 내느고?

- 끄어고, 지으 까'따 재'우, 궈'르이 거를 시: 고대 하'마 그 노능:, 노능: 기 하'나더 업:써.

게숙 도러가'면서?

- 그애, 그이 미열 도라가이구 고, 고 또, 고 하다 떠 이 사'암들 디, 쩌, 딜, 딜 사라믄 또 저 전니느 하은 쌈, 이 사'암더른 나허고, 또 그으오우, 고 다음 하고.

- 그리'209) 시: 거대가' 땅: 마즈인210) 기'게이211) 초'일 도러가'더 나'락또 뿍띠'돕, 뿍디'대로 하'고 집빼까'을더212) 다: 재'고, 도 두: 번 하'만213) 아, 모, 안 데'.

아:, 거 히'미 딸리'가 안 데'지, 거치?

- 어, 아, 저 안 데고', 그'또 다: 모 끈'네고.

시'야 데니꺼느예?

- 꺼리, 끄리, 시'야 데'고.

- 시: 버 자'면214) 그 땅: 마'따 카이끼네.

가'며 일:도 빠'르, 넝'눌도 오르'고?

- 그'르이 기게 조'일215) 도러가'고.

- 머' 그'르이 시:자' 카'머 인제 술' 멀' 찌'에는 기게 서어 너꼬 머꼬.

어, 이얘 한 잠 하고 여 참: 머'꼬?

- 어, 참: 머'꼬능 기게 돌려 캄' 조'일 도러가'지 머, 머.

- 한 교대 하면 한 교대는 또 그 북데기 끌어내고, 한 교대는 또, 또 짚도 가져다 저, 저 볏가리 뜯어서 여기 갖다 옆, 옆에, 옆에 놓아야, 또 여기 놓아야 그 또, 또 그 타작하고 하지.

거 저 **?

- 그래.

- 그리고 하면 또 쓸어내고.

짚도, 짚도, 짚 갖다 내놓고?

- 그리고 짚 갖다 재고, 그러니까 그래 세 교대를 하면 그 노는, 노는 게 하나도 없어.

계속 돌아가면서?

- 그래, 그 맨 돌아가니 그, 그 또, 그 하다가 또 이 사람들 뒤, 저, 뒤, 뒤 사람은 또 저 짚을 재는 일을 하는 사람, 이 사람들은 나가고, 또 그리고, 그 다음 하고.

- 그래 세 교대가 딱 맞으니 기계가 종일 돌아가도 이삭도 북데기도, 북데기대로 하고 짚가리도 다 재고, 또 두 번 하면 안, 못, 안 돼.

아, 그 힘이 달려서 안 되지요, 그렇지요?

- 어, 어, 저 안 되고, 그것도 다 못 끝내고.

쉬어야 되니까요?

- 그래, 그래, 쉬어야 되고.

- 세 교대 하면 그 딱 맞고 하니까.

그러면 일도 빨리, 능률도 오르고?

- 그러니 기계 종일 돌아가고.

- 뭐 그러니 쉬자고 하면 인제 술 먹을 때에는 기계를 세워 놓고 먹고.

어, 이'래 한 잔 하'고 여 참을 먹고?

- 어, 참 먹고는 기계 돌리라고 하면 종일 돌아가지 뭐, 뭐.

끈'데 끕 에주이, 요주'움 그 아꼬' 경웅'기 가'틍 그런 탈'고기 까 하'며너 바라'미 셰'가 마 잘 랄'러 가'는데, 뿍띠'기 가틍 거'또, 그 어'메 에'지은 쩸 발:릉 기'게, 이렁 거 가'주 함'며너 풍구'나 머 이러 엉 까 단, 다: 해'야 뎁미까?

— 그어'능, 거 나'러륵216) 씬, 비짜'루이 씨르내' 뿌마 깨끋해.

— 할'뜨, 할'따, 할'또, 고뿌 문지'더217) 다: 나가 뿌'능 게'라, 거마아'.

— 그'럭 이럭 까꾸'를 여', 여' 이래 간 획: 떤'지꺼등, 그 무디'를218).

— 떤'지 뿌멈 문지'는 처 시르으 나러가'고, 지'편, 뒤지펀 우엘 짜곡 이 씨'먼, 그' 우뿍씨'리219) 지' 비씨믄' 대빈, 대비러220) 카능 기 이'써, 그 가지 수울수' 숙수' 씨르내' 뿌마 저:짜쓰 쭉띠'하건221) 전 마커' 절르 씨내 나간'다 가이겐.

— 나가 뿌'머 그거'느 인제 내제222) 새'를 뿍띠' 타적 카능 기 이'써.

— 그얼'223) 도리'깨러224) 가즈어 그 나럭 그거 다: 두지'여 끄러 여'코, 그어 떡 뿍띠'이간, 뿍띠'타작 하능 이'써.

— 이마:쏨'225) 저'어 너'먼 그 도리'깨르 가'따 떠' 띠디'링 기라, 그얼.

그 덜: 훌낀'능 거?

— 어, 그릉' 거하'고, 써끼느'마226) 거 까라 노'꼬 도리'깨로 은젠, 도리'깨르 가즈어 맏 띠디'리 가주고 인제 가'라먼 뿍띠'에 나락227) 부트 너다: 엄써지'그더.

— 거 은젠' 투'르가 뿍데'이 그안 소마:그'에228) 여'코, 저 또 싱:229) 거'는 똘 소' 써'리 주기도 하'고.

— 거'느 인젠 거 지'인다230) 마라.

— 풍구'르 지'이' 가주'고, 지'이 뿌'마 쭉띠'이는231) 쭉띠'이더 나아'고232), 알개'이는233) 인제 고래, 꺼리, 꺼래, 그래 해 뿌믐 데제.

아:, 거 인저' 뿍띠'기 타자'기라 그'런더예?

— 야, 그기' 뿍띠'이 타'저기.

그런데 그 예전에, 요즘 그 아까 경운기 같은 그런 탈곡기를 가지고 하면 바람이 세서 뭐 잘 날라 가는데, 북데기 같은 것도, 그 다음에 예전에 저 밟는 기계, 이런 것 가지고 하면은 풍구나 뭐 이런 것 가지고 다, 다 해야 됩니까?

ㅡ 그것은, 그 벼의 낟알을 쓸어, 빗자루로 쓸어내 버리면 깨끗해.

ㅡ 하나도, 하나도, 하나도, 그 먼지도 다 나가 버리는 거야, 그만.

ㅡ 그래 이래 갈퀴로 여, 여기 이래 가지고 획 던졌거든, 그 무더기를.

ㅡ 던져 버리면 먼지는 저 사르르 날아가고, 짚은, 짚은 위에 차곡히 있으면, 그 윗부스러기 짚이 있으면 대나무비, 대나무비라고 하는 것이 있어, 그것을 가지고 술술 숙숙 쓸어내 버리면 저쪽에서 쭉정이하고는 저 모두 저리로 쓸려 나간다고 하니까.

ㅡ 나가 버리면 그것은 인제 나중에 새로 북데기 타작이라고 하는 것이 있어.

ㅡ 그것을 도리깨를 가지고 그 이삭 그것은 다 뒤주에 끌어넣고, 그 또 북데기, 북데기타작이라는 것이 있어.

ㅡ 이만큼 재어 놓으면 그 도리깨를 갖다 또 두드리는 거야, 그것을.

그 덜 훑은 것?

ㅡ 어, 그런 것하고, 섞여 놓으면 그 깔아 놓고 도리깨로 인제, 도리깨를 가지고 뭐 두드려 가지고 인제 그러면 북데기에 낟알 붙은 것이 다 없어지거든.

ㅡ 그 인제 털어서 북데기 그것은 외양간에 넣고, 저 또 센 것은 또 소를 썰어 주기도 하고.

ㅡ 그것은 인제 그 날린다는 말이야.

ㅡ 풍구에 날려 가지고, 날려 버리면 쭉정이는 쭉정이대로 나가고, 알갱이는 인제 그래, 그래, 그래, 그래 해 버리면 되지.

아, 그 인제 북데기 타작이라고 한다고요?

ㅡ 예, 그게 북데기 타작이지.

아, 그'때느 인저 풍구'나 머 바랑개'비너 이'렁 거 가'주고 해'야 덴다, 그'지?

— 어, 그'래 가주.

나'락 지으 가'주고 쭉떼'인 날러보:내'고 알개~'이느 또 해가' 지버너'코?

— 거'르치, 구기' 인자 아마 거 비'에234) 나가능 건' 쭉띠~'이가 마이 나아그다.

— 여'뭉 거'느 여' 떠러지'고, 거'러이 그, 고, 그래 뿌'만 고 인제 고'느 고 딱: 꺼테이져 뿌지 머.

그애 예저'네느 이:리' 그래 마난'는데, 인제 이 즈 겨웅'기 해가 하'고너 마 지'이고 할 일'도 어꼬, 그냥 마?

— 으, 그'예기 함무 나'럭 더 바르 드압 뿜, 나락뿌 바른 두지'에 드가 지 머.

요주움' 머' 아예' 머' 트액터 까 하'며너?

— 아'예 그어'늠 멍, 버, 그 매상'235) 바 데 뿌'고 머 인제.

아:, 바로', 포대'기 바로 지버너 가주고?

— 국 바'러이, 바'르 여가 지베 가따 덜: 마르씨만 꺼, 끄으 말라'애 데 거', 그 오새'느 끄'르이 그 나'럭 써'리 마차 가'주고 글 비 뿌'만 하 쫀, 쭌, 그럽 바싹 이카 뿌머 또 말루토 아 한다 카이끄너.

— 거으 수', 수부~'이236) 시보 도브, 십, 십 쯔, 수부~'이 시보 도므 데 뿌만 암 말라아 데그덩.

— 야, 거'즈이, 거 둡 매상' 반능' 거느 십삼 더 데'애 데'고, 이거으 건 보통 띠디'리프 시보 더'에 데믄 재 나도 나릉 아, 변질, 안 써끄덩.

— 아, 안 떵'다 마름.

— 그러 가'즈 허빠람'마 함분 시'뿌므 십삼 더 데' 뿌능 기라.

— 거'름 매상' 대'르 거 바람 함먼, 풍구'로 함분' 이라 함먼 히'시237) 뿜'마 곰 십삼 도 데' 뿜마 곰머 가떠 데' 뿌고 머, 그'을찌 머.

그, 그 예전 대'머 요주임 머' 나양농'사도 일:도 아이'다, 그지?

아, 그때는 인제 풍구나 뭐 바람개비나 이런 것을 가지고 해야 된다, 그렇지요?

― 어, 그래 가지고.

벼를 날려 가지고 쭉정이는 날려 보내고 알갱이는 또 해서 집어넣고?

― 그렇지, 그게 인제 아무래도 그 비어서 나가는 것은 쭉정이가 많이 나가거든.

― 여문 것은 여기 떨어지고, 그러니 그, 그, 그래 버리면 그 인제 그것은 거기에 딱 끝나 버리지 뭐.

그래 예전에는 일이 그렇게 많았는데, 인제 이 저 경운기 해서 하고는 뭐 날려버리고 하는 일도 없고, 그냥 뭐?

― 어, 기계에 하면 이삭 저 바로 들어가 버려, 이삭 바로 뒤주에 들어가지 뭐.

요즘 뭐 아예 뭐 트랙터를 가지고 하면은?

― 아예 그것은 뭐, 뭐, 그 정부수매에 바로 돼 버리고 뭐 인제.

아, 바로, 부대에 바로 집어넣어 가지고?

― 그 바로, 바로 넣어서 집에 갖다 덜 말랐으면 그, 그 말려야 되고, 그 요새는 그러니 그 벼를 서리 맞춰 가지고 그것을 베 버리면 하 저, 저, 그래 바싹 익혀 버리면 또 말리지도 안 한다니까.

― 그 수, 수분이 십오 도, 십, 십 저, 수분이 십오 도만 돼 버리면 안 말려도 되거든.

― 예, 그러니, 그 또 정부수매를 받는 것은 십삼 도 되야 되고, 이것 그 보통 두드리면 십오 도 되면 재어 놔도 벼가 안, 변질, 안 썩거든.

― 안, 안 썩는다는 말이야.

― 그래 가지고 헛바람만 한 번 쇠어버리면 십삼 도 돼 버리는 거야.

― 그럼 정부 수매 대려고 그 바람 한 번, 풍구로 한 번 이래 한 번 흙어 버리면 그만 십삼 도 돼 버리면 그만 갖다 돼 버리고, 그렇지 뭐.

그, 그 예전에 대면 요즘 뭐 벼농사도 일도 아니다, 그렇지요?

— 그이끄, 나를 지난 제 담' 마지긴 신재노 다 말라따고.

— 거 이그 왜' 그에 밤마시 인노 카마, 써:레 암 마'꼬, 신'내 난도 담' 마지기, 쫌 써레' 암 마'꼬 나러이 차안 노:라'이 잘 니'거써.

— 그 써:레' 마즈맘 밤마238), 우리 멍능' 싱에어, 밤'맏 업따'꼬.

— 써:르' 암 마'꼬 걸:, 저 우리 할마이느 아파 누'버은데, 어, 내 혼차' 걷 타작하'은 사'름 보'고 시러 돌라 케'끄덩, 저 신녀노'오 겨'게.

— 차:: 망꺼'239) 깔', 깔노'꼬 시'르 조 가'주이 그 사음 마꺼' 시'르 자가 주 사'을 말라' 아디 내 혼차' 다: 퍼더, 파'여 가'주 여 두지'에 여, 열 쩌 창'고리 여 나그도.

— 고골' 오새' 찌' 버무240) 뜯 싸'리 고'이 조'따241) 가이께, 바'비 그래. **거이 그 써'리' 마'자 뿌면 수'부니 날러가가 그'러씀미까?**

— 으', 에, 글찌, 쩌 뿜 마껌 싸'리 고'맏.

버쑥해지 버을?

— 으'으, 버써거이242) 그래.

— 써:레' 하, 야'깐 함' 분 마'자능 모르지'만, 무써리 함 분, 한 둥 마드 모르지어, 두 분', 시: 분' 마저 뿌마 거'마 쌀', 바'비 함 똑 버리'밥 꺼'떼 밥마'이243) 하아뜨244) 업써요.

— 그'래 그그, 그래 잉 까'주 매상' 내려 밤마시 인'나, 그래.

수'분 업, 수'분, 앙 그'암 또 말라'야 데'잉까 기'창코, 그'러가 마 바:쌍' 말란'너?

— 구'르, 첨:부 말라 가'주구 먹, 먼, 대부'느 거 비 가'주고 먼 열.

그대른 매상' 떼이거?

— 매상' 매어 데 이 저, 매사~'으너 그리 따지'아는 매사'안 함 마지기' 함 푸대'이빼꺼 암 먼 녀' 항낭245) 칸' 데 여 가따 안 녀 뿌르.

— 암 파'나, 나'라글 려.

― 그러니까, 나는 지난번에 다섯 마지기 신작로에서 다 말렸다고[246].

― 그 이게 왜 그게 밥맛이 있느냐고 하면, 서리 안 맞고, 쉰내 난다고 다섯 마지기, 좀 서리 안 맞고 벼가 참 노랗게 잘 익었어.

― 그 서리 맞으면 밥맛, 우리 먹는 식량이, 밥맛이 없다고.

― 서리 안 맞고 그것을, 저 우리 집사람은 아파서 누웠는데, 어, 나 혼자 그 타작하는 사람에게 실어 달라고 했거든, 신작로 거기에.

― 참 망을 깔아, 깔아 놓고 실어 줘 가지고 그 사람이 모두 실어 줘서 사흘 말려 가지고 나 혼자 다 퍼서, 퍼 넣어 가지고 여기 뒤주에 여기, 여기 저 창고에 넣어 놓았거든.

― 그것을 요새 찧어 보면 또 쌀이 그게 좋다고 하니까, 밥이 그래.

거기 그 서리 맞아 버리면 수분이 날아가서 그렇습니까?

― 어, 예, 그렇지, 찧어 버리면 모두 쌀이 그만.

버썩해져 버려서?

― 어, 버썩하게 그래.

― 서리 한, 약간 한 번 맞은 것은 모르지만, 무서리를 한 번, 한 번 맞은 것은 모르지만, 두 번, 세 번 맞아 버리면 그만 쌀, 밥이 한 똑 보리밥 같이 밥맛이 하나도 없어요.

― 그래 그것, 그런 것 가지고 정부수매에 내니 밥맛이 있나, 그래.

수분 없이, 수분, 안 그럼 또 말려야 되니까 귀찮고, 그래서 뭐 바싹 말려서?

― 그래, 전부 말려 가지고 뭐, 뭐, 대번에 그것을 베 가지고 뭐 여기.

그대로 정부 수매에 대고?

― 정부 수매는 늘 대고 이 저, 정부 수매는 그래 따져서는 정부 수매는 한 마지기에 한 포대밖에 안 받으니까, 여기 학남이라고 하는 곳에 여기 갖다 안 넣어 버렸냐.

― 안 파느냐, 벼를 여기.

─ 이거 파'그더.

─ 항' 그'마 항' 가'마이 그언 머 키로, 저, 저 사시 키'러에 보 오마 너 잉강, 그래 빡 파'러 뿌짜나.

에:, 그, 그'리까 에어, 그래 따지'며느 에저'네 비해서느 이:름' 마이' 주'러따, 그지에?

─ 거저247) 먹'찌 머', 하이구, 여자도 농'서 진:는데 머.

─ 거저 먹'찌 므', 이리'거, 그'거.

그: 아까' 인제 그 모내'기, 그거 모: 숭구'는 방'법또 인제 이야길 대충 하'션는데?

─ 나'러을248), 나'러일 띠드'릉 기 이행 아 핸'나?

이, 이에 그, 그'릉 거, 모 숭구'고 그 다'으메 타작까'이 다: 이야기 아 해'씀미까, 그지에?

─ 마, 마여.

그' 예저'네 그거 멈미까', 에여, 모 숭굴' 때' 쓰은너 요, 요주'멀 모쭈'를 해가', 요즘 모'쫄도 안 하고 기'게로 하'지마너, 에저'네, 근녀네넙' 모'쫄 까' 아까 하'신다 아 해'씀미까, 그'지예?

─ 뻐여, 마'저.

우이 줄 렁'기고?

─ 에, 아.

그 모'쭐 말:고 혹'시 머 다르:어께' 숭구'능 방'법또 이씀미까'?

─ 둘거'리러249) 카'능 거', 모쫄 업:시.

머: 하'능 거에?

─ 둘거'리, 둘거'리 카능 기'라:.

─ 둘거'리 카'능 거는', 엔나'레늠 머 어른'드른 둘거'리 카능 거는' 사래'미, 논두 마걱 오새' 모'쫄 대능 거 노~'이250) 니무빠뜨빠뜨해'애 데'그덩.

─ 그'르 그, 그래'야 모'쫄 데'그 잘떠므.

─ 이것을 팔거든.

─ 한 가마니, 한 가마니 그것은 뭐 킬로그램, 저, 저 사십 킬로그램에 뭐 오만 원인가, 그래 받고 팔아 버렸잖아.

에, 그, 그러니까 에, 그래 따지면은 예전에 비해서는 일은 많이 줄었다, 그렇지요?

─ 그저 먹지 뭐, 하이고, 여자도 농사를 짓는데 뭐.

─ 그저 먹지 뭐, 일이냐, 그것이.

그 아까 인제 그 모내기, 그것 모 심는 방법도 인제 이야기를 대충 하셨는데?

─ 벼를, 벼를 타작하는 것 이야기 안 했냐?

이, 이 그, 그런 것, 모 심고 그 다음에 타작까지 다 이야기 안 했습니까, 그렇지요?

─ 맞, 맞아.

그 예전에 그것 뭡니까, 어, 모 심을 때 또는 요, 요즘은 못줄을 해서, 요즘은 못줄도 안 하고 기계로 하지만은, 예전에, 근년에 못줄 가지고 아까 하신다고 안 했습니까, 그렇지요?

─ 예, 맞아.

위로 줄을 넘기고?

─ 예, 예.

그 못줄 말고 혹시 뭐 다르게 심는 방법도 있습니까?

─ 벌모라고 하는 것, 못줄 없이.

뭐 하는 거요?

─ 벌모, 벌모라 하는 거야.

─ 벌모라고 하는 것은, 옛날에는 뭐 어른들은 벌모라고 하는 것은 사람이, 논도 모두 요새 못줄 대는 것은 논이 네모반듯해야 되거든.

─ 그래 그, 그래야 못줄 대고 하지만.

― 엔:나'레 둘거'리 커'능 건 노~'이 머 일 요망거항251) 거 이'꼬, 먼 찔 쭈강252) 게도 이'꼬, 또 똘방한'253) 거또 이'꼬 앙 그라.

― 그 두:리' 어끄너 거느 인제 모'르 가따 노'코, 둘거'리 까'머 사:람 복파'네 서 가'주 서엽먼 서이, 너이멈 너 가'주고, 복파'네 서 가'주 이래 가 수'오254) 숭가' 나가능' 기라.

― 복파'네 서 가'주고.

― 뽀, 요'기 농: 그'트마 이'래 이쓰'만 복파'네서 서이'가 또까'칙 궁딜' 마때 가'주고 몹 씨'음 저곡 숭가' 나끄'덩.

― 끄여, 그'래 숭가'은 하그 그기' 둘거'리라.

― 하아, 껀 뚜 디러', 디러', 디 즈, 요래 가' 솜: 마잔, 이'랙 돌거'리, 이리 돌:고' 저'리 더, 그래 둘거'리라 가능 기라.

― 그'래 인 비:비 도'러 댕기도 이 사'라먼 서이'가 여 오'고, 또 이건' 일'로 가고 이러으, 자꾸 이너 둘거을, 솜 마차 수'멈 내재' 고'만 요 모, 복파'에 수마' 너머 글 가세'뚜255) 뱅: 도르가'마 앙 꾸'떠 어'끄, 그기 인저 둘거'리라, 보쭐' 업:씨.

아:, 그이' 둘:거'리다, 그제?

― 에, 그이 둘거'리.

둘:거'리 가틍 경우'느 그아'멈 머 이여 또 고:랑'이 똑:빠르고 그'러친 앙 켄'네즈?

― 업:찐', 구우 뜨 그 둘거'리야 마그 머 억, 곡 거저' 여' 수무'꼬 뜨 거 저 여 수무'꼬 즈.

아'라서?

― 아'르서 쭉: 꼼능' 기느이.

아'라섬 마' 어느 정:도' 띠'아가 마 아'르슫?

― 그'르이, 그'르히, 그'르치.

글'르, 그릉 건' 인제 놈매'기 하일'로구 요'렁 거'뚜 애: 무께'따, 그'지에?

- 옛날에 벌모라고 하는 것은 논이 뭐 이 요만한 것도 있고, 뭐 길쭉한 것도 있고, 또 둥그런 것도 있고 안 그러냐.

- 그 줄이 없거든 그것은 인제 모를 갖다 놓고, 벌모라고 하면 사람이 복판에 서 가지고 셋이면 셋, 넷이면 넷이 서 가지고 복판에 서 가지고 이래 가로 심어 나가는 거야.

- 복판에 서 가지고.

- 뭐, 요게 논 같으면 이래 있으면 복판에서 셋이 똑같이 궁둥이를 맞대고 모를 심으며 차곡히 심어 나가거든.

- 그, 그래 심으며 하는 그것이 벌모야.

- 하, 그것은 또 뒤로, 뒤로, 뒤 저, 요래 가서 손 맞춰, 이래 돌고, 이래 돌고 저리 돌고, 그래 벌모라고 하는 거야.

- 그래 이래 빙빙 돌아 다녀도 이 사람은 셋이 여기 오고, 또 이것은 이리로 가고 이러니 자꾸 이래 돌거든, 손 맞춰 심으면 나중에 그만 요기 복, 복판에 심어 놓으면 그 가에도 뱅 돌아가며 아무 것도 없고, 그것이 인제 벌모라, 못줄 없이.

아, 그것이 벌모다, 그렇지요?

- 예, 그게 벌모.

벌모 같은 경우는 그러면 뭐 이 또 고랑이 똑바르고 그렇지는 않겠네요?

- 없지, 그 저 그 벌모야 마구 뭐 어, 그 그저 여기 심고 또 그저 여기 심고 저.

알아서?

- 알아서 쭉 꽂는 거야.

알아서 뭐 어느 정도 띄워서 뭐 알아서?

- 그러니, 그러니, 그렇지.

그런, 그런 것은 인제 논매기를 하려면 요런 것도 애를 먹겠다, 그렇지요?

— 그'얼 떠, 커, 그이, 끄, 그 인저 그래도 그어일 놈매'기드 맹: 걸러 그래 해'따 카'이끼네, 별'러 숭가 리까지.

아, 그역 인지 그'임마 어, 근냥 거르미더, 그제?

— 예.

그릉' 게 이캄 둘거'리르 벌:로' 심'능 거'네예?

— 그래, 거이 그 벌'러 숨'능 기 그 둘거'리라 카'이끼네 머.

그'암매 꼬 여 고렁' 경우'라 인자 사여, 그어 쫌 노'니 쫌' 자꺼'나 논'니 생긴 모양 이상하거'나 이렁 경우'에 인제 주'로 둘거'리을?

— 여, 여, 점'부 거 둘거스노.

— 줄' 안 대'고 숨물'러256) 가' 점'무 줄거'리257) 해'쓰, 둘거'리 쁘이고.

아까' 그 인제 어르'신 그 농'사 지'을 때, 논농'사 지'을 때 그 쓰는: 그, 거뜨 리 도구, 연장 중'에서 아까 이야기해'떵 게 삽', 사'비 이'꼬, 수굼'포 이'찌예?

— 예, 쑤, 쑤우258), 저 수굼'포, 깨이~', 세'랑, 머, 머, 마꼬' 궈 쩌, 저, 저으 머꼬, 시: 가지제.

— 첼 주'루 삽하'고259) 깨이하'고 세'랑하고 시 가지으가 마:이 씨'제.

수굼'포으느 깐 쭈'우 머 함미꺼'?

— 수굼'포 두릉' 그틍 거 하자'나.

— 두릉' 그, 두릉 근트 하'고, 논: 앙 갈리'인 생가'리260) 카'능 근, 암'만 소'러261) 가르더 싹: 다 모 가'그덩.

— 그래 생가'리 그어 잔 앙 갈리'인 데' 수굼'보를 파' 디베'262) 가주 가르, 갈:고 그라자'나.

— 거'르 도루 마'고 머, 그 인 제일' 씨에'제.

— 수굼포아263) 제일' 씨애'이제.

— 깨'이는 머 두룸' 끄러올'리고 머 그어 임 마'이지, 그거 으여 끄러올' 리고, 숙, 수굼'보가 제일' 마이 씨애'제, 그그.

수움'보어, 쩌 거 가끔' 인제' 세'랑 까주고 쫌' 쪼'끼도 함'미까?

― 그것을 또, 그, 그, 그, 그 인제 그래도 그것 논매기도 역시 그것으로 그래 했다니까, 건성으로 심을 때까지.

아, 그게 이제 그러면 어, 그냥 그렇습니다, 그렇지요?

― 예.

그런 게 그럼 벌모는 건성으로 심는 것이네요?

― 그래, 그게 그 건성으로 심는 것이 그 벌모라 하니까 뭐.

그 다음에 그 여 그런 경우에 인제 산이, 그 좀 논이 좀 작거나 논이 생긴 모양이 이상하거나 이런 경우에 이제 주로 벌모를?

― 예, 예, 전부 그 벌모를 심고.

― 줄 안 대고 심으려 하면 전부 벌모를 했어, 벌모뿐이고.

아까 그 인제 어르신 그 농사를 지을 때, 논농사 지을 때 그 쓰는 그것, 것들이 도구, 연장 중에서 아까 이야기했던 게 삽, 삽이 있고, 삽이 있지요?

― 예, 삽, 삽, 저 삽, 괭이, 쇠스랑, 뭐, 뭐, 모두 그 저, 저, 저 무엇이지, 세 가지지.

― 저 주로 삽하고 괭이하고 쇠스랑하고 세 가지를 많이 쓰지.

삽을 가지고는 주로 뭐 합니까?

― 삽은 두렁 같은 것을 하잖아.

― 두렁 그, 두렁 그것도 하고, 논 안 갈린 생갈이라고 하는 것은, 아무리 소로 갈아도 싹 다 못 갈거든.

― 그래 생갈이 거기 잘 안 갈린 곳을 삽으로 파 뒤집어 가지고 갈고, 갈고 그러잖아.

― 그래 두렁 하고 뭐, 그것이 인제 제일 쓰이지.

― 삽이 제일 쓰이지.

― 괭이는 뭐 두렁 끌어올리고 뭐 그것 이 말이지, 그것 이래 끌어올리고, 삽, 삽이 제일 많이 쓰이지, 그것.

삽이, 저 그 가끔 인제 쇠스랑을 가지고 좀 쪼기도 합니까?

─ 어, 그르, 예, 세'랑 까주 인젤 그 인제' 저, 절 생'땅264) 그 절 농' 고르는 데' 아 인나, 그.

─ 고르능' 거 또 그렁 거'느 갸.스로 이랠 농' 가'르 노'만 또 쩌, 저, 쩨, 예, 쩌 그 안 드가'고 저 뒤'엘 노뚜'게265) 이래 부'턴능 거 아 인나, 그래 흘' 그터' 부'턴능 거'.

─ 그'르 마:꺼' 세'렁 가 쪼'서 가지 이기 쩌, 쩌꺽 땡'기266) 여' 뿌자너, 그능 그, 세'랑 가주우.

아이, 스, 인제 쓰'레나 이렁 거 안 드러가'는 데'는 이여 까, 세'랑이나 이렁 거' 해'야 덴'다, 그'지에?

─ 글찌.

은다 아까 은제 어르'신 놈매'기 할' 때 그어 홈, 호매~'이가 이'꼬?

─ 글, 어어어, 홈매'이가 이꼬, 이.

그 호매~'이너 그'냥 멈미까, 감자' 캐'능 거'나 고우'마 캐'는 이런 호매~'이하고느 쫌 다르지예?

─ 아이::고, 쩌리~'이267) 디 쩌 끄 열 소매'기268) 이'리 나린'능 끄뜽 끄티' 삐쭈'기269) 여, 여워 드건.

─ 삐::쭉하'이 이으르드 쑥: 티'아난디 이리 직다:은하'게270) 이래가, 똡 이'기 삐딱하'다 카'이긴, 이거써, 요'렁 건 소매'이가 요 똑빠르자'나, 그'자.

─ 이거'느 삐따거'여 비'치271) 데 이'뗘 카'이.

─ 소비'브민 자'리 이래 그, 그르 이래' 한, 비'즈먼 히, 그래여: 이'기 히떵' 너'머 가제.

─ 아, 여 비'지 이 삐딱:하'다 카'이껟.

비'치 부터 이'따, 그'제?

─ 야아크, 야악, 비'치 부터 입.

그래'야 흐'기 요'래 너머 가 뿌'림 열 땅'기머, 그'지에?

─ 언니, 끌, 그'래, 너'머 가지 머, 그래, 그'래 양소비맫지러272) 그 비'

― 어, 그래, 예, 쇠스랑 가지고 인제 그 인제 저, 저 생땅, 그 저 논을 고를 때 안 있느냐, 그것.

― 고르는 것 또 그런 것은 가로 이래 논 갈아 놓으면 또 저, 저, 저, 저, 저 그 못 들어가고 저 뒤에 논둑에 이래 붙은 것 안 있느냐, 그래 흙 같은 것 붙은 것.

― 그것을 모두 쇠스랑 가지고 쪼아 가지고 이게 쩔꺽, 쩔꺽 당겨 넣어 버리잖아, 그런 것, 쇠스랑 가지고.

아, 쇠, 인제 써레나 이런 것이 안 들어가는 데는 이것을 가지고, 쇠스랑이나 이런 것으로 해야 된다, 그렇지요?

― 그렇지.

인제 아까 인제 어르신 논매기 할 때 그 호, 호미가 있고?

― 그, 어, 호미가 있고, 이.

그 호미는 그냥 뭡니까, 감자 캐는 것이나 고구마 캐는 이런 호미하고는 좀 다르지요?

― 아이고, 길이가 더 길지, 그 여기 호미 이래 날이 있는 것 같으면 끄트머리 빼쪽이 날이 여기, 여기 들어간다.

― 빼쪽하게 이렇게 쑥 튀어나오는데 이래 기다랗게 이래서, 또 이게 빼딱하다고 하니까, 이것이, 요런 것은 호미가 똑바르잖아, 그렇지.

― 이것은 빼딱하게 볏이 돼 있다고 하니까.

― 보습 자루 이래 그, 그래 이래 한, 빚으면 훌쩍, 그래야 이게 히뜩 넘어 가지.

― 아, 여기 볏이 이 삐딱하다고 하니까.

볏이 붙어 있다, 그렇지요?

― 예, 예, 볏이 붙어 있지.

그래야 흙이 요래 넘어 가 버리면 요래 당기면, 그렇지요?

― 어, 그, 그래, 넘어 가지 뭐, 그래, 그래 서양보습처럼 그 볏이 있다

치 이'따 카'이끼네, 거'기.

아, 예, 양'소비 이'래 해 나'먼, 삐애 해 나 누'마 요'르, 요'래 하'마 허'
기 욜로 가'고, 요'래 함 또 욜'러 가'는, 그렁 비'치 이뜨'시?

— 예, 예, 거:뜨 비'치 이'따 카'이끄.

어, 그'래 이 호매~'이도 피러하'고, 그 다'음멥 머 인절 타작하', 아음,
벨 때'느 인저 나 까'틍 거뚜 피'러하 그'르타, 그'지예?

— 걸려, 그'얼치 무.

— 나 담 비:나, 그'래.

그 덤'메 에여, 어르'신 예저'네 노'네 인제 고 노, 나'러기나 이'렁 거 숭
굴'라 함'며넌 무'를 데'애 델 꺼 아임미까', 그지여?

— 와, 물 떼'애 데'지.

물: 데'을라 그람'며너 물: 댈 때'느 어떤' 도구, 어, 쓰는 연장'이 이씀미까?

— 물 때'능273) 거느 인제' 거접 바론 도랑'이 이씨'만, 도라'앙, 보또
라~'이 이씨'마 곡 히셔274) 가'주고 대'업, 마으 바르' 대 뿌고, 또 도랑'
엄능' 거'는 노'느로, 노'느로 걸:치 데'자나.

— 내' 너이 이'래 이시'믄 내' 노'네 항거 대'야 똠 물'꼬르 너머가'주 이'
래 데'고, 이'래 데'고, 그거'느 은제 무:다'리 억, 그에 무:다'리노이~275) 카
'능 기'라.

— 아:, 무다'리노잉끼덕.

— 거'늠 무'리 거 언제러'어 거 느'늘, 너 누'늘 너머가'야 떤 내 지 금
미'테 노'늘 너머가'고, 걷 또' 그 미텐 논도 그, 그건 무다'리노~이고, 그
도:랑'이 인능 거'느 인제 도라'가276) 인저 고이, 구어'느 인제 시무:시277)
마'꼬 빼 대'앰 데능 기'고.

— 그:기 인자 무다리노~'이 그라'만 이'르 토너, 배수'을 내' 가'주고 열:
마지'이278) 델러 꺼'트마 머다레'노넌:, 그'르 노'네 다: 주'러 뿌제, 빼' 너머
가'야 데'제, 이리'이 하'론 담 마지기' 델 꺼'덜 끄'트맘 또까틈 무'르 가주'

니까, 거기.

아, 예, 보습 이래 해 놓으면, 이래 해 놔 놓으면 요래, 요래 하면 흙이 요리로 가고, 요래 하면 또 요리로 가는, 그런 볏이 있듯이?

─ 예, 예, 그것도 볏이 있다고 하니까.

어, 그래 이 호미도 필요하고, 그 다음에 뭐 인제 타작할, 아니, 벨 때는 인제 낫 같은 것도 필요하고 그렇다, 그렇지요?

─ 그래, 그렇지 뭐.

─ 낫으로 안 베느냐, 그래.

그 다음에 여기, 어르신 예전에 논에 인제 그 논, 벼나 이런 것 심으려 하면 물을 대야 될 것 아닙니까, 그렇지요?

─ 어, 물 대야 되지.

물을 대려고 그러면은 물을 댈 때는 어떤 도구, 어, 쓰는 연장이 있습니까?

─ 물 대는 것은 인제 그저 바로 도랑이 있으면, 도랑, 봇도랑이 있으면 그것을 쑤셔 가지고 대고, 뭐 바로 대 버리고, 또 도랑 없는 것은 논으로, 논으로 걸쳐 대잖아.

─ 내 논이 이래 있으면 내 논에 한껏 대야 또 물꼬를 넘어가서 이래 대고, 이래 대고, 그것은 인제 무다리 어, 그게 무다리논이라고 하는 거야.

─ 어, 무다리논이거든.

─ 그것은 물이 그 언제라도 그 논을, 내 논을 넘어가야 또 내 저 그 밑의 논으로 넘어가고, 그 또 그 밑의 논도 그, 그것은 무다리논이고, 그 도랑이 있는 것은 인제 도랑이 인제 그, 그것은 인제 살며시 막고 빼서 대면 되는 것이고.

─ 그게 인제 무다리논이 그러면 이런 통로, 배수로를 내어 가지고 열 마지기 댈 것 같으면 무다리논은, 그래 놓으니 다 줄어 버리지, 빨리 넘어가야 되지, 이러니 하루 다섯 마지기 댈 것 같으면 똑같은 물을 가지고라

어라도 저 무'를 가주옵' 마자겨 학, 무:를' 가사' 쪼매'난 모' 끄 하나 가주고라'도 그'래 저 무다드'로 제 너머가 델'라 카'만 열' 마지기 델' 꺼'트맘 도로'옥279) 해 가'이 하'마 수'우 마지기 데'도 그 물 가주우 수맘 마지'기 대'도 무리' 맹' 그'래 이'따 이게'라.

— 그'리 거 구눈눕 주:능 거' 거 다 무'어280) 뿌제, 또 그 너'머갈:러281) 카'이 또 구어 카운 도르슴282) 마'캄283) 배긴'는284), 니르가' 뿌지, 그'르이 거'는 우'에느 마이 니로'도285) 거 땀 분 주'러 뿌'이끼레, 크 또 욕'심메 사라'미 물:꼬'를 딱: 해 노'꼬 이거' 너'머가도록 대라: 칸'단 마'으라.

— 그르'이끼네 거 은덴286) 너'머갈라 카'므 논뚜'우루 씨'애287) 뿌지, 여'러 시해 뿌지, 그'리이 열 마지기 데' 꺼'르 수'움 마지'기 대'도 그 물 가지어 덴'다 이기'라.

— 그래 가주 인제 대'어, 배수'을, 도라'글 마커' 내가주 그어래 아짜너, 그래, ***.

그엄메이 이 무다'리농 가틍 경우'너 어에 쭘' 너으, 논', 네저'네 갑'씨 쭘 싸께씀미다?

— 그'은 더 비'싸다.

— 거'르 저 걸, 그거 안 데'머 물', 무, 너'네누 우, 쪽, 저 물' 모재엔'다꼬, 내 노'너288) 무리 이'써에289) 너는290) 니리가'이끼리291) 그은 더 비'싸드, 밉'다고, 거느292).

— 거'는 다른 건'선 몸 머'도 그'언 머끄'덕.

— 우'에 모'세 무리' 이씨'마293) 그래, 덜 저으 므튼 저 너'므, 점'부 저 언:제라'도 그 미'테 그이, 그 너머올러 거도 대'애 데'지만, 이거'늠 거 언제라 너'머가 저'어널 만낼' 무 리짜'나.

어, 그'르잉까 몸 미'테 노'니 제일 조은 노'니다, 그'지예?

— 그래치, 그'러치, 머.

— 그'리, 그리까 이 그이, 무다'리노이 그'르기 곡서근 안: 데'.

도 저 물을 가지고 만약에 한, 물을 가에 조그마한 못 그 하나 가지고라도 그래 저 무다리로 저기 넘어가서 대려 하면 열 마지기 댈 것 같으면 도랑으로 해 가지고 하면 스무 마지기를 대도 그 물 가지고 스무 마지기 대도 물이 역시 그래 있다 이거야.

- 그래 그 그래 주는 것 거기 먹어 버리지, 또 그 넘어가려고 하니 또 그 뭐 하면서 돌아서면 모두 스며드는, 내려가 버리지, 그러니 거기는 위에는 많이 내려와도 거기 때문에 뭐 줄어 버리니까 거기 또 욕심에 사람이 물꼬를 딱 해 놓고 이것 넘어가도록 대라고 한단 말이야.

- 그러니까 그 인제 넘어가려고 하면 논둑으로 새버리지, 여러 곳으로 새버리지, 그러니 열 마지기 댈 것을 스무 마지기 대도 그 물 가지고 댄다 이거야.

- 그래 가지고 인제 대어, 배수로를, 도랑을 모두 내서 그래 왔잖아, 그래, ***.

그러면은 이 무다리논 같은 경우에는 어떻게 좀 논, 논, 예전에 값이 좀 쌌겠습니다.

- 거기는 더 비싸다.

- 그래 저 그것, 그것 안 되면 물, 물, 논에 어, 저, 저 물이 모자란다고, 내 논에 물이 있어야 논에 내려가니까 그것은 더 비싸, 밉다고, 그것은.

- 거기는 다른 곳은 못 먹어도 그곳은 먹거든.

- 위에 못에 물이 있으면 그래, 또 저 밑에는 저 놈의, 전부 저 언제라도 그 밑에 그, 그 넘어오려고 해도 대야 되지만, 이것은 그 언제나 넘어가서 저것은 만날 물이 있잖아.

어, 그러니까 못 밑에 논이 제일 좋은 논이다, 그렇지요?

- 그렇지, 그렇지, 뭐.

- 그래, 그러니까 그것이, 무다리논이 그렇게 곡식은 안 돼.

― 자:294) 만날 무 리씨'므 곡'식 데능강'.

― 빠'져따 드가'따295) 해'애 곡씨기 잘: 떼'게.

아, 그애 쩌 자은 쩌 물'도 쫌' 따뜻하'고 이'래애 데는'데?

― 그'래, 그리, 산수화가 데'이 데'지, 그래, 그이 그래 데이.

― 나'락떠296) 히'멀 써'애 데지, 그 만:나297) 무 리'씸 데'나, 안 데'지.

아, 그애 별'로 곡'스근 크게 조치'느 안'타, 그지?

― 그'러치, 그 엔나'레298) 어른'드러느 여'아뜨299) 물마' 어씸 나'랑 멍는'다 카능 그럼 머리걸300) 가지구 이'써따 마'려, 그'르이.

끔' 예를' 드'어서 머 그얼 여, 몯설' 저수'지에서 물: 이래 대'애능 경우'도 이'찌마너 그 다'음메 보', 구우'또 도랑', 보'또 이쓸 꺼 아임미꺼?

― 보' 이'써에저.

― 보'어, 보'를 해 가주 쫌 배수'얼 래자'나.

감: 보'도 그'냥 하나가, 보: 하나가 자'기루 드로웅 거또 이'찌마너 보'가 머 크아어넘 뽀'에서 이 머 여러: 개 노'늘 이'르케 가능 경우'도 암 만:씀'미까?

― 그'래, 그 보 따'레가주301) 이'찌, 그애.

거'엄 보: 가'틍 경우도 어:, 그 무를' 아무나 그거쁘, 자연 대'고 시분 대'루 댐'미까, 앙 그'암 보엄물 대'능 거또?

― 봄무'르302) 은젤' 그짝 요 요 더리 요래 이시'마 고'는, 고 보'가 업:심'맘 무'리 모 대'자나.

― 그 보'를 맨드'러애303) 데능 기'래.

― 그'러가304) 인제 도:를 사'네서 져'다가 도랄'305) 미'우늬, 거렁'을306) 미'우능307) 기'라.

― 도, 보'를 맨드능 기'라.

감'메 여러: 사'암더리 다 나오 가'주고 그어 함?

― 무 합'쳐야 데'이, 그래, 합'쳐야 데'저, 고, 꼬 여짜'르 이른 데 노~'이308) 한: 오:심 마지'이쭘309) 이시'맏 거, 고' 보'를 암 메'만310) 저:: 절'로

― 늘 만날 물이 있으면 곡식이 되겠어.

― 빠졌다 들어갔다 해야 곡식이 잘 되지.

아, 그래 저 좌우간 저 물도 좀 따뜻하고 이래야 되는데?

― 그래, 그래, 산소화가 되어야 되지311), 그래, 그게 그래 되지.

― 벼도 힘을 써야 되지, 그 만날 물이 있으면 되겠어, 안 되지.

아, 그게 별로 곡식은 크게 좋지는 않다, 그렇지요?

― 그렇지, 그 옛날 어른들은 여하튼 물만 있으면 쌀 먹는다고 하는 그런 생각을 가지고 있었다는 말이야, 그러니까.

그럼 예를 들어서 뭐 그 여, 못을 저수지에서 물을 이래 대는 경우도 있지만은 그 다음에 보, 그것도 도랑, 보도 있을 것 아닙니까?

― 보 있어야지.

― 보, 보를 해 가지고 좀 배수를 내잖아.

그럼 보도 그냥 하나가, 보 하나가 자기에게로 들어오는 것도 있지만 보가 뭐 큰 보에서 이 뭐 여러 개 논을 이렇게 가는 경우도 안 많습니까?

― 그래, 그 보 딸려서 있지, 그래.

그럼 보 같은 경우도 어, 그 물을 아무나 그것, 자기가 대고 싶은 대로 댑니까, 안 그럼 봇물 대는 것도?

― 봇물은 인제 그쪽 요 요 들이 요래 있으면 그것은, 그 보가 없으면 물을 못 대잖아.

― 그 보를 만들어야 되는 거야.

― 그래서 인제 돌을 산에서 져다가 돌로 안 메우나, 개울을 메우는 거야.

― 돌, 보를 만드는 거야.

그러면 여러 사람들이 다 나와 가지고 그렇게 합니까?

― 뭐 합쳐야 되지, 그래, 합쳐야 되지, 그, 그 이쪽으로 이런 데 논이 한 오십 마지기쯤 있으면 거기, 거기 보를 안 만들면 저기 저리로 대려

댈'러 카'머 거 시'미312) 든'다 마'러.

— 그'리이끼네313) 고 즈 거, 거:러'이314) 이'래, 도라~'이, 무'리 니르간 도라~'이 거러 이시'맙 거역 미치'가 짜' 가'주고 우리'여 부여'글 해' 가주어 도:를' 가주 맨드여.

— 오새'느 까:지걱' 콩'끄레315) 바'아가존316) 해 뿌'먼 대번 데'지마는, 예저'넨 사'네 가여 돌: 하나'쓰 하내' 져 가가317) 추'걸 싼:다 까내이.

에저네.

— 요'래 하나드 이'래 유 인전 도라'이 이 지푸'마318) 이 보또라'이 여 무'리 꺼으 흘러 거 즈걷 돈, 도, 드갈' 마춤 노'피 싸'애 데능 기'라.

— 싸'염무 함'무 거틈319) 머 돌: 마이' 드'지.

— 그'르가 그 아'네도 돈 차흐'를320) 가'따 져어 가'주고 무'리 안 채'두루321) 타 떵'메러322) 간 띠드'러 가'주고.

찰흑' 너: 가지 뚜드'리고?

— 으허, 어, 뜨드'리고 그 또 흐'를 마꺼 차'애323) 데능 기'르.

— 그래'가주 인제 무'리 하나'떠324) 안 세'만 거 인제 우'에 도:를 따 이'래 맨드러가', 펑:하'이325) 맨드'러 가'주 돌:뚜' 이래 우'에 짜 가'주구 여' 딱: 여래 맨드'러 가'주고 무'리 엽 황: 너머가'도 그거 암 페이두'루 그'래 맨'드 나'야.

아, 허, 미'테느 찰흐' 꺼 해가 노'코 그 우'에 똗 평평한' 돌:로 또 다시 깐'다, 그지?

— 그'이까, 그'르치, 그'르치.

— 그래 가'지 그 아'레326) 차'알327) 여: 너'머 그래 무'리 채'조328) 그 무'리 함 빠'을 안 새자'나, 그쟈'.

— 그'러며 인저 요 도로'는329) 무'를 마거 뿌마.

일 로느 드러언?

— 들, 저리, 아은저, 거:러'을330) 니르가'고, 여'러 뿌마 저 도오'으르 물'

하면 그 힘이 든다는 말이야.

　─ 그러니까 그 저 개울 이래, 도랑, 물이 내려가는 도랑이 그래 있으면 거기 몇이 짜 가지고 우리가 부역을 해 가지고 돌을 가지고 만들어.

　─ 요새는 까짓것 콘크리트 관을 박아서 해 버리면 대번 되지만은, 예전에는 산에 가서 돌 하나씩 하나씩 져 가서 축을 쌓는다고 하니까.

　예전에.

　─ 요래 하나씩 이래 요기 인제 도랑이 이렇게 깊으면 이 봇도랑이 여기 물이 그 흘러서 그 저 들, 들, 들어갈 만큼 높이 쌓아야 되는 거야.

　─ 쌓으려 하는 것 같으면 뭐 돌이 많이 들지.

　─ 그래서 그 안에도 또 찰흙을 갖다 져 가지고 물이 안 새도록 다 떡메를 갖다 두드려 가지고.

　찰흙을 넣어 가지고 두드리고?

　─ 어, 어, 두드리고 거기 또 흙을 모두 채워야 되는 거야.

　─ 그래서 인제 물이 하나도 안 새면 그 인제 위에 돌을 딱 이래 만들어서, 평평하게 만들어 가지고 돌도 이래 위에 짜 가지고 여기 딱 이래 만들어 가지고 물이 여기 확 넘어가도 그것이 안 파지도록 그래 만들어 놔야.

　아, 흙, 밑에는 찰흙을 그 해서 놓고 그 위에 또 평평한 돌로 또 다시 깐다, 그렇지요?

　─ 그러니까, 그렇지, 그렇지요.

　─ 그래 가지고 그 안에 찰흙을 넣어 놓으면 그래 물이 차도 그 물이 한 방울 안 새잖아, 그렇지.

　─ 그러면 이제 요 들어오는 물을 막아 버리면.

　이 논으로 들어가고?

　─ 들, 저리, 아니, 개울로 내려가고, 열어 버리면 저 도랑으로 물 한

함 빠'을터 무 다 안 니'르가지, 머 구 머.

보'로 다: 드'러가 버리?

— 그'르치, 머', 그러찌, 그래, 그기 인자 보'고, 보'고.

검' 보 가'틍 경우'도 보, 예를 드'러서 논니 머 아까' 이야기 하'셔씀미다
만, 한 오심 마지기 데늠 보를' 하넌, 한 녀어러 집찜마'지 나올' 꺼 아임미까?

— 거'르쳐.

논' 임자마'다?

— 그 나오'지, 그 나오이.

그'르 가' 보'를 인제 딱' 만든'다 아임미까?

— 마, 만드'지여.

부역 해 가'주오 만들'며너 보' 그으또 아 하'내 지'나고 이라'며넘 머 보
거 망가'질 쑤도 아 이씀미까?

— 자: 멍거지'지'.

— 돌:러' 타악:: 기털'331) 닥: 여'르메 바아 가주고 말찔' 큰 소나므엄, 소나
모 생나무 말띠'르332) 바가 노'오마 뱅 녕 가'드 안 써그덩, 그기:, 낭기'이333).

— 생나무'너 뱅 녕 가'더 안 써'거, 이뱅 녕 가'더 안 써'거, 생:나멀.

— 마린' 낭'그너 바가 노'머 대번' 썩'찌마는 생거'느 비 노'오만 생긴'334)
안 썽'디, 이 랭 가'돈 마: 벌:거 그대르 이'따 카'이끼네, 그래 므레.

— 그'르이끼녀 말띠'이 바아335) 가주고 거'르 보'을 딱: 돌:롣 이 마
깥336) 딱: 짜: 노'만 암망 큼무'리 니'르가도 암, 안 드, 안 떠니'르가지 머.

그'언데 인제' 보 가'틍 으여 은제 우, 거은 보'가 인제 흘러가덤', 그'래
인제 보'거 인제 해, 물' 안 드러감미'까?

— 그역, 드가이.

그암'며너 노'니 줌::드 한 오심: 마지'이 댈러 카먼 죽: 한'참 미'트러 내
러갈 꺼 아임미'까?

— 그애, 니어가이337).

방울도 물 다 안 내려가지, 뭐 그 뭐.

보로 다 들어가 버리니까?

― 그렇지, 뭐, 그렇지, 그래, 그게 인제 보고, 보고.

그럼 보 같은 경우도 보, 예를 들어서 논이 뭐 아까 이야기 하셨습니다만, 한 오십 마지기 되는 보를 한, 한 여러 집집마다 나올 것 아닙니까?

― 그렇지요.

논 임자마다?

― 그 나오지, 그 나오지.

그래 가지고 보를 이제 딱 만든다는 것 아닙니까?

― 만, 만들지요.

부역 해 가지고 만들면은 보 그것도 한 해 지나고 이러면은 뭐 보가 망가질 수도 안 있습니까?

― 잘 망가지지.

― 돌로 탁 그 기초를 다 여름에 박아 가지고 말뚝 큰 소나무, 소나무 생나무 말뚝을 박아 놓으면 백 년 가도 안 썩거든, 그게, 나무가.

― 생나무는 백 년 가도 안 썩고, 이백 년 가도 안 썩어, 생나무는.

― 마른 나무는 박아 놓으면 대번 썩지만은 생것은 베 놓으면 생전 안 썩어, 일 년 가도 뭐 벌겋게 그대로 있다고 하니까, 그래 물에.

― 그러니까 말뚝을 박아 가지고 그래 보를 딱 돌로 이를 모두 딱 짜 놓으면 아무리 큰물이 내려가도 안, 안 떠, 안 떠내려가지 뭐.

그런데 인제 보 같은 것은 인제 어, 그 보가 인제 흘러가는, 그래 인제 보가 인제 해서, 물이 안 들어갑니까?

― 그래 들어가지.

그러면은 논이 쭉 한 오십 마지기 대려 하면 죽 한참 밑으로 내려갈 것 아 닙니까?

― 그래 내려가지.

보'가 게:속, 그 보'도 게송 내러갈 끼'고, 검 물' 서루 댈'려구 하다 봄'며 너 거 보 구거 모 자'이 대'고 시푼 대'으 다 대' 뿜머으 점 미'테 인는 사'움 물도'우 모 때'고 할 꺼' 아임미까'?

— 앙: 그'러치.

껌 쁘어, 보' 누'가 혹'시 물 감독하'은 사'암 이씀미까?

— 고'오느[338] 인제' 곧 마:느'만[339] 가, 강'구[340] 칸' 사람 이'서.

— 목강'그, 거뚜, 보강'구 칸 사라 미'써.

— 고: 인제' 함 마지'게 쌀: 떼' 나럭 한 대썩 주'고, 느 한 대 주꼬 두 대'드 주'고, 그여 가'주고 인제 그 사러미 물: 대주'고, 대주'고 고'래 딱: 일차'르 쭉: 대주'고 또, 또 우'예쁘다, 우'에뿌텀[341] 대'고 이제 건' 검수'늠 모 하'제.

— 자기[342] 대'두루[343] 맨드'르 주능 기'르.

— 그'럼 우'예맘[344] 말:[345] 때'음 미'테는 마울자'나.

— 그르'이끼네 고: 인젠 차'려게 이'쩨.

— 요버'너 끄꺼'지 함면[346] 대'고 니: 대'러 이게'라.

— 고'래여 근 고래 고아 두우쩨 저 구'르이.

거: 물:러 감독하'는 사'아미 인'네예?

— 내:먼 데'지에.

— 안: 내며'는[347] 거'마 이거여 우리' 수녀'[348] 재'로 여 대'어 말러도 우리 미'테꺼연[349] 다 대'더드 대:라', 이카'마 고 은즈' 단체가 마즈만 데 제, 서로' 댈러 카머 거 강'고르 한 낸단' 마르아.

— 어, 이걸' 돈 함 마지'게 도:늘', 이넌 나'라글[350] 머'마[351] 다 띠디'일 쩨 나러글 두: 대 주꼬'망 카만 니: 물 보기, 강구을 하나 내:마 그 사'러미 인제 시'기 바 가머 인제 대'주꺼르, 꺼른.

그'릉 걸 머라'오 한'다고에, 보?

— 아우, 목깡'구[352].

보가 계속, 그 보도 계속 내려갈 것이고, 그럼 물을 서로 대려고 하다 보면 그 보 그것 뭐 자기 대고 싶은 대로 다 대 버리면 저 밑에 있는 사람은 물도 못 대고 할 것 아닙니까?

— 안 그렇지.

그럼 보, 보는 누가 혹시 물 감독하는 사람 있습니까?

— 고것은 인제 그 많으면 감, 감독이라고 하는 사람이 있어.

— 못감독, 그것, 보감독이라고 하는 사람이 있어.

— 그 인제 한 마지기에 쌀 나올 때, 저 벼 한 되씩 주고, 뭐 한 되 주고 두 되도 주고353), 그래 가지고 인제 그 사람이 물을 대주고, 대주고 그래 딱 일차로 쭉 대주고 또, 또 위에부터, 위에부터 대고 인제 그 검수는 못 하지.

— 자기 대도록 만들어 주는 거야.

— 그럼 위에만 많이 대면 밑에는 마르잖아.

— 그러니까 그 인제 차례가 있지.

— 요번에 끝까지 한 번 대고 네가 대라 이것이라.

— 그래 그 고렇게 그 둘째로 저 그러니.

그 물을 감독하는 사람이 있네요?

— 내면 되지요.

— 내지 않으면 그러면 이것은 우리가 순서대로 여기 대 말라도 우리 밑에까지 다 대거든 대라, 이러면 그 인제 단체로 맞으면 되지, 서로 대려고 하면 그 감독을 하나 낸단 말이야.

— 어, 이것을 또 한 마지기 돈을, 이런 벼를 먹으면 다 두드릴 때 벼를 두 되 주겠다고 하면 네가 물 보기, 감독을 하나 내면 그 사람이 인제 시기를 봐 가면서 인제 대주거든, 그렇게.

그런 것을 뭐라고 한다고요, 보?

— 아니, 못감독.

─ 복깡'구, 목강'구.

─ 아:, 모'세서업 물 때'앰 모깡'구, 보'에 대'머 보깡'구.

아:, 모'에 이제, 모, 염'모세 인제?

─ 모 대'므 저: 새골몯'354) 아 인나.

─ 거'어, 거'어서, 거'선 물 대주'는 사'라머는 모깡'구, 고 보'에서 맨드'
어가 대'은 사'염 복, 보:강구.

보깡'구?

─ 어허, 그러'찌여지.

거'무 고 보깡'구 음머 모깡'구, 이: 양반'드러 머 밤민나 나'지나 물:마'
바 주'고 하'는 사'아미네예?

─ 꺼 린제' 무'리 인젤 조기' 인제 그 사'암던 대'만 차레대'러 모 쪼'
을355) 빼그덩.

─ 빼머' 인제 미'테서부튼, 함 부'넌 미'테서 치대'고, 함 부'너 우'에서
니리대'고356), 그렁이끼네 그 사'암더르 은제 만:날 무을 안 대'지.

─ 무'를 함 분 대'마 한 여'여썩357) 이짜' 대'지 므, 그 짜'꾸 안 대'그덕.

─ 함 문 딱: 대' 뿌마 함 멀 돌'리마 한 여'을 이시'맏 또 마르'만 또 인
젤 디'리대고358) 치대'고 거'르치, 그래으, 그래 한.

─ 그'염 인제 일 려'네 새'골모세 노~'이 한 삼'뱅 마지'기 이뜰 꺼'트마
한 삼망 매기 데'멀 고 여는 싸'요.

─ 여' 이쩍' 이 저~꼴모'세는359) 저, 저: 아래 저, 즈 양수길 채'려 가
주고, 무'시, 이 꺼 정기시'하고 거른 부지 숨풍녀~'이360) 업:쩨.

─ 거'느 인제 모'셉, 모'선, 머어 정꼴모세 그거 가주고 그 양수길 안
땡'기마, 안 채'리씨마 반:지'더361) 모오재'러, 한: 두: 불 대거 무'리 업:써'.

─ 그'른데 모'서릉362) 크지마느 그'르이 여 마컬 더:리 히'푸거363) 무'리
마이 머'꺼으

─ 끄'래가주 이제 양수길 채'리 나끋.

- 봇감독, 못감독.

- 아, 못에서 물 대면 못감독, 보에서 대면 봇감독.

아, 못에 인제, 못, 연못에 인제?

- 못에 대면, 저 새골못 안 있냐.

- 거기, 거기에서, 거기에서 물 대주는 사람은 못감독, 거기 보에서 만들어서 대는 사람은 보, 봇감독.

봇감독?

- 어, 그렇지.

그러면 그 봇감독 뭐 못감독, 이 양반들은 뭐 밤이나 낮이나 물만 봐 주고 하는 사람이네요?

- 그것을 인제 물이 인제 저기 인제 그 사람들은 물을 대면 차례대로 못 배수구를 빼거든.

- 빼면 인제 밑에서부터, 한 번은 밑에서 치대고, 한 번은 위에서 내려대고, 그러니까 그 사람들은 인제 만날 물을 안 대지.

- 물을 한 번 대면 한 열흘씩 있다가 대지 뭐, 그 자꾸 안 대거든.

- 한 번 딱 대 버리면 한 번 돌리면 한 열흘 있으면 또 마르면 또 인제 내려대고 치대고 그렇지, 그래, 그래 한다.

- 그럼 인제 일 년에 새골못에 논이 한 삼백 마지기 있을 것 같으면 한 삼백 마지기 되면 거기는 요기는 싸요.

- 여기 이쪽 이 정골못에는 저, 저 아래 저, 저 양수기를 차려 가지고, 물요금, 이 것 전기요금하고 그런 무지 큰 풍년이 없지.

- 거기는 인제 못에, 못은, 뭐 정골못에 그것 가지고 그 양수기를 안 당기면, 안 차렸으면 반도 모자라서, 한 두 벌 대면 물이 없어.

- 그런데 못은 크지만은 그러니 여기 모두 들이 헤프고 물을 많이 먹거든.

- 그래서 이제 양수기를 차려 놨거든.

- 양수욱 채리 노'만, 나도 거 노늘 마: 녜나 머'지364) 부'치다 옴 마커'365) 내 나' 뿐데, 거 비'사여.

- 거:느 함 마지'게 인제 무시'이가366) 나온다 카'이겐.

- 무, 정치' 저그 나오'야 델 꺼 아이, 그제.

- 거: 보'는 사'럼 이'쩨, 모 뽀은 사'암 이 즈, 그래 하'마 거:느 인녀 함 마지'게, 우인 새골모'세는 논: 함 마지'게 쌀 한 데 주'면 데는'데, 강구 세:를', 여'어는 함 마지'겐 그기' 저' 정지세'가367) 트 정:세'에가 마'랴, 함 마지'게 사시 번'석써 이래 나온다 카'이끼네.

- 사:시 번'스, 함 피게 사시 멍 케 바'르, 이백 피'임 엄매'고.

- 허, 그'르이, 끄리, 끄리, 끄리, 즈 그 꺼리 데 뿌'쩨, 똔 그어 저, 접 거 뜨 강굴 껄 그 수, 수'곡 이끄'덩.

- 수'오368) 그기' 걸 저, 저, 저여 걸 마:네.

- 매상포대'이로369) 먼 나'라글 먼 수무 가'마이가, 이래 주구덩.

- 끄'르이 끄래 한 니, 배코 한 오:심 마'넌쑤 좌'이 덴'다 마'러.

- 그르 여'는 갱'개이 마'이 빈'사.

- 끄애 끄 다: 주'이끼네.

- 함 마지'겐 도:느로 치'면 함 마지'엑 한 만'욷다, 함 마지'역 한 삼'마 넌썩 이래 내 나'애 덴'더 가이.

- 새'고레 쌀' 한 지'만370) 삼처 넌 주'마 사모, 아이'가, 쌀 한 대 주'므 덴, 여'넌 삼'마 스이, 이만오'천 이래 내' 노'이끼르.

아, 그거 차'이 마:이 난'다, 그?

- 마:이 나'지, 그래.

- 그'래가지 그래도 머 그기' 인저 무'리 배수거이 암멀 멈, 머 그여 나짜'녀.

- 구'래 가주 맹: 꺼'르, 그래가주 하고 이'써이.

- 한: 더:리'아도.

─ 양수기를 차려 놓으면, 나도 거기 논을 뭐 여남은 마지기 붙이다가 올해 모두 내 놔 버렸는데, 거기 비싸요.

─ 거기는 한 마지기에 인제 물 요금이 나온다고 하니까.

─ 아, 전기요금, 저것이 나와야 될 것 아니냐, 그렇지.

─ 그 보는 사람 있지, 못 보는 사람 이 저, 그래 하면 거기는 인제 한 마지기에, 우리 새골못에는 논 한 마지기에 쌀 한 되 주면 되는데, 감독 세금을, 여기는 한 마지기에 거기 저 전기요금이 또 전기요금이 말이야, 한 마지기에 사십 원씩 이래 나온다니까.

─ 사십 원씩, 한 평에 사십 원이라고 해 봐, 이백 평이면 얼마냐.

─ 허, 그러니, 그러니, 그러니, 그러니, 저 그 꼴이 돼 버렸지, 또 그 저, 저 그 또 감독 그, 그 수곡, 수곡이 있거든.

─ 수곡 그것이 그 저, 저, 저 그것이 많아.

─ 정부수매 포대로 뭐 벼를 뭐 스무 가마니인가, 이렇게 주거든.

─ 그러니 그래 한 이, 백 한 오십만 원씩 줘야 된다는 말이야.

─ 그러니 여기는 굉장히 많이 비싸.

─ 그래 그 다 주니까.

─ 한 마지기에 돈으로 치면 한 마지기에 한 만오, 한 마지기에 한 삼만 원씩 이래 내 놔야 된다니까.

─ 새골못의 논은 쌀 한 되만, 삼천 원 주면 되는, 아니, 쌀 한 되 주면 되는데, 여기는 삼만 원씩, 이만오천 원 이래 내 놓으니까.

아, 그것 차이 많이 난다, 그렇지요?

─ 많이 나지, 그래.

─ 그래서 그래도 뭐 그게 인제 물이 배수가 아무리 뭐, 뭐 그게 낫 잖아.

─ 그래 가지고 역시 그렇게, 그래서 하고 있어요.

─ 한 들이라도.

거'므 어르'신 여'기는 주'로 보'나 앙 그럼'며너 저쭈'게 모'시나, 새골모'
시나 정:꼴모시'나 이런 머스, 몸 물 주'루 대' 쓰고, 혹'씸 머 여'기 웅'덩이
가틍 거너 에저'네너 여'이름 그'렁 건 엄씀며?

— 쪼매꾸망 옹'데이?

예.

— 그아 마:카 인제 미'아 뿌고 머, 머 나무' 수마' 뿌고 머 밤' 맨드'르
뿌 그'라데, 인지느.

아:, 엔:나'레느 이'스쓰?

— 이이써, 이'서, 마:371) 이'서찌, 웅디~'이372).

웅:더 해가' 무, 쿠 물' 펌'미까?

— 으, 물' 거 모쫑'이 이'꼬, 무어쫑' 쪼매:그마 그 요'렁 거 안 내' 논나.

— 거 모쫑'글 딱: 파 가'주고, 얼 내' 너'마 한 서러 마'질 데능 거' 몬,
동모373) 커 옴'김 맨드러 가'주고 물: 가다374) 나'따 고 모똥' 파: 가'주 요
래가' 물: 대'애고, 그 마'거꼬 꼬'래아 고 이'써, 고'.

거 멈, 무, 웅'더이 가'트므 또 물: 퍼 올'리기더 함'미까?

— 거 또 거우 퍼' 올'리거더 하이거 먼.

— 노~'이, 몯하고 논하고 핀:하'마375) 파래'그 이'서, 물: 파느 파래'.

— 두리가376) 이래가 푼다 카이끼니.

머라'고예, 그게'?

— 파래', 물파래', 물, 물, 무.

아, 물파래'예?

— 예.

줄: 이'래 매가'?

— 예 두:리' 양짜'377) 매' 가'주 이래가즈 이'래가이, 우리'더 그 마:이,
우리' 노~'이 함, 함 마라아찌기'이가378) 그 무'르 펴' 여'이 데그'덩.

— 우리'가, 우리 형'주, 형'님379) 사'라실 찌'게, 형님 하 이드, 그거 내'

그럼 어르신 여기는 주로 보나 안 그러면은 저쪽에 못이나, 새골못이나 정골못이나 이런 못, 못 물을 주로 대 쓰고, 혹시 뭐 여기 웅덩이 같은 것은 예전에는 여기는 그런 것은 없습니까?

― 조그마한 웅덩이?

예.

― 거기 모두 인제 메워 버리고 뭐, 뭐 나무 심어 버리고 뭐 밭 만들어 버리고 그러데, 인제는.

아, 옛날에는 있었습니까?

― 있어, 있어, 많이 있었지, 웅덩이.

웅덩이 해서 물, 그 물 펩니까?

― 어, 물 그 배수구가 있고, 배수구가 조그마한 것 요런 것 안 내 놓나.

― 거기 배수구를 딱 파 가지고, 요래 내 놓으면 한 서너 마지기 되는 것 못, 동못 그 옮겨 만들어 가지고 물을 가두어 놨다가 그 배수구를 파 가지고 요래 물 대고, 그 막고 그래 그 있어, 그.

그 뭐, 뭐, 웅덩이 같으면 또 물 퍼 올리기도 합니까?

― 그 또 거기 퍼 올리기도 하고 뭐.

― 논이, 못하고 논하고 평평하면 맞두레가 있어, 물 퍼는 맞두레.

― 둘이 이래서 푼다고 하니까.

뭐라고요, 그것이?

― 맞두레, 맞두레, 물, 물, 물.

아, 맞두레요?

― 예.

줄을 이래 매어서?

― 이래 둘이 양쪽 매 가지고 이래서, 이래서, 우리도 그 많이, 우리 논이 한 반마지기가 그 물을 퍼 넣어야 되거든.

― 우리가, 우리 형님, 형님 살아 계실 때에, 형님 하나 있어, 그것을 내

가 즈 이 열여어 살므텅 그 물: 페'능 겁 배'아따 카'이끼네.

풀파'래를려?

- 그거 푸'능 거'.

- 그역: 심':380) 드'러여, 근 허'리심 안 데'므 안 덴'디.

- 물' 항근381) 떠 가'주고, 그 양철또'우르382) 반:지 쪼개' 가' 맨드그'덩.

- 꼭: 거 뻐 반지' 쪼개 가'지 맨드'므 세 껀, 니 가이 매' 까주일 두네 까끄레 가'주 이지워 이'래가주 이 쩌 이러 이르어 인 이르 하나 드 래 가 푹 퍼 가즈얼 떠, 뜨 우'엑 카딱 쏘'꼬, 또 빔: 바가'지 내 가줌 뽀 쏘'꼬, 그음 그 물파래'383).

- 근 힘' 마이 드'러, 그거.

그 두: 사'라미 펀'다, 그'지에?

- 예, 그'르, 두 서'은, 니 사'암디, 두 사'암 푼디.

그어 그엄명 그'럼 물 퍼, 그, 그'렁 웅'덩이에 물파래 까' 물 퍼'능 거또 이'꼬?

- 아:, 그'래, 또 곁 모'세 무'리 지'질로384) 안 드가자'나.

- 여 도:러은 이 미'테 인는'데, 노'는 무 이 우'에 이씨'이끼네385), 오새' 거'트머 기게'에르, 기게' 퍼 얼 함머 데'지마, 그얼 쩌'느 기'게드 업:쩌, 구 어'르 점: 파래'로 보:한' 노'늘 파래'를 밤 새:더르' 퍼' 가주고 모: 스마'세 임 머 걸' 으에 데'노.

아, 그'르잉까 먹, 머 구 보'너 보떠라'안 나'꼬 노'는 노품'며너 닥?

- 구거 어'임머386) 엔나'럼, 오샌' 기'게루 올'리므 데'지먼.

양'수이 까이 하'믄 데'는데?

- 그래, 오샌', 그:이' 인'나.

- 그'르 양수이가387) 어'딘느388), 그 주'구나 사:나' 거'르 퍼올'리따 카 이끼네.

무, 똥 물 마를'라 함' 또 퍼 올'려?

가 저 이 열여섯 살부터 그 물 퍼는 것을 배웠다니까.

맞두레를요?

- 그것 퍼는 것.

- 그게 힘이 들어요, 그것은 허리힘 안 되면 안 되는데.

- 물 한껏 떠 가지고, 그것은 양철통을 반쯤 쪼개 가지고 만들거든.

- 꼭 그 뭐 반쯤 쪼개 가지고 만들면 세 가지, 네 가닥 매 가지고 둘이 구부정하게 해서 이래 지어 이래서 이 저 이래 이래 이 이래 하나 둘 이래 가지고 푹 퍼서 또, 또 위에 갖다 쏟고, 또 빈 바가지를 내어 가지고 또 쏟고, 그럼 그 맞두레질.

- 그것 힘 많이 들어, 그것.

그것은 두 사람이 펐다, 그렇지요?

- 예, 그래, 두 사람, 네 사람도, 두 사람 펐는데.

그 그러면 그럼 물 퍼, 그, 그런 웅덩이에 맞두레를 가지고 물 퍼는 것도 있고?

- 아, 그래, 또 저 못의 물이 저절로 안 들어가잖아.

- 여기 도랑은 이 밑에 있는데, 논은 뭐 이 위에 있으니까, 요새 같으면 기계로, 기계로 퍼 올려 하면 되지만, 그럴 때는 기계도 없지, 그것을 전부 맞두레로 뽀얀 논을 맞두레로 밤이 새도록 퍼 가지고 모를 심었으니 뭐 그것이 어떻게 되겠어.

아, 그러니까 뭐, 머 그 보나 봇도랑은 낮고 논은 높으면 다?

- 그것 아니면 옛날에는, 요새는 기계로 올리면 되지만.

양수기를 가지고 하면 되는데?

- 그래, 요새는, 그게 있냐.

- 그때 양수기가 어디 있나, 그 죽으나 사나 그것으로 퍼 올렸다니까.

물, 또 물 마르려 하면 또 퍼 올리고?

― 그, 그러체.

어, 완:전 마 그'런 노'널 쩌 고생, 보생버지기'더, 그'지에?

― 가치' 업:쩨', 머'.

― 오새'느 가치' 으, 글'찌느 그룽 거, 그래'애'도, 크애'도 그얼 내아 쌀'항 그마, 항 가마이느 멀'러꼬 그 부'치퍼이, 거 으야'노, 업씨이'끼네.

✿ 제보자 인생담

검' 인제 아까 이야기 하'션는 대'로 적 물:꼬' 기틍 경우너 어'뜨게 만듬미까? 노'네 물꼬' 고?

― 끄 옌:나'렌 띠으그, 띠'여, 사'네 가'여 띠'럴 떠'더가, 질머지'고 띠'를 쩌, 물꺼 하나 맨들'려 카'므 띠'가389) 이 한 열' 쨩' 드'러애 데'.

― 한 스, 뜨 요'요', 아역, 띠어 요'래 쫌 쩌, 쯔 톡 욘 짤, 짠대'이 인는'데 요'래 브거에부 흘' 부튼능 거': 뜨, 고어 띠라 카'그덩.

― 띠:그'덩.

― 고게' 인제, 질머지'고 고고' 가'주 물꼳 짜: 가주고 인제 곧 삭싹 짜' 가'주 무'리 고 너머가두'룩 고래 해'여 꺼, 고거'이 물껀'데, 그래' 가주' 해 끄사.

― 사무' 끄'래 핸'데, 오새'느 비로'가 나'우구, 비으, 비러 논네 비니'루390) 거 마 하남맘 물'꼬 다: 맨드'어 뿌니.

아, 비룹 포대기 그어 까 그지예?

― 그르, 그래.

― 구우 카', 그 비:루'391) 다: 셔 뿌'고, 거, 걸 쪼개그'덩.

― 짜개' 가'주 푸, 미'터 푹: 파'고 검 미'테 이'래 끄 여'어코, 우에 더'퍼 나 뿌머, 고 이여 뽐'먹 암만' 비'가 아'도 그 미'트 안 니르거어, 우르' 시르르 너므가'이 곰 비르은 뽁, 비눕 푸대' 하나머 물'꼬 다 맨드러시.

에히저'네, 헤저'네 띠 떼 우가?

- 그, 그렇지.

어, 완전 뭐 그런 논은 저 고생, 고생보따리다, 그렇지요?

- 가치 없지, 뭐.

- 요새는 가치 없고, 그때는 그런 것, 그래도, 그래도 그것을 내어서 쌀 한 가마니, 한 가마니 먹으려고 그 붙여야지, 어떻게 하느냐, 논이 없으니까.

✿ 제보자 인생담

그럼 인제 아까 이야기 하셨던 대로 저 물꼬 같은 경우는 어떻게 만듭니까? 논의 물꼬 고것은?

- 그 옛날에는 떼, 떼, 산에 가서 떼를 뜯어서, 짊어지고 떼를 저, 물 꼬 하나 만들려고 하면 떼가 이 한 열 장 들어야 돼.

- 한 저, 또 요요, 예, 떼 요래 좀 저, 저 톡 요 잔, 잔디 있는 데 요래 보면 흙이 붙은 것 떼, 그것을 떼라고 하거든.

- 떼거든.

- 그게 인제, 짊어지고 고것 가지고 물꼬 짜 가지고 인제 그 싹싹 짜 가지고 물이 그것을 넘어가도록 그렇게 해서 그, 그것이 물꼬인데, 그래 가지고 했거든.

- 사뭇 그렇게 했는데, 요새는 비료가 나오고, 비료, 비료가 나와서 논 에 비닐 그것 뭐 하나면 물꼬 다 만들어 버려.

아, 비료 포대 그것을 가지고 그렇죠?

- 그래, 그래.

- 그것을 가지고, 그 비료 다 써 버리고, 그, 그것을 쪼개거든.

- 쪼개 가지고 푹, 밑에 푹 파고 그 밑에 이래 그 넣고, 위에 덮어 놔 버리면, 거기 넣어 버리면 아무리 비가 와도 그 밑에 안 내려가고, 위로 시르르 넘어가니 그 비료 포대, 비닐 포대 하나면 물꼬를 다 만들었지.

예전에, 예전에는 떼를 떼 와서?

- 에이넌 띠' 일'곱 짱', 여'덜 짱' 드러.

- 저 항' 기 매'에 데'고.

그', 그어'또 이린'데, 그'지에?

- 이리'이'고 마:고', 아이::그으.

띠'이' 그어떤 차'즐라 하'머이 그어또 십찌자이?

- 그'어뜨392) 사'네 가즈 자허 만대~'이 가아주, 거떠 퍼, 거'떠 퍼시러 멈' 띠'느 안 데'에'.

- 찰' 띠'래애393) 데'.

- 찰, 찰흐'레394) 간 띠'라야 그기 안, 아 씨게' 니르가자너.

- 퍼시르항'395) 으 떠뽐믇 비' 함무 거 물'구 니르감 무 굳 따: 씨께' 니르가 뿌'자나.

- 끄'르이끼네 걷 찰' 띠'래야 덴'다 카'이게.

으하, 으, 무, 물'꼬 하나 만드는 데'도 옌날'하고 요즘하'고늠 마?

- 구 비니'루 하남'마 함' 비, 빈, 비르 포:대' 하남맘 다: 맨드'은데 머 말하396) 끄 머' 인'너, 그.

- 그럼 생네'397) 썽'나, 머', 그, 그야 내가.

어, 그비 인젭 아까' 이애'기 한 데'르 물 대'기느 인자 그'래서 쪼금 머 그래 차레대'로 인자 물 대'기나 앙 그'암 모깡'구나 어, 멉 모깡'구, 그 사'암들 아'러서 인제 대주'고, 거느 물씸'만, 물심'머 주'머 덴'다, 그지예?

- 그레 하머 대고.

- 거'르치, 거'르치, 보깡'구.

- 거'르치, 구'리치 머.

야:, 그 첨 그'래 보'며 여즘' 참 예점뿌다'너: 그 마:니 그언'데, 그'지에?

- 사기 조아요.

- 끄려우.

그 예저느 그 어르신 그엄 머야, 끄어 지심 맬 때 주루어 어, 그 아까 아이

- 예전에는 떼가 일곱 장, 여덟 장 들어.

- 저기 한껏 메야 되고.

그, 그것도 일인데, 그렇지요?

- 일이고 말고, 아이고.

떼 그것도 찾으려 하면 그것도 쉽지 않지요?

- 그것도 산에 가서 저 산마루 가서, 그도 포시러운, 그것도 터실터실한 떼는 안 돼.

- 찰흙 떼라야 돼.

- 찰, 찰흙의 그 떼라야 그게 안, 안 씻겨 내려가잖아.

- 터실터실한 것 떠버리면 비 한 번 와서 그 물고 내려가려면 뭐 그 다 씻겨 내려가 버리잖아.

- 그러니까 그 찰흙 떼라야 된다니까.

어, 어, 물, 물꼬 하나 만드는 데도 옛날하고 요즘하고는 많이?

- 그 비닐 하나만 하면 비, 비, 비료 포대 하나면 다 만드는데 뭐 말할 것 뭐 있나, 그것.

- 그럼 생전에 썩나, 뭐, 그, 거야 내가.

어, 그 인제 아까 이야기 한 대로 물 대기는 인제 그래서 조금 뭐 그래 차례대로 인제 물 대기나 안 그러면 못감독이나 어, 뭐 못감독, 그 사람들이 알아서 인제 대주고, 그것은 물세만, 물세만 주면 된다, 그렇지요?

- 그래 하면 되고.

- 그렇지, 그렇지, 보감독.

- 그렇지, 그렇지 뭐.

야, 그 참 그래 보면 요즘 참 예전보다는 그 많이 그렇네, 그렇지요?

- 살기가 좋아요.

- 그렇지요.

그 예전에 그 어르신 그것 뭐야, 그 김 맬 때 주로 어, 그 아까 애벌논 매

놈 매고, 두불롬 매고, 시불롬 맨다 아 해씀미까?

　－ 어.

　그′엄면 보통′ 아, 그, 아, 아이놈′ 맬: 때너 주′로 머 저 호′미 꺼 매′는데, 그 주′루 어떰 풀드′리 만씀미까?

　－ 호'미르 메:고.

　－ 겁 므' 애:이′고, 거 찌 엔나′레는 바세'398) 카′는 지′르민399), 바′세 카 넌 지′리미, 지′심데, 이′르미, 지′심 이′르미 받세′라 칼먼, 그어′는 뿌리~′ 이돈400) 질:고′401), 그엄 먼 뜩 이일 뜨′더먼 암′ 뽀피′고 또′ 뜩해′고 또 올′ 르고 뜩해′고 또 올′르고, 그이거 그애 받쎄′ 카느 지′르민데, 거역.

　뿌리~′이가 바케′ 인너?

　－ 어′, 바케′가지 그 지′뜨′더도 또′ 올′론득.

　－ 그어′르402) 호매~′이 그건 님′늉 닌느 노′노는 걸러 아찌′간403) 너′버 만 그 안 쓰, 안, 아, 모: 자′버.

　－ 거′이 구 바쎄′ 카늠 푸리 그이 제일′ 문디~′이고, 물비′릉404) 카능 또 이′써, 물비′럼.

　－ 물비′릉 캉 그 똑 비′르먼저 빨:강 기′ 이′섣.

　－ 그어′또 잘: 안 비′아, 암 머읻더.

　－ 검′ 머′ 얼매′나 올로온′동 모리′게.

　－ 엔나′레 그′르이끼네 그 고′세기405) 그기′ 바쎄′아거 물비′음 그이′ 다: 빠르머 뿌고, 다 암 매′므 고만′, 으만 나럭 안 덴′다 카′이끼네.

　－ 그래, 그리으, 그래따 카′이끼네.

　그′르가 어, 처:메 인제 아이놈′ 맬: 때 홈매~′이 그, 호미 까′ 하능 그′너 바:세′나 엄, 그 물비′름하고 그게′ 주′로 인제 마 추?

　－ 그겨 그러′치에.

　－ 구기′, 구기′ 머, 머′ 구 아, 아, 아째븐 닝′기만406) 그래 안 써꺼′등, 그기′, 그.

고, 두벌논 매고, 세벌논 맨다고 안 했습니까?

― 어.

그러면 보통 애, 그, 애, 애벌논 맬 때는 주로 뭐 저 호미를 가지고 매는데, 그 주로 어떤 풀들이 많습니까?

― 호미로 매고.

― 그 뭐 아이고, 그 저 옛날에는 바랭이라고 하는 김인데, 바랭이라고 하는 김이, 김인데, 이름이, 김 이름이 바랭이라고 하면서, 그것은 뿌리도 길고, 그것은 뭐 딱 이래 뜯으면 안 뽑히고 또 뜯기고 또 올라오고 뜯기고 또 올라오고, 그것, 그게 바랭이라고 하는 김인데, 그것이.

뿌리가 박혀 있는?

― 어, 박혀서 그것을 쥐어뜯어도 또 올라온다.

― 그것을 호미가 그것이 있는, 있는 논은 그것으로 앞날이 넓으면 그 안 쓰고 안, 안, 못 잡아.

― 그래 그 바랭이라고 하는 풀이 그게 제일 문둥이407)고, 물비름이라 하는 게 또 있어, 물비름.

― 물비름이라고 하는 것이, 똑 비름처럼 빨간 게 있어.

― 그것도 잘 안 베져, 안 무엇인지.

― 그것은 뭐 얼마나 올라오는지 모르지.

― 옛날에 그러니까 그 곡식이 그게 바랭이하고 물비름, 그게 다 빨아 먹어 버리고, 다 안 매면 그만, 그만 벼가 안 된다고 하니까.

― 그래, 그래, 그랬다고 하니까.

그래서 어, 처음에 인제 애벌논 맬 때 호미 그, 호미 가지고 하는 것은 바랭이나 어, 그 물비름하고 그게 주로 인제 뭐 주로?

― 그게 그렇지요.

― 그게, 그게 뭐, 뭐 그 아, 아, 앞에만 넘기면 그래 안 썩거든, 그게, 그게.

- 꺼 구일 닝'기므 뿌'력 허::이겨 넌들넌들하'다, 그기, 뿌'리가.

- 그 창: 생기르408) 그 호'미 아 나, 아, 아 하마 바쎄' 카능 그거'너 뿌'리 지'피 드가 가'주 거으 뜨 거 호매~'이르409) 닝'기머 뿌'리 허:이그 우'로 올런'더으.

- 그래'야 써끄'덩, 그아.

- 앙 그'람 안 써'웅다 카'이끼니.

- 커 끄'르이, 그리, 그릉 글, 그'르마 아, 악, 소느'로는 만:널410) 지:뜨'더도 맥 또' 올로'고 또 올로구도.

- 우뚱지, 쩌, 쩌, 뚜 미끄러저 미꺼러 또 올로구 또 올러이께 그림.

뿌리~'이가 거: 이쓰'이?

- 야:, 그래, 뿌리'이그411) 히여얘기 이르 기 쩔, 쯔, 미 삐대'지 므지.

거'므 인제 두불'론 하'우 시불'론 맬: 때'는 주'로 어떵 어 뽀브?

- 시불론 서412) 가짐 피'나 뽀'꼬, 피'나 놈므 살피'나413), 살:페' 카능 그 이'써, 그 하낙'사으 으엔능 어, 살피' 카능 거, 그링 게'늠 조:꼬' 머 거접 큰 여'꾹때414) 거'뜽 그릉 거' 암 매인능 거, 그렁' 겔' 시찌' 뿍수, 검'치, 걸 시씨 거'을 댕기'마 그래어 커능 그기 시불로~'이고.

- 두불로'너넙 내:: 이거' 마 홀 만 모자이' 삼뜨'지415) 쌈 멀 솜뿍, 솜빠'다그러 검 막 이'래감 매' 가'주구 문 지'시리 쩐 그거 아따, 안, 안 나은 데어, 쩌 덜: 라'능 걸 이래 지:뜨'더가 무'더, 이애 뿍, 하라, 한 줌 대'멀 따' 푸'욱 눌'려 가'주어 흘' 이랙 푹 기르 더'퍼이 데'.

- 끄'래가 인저' 그러익 닫 무체' 뻐, 그'래야 썩'찌요.

거 두불로'느 인제 소'느로 인제 마 에, 주 아실', 아이'놈 매:고 나스 나먼 풀' 가틍 어 인젭 뜨'더가 다시 인자 꺼꾸로 디지'브 넌:다, 그지?

- 그레'고 나'믄 풀 그래'.

- 으, 그'애, 거'러 인저 쿵' 녀' 가'주 다른 흘' 떠 가'주구 인녀416) 어'퍼

─ 그 그게 넘기면 뿌리가 허옇게 너덜너덜하다, 그게, 뿌리가.

─ 그 참 생전에 그 호미 안 하면, 안, 안 하면 바랭이라고 하는 그것은 뿌리가 깊이 들어가 가지고 그 또 그 호미로 넘기면 뿌리가 허옇게 위로 올라온다.

─ 그래야 썩거든, 그것.

─ 안 그러면 안 썩는다고 하니까.

─ 그 그러니, 그래, 그런 것, 그러면 안, 안, 손으로는 만날 쥐어뜯어도 만날 또 올라오고 또 올라오거든.

─ 어떤지, 저, 저, 또 미끄러져서 미끄러져 또 올라오고 또 올라오니까, 그러니.

뿌리가 거기 있으니?

─ 예, 그래, 뿌리가 허옇게 이런 게 저, 저, 뭐 삐댔지 뭐.

그러면 인제 두벌논 하고 세벌논 맬 때는 주로 어떤 것을 뽑습니까?

─ 세벌논매기는 서 가지고 피나 뽑고, 피나 뭐 살피나, 살피라고 하는 것이 있어, 그 한약상에 어떻게 한 것, 살피라고 하는 것, 그런 것이나 줍고 뭐 그저 큰 여뀌 같은 그런 것 안 매진 것, 그런 것 슬슬 뽑고, 그 저, 그것을 슬슬 걸어 다니면서 그래 하는 그것이 세벌논매기고.

─ 두벌논매기는 내내 이것 뭐 호미 뭐 못자리를 만들든지 뭐 손바, 손바닥으로 그 막 이래서 매 가지고 뭐 묻어 김을, 저 그것 안, 안, 안 난 데, 저 덜 난 것을 이래 쥐어뜯어서 묻어, 이래 뭐, 한, 한 줌 되면 푹 눌러 가지고 흙을 이래 푹 이래 덮어야 돼.

─ 그래서 인제 그렇게 다 묻혀 버려야, 그래야 썩지요.

그 두벌논은 인제 손으로 인제 뭐 에, 저 애벌, 애벌논 매고 나서 남은 풀 같은 것 인제 뜯어서 다시 인제 거꾸로 뒤집어 놓는다, 그렇지요?

─ 그리고 남은 풀을 그리하고.

─ 어, 그래, 그래 인제 쿡 넣어 가지고 다른 흙을 떠 가지고 인제 엎어

나 뿌'래애 그 지'심 또 안 사:제'.

그'링까 에저'네늠 머 농'냑또 어:꼬'?

— 음, 그'리 노'약 어딘'녀?

에, 그으, 그'르 나'아니까 지'심도 망키'도 마나'따, 그'지에?

— 지심 망:코'마고'.

— 아이구워:, 인, 이 즈 넘빠'다이 섀:파랜'데, 모: 수마' 노'음 머, 머, 크 지.

아:, 모: 수마' 난는데?

— 어에어, 쪼매' 이씨'마 함 마, 함' 보'름 데'만, 한 이시 빌 데'머 섀파러 그 암 매'마 안 덴'다 카'이끼네.

— 급 잡째 줌' 하고 바세' 나오'제, 물비'음 나오제, 금 멀, 머 여'꾹때 꺼때'기 머 씨:뻐렁 이 나온네 머, 머.

— 구'르이 소:느로 매' 가주온 안 데그덩.

— 그래 인제 건 바세' 그럼마 호매' 찌'껍, 물비'넝하 쪼'세 닝'기고.

아:따', 거으 그'때느 머 어, 농서'진는 사'얌들도 힘' 업씀며'는 농'서지또 모하게스?

— 지떰'417) 머하'고 글'찌에는 똠 몬: 사'러 가주'고 그글 사너 자'분주'기 데 가'주고 인는' 늠'마 넌' 추부 마지', 열 마지'애 가' 이'꼬 마카' 머섬' 디'리 가'주고 농사지꼬', 엄:는 사'암는 여 ○○, ○○○418) 거튼 사'암들 그 부자'넘들 러 한, 더, 나'무 논' 하 서럼 마직' 어더 가'주고 거'늠 곡수 다: 자 뿌'고.

소'작 하어니까?

— 아, 그래, 소'작드으

— 건 뜨 끄 딴 뜨 끄 나력 한 쩌 따 함 떼, 논' 함 마지'이 부'침 나'락419) 항 가'마이 좌'이420) 데'네.

— 반:지 자'이 데'느, 두 가'듬 뻐 반:지 적, 그어'떠421) 모 어'더머422) 가'주고 이 염머 자'석 곡수 뜨 가'맏 글 논 함' 빼끼'까바스423) 흔 달'424),

놔 버려야 그 김이 또 안 살지.

　그러니까 예전에는 뭐 농약도 없고?

　- 음, 그래 농약이 어디 있나?

　예, 그래, 그래 놓으니까 김도 많기도 많았다, 그렇지요?

　- 김 많고말고.

　- 아이고, 이, 이 저 논바닥이 새파랬는데, 모 심어 놓으면 뭐, 뭐, 그 저.

　아, 모를 심어 놨는데?

　- 어, 조금 있으면 한 뭐, 한 보름 되면, 한 이십 일 되면 새파란 것 그것을 안 매면 안 된다고 하니까.

　- 그 잡초 좀 하고 바랭이 나오지, 물비름 나오지, 그 뭐, 뭐 여뀌 껍데기 뭐 시퍼런 게 나오는데 뭐, 뭐.

　- 그러니 손으로 매 가지고는 안 되거든.

　- 그래 인제 그 바랭이 그러면 호미로 찍어, 물비름을 쪼아 넘기고.

　아따, 그 그때는 뭐 어, 농사짓는 사람들도 힘 없으면은 농사짓지도 못 하겠습니다?

　- 짓지도 못 하고 그때에는 또 못 살아 가지고 그것을 사러 자본주가 돼 가지고 있는 놈만 논 스무 마지기, 열 마지기 가지고 있고 모두 머슴 들여 가지고 농사짓고, 없는 사람은 여 ○○, ○○○[425] 같은 사람들 그 부자 놈들 논 하나, 더, 남의 논 한 서너 마지기 얻어 가지고 그놈 곡수를 다 줘 버리고.

　소작 하니까?

　- 아, 그래, 소작들.

　- 거기는 또 그 땅 또 그 벼 한 저 다 한 저, 논 한 마지기 부치면 벼 한 가마니 줘야 돼.

　- 반을 줘야 되고, 두 가마니 뭐 반을 줘, 그것도 못 얻어먹어 가지고 이 놈의 자식 곡수 때 가면 그 논 하나 빼앗길까 봐 그 닭, 그 집에 닭 키

글 지'베 달' 미겐'능426) 거' 가애 자버 가'주 가따 주'구 이'래떠.

그 논' 모 뻐 어, 모 뿌'칠 수도 이쓰니까?

— 거 띠'에, 띠에'까바.

— 그'르 뚜 와 가'주 웨엑 내' 논 내 나'라, 너'루, 너'러 곡섬 모 내'어 덜: 쭈'이길 내 나'라 가머 꾸 꼼짜구'진 조앰, 내 나'이 덴'담 마'루.

— 구'리이 그'거 암: 빼낄'라고 설설설설 디에 따'을 댕기'만 이 처, 처, 이.

어, 예저느여, 예저네늠 마이 아, 구어 쯔 대구인나 이런 뎁 지주들?

— 그:래'요, 요, 요'두 요 조오 꿍, 그으 그래 하제, ○○○○427)으 하고, 그 여, 그 여, 저, 쭈, 잉어 즈, 이, 여, 주 곡석' 삐까'리 재: 노'꼬 임 마꺼' 곡스 암 바'던나 그어름.

으, 그'르가 인제' 또 그런 사'암들 또 양식' 떠러짐며너 어?

— 떠' 장:내'428) 주구'덩.

— 장:내' 주'고 사안, 띠 너무 덕 꼬뿌때'애429) 바'더 무'어430) 뿌'고.

— 버리'431) 누::'런데, 한' 달며 이시'맘 버리' 머, 버리' 머'을 꺼 마짱내'432) 카그'덩, 보리' 하, 함 가'마이 머'멉 마 항 가'마이 좌'이 덴'다, 그.

— 대붐' 마짱내'라거 고 모 뿜 두: 가'마이 자애 덴'드 까이.

아, 그'럼 빌'링 거, 항 가'마이 빌'리면 두: 가'마이 주'야 데'이?

— 그'래, 머'언 늒 항 가'머 꾸 두: 가'마 조'야주.

— 그'르 마쩌, 마짱내~'이 카'지.

그'엄 완저'임 머' 이?

— 만저'이 그'리 끄 열'은, 보'름더 안 데 가조 항 가'마이 더 주'능 기라.

이' 이'자를 머 두?

— 허, 이'자이 항 가'마이 내가' 머'어씨 항 가'마인 이'자라.

— 기' 마짱'나 아이'가.

아::, 그'으, 그, 그'때늠 머 보리꼬'개니까, 그지에?

— 그래, 그래, 그.

웠던 것 갖다 잡아 가지고 갖다 주고 이랬어.

그 논 못 뭐 어, 못 부칠 수도 있으니까?

— 거 떼일, 떼일까 봐.

— 그래 또 와 가지고 웨엑 내 논 내 놔라, 너는, 너는 곡식 못 내서 덜 주니까 내 놔라 하면 그 꼼짝없이 줘야, 내 놔야 된다는 말이야.

— 그러니 그것을 안 뺏기려고 슬슬슬 뒤에 따라 다니면서 이 저, 저, 이.

어, 예전에는, 예전에는 많이 어, 그 저 대구나 이런 데 지주들?

— 그래요, 요, 요기도 요 저 그, 그 그래 하지, ○○○하고, 그 여, 그 여, 저, 저, 이 저 이, 여, 저 곡식 볏가리 재 놓고 이 모두 곡식 안 받았냐 그래.

어, 그래서 인제 또 그런 사람들 또 양식 떨어지면은 어?

— 또 장리(長利) 주거든.

— 장리 주고 사람, 이 놈의 자식 곱으로 받아 먹어버리고.

— 보리가 누런데, 한 달만 있으면 보리 먹고, 보리 먹을 것인데, 곱장리라고 하거든, 보리 한, 한 가마니 먹으면 뭐 한 가마니 줘야 된다, 그것은.

— 대번 곱장리라고 그것을 먹어 버리면 두 가마니를 줘야 된다고 하니까.

아, 그럼 빌린 것, 한 가마니 빌리면 두 가마니 줘야 됩니까?

— 그래, 먹은 것이 한 가마니니까 두 가마니를 줘야지.

— 그것을 곱장리, 곱장리라고 하지.

그럼 완전히 뭐 이?

— 완전히 그래 그 열흘, 보름도 안 돼 가지고 한 가마니 더 주는 거야.

이 이자를 뭐 두배?

— 어, 이자가 한 가마니 내가 먹었으니 한 가마니는 이자야.

— 그게 곱장리 아니냐.

아, 그, 그, 그때는 뭐 보릿고개니까, 그렇지요?

— 그래, 그래, 그.

- 그'리이낀 농'서 지' 가'주 글 여'을마네433) 글 쁘 농'사 이 그 다: 자 뿌'자너, 그리.

- 그 꼴' 암 머'므 주'그이꺼니.

- 꺼 어'예 자434) 뿌머 양지 쪼'오 버리' 이삭' 쪼매 노:라'마 대래435) 까저 꺼'름 지뜨'더 가'주고 꾹꾹' 찌'으 가지거투 버리'떡 카고.

- 참' 고생핸'능 거 참 말:뚜 만, 우리'가 명: 진: 테'기라.

- 그'얼 보'머 참말로, 어이거 찬 떠.

- 주'걸라껌 마 첨 머뜬' 사'암436) 마 한서 애써 씨두줍 주, 이'거 목'쑹 카'능 그 잘: 안 주'거.

— 그러니까 농사 지어 가지고 그 열흘만에 그 보리농사 한 것 다 줘 버리잖아, 그래.

— 그 곡식을 안 먹으면 죽으니까.

— 그 어떻게 인제 돼 버리면 양지 쪽 보리 이삭이 조금 노라면 바구니를 가지고 그 놈 쥐 뜯어 가지고 꾹꾹 찌어 가지고 보리떡이라 하고.

— 참 고생한 것 참 말도 마, 우리가 명이 긴 편이야.

— 그걸 보면 참말로, 아이고 참 또.

— 죽으려고 뭐 참 어떤 사람 뭐 한 사람 애를 써 쓰도록 죽지, 이것 목숨이라고 하는 것이 잘 안 죽어.

2.2. 밭농사

예저′네 그 머 어르′신 어′려슬 때너?

─ 그래′떠 카′이여, 사′러가더 멉 인′낭, 머 섬뻐주 이′름 밀찌′불437) 한 대마 산, 여 사′러은데, 밀찌′불 그. 다, 근 대:두′비438) 카′먼 일′분눔들 콩 지′름439) 짜 뿌′고, 대:도′베 카′능 거 콩뜨, 콩 찌끄리′ 그 아 인′나, 그 이′르 미 대:도′베그덩, 그 지′름 짠′능 거, 쫌 누룩 끄틍 그거′, 앙: 꾸′더 업짜′나, 그어′, 꽁′ 눌′르느 그어′또 그 배:급 좌가′주 하′넘 머′마 그 머 인′노, 그′거.

─ 그어′또440) 모 어더′ 머′쩌뿌.

걸치에, 기름 다 빠져 뿌고?

─ 예, 거어더 머.

기름 다: 빠′져 뿌′이께네?

─ 그리, 끄, 끄이, 끄, 그 이′르미 대:도′미라 카′능 기.

─ 거뜨 거여 이느미.

아:, 대도′비?

─ 아:, 대노미, 대더.

그′어름 검′ 머 꺼 어′뜨에 해 무′어씀미까, 예저′ 어′려슬 때′너?

─ 구′얼 고, 구′얼 인젤′ 지 바′가지 빠′아 가주′고, 빠′아 가주′구 인젬, 쿡쿡′ 찌′가지 빠′아 가주′고 구 머 거, 거 머 저, 절 바′베으 저 거 쏙: 뽀′ 꺼 까주′오 쩔 무′리441) 끼′이더 밥 한′ 데 머 밀:찌′부리라 찔 려 그 여: 가 지 머′맘 문떡 공′기늠 머 인, 앙: 경′기도442) 엄능′ 거, 그거.

밀찌′부르릉 그′암 해가′ 무어 까 어′뜨게 잡사슴미까?

─ 밀찌′불 가 요 무′리 여′가 끼′리지 머.

죽: 끼′리 무′써?

─ 죽′ 끼′리머443) 버, 붐, 벌:거′이 주′기지 머.

예전에 그 뭐 어르신 어렸을 때는?

─ 그랬다고 하니까, 살아가도 뭐 있나, 뭐 씀바귀 이런 밀기울 한 되면 살아, 여기서 살았는데, 밀기울 그 다, 그 콩찌끼라고 하면 일본놈들 콩 기름 짜 버리고, 콩찌끼라고 하는 것 콩, 콩 찌꺼기 그 안 있나, 그 이름이 콩찌끼거든, 그 기름 짠 것, 똑 누룩 같은 그것, 아무 것도 없잖아, 그것, 꾹 누른 그것도 그 배급 줘서 하나 먹으면 그 뭐 있나, 그것.

─ 그것도 못 얻어먹었는데.

그렇지요, 기름 다 빠져 버리고?

─ 예, 그것도 뭐.

기름 다 빠져 버리니까?

─ 그래, 그, 그, 그, 그 이름이 콩찌끼라고 하는 게.

─ 그때 그것의 이름이.

아, 콩찌끼?

─ 아, 콩찌끼, 대두.

그것은 그럼 무엇을 가지고 어떻게 해 먹었습니까, 어르신 어렸을 때는?

─ 그것을 그, 그것을 인제 집에 와서 빻아서, 빻아 가지고, 빻아 가지고 인제, 쿡쿡 찌어서 빻아 가지고 그 뭐 그, 그 뭐 저, 저 밥에 저 그 쓱 볶아 가지고 저 물에 끓여서 밥을 하는 데 뭐 밀기울이라도 찌는 데 거기 넣어 가지고 먹으면 뭐 근기가 뭐 있나, 아무 근기도 없는 것, 그것.

밀기울은 그럼 해서 무엇을 가지고 어떻게 잡수셨습니까?

─ 밀기울 가지고 요 물에 넣어서 끓이지 뭐.

죽 끓여 먹었습니까?

─ 죽을 끓이면 벌겋게, 보면 벌겋게 죽이지 뭐.

- 앙:444) 꾸'더 으꼬', 꼬'깨더445) 아너 엄:능' 거, 그 대서'비 여' 가'주고 끼리 가주'엽 범'벅 꺼뜽 거, 그 펴모'머 양:부'느 하아'떠446) 업지엄 배'느 그'르더 부르잔'.

그'르쳐, 으 일딴 드르가'니까?

- 이그 드가'이껜 배'넘 부'르지, 거르이.

- 양물' 하'아더, 사러'머 꼬재~'어거치447) 마르'고.

에, 머 그 무'어 양부'니 업쓰'이껜?

- 그 양:부'는 밀찌'부리하구 대더'미하고 꽈' 노고 저 갱무'레 가' 말 뜨더가, 말', 그어뿌 갱무'레 마르.

마:예'?

- 그 말 카'능 거, 이여바 처멍'능 거 아 인'너, 그 사암더그.

- 그크' 거렁448) 마'러능 그 잘: 먹'떠 아 하그덩.

- 가우 꺼 그기'라도 은제 뿔, 뜨'다서 거야 거 지 밀찌'불, 댈, 대더'베하거 여 가'주온 칼루 써:리가주 그 르멀 끼'리능 기'라.

- 끼'리프 소우, 소'죽꺼치 끼'리 가주구 그애라 퍼멍'능 기'엽.

- 퍼머'으맘449) 머', 그래가 또 안 데'먼 사'네 가 송기' 삐'끼 가주고.

송기, 예?

- 아, 비'끼 가주 그역 꾹꾹: 찌 가'주 그거 인잗 수지'비 해' 가'주 거 여가' 머'꼬 그'래찌.

아, 송기하'고 인자 밀찌'부리에 수지'비하고?

- 이 거 대두'미하고 그리 까줌.

수지'비 해 가여?

- 어, 거른드, 쑴, 거기' 허 수지 바이.

- 그'래마 똥끄'이 미케'가450) 저깔'러 파'내고 마 이'래따 가이끼'네.

어, 워낭수 푸'를 마니 머'어끼네?

- 그'리이히, 머.

- 아무 것도 없고, 곡기도 하나 없는 것, 그 콩찌끼를 넣어 가지고 끓여 가지고 범벅 같은 것, 그것을 퍼먹으면 양분은 하나도 없지만 배는 그래도 부르잖아.

그렇지요, 일단 들어가니까?

- 이것 들어가니까 배는 부르지, 그러니.
- 양분은 하나도, 사람은 꼬챙이같이 마르고.

예, 뭐 그 뭐 양분이 없으니까?

- 그 양분은 밀기울하고 콩찌끼하고 고아 놓고 저 강물에 가서 말을 뜯어서, 말, 그것 강물에 말.

마요?

- 그 말이라 하는 것, 이래 먹는 거 안 있나, 그 사람들.
- 그 개울 말은 그 잘 먹지도 안 하거든.
- 그래도 그 그것이라도 인제 뜯, 뜯어서 거기에 그 인제 밀기울, 콩찌끼, 콩찌끼를 넣어 가지고 칼로 썰어서 그 놈을 끓이는 거야.
- 끓이면 소, 소죽같이 끓여 가지고 그것을 퍼먹는 거야.
- 퍼먹으면 뭐, 그래서 또 안 되면 산에 가서 송기를 벗겨 가지고.

송기, 예?

- 어, 벗겨 가지고 그것을 꾹꾹 찧어 가지고 그것을 인제 수제비 해 가지고 거기 넣어서 먹고 그랬지.

아, 송기하고 이제 밀기울로 수제비하고?

- 이 그 콩찌끼하고 그래 가지고.

수제비 해 가지고?

- 어, 그래, 수, 거기 그 수제비 하지.
- 그러면 항문이 막혀서 젓가락으로 파내고 뭐 이랬다고 하니까.

어, 워낙 풀을 많이 먹으니까?

- 그러니, 뭐.

송기' 가틍 거 멈, 무 얼'마 찐딴항머?

— 그래, 므엄, 머 그으 아우, 내 동극, 저, 저쓰, 하느 사모이더 카느이 저 거느 거 머 쁘 똥묵씬 미께'가주 이' 느므 저까르' 히'비451) 내따 카이끼네, 아은 나, 안 나가주 검.

으워낙 그게' 소'화도 안 데'고 그'러이?

— 야, 그르이, 앙: 꾸'더 엄능 거', 그음먼, 밀찌'불, 대두'미, 말', 저 송기하'고 그르 여 끼'리가주 글 그르 머 노'이끼니452) 머 인'나.

— 사라'므 꼬 중.

그'때, 일쩨시대 때' 꺼 해방 머 직쩐', 해방 이후, 그'때느 마:니 그래찌'예?

— 마'이 그'래찌, 임 저 사, 저 사'네 가'먼 소냥'게453) 바, 하:애따, 자삐'끼454) 가주고.

거우 보'멜 저 보리꼬개 댈 때 마**455)?

— 끄'래, 이야 악, 다: 비'그무 안 데그덕.

— 모 요짜' 함'믐 비'끼으 조짜' 함' 비으, 그래약 요:망'꿈 나'머마 그 솔라무'은 다: 살드'라꼬.

— 그래 가'주 구거 사~'이456) 하:애'따, 그'내 비끼 가주'고.

소나무 워'낙 그 하'이끼네, 그지?

— 예, 그러고 그걸 무레' 푹:: 당가: 나'끄덕457).

— 당가: 나'으마 예 물렁물러하'마 이젤 호바'아458) 대'고 암 빤'나.

— 태에'구 빠'으마 크 인제 찐덕찐늑하기 그 떡' 끄'틍 이 나온'다곤.

— 그르며 인젤 작 빠'으먼 그래 가주 인제 그 르므 뭉'치 가즈오 쭈끼린 데 그 수지'브 해가주 그래 먹 밀찌'불, 대더'비, 말', 그리 여가지 끼리 노'므 또 데애죽' 꺼'틍 거 그얼 퍼머'꼬.

움 모 뿌워너 그'때 쌀루 구융할' 쑤가 업쓰~'이?

— 쌀' 어디'너, 쌀' 어딘'너.

다: 공출' 반'치고?

송기 같은 것은 뭐, 뭐 얼마나 기다랗습니까?

- 그래, 뭐, 뭐 그 아우, 내 동생, 저, 저, 하나 사무관이라고 하는 이 저 거기는 그 뭐, 항문이 막혀서 이 놈의 젓가락으로 후벼 냈다니까, 안 나, 안 나와서 그.

워낙 그게 소화도 안 되고 그러니까?

- 예, 그러니, 아무 것도 없는 것, 그것만, 밀기울, 콩찌끼, 말, 저 송기 하고 그래 넣어 끓여서 그 그래 뭐 놓으니까 뭐 있나.

- 사람이 그 저.

그때, 일제강점기 때 그 해방 뭐 직전, 해방 이후, 그때는 많이 그랬지요?

- 많이 그랬지, 이 저 산, 저 산에 가면 소나무가 하, 하얬다, 다 벗겨 가지고.

그 봄에 저 보릿고개 될 때 뭐, **?

- 그래, 이 어, 다 벗기면 안 되거든.

- 뭐 요쪽 한 번 벗기고 저 쪽 한 번 벗기고, 그래야 요만큼 남으면 그 소나무는 다 살더라고.

- 그래 가지고 그것 산이 하얗다, 그래 벗겨 가지고.

소나무가 워낙 그렇게 하니까, 그렇지요?

- 예, 그러고 그것을 물에 푹 담가 놓거든.

- 담가 놓으면 인제 물렁물렁하면 인제 방아확에 대고 안 빻나.

- 대고 빻으면 그 인제 찐득찐득하게 그 떡 같은 게 나온다고.

- 그러면 인제 자꾸 빻으면 그래 가지고 인제 그 놈을 뭉쳐 가지고 죽 끓인 데에 그 수제비 해서 그래 뭐 밀기울, 콩찌끼, 말, 그래 넣어서 끓여 놓으면 또 돼지죽 같은 것 그것을 퍼먹고.

그 뭐 워낙 그때 쌀을 구경할 수가 없으니까?

- 쌀이 어디 있나, 쌀이 어디 있나.

다 공출 바치고?

― 밀' 두: 마'린낭, 밀: 타작해' 가주고 공출' 대'라 커'이 덜 때'고, 저
건:네 우리 살 찌'거, 우리' 거 오'영감 집' 이실 찌459), 미럴' 이젠 생꼭' 바
테 가'러 가주고 공추' 미 까'마이 나오능 기'라.

― 그'르가즈 서, 즈 한, 뜨 한, 항 가'마에 반: 터'거를 그자, 저, 저 밀
이'랟 떠디'리마460) 여'이 밀찌461), 껙'짜 안 나오나.

― 거'어다 무'더 나'끄덩.

― 걷 그' 넘무 동:네 그 구'장462) 칸 자'스기 그 고발해가~' 이 아 가주'
곧 디베:463) 가'젼 차저내'따 마'라.

구'장이 또 일본 압:짜'비네, 거?

― 으, 압째'브지.

― 그르 가'주군 크어'이고, 걷 동네 사름 머'아 노'꼳 빨브'께 노'꼳 띠'
디일 패곧, 카 이.

아:, 그 숭'겨 놔'따고?

― 끄래.

― 다: 빼끼'거464) 떠디'어 패'고, 이'른, 이'름 바녁'짜라 카'고 마'라, 이
넘'무 새'끼들 근.

― 그'래, 그래 가주'고 한' 데도 모 험'치따 카'이끼네.

― 공:출' 다: 대'러 캄 대'고 찌끄'리 나'멈, 얼매 나'므마, 절 뿌니도 그
윽 하이쩨, 하먼 요 나오'는 수짜'를 다 아드'라꼬.

― 요'는 너 미'를 엄'매 가'러씨이 요' 얼매 머, 엄'매 멍는'다 카능 기라.

― 다 아:능' 게요.

― 고'래 걸 지 항 가스, 고 항: 가'마에쭘 감차' 나'느이 고' 대분' 아드'
라꼬.

― 하'므 얼매'어 업:따 카'이끼 걷 이 늠 디베' 나떠 걷 지'비 다 디버'이
업:씨이끼리 거 이리: 히'시끼리465) 밀: 아우그'던.

― 으, 그래, 그랜드, 그래, 일븐 압째'비 아이그, 압째'비, 그 치'내 압째이다.

– 밀 두 말인가, 밀 타작 해 가지고 공출 대라고 하니 덜 대고, 저 건너 우리 살 적에, 우리 거기 오영감 집 있을 적에, 밀을 인제 생곡 밭에 갈아 가지고 공출 몇 가마니 나오는 거야.

– 그래서 세, 저 한, 저 한, 한 가마니에 반 가마를 그렇지, 저, 저 밀 이래 두드리면 여기 밀 깍지, 깍지 안 나오나.

– 거기에다 묻어 놨거든.

– 거기 그 놈의 동네 그 구장(區長)이라고 하는 자식이 그 고발해서 와 가지고 뒤져 가지고 찾아냈다는 말이야.

구장이 또 일본 앞잡이네요, 그?

– 어, 앞잡이지.

– 그래 가지고 아이고, 그 동네 사람 모아 놓고 발가벗겨 놓고 두드려 패고 하니.

아, 그 숨겨 놨다고?

– 그래.

– 다 뺏기고 두드려 패고, 이놈, 이놈 반역자라고 하고 말이야, 이 놈의 새끼들 그.

– 그래, 그래 가지고 한 되도 못 훔쳤다고 하니까.

– 공출 다 대라고 하면 대고 찌꺼기 남으면, 얼마 남으면, 저 본인도 그것을 했지, 벌써 요기 나오는 숫자를 다 알더라고.

– 요는 너 밀을 얼마 갈았으니 요 얼마 뭐, 얼마 먹는다고 하는 거야.

– 다 아는 거야.

– 그래 그것을 저 한 가마니, 그 한 가마니쯤 감춰 놓으니까 그 대번 알더라고.

– 벌써 얼마가 없다고 하니까 그 이 놈이 뒤져, 숨겨 놨다 하면서 집을 다 뒤져도 없으니까 거기 이래 뒤적이니까 밀이 나오거든.

– 어, 그래, 그렇다, 그래, 일본 앞잡이 아닌가, 앞잡이, 그 친일 앞잡이다.

여 그', 그'때는 다 머 어'려쓸 때느, 어르'신 어'려쓸 때'는 다 거듬베 고 생하에스따, 그지에?

— 마'저, 걸쭈 걸 흐얼침.

— 우리' 그르, 우리' 그 여라'읍 삼 므'어시까, 고'래끄더.

구, 그래 가' 또 해방 돼, 해방 데 가주고 똔 전쟁 나 뿌고?

— 구래'에'즈.

크지에?

— 그리: 또 처, 전쟁 나 쁘'건 차 찌 아이:허구, 우리브'더466), 우리', 우리 때르버'더 고'생 더 핸 사'음 업:따' 카'이끼네.

그른네'에, 해바어, 일쩨 시대 때 그 하고?

— 거: 떠' 해방 데 가꺼이.

해:방' 데' 가지고 쫌 이스'이깐 전쟁 터져 가지 전쟁터 끌려가 버리고?

— 그'래, 전장저 끌래.

— 끌려 나가'이께 똠 머 개코'나 먼' 또 띠.

다 어, 머'을 꺼도 다?

— 구 머'을 꺼여 어꼬' 다 빼끼' 무 앙 끄'도 어꼬' 머 지꾸서' 드오'이끼네 머 이.

머 폭탄 더, 떠'러져가 머 머'을 끄또 어꼬?

— 끄'찌야, 하이그어 참.

끄'르가 쫌 끄도 머'꼬 산: 때'널 마 한:참 경제개바 하'고 나'스다, 그지에?

— 그'르치여.

— 녀 구'네 가따 나와 가주고, 구'네 가따 나와 가주고 참::, 딱 구'네 가딴 제대 하'이끼네467) 개코'나 머'을 꺼 머 인'너, 전신만시네 머 싹'떠 한 떠배'이468) 어:꼬, 미찌'불 머어 터 꺼 어데 거 자 아 가주우 싸, 쌀땅: 그'레어469) 바'드 가이 뽁까 까주우 그 럼 먹타'가 그래가추 참 여짱'사, 그 여' 꽈'아 가주고, 구어 열, 여 까' 가'주고, 여슬 꽈 가지 그 워 저, 지

여 그, 그때는 다 뭐 어렸을 때는, 어르신 어렸을 때는 다 그렇게 고생하셨다, 그렇지요?

─ 맞아, 그때 그래 그렇지.

─ 우리 그래, 우리 그 여남 살 먹었을까, 그랬거든.

그, 그래 가지고 또 해방 돼, 해방 돼 가지고 또 전쟁 나 버리고?

─ 그래.

그렇지요?

─ 그러니 또 전, 전쟁 나 버리고 참 저 아이고, 우리보다, 우리, 우리 때보다 고생 더 한 사람은 없다고 하니까.

그랬네요, 해방, 일제강점기 때 그 하고?

─ 그 또 해방 돼 가지고.

해방 돼 가지고 좀 있으니까 전쟁 터져 가지고 전쟁터 끌려가 버리고?

─ 그래, 전쟁터 끌려가고.

─ 끌려 나가니까 또 뭐 개 코나 뭐 또 저.

다 어, 먹을 것도 다?

─ 그 먹을 것도 없고 다 뺏겨서 뭐 아무 것도 없고 뭐 집에 들어오니까 뭐 이.

뭐 폭탄 떨, 떨어져서 뭐 먹을 것도 없고?

─ 그렇지요, 아이고 참.

그래서 좀 그래도 먹고 산 때는 뭐 한참 경제개발 하고 나서다, 그렇지요?

─ 그렇지요.

─ 이제 군에 갔다 나와 가지고, 군에 갔다 나와 가지고 참, 딱 군에 갔다 제대 하니까 개 코나 먹을 게 뭐 있나, 전신만신에 뭐 쌀도 한 되 없고, 밀기울 뭐 저 그 어디 가서 주워 와 가지고 쌀, 등겨 받아 가지고 볶아 가지고 그 놈 먹다가 그래서 참 엿장수, 그 엿 고아 가주고, 그 엿, 엿 고아 가지고, 엿을 고아 가지고 그 뭐 저, 저 이것, 이것 엿을 고아가지고

일, 이그 여'슬 꽈' 가'즈 그, 그어 쩐 여 동:네' 여 꽌' 사'름 마이'써, 거'를 배'아 가주고 여'슬 까' 가주고 쌀' 서: 데'를 꽈' 가'이, 까 아주곤 파'이끄네 싸'리 너 데 데드'라꼬, 파이끄네.

— 쌀: 너: 데'을 또 바'더가 하'이껜 여' 떼 데드'라꼬.

— 거'르 여' 떼를 또 다 까' 가'저 파'이끼레 골, 곰 므, 므 이, 그업, 거 은저, 건 오왜'랑느 컴 찌끄'리: 그 밀찌'브, 여 저, 저 여빠'비 이'써, 여바'비.

— 까녀 인 찌:개 아 인'나.

— 거'어'만 머도 거 대멈470) 머 호가~'이그덩.

아, 여, 열 구'어쓰 엽 찌르'그 거 살 거 찌게'이 이스'이껜?

— 얼, 찌개'에' 그으 머'꼬.

— 구어'르 바밤, 마 밤멈 머꼬.

밥: 비스다'다 아임므'가?

— 무 꺼, 그유 그'르이끼네 겁 작 분능'471) 거'느 은제 함' 말' 하므 뚝 말가'언472) 떼'고, 자꾸 고르 부'니끼네473) 한 일 련 하~'이 으마 부자' 데' 뿐능 기라, 그마.

— 논 섬, 논:도' 사'고 머, 머, 그 이'래 소도' 사고 머.

그게, 그게으써 그어데 형펴'늘 쫌' 풀리겐'네예?

— 어, 꾸래가주 소도 사'구 데:지'도 사고' 달'또 미게'꼬 이으 하이, 처전'떡474) 꺼띠만 머 사러'미 가매:이 올로능 기라.

— 그 먼, 머거 저카노 카이 저니, 유게'에 터'져따 카능 기라.

— 까머 피란' 오'은 덴 소론'님니, 소'는 쪼매'낭475) 몰가'다 머뜨 그 고이476) 구닝'가 어디 가'에 파래 뿌구, 데'에'지, 닥하'고477) 마'껌, 미'치드478) 아 이씨'므 온'다꼬, 무 워 저어 그 에에예 가다'윽 여'느 온'다 카드, 그' 질로 간능 거 개코'도 사무' 모 완'는데 머'.

나뚜'고 간'네예.

그, 그 저 여기 동네 엿 고는 사람 많이 있어, 그것을 배워 가지고 엿을 고아 가지고 쌀 서 되를 고아 가지고, 고아 가지고 파니까 쌀이 너 되가 되더라고 파니까.

- 쌀 너 되를 또 받아서 하니까 여섯 되 되더라고.
- 그래 여섯 되를 또 다 고아 가지고 파니까 그것을, 그 뭐, 뭐 이, 그, 그 인제, 그 어떻게 했느냐 하면 찌꺼기 그 밀기울, 여 저, 저 엿밥이 있어, 엿밥이.
- 그러니까 이 찌꺼기 안 있냐.
- 그것만 먹어도 거기 비하면 뭐 호강이거든.

아, 엿, 엿 거기 엿 찌꺼기 그 쌀 그 찌꺼기 있으니까?

- 어, 찌꺼기 그것 먹고.
- 그것을 밥, 뭐 밥으로 먹고.

밥 비슷하다 아닙니까?

- 뭐 그, 그게 그러니까 그 자꾸 불어나는 것은 인제 한 말 하면 또 말가웃 되고, 자꾸 그래 불어나니까 한 일 년 하니 그만 부자 돼 버리는 거야, 그만.
- 논 세, 논도 사고 뭐, 뭐, 그 이래 소도 사고 뭐.

그게 거기에서 그 어디 형편이 좀 풀렸겠네요.

- 어, 그래서 소도 사고 돼지도 사고 닭도 먹이고 이래 하니, 퍼떡 그러더니만 뭐 사람이 까맣게 올라오는 거야.
- 그 뭐, 뭐가 저러냐고 하니까 전쟁, 육이오가 터졌다고 하는 거야.
- 그만 피난 오는데 소는, 소는 조그마한 것 몰고 가다가 뭐 그 거기 군위인가 어디 가서 팔아 버리고, 돼지, 닭하고 말끔, 며칠도 안 있으면 온다고, 뭐 어 저 그 이래 가다가 이내 온다고 해서, 그 길로 간 것이 개 코도 사뭇 못 왔는데 뭐.

놓아두고 갔네요.

그′르가 쪼′금 살 만할′라 카′이 고′마 유기오전′쟁이 난네?

─ 구리, 그′르, 터′져 뿌짜느이.

─ 아이러, 그리 으리그′치 고′상 여 어딘′ 노?

그으 참′ 어, 어르′신 거 염′배가 제:일′ 마′, 어뜨에 본′다며너 고′생을 참′
제일 마니 해떤?

─ 참′ 지고′오′ 해′써479), 고′생을 참말.

에, 인찌 제엘 마니 고생해떵 그럼 부인디여.

끄 다′으메 어르′신 아까′ 인제 논′농사 이얘기 하′션는데, 인제?

─ 또 반농′사 하′나.

예, 반농′사 쭘′, 여′이도 반농′살 쭘′ 하야, 하셔찌예, 에저′에?

─ ***480) 해′찌요.

거 반농′사너 주′로 여′기느 주′루 어떵′ 곡′슥뜰 해′씀미까?

─ 여: 바′치 만찬자나481).

─ 여 끄 더:리′ 엄청 카이.

예, 예, 노′니 만치′예?

─ 그래, 노′니 망:꼬′ 바′체느 머 한 지′베 거 쩝, 쪼매끔돈, 주′루 머′ 꼬
치′482), 창깨′ 머 고구′마 머 여렁 거′ 쪼매끔 머, 마:이 아 하고 머, 쭘′ 마
이 한′ 사′름, 바 칸 서너′ 마′이 데은 사′러먼 또 머 저, 저, 머 다릉 그엄
먼 새, 생강도 하고 그래뜽, 그′르 하고, 우리똔 이래 하고 머 반농′사 주′
룩 꼬치′재 머′, 꼬′추 마이 하제, 꼬′추.

양념′ 믈러예?

─ 음, 아에에, 그′럭 꼬치′ 해 가′주우, 우일′또483) 꼬치′ 한: 청: 근′썩
이래 따가′ 하 처노백 건썩, 이청 근석 따′따꼬.

─ 여 아′페 여 놈: 부′치구 할 찌′게 구 이 머 수박하′거 드 꼬치′ 수마′
가주, 꼬치 스나간 한 팔′빅, 청 건′썩, 이천 건썩 따아 가′주구 팔고 그래
앤데.

그래서 조금 살 만하려고 하니까 그만 육이오전쟁이 났네요?

─ 그래, 그래, 터저 버렸으니까.

─ 아이고, 그래 우리같이 고생한 사람이 여기 어디 있나?

그 참 어, 어르신 그 연배가 제일 뭐, 어떻게 본다면은 고생을 참 제일 많이 했던?

─ 참 지고 했어, 고생을 참말.

에, 인제 제일 많이 고생했던 그런 분이지요.

그 다음에 어르신 아까 인제 논농사 이야기 하셨는데, 인제?

─ 또 밭농사 하나 이야기 좀 해주십시오.

예, 밭농사 좀, 여기도 밭농사를 좀 해, 하셨지요, 예전에?

─ *** 했지요.

그 밭농사는 주로 여기는 주로 어떤 곡식들을 했습니까?

─ 여기는 밭이 많지 않잖아.

─ 여기는 그 들이 엄청 크니.

예, 예, 논이 많지요?

─ 그래, 논이 많고 밭은 뭐 한 집에 그 저, 조금씩, 주로 고추, 참깨 뭐 고구마 뭐 이런 것 조금씩 뭐, 많이 안 하고 뭐, 조금 많이 하는 사람, 밭 한 서너 마지기 되는 사람은 또 뭐 저, 저, 뭐 다른 것 뭐 생, 생강도 하고 그러고, 그렇게 하고, 우리도 이렇게 하고 뭐 밭농사 주로 고추지 뭐, 고추 많이 하지, 고추.

양념으로요?

─ 음, 예, 그렇게 고추 해 가지고, 우리도 고추 한 천 근씩 이래 따서 한 천오백 근씩, 이천 근씩 땄다고.

─ 여기 앞에 여기 논 부치고 할 적에 그 이 뭐 수박하고 저 고추 심어서, 고추 심어서 한 팔백, 천 근씩, 이천 근씩 따 가지고 팔고 그랬는데.

- 구, 거, 그을 쩌, 항 그'네 상, 그'을 찌'도 꼬치 항 그'네 삼처 너 해'끄덩, 삼 처느.

- 오샘' 모 오처 넘 머 사천오백 하'드라만 떠 한'짬 비'살 찌'으는 꼬치 항 근 육처 넌스또 바더 바끄덩.

**484) 그 이 그'뜨너 그'래도 수'이비 겐차'응게떠?

- 겐차'네찌.

논농'사쁘더?

- 휠씅'485) 나'찌 머.

- 궐 쯩 머 일 려'르 꼬치 농'서 지'이마, 꼬치 농사 지'이만 걸'찌에 드 한 사뱅'마 는, 삼백 한 오심마 넌더, 글찌 동: 그래 사씨'이486) 마 거 이거 이.

아, 여, 여'기 꼬치'를 마이 핸'너에?

- 마이 해'찌, 내가 마이 해써'.

근뎌 그'엄뎌에 에저'네 염 머 바'치 만치 아느'니까 어디에?

- 노'네 마익 하이뜨 가이, 노'네어 꼬치' 츠마'다 카'이께, 노'네다가.

- 바'치, 즈 노'네 스마'따487) 가이껴.

- 노'네 인제 압쭈'어르.

어, 물', 물' 쫌 잘 빠'지는 노'네다?

- 그래아, 요, 요, 요, 요, 여, 아, 여 큰 노'니 여, 여 아페 그 반:질 또 꼬치 해 가'주 마:이 따'따.

그, 그르 인제 꼬치'를 에, 해가' 마닏, 도:늘 마니 하'시구, 꼬치 가틍 겨우도 할'리메닝 그 이'리 만치'예?

- 망'꼬 마'여고, 아이고.

- 요'그 이 씨: 가'따가, 씨'를 산다, 씨'르 일 쩌 그 요 한 녀 머 이 여 사'만488), 사 가주엔 요'러 버'가주 싸'글 내 가주고 그 르머 키'울러 카'만 그그'이 양녁 쩌, 저, 저 양녁 시비월따레 하'먼 씨'어를 버'거 저 임 버'가주고, 그 하만뜨 오월딸까'지 그 만날 솜바 가'주구 바'트 갈러 카만

- 그, 그, 그 저, 한 근에 삼, 그럴 적에도 고추 한 근에 삼천 원 했거든, 삼천 원.

- 요새는 뭐 오천 원 뭐 사천오백 원 하더라만 또 한참 비쌀 때에는 고추 한 근에 육천 원씩도 받아 봤거든.

** 그 이 그때는 그래도 수입이 괜찮았겠네요?

- 괜찮았지.

논농사보다?

- 훨씬 낫지 뭐.

- 그럴 적에 뭐 일 년에 고추 농사 지으면, 고추 농사 지으면 그때 돈 한 사백만 원, 삼백 한 오십만 원씩, 그때 돈 그래 샀으니 뭐 그 이것 이.

아, 여, 여기 고추를 많이 했네요?

- 많이 했지, 내가 많이 했어.

그런데 그러면 예전에 여기 뭐 밭이 많지 않으니까 어디에?

- 논에 많이 했다고 하니까, 논에 고추 심었다고 하니까, 논에다가.

- 밭이, 저 논에 심었다고 하니까.

- 논에 인제 앞쪽으로.

어, 물, 물 좀 잘 빠지는 논에다?

- 그래, 요, 요, 요, 요, 여, 여, 여 큰 논에 여, 여 앞에 그 절반 또 고추 해 가지고 많이 땄다.

그, 그래 이제 고추를 에, 해서 많이, 돈을 많이 하시고, 고추 같은 경우도 하려면은 그 일이 많지요?

- 많고 마고, 아이고.

- 요것 이 씨 갖다가, 씨를 산다, 씨를 이 저 그 요 한 여 뭐 이 여 사면, 사 가지고는 요래 부어서 싹을 내어 가지고 그 놈을 키우려고 하면 그게 양력 저, 저, 저 양력 십이월에 하면 씨를 부어, 저 이 부어 가지고, 그렇게 하면 오월까지 그 만날 손봐 가지고 밭을 갈려고 하면 사뭇 그 뭐

사무' 그 먼 그 늠 고므지고 이'쩨 모.

― 구야먼 꼬치 딸 따까'지 그 시'월 칸 상'강 무'려베 꼬치'때금 뽀'버이 께네[489] 그려 사무 그머 일 련 열뚜 다'리지 머, 앙 그라.

그엄 꼬치' 구거 할'려며너 꼬치: 씨 해, 부'터 해가 어'뜨케 함므어, 씨를?

― 씨'럴 요어 키'아 가주'고 나 가주오 여 뎌 또 바'텔쁘 모주'멀[490] 버' 가주고, 그저'너는 이래 모주'멀 태너:[491] 모'펑거치[492] 해가주 요래 따드' 머 가'주고, 씨르 오래 여 몰'구[493] 우'에 헌쳐[494] 가'주오 어으 줘 래 올로 게 요만하'마 골' 뽀버 가주고 이'시글 해'끄더.

― 요래 조래: 요래 요래 다만[495] 다만 담 수미 노'꼬, 함 분 숨무'꼬 또 해'가 두: 붕꺼'직 이식해' 가주고, 그래가주 이식해' 가주고 바'텐 나가끄'더.

― 그거 이만:한' 바테는.

― 그라'고너 그기'[496] 저뜨 개명데' 가'주고 사무' 끄'래 핸는'데 구만, 아우새'능 고만 여래 버'어, 버'가주 기'양 나안, 이 여 합, 요래 요래 상:가 '네[497] 함'브레[498] 요마'청 카'늘 가주 쯔 하나'쓰 하 나' 뿌능 기.

― 고'르 키'어 올로머 고대'르 키'우그등.

― 고대'르 키'우마 인저 고대'르 키'우머 고 머 고온[499] 내재'[500] 뽀'버 먼 이름 뿌리'익 하느'쪽 미'테 그 여 자 뼈, 자꾸 뽀부 위식하'먼 큼뿌'리 엄:는데, 건 이거'는 기'양 나도 뿌'이끼니 송구 꺼'듬 뿌리'이가 이건 이래 쿠이끄 글 이'땀 마'러, 이.

내'려 버'리까.

― 꾹: 이'릉 그 꼬 이기떵, 그려거 담'벌 라'그더.

― 그래'도 그그어 쩜' 머 개:아'네, 명, 따'능 거느 맹'[501] 큰 차'가 업써'.

― 샤:능 거'는 쪼'끔 요뽀다' 사러'믈[502] 쪼매' 느즈.

― 조고'는 뿌'리가 타박 뿌'링어 타박::하'고[503] 저 모'줌 핸능 어: 큼뿌' 리가 어'꼬, 이거'늠 뿌리더 미 깨 어:꼬', 이'릉 거 이'꼬 어쭐, 큼뿌'리므 이래 이끄'덩.

그 놈 거머쥐고 있지 뭐.

 그러면 고추 딸 때까지 그 시월 한 상강 무렵에 고춧대를 뽑으니까 그래 사뭇 그만 일 년 열두 달이지 뭐, 안 그런가.

그럼 고추 그것 하려면은 고추 씨 해, 부터 해서 어떻게 합니까, 씨를?

 씨를 요 키워 가지고 놓아 가지고 여 저 또 밭에 모종을 부어 가지고, 그전에는 이래 모종을 편편하게 모판같이 해서 요래 다듬어 가지고, 씨를 요래 모래 위에 뿌려 가지고 어 저 요래 올라온 게 요만하면 그것을 뽑아 가지고 이식을 했거든.

 요래 조리 요래 요래 드문드문, 드문드문, 드문드문 심어 놓고, 한 번 심고 또 해서 두 번까지 이식해 가지고, 그래서 이식해 가지고 밭에 나갔거든.

 그것 이만한 밭에.

 그러고는 그게 저 개명(開明)돼 가지고 사뭇 그렇게 했는데 그만, 요새는 그만 요래 부어, 부어서 그냥 놓아, 이 여 처음부터, 요래 요래 사이에 한꺼번에 요만큼 칸을 가지고 저 하나씩 하나씩 놓아 버리는 거야.

 그래 키워서 올라오면 그대로 키우거든.

 그대로 키우면 이제 그대로 키우면 그 뭐 고것은 나중에 뽑으면 이런 뿌리가 하나씩 밑에 그 이 자꾸 뽑아, 자꾸 뽑아서 이식하면 큰 뿌리가 없는데, 그런데 이것은 그냥 놔둬 버리니까 송곳 같은 뿌리가 이것 이래 큰 것 있다는 말이야, 이.

내려 버리니까.

 꼭 이런 것 꼭 있거든, 그래서 잔뿌리가 나거든.

 그래도 그것은 좀 뭐 괜찮아, 역시, 따는 것은 역시 큰 차이가 없어.

 사는 것은 조금 요것보다, 사름은 조금 늦어.

 저것은 뿌리가 더북하고, 뿌리가 더북하고 저 모종 했던 것은 큰 뿌리가 없고, 이것은 뿌리도 몇 개 없고, 이런 것이 있고 없고, 큰 뿌리만 이래 있거든.

- 그이 잔', 잔'뿌리가 나을'라 카'만 그기' 사리'미504) 쫌' 느'따 이기라.

- 그, 그 뿌, 그기' 하너' 자네'기, 머 내저' 꼬치 따'능 거는 머 비슥하트라꼬, 해 보~'이끼레.

그야'머 인제' 그르가 인제 꼬치 모조'걸 키'어 가'주고 그 다'으메 인제 꼬쯔바'테다가 이짤로 갇떠, 가따 심슴'미까?

- 어, 그'려, 거 인제 정:히 갈러' 카'머 인제 비누'루 까라'가주 위'골 하은 사'음도 이'꼬, 쌍'골 항, 우'림' 만날 쌍'골 핸:데', 이래 가' 고를' 가주어 데 괄리'그505) 아쯔 고러, 그아젠너 게융'꺼506) 가 아뜸머, 이래 그어 저, 전, 둑, 그으 가 타'찌모, 오생' 갈'리기 이'시여 갈리 가 이은 다마 고:를 여이 따드'머 가'주고 비누'루 여래' 해 가'주 더퍼 씨' 가'주 인지 고:를 맨드'러 가'주구 인제, 거'르며 인제 조 얀 나가'먼뚜 궁'걸 요래: 포'실 하능 기'러, 열디, 두: 자'머 두 자하, 자 바안 자마, 꼭 꼭 꼬 곡 뚤'버 노'으마, 뚤'버 노'으머 인지 수멀' 째 뎅'마 본, 보통 저기 사:월 한 삼시 비부'턴 오월 한 오월 시 빌 저마으 그 다: 수머크'덩, 저 꼬치'를.

아, 꼬치 모종 옹'김미까만?

- 야, 고 다: 웽'이.

- 알', 느'져도 오올 시 빌 저'넨 다: 하'그더.

- 오월', 오지 저'머 다 끈'난능 기'라.

- 글: 숭아'우마507) 인제 고서 임 무 추수 물 찌 인제 기게그 이'써이.

- 콕 찔'러 가'주고 무'릴, 거 이즈 거드 꼬밤508) 무'리 속: 나오그'둥.

- 고'래 머 하나'느 꼬'끄, 고, 꼬 광 여' 뿌마, 여' 뿜마 디에:느 인제 또 흘 려 가지 무'더 뿜' 시마'이라.

- 그 무더 뿌므.

- 무'더 뿌므.

- 그게 잔, 잔뿌리가 나오려고 하면 그게 생장이 좀 늦다 이거야.

- 그, 그 뿐, 그게 하나 자라는 것이, 뭐 나중에 고추 따는 것은 뭐 비슷하더라고, 해 보니까.

그것이야 뭐, 인제 그래서 인제 고추 모종을 키워 가지고 그 다음에 인제 고추 밭에다가 이쪽으로 가져다, 가져다 심습니까?

- 어, 그래, 그 인제 정식으로 하려고 하면 인제 비닐을 깔아서 외고랑을 하는 사람도 있고, 쌍 고랑을 하는, 우리는 만날 쌍 고랑을 했는데, 이래 가지고 고랑을 가지고 인제 관리기 가지고 고랑을, 그 전에는 경운기 가지고 했지만, 이래 그 저, 저, 또, 그것을 가지고 탔지만, 요새는 관리기가 있어서 관리기를 가지고 이래 타면 고랑을 여기 다듬어 가지고 비닐을 이래 해 가지고 덮어 씌워 가지고 인제 고랑을 만들어 가지고 인제, 그러면 인제 저 요래 나가면 구멍을 요래 표시를 하는 거야, 이렇게, 두 자면 두 자, 한 자반이면, 자반, 꼭 꼭 꼭 꼭 뚫어 놓으면, 뚫어 놓으면 인제 심을 때 되면 보, 보통 저것이 사월 한 삼십 일부터 오월 한 오월 한 십 일 되면 그 다 심었거든, 저 고추를.

아, 고추 모종을 옮깁니까?

- 예, 그 다 옮겨.

- 아, 늦어도 오월 십 일 전에는 다 하거든.

- 오월, 오월 되면 다 끝난 거야.

- 그것을 심으면 인제 거기에서 인제 뭐 추수해 먹을 때 인제 기계가 있으니까.

- 콕 찔러 가지고 물이, 그 인제 거기에 꽂으면 물이 쏙 나오거든.

- 그래 뭐 하나는 고, 고, 고기 콕 넣어 버리면, 넣어 버리면 뒤에는 인제 또 흙을 넣어 가지고 묻어 버리면 끝이야.

- 그 묻어 버리면.

- 묻어 버리면.

― 그래컹 콕 찌'르멍 고선 무리 고'석 그 꼬버 가주셔 그 영미 쯔 호'수여: 나'시이 꼭 찌르'먼 무'리 콰 항'그509) 데' 뿐더.

― 떠 빼'가 또 고'따 콩 찌'음 하구으, 하난 디에 모멉 곡 따 꼽 여 뿜 데그'덩.

― 크'래 고:, 고 디에'느 인제 홍'칼510) 가'즈 여호 무'더 뿌'므 시마~'이라, 구와.

― 저 삼 무'더 뿜'무 거즈 고치 그맏 여틑 안 사나.

― 고'래간 장끄, 한: 서 마직' 그등 장군 수마'.

아, 어, 기'게가 인'네예?

― 여, 기'게 여 이짜느.

― 콩' 눌'리머 고 무리 항'거 데 뿐더 카이께, 거.

고우, 꺼 지우노 나 늠 물까이 데 이쓰이?

― 거, 거 무, 그래, 거 무'렏드 하나너 고 모', 모를 거머지고 무레 꺼 역 요래 송까'락 콩 여 여 뿌마 고오, 꼬, 고르, 꼼 무리 가더지만 디에능 그 무 흘 가즈 무더 뿌니.

― 무'더 뿜'마 꼬르 떼'머 인젭 항 여'흘 데만 사'름 다: 한다.

― 사'음511) 데'머 인저 그 넘 짝때'이512) 또 꼬'버이 데'.

― 함 피'이513) 한 대 다: 꼬'버이 데'.

― 짝때'이, 이'른 짝때'이.

아, 지, 지'주를?

― 여, 역 지'주, 우리' 여 숨버가 여짜, 여 재란 그 마꺼 지'지514)라, 그 기'라.

― 꺼 꼬'버 로'우먼 거 또 주:'를515) 매'에 데.

― 쳐' 가즈 가머 매 가'주고 노'오마 인제 그 질'러브뜬516) 한: 오월 한 이히, 이:시' 빌 데'만 하먼 사러'므 해' 가죽 한 오:월 한 이십오 일 떼'마 하먼 더 이'릉 거 꼬치' 꼬'치517) 훠:여'이 핀'다.

― 그래서 콕 찌르면 거기에서 물이 거기에서 그 꽂아 가지고 그 옆에 저 호스 넣어 났으니 콕 찌르면 물이 그 가득 돼 버린다.

― 또 빼서 또 거기에다 콕 찍어 하고, 하나는 뒤에 모만 콕 딱 꽂아 넣어 버리면 되거든.

― 그래 고, 고 뒤에는 인제 흙손을 가지고 여기 묻어 버리면 끝이야, 그만.

― 저 삽으로 묻어 버리면 그저 고추가 그만 이래 안 사느냐.

― 그래서 잠깐, 한 서 마지기 같으면 잠깐 심어.

아, 어, 기계가 있네요?

― 예, 기계 여기 있잖아요.

― 콕 누르면 거기 물이 가득 돼 버린다니까, 그.

고, 거기 집어넣어 놔 놓으면 물까지 돼 있으니?

― 거기, 거기 뭐, 그래, 거기 물에 하나는 그 모, 모를 거머쥐고 물'에 그래 요래 손가락 콕 여기 넣어 버리면 고, 고, 고, 고 물이 가두어지면 뒤에는 그 뭐 흙을 가지고 묻어 버려.

― 묻어 버리면 그래 되면 인제 한 열흘 되면 사름을 다 한다.

― 사름이 되면 인제 그 놈 작대기를 또 꽂아야 돼.

― 한 포기에 한 대씩 다 꽂아야 돼.

― 작대기, 이런 작대기.

아, 지, 지주를?

― 여, 여기 지주, 우리 수북이 있잖아, 여기 재어 놓은 그 모두 지주야, 그거야.

― 거기 꽂아 놓으면 거기에 또 줄을 매야 돼.

― 쳐 가지고 감아 매 가지고 놓으면 인제 그 길로부터 한 오월 한 이십, 이십 일 되면 벌써 사름을 해 가지고 한 오월 한 이십오 일 되면 벌써 또 이런 것 고추 꽃이 허옇게 핀다.

- 거' 질러버튼 일, 야그럴518) 머 약똥아 차 여'을마네 함 븐썩 쳐' 자
애 데'제, 그 딱 침' 마이 드'러.

음, 꼬치'도 야'글 마이 뿌'린네예?

- 약 마이 뿌'리 데, 그거 저.

응, 앙 까'움 벌리'임 머?

- 겁' 뜨물519) 찌'이고 벌'커 첨'무 구무520) 뚤'버 쁘래, 그에.

뜨무'르 마이 찌 버이?

- 예, 마이 찌거 마.

- 그'이 자:꺼 얼'매 돌'로 칸드 몰'래, 그거.

그 지주'때늠 머까' 함'미까?

- 거'즌 나무', 아거'시나무 마껄 핸는'데, 아가시나무 끄'너가 해'은데,
오새'늠 마'거521) 지주'때 사가 하자'녀.

- 씨'여, 쎄' 가지우.

- 여', 여' 공정 이짜'녀, 거 이 무.

- 커일 맨드'러 가'이 파'능 게 마:네.

- 하나' 머 이:배 건' 머, 배고시 번' 이'래 하'으더, 금 마.

아, 에저'네느 점'버 나무 끄'너가?

- 나'드 자 사'네 가'여 나무, 까, 까시 꺼뜨, 까시나무522) 끄'너 가주우
해'끄더.

근'데 요즘 인자 스, 사 가'주 한'다, 그'지에?

- 그, 사 가' 하지.

어, 그'릉까 그엄'며 인제 에, 거 꼬치 가틍 경우너 안자, 아까 이야기 어른
하셔씀다마'너, 그'러가 가을', 느까을까'지 게:숙 딴'다, 그지에?

- 거르쳐, 상'각, 상가게 그여 저, 쩌음, 저 상각꺼'지, 상각 저'네 인잔
꼬친 좀 인제.

써'리 올 띰?

- 그 길로부터 일이, 약을 뭐 약도 참 열흘만에 한 번식 쳐 줘야 되지, 그것도 힘 많이 들어.

음, 고추도 약을 많이 뿌렸네요?

- 약 많이 뿌려야 돼, 그것 저.

음, 안 그러면 벌레가 뭐?

- 그 진딧물 끼고 벌레가 전부 구멍 뚫어 버려, 그게.

진딧물이 많이 껴 버리고?

- 예, 많이 끼고말고.

- 그게 자꾸 얼마나 달라고 하는지 몰라, 그것.

그 받침대는 무엇으로 합니까?

- 거의 나무, 아카시아나무로 모두 했는데, 아카시아나무를 끊어서 했는데, 요새는 모두 받침대를 사서 하잖아.

- 쇠, 쇠 가지고.

- 여기, 여기 공장 있잖아, 거기 이 뭐.

- 거기 만들어 가지고 파는 것이 많아.

- 하나 뭐 이백 원 뭐, 백오십 원 이래 하거든, 그 뭐.

아, 예전에는 전부 나무 끊어서?

- 나도 저 산에 가서 나무, 가, 가시나무 같은, 가시나무 끊어 가지고 했거든.

그런데 요즘은 인제 사서, 사 가지고 한다, 그렇지요?

- 그래, 사 가지고 하지.

어, 그러니까 그러면 인제 에, 그 고추 같은 경우는 인제, 아까 이야기 어른께서 하셨습니다만은, 그래서 가을, 늦가을까지 계속 딴다, 그렇지요?

- 그렇지요, 상강, 상강에 그 저, 저, 저 상강까지, 상강 전에 인제 고추 저 인제.

서리 올 때?

─ 써려: 올'려와 카'마 한 여'을 쩌 한 이:시 빌 저'네 또입 저, 저 고'만 막: 지 뽀' 쓰따.

─ 뽀'버 가'주, 뽀버 노'으마, 또으 저 착서'기여까523) 또 인'는 야기 인'네.

─ 꼬치'어 마이 달래'시므 거 약 찜 또 꼬치'그 익드'라꼬.

─ 검' 사럼한'텡 하'아테 왜'라브 엉: 어꼬', 사가바'테 그 마이 친'다 가'요, 거 착'석쩨야 카미.

예 예, 착스, 착쌕하드시.

─ 예, 거으, 거르.

─ 거: 치'고이, 꼬치' 마이 달래'시머 야기로524) 마이' 치고, 앙 그'럼 지 뽀'뼈 뿜마, 마르'머 또 다 이'거이525), 마르'마아526).

예에.

─ 마르'만, 이'거모 거 름 다 가 뿌고, 다: 따' 뿌머 마다~'아527) 가 불 찔'러 뿐, 또, 또 후해'528) 가', 가고 머, 맘방 그래 하 내 하 내 그'으 사다 머.

─ 우어, 울: 할마'이느529) 그 꼬치 따' 루'콘 금 먹'또 머 하'거 주군.

─ 꼬치' 뽀바 가'여 마즈, 만, 그 말란'능 걸', 그거 마르야, 쩌, 쩌, 점 미'테무 뽀'버 난'능 거, 그 다: 따 노코, 다 따' 노'코.

그'래 도'라가셔꼬?

─ 아야.

─ 양녁 이:월', 이:월' 사, 이월 사'밀랄 주'건디, 이:월 이:일럴 주'거 스~이 머 다 해쌀, 나랑 농'사 다: 지이530) 가지고, 더 나'러은 모 큰차 다: 모 디'곤, 나'락 비: 가'즌 떠드'려 가가주 그'엄므 내 혼차' 해'쩨, 나랑 몬 노'네 모 수말' 빠'져능 거 아 인'나, 그 모'판 수'움 판, 서름 판 다, 혼차' 다: 모: 디'리고, 그르 노'콘 머 글 쪼매' 머 보'고 머 주'우 푸터.

검'므 그 꼬치' 가틍 경우에너 그 따' 가주고 어디에 말림미꺼'?

어, 근'냥 넘미까?

- 서리 오려고 하면 한 열흘 저 한 이십 일 전에 또 저, 저 그만 막 쥐어 뽑았다.

- 뽑아 가지고, 뽑아 놓으면, 또 저 착색제라는 또 익는 약이 있네.

- 고추가 많이 달렸으면 그 약을 치면 또 고추가 익더라고.

- 그것은 사람한테 하나도 해로운 것 없고, 사과밭에 많이 친다고 하니까, 그 착색제라고 하면서.

예, 예, **착색, 착색하듯이.**

- 예, 그래, 그래.

- 그 치고, 고추 많이 달렸으면 약을 많이 치고, 안 그럼 쥐어 뽑아 버리면, 마르면 또 다 익으니까, 마르면.

예.

- 마르면, 익으면 그 놈 다 해 버리고, 다 따 버리고 마당에 갖다 불 질러 버리고, 또, 또 내년에 갈고, 갈고 뭐, 만날 그래 한 해 한 해 그렇게 살다가 뭐.

- 우리, 우리 집사람은 그 고추 따 놓고 그것을 먹지도 못 하고 죽었다.

- 고추 뽑아 가지고 말린, 말린, 그 말린 것, 그것 말이야, 저, 저, 저 밑에 뽑아 놓은 것, 그것을 다 따 놓고, 다 따 놓고.

그래 돌아가셨고?

- 예.

- 양력 이월, 이월 사일, 이월 삼일에 죽었는데, 이월 이일에 죽었으니 뭐 다 해서, 벼농사 다 지어 가지고, 저 벼는 모 혼자 다 내고, 벼 베 가지고 두드려 가서 그것만 내가 혼자 했지, 벼 모 논에 모 심을 것 **빠진** 것 안 있나, 그 모판 스무 판, 서른 판 다, 혼자 다 모 내고, 그래 놓고 뭐 그 조금 먹어 보고 뭐 죽어 버렸어.

그러면 그 고추 같은 경우에는 그 따 가지고 어디에서 말립니까?

어, 그냥 넙니까?

― 우린' 저 기'게아531) 이짜'너, 즈어.

― 쯔, 저거 꺼 꼬치 말러 기'게 아이'가, 저헐, 저기.

저그 안 하'고너?

― 저거 아: 하'르고는 햅, 쩌 하우'스에532), 하우'스에 지' 가즈겁, 이기 래이 지' 가주구, 요, 요, 여, 요, 여 하양 거 아 이따, 그 꼬추 그어, 그게 말룬'.

― 걸, 그 사'흘믄 데'와 하'애533) 다 말래' 뿌래.

아:, 그'래 암 말루'고너 저거 말룰' 쑤'가 업'따, 그제?

― 말르어브 수 우:꼬534), 마다~' 마름 생김 마르나', 그거.

양:이 마나'서, 그지?

― 예, 암 마르지.

― 함 분 따'마지 꼬칠'즈, 함 붐 말룸' 이:백 끈성, 마르 꼬칭 이:백 끈' 승 나오는'데, 저 기'게러 흐려도 닐, 시 불 리 불 꾸우더 저 할, 하, 이 빠'이535) 여'만 저' 이:백 끈 나온다이, 저 기'게에.

― 마링' 거, 그엉꼬치'가536) 말 이:배 끈 나오그더.

― 구 리젤' 거'으더 머 뚜, 뚬, 맘, 먼, 먼 냄 막 하 부, 함 분 따'마 그 두: 굴'썩537) 하루 오룩빼 꺼쓩 나오은데, 그래.

근'냥 마: 땅빠'다게 말:룰'라 그럼'며너 머?

― 다 써'거 뿌지, 데능'거씩시.

다 쓰'업 문드'어지 뿌겐네예?

― 생기'녀538) 마리'느, 그 꼬치' 팅티항' 기'엽.

― 한' 달 말라아단 니: 꼭때~'이539) 다: 빠지 뿌고 머, 꼭때'이 빠'져 껄 무령 기'날 다 데 뿌고 머.

음, 머 서'거 뿌우, 그'르치?

― 써'거 뿌 걸'치, 그 이'자540).

― 함:만 비'치 조애'도 기'양541) 말라 가주에느 몸: 말르이.

- 우리는 저 기계가 있잖아, 저것.
- 저, 저것이 그 고추 말리는 기계 아니냐, 저것, 저것이.

저것으로 안 하고는?

- 저것으로 안 하고는 해, 저 비닐하우스에, 비닐하우스를 지어 가지고 이것이야, 지어 가지고, 요, 요, 여, 요, 여 하얀 것 안 있더냐, 그 고추를 거기에, 거기에 말려.
- 그, 그 사흘만 되면 하얗게 다 말라 버려.

아, 그렇게 안 말리고는 저것을 말릴 수가 없다, 그렇지요?

- 말릴 수 없고, 마당에서 말리면 생전 마르겠느냐, 그것이.

양이 많아서, 그렇지요?

- 예, 안 마르지.
- 한 번 따면 고추를, 한 번 말리면 이백 근씩, 마른 고추가 이백 근씩 나오는데, 저 기계로 해도 네, 세 번 네 번 구워도 저 한껏, 한껏, 가득 넣으면 저 이백 근 나온다, 저 기계에.
- 말린 것, 건고추가 뭐 이백 근 나오거든.
- 그 인제 거기에도 뭐 또, 또, 뭐, 뭐, 뭐 이래 막 한 번, 한 번 따면 그 두 굴에서 하루 오륙백 근씩 나오는데, 그래.

그냥 뭐 땅바닥에 말리려고 그러면은 뭐?

- 다 썩어 버리지, 되겠어.

다 썩어 문드러져 버리겠네요?

- 생전에 마르겠느냐, 그 고추 탱탱한 게.
- 한 달 말려도 이 꼭지 다 빠져 버리고 뭐, 꼭지 빠져서 누런 것이 다 돼 버리고 뭐.

음, 뭐 썩어 버리고, 그렇지요?

- 썩어 버리고 그렇지, 그 이제.
- 아무리 빛이 좋아도 그냥 말려서는 못 말리니까.

- 옌:나'레 우리' 쪼매꿈할 찌'542), 그'을 찌'이느 으'엔느 카먼 꼬치드
이여 하우, 거'어 이'래 마이 앙' 가'고여 바'틀 그르 깨~이543) 가' 이래 골:
타가'여 갈:맏' 씬, 내 꼬치씨' 장사드 마: 해'그더, 저 충주 가 가주온 저,
저, 저, 저 처'낭 가 가주 꼬치씨' 사으라 여 도른자'안544) 머 서'릉 가마'이
서 마'응 가'마더 파'러다 가이끼네.

- 끄'리구 한 지'베 머 여 함' 말쓱 사 가주 이'랟 쭈쭐 가'라 가'저 하
능 거, 거:느 글'찌 기'게그 인'나.

- 그'을찌 마커 초'가찝 아'이가.

- 처 지분' 처: 수부:기 너'르너'마, 여 이 찌 그'리 점'부 반지'느 히'나
알 데' 뿌고, 반:지능 그'래.

아:, 워'낙 그어 **지붕'**에 올려나 난 비'치 안 조으'니까.

- 그'리, 글, 글 라 도'므 다: 써끄'덩, 기믄 다 잴' 때도 어'꼬 머.

허:예 뎬?

- 끄'여, 그래가 짐뭉' 치'아 가'뜨까 데'먼 데'거 안 데'마 가'따 지문 처
법: 너르 노'므 심평 너르 노'옴, 벌거마, 이 노'우 비: 마'쪠, 지역545) 이'
실546) 마'쪠, 크'리이 반:지느 이양547) 다: 내' 뿌', 반:지는 디여 크, 그'르
너 씨'러 니라 가주'고, 그'륵 씨'가 나가주, 그'래덥 쪼맫' 써'거도 그기 마:
시'느 이뜨'라그, 그 꼬치까리'가.

- 그에 그이 첨'버 해쁘'띠 말:라 노'이끼네, 하이고, 우'서워.

그'래도 므 글레 끼'에 까 말:루'기 저'네늠 머 농사 지'애 가 반트나?

- 반:지'드 멍: 건'지 푸다이.

- 환:지'가 어딘'너.

- 어떤' 사'라머느 시리'에548) 쩌' 가주고, 시리'에 쩌' 가주고 또: 이애
해'삐드 말룬' 사'럼 이'꼬, 어쩐' 사'암, 저어 저: 심평'549) 사'암더르너크 그
나움'미, 나무'으 흔하'이 바'아다 깔: 노'꼬 부'를 떼' 가지 말라' 가'주 온
사'암도 이'꼬, 그'커.

- 옛날에 우리 조그마할 적에, 그럴 적에는 어떻게 했느냐고 하면 고추도 이래 해, 그 이래 많이 안 갈고 밭을 그래 괭이 가지고 이래 골을 타서 갈면 씨, 내 고추씨 장사도 많이 했거든, 저 충주 가 가지고 저, 저, 저, 저 천안 가 가지고 고추씨 사서 여기 도리원 시장에 뭐 서른 가마니씩 마흔 가마니씩 팔았다고 하니까.

- 그리고 한 집에 뭐 여 한 말씩 사 가지고 이래 죽죽 갈아 가지고 하는 것, 거기에 그때 기계가 있나.

- 그 때는 모두 초가집 아니냐.

- 저 지붕, 저 수북이 넣어놓으면, 여 이 저 그래 전부 반은 희게 돼 버리고, 반은 그래.

아, 워낙 그 지붕에 올려놓아 놓으니 빛이 안 좋으니까.

- 그래, 그, 그렇게 놓아두면 다 썩거든, 그러면 다 잴 데도 없고 뭐.

허옇게 되어서?

- 그래, 그래서 지붕, 청에 가져다 되면 되고 안 되면 갖다 지붕 청에 벌로 넣어놓으면 새파란 것을 넣어놓으면, 벌겋게 되면, 이놈이 비를 맞지, 저녁에 이슬 맞지, 그러니 반은 그냥 다 내 버리고, 반은 이것 그, 그러니 쓸어 내려 가지고, 그것을 쓸어 내려서, 그래도 조금 썩어도 그게 맛은 있더라고, 그 고춧가루가.

- 그게 그래 전부 햇볕에 말려 놓으니까, 아이고 우스워.

그래도 뭐 근래에 기계를 가지고 말리기 전에는 뭐 농사 이래 가지고 반이나?

- 반도 못 건져 버렸다.

- 반이 어디 있냐.

- 어떤 사람은 시루에 쪄 가지고, 시루에 쪄 가지고 또 이래 햇빛에 말리는 사람도 있고, 어떤 사람, 저기 저 신평리 사람들은 그 나무, 나무가 흔하니까 방에다 깔아 놓고 불을 때 가지고 말려 가지고 온 사람도 있고, 그것.

야, 마′ 부′를 지페 가′주 바:쌍′ 말′라이?

— 예하, 부′를 마 지푸마, ***550) 그래 거역 꼬친′ 꺼먹꺼머, 기 왜 이래 껌′머 구둘무′ 말러머 그러′타 카′그덩.

아:, 시커′믄, 아, 고이′ 새′까리 암 불′거지고 그′러타, 그지예?

— 그리, 그르치, 머 그.

댐′ 무 여′기너 아까 이야기 하′셔쓰임다마너, 꼬치′러 으름 마:니 하′서꼬, 어, 거그 여기, 이 동네:에에너 마′느른 마이 아 함′미꺼, 의성′음 마′늘 유명아 함미까?

— 내거′ 지낭꺼′지엄 해′덤 마르 한두: 동서, 이:백 쩝′써 닝케 해′따 카′이끼네.

마′느른 감: 어′떠케 함′미까?

— 에?

마′느르 어′떠케 수, 수무′고, 어′떠케 즈, 어′떠게 키′우, 어′떠게 재배함′미까?

— 마′느러는 야뜬 종자′를 둬 종:551) 걸′ 해′이 데.

— 마′느름 너무 굴′가도 안 데′고 너무 자′르더 안 데′고, 한 줌 따′마쭘552) 해 가′주고 씨′를 저엉하′마, 고 인저 까′ 가′주고, 그 저′레늠 머 음, 저, 점, 머 깨′이 가′조 이래 골: 타 가′죽 항′ 골, 여, 여 항′ 골 타머 쭝: 나′ 노머 또 항 골 타′마 또 고 무체′ 즈그덩553), 빼:딱.

— 타′느 타머 또 골: 몽 오고 다 타′머, 다: 무체′거 데 이′떠 마러.

— 꾸러으 꽐′리길 타 노코 하′이끼네, 갈′리이 가′조 고륵 또우 타′맙고 여자′들 서′이가 너′이가 이젤 쪼루루 나으′마 또 도러가′주 또 타′맘 무체고, 또 뱅:뱅: 도러뎅기′마 갈리′이 가고 인짢, 갈리′기 사′가주 한 사 연 농′사 지:따.

— 그래가줃 농′사, 우리 마을′ 농′서 잘: 지′서.

— 지남매′돋 여 쩌, 여으, 여으 저으 가′라가 저 임 미테 저 첨보 마놀 구디~′이래써, 여 함′ 마지이 해′ 가지고.

야, 뭐 불을 지펴 가지고 바싹 말려서?

― 예, 불을 막 지피면, *** 그래 가지고 고추가 꺼멓고, 이 왜 이러냐고 하면 구들목에 말리면 그렇다고 하거든.

아, 시커먼, 아, 그게 색깔이 안 붉어지고 그렇다, 그렇지요?

― 그래, 그렇지, 뭐 그.

다음에 뭐 여기는 아까 이야기를 하셨습니다만, 고추를 많이 하셨고, 어, 그 여기, 이 동네에는 마늘은 많이 안 합니까, 의성은 마늘이 유명 안 합니까?

― 내가 지난해까지만 해도 마늘 한두 동씩, 이백 접씩 넘게 했다고 하니까.

마늘은 그럼 어떻게 합니까?

― 예?

마늘은 어떻게 심고, 심고, 어떻게 저, 어떻게 키우고, 어떻게 재배합니까?

― 마늘은 여하튼 종자를 또 좋은 것을 해야 돼.

― 마늘은 너무 굵어도 안 되고 너무 잘아도 안 되고, 한 중간 씨알쯤 해 가지고 씨를 정하면, 그 인제 까 가지고, 그 전에는 뭐 음, 저, 저, 뭐 괭이 가지고 이래 고랑을 타 가지고 한 고랑, 여, 여 한 고랑을 타면 쭉 놔 놓으면 또 한 고랑을 타면 또 묻히어 지거든, 비스듬히.

― 하나 타면 또 고랑 뭐 어 고것 다 타면, 다 묻히게 돼 있다는 말이야.

― 그래 관리기로 타 놓고 하니까, 관리기를 가지고 그래 또 타면 고 여자들 셋이나 넷이서 인제 쪼르르 놓으면 또 돌아서 또 타면 묻히고, 또 뱅뱅 돌아다니면 관리기 가지고 인제, 관리기 사서 한 사 년 농사를 지었다.

― 그래서 농사, 우리 마늘 농사 잘 지었어.

― 지난해까지만 해도 여기 저, 여, 여 저 갈아서 저 이 밑에 저 전부 마늘 구덩이었어, 여기 한 마지기 해 가지고.

– 잘: 데따', 마일 이릉 글 지'베서 다 점'모 막 장: 사구554) 나가즈 사 가곡 핸는데.

'마늘 기릉 경'우는 언제 심슴'미까?

– 갈게 안 심나.

가을게?

– 입떵 저'레 다: 시므'자나, 입'떵.

– 가을해망', 가을하'만, 가을하만 나럭, 나럭 암 비 내나.

– 나'럭555) 비'만 대붕556) 꺼 가'르애557) 데능 기라.

– 노'늘, 노'늘 갸'르야 데능 기라.

– 거르'믈 여' 가주고 마러, 거름' 여' 가주우 노'늘 갈', 가라 노'우만 인저 그 말'러애 데그덩.

– 말'러애 그이, 지'맘558) 모, 마늘 모 심:짜'나.

– 끄'러며 인저 갈: 해 너'으며 인저 가을가'이 딱' 해 가주운 그르 노' 코 인저 그여 까주에 노또'찌559) 쳐' 가주고, 노:떠' 글'찌 머 인능가.

– 게웅'그 가주 마:케 해따'나.

– 게엥'560) 까준 거르'멀 마이 여'에 데'.

– 거름' 여'콤 거 홰끄, 홰'드 여'이 데'고, 저 그 먼 약뚠, 약뚠 쩌으, 전 여'이 데'고, 이르가준 가르 노'마 인젭 망: 이랜 짜'드 노'마 인젭 건 수 마' 노꼬 항, 한, 따'이 마르'만 거따' 풀' 아 오'는 야기, 아, 아, 아, 아 올' 르는 야기 이'따꼬, 거'를 바:상 마를' 찌'엡 껀 딱 쳐' 노'오마, 고기' 인잔 마른' 디에 차' 노'우만, 그래가주 인지 추'버 날'라561) 카기 저'네 가만 그 따~'이 까다까닥 얼라 카'만, 약 쳐 노 까다거득 얼러 카만, 아, 인제 은, 일', 일개'이562) 드러보'고 내'일부터먼 추버563) 난'다 카'마 거쩨 비뉴루 은자 가따' 노'구 다: 더'퍼이 데'이.

– 밀쩜 씨게'이 데'엥 기.

– 비누'루도 요 궁'그564) 빠끔빠끔하 그양 어 핟 뚤페' 이'써.

— 잘 됐다, 마늘 이런 것 집에다 다 전부 막 장에 사고, 나가서 사 가고 했는데.

마늘 같은 경우는 언제 심습니까?

— 가을에 안 심나.

가을에?

— 입동 전에 다 심었잖아, 입동.

— 가을하면, 가을하면, 가을하면 벼, 벼 안 베 내나.

— 벼 베면 대번에 거기 갈아야 되는 거야.

— 논을, 논을 갈아야 되는 거야.

— 거름을 넣어 가지고 말이야, 거름을 넣어 가지고 논을 갈아, 갈아 놓으면 인제 그 말라야 되거든.

— 말라야 그것이, 질면 못, 마늘 못 심잖아.

— 그러면 인제 가을해 놓으면 인제 가을갈이 딱 해 가지고 그래 놓고 인제 그것을 가지고 노타리를 쳐 가지고, 노타리가 그때 뭐 있는가.

— 경운기 가지고 모두 했잖아.

— 경운기 가지고 거름을 많이 넣어야 돼.

— 거름 넣고 거기 석회도, 석회도 넣어야 되고, 저 그 뭐 약도, 약도 저, 저 넣어야 되고, 이래서 갈아 놓으면 인제 망을 이래 짜 놓으면 인제 거기 심어 놓고 한, 한, 땅이 마르면 거기에다 풀 안 올라오는 약이, 안, 안, 안, 안 올라오는 약이 있다고, 그것을 바싹 마를 때 거기 딱 쳐 놓으면, 그게 인제 마른 뒤에 쳐 놓으면, 그래서 인제 추위가 나기 전에 그러면 그 땅이 까닥까닥 얼려고 하면, 약 쳐 놓고 까닥까닥 얼려고 하면, 아, 인제 어, 일기, 일기예보 들어보고 내일부터는 추위가 난다고 하면 그때 비닐을 인제 갖다 놓고 다 덮어야 돼.

— 밀폐 시켜야 되는 것이야.

— 비닐도 요 구멍 빠끔빠끔하게 그런 것 하나 뚫려 있어.

- 여 한', 한 요 상가'레 하느 뚤뻬'엔데, 그 딱: 더퍼 노'마 걸 비 여'거
고 궁'구레 무'리 드가'고, 그웨 비' 아 하'마 근.

- 곡 그'래가즈 그 망 매'이 덴'다 카이기르.

- 고 공'기, 고기' 궁'기 이씨'이 바라'암 부:모565) 곡 거끼 드가 이 름'
벌떨럭 벌렁벌렁 건능 기'라.

- 앙 그'르껜나, 그게'.

아, 그에' 바라'미 드러거예?

- 어, 고 궁'기으 빠꾸마구566) 뚤피'저즈저.

비닐'르 항'께?

- 어.

- 그리 이 름' 벌러머어 히:땅 나라가' 뿌'능 기르.

- 끄'르가 모차' 가'주우 쳐으가', 철'싸역 이래 쳐' 가즈어 막 노'꿍 가
저 인제 절 거 저 꼬치 무'능567) 꿍 가'주어 막: 얼거매'이 덴.

- 여커매' 넘 인제 바럼 부'어두 쾌안타.

- 구'루가지 봄' 데'마 인제 설: 시'고 은젤 마'려리 한 이 조, 직 이랠
비누'우 소그 보'마 벙그래568) 인제 떠들'러 칸'다 마'리아.

마'느리 올로온?

- 아, 왈라와이 벙:그'래 떠든'다 마569).

- 그'을 찌인 인제 고 쾌낙'사은 데오 꼬꾸래~'이570) 요령571) 가'죽허
꼭: 찌'버가주572) 구, 구 뚤'버가 내'여이 데느 마르.

- 구멍'을 마 다: 하느'쓰 하너'옥573) 빼내'이574) 덴.

구몽' 빠져나오도'로 하'이 데니까?

- 아, 여 머 여러 가'주 꼭 찌'브, 우리 할마~'이 그 잘한'다, 콕' 찌'버
마을 쪽' 빼'닉 싹 띠엄 속 빼니.

- 그어 절 나'느 그능 거'느 라아 고, 나느 인집 비로' 치'우, 그릉 '거
할마'이 근 하우.

- 여기 한, 한 요 사이에 하나씩 뚫렸는데, 그 딱 덮어 놓으면 거기로 비가 오면 그 구멍에 물이 들어가고, 그래 비 안 오면 그.

- 거기 그래서 그 막 매야 된다고 하니까.

- 그 공기, 거기에 구멍이 있으니 바람이 불면 공기가 거기 들어가서 이 놈이 벌떡 벌렁벌렁 거리는 거야.

- 안 그렇겠나, 그게.

아, 거기에 바람이 들어서요?

- 어, 거기 구멍이 빠끔하게 뚫려서.

비닐로 하니까?

- 어.

- 그래 이 놈 벌렁 히뜩 날아가 버리는 거야.

- 그래서 모아 가지고 쳐서, 철사로 이래 쳐 가지고 막 노끈 가지고 이제 저 그 저 고추 묶는 끈 가지고 막 얽어매야 돼.

- 얽어 매어 놓으면 이제 바람이 불어도 괜찮아.

- 그래서 봄 되면 인제 설 쇠고 인제 마늘이 한 이 저, 저 이래 비닐 속을 보면 덩그렇게 인제 떠들어지려고 한다는 말이야.

마늘이 올라오는?

- 어, 올라와야 덩그렇게 떠들어진다는 말이야.

- 그럴 적에는 인제 그 하나씩 대고 갈고랑이 요런 것 가지고 꼭 집어서 그, 그 뚫어서 내야 된다는 말이야.

- 구멍을 뭐 다 하나씩 하나씩 빼내야 돼.

구멍을 빠져나오도록 해야 되니까?

- 아, 여 뭐 이래 가지고 꼭 집어, 우리 집사람이 그것을 잘한다, 콕 집어 마늘 쏙 빼내서 싹을 트이어 쏙 빼내고.

- 그 저 나는 그런 것은 안 하고, 나는 이제 비료 치고, 그런 것은 집 사람이 그것은 하고.

─ 거'름 해 놈 인지 고, 고'르 노'우머 인젠, 다: 뚤버 노'우머 인제 고 인잔 야글, 약 치고, 비로' 쳐' 가주고 닥 해 롬', 거램 무 그르 노'머 거 거'름 마이 여 노'먼 멈, 머 여'너 크'젬, 머 고만.

─ 고문 모 싱'기 그거 해 노'머, 가을헌저일 설: 시'만 고만 저기 저 이 한 삼다, 삼', 사'멀딸 데'머 함 시:퍼러따.

─ 그러고 유:월' 쩌 유:월' 한 떼'머, 그 유월 한 이:시 빌' 뜨머 고 화 아, 아, 암, 빵암 뽑나, 구 머.

─ 거'릅 약: 한 드어' 번 쳐'고, 마'른 다 한 서러 봄므 치'면 데아.

─ 그라'고 비로'르 한 뜩, 드어 번 치, 서너 븐 치마, 거럼마 야 마 여넘 고마 이르타.

검 마'느른 어뜨에 보'며너 쯤 다릉 거에 비애서 쯤 수울'?

─ 농'사 수'월치, 억575) 수'월체, 머 그.

함 부 심느, 시'믈 때'가 기차'너서 그'르치.

─ 슐치, 엄자 오새'는, 오새' 수무'능 기게그 이써 가주고 까'지 함 마지기 숨'능 거 한 시감맘 다 수문'테이.

─ 끄르게 아이 기'게으 나가음 마'늘 저, 처 똘똘똘똡 떠져가 다 무체' 뿌능 기라.

─ 함 분 나가'마 한 주'레 석쭉 두째 쭈레576) 나가마 쭈오: 나믇 딱, 딱 요마'이석 요랟 상가 요 요 딱 해 가지 고'마 조준하'먼, 더드머열 요'로코 구 딱: 수마', 두 줄 나'으먹 와따 가따 버떡' 수마 뿐.

아, 아, 기'게가 이써 노'니까?

─ 어, 에약, 또: 캐'능 기게 이끄'덩.

아:, 캐'능 기애'도 이슴미까'?

─ 캐'능 기애두577), 거'느 게웅'기 다르가'으 겁떠떨루 꺼머지 이그 이 마'느일 무두투투투슬르 껌므 마꺼' 이래 우르 벙그애드 수수주주여 서'르578) 거 자'아 무꾸'므579) 덴드 가이.

- 그렇게 해 놓으면 인제 고, 고래 놓으면 인제, 다 뚫어 놓으면 인제 고 인제 약을, 약 치고, 비료 쳐 가지고 딱 해 놓으면, 그래 뭐 그래 놓으면 거기 거름 많이 넣어 놓으면 뭐, 뭐 이내 크지, 뭐 그만.

- 그만 모 심기 그것 해 놓으면, 가을하면 설 쉬면 그만 저게 저 이 한 삼, 삼, 삼월 되면 벌써 시퍼렇다.

- 그러고 유월 저 유월 한 되면, 그 유월 한 이십 일 되면 그 아 안, 안, 안, 안 뽑나, 그 뭐.

- 그래 약 두어 번 치고, 마늘은 한 서너 번만 치면 돼.

- 그러고 비료를 한 두, 두어 번 쳐, 서너 번 치면, 거름만 여 많이 넣어 놓으면 그만 이렇다.

그럼 마늘은 어떻게 보면 좀 다른 것에 비해 좀 수월하네요?

- 농사가 수월하지, 매우 수월하지, 뭐 그.

한 번 심을, 심을 때가 귀찮아서 그렇지.

- 수월하지, 이제 요새는, 요새 심는 기계가 있어 가지고 까짓 한 마지기 심는 것 한 시간만 하면 다 심는다.

- 그래서 아니 기계가 나가면 마늘이 저, 저 돌돌돌돌 떨어져서 다 묻혀 버리는 거야.

- 한 번 나가면 한 줄에 세 줄 둘째 줄에, 나가면 쭉 나가면 딱, 딱 요만큼씩 요래 간격 요 요 딱 해 가지고 고만 조준하면, 더듬어서 요렇고 그 딱 심으면 두 줄 나가면 왔다 갔다 퍼뜩 심어 버려.

아, 아, 기계가 있어 놓으니까?

- 어, 예, 또 캐는 기계가 있거든.

아, 캐는 기계도 있습니까?

- 캐는 기계도, 그것은 경운기에 달아서 덜덜덜 하면서 이것 이 마늘이 우두두 하면서 모두 이래 위로 벙그레 쑥쑥 서는 것 잡아 묶으면 된다고 하니까.

아, 호매~'이 까 이여, 호'미 까 패'능 게 아니'고에?

— 아이'구, 기게 이'따 하이.

— 게웅'기 다'러 가주고 끄슬'고 나가'마 땅' 미'테서 디'지기저뜨580) 이리 이이이 히식 헌드'러 뿐다 가이.

— 흔드'러 뿌, 땅' 미'터선581) 지푸'거582) 흔드러 뿌'마 마'느리 우'루' 소시'583) 가'주구 소'눌584) 지주지지지랄 무꾸'므 덴'더.

— 아하하.

그 마늘 농'사는 그엄'며너 마니 수'월한 펴'니네에?

— 글' 수물릉꺼'지 기'게르 수무'꼬, 열: 마직 하능 거'떠 머, 모 거즈 머 그저'네능 깨'이르 다 타가지 해'찌면, 한'쓰 캔'는데, 오새' 점'부 기게여 한'더가이.

아, 예저'네느 다: 손수 다: 하나'식 싱꼬?

— 하나'석 쁘여 캐:고 호매~이로지 각 캐여짜나, 그래.

— 우린' 지난즈'에더 그 아드585) 랄 캐'떠, 그.

— 그그 가즈 기게 살'러 카'이 그르코, 쫌, 함 마지기 하'인 그이, 끄래갇.

머 또 케, 계속 농'사 지'으실 꺼 가'틈마 하'지마넌?

— 마'저.

— 그'르가즈 그 머 하'노, 그래가즈 아 울, 우리' 캔, 캐다 버이 개, 캐 뿌고, 저너 이써.

그'엄 인젠 나랑 농'사 하고 나서 인제' 논'네 이런 데' 인자 마'늘 롱'사 그 한'다, 그'지에?

— 러, 글허, 마'를 로~'이586) 이'썬.

— 위터'거 이'따 카'이끼네, 그 자.

그거 의:성' 가틍 경우'에 마'느리 유명 아 함'미까?

— 화이구, 서'람 절러'가 유명하자나.

머, 그 어위, 마'느리 유명한 이유'가 이씀미까?

아, 호미를 가지고 이래, 호미를 가지고 캐는 게 아니고요?

─ 아니고, 기계가 있다고 하니까.

─ 경운기 달아 가지고 끌고 나가면 땅 밑에서 두더지처럼 이래 이래 헤집고 흔들어 버린다고 하니까.

─ 흔들어 버리고, 땅 밑에서 깊게 흔들어 버리면 마늘이 위로 솟구쳐 가지고 손으로 쥐고 묶으면 된다.

─ 아, 하하.

그 마늘 농사는 그러면은 많이 수월한 편이네요?

─ 그것을 심는 것까지 기계로 심고, 열 마지기 하는 것도 뭐, 뭐 그저 뭐 그전에는 괭이로 다 타서 했지만, 하나씩 캤는데, 요새는 전부 기계로 한다고 하니까.

아, 예전에는 다 손수 다 하나씩 심고?

─ 하나씩 뭐 캐고 호미로 다 캤잖아, 그래.

─ 우리는 지난주에도 그 아이들 와서 캤다, 그.

─ 그것 가지고 기계 사려고 하니 그렇고, 좀, 한 마지기 하는 그것, 그래서.

뭐 또 계, 계속 농사를 지으실 것 같으면 하지만은?

─ 맞아.

─ 그래서 그 뭐 하냐, 그래서 아이들 우리, 우리 캐, 캐 버리고 캐, 캐 버리고, 저렇게 있어.

그럼 인제 벼농사 하고 나서 인제 논에 이런 데 인제 마늘 농사 그 한다, 그렇지요?

─ 어, 그래, 마늘 논이 있어.

─ 원래 터가 있다고 하니까, 그 저.

그거 의성 같은 경우에 마늘이 유명 안 합니까?

─ 아이고, 사람 제일로 유명하잖아.

뭐, 그 어, 마늘이 유명한 이유가 있습니까?

여′ 어덕 토?

− 커 비'싸그덩, 마'늘 여:느'.

아나?

− 어, 그야, 잘: 떼그'등, 거:너.

여′ 어′데 토′양이 조아서 그러슴미까?

− 토'양이 조'느가 마'느를 저, 즈께, 저걸' 인제 씨'를 잘: 해애 데그'덩.

− 저거 삼 년마'네 씨'를 가'르애 데그'덩, 마'늘.

− 우리'는 머 그래 아: 하'지마, 함 마 하'만 저.

점문′저르 하′은 사′암믄?

− 어, 자으, 저 사'암더르느 삼 년 데머는 마'느를 요'골 원 대궝587) 아 인나.

− 대궈'어 겨 마늘 씨' 인 당 여:능 기 이'따, 거러.

− 우'에 그 뜨 고골' 삼 년 데'마 고 가'능 걸 이젤 고른 삼 넘 빼아 저, 쌀, 으 이띠 고 삼 넘마니 고르 씨'를, 함 이 염마'네 가만 이거 바'저 난능 게'르.

− 바'더 가주'고 싸'쓰 고 갸:능 기'러, 삼 년째'에 가'마.

− 가, 가'르 가주오 가너 마'을, 인제 마'을 숨믄 기티'에588) 함 마지이' 쭘 거 쩌 걸 마, 마:이 삐'리가주589) 가능 기'러.

− 수북: 뻠'마뻬 거 늠 마이 가그'덩.

− 그'러면 요'능 긴, 요'닝 거 요러 토톱 쫗'마느 요'랭 올론'다 카'이끼니.

− 고곤' 수무'만 고'느 인제 후, 후부'젠 막 마'을 가찌 수머끄'덩.

− 골' 수무'마 마'느리 통마'늘 데, 통마'느린 나, 요래 나오능 기', 통마'르니590) 나온'다 카'이께르.

예야, 하, 함 뿌리가 **591) 데네예?

− 아, 예, 요, 아이, 구 굴:따 미.

− 그걸' 수머'만 유, 육 쪼'그, 골' 수머'믄 육 쫑 나온'다 카이끼네.

여기 어디 토양?

- 그 비싸거든, 마늘 여기는.

아니?

- 어, 그, 잘 되거든, 거기는.

여기 어디 토양이 좋아서 그렇습니까?

- 토양이 좋아서 마늘을 저, 저것, 저것을 이제 씨를 잘 해야 되거든.

- 저것은 삼 년만에 씨를 갈아야 되거든, 마늘.

- 우리는 뭐 그래 안 하지만, 한 번 하면 저.

전문적으로 하는 사람은?

- 어, 저, 저 사람들은 삼 년 되면 마늘을 요것을 원 줄기가 안 있나.

- 줄기 거기에 마늘 씨 이 딱 여는 게 있다, 그래.

- 위에 그 또 그것을 삼 년 되면 고 가는 것을 인제 그것을 삼 년 빼서 저, 씨, 어 인제 고 삼 년만에 그래 씨를, 한 이 년만에 그만 이것 받아 놓는 거야.

- 받아 가지고 싹 고 가는 거야, 삼 년째에 가면.

- 가, 갈아 가지고 간 마늘, 인제 마늘 심은 귀퉁이에 한 마지기쯤 그저 그것을 많이, 많이 뿌려서 가는 거야.

- 수북하게 뿌리면 그 놈 많이 갈거든.

- 그러면 요런 게, 요런 게 요래 톡톡 쪽마늘 요래 올라온다고 하니까.

- 그것은 심으면 그것인 인제 뒤, 뒤에 막 마늘 같이 심거든.

- 그것을 심으면 마늘이 통마늘이 돼, 통마늘이 나, 요래 나오는 게, 통마늘이 나온다고 하니까.

예, 한, 한 뿌리가 ** 되네요?

- 아, 예, 요, 아이, 그건 굵다 뭐.

- 그것을 심으면 육, 육 쪽, 그것을 심으면 육 쪽 나온다고 하니까.

마, 육쫑마′느레에?

　― 아, 고기′ 육쪽′ 데 뿐′다 카이그.

　― 고기′ 육 쪽 데′마 고오′르, 고골′ 가죽 한 삼 넝꺼′지느 거르 육 쪽 가′이지오 해′더 마′리 일′리 굴:거.

　― 그 삼 년 너′어 뿌마 똑, 또 그억′ 씨′르 가구, 그라잉끼네 만:날 인제 그 사람 머르, 사람[592] 마′를 그거 아이′가.

　― 점′부 그르 씨′를 삼 넘마′레러 만날′ 간다 카′이께느.

　― 그′리일 씨′깝쓴 하얀 도~′이 안 데자′나, 그자.

아:, 씨깝′쑤 게′덥 바′더가 쓰′고?

　― 바′드가 하이께[593] 도~′이 안 드′이끼네 그 만날′ 남능′ 이, 소드′게 만차′나.

아, 그, 그′릉까 이, 이:른 마:는, 이:른 이′찌마너, 어, 그′릉까 시깝′시 안 드′르고?

　― 굴 씨깝′씨 안 드′이끼르[594] 도 얼′매옴, 마′늘씨 함 마지′기 숨물′러 카′만 이끄 하나, 쪽′ 하나′에 마′을 하′은스 다 수마′야 데′우, 부리.

그′앰 마′늘도 엄청 만:타, 그′제?

　― 쁘아이고, 마′은 쩌, 저 함 마지′기 수물′러 까′만 서′른 접 사′애 데그득, 서′른 저, 아이거.

아따′, 그금′마 해′도, 인지 마′늘 감′마 해도?

　― 구리, 그르′이, 마′늘 거이, 꺼으 와늘 함 마 제, 쩐 체하′르 그 돔 마이, 함 마′찌 하거 함 마노천, 이마 은 드′러애 덴′다 가이′께르[595], 그.

구, 그′르잉꺼 구그′또 그′래 따지며너 지웅, 줌 머 저은 도:니′ 아이′더, 그′지예?

　― 그′르치, 여, 여, 이 머.

시깜′마 해′도?

　― 예, 여 저 이 문능′[596], 여 으성′ 문너′믄 절′러 가머 차::암부[597] 그 빠′드가 한′다.

아, 육쪽마늘입니까?

― 어, 그게 육 쪽 돼 버린다고 하니까.

― 그게 육 쪽 되면 그것을, 그것을 가지고 한 삼 년까지는 그것을 육 쪽 가지고 해도 마늘이 이렇게 굵어.

― 그 삼 년 넘어 버리면 또, 또 그렇게 씨를 갈고, 그러니까 만날 인제 그 사름 마늘, 사름 마늘 그것 아니냐.

― 전부 그래 씨를 삼 년만에 만날 간다고 하니까.

― 그러니 씨 값은 하나도 돈이 안 들잖아, 그렇지.

아, 씨 값은 계속 받아서 쓰고?

― 받아서 하니까 돈이 안 드니까 그 만날 남는 게, 소득이 많잖아.

아, 그, 그러니까 일, 일은 많은, 일은 있지만은, 어, 그러니까 씨 값이 안 들고?

― 그 씨 값이 안 드니까 돈이 얼마야, 마늘씨 한 마지기 심으려고 하면 이것 한, 쪽 하나에 마늘 하나씩 다 심어야 되고, 그러니.

그럼 마늘도 엄청 많다, 그렇지요?

― 아이고, 마늘 저, 저 한 마지기 심으려고 하면 서른 접을 사야 되거든, 서른 접, 아이고.

아따, 그것만 해도, 이제 마늘 값만 해도?

― 그래, 그러니, 마늘 그, 그 마늘 한 마지기 저, 저 최하로도 그 돈 많이, 한 마지기 하면 한 만 오천, 이만 원 들어야 된다고 하니까, 그래.

그, 그러니까 그것도 그렇게 따지면은 지금, 저 뭐 적은 돈이 아니다, 그렇지요?

― 그렇지, 여, 여, 이 뭐.

씨 값만 해도?

― 예, 여 저 이 문홍리, 여기 의성 문홍리 저리로 가면 전부 그 받아서 한다.

수심 마지'기으 심:는 사'암드 이슬 꺼 아임미꺼?

— 그르지, 거, 가 마을 서'름 마지기, 열땀 마지, 수움 마지'기 이래 하
그덤.

— 문능' 저'르 감' 체하 담' 마지, 염' 마지 허으, 점:브 씨 바'더가애 말
캐'머 점부 이'르타.

으, 점문'저으러 하'는 분들스?

— 그리, 점문'저으러 하지.

— 거:늠 머' 보통' 체하'가 담' 마지기, 앙 그'염 열 마지기.

아, 거에 의성 마'느리 조응' 게 인제' 씨'가 조코', 그 다'엠 토양'이나 이
렁 거스?

— 토'야에 조치'.

— 그'르이끼네 그 마'느리 으성', 서삼' 마'늘 카'마 그 엄매'나 즈 아라
주'느.

— 저 으성' 저, 즈 서얌' 마'늘 카'마 거 아'라주저으

— 거'뜨 마' 꽁' 육 쩌'기덩, 국 쩝.

아:, 딱' 여스 쪼가'리가?

— 에애, 여'서 쪼기러.

— 여 육'쫑 마'늘 아이'가, 그그.

아::, 그, 그'르잉까 인제 의성에 마'느리 그'래 유명하다?

— 그래, 마'을또 그 염'무고 도해', 마또 이'꼬.

— 그거'너 마르, 마또 이'써.

어으, 건느, 거며 인젬 멉 주'로 여'기너 은제 어르'싱 가틍 경우'야 이 그
거 멈미까, 꼬치'나 마'늘도 쪼:곰 하'시꼬, 와, 그'잉꺼 그임 보, 보리 농'사
도 쫌 하'셔씀미까?

— 그'러치 머, 나락 쫌 하고 나락 이기.

— 아이고, 그저'느 마이 해'찌.

수십 마지기 심는 사람도 있을 것 아닙니까?

― 그렇지, 거기, 거기 마늘 서른 마지기, 열다섯 마지기, 스물 마지기 이래 하거든.

― 문흥리 저리 가면 최하 다섯 마지기, 여섯 마지기 하고, 전부 씨 받아서 마늘 캐면 전부 이렇다.

어, 전문적으로 하는 분들이?

― 그래, 전문적으로 하지.

― 거기는 뭐 보통 최하가 다섯 마지기, 안 그럼 열 마지기.

아, 그 의성 마늘이 좋은 게 이제 씨가 좋고, 그 다음 토양이나 이런 것이?

― 토양이 좋지.

― 그러니까 그 마늘이 의성, 서산 마늘이라고 하면 그 얼마나 저 알아주나.

― 저 의성 저, 저 서산 마늘이라고 하면 그 알아주잖아.

― 그것도 뭐 꼭 육 쪽인데, 육 쪽.

아, 딱 여섯 쪽이?

― 예, 여섯 쪽이야.

― 그게 육 쪽 마늘 아니냐, 그게.

아, 그, 그러니까 이제 의성이 마늘이 그래 유명하다?

― 그래, 마늘도 그 여물고 좋아, 맛도 있고.

― 그것은 맛도, 맛도 있어.

어, 그, 그러면 이제 뭐 주로 여기는 이제 어르신 같은 경우에 이 그것 뭡니까, 고추나 마늘도 조금 하셨고, 어, 그러니까 그 보, 보리농사도 좀 하셨습니까?

― 그렇지 뭐, 벼를 좀 하고 벼 이것이.

― 아이고, 그전에는 많이 했지.

— 다: 해'찌, 오새'느, 오새'느 안 하지우.

보른네예?

— 밀: 가'고, 논' 함뻐끄'러 안 논, 안 요'치따 카'이께네.

보리 농'사느 어'떠케 함'미까?

— 버리'넌?

예아.

— 가을'게598) 앙 가:나', 가을'게.

그' 거'릉 어떠'케 함'미까?

— 고:를 인점 나'러, 나'러 기제599) 우, 주'루 안 수마난'너.

— 모' 쭈'루 성아 노'마, 고 인제 소비'600) 가주고더, 농 꼴' 따'르 소비'게 이'써.

— 소비'거 이서쑴.

— 걸'찌에 소'러 해'끄덩, 오새', 걸'치 게응'기더 어'꼬.

— 소로 은제 요래: 가만 히 소 미'아가여601) 가마602), 솔솔루 가머 요래 여래으 헤딱헤땅 너머가능 이그 이따 까으.

— 고'라먼 날:603) 피해가604) 가머 이그 위골'도 하고, 쌍'골러 하능 거'느 인지 게라'꼬르 요 요래 가가즈 여짜' 뎅'기고 요'고느 요짜'르 닝'기믄605) 고 두: 고'리 항 골 뜨갸고 농: 꼬'르너 항 골리고, 버리' 가능' 건 두: 고'리그덩.

— 꼴: 씨 삐'인 너'며 인제, 씨 삐'인 노'우 거 즈 가드 머, 거름 녀'가 무'더 노면 서 라 쩌, 서 라' 은제 또' 올론'다.

— 설: 시'며606) 인제 거엠 머' 독새'거607) 글'찐 마네'서.

— 오새'늠 머' 그 업씨'면.

— 독새'어 밭 매에' 데'제, 비러' 쳐'애 데'제, 비러 쳐' 가주이 독새 밭 매어, 어지간항 건' 암 매고, 비:러' 쳐 가주 고'만 나 두'맘 버리건 치든608), 조치 머.

- 다 했지, 요새는, 요새는 안 하지만.

보리도요?

- 밀 갈고, 논 한 번도 안 놀려, 안 놀렸다고 하니까.

보리농사는 어떻게 합니까?

- 보리는?

예.

- 가을에 안 가냐, 가을에.

거기 그래서 어떻게 합니까?

- 거기에 인제 벼, 벼를 이제 어, 주로 안 심어놨냐.

- 모를 주로 심어 놓으면, 고 인제 보습 가지고, 논 고랑을 타는 보습이 있어.

- 보습이 있었어.

- 그때에 소로 했거든, 요새, 그때 경운기도 없고.

- 소로 인제 요래 가만 이 소를 메서 갈면, 솔솔 갈면 요래 요래 해딱해딱 넘어가는 이것이 있다고 하니까.

- 그러면 보습 날을 피해서 가면 이것은 외고랑도 하고, 쌍고랑으로 하는 것은 인제 개량 고랑으로 요 요래 가서 이쪽 다니고 요것은 요쪽으로 넘기면 고 두 고랑이 한 고랑으로 들어가고 논 고랑은 한 고랑이고, 보리 가는 것은 두 고랑이거든.

- 그래 씨 뿌려 놓으면 인제, 씨 뿌려 놓고 그 저 거름 뭐, 거름 넣어서 묻어 놓으면 설 아래 저, 설 아래 인제 또 올라온다.

- 설 쇠면 인제 거기에 뭐 뚝새풀이 그때는 많았어.

- 요새는 뭐 그 없지만.

- 뚝새풀 밭 매야 되지, 비료 쳐야 되지, 비료 쳐 가지고 뚝새풀 밭을 매야, 어지간한 것은 안 매고, 비료 쳐 가지고 고만 놔 두면 보리에 비료를 치는 것으로, 좋지 뭐.

- 조우'만 누::럭 이'글러 캄' 인제, 이'그맘 막 나 까'지 비지 머.

- 나 까'지 비가' 까'라 노'우마 까지609) 브여 끄, 그래가지 도리'깨로, 잘개'로 돌미~'이610) 노'코, 은 잘:개 카'능 기 이, 잘:개'타작 카능 기써.

에, 잘개타작, 에?

- 예.

- 지'베 인 저쓰 무까'가지611), 시'러 저마꾸하이 무까'자 돌' 러'꼬612), 거 돌: 러'꼬 이'래 아튼 이래 홀'끼613) 가주'일 미 때'리만 버리'가 죽죽.

- 그래'마 한 서너 분, 이짜'을 때'르 저짜'루, 울'드 그 마이 해'써.

아, 잘개타장' 마이?

- 아, 여, 잘거 마이' 해'찌.

- 그래 해 뿌'마 인젭 집 디'러 떤'지 브아.

- 그 어떤 사'라멍 거'마 그 매 뜨드'링 거 짐614) 내삐'리 뿌고, 그 또 까'라 가즈 똔 막 도리'깰'615) 떠 뜨드'인 사'암두 익, 우리'도 그 띠드'려서.

- 그'래가주 띠드'여가616) 마:기617) 여'코.

- 그'러 가'주이 즈 말라' 가'주고, 걸'찐 정'미소 가 찌'이만 벌살'더618) 잘: 팔리'따꼬.

- 금 마 그'랜데, 구 마한' 노먼', 밀'또 그래'앤데, 임 머은 미, 밀'루619) 고'믐 미'국서 믹, 구올 모'부 수입해' 뿜 밀까'리620) 암 팔리'이 밀까르'가 암 마, 안, 안, 암: 빠'아 줄러 카제.

- 버리', 그 너'무 자'슥621) 버리'밥 암 뭉:다 카'만, 오새'늠 머 절라'드 버리' 마이' 한'드가, 버리'밥 암 멍'다구, 뿌뿍, 바악, 쩌으, 즈 버'리바아쁘깐 마커 띠 내삐'리 뿌고, 머'윽 쩌 쩌무 드 찌 두 아 하제, 구리 거 굴 지야 뿌찌 머.

거 주'로 쌀밤' 머'꼬, 보리'밥 암 물'라 하'능 기'라안?

- 굴 암' 므얼, 암 멀러 카즈, 버리'범 므할루 멀루.

- 좋으면 누렇게 익으려고 하면 인제, 익으면 막 낫 가지고 베지 뭐.

- 낫 가지고 베서 깔아 놓으면 까짓 뭐 그, 그래서 도리깨로, 개상으로 돌멩이 놓고, 인제 개상이라고 하는 것이 있어, 자리개타작이라고 하는 것이 있어.

예, 개상타작이요, 예?

- 예.

- 집에 이 저 묶어서, 실어서 저만큼하게 묶어서 돌 놓고, 거기 돌 놓고 이래 하여튼 이래 홅이를 가지고 이 때리면 보리가 죽죽.

- 그러면 한 서너 번, 이쪽으로 때리고, 저쪽으로, 우리도 그 많이 했어.

아, 개상타작을 많이?

- 아, 예, 개상타작 많이 했지.

- 그래 해 버리면 이제 짚은 뒤로 던져 버리고.

- 그 어떤 사람은 그만 그 매 두드린 것 짚은 내버려 버리고, 그 또 깔아 가지고 또 막 도리깨로 또 두드리는 사람도 있고, 우리도 그 두드렸어.

- 그래서 두드려서 외양간에 넣고.

- 그래 가지고 저 말려 가지고, 그때는 정미소에 가서 찧으면 보리쌀도 잘 팔렸다고.

- 그 모두 그랬는데, 그 망할 놈의, 밀도 그랬는데, 이 뭐 밀, 밀을 그만 미국에서 밀, 그것을 뭐 수입해 버려서 밀가루 안 팔리니 밀가루를 안 빻아, 안, 안, 안 빻아 주려고 하지.

- 보리, 그 놈의 자식 보리밥 안 먹는다고 하면, 요새는 뭐 전라도에서 보리 많이 한다지만, 보리밥 안 먹는다고, 방아, 방아, 저, 저 보리방앗간 모두 떼 내버려 버리고, 뭐 저 점부 다 찧어 주지도 안 하지, 그러니 그 그것을 치워 버렸지 뭐.

그 주로 쌀밥 먹고, 보리밥은 안 먹으려 하는 거라서?

- 그 안 먹으려, 안 먹으려고 하지, 보리밥 뭐하려 먹겠어.

– 버리' 똘 그저'인 매사~이러622) 빠'저, 매상'더 암 반:다 가'주, 구'리 이끼니 굼 머 지댈'러 고'만 읍시야 쁘지.

– 지댈'루623) 업'서애, 정부'에 암 바'드임 지둘' 업스이.

– 그 멍는' 사'름 암 무'얼러 카'고 해 뿌이 므.

– 밀' 므어 끄 절 밀롱'사 저'어 밀까르 빠' 로'먼 커 암매느 마신'노, 국'시624) 해' 노'머, 그제.

– 거 임 밀까'리 그'린, 그, 그이 조움625) 밀' 꺼이 업새: 뿌고, 찌랄하'고 또 그, 그'르아 아깐' 잘깨타'작, 끄게 보'리타작 까'틍 녀 잘:끼'타작 하능 에 나씀미까, 어, 도리깨질 해'아능 게 나씀미까?

– 고 달개'이타적 해 가'주운 매626) 도리'깨질 해'이 덴데 머.

– 거 똘' 그 잘개타'작 해' 가주고, 그기' 잘깨타'저 개' 노먼 버리' 이사'기 또 떠르지능 기 고 머 그'러끄덕.

그'양 뚜드'레 저'에 데눔?

– 끄래, 거르가지 글 마:컨627) 티'시 노'꼬 절 도리'깨로 막: 몽구'린 더628) 칸'더.

– 이야 막: 띠디'르프 인제 시:메돈629), 거 시:미 잘깨타'자기 시미 그에 부트 인능 기라.

– 버리'머 그 이, 버리찌'벰마 어그러지제630), 시먀 거 마커 기양 이짜나.

– 돔, 똔 머 이상하고 마 이 그르저.

– 그'르가 걸 더크 햅631), 다 띠디인 데 해삐테 너러 가주고 도리깨르 다 띠디리에 덴드 카이여.

– 띠디'려 가주 풍구'엄 지:632) 가주 인저 그러 말르엄 거, 그이, 그이 저 그름드, 그이.

그'엄 인'제 그거 봄, 보리 타작과 가틍 경우늠 머 그 잘:개'로 뚜드리고, 그 다으메 또 도리깨로 뚜드리고, 어, 그어서?

– 걸 몽구'린더 카능 기다.

- 보리 또 그전에는 매상(買上)이라도 받았지, 매상도 안 받는다고 하지, 그러니까 그 뭐 저절로 고만 없어져 버렸지.

- 저절로 없어져, 정부에서 안 받으니 저절로 없어지지.

- 그 먹는 사람 안 먹으려고 하고 해 버리니 뭐.

- 밀 뭐 그 시절에 밀농사 지어서 밀가루 빻아 놓으면 그 얼마나 맛있나, 국수 해 놓으면, 그렇지.

- 그 이 밀가루 그런, 그, 그래 좋은 밀 그것을 없애 버리고, 지랄하고 또

그, 그래서 아까 개상타작, 그게 보리타작 같은 것은 개상타작 하는 것이 낫습니까, 어, 도리깨질 하는 것이 낫습니까?

- 고 개상타작 해 가지고 역시 도리깨질을 해야 되는데 뭐.

- 그 또 그 자리개타작 해 가지고, 그게 자리개타작 해 놓으면 보리 이삭이 또 떨어지는 게 있고 뭐 그렇거든.

그냥 두드려 줘야 되는?

- 그래, 그래서 그 모두 헤쳐 놓고 저 도리깨로 막 마무리한다고 한다.

- 이래 막 두드리면 이제 수염도, 그 수염이 개상타작에 수염이 거기 붙어 있는 거야.

- 보리만 그 이, 보리짚에만 어그러지지, 수염이 거기 모두 그냥 있잖아.

- 또, 또 뭐 이상하고 뭐 이 그렇지.

- 그래서 그것을 또 햇빛, 다 두드린 다음 햇빛에 널어 가지고 도리깨로 다 두드려야 된다고 하니까.

- 두드려 가지고 풍구에 날려 가지고 인제 그래 말리면 그게, 그, 그게 저 그럼, 그것.

그럼 이제 그것 보, 보리타작과 같은 경우는 뭐 그 개상으로 두드리고, 그 다음에 또 도리깨로 두드리고, 어, 그래서?

- 그것을 마무리한다고 하는 거야.

- 버리' 타작해' 가'주 그'암 버리' 몽구'린다.

아, 인저 또 잘, 도리'깨 까 하'응 그너?

- 버리 몽구'린다꺼이.

- 저건' 잘:개타작 해 가'주어 버리' 몽구'린다 카'능 기르.

보리 몽구린다?

- 야, 그라머 고 시:미'도 어'꼬, 고프 고, 거어 가주여, 풍구'러, 그얼찐 풍구'러 안 지'이고 또 머 으앤 너 카'만, 자리633) 이래 까주오 이래 이래 돌:미'가 찰렐레르하마 아'페르 치'634) 가주 이래 이래 더'우마, 걸'찌 풍구' 도 업'서끄덩.

- 풍구' 업선.

- 초삭짜'리635) 아 인'느, 사릉' 깔고 자는 자'리.

- 돌:미'인 노꼬 하나안 이짝 기티'636) 이르 빠데'고637), 하나안 치'이 가 주 우'에 이래: 부'우마, 여섣 자'리 가찌 이래 이래 하마 거 바려'미 안 나'나.

- 바라'알 마 극 까끄래~'이638) 나르가'자가.

헤'여, 풍구'도 업선'네, 그예?

- 프, 거'지 풍구'도 업씨' 그래 해뜨 가'이끼네.

풍구'너 한창 후:에 나완'네, 그?

- 그래, 한창 후'에그, 엔나'레 마꺼639) 끄'래 그, 그래 해'따 카'이.

아, 그럴럴, 풍구'더 업:시 일: 할'라 해'쓰머 그얼?

- 자'리 가주 빠데:기기겸 할럼 마랄 찌:가'640) 하'머 그 바래'미 나'머 그 뜨 근 나'러가여.

그 더'운데, 하참' 더'운데 마 이거 할'라 카'먼 까끄래기하'고 머?

- 그'래도 그'램 모 우'야노641), 그래느, 그래애 데'임 머'.

- 그'래뜨 해:따' 카'이께.

아, 감' 보리:으 그 아까 인제 보리' 그 시'머 나'어코 독'새 기틍 거 엄, 머 보리으 매 주'기도 해'씀미까?

- 보리타작해 가지고 그러면 보리 마무리한다.

아, 인제 또 개상, 도리깨를 가지고 하는 것은?

- 보리 마무리한다고 하니.

- 저것은 개상타작 해 가지고 보리 마무리한다고 하는 거야.

보리 마무리한다?

- 예, 그러면 그 수염도 없고, 그러면 고, 그것 가지고, 풍구로, 그때는 풍구로 안 날리고, 또 뭐 어떻게 했냐고 하면, 자리를 이래 가지고 이래 이래 돌맹이가 차르르하면 앞에는 키를 가지고 이래 이래 날리면, 그때는 풍구도 없었거든.

- 풍구가 없었어.

- 돗자리 안 있나, 사람 깔고 자는 자리.

- 돌맹이 놓고 하나는 이쪽 귀퉁이 이래 밟고, 하나는 키를 가지고 위에서 이래 부으면, 여기에서 자리 가지고 이래 이래 하면 그 바람이 안 나냐.

- 바람을 뭐 그 까끄라기가 날아가잖아.

허, 풍구도 없었네, 그렇지요?

- 풍, 그때 풍구도 없이 그래 했다고 하니까.

풍구는 한참 후에 나왔네요, 그렇지요?

- 그래, 한참 후고, 옛날에 모두 그래 그, 그래 했다고 하니까.

아, 그러려고, 풍구도 없이 일 하려 했으면 그것을?

- 자리 가지고 밟고 하려면 말이야 날려서 하면 그 바람이 나면 그 또 그 날아가요.

그 더운데, 한창 더운데 뭐 이것을 하려고 하면 까끄라기하고 뭐?

- 그래도 그럼 뭐 어찌하나, 그래야, 그래야 되니 뭐.

- 그렇게도 했다고 하니까.

아, 그럼 보리 그 아까 인제 보리 그 심어 놓고 뚝새풀 같은 것 어, 뭐 보리 매 주기도 했습니까?

― 매', 매'이 데', 독새 마늠 매, 노 베'가 매자'나, 사'르 사' 가즈.

언'제 매, 언'제 맴'미까, 거는?

― 고 은전 보'메.

― 봄', 보'미 요 포롱뽀리오 모 보리' 요롤 찌'게 독새걸 시:퍼러타.

― 그'래 호, 호매'이 가즈 하나'스 하 다: 매'애 덴'더, 그.

초보'메 인자 그래?

― 예, 초보'메.

― 설 시'고 머 초보'이거 검 독'새를.

바로 설 시'오 바로' 베게'따, 그지?

― 쫑 거'르치, 여'르메 해'애제 머.

― 그'래우 그 매마' 독'새 매 가주 인제 비러' 쳐'가주 인제 거 또 그, 그'래 가'주 또 맨', 매가' 깨~이가642) 쪼'서에643) 덴'다.

― 깨'이 가'저 건 놀 꼬'데 쪼'서 가'주'고 곰배'르644) 떼그 띠드'러 가'지 거 혹 히'드 판'는 데 똑' 흐'를 여'에 덴'더 말.

― 여' 가주우 곰배' 띠디'리마, 이'리 띠디리 뿜, 자욱 띠디'리 뿜'머 인제 바쌍 마'름, 띠디'리마 독새', 거 인능 거' 막: 히'비 내 버'이 뿌리' 휜:하자나', 그'쟈.

― 그'르 인젤 그 하욱', 깨'이런 막 쫑닝 걸.

― 쪼'서가인, 노' 꼴 쪼'서가주 곰배 가'주온 대'구645) 띠디'리마, 거 인자' 미'어해, 다: 미'운더646).

그'에 인녀 너, 노'네 물끼'가 이쓰'니까, 쪼'사 나'머 흑띠'이가 이쓰'니까, 어, 인제 흑띠'이 그어 곰배 까'주 은저 깨가?

― 깨'어 가'여 버리 꼬'역 여, 여에 데.

― 그'르 가'준 여'가주 은저 건 비러' 쳐'가지 여' 가'주고 또 인제 깨개드 또 골: 타'애 덴'더, 이제.

― 버리' 안 씨즈라'꼬.

― 매, 매야 돼, 뚝새풀 많으면 매, 놉을 해서 매잖아, 사람 사 가지고.

언제 매, 언제 맵니까, 그것은?

― 그것은 인제 봄에.

― 봄, 봄에 요 파릇파릇 뭐 보리 요럴 적에 뚝새풀이 시퍼렇다.

― 그래 호, 호미를 가지고 하나씩 하나씩 다 매야 된다, 그.

초봄에 인제 그래?

― 예, 초봄에.

― 설 쇠고 뭐 초봄이고 그럼 뚝새풀을.

바로 설 쇠고 바로 매겠다, 그렇지요?

― 좀 그렇지, 여름에 해야지 뭐.

― 그리고 그 매면 뚝새풀 매 가지고 인제 비료 흩쳐서 인제 거기 또 그, 그래 가지고 또 매, 매서 괭이로 쪼아야 된다.

― 괭이 가지고 그 논 고랑에 쪼아 가지고 곰방메를 대고 두드려 가지고 거기 속 후벼 판 곳에 또 흙을 넣어야 된다는 말이야.

― 넣어 가지고 곰방메로 두드리면, 이래 두드려 버리면, 자꾸 두드려 버리면 인제 바싹 마르면, 두드리면 뚝새풀, 거기 있는 것 막 후벼 내서 보리 뿌리가 훤하잖아, 그렇지.

― 그래 인제 그 하고, 괭이로 막 쪼는 거야.

― 쪼아서, 논 골 쪼아서 곰방메를 가지고 대고 두드리면, 그 인제 메 운다, 다 메운다.

거기에 인제 논, 논에 물기가 있으니까, 쪼아 놓으면 흙덩이가 있으니까, 어, 인제 흙덩이 그것을 곰방메를 가지고 인제 깨어서?

― 깨 가지고 보리 거기에 넣어, 넣어야 돼.

― 그래 가지고 넣어서 인제 거기 비료를 흩쳐서 넣어 가지고 또 인제 괭이로 또 골을 타야 된다, 이제.

― 보리 안 쓰러지라고

― 요, 요 버리' 이'래 이씨'만 전 폭: 타'머 인저 버리'거 어'래 여이, 여
래 여, 여 양짜'르 여래 부'터머 버리'그 안 씨'르진다꼬, 그르처.

흐기 이레 눌러 가지고.

― 그어'떤 매:제', 골: 타'제 머이, 이거 므일 고뜨 치.

금' 보리 노'네 그 톡'새 망:코, 독'새 마느'먼 그어'떠 이'리 만네'예?

― 망:코' 마이고, 아이거, 하나 항' 골도 몸 맨'더, 디게'647) 마능 거.

그'응 그어'떵 먼 놈매'기, 아이놈매'기 하'능 거'앙 비슫하'다, 그'지에?

― 그르테, 그래, 머.

― 사'람 너:이' 사'은 푸마'시 해가 매'고 머뿌 돈: 주'고도 매우 그'래띠,
아이거.

아다', 그'엄 보리' 그어'떠지 보:통 이:리 아이'네에?

― 보:통' 거'리 아이'고 마고.

― 그'래가주 인제 독'새가, 저'이648) 씨'가 잘 부 나'그더.

― 그'래간저 인제 해'매등649) 갈:머 인저 자꾸 매'분 독'새으 내재 업:써
져' 뿐다 카'이께.

― 그 자구, 자꾸' 매: 뿌'이 여 독'서가 업서져짜.

― 그'래엄 처:메'늠 머 독새' 구디'잉지 머'.

그 깨'으른 사'엄먼 어, 또 그 보'리을 농'서 지찌'도 모 하겐네, 독'새 그
걸 다 뽀어 줄러 함'며너?

― 모: 한'다, 모: 한'다, 모: 하고.

― 모 하'고어, 그'래.

그, 야::따 그거 참', 그 보리으, 그 보리발'끼도 함'미까?

― 발:끼 해'야제, 설: 시'고.

보리발'낀 왜 함'미까?

― 그 저' 뜨 뿌', 저 얼:부푸르끄덩650).

― 꺼 음, 버리'가.

- 요, 요 보리가 이래 있으면 저 폭 타면 이제 보리가 이래 여기, 이래여, 여기 양쪽으로 이래 붙으면 보리가 안 쓰러진다고, 그렇게.

흙이 이렇게 눌려 가지고.

- 그것도 매지, 골 타지 뭐, 이것 뭐 그것도 저.

그럼 보리 논에 그 뚝새풀 많고, 뚝새풀이 많으면 그것도 일이 많네요?

- 많고 마고, 아이고, 하루에 한 골도 못 맨다, 되게 많은 것은.

그럼 그것도 뭐 논매기, 애벌논매기 하는 것이랑 비슷하다, 그렇지요?

- 그렇다, 그래, 뭐.

- 사람 넷을 사서 품앗이를 해서 매고 뭐 돈 주고도 매고 그랬지, 아이고.

아따, 그럼 보리 그것도 보통 일이 아니네요?

- 보통 일거리가 아니고말고.

- 그래서 인제 뚝새풀이, 저게 씨가 잘 못 나거든.

- 그래서 인제 해마다 갈면 인제 자꾸 매번 뚝새풀이 나중에 없어져 버린다고 하니까.

- 그 자꾸, 자꾸 매 버리니 여기 뚝새풀이 없어지잖아.

- 그러면 처음에는 뭐 뚝새풀 구덩이지 뭐.

그 게으른 사람은 어, 또 그 보리농사 짓지도 못 하겠네요, 뚝새풀 그것을 다 뽑아 주려 하면은?

- 못 한다, 못 한다, 못 하고.

- 못 하지, 그래.

그, 아따 그것 참, 그 보리, 그 보리밟기도 합니까?

- 밟기 해야지, 설 쇠고.

보리밟기는 왜 합니까?

- 그 저 또 뿌리가, 저 얼어 부풀었거든.

- 거기 어, 보리가.

― 설: 시'만 마꺼 어'러, 어'러따 기기' 벙:그래 떠'따가, 버리' 이래 이
보'먹 기'리미 떡 떡 떡 갈라젼능 기'래.

― 따'이 이래 이래 가'지 버리 뿌리'익 허:이 드러난'다 카'이겐.

― 거'리기 어, 어'을가 노'거이, 워거 어'러가줍 얼:부'푸러따 카능 기래, 그

― 그'르가주 뿌리'이가 허:예, 그 암 발'버 뿌만 다: 주'거 뿌능 기라.

음, 날'러 주우?

― 아, 마'을 주우 뿐더, 그하 곰' 바러'미 드가'이끼네.

― 구'리 가'주 인제 독새 엄능 거'느 그글 다: 발'버 좌'이 데.

― 사람' 와 가'주 먼 촘 발른'다.

― 발'버야 그 뿌'리가 인제 따 거르 가'주고 데'지, 암 발브마 다: 주'그
뿐'다 카이, 바람', 봄'빠라메 다 주'으 뿐드 가'이께.

야:, 그, 그'르이 보리발'끼도 해'야 데'고 이:리 만:타', 그'지에?

― 망:코' 마고.

어:, 그'르서 은제' 어, 즈 보리발:끼'도 은자 이 그응꺼 얼:고, 땅'이 어'
러가 소꾸로짐'며는 인자 한다, 그'지예?

― 거르, 끄러치.

그 더'임 그 어르'신 그'업 보리 가'틍 경우에너 여기 재배핸'능 그'너 어떰
보리'들 주'로 재배해'씀미까?

― 동버'리651) 카'능 거 해'스.

― 동버'리.

동:보리'예?

― 음, 동보'리.

거'늠 머 어'떵 게 동보림미꺼이?

― 버리'거 시:미가' 안 지:고652), 몽실몽실항 기 버리' 아:리 구'르꼬, 굴:
꼬', 밤'마또 해 너'엄 바'비 부:엉 방꼬꺼'디여 카'역 끄거이 조:꼬, 저 털',
저, 저 시:미 징: 거, 그어'너 쌀붐, 그릉 거'느 해 나'더 시:며던 지:고, 마'

- 설 쇠면 모두 얼어, 얼었다가 그게 덩그렇게 떴다가, 보리를 이래 이 보면 그놈이 떡 떡 떡 갈라진 거야.

- 땅이 이래 이래 갈라지고 보리 뿌리가 허옇게 들어난다고 하니까.

- 그래서 얼, 얼었다가 녹으니, 얼음이 얼어서 얼어 부풀었다고 하는 거야, 그

- 그래서 뿌리가 허옇게 되어, 그 안 밟아 버리면 다 죽어 버리는 거야.

음, 말라 죽어?

- 어, 말라 죽어 버린다, 거기에 그 바람이 들어가니까.

- 그래 가지고 인제 뚝새풀 없는 것은 그것 다 밟아 줘야 돼.

- 사람 와 가지고 뭐 전부 밟는다.

- 밟아야 그 뿌리가 인제 딱 그래 가지고 되지, 안 밟으면 다 죽어 버린다고 하니까, 바람, 봄바람에 다 죽어 버린다고 하니까.

야, 그, 그러니 보리밟기도 해야 되고 일이 많다, 그렇지요?

- 많고 마고.

어, 그래서 인제 어, 저 보리밟기도 인제 이 그러니까 얼고, 땅이 얼어서 뿌리가 솟아서 거꾸러지면 인제 한다, 그렇지요?

- 그래, 그렇지.

그 다음에 그 어르신 그 보리 같은 경우에는 여기 재배한 것은 어떤 보리들을 주로 재배했습니까?

- 동보리라고 하는 것을 했어.

- 동보리.

동보리요?

- 음, 동보리.

그것은 뭐 어떤 게 동보리입니까?

- 보리가 수염이 안 길고, 몽실몽실한 게 보리 낟알이 굵고, 굵고, 밥 맛도 해 놓으면 밥이 뽀얗고 방귀가 꺼져서 그것이 좋고, 저 털, 저, 저 수염이 긴 것, 그것은 쌀보리, 그런 것은 해 놔도 수염도 길고, 맛도 없고

또 어꼬 그래가 저이, 쓰 여' 주:루 동보'리 해'따 가이, 동보'리.

— 또:온 죽, 미려'느 중밀'.

음, 동보'리, 동보'리 기틍 겨우'너 가으'레 심시미꺼?

— 가으'레.

— 가으'레 끄 무 나'럭 비 내:고 일'찌 간, 일'찍 수마'애 덴'더, 그어.

혹심 머' 그어 보'메도 심습니까?

— 보'메 스'음 봄뽀'리 아 인'너, 봄뽀'리.

봄뽀'리둡 보'메 심:능 경우도 이씀미까?

— 보'메 수'임찌, 그래, 쌀버'리드 보'미 시웅꼬, 또 봅, 그, 그어특, 껍따'이653) 인능 거'또 보'메 싱'꼬654) 이써, 그어 갈드.

그으 봄뽀'리느 왜' 시, 보'메 심습미까?

— 고'늠 머애, 저, 저, 지, 저이 고넨 득 겨'을께 숨머'마 다: 주거 뿌래.

아, 다 주거 뿌리?

— 어, 그'러가주 그어'는 주구.

— 씨:가', 거:는.

— 보'메 즈 수무'만 월뚱'에 씨'가 다 주거 뿌고, 그래 봄', 봄 데가에 수마'마 따른 시'일 래'에 거옐.

빨리 올로오능에?

— 어, 어, 빨'리 오야 가'주, 고오'느 그쓰, 끄 추'버마 다 주'우 뿌이, 글리 끄, 그'르가 봄뽀'리.

— 건뜨, 건 가을빼'리, 가을버'리인 동보'리, 그르코쩨네.

어, 그'러타, 그'지여?

— 어.

어:, 그 다'으메 어르'싱 거으, 아, 쪼음 저'네도 이야기를 해'씀미다마너, 그어, 그 봄뽀르, 아, 바, 보리' 기틍 겨'우너, 보리'너 어, 논:농'사너 아까 김매'기, 지'슴 맬: 때'에 한 시:벌 암 매'씀미까?

그래서 저, 저 여기는 주로 동보리를 했다고 하니까, 동보리.

　－ 또, 중밀, 밀은 중밀.

　음, 동보리, 동보리 같은 경우에는 가을에 심습니까?

　－ 가을에.

　－ 가을에 그 뭐 벼 베 내고 일찍 가서, 일찍 심어야 된다, 그것.

　혹시 뭐 그 봄에도 심습니까?

　－ 봄에 심는 봄보리 안 있나, 봄보리.

　봄보리도 봄에 심는 경우도 있습니까?

　－ 봄에 심지, 그래, 쌀보리도 봄에 심고, 또 봄, 그, 그, 껍데기 있는 것도 봄에 심고 있어, 그 가을.

　그 봄보리는 왜 심, 봄에 심습니까?

　－ 그것은 뭐야, 저, 저, 저, 저 그것은 또 겨울에 심으면 다 죽어 버려.

　아, 다 죽어 버려서?

　－ 어, 그래서 그것은 죽어.

　－ 씨가, 그것은.

　－ 봄에 저 심으면 월동에 씨가 다 죽어 버리고, 그래 봄, 봄 돼서 심으면 빠른 시일 내에 그게.

　빨리 올라오나요?

　－ 어, 어, 빨리 올라와 가지고, 그것은 그, 그 추우면 다 죽어 버리고, 그래 그, 그래서 봄보리.

　－ 그것은, 그 가을보리, 가을보리는 동보리, 그렇잖아.

　어, 그렇다, 그렇지요?

　－ 어.

　어, 그 다음에 어르신 그, 아, 조금 전에도 이야기를 하셨습니다만, 그, 그 봄보리, 아, 보, 보리 같은 경우는, 보리는 어, 논농사는 아까 김매기, 김 맬 때 한 세벌 안 맸습니까?

─ 아, 그래.

보린'느, 보리' 가'틍 경우넌 메 뿜 맴'미까?

─ 보리'언 독새받 함 범 매'애지 머'.

함 붐 매머 끄'치네에?

─ 함 붐 매:고', 하 뭄655) 매'고, 또 놀 꼬'랑 깨'이로 쪼서'이 데'고:, 쪼'서 가'주 도 곰배'러 띠디'려 가'주고 그 거'르656) 여'에 데'고, 그르가 또 골: 타'에 데'고, 그어떤 그 고, 골 타이657) 데억, 그어'떠 거르 미 뿌이우, 함 분, 두 부, 시 븐 아이'가.

그, 그으'또 머 비스따'다, 그'지에?

─ 그래어, 시: 부'이지658), 그'래.

─ 그래'야, 그래'야 오'름 버리'일 머'거.

크, 큰냐 함 번?

─ 흐, 그래, 호매'이러 하 멈 매:고, 또 깨'이러 놀 꼬'을 쪼'서 가주고, 저 쪼서 가주고.

곰배 가 치'고?

─ 이끄 이 고, 그르 마르'마 곰배 가주 걸 휘비 내능 걸 또 띠디'리.

─ 처', 약떤 처' 여 가주'고 그르 노'머 인제 그래 가줌 고 퍼여 낭, 그래 감마 버리'가 잘659), 쪼'끄덩.

─ 버리'가 야음 이:마쩌, 요:마쯤 조'으마 거 떡 깨~'이 가조 고:를 타'애 덴'다 카'이, 그 고:를.

그어 고얼 이래 떰 ****660)?

─ 아, 안 너'머 가'능 거, 골: 타기.

─ 거'뜨 맹: 시: 분 아이'라, 그래.

씨 븐 하'는 세'이더, 그제?

─ 그르쩌, 걸'찌.

─ 그' 느미나 그' 너미드 기스가'다 카'이께.

‒ 어, 그래.

보리는, 보리 같은 경우는 몇 번 맵니까?

‒ 보리는 뚝새풀 밭 한 번 매지 뭐.

한 번 매면 끝이네요?

‒ 한 번 매고, 한 번 매고, 또 논 골 괭이로 쪼아야 되고, 쪼아 가지고 또 곰방메로 두드려 가지고 거기 거름 넣어야 되고, 그래서 또 골 타야 되고, 그것도 그 골, 골 타야 되고, 그것도 그러면 몇 번이냐, 한 번, 두 번, 세 번 아니냐.

그, 그것도 뭐 비슷하다, 그렇지요?

‒ 그래, 세 번이지, 그래.

‒ 그래야, 그래야 옳은 보리를 먹어.

그, 그냥 한 번?

‒ 허, 그래, 호미로 한 번 매고, 또 괭이로 논 골을 쪼아 가지고, 저 쪼아 가지고.

곰방메를 가지고 치고?

‒ 이것 이 곰, 그래 마르면 곰방메를 가지고 거기 후벼 낸 것 을 또 두드려.

‒ 쳐, 약도 쳐 넣어 가지고 그래 놓으면 인제 그래 가지고 고 퍼 넣어 놓고, 그래 갈면 보리가 잘, 좋거든.

‒ 보리가 한 이만큼, 요만큼 좋으면 거기 또 괭이를 가지고 골을 타야 된다니까, 그 골을.

거기 골을 이래 또 ****?

‒ 안, 안 넘어 가는 것, 골 타기.

‒ 그것도 역시 세 번 아니야, 그래.

세 번 하는 셈이다, 그렇지요?

‒ 그렇지, 그렇지.

‒ 그 놈이나 그 놈이나 비슷하다고 하니까.

머 물로′네 그릉 긍아 하′덩 거′나 머 여 마른노′네 하′능 그′나 그, 그 차′이다, 그′지에?

─ 그′르치, 안저가주, 무:노′네 안찌므 이거′느, 버리바′테나 까익, 글아마 버리′느 빠댈수′루661) 조:크덩.

─ 허, 그′르이끼네 머 에′를 지내오 암 빠′대애 안 데그덩.

─ 그′르이 그′언 펑 문:지르그 안녀 가주도 매:고, 거능 떨띠 구머저 라릉 매:고, 금 나, 아이, 그′르치만, 저 무노′네능 그′릉, 그′르 모 하자나.

─ 그′르이 이:레능 그 느′미나 그 느′미나 비슥하′다 카이껜.

아, 염 머 이, 이, 일:꺼′리늠 머′ 그어거러 그을라 짐:배가 업따 그지?

─ 이 머에 그 피장:파자~′이라, 므 이.

꺼여 머에, 은, 밀: 가′틍 경우너 어, 밀:도으 가으′레, 가으′레 하′지예?

─ 그, 꺼 가을′게.

─ 멉 보리하′우 또까′치 간:다, 그어또.

아:, 검′메 그건느 또 밀:돔 머 지′슴 매:고 해′애 뎀미까?

─ 금: 맹 버리학′662) 독가′치 머′.

또까씀미?

─ 그 또끄, 또까′찌, 그언 머′ 또까′찌, 머 그′ 늠들.

─ 어허, 지′심 엄느 엄 모르′지마 그′거뚜 맹: 또까′따 카′이께, 버리하′욱663) 또까′터 가이, 매:애 데′고.

아:, 그′냥 머 거′이 또까따?

─ 또:까′쩨, 그름, 맹: 골: 타′애664) 데′고, 거.

심:능 거′또?

─ 어에, 또까지, 가찌.

─ 요′, 요′온 버리′ 가:다 나′오믄, 미러′는 똗 저, 절 진′ 데그 잘: 떼그덩.

─ 디쪼′게른 쫌′ 지′다 시푸′마 건 밀: 가고, 압쪼′옴 마른′ 데 떠 버리′ 간다 카′이끼네.

뭐 무논에 그런 것 하던 것이나 뭐 여기 마른논에 하는 것이나 그, 그 차이다, 그렇지요?

― 그렇지, 앉아서 무논에는 앉지만은 이것은, 보리밭에는 까짓, 그 아마 보리는 밟을수록 좋거든.

― 어, 그러니까 뭐 열흘 지나서 안 밟으면 안 되거든.

― 그러니 거기는 퍽 문지르고 앉아 가지고도 매고, 거기는 빌빌 굴러다니면서도 매고, 그 뭐, 아니, 그렇지만, 저 무논에는 그래, 그래 못 하잖아.

― 그러니 일에는 그 놈이나 그 놈이나 비슷하다고 하니까.

아, 여기 뭐 이, 일, 일거리는 뭐 그것이나, 그것이나 진배없다 그죠?

― 이 뭐 그 피장파장이야, 뭐 이.

그 뭐야, 뭐, 밀 같은 경우는 어, 밀도 가을에, 가을에 하지요?

― 그, 그 가을에.

― 뭐 보리하고 똑같이 간다, 그것도.

아, 그러면 그것은 또 밀도 뭐 김을 매고 해야 됩니까?

― 그 역시 보리하고 똑같지 뭐.

똑같습니까?

― 그 똑같아, 똑같지, 그것은 뭐 똑같지, 뭐 그 놈들.

― 어, 김 없는 놈은 모르지만 그것도 역시 똑같다고 하니까, 보리하고 똑같다고 하니까, 매야 되고.

아, 그냥 뭐 거의 똑같다?

― 똑같지, 그래, 역시 고랑 타야 되고, 거기.

심는 것도?

― 어, 똑같이, 같지.

― 요, 요 보리 갈아 놓으면, 밀은 또 젖은, 젖은, 진 데가 잘 되거든.

― 뒤쪽에는 좀 질다 싶으면 거기는 밀을 갈고, 앞쪽은 마른 데 또 보리 간다고 하니까.

아, 머 무'리 쪼'금 이'쓰야 미'리 데'네예?

― 아여, 그어, 거, 거, 거 핸디, 그래, 거리, 그르, 그른 데, 진' 데'는 미:리 잘: 떼'고, 똡 마른 네 버리'가 잘: 떼'이끼네, 그래 아예 진: 데' 여' 밀: 가 으라 까'그더.

― 그'래 밀: 까우 그래쩜.

아, 그'엄 머 그그'나, 밀:롱'사나 보리농'사나?

― 또:까테, 또:까테.

그르가으 저 베가' 와'서 타작하'능 거'도 비스다고?

― 거스 타작하'능 거'또 비슥하'져665).

― 거:느 이 정'미서 가'머 그:너 빠'코, 이거'느 찌'코, 그럴찌리, 걸찌, 꺼이. 걸' 찌, 그 차'이더, 거이지?

― 꺼'르찌역.

야::, 그으, 그'래 보'며넘 머 그 노'미나?

― 그 느'미나 비슥하'다 카'이께.

그르'타, 그지'에?

― 어, 거'르찌.

야:, 참: 그허 일 어렴네?

― 농'사 진능 으 보'무 우'섭찌, 또까'따 가'이끼네 머.

― 어'이 수'워래 닐 줄 아'나, 아'이그.

거으 무 어'뜨에 본'다며능 모 그 정:말'로 머 별'로 어, 별' 차이 엄:네예, 그렁 게?

― 그래, 오이쓰꺼, 어.

― 오샌' 트럭'따 가 시르르르 금 머 까'짐 비지666) 헌'지 너거 비'뷰 뿜믄데'제, 엔나'레 거 첨'부 소'느 농' 꼴 다 따'고 해'따 카'이께르, 소 가주고

그, 그 다'으메 어르'싱 그 인저 밀: 가'틍 경우'나 아, 예저'네 밀서'리나 이렁 거또 쫌' 햄 머억씀미까?

아, 뭐 물이 조금 있어야 밀이 되네요?

- 어, 그, 그, 그 하는데, 그래, 그래, 그래, 그런 데, 진 데는 밀이 잘 되고, 또 마른 데는 보리가 잘 되니까, 그래 아예 진 데는 여기 밀 갈라고 하거든.

- 그래 밀 갈고 그랬지.

아, 그럼 뭐 그것이나, 밀농사나 보리농사나?

- 똑같아, 똑같아.

그래서 저 베어 와서 타작하는 것도 비슷하고?

- 거기에서 타작하는 것도 비슷하지.

- 그것은 이 정미소에 가면 그것은 빻고, 이것은 찧고, 그러니까, 그렇지, 그게.

그 저, 그 차이다, 그렇지요?

- 그렇지요.

야, 그, 그래 보면은 뭐 그 놈이나?

- 그 놈이나 비슷하다고 하니까.

그렇다, 그렇지요?

- 어, 그렇지.

야, 참 그것 일 어렵네요?

- 농사를 짓는 것 보면 우습지, 똑같다고 하니까 뭐.

- 어디 수월한 일 있는 줄 아냐, 아이고.

그 뭐 어떻게 본다면은 뭐 그 정말로 뭐 별로 어, 별 차이 없네요, 그런 게?

- 그래, 없어, 어.

- 요새는 트랙터 가지고 시르르르 그 뭐 까짓 대강 흩쳐 놓고 비벼 버리면 되지, 옛날에는 거기 전부 소로 논 골 다 타고 했다고 하니까, 소를 가지고

그, 그 다음에 어르신 그 인제 밀 같은 경우나 어, 예전에 밀서리나 이런 것도 좀 해 먹었습니까?

– 밀사'리 마이 해' 므'어찌, 아이구, 콩사'리, 밀사'리.

– 큼 머으, 머 봄' 데'만 쁘, 끄어 즈 가'을 데'만 거 엔나리 여 모사'음 덜드 거 잡, 죽'또 몸667) 머'웅 사'암더 마네끄덩.

– 그래 머왕 갈드, 갈 누리무리하'마 콩사'리 카'능 거 아 인'나, 고 먼.

– 지끼, 직, 지게 질머 나므하'러 간 처 하거 고마 나'음 바'테 가주 주 신주심 자'음만668) 한, 하 아울 뽀'버 가'주, 우리'더 마이 해 머'떠, 도드'그 마이, 사네 가조 꾸브 노'마 그 크:애 마시'따 카'이끼네, 어.

구시:함미까?

– 콰, 꾸야굼, 꾸시하'우, 이으시, 그 머으맙 하러, 하뜨, 거'마 가을 데' 머 껌 봉착더'669)리 다 버'진다.

– 대번' 살 다, 대어670), 다 져 뿐'다 카'이께르, 그어.

– 가으'라 함 미 뿜 모 뿜 복상때 다 버'어진다 가이게.

왜 그'러심몽?

– 사'리 저 가'주고.

– 거이, 거 뿌 그야 삼:도'671) 굴'먼능 거 고만 걱 밤'때 그거거만, 여' 르메 굴믕 그업, 사'리 쩐'다 카이.

– 대분 홀떡' 버'어진다 카'이끼네.

아:, 콩'이 끄 이 영낭'까 이쓰'니까, 그지예?

– 그리', 여양까기 이쓰'이 그 먼 대부'네 그만 사, 사러'미 히'미, 그 저 니 끄 여 콩사'리 해 머:만 열 마시'르672) 씨름 한 사람 서 마 러꼬, 여'르 멘 씨름마 콩사'을 라그 저너 거만 쩌 만날 씨름하'거 처버키'고, 쯔, 쩌 칭 구한테 씨름하'어머 처배끼'이고, 가을', 가'알 콩사'리 머'어따 카'망 그 까지 거 그어 머, 그그 먹 다부'673) 따 만날 점, 저' 누미 져' 뿌따 가이끼르.

아, 히'미 인제 손능 거이제?

– 거'르, 소뚜, 소'쩨, 그래, 콩다리 거.

쿵서'리느 검'머 뽀버 가가 어'뜨케야 햄 머씀미까?

- 밀서리 많이 해 먹었지, 아이고, 콩서리, 밀서리.

- 그 뭐, 뭐 봄 되면 뭐, 그 저 가을 되면 거기 옛날에 여기 못사는 사람들 그 죽, 죽도 못 먹는 사람도 많았거든.

- 그래 뭐 가을, 가을 누르스름하면 콩서리라고 하는 거 안 있나, 그 뭐.

- 지게, 지게, 지게 짊어지고 나무하러 가는 척 하고 고만 남의 밭에 가서 주섬주섬 잡으면 한, 한 아름 뽑아 가지고, 우리도 많이 해 먹었어, 도둑질 많이, 산에 가서 구워 놓으면 그게 그래 맛있다고 하니까, 어.

구수합니까?

- 캬, 구수하고, 구수하고, 이것이, 그 먹으면 한, 한, 고만 가을 되면 그 복사뼈가 다 벗겨진다.

- 대번에 살 다, 데어서, 다, 벼져 버린다고 하니까, 그것.

- 가을에 한 몇 번 먹어 버리면 복사뼈 다 버진다고 하니까.

왜 그렇습니까?

- 살이 쪄 가지고.

- 그, 그 뭐 그냥 삼동에 굶은 것 고만 그 밤에 그것만, 여름에 굶은 것, 살이 찐다고 하니까.

- 대번에 훌떡 버진다고 하니까.

아, 콩이 그 이 영양가가 있으니까, 그렇지요?

- 그래, 영양가가 있으니 그 뭐 대번에 그만 사, 사람이 힘이, 그 전에 그 여기 콩서리 해 먹으면 여기 마을에 씨름 한 사람 서 말 얻고, 여름에 씨름을 콩서리 전에는 그만 저 만날 씨름하면 처박히고, 저, 저 친구한테 씨름하면 처박히고, 가을, 가을에 콩서리 먹었다고 하면 그 까짓것 그 뭐, 그것을 먹고는 도리어 딱 만날 저, 저 놈이 져 버렸다고 하니까.

아, 힘이 지에 솟는 거지요?

- 그래, 솟지, 솟지, 그래 콩서리 그.

콩서리는 그러면 뽑아 가서 어떻게 해 먹습니까?

- 나무 이랜 숩깔674) 꺼'뜽 어 쯔675) 나'아 가주'고 불' 찔'르만 이래 두 뿌리'이가 이'래 이짜'나, 그'제.

- 뿌리' 이르 들'고 열 서이'가, 서이먄 따배꿈드676) 거'머지고 이지677) 불, 하나 불 떼'마 이래 이래 드대마678), 이얘 이래 하만 노'라기 이꺼'더.

- 걸' 톡톡 털:만'679) 고'기스 아, 그 껍띠'이가680) 노린노리하'만 아'리여 톨투톡뜨 티나'온더 마'러.

- 고'랜 똔 너무' 타'마 또 꺼:내' 뿌고 또 요짜' 가'여 쫌 요 불 꺼내'가 또 하'먼 고 다 이'걸, 이거, 이글 따 해염 자여'어'681) 바라, 요'러 까 가지 머'므 이비' 쉐:카만'데, 거리, 시:컴682) 머' 뿌우 배'가 벌, 지역'떡683) 기'창코684) 머엄, 머 앙 구더 기차네.

구시:하겐'네, 그지에?

- 예, 구시하'고685).

- 또 밀:사'린 또 그또 인젠 꾸'버 가주고 거'떠 마시'떼이.

- 탐: 마시'따 마'려.

밀사'린 어'떠케 함미거?

- 밀사'이도 일 밀: 비: 가'주고.

에, 이'거여, 이'거, 어느 정떠' 이'거야 데겐'네?

- 구'르 가을'게686) 저 여 저 가, 가을거그 저, 가을 떼'마 은제 즈 검 쓰 그애 끄 결' 지'내문 전 겨'을그 떠 므 거 빌, 빌: 따 안 데'나, 나, 밀: 금, 그어, 그 밀:.

- 비:마' 인제 모싱'거 하자'나, 그지.

- 여'르머 암 비:나, 여'르메.

- 극 한 유월'딸쭘, 아 오르, 한스 사:월 한 미'칠 떼'만 사월따'르 차 사'멀런 금 떠 이 먼 미:러, 사월 초순 떼'믐 미: 람 비:나'.

- 비마:쯔 거 쩜 발:거'이 이거 뿌맘 아, 암 머'그.

- 누루무리:항' 거 중:밀'687) 카'능 거 이'써, 중:밀' 칸 아'리 이 쿠다꾸

 나무 이런 솔가지 같은 것 쪄 놓아 가지고 불 지르면 이래 저 뿌리가 이래 있잖아, 그렇지.

 뿌리 이래 들고 여기 셋이서, 셋이면 조금씩 거머쥐고 이제 불, 하나 불 떼면 이래 이래 들이대면, 이래 이래 하면 노랗게 익거든.

 그것을 톡톡 털면 거기에서 알이, 그 껍데기가 노릇노릇하면 알이 톡톡톡톡 튀어나온다는 말이야.

 그래 또 너무 타면 또 꺼내 버리고 또 요쪽 가서 저 요기 불 꺼내서 또 하면 고 다 이것을, 이것을, 이것을 딱 해 놓으면 집어넣어 봐라, 요래까 가지고 먹으면 입이 새카만데, 그래, 실컷 먹어 버리면 배가 벌떡, 저녁도 귀찮고 뭐, 뭐 아무 것도 귀찮아.

구수하겠네, 그렇지요?

 예, 구수하고.

 또 밀서리는 또 그것도 인제 구워 가지고 그것도 맛있어.

 참 맛있단 말이야.

밀서리는 어떻게 합니까?

 밀서리도 이 밀을 베 가지고.

어, 익어야, 익어, 어느 정도 익어야 되겠네요?

 그래 가을에 저 여 저 가, 가을에 저, 가을 되면 인제 저 그 그 해 그 겨울 지내면 저 겨울 되면 그 벨, 벨 때 안 되냐, 나, 밀 그, 그, 그 밀.

 베면 인제 모심기를 하잖아, 그렇지.

 여름에 안 베냐, 여름에.

 그 한 유월쯤, 오월, 한 사월 한 며칠 되면 사월, 저 삼월은 그 또 이 뭐 밀, 사월 초순 되면 밀 안 베냐.

 베면 그 좀 발갛게 익어 버리면 안, 안 먹어.

 누르스름한 것 중밀이라고 하는 것이 있어, 중밀이라고 하는 것은 마그덥.

　― 이:략 무 가 바'테 가 가주'오스 요'래 가주고 비: 가'주 요로케, 이:래 가 비가 고 또 꿈:나'.

　― 꾸'붐, 요'래 꾸브 이사'기 요고 도로' 을'지그덥[688].

　― 가:마'이 탁 조 이'곱, 소'늘[689] 져가 암 비'비너.

　― 요'래 비'비가 알 료 후후후 부'마 알마 쏙' 빠'지거듭.

아:, 껍떠'이 다: 나라가'고?

　― 어, 다: 날'고, 요:래 비' 뿌마 쫄거'림[690] 요애 자'아 내 뿌어드.

　― 이삭', 그 아 이'넌, 쭈어른 요:리 자: 내' 뿌고, 끅띠'이느 후후 요래 부'모 고루 다: 나'라가 보 홀 떠머마 고시:항' 기라.

　― 그게' 떵 크'이 마시'따꼬, 그:기'.

　― 크'레 머'꼬, 쩌 끄'래 머'꼬 머, 그래 머' 뿌르 지역'또 머구 암 머'꾸 머, 그르치 하지.

거이 밀:써'리, 콩서'리 그'래 에저'네 그'르 마이 해 므'은네?

　― 마:이 해 머'찌:, 하이그: 머.

그, 그'러도 사암'더른 쫌 머'러 하'고 아 함'미꺼?

　― 가마'이 하'이끼네 아나', 머.

　― 그 에 임 무짐무 자'윽뜰[691] 다: 뽀'버 간네' 카짐서 콩', 콩' 뽀'브러 오'만 근, 그떠 함:머기 그러 마이 암 뽀'꺼더.

쪼:곰'씩 쪼곰?

　― 거'러치, 거떠구.

　― 과:라', 소'꺼라 카'끄드, 고르 거 요'래 살살 기' 등가마 인제', 거이'뜨 인지' 조웅 거'맘 뽐:네'.

　― 댕기'마 조웅 거 뽀'바가지 할' 대이: 피'멈[692] 뽀'버도, 쿼, 콩 언 이 만하'그덕.

　― 하르'에 한 다서 뺌머, 하내'이 두: 비', 두: 갑, 두: 핌' 멈 시:껌[693] 머'거.

알이 이 커다랗고 많거든.

− 이래 뭐 그 밭에 가 가지고 요래 가지고 베 가지고 요렇게, 이래서 베어서 그것을 또 굽잖아.

− 구우면, 요래 구우면 이삭이 요것 도로 떨어지거든.

− 가만히 탁 저 이것, 손으로 쥐어 안 비비냐.

− 요래 비벼서 알을 요 후후후 불면 알만 쏙 빠지거든.

아, 껍질은 다 날아가고?

− 어, 다 날아가고, 요래 베 버리면 줄기는 요래 잡아 내 버리거든.

− 이삭, 그 안 있나, 줄기는 요래 잡아 내 버리고, 껍질은 후후 요래 불면 그렇게 다 날아가 버리고 그것 떠먹으면 고소한 거야.

− 그게 또 그래 맛있다고, 그게.

− 그래 먹고, 저 그래 먹고 뭐, 그래 먹어 버리면 저녁이고 뭐고 안 먹고 뭐, 그렇게 하지.

그러니 밀서리, 콩서리 그래 예전에 그래 많이 해 먹었네요?

− 많이 해 먹었지, 아이고 뭐.

그, 그래도 사람들이 좀 나무라고 안 합니까?

− 가만히 하니까 아나 뭐.

− 그 에이 이놈의 자식들 다 뽑아 갔네 하면서 콩, 콩 뽑으러 오면 그, 그것도 한목에 그래 많이 안 뽑거든.

조금씩 조금?

− 그렇지, 그랬다고.

− 골라라, 솎으라고 하거든, 그래 그 요래 살살 기어 들어가면 인제, 그것도 인제 좋은 것만 뽑네.

− 다니면서 좋은 것 뽑아서 한 대여섯 포기만 뽑아도, 큰, 큰 것은 이만하거든.

− 하나에 한 다섯 포기면, 하나에 두 포기, 두 포기, 두 포기 먹으면 실컷 먹어.

— 그리 금 멀 춤 하내'이 한 떠, 대: 피'쓰야 여써 피'쓱 뽑악694) 오'마 산더 다'시, 너'시 가'머 여 하나'염695) 안 데'나.

— 사'네 가', 저'어: 까지여 까지'꺼 푸러늠 머 내 몰'래라 카'으 지 그거 하'윽 나므'너 내 멀'래 카'고 시:컹 꾸 머'꼬 올 치'이느 그.

그 머 콩서'리 인제' 밀:서'리더 하'고 혹'씸 머 닥써'리 가틍 거또 예저'네 해'씀미까?

— 왜:, 하, 하고 마고'제.

— 닥서'인, 나무 지우 닥부'턴 도더'끄 아 주거 처 그 자 머 쁘과.

아:, 예저'네응 은즈 닥서'리도 마니 해'따, 그'지예, 절'머쑬 때?

— 요, 저 저 저.

— 그'래, 저, 저 이구 요우, 요 우리찝 이시'마 아:드'이696) 똘 우리버'다 나 저'응 거드, 행'이요 카드, 와'이, 오'을 달서'려 가'느마 이'카이 야 마 거 어떼 다 걸림' 남 모른'데 카'그덩.

— 모른'대 까'머 왁, 울 아르시언쓰, 저어: 대부'덴 드가' 하'지, 마이 해 지 마'래이, 어'데 거주 씹쌀'라러 함 바리썽매697) 해'이려 카'이 아'려꾸마 카'디, 가'먼 서너시', 너더시' 가'만 한 서너 마'리 자'아 오'먼 스시레: 짜'버 가'주고 크 보'꺼가주 꾸'부가 이래 머'꼬.

예저'네 그 닥서'이두 마이 해'따, 그'지예?

— 데:지'더698) 자'아 먼는데699) 머, 남' 데:지'드 자'아 머'꼬.

— 나'느, 나'느 안 자'아 점, 안 자'아 머'찌만 구 아:드 내재' 보'이기 저: 새'골 데:지' 함 바리 이라' 뿌'따 카'능 기르.

— 그 모'르즈, 그 데:지 한 사, 하'느 그 크'이날 한 오루'시 끈' 데능 거', 골 무 사람' 여'어시 거더, 가'따 고은데.

— 모, 몽:땅 드'얼따 쌀'머 뿌, 자'브 처머거, 쌀'머 머, 데:지 이라' 뿌'따 그 내즈700) 한 일, 한 유: 깨'을 이따' 이 누거 자'아 먼'능 그'이 아'런능 기'라.

- 그래 그 먹을 만큼 하나에 한 포기, 댓 포기씩 여섯 포기씩 뽑아서 오면 사람 저 다섯, 여섯이서 가면 여기 한 아름이 안 되냐.

- 산에 가, 저기 가서 까짓것 마음껏 풀은 뭐 나 몰라라 하면서 저 그 그것 하고 나면 나 몰라라 하고 실컷 구워 먹고 올 때에는 그.

그 뭐 콩서리 인제 밀서리도 하고 혹시 뭐 닭서리 같은 것도 예전에 했습니까?

- 왜, 하, 하고말고.

- 닭서리, 남의 집에 닭부터 도둑질 해 가지고 쳐 그 잡아먹어 버리고.

아, 예전에는 인제 닭서리도 많이 했다, 그렇지요, 젊었을 때?

- 요기, 저, 저, 저.

- 그래, 저, 저 이것 요, 요 우리 집에 있으면 아이들이 또 우리보다 나이 적은 것들, 형님 하거든, "왜, 오늘 닭서리 갑니다." 이러면 야 인마 그 어디 다 걸리면 나는 모른다고 하거든.

- "모른다."고 하면 "와, 우리 알겠습니다.", "저 대번 들어가서 하지, 많이 하지 마라, 어디 가서 집마다 한 마리씩만 해라." 하면 "알았어요." 하더니, 가면 서넛이, 네댓이 가면 한 서너 마리 잡아 오면 스스로 잡아 가지고 그것 볶아서 구워서 이래 먹고.

예저네 그 닭서리도 많이 했다, 그렇지요?

- 돼지도 잡아먹었는데 뭐, 남의 돼지도 잡아먹고.

- 나는, 나는 안 잡아 저, 안 잡아먹었지만 그 아이들 나중에 보니까 저 새골에 돼지 한 마리 잃어 버렸다고 하는 거야.

- 그 모르지, 그 돼지 한 사, 한 그 크기는 한 오륙십 근 되는 것, 그 것을 뭐 사람 여섯이 갔다, 갔다고 그러는데.

- 몽, 몽땅 들어다 삶아 버려, 잡아 처먹어, 삶아 먹고, 돼지 잃어 버렸다고 하는 것 나중에 한 일 년, 한 육 개월 있다가 이 누가 잡아먹은 그 일을 안 거야.

― 끄래가즈 주'이능 몰:라, 그래.

― 주인 주'거트.

― 그'래뀨루 몰'래따이.

야, 그으 예저'네느 워'낭 머 머'을 꺼도 어:꼬', 에, 이'러니까 그런 서'리 더 마:이 한'다, 그'지예?

― 그래, 그 마'저.

― 그 머 달쩌'려 드엄 머 데:지뚜, 그릉 거 마이 해'써.

― 고구'마도 캐'다 머'꼬, 머, 머, 머, 감자'더 캐'다 머'꼬, 머, 머, 그름, 옌나'레 그'른 장나~'이 마네따 카'이끼네.

감저, 감자:도?

― 까'이빵 나'무701) 농'서 지: 난능 가 아주어뿌, 끄 하 우 가아죽 캐'다 머'꼬, 쌀'머 머'꼬, 고구'마더 해 너'머 가르'꼬 쩌 쌀므, 캐다 싸을 머꼬 머.

응, 그이감 머 워'낙 음, 머'을 께 자'체가 업쓰녀 배'아 고푸'고?

― 야아, 건 배'도 고뿌'고 쪽 거'띠, 글:찌'느 또 그'케 앙 그'너이 장난 사'매 또, 걸'찐 또.

왜, 장:난', 장난'도 하'고 놀: 꺼'리도 어:꼬', 마 청년들 놀: 꺼'리도 어:꼬' 하'니까 머 장난 사'머도 하'고, 그르가 함 분싱 머 또 그래으 닥서'리도 하'고, 막 이'래 한다, 그'지예?

― 굴'쳐, 끄'지, 그'르치 머, 마'자.

으아, 그 어르'신 그'암머 그'어 보리쩜'하고 밀:찌'번 주'로 예저네 머 하은' 데 써'씀미까?

― 밀'지버넌: 이꺼 저그여 빠닥빠닥해 가'져 마:게702) 여'만 저긴' 쭈 까으까따캐 가'주고 저기' 잘: 썩'더703) 아 하고, 이래가주 밀'찌번너 그 처, 거, 거'이 부어'어704) 떼' 뿌어따 카'이.

아, 불 떼엔?

― 불: 때' 가주'고 마: 이래가주 때'아 가주고 소'주또 끼'리고705), 버리

- 그래서 주인은 몰라, 그래.

- 주인 죽었다.

- 그래서 몰랐다.

야, 그 예전에는 워낙 뭐 먹을 것도 없고, 에, 이러니까 그런 서리도 많이 한다, 그렇지요?

- 그래, 그 맞아.

- 그 뭐 닭서리 또 뭐 돼지도, 그런 것 많이 했어.

- 고구마도 캐서 먹고, 뭐, 뭐, 뭐, 감자도 캐서 먹고, 뭐, 뭐, 그래, 옛날에는 그런 장난이 많았다고 하니까.

감자, 감자도?

- 까짓것 남의 농사 지어 놓은 곳에 가서, 그 한 번 가서 캐다 먹고, 삶아 먹고, 고구마도 해 놓으면 가서 저 삶아, 캐다 삶아 먹고 뭐.

응, 그러니까 뭐 워낙 음, 먹을 것 자체가 없어서 배가 <u>고프고</u>?

- 예, 그것은 배도 고프고 또 그때, 그때는 또 그렇게 안 그러니 장난 삼아 또, 그때는 또.

예, 장난, 장난도 하고 놀 거리도 없고, 뭐 청년들 놀 거리도 없고 하니까 뭐 장난삼아서도 하고, 그래서 한 번씩 뭐 또 그래 닭서리도 하고, 뭐 이래 한다, 그렇지요?

- 그렇지, 그렇지, 그렇지 뭐.

아, 그 어르신 그러면 그 보리짚하고 밀짚은 주로 예전에 뭐 하는 데 썼습니까?

- 밀짚은 이것이 저것 빠닥빠닥해 가지고 외양간에 넣으면 저게 저 까닥까닥해 가지고 저게 잘 썩지도 안 하고, 이래서 밀짚은 그 저, 그, 거의 아궁이에 때 버렸다고 하니까.

아, 불 때는?

- 불 때 가지고 뭐 이래서 때 가지고 쇠죽도 끓이고, 보리짚은 외양간

찌'버넌 소:마꺼706) 꺼 뿌레.

— 거: 마그'에 버리'찌먼 여'리 마이 나그'덩.

— 그: 마그'에 여' 너'머 뜨뜨다 사:람'더 거 자으707) 덴'담.

— 버리'찌버느, 버리'지프 여' 너'마 홍'기가 캥'갱이 나고, 지'펀 여' 너마 차'꼬708), 버리'찌블 여: 마작 이래: 까'르 너'만 때뜨::단 궁'기가709) 난더 까'이.

— 그'려 보리'찜먼 첨'부 소마게'에 여'짜라.

— 그'르고 땅'에 여'마 또 그이710) 따~'이, 지'퍼럼 따아711) 여'맘 따~'이 여'무러지고, 웅, 딱: 부'터가지 여'무러지고, 저기' 써카'가712) 연능 모르'지마너, 거름 안 내'그마 거릅, 버리'찌버는 여'만 이기 허벅허, 따~'이 허버허버그어빼'진다 카'이.

공기도 마이 머?

— 아:, 그니, 그니, 글, 그기 버리'찌비 저건느 참:버 재: 가주오 소:마게'713) 다 여'따 까이게르.

— 마:기' 여'꼬, 밀'찌번 대:다수 때:고.

불 때고?

— 어야, 그리, 그르.

밀'찌브 소용'이 벌러 업떠, 그지예?

— 어, 그'려, 그'르치, 그이 빠닥빠더 여'무그덩.

— 그'르이끼네 그'으떠 머.

그 보리찌 가'틍 경우너 어, 인제 그거 보류'가 그'럼며 서, 마니 유요 스따 아'주 조웅 거'네예?

— 조웅' 기'지:, 밤 머 그어 무.

보리찜또 그래?

— 끄래에, 법, 밤: 머머 소화 잘: 떼'고, 그 방:구 펑펑 끼고 걸 워디 그 엄'매애 조이.

에 깔아 버려.

　- 그 외양간에 보리짚은 열이 많이 나거든.

　- 그 외양간에 넣어 놓으면 따뜻한 것이 사람도 거기에서 자도 된다.

　- 보리짚은, 보리짚은 넣어 놓으면 훈기가 굉장히 나고, 짚은 넣어 놓으면 차고, 보리짚을 여기 외양간에 이래 깔아 놓으면 따뜻한 훈기가 난다고 하니까.

　- 그래서 보리짚은 전부 외양간에 넣잖아.

　- 그리고 땅에 넣으면 또 그게 땅이, 짚은 땅에 넣으면 땅이 야물어지고, 응, 딱 붙어서 야물어지고, 저기 썩혀서 넣으면 모르겠지만, 거름 내지 않으면 그것은, 보리짚은 넣으면 이게 허벅, 땅이 허벅허벅해진다고 하니까.

공기도 많이 뭐?

　- 어, 그래, 그래, 그래, 그게 보리짚 저것은 전부 재어 가지고 외양간에 다 넣었다고 하니까.

　- 외양간에 넣고, 밀짚은 대다수 때고.

불 때고?

　- 예, 그래, 그래.

밀짚은 소용이 별로 없다, 그렇지요?

　- 어, 그래, 그렇지, 그게 빠닥빠닥 야물거든.

　- 그러니까 그것도 뭐.

그 보리짚 같은 경우는 어, 인제 그것 보리가 그러면 사, 많이 유용 저 뭐 아주 좋은 것이네요?

　- 좋은 것이지, 밥 먹어 그 뭐.

보리짚도 그래.

　- 그래, 밥, 밥 먹으면 소화 잘 되고, 그 방귀 펑펑 뀌고 그 어디 그 얼마나 좋아.

― 여'르멘 참: 꺼. 버리' 버억허 부:허'이 찌: 가주고, 이래 가주우 저,
저, 저 바'블, 찌금'바브714) 바가'지에 거'르 퍼' 노끄덩, 바가'지에, 박빠'거
지715) 아 인'나.

― 박빠'가지 그'어느 바'벌 퍼 노'마, 이'런 프라스티'늠716) 무'리 나'지마
는, 거'느 바가'지에 바'블 퍼 너'마 사'네 나무하'러 가더 바'벌 싸:가 가마
고늠 무'를 촉: 빠'르버르 뿌'고, 바'비 카:주 마'시 이'꼬.

꼬들꼬들하~'이?

― 어, 그르, 꼬들하'고.

― 그저' 머우 그'르게717) 싸가' 가'맘 무'리 삐지그항718) 기 그, 그'르은
데 바, 바, 바가'찌에 싸'만 바'비 고'래 마시'떠 마'러.

― 그'리이719) 고고'르 언제'업 밥', 밥 퍼 가'주고 밥, 쌀' 쫌 써까 가'즈
어 파: 가주고 요'래 실'거~720) 언저 나'아따 서:으런721) 참무레 마'러 가
주오 딘자~'722) 꼬추여 꼭 찌' 가'저 머어 바:라, 그그 마'시 별마'시에야.

― 므알 소:고기뿐'다, 그뻐더 더 마'시인, 업:써'여, 그마 그.

― 크 머윽 떠 스:은하'고723), 한지, 나:제 한'짐 자: 바라, 그먼, 그리
조:응 기라, 그기.

근'데 요즘' 인제 보리 농'살 안' 지'으이끼느?

― 그루, 업:써~'이724) 그'래, 그'래.

― 그'리이 오새' 버리 종냐'느 저:기 마'시 업:써.

― 마'시 어:꺼 잘'고, 마껌 찰버'이725) 머 카'조 마'시 업.

― 우리'더 한' 떼 싸'닫 개:박726) 끼'리 자 뿐데, 머, 무 그전 버린'느
굴:탄항727) 기', 이이, 이리, 이음 내, 에, 히으, 이으 바'발 해 너'믄 허:영
기', 씨'범728) 구:시항' 기, 그이729) 마'진는730), 오새' 버리싼'느 글 키도 또
커, 그어느 글'찌 버리'가 키'가 커'따 마라.

― 이마지731) 건 오새' 버리' 요만:하'데.

― 낭재~732) 거'틍 기 반'더 업:써', 그'래.

- 여름에 참 그 보리 부옇게, 부옇게 쪄 가지고, 이래 가지고 저, 저, 저 밥을, 찬밥을 바가지에 그것을 퍼 놓거든, 바가지에, 박바가지 안 있냐.

- 박바가지 그것은 밥을 퍼 놓으면, 이런 플라스틱은 물이 나지만, 그것은 바가지에 밥을 퍼 놓으면 산에 나무하러 가도 밥을 싸 가면 그것은 물을 쪽 빨아먹어 버리고, 밥이 아주 맛이 있고.

꼬들꼬들하게?

- 어, 그래, 꼬들꼬들하고.

- 그저 뭐 그릇에 싸 가면 물이 끈적끈적한 게 그, 그런데 바, 바, 바가지에 싸면 밥이 고래 맛있다는 말이야.

- 그러니 그것을 인제 밥, 밥 퍼 가지고 밥, 쌀 좀 섞어 가지고 퍼 가지고 요래 시렁에 얹어 놓았다가 서늘한 찬물에 말아 가지고 된장에 고추를 콕 찍어 가지고 먹어 봐라, 그것 맛이 별맛이야.

- 뭐 소고기보다, 그보다 더 맛있는 게, 없어요, 그만 그것.

- 그 먹으면 또 시원하고, 한 잠, 낮에 한 잠 자 봐라, 그만, 그래 좋은 거야, 그것이.

그런데 요즘은 인제 보리농사를 안 지으니까?

- 그래, 없으니 그래, 그래.

- 그러니 요새 보리 종자는 저게 맛이 없어.

- 맛이 없고 잘고, 모두 찰보리니 뭐니 하지만 맛이 없어.

- 우리도 한 되 사서 개밥 끓여 줘 버렸는데, 뭐, 뭐 그전 보리는 굵다란 게, 이, 이래, 이 어, 어, 이래, 이것을 밥을 해 놓으면 허연 게, 씹으면 구수한 게, 그게 맛있는데, 요새 보리쌀은 그 키도 또 그, 그것은 그때 보리가 키가 컸다는 말이야.

- 이 만큼 컸는데 요새 보리는 요만하더라.

- 난쟁이 같은 게 반도 없어, 그래.

- 저: 절라'도 절'러 가맘 마이 하'더라만도.

- 그 마'지, 마지, 마지 업:따.

그이 안 너'머지라고 개량'을 해'따, 그'지예?

- 여, 그'래, 마시 업:써, 버리'가 자고', 또.

그'잉까 그, 그래 보'며너 보리 농'사 지으 가'주고 쫌 끄읍 쌀하'고 써까 머'거야 데는더.

- 허, 그르치', 그'럼무 조:치'.

경강'에도 조:코?

- 예, 경가'에 조코 마고.

그'엄무 인제 아까' 밀'찌브어 머 별로 할 께 업스여 부'리나 때:고 혹시 그'릉 거 까주고 머 에즈'네 애:들' 머 여치지'비나 이'렁 거?

- 끄'어 거 으:꺼733).

- 거늠 머 또 그르꺼, 그지느.

- 거'이 버리'찝, 버리'찌버넌 탁: 쁘꺼 재애 난 솜부 소', 소마거: 삼녀~'이, 사 머'이 나: 도따'도 건, 거 마게' 여'꼬, 거'에끄 부여 소: 매견' 사'암 버리'찝 업'씸 안 데그'덩.

- 거'르이 무 따:앙 거' 공기 뜨' 안 드가그'러734), 거언 또 직 뻑뻐일 안 즈, 안 녀, 가까'인 안: 잰'다.

- 구 마:느'이끼네, 한: 열 마지'이서735) 버리' 노웅736) 저' 바라:, 카 삐껃737) 저으' 더:레 가'딸 산', 산' 한짱' 모띠'이738) 가'따가 짝때~'이739) 가 타'아' 개가주 이저 지'베이 지'게 질머지'고 인제' 한 짐 져'다 마:게 여'코 그래 허뜨 가이끼네.

소: 인저 뜨뜯하'이 쳐 논나?

- 야야, 그'래꼬.

- 거:느 이 차: 영'게러 여'꺼 물: 함 빠'을740) 안 드그'던 그'키 간술' 한'다, 그거느.

─ 저 전라도 저리로 가면 많이 하더라만도.

  ─ 그 맛이, 맛이, 맛이 없다.

그게 안 넘어지라고 개량을 했다, 그렇지요?

  ─ 어, 그래, 맛이 없어, 보리가 잘고, 또.

그러니까 그, 그래 보면은 보리 농사 지어 가지고 좀 그 쌀하고 섞어 먹어야 되는데.

  ─ 어, 그렇지, 그러면 좋지.

건강에도 좋고?

  ─ 예, 건강에 좋고말고.

그러면 인제 아까 밀짚은 뭐 별로 할 게 없어서 불이나 때고 혹시 그런 것 가지고 뭐 예전에 애들 뭐 여치집이나 이런 것?

  ─ 그런 것 없고.

  ─ 그것은 뭐 그렇게, 그것은.

  ─ 거기 보리짚, 보리짚은 탁 바깥에 재어 놨다가 전부 외, 외양간 삼 년이고, 사 년이고 놓아 뒀다가 그, 그 외양간에 넣고, 그러니 뭐 소 먹이는 사람은 보리짚 없으면 안 되거든.

  ─ 그러니 뭐 딱 거기 공기 또 안 들어가도록, 그것은 또 집 가까이는 안 재, 아니 저, 가까이는 안 잰다.

  ─ 그 많으니까 한 열 마지기씩 보리농사 지어 봐라, 거기 짚가리 저 들에 갖다 산, 산 한쪽 모퉁이에 갖다가 작대기 가지고 받쳐서 이제 집에 지게 짊어지고 인제 한 짐 져서 외양간에 넣고 그렇게 했다고 하니까.

소가 인제 따뜻하도록 쳐 놓습니까?

  ─ 예, 그랬고.

  ─ 그것은 이 참 이엉을 엮어서 물 한 방울도 안 들어가도록 그렇게 간수한다, 그것은.

아:, 소한′데 조으켄느?

— 에애, 소하′은 조치′루.

가관 또′ 거름해′ 나 나′므 조켄′네?

— 조, 거름해′ 나′머 거언 다 땅 그 퍼브거브개′지제.

— 끄′리 망:거′에 조옹 기라, 그.

혹′시 밀′찝 까틍 거늠 머 자′리나 이′렁 건 암 만드러?

— 아:이, 자′린 안 데′이.

자′리도 암 만드′러?

— 아:, 안 데′이.

— 엔:나′레, 엔:나′레 보리′찜모자 카′능 거 그아 저 알, 요′래 안 따′안나.

— 그거′ 인제′ 밀′찌741) 까주 따′안능 기′라.

— 밀′찌 까지 따′아다742) 그어′떠 멀.

여′어서늠 머′ 그′릉 거 하′나여?

— 그′라익 여, 여 나무가′지, 뽀뿐남:743) 비: 가쭈 따 가′주 하더기, 연:
아 한다, 그.

이 여′늠 머 그′냐 불: 때′능 게 다고?

— 불 때′제, 밀′찌벙 거즈 빌′ 때거, 머 서가 머.

그′, 그′엄매 아′페 인제 어르′심 믇 채:소 가′틍 그넙 머 자기 머′글 망′크
므 쪼′옴 해′쓸 꺼 아임미까′?

— 그′르치.

배추′나 머 상′치나 머 이렁 거′나 어, 이렁 거으 함′며넙 보:통 이렁 그′너
어′디 어더′케 머 땅′ 쪼쯤 남:는 땅′에 함′미까, 안: 그람′ 어′데 다릉′ 거 재배
할 또′아네 여′페 머′ 어, 뜨 가치 잊재 고:랑 타′으가 그래 함′미꺼, 어′뜨게?

— 어, 오새′ 은제′, 오새′ 은제 깨′를 마카′ 암 뽑′나, 왜′.

— 깨′, 깨′를 족 찌그′덩.

— 깨′ 찌′머 인제 이게 배차′744) 심:능 기′ 인제 오′느리, 오늘 십칠, 십

아, 소한테 좋겠네요?

─ 예, 소한테 좋지요.

하여튼 또 거름해 놔 놓으면 좋겠네요?

─ 좋지, 거름해 놓으면 그것은 다 땅이 그 허벅허벅해지지.

─ 그러니 만고에 좋은 거야, 그것.

혹시 밀짚 같은 것은 뭐 자리나 이런 것은 안 만들었습니까?

─ 아니, 자리는 안 돼.

자리도 안 만들었고?

─ 아, 안 돼.

─ 옛날에, 옛날에 밀짚모자라고 하는 것은 그것 저 어, 요래 안 땋았냐.

─ 그것 인제 밀짚 가지고 땋았던 거야.

─ 밀짚 가지고 땋다가 그것도 뭐.

여기서는 뭐 그런 것 하나도?

─ 그러니 여, 여기 나뭇가지, 포플러나무를 베어 가지고 땋아 가지고 하던데, 여기는 안 한다, 그건.

이 여기는 뭐 그냥 불 때는 게 모두고?

─ 불 때지, 밀짚은 그저 불 때고, 뭐 그것 뭐.

그, 그러면 앞에 인제 어르신 뭐 채소 같은 것은 뭐 자기 먹을 만큼은 조금 했을 것 아닙니까?

─ 그렇지.

배추나 뭐 상추나 뭐 이런 것이나 어, 이런 것을 하면은 보통 이런 것은 어디 어떻게 뭐 땅 조금 남는 땅에 합니까, 안 그럼 어디 다른 것 재배할 동안에 옆에 뭐 어, 또 같이 인제 고랑 타서 그래 합니까, 어떻게?

─ 어, 요새 인제, 요새 인제 깨를 모두 안 뽑나, 왜.

─ 깨, 깨를 좀 찌거든.

─ 깨 찌면 인제 이게 배추 심는 게 인제 오늘이, 오늘 십칠, 십팔 일

파 릴 아이'가, 그'제.

　에, 에, 양'녁 시파 릴.

　― 여, 어이, 시파 리려, 거열, 배차는 요'기 이시 빌부'턴 이십사 밀'까
지 저'끼고, 여이 숨'능 기', 무시'년745) 꺼 심뉴 길부'턴 지 이시 빌까'지
고 저'끼라아.

　― 고', 궈그' 인제 깨'를 마:커'746) 쪄 뿌'꺼더, 은제 깨'를 다: 비 뿌자나'.

　― 그러 빼, 깨:'껄띠'747) 뽀'버 뿌고' 거으따' 저' 점'모748) 가먼 딱: 저'끼제.

　― 고'래가 터' 나멍'어 거 미물또'749) 가:고.

　아, 미물'도?

　― 으어아, 거'르이, 꺼르.

　― 미무'른 쪼끔' 일'찍, 아, 느'쩨.

　― 아, 브엉뽀'다 일'찌이 가'러애750) 데'고.

　머 이 쯔 배추하고 무시는 쫌 빨리하고?

　― 어, 그래.

　미무'리 쫌' 느'께 해'둗?

　― 어, 미무'리 일'찍 해'이 덴'더 카'이.

　미무'울 더: 일'찍 해'에 덴?

　― 예, 그'래, 미물' 하너 시비', 시비 일 떼 가'주, 깨'느 한 시' 빌 데'머
깨'드 거'진751) 다: 찌'그덩.

　― 그 껌'메 미무' 가:고 남:능 거'느 깨'도 숭:꼬, 저 그'거 머 무시'도 싱:
꼬', 배차'더 갈:고, 배차'으 싱꼬'은 다: 그라자너.

　― 그'래 임 머 고 인제어 골' 로오'마 고 인제 즈 제일' 저'끼거 이시 부
부'텀 배차'도 이십사 미리그더.

　― 시'방, 오샌' 떠 마카' 모주'믈752) 지'베서러 파'늘 내'가주 하나 해'
가주고, 내 여' 지'넌, 요, 요 깨 가'른 데 요, 요이 바테 요 미'테 요, 요아

아니야, 그렇지.

　예, 예, 양력 십팔 일.

　― 여, 어, 십팔 일, 그래, 배추는 요게 이십 일부터 이십삼 일까지 적기고, 여기 심는 게, 무는 그 십육 일부터 저 이십 일까지 고 적기야.

　― 고, 거기 인제 깨를 모두 쪄 버렸거든, 인제 깨를 다 베 버리잖아.

　― 그래 깨끗이, 깨끗이 뽑아 버리고 거기에다 저 전부 갈면 딱 적기지.

　― 그래서 터가 남으면 거기 메밀도 갈고.

　아, 메밀도?

　― 어, 그래, 그래.

　― 메밀은 조금 일찍, 아, 늦지.

　― 아, 무엇보다 일찍 갈아야 되고.

　뭐 이 저 배추하고 무는 좀 빨리하고.

　― 어, 그래.

　메밀을 좀 늦게 해도?

　― 어, 메밀은 일찍 해야 된다고 하니까.

　메밀을 더 일찍 해야 됩니까?

　― 예, 그래, 메밀은 한 십이, 십이 일 돼 가지고, 깨는 한 십 일 되면 깨는 거의 다 찌거든.

　― 그럼 거기에 메밀 갈고 남는 것은 깨도 심고, 저 그것 뭐 무도 심고, 배추도 갈고, 배추도 심고 다 그러잖아.

　― 그래 이 뭐 그 인제 그래 놓으면 그 인제 저 제일 적기가 이십 일부터 배추도 이십삼 일이거든.

　― 지금, 요새는 또 모두 모종을 집에서 판을 내어 하나 해 가지고, 내 여기 지난, 요, 요 깨 갈았던 데 요, 요기 밭에 요기 밑에 요, 요기 들어오

드로더 고 미무'리 그 앙 가'라 나떠, 그'자.

― 고' 내 그 바'틀 내거 지'낭애 다: 부'치끄덩.

― 고', 고', 고' 배철' 해 가주고, 배차'을 미 께'응 내'녀 감' 시: 겨웅'길 뽀'버따응 기라.

― 시:으 경그', 이:빠'이 시:으 경길' 뽀'번능 게'르.

― 떡: 이망'끔753)항 걸'.

시으, 마이, 양:이 마너껜네, 시?

― 어, 그'래, 울 고' 수마' 잘: 데건, 모주'를 할마'이하고 어리' 지'베서 내 가주'고 하나하나 물' 짜'가주 수마'끄더.

― 그'르가 머' 그르 노'이 물' 걸 배, 거'떠 그 겨웅'기 가주 저: 저' 뿌거 거렁'무를754) 이꺼'정, 배찬' 무' 어:쓰믄 안 데그'덩.

― 거'얼 겨웅' 까'연 무'를 련 두 버'이널 퍼: 뿌'띠 배차'알755) 이래'.

― 끄'리 이 노'무 자'석 우린' 엄 비업쪼756) 판 점'도 쩌 다: 몬: 머'응데, 구리오 시:째 눔한'테, 아, 이'거, 이'거 배차' 이'거, 배차'는 쩜 마또 인능 겐 이'그 어야'꼬757) 까'이, 아부'지 아러꺼마 카다~, 누구 여자: 하너'거 오'디 봉'고차러 가주간 와 가주군 사서 거 가저.

― 돈: 내지'에758) 멀 니: 해'러 카인띠 돈: 시보'마 너넌 이:심만 보내주' 더라.

끄, 검 배추' 가'틍 그'너, 상'추나 배추' 가틍 그'너 소까'야 뎀'미까?

― 오'새 저, 저 그저'네넌: 배차'르 씨:를, 씨:를 이여 노'우마, 고기' 일 짜'게759) 노'으면 요'랜, 요래: 페나'어 골: 짜'브 가주 요래 띠드'려 갸'즈 찌'를 러 헌'치마 한 열려'덜 깨'석 헌'친다.

― 글 호우'망760) 고기' 인젤 고'래, 그'래 하는 사'럼 만:체'.

― 오샙' 싸'음 떠' 고뜨 포'뜨761) 여'가주 한 사'음드 이'꼬, 그'르 고 하'면 고 인제 요:마춤 한 자'드 요'래 해 가주 하'고, 요래암 데'면, 고' 올로'만 곰' 벌개'가762) 대범' 머라.

다가 거기 메밀을 거기에 안 갈아 놓았나, 그렇지.

─ 거기 내 그 밭을 내가 지난해에 다 부쳤거든.

─ 고, 고, 고 배추를 해 가지고, 배추를 몇 경운기 냈냐 하면 세 경운기를 뽑았다는 거야.

─ 세 경운기, 가득 세 경운기를 뽑은 거야.

─ 딱 이 만큼 한 것을.

세 경운기, 많이, 양이 많았겠네요, 세 경운기?

─ 어, 그래, 우리 거기 심어서 잘 되어서, 모종을 집사람하고 우리 집에서 내어 가지고 하나하나 물 줘서 심었거든.

─ 그래서 뭐 그래 놓으니 물 그 배추, 그것도 그 경운기 가지고 저기 저 뭐 그 개울물을 여기까지, 배추는 물이 없으면 안 되거든.

─ 거기 경운기 가지고 물을 이래 두 번이나 퍼 부었더니 배추속이 이래.

─ 그러니 이 놈의 자식 우리는 영 비었고 한 접도 다 못 먹는데, 그래서 셋째 놈한테, "아, 이것, 이것 배추 이것, 배추는 좀 맛도 있는 데 이것 어찌 할까?"고 하니까, "아버지, 알았습니다."고 하더니, 누구 여자 하나가 오더니 승합차 가지고 와 가지고 사서 그 갔지.

─ 돈은 나중에 뭐 너 해라고 했더니 돈 십오만 원인가 이십만 원 보내 주더라.

그, 그럼 배추 같은 것은, 상추나 배추 같은 것은 솎아야 됩니까?

─ 요새 저, 저 그전에는 배추를 씨를, 씨를 이래 놓으면, 거기에 일정하게 놓으면 요래, 요래 평평하게 고랑 잡아 가지고 요래 두드려 가지고 씨를 여기 흩이면 한 열여덟 개씩 흩인다.

─ 그래 놓으면 그게 인제 고래, 그래 하는 사람이 많지.

─ 요새 사람은 또 거기에 플라스틱용기에 넣어서 하는 사람도 있고, 그래 그렇게 하면 고 인제 요만큼 한 자씩 요래 해 가지고 하고, 요렇게만 되면, 고 올라오면 거기 벌레가 대번 먹어.

― 글'찌인 야글 대번 쳐' 자에 데'.

― 야글 쳐' 주'머 인저 고 날르랄 잘: 쪼:애'.

― 고'르며 인지'압 차차 차차, 하나'스 하너'어763) 소'꺼 먹따' 봄' 내:저
함 비'므 나: 도'고 다: 소'거 머어 데능 기'라.

― 닥: 항 개벌 두: 개꺼'정764) 부'터가주 이따'가, 두: 개 카머 이만:하'
거덕, 그'을찌까지윽 두: 개 나' 우'또, 고고 인제 뽀'브마 항' 개라.

― 구'어 인점 겐지 씨고'리해따765) 까'리.

― 씨' 바'꺼, 씨거 여 오리해'따, 인저' 씨얼 까차'따, 고러 항으

― 고'르 데'먼 거 뜹 걸 물: 푸'구766) 비러' 짜으 쳐' 노'머 거:럼' 마이
여' 나'끼더, 대브'네 그마 알' 안:는다.

― 아 라'머 고'움 끄래갇, 지'까 땀: 무까' 농'글 이'래터 카'이.

― 그'래 물' 자 노'믄 마'시 이따 카이, 배차'가.

검' 무:시'도 그'러 소:까가'?

― 무:시'는 요', 무:시'느 인제 자주'글 요' 박, 꼭꼭꼭 이'래 발릉' 기라.

― 요'르 가'주 욷' 발디꿈치 에르 꼬우꾿 요래 바'리, 요:마춤 너 상가'
디 요'르 놈, 발버가주 고' 하, 두: 나'슥, 시: 나'승 나' 가'주구 딱' 꺼으 곰
배'러 가주 실실 무'더 럼 올러그'덩.

― 올로'멍767) 꼬 이 즈 다'서 깨도 올로'고 니: 개도, 고때 인제 간당간
드'으마 하나쓰 할더 뽀'어 먹따' 벌 내저' 항' 개믄 나: 두구 다: 뽀'브마
거, 건느 무시' 항' 개 나'우 이마:, 이마:내지지.

아, 거 인저 서, 소까가' 걸르 나물', 나물'러 해 무'꼬?

― 으, 막 떠'으, 마'시 이짜'나, 고 머'으머 또 그'래.

― 구'움 써'까 머'꼬 내:재 여마이, 어 븐 저으즈 요만:하'머 인지 항 개
믄 나: 두'마 고 접 뿌리'근, 뿌리'그 대번 생'기자네.

저: 자'동으로 인제 그거 데' 버'린다, 그지예?

― 그'르치, 그'르치, 쁘.

- 그때는 약을 대번 쳐 줘야 돼.

- 약을 쳐 주면 인제 고 낱낱이 잘 좋아져.

- 그러면 인제 차차 차차, 하나씩 하나씩 솎아 먹다 보면 나중에 한 포기만 놓아두고 다 솎아 먹어도 되는 거야.

- 딱 한 개 두 개까지 붙어서 있다가, 두 개라고 하면 이만하거든, 그 때까지 두 개 놔뒀다가, 그것 인제 뽑으면 한 개야.

- 그 인제 그 인제 식 올렸다고 하지.

- 씨 받았다, 식을 여기 올려 했다, 인제 식을 갖추었다, 그렇게 하고.

- 그래 되면 거기 또 그 물 퍼고 비료 자꾸 쳐 놓으면 거름 많이 넣어 놓았기에, 대번에 그만 알 안는다.

- 알이 안으면 그럼 그래서, 짚으로 딱 묶어 놓고 이랬다고 하니까.

- 그렇게 물 줘 놓으면 맛이 있다니까, 고 배추가.

그럼 무도 그렇게 솎아서?

- 무는 요, 무는 인제 발자국을 요 밟는, 꼭꼭꼭 이래 밟는 거야.

- 요래 가지고 요 발뒤꿈치 이래 꼭꼭 요래 밟아, 요만큼 이 사이로 요래 놓으면, 밟아서 거기 하, 두 개씩, 세 개씩 놔 가지고 딱 그 곰방메를 가지고 실실 묻어 놓으면 올라오거든.

- 올라오면 그 이 저 다섯 개도 올라오고 네 개도, 그때 인제 간당간당하면 하나씩 하나씩 뽑아 먹다 버리면 나중에 한 개만 놔두고 다 뽑으면 거, 거기에 무 한 개 남으면 이만, 이만해지지.

아, 거기 인제 솎아, 솎아서 그것으로 나물, 나물을 해 먹고?

- 어, 맛이 또, 맛이 있잖아, 고 먹으면 또 그래.

- 그럼 솎아 먹고 나중에 이만큼, 어 뭐 저 요만하면 인제 한 개만 놔두면 그 저 뿌리가, 뿌리가 대번 생기잖아.

저 자동으로 인제 그것 돼 버린다, 그렇지요?

- 그렇지, 그렇지, 뭐.

어, 자'동으로 인제 그거 해 가'주어 그'러 소까가' 머' 나주~'이 장, 하나, 쿵 거 하나 김장배추' 떼그라 김장무시' 데' 버'리고?

― 하남'마 나' 두지, 거.

― 하남'마 나: 둠' 무시'어768) 든 이마:이 거 버지 마여 꾸쩨 머.

머' 커, 그'러 데게떠, 그지예?

― 여아.

어, 그'렁 거'또 이고, 검 글 머' 상:치'나 에, 이'렁 그너 아, 소꾸'고 그'래 아 하'지예?

― 와, 우, 상'춘 소까'애 데'지.

― 안' 수꾸'머 덴'.

아, 상'추는 처므 씨' 뿌'림미까?

― 상'추드 이 가'으즈가나, 가:자너.

― 거 인제' 꼬'치, 옌나'레, 옌나'레너 꼬치' 이래 갈: 지'에느 꼬치바'테 드 이'러 헌'쳐 너러 뽀'음 머'꺼, 말:로'온데 해' 뽐 멈, 먼데, 상'끼도 안지'느 가:자나, 고 따문따가이769).

아, 예저'네 상'치를 마'늘, 마'늘 숭거 난' 데' 거 사'이에?

― 노:꼬'라, 으, 노꼬'라 그래 삐'리770) 노'머 가어 겁 수'마 노'먼 조::크덕, 파도 그 수마' 노'믄 데'고 그래끄'더.

아:으, 머 마'늘 클 따'네?

― 어:, 그'력 뻬, 마'느 캘: 따'레771) 캐 머웅'다 카'이끼네, 마늘 캘: 따'에네.

― 설: 시'고, 보'메 파씨하'고 상추씨하'고, 우리 할마~' 마 그래 해'따, 그래 가주우 그'르가 파도 겨르 삐'리 노'먼 이리'터, 그'르 가주 모줌'파로772), 모주 걷 투마'가, 파'겁 또' 이:리 이 굴거지'자나, 거'러 상추'느 그 어 여'럽뜨 그 모싱잉꺼'저 뽀'엄 머'따 카'이끼네.

― 그'래 뽐 머'꼬.

그 인제 땅'을 두: 부 머 한 노'네 어, 마'늘도 하:고, 고추하'고, 그래 함

어, 자동으로 인제 그것 해 가지고 그래 솎아서 뭐 나중에 작, 하나, 큰 것 하나 김장배추 되거나 김장무 돼 버리고?

　— 하나만 놔두지, 그.

　— 하나만 놔두면 무가 뭐 이만하게 그 자배기만 하게 굵지 뭐.

뭐 그, 그래 되겠다, 그렇지요?

　— 예.

어, 그런 것도 있고, 그럼 그 뭐 상추나 에, 이런 것은 아, 솎고 그렇게 안 하지요?

　— 와, 왜, 상추는 솎아야 되지.

　— 안 솎으면 되겠어.

아, 상추는 처음에 씨 뿌립니까?

　— 상추도 이 갈잖아, 갈잖아.

　— 그 인제 고추, 옛날에, 옛날에는 고추 이래 갈 적에는 고추밭에도 이래 흩어 놓고 뽑아 먹고, 마늘 논에도 해서 뽑아 먹, 먹었는데, 상추도 인제는 갈잖아, 고 드문드문하게.

아, 예전에 상추를 마늘, 마늘 심어 놓은 데 그 사이에?

　— 논고랑, 어, 논고랑에 그래 뿌려 놓으면 갈아서 거기 심어 놓으면 좋거든, 파도 거기에 심어 놓으면 되고 그랬거든.

아, 뭐 마늘 클 동안에?

　— 어, 그래 뭐, 마늘 캘 동안에 캐 먹는다고 하니까, 마늘 캘 동안에.

　— 설 쇠고, 봄에 파씨하고 상추씨하고, 우리 집사람은 막 그래 했어, 그래 가지고 그래서 파도 그래 뿌려 놓으면 이렇다, 그래 가지고 모종 파를, 모종 그 심어서, 파가 또 이래 이래 굵어지잖아, 그래 상추는 그 여름에 그 모심기까지 뽑아 먹었다니까.

　— 그래 뽑아 먹고.

그 이제 땅을 두 번 뭐 한 논에 어, 마늘도 하고, 고추하고, 그래 하면 그꺼

이, 그얌 알떠리 해 멍능그네, 그지예?

　― 상'추도 하'고 파도' 하'고 놀꼬리773) 다 해지여.

　― 거' 또 옌두콩' 수마' 가'주고, 그어 뜩 컹' 수마'가이, 새:파렁 옌두콩'아 인'나, 그, 고', 고' 여'르므 까' 멍능' 거', 그어, 그어.

　으예, 완두에?

　― 그르띠, 워, 그에 만뚜꼬'올 냉:장고 여'가지 거 또 그, 거 그그 해'가이, 서: 말스 해 가즈 거'더 마이 파러찌.

　와::, 거, 거으, 그'르 참' 어, 그'르 부지른하'고 여'물게 하'시따, 그?

　― 여아, 파도 그걸' 스마' 가주 자~'아774) 가다 파러 가주고 또 이'래 가염 모줌'똘 이'래 가'주 또 우린' 수무'코.

　― 하이고오, **775) 참.

　그어임 마, 머 거, 크, 그러니까 예저'네 참' 웨, 어, 아무 끄또 엄는 지'바니서 이'러케 어, 다으 쌀림' 이'르케 키'웅 게 다: 어르'신니나 어, 어르'싱 그 부잉께'서 하'주, 땅'도 노는' 딱' 하너 업시'이?

　― 하너 업세'째기, 므.

　― 거'만 빈:776) 땅' 어업'떠.

　― 그'르이 새'골777) 사'암더그 지까'778) 저'그더779), 농' 꼬 일'그, 일곱 떠지'인데780), 그걸' 뽐' 보고, 새'골 사'암들또 그 떠' 시 쫌' 도' 카고, 조, 주'고, 파씨' 쫌 도 카고, 거르, 그'르이 그'래 한 사'럼 어으끄'덕.

　― 그'음 노꺼 이거, 노꼬'라이 이이781) 너리'이끼네 극, 그까' 논: 따'이 얼'매연 조'노782).

　― 또 거 물 푸'제, 그리'이 머 파' 이래 삐'지 노'우만783) 첨 므드, 멀 첨 고'만 이'르타, 이르체, 상'추 삐'르 노이 이'르체.

　아, 도랑'이784), 도라~'이 나'므니까예?

　― 예, 그'으 똘 고 또 마'늘 떨 더'문 데은 또 앤:두콩아 드문드문 너, 닌는' 데'다 가:슬785), 도골786) 뱅: 도'러 수마' 넘, 그기' 주'리 쳐 가주곤

래, 그럼 알뜰히 해 먹는 거네요, 그렇지요?

　－ 상추도 하고, 파도 하고 논고랑에 다 하지요.

　－ 거기 또 완두콩 심어 가지고, 그것 또 콩 심어서, 새파란 완두콩 안 있나, 그, 그, 그 여름에 까먹는 것, 그, 그것.

　예, 완두요?

　－ 그렇지, 어, 그 완두콩을 냉장고에 넣어서 그것도 그, 거기 그것 해 가지고, 서 말씩 해 가지고 그것도 많이 팔았지.

　와, 그, 그, 그래 참 어, 그래 부지런하고 야물게 하셨다, 그렇지요?

　－ 예, 파도 그것을 심어 가지고 시장에 갖다 팔아 가지고 또 이래 가지고 모종도 이래 가지고 또 우리는 심고.

　－ 아이고, ** 참.

　그러니 뭐, 뭐 그, 그, 그러니까 예전에 참 어, 어, 아무 것도 없는 집안에서 이렇게 어, 다 살림 이렇게 키운 게 다 어르신이나 어, 어르신 그 부인께서 아주, 땅도 노는 땅 하나 없이?

　－ 하나 없었지, 뭐.

　－ 그만 빈 땅 없다.

　－ 그러니 새골 사람들 길가 저희들, 논 고 일곱, 일곱 논배미인데, 그것을 본을 보고, 새골 사람들도 그 또 씨 좀 줘 하고, 주, 주고, 파씨 좀 줘 하고, 그래, 그러니 그래 한 사람이 없거든.

　－ 그런 논골 이것, 논고랑이 이게 넓으니까 그, 가꾸어 놓은 땅이 얼마나 좋으냐.

　－ 또 거기 물 퍼지, 그러니 뭐 파 이래 뿌려 놓으면 전부 뭐, 뭐 전부 고만 이렇다, 이렇지, 상추 뿌려 놓으니 이렇지.

　아, 고랑이, 고랑이 남으니까요?

　－ 예, 그 또 고 또 마을 또 드문 데는 또 완두콩을 드문드문 넣어, 있는 데는 가장자리를, 물곬을 뱅 돌며 심어 놓으면, 거기에 줄을 쳐 가지고

그그 항 개'기도 뽀'버가 오네.

— 그 깡: 아주구 이 너므 자스, 거 또 버'떠 벌개~'이787) 먹'떼, 그 너'므너.

— 그러'가 새:파러 까 가주온 수대788) 한 데 칠처 넌'성, 마: 넌'썩, 팔처 언'썩 바꼳, 서: 말써 팔고, 아들 쭈고 그래, 끄.

여, 거, 그'러이까 참' 부지런하'셔따, 그'지예?

— 허:, 참 벌 마하'지여.

어, 그 드러보'며넌?

— 말또' 모해쩨, 머.

야::, 그, 끄 인제' 그'암민 주'로 여'기너 머 고추하'고 마'늘 마니 하'고, 어, 아까' 그'렁 그너, 다릉 건' 인젠 잡술'려고 감자'나 어, 그 다'으메 고우'마 이'렁 거 잡술' 정도마 하'지예?

— 거, 거'르치여, 잡쑴, 멀789), 자기 머'을 컴' 하지 머이.

감자 가틍 그너' 어, 어'떠게 가으'레으, 가을'케 슴슴미까?

— 보'메 수움, 초보'메, 여근.

초보'메 함'미꺼?

— 어, 흐여, 초보'미즈.

— 그르 가주고 저 모싱기 뜨 앙 캐'나.

— 싱기할' 뚱아 그 바깜'서너으 넝'깜자넌 고으, 고 싱기 해 너'머 여내790) 캐'고 마까 즈어 또 바'깜자는 그뽀다 헐썩791) 한 유'월, 우'월따까지 나 두머 이지 입소'굳, 뿌리'이는 다 주'거도 내쨀 가멀 캐'머 이릉 기' 아너스 툭툭 티나오쟈'느.

감자 그'너 쪼개'가 심슴미까'?

— 쪼개 가'주오, 누' 너, 눈' 아 인나'.

— 그 가, 고 가우 눈' 보고 하내쓰 쪼개가' 수'마 머꼬이.

어디 감자 고'오느 어'떠케 예저'네 숭굴' 때 머 어'떠케 근'냥, 감자 그냥 함'미까, 앙 그'암 머 재'나 머 이렁 거' 해'가 함'미까?

그게 한 경운기씩 뽑아서 오네.

- 그 가지고, 가지고 이놈의 자식, 그것을 또 퍼뜩 벌레 먹더라, 그 놈은.

- 그래서 새파란 것을 까 가지고 되, 한 되 칠천 원씩, 만 원씩, 팔천 원씩 받고, 서 말씩 팔고, 아이들 주고 그래, 그래.

여, 그, 그러니까 참 부지런하셨다, 그렇지요?

- 허, 참 볼 만하지요.

어, 그 들어보면은?

- 말도 못했지, 뭐.

야, 그, 그 인제 그러면 주로 여기는 뭐 고추하고 마늘 많이 하고, 어, 아까 그런 것은, 다른 것은 인제 잡수려고 감자나 어, 그 다음에 고구마 이런 것은 잡술 정도만 하지요?

- 그, 그렇지요, 잡술, 먹을, 자기 먹을 것만 하지 뭐.

감자 같은 것은 어, 어떻게 가을에, 가을에 심습니까?

- 봄에 심어, 초봄에, 이것은.

초봄에 합니까?

- 어, 예, 초봄이지.

- 그래 가지고 저 모심기할 때 캐잖아.

- 심기 할 동안 그 밭 감자는, 논 감자는 고, 고 심기 해 놓으면 이내 캐고 모두 저 또 밭 감자는 그것보다 훨씬 한 유월, 유월까지 놔두면 이래 속이, 뿌리는 다 죽어도 나중에 가면 캐면 이런 것이 안에서 툭툭 튀어나오잖아.

감자 그것은 쪼개서 심습니까?

- 쪼개 가지고, 눈 안, 눈 안 있냐.

- 그것 가지고, 그것 가지고 눈을 보고 하나씩 쪼개서 심어 먹고.

어디 감자 그것은 어떻게 예전에 심을 때 뭐 어떻게 그냥, 감자 그냥 합니까, 안 그럼 뭐 재나 뭐 이런 것 해서 합니까?

- 거:름' 여'어 데'지.

- 감자'어792) 저 재'도어, 재'스여 여'코, 비료'도 치'고, 곧, 그래어 골:
찌' 가주고, 골 찌' 가'제 비뉴'루돕 여럭, 감'자 이여 그어'떨 비늘' 더'퍼 씨
'애 데'그덩.

- 더'퍼 씨인'덴, 요려 그 발'록' 푹' 빠'데머꾸793) 요'러 폭' 뜨가자'나,
그제'.

- 폭' 뜨가으, 어'느, 거뜨 어'언춤 마이 드가'이794) 데'.

- 고' 감저씨' 여' 가주고, 살:짱 무더 노'꼬, 고'르가 비누'를 요'르 더퍼
노'마, 요, 요 빠꾸마~'이까 고 이'제 요'래 꼬 암, 비'이 이'짜나, 그제.

- 비'믄 낼리가'음 감자'가 올'라가주 이제 벙:그래 떠'도 올롤'라 카'마
구무'울795) 뚤'버 가이거, 뚤'버가주 인제' 고고딱' 거' 이럭해' 뿜머 고: 흘'
려' 뿜마, 고 나 두먼 내:재 캘 찌 보'머 감저'가 음, 찌, 버 꾸어더 한'떠
암 매'고, 건 이', 이릉' 기' 막: 툭'툭 티'나오지 머.

그'잉까 그어 머 망', 골:드 해가' 망: 지'인능 그'너 꼬치하'능 거'나 비스
타'다, 그지?

- 그'래, 고오'느, 거'느 위'걸 하고.

아:, 위'골러 하'고?

- 감잔' 위골 라'거, 썩 꼬친'덩 위골한' 사'름 만:치'여, 거서 거러니,
끄리.

그 대'앰므 거'므 고우'머 가'틍 경'우너 여'르메 심시찌예?

- 여'르메.

- 초봄', 초보'메 안 숨'나, 초보'메.

고구'마예?

- 어, 초보'메 안 숨나.

감자'가 초보'메 안 심꼬'?

- 즈, 감자', 저 감자'넌.

- 거름 넣어야 되지.

- 감자는 저 재도, 재도 넣고, 비료도 치고, 곧, 그래서 고랑 지어 가지고, 고랑 지어 가지고 비닐로 이래, 감자 이래 그것도 비닐을 덮어 씌워야 되거든.

- 덮어 씌웠는데, 요래 그 발로 폭 밟으면 요래 폭 들어가잖아, 그렇지.

- 폭 들어가면, 어느, 그것도 엄청 많이 들어가야 돼.

- 고 감자 씨 넣어 가지고, 살짝 묻어 놓고, 고래서 비닐을 요래 덮어 놓으면, 요, 요 빠끔하니까 고 이제 요래 고 비었잖아, 그렇지.

- 비면 내려가고 감자가 올라와서 이제 덩그렇게 떠서 올라오려고 하면 구멍을 뚫어 가지고, 뚫어서 인제 그것 딱 그 이래 해 버리면 거기 흙 넣어 버리면, 거기 놔두면 나중에 캘 때 보면 감자가 음, 저, 뭐 그것이 하나도 안 매고, 그것은 이, 이런 게 막 툭툭 튀어나오지 뭐.

그러니까 그 뭐 망, 고랑을 해서 망 짓는 것은 고추를 하는 것이나 비슷하다, 그렇지요?

- 그래, 그것은, 그것은 외고랑으로 하고.

아, 외고랑으로 하고?

- 감자는 외고랑으로 하고, 그 고추도 외고랑으로 하는 사람이 많지요, 거기에서 그러니, 그래.

그 다음에 그러면 고구마 같은 경우는 여름에 심지요?

- 여름에.

- 초봄, 초봄에 안 심나, 초봄에.

고구마가요?

- 어, 초봄에 안 심나.

감자가 초봄에 안 심고?

- 저, 감자, 저 감자는.

초보′메?

- 그′이, 초보′메 숭:꼬, 고구′마는, 보′자, 즈어 여, 여, 저 우리′ 즈 고고′ 마거 인제′ 저 여 거 어′디 가을′게 숨′나796).

- 가을′게, 가을하′으, 가을한′ 디:에 고구′머 심′더, 마′저.

- 그고 오새′ 인저 근 쪼매 이씨′므 캔:다, 은짜.

그러′며는 그는. 고구′마느 어′뜨그 그읍, 그으느 곰머 근′냥 안 십찌예′?

- 고구′마 쩌어, 저, 즈, 저, 즈 고구′머 숭어 이래 즈 나 만스 싸′기 올러자′나.

- 거 얼′렁 끄′너 가주고, 끄′너 가죽, 끄′너 가주그, 끄′너가주.

아, 고너, **, ***797) 까주고 인저′ 심:네예?

- 잉, 꺼 끄′너만 저 걸 바′테 수마798) 노′우마 부지르한 사′러얼 똠 이 마:침 올로′먼 수마′ 노′마 덤부′울 쭈: 나거′무 똑 끄′너가주 또 거 수뭄′뎌, 또 끄′너 가 수′무꺼 그라제.

어르′신 혹′시 그 어:, 검메 여 바뚜′기나: 어, 이′런 데 보′며어 풀′ 가틍 게′ 에즈′에 마너찌예?

- 망:커′ 마고.

논뚜′기나 이′런 데, 근 데′는 주′로 어′떤 푸′릴리나 이′렁 게 마이 나옴′미까′?

- 하:이곤, 덤′벌, 덤벌풀′, 그 문:디 거뜨 그 얼′매나 나오′고 처.

- 덤블′ 라갈′, 쭐쭐 나가너′, 그이′ 마이 나온′다 카′이끼네, 그거.

- 그래어 논뚜′게는 멀 자푸′리 마이 나와′, 오새′ 멀: 피띠′기, 이으 웅: 간 자푸′리 마이 나와′.

머′, 머:라고′예?

- 거′ 쑥:때′799), 차쑥:때′800), 망추때801), 머 이으 그 모 웅:가꺼′ 푸리 마이′ 나온더 가′이끼네, 그래.

- 바뚜게는 또 멀 아이구, 웅간 자푸리 머쓰 거 덤부′리끄, 덤블까:시:802) 카′능 거 근 쭈: 때′랑 곡석′ 딜:디 감:능 거′, 그기′ 마인 나온더 가′이끼네.

초봄에?

— 그래, 초봄에 심고, 고구마는, 보자, 저 여, 여, 저 우리 저 고구마는 인제 저 여 그 어디 가을에 심나.

— 가을에, 가을하고, 가을한 뒤에 고구마 심는다, 맞아.

— 그리고 요새 인제 그것은 조금 있으면 캔다, 인제.

그러면은 그것은. 고구마는 어떻게 그, 그것은 고구마는 그냥 안 심지요?

— 고구마는 저, 저, 저, 저, 저 고구마 심어서 이래 저 놔두면 싹이 올라오잖아.

— 그것을 얼른 끊어 가지고, 끊어 가지고, 끊어 가지고, 끊어서.

아, 그것은, **, *** 가지고 인제 심네요?

— 어, 그 끊으면 저 그것을 밭에 심어 놓으면 부지런한 사람은 또 이만큼 올라오면 심어 놓으면 덤불이 쭉 나가면 또 끊어서 또 거기 심고, 또 끊어서 심고 그러지.

어르신 혹시 그 어, 그러면 여기 밭둑이나 어, 이런 데 보면은 풀 같은 것이 예전에 많았지요?

— 많고말고.

논둑이나 이런 데, 그런 데는 주로 어떤 풀이나 이런 게 많이 나옵니까?

— 하이고, 덩굴, 덩굴풀, 그 문둥이 같은 게 그 얼마나 나오고 참.

— 덩굴 나가는, 쭉쭉 나가는, 그게 많이 나온다고 하니까, 그게.

— 그리고 논둑에는 뭐 잡풀이 많이 나와, 요새 뭐 피, 이런 온갖 잡풀이 많이 나와.

뭐, 뭐라고요?

— 거기 쑥, 참쑥, 망초, 뭐 이런 것 뭐 온갖 것 풀이 많이 나온다고 하니까, 그래.

— 밭둑에는 또 뭐 아이고, 온갖 잡풀이 뭐 그 덤불이고, 가시덤불이라고 하는 것 그것이 쭉 되면 곡식 질질 감는 것, 그게 많이 나온다고 하니까.

그'엄 그으 다 베' 조'야 데'네예?

― 베에' 데'제, 머.

― 거 즈 그'어는 내재'803) 디기'804) 마으므 뚤뚤 마'러 가주구 임 밍'
기805) 뿜만 멍서끼'치 말린'더 카'이끼네.

― 하:도 마'너 가'죽 우리'응 그랴 머 멍서꺼'지 마'르가 퍼 냉'기 나:
띠, 받 서: 마지기' 내가 마:커 무까' 뿌'띠, 끄르 거 이 그앰 막 그래가
지 다리' 일 니 해 머'라 카'머 아:레806) 좌 뿌'띠만, 마커 약 처' 나뜨라
만떠, 어 이.

그, 그'엄머에 그'어 논뚜'기나 바뚝' 이:렁 거'또 그엄'며르 예저'엠 모싱
끼 해 나 나'코, 농: 가'틈며너 푸'를 계속 베씀미까', 예즈?

― 베', 베애' 데'지.

― 엔나'레는, 엔나'레느 나'스로 타 야 탐 막' 이럭 베: 가'주고, 베, 베
가주고 이'러 핸:데, 오새'는 에'츠끼 이짜'느, 에'치끼.

― 에'치익 까'주고 들려미:고 고'마 좌르러으807) 비' 넘', 지댈808) 비 나
뿌우 마르'마 그얻, 마르'마 그 내:지에 가'맘 머 노'넥 뿌드 여키더 하'고
머, 기'양 불' 찔'러 뿌'기더 하우 걸찌.

― 점:부 에'치끄 가주 비자'나.

아:.

― 에'치기가 비:맘 머 장껀 비'지 머.

에정' 가'틈 나'스로?

― 나수'얼 다: 비'어 데'.

― 나'슬809) 비: 가'주우, 나'설 비: 가주 마커' 논뚜'우 자'아 내:고 소 가
'따 주'고 그'래따 카'이끼네.

아, 소꼴 주'고 핸:데, 요줌'머 인젬 마' 가져오'도 아 하네예?

― 가'져 오 하'지, 그 소'간 눔 풀' 멍'나.

― 오새' 풀' 쭈는 소'가 어딘'노.

그럼 그것을 다 베 줘야 되네요?

─ 베야 되지, 뭐.

─ 그 저 그것은 나중에 되게 많으면 둘둘 말아 가지고 이 넘겨 버리면 멍석처럼 말린다고 하니까.

─ 하도 많아 가지고 우리는 그래 뭐 멍석같이 말아서 퍼 넘겨 놨더니, 밭 서 마지기 내가 모두 묵혀 버렸더니, 그래 그 이 그래 막 그래서 다른 사람한테 너 해 먹으라고 하면서 그저께 줘 버렸더니, 모두 약 쳐 놓았더라만도, 어 이.

그, 그러면은 그 논둑이나 밭둑 이런 것도 그러면은 예전에 모심기 해 놔 놓고, 논 같으면은 풀을 계속 벴습니까, 예전에?

─ 베, 베야 되지.

─ 옛날에는, 옛날에는 낫으로 다 이래 다 막 이래 베어 가지고, 베어, 베어 가지고 이래 했는데, 요새는 예초기 있잖아, 예초기.

─ 예초기 가지고 둘러매고 그만 좌르르르 베어 놓으면, 제대로 베 놓아버리면 마르면 그, 마르면 그 나중에 가면 뭐 논에 부어 넣기도 하고 뭐, 그냥 불 질러 버리기도 하고 그렇지.

─ 전부 예초기 가지고 베잖아.

아.

─ 예초기 가지고 베면 뭐 잠깐 베지 뭐.

예전 같으면 낫으로?

─ 낫으로 다 베야 돼.

─ 낫으로 베 가지고, 낫으로 베 가지고 모두 논둑에서 집어내고 소 갖다 주고 그랬다고 하니까.

아, 소에게 꼴 주고 했는데, 요즘은 인제 뭐 가져오지도 안 하네요?

─ 가져오지 않지, 그 소가 풀 먹나.

─ 요새 풀 주는 소가 어디 있냐.

곡'식, 곡'씩 쭈으니까?

─ 점'부 저어 머'고, 저, 질, 지'쁘 끄 재: 나'딸 만나 집', 쩌'거 마커 무까' 나따 오새' 마꺼 집' 쭈'고, 머 싸르' 주'고 하'제 머, 풀' 주는뉴' 저 어인느 인나.

─ 그'르 여: 점'부 풀' 구디~'이810) 아이'가.

─ 드레'.

아'무더 안 흘, 베'으르 사'러미 업'쓰이끼네?

─ 구 야무더 암: 비'구 멀 마꾸 그' 름무 전, 마꾸 그' 너므 자'드 소 그끄 뿌 점' 풀 구디~'인데, 이' 노무 자'등 누어 소를 주 구끼 주나', 오새 마꺼은 집, 집' 쭈:고, 허 씨, 싸로' 주'고 하'제.

에, 예전'처렁 그'러케 쫌 풀 쫌 베 가'즈 미'김며넌 푸'리 쫌' 업쓸 낀데?

─ 크 아, 말라 가'주 쭘'머 소고기 마'떠 이'끄 머'찌제.

─ 걸'치마느 그'어 쫑 아: 하나, 그 아.

사:나 그 이 디:니'까 아 한디여?

─ 어, 아 하'자나, 게글'러 빠지 가이구.

─ 끄'르 싸러'늠 멀 삼마 넝 가도 그'럼머 삼 미게'쩨, 그' 넘므 자을 물.

비'쌍 거, 그거 미'기고이?

─ 검, 마'지에, 마이, 마'지여.

─ 오생'어, 오새' 며떤 사'럼 바'테 그어 빠, 풀' 갇, 강내'에 거틍 가은'다 카'드라.

─ 가'러 가주구 인제' 말라' 가주 인제' 소 준다 카드라.

아:, 그 은저 워'낙 어, 비, 사료'까지 비'싸이 그?

─ 비으, 그래, 거 마'저.

─ 자 쯔, 거 노'네도 거' 풀' 거 왜' 드 멍늠' 풀' 이따 커'데, 그걸 머, 머 이 오새' 저 무능'811) 절:로 가'맘 이 머 여'덜 마지'이 가을해' 너'코, 가으롱 나'럭 비가, 암 비나', 그'제.

곡식, 곡식 주니까?

- 전부 저 뭐냐, 저, 짚, 짚 그 재 났다가 만날 짚, 저것 모두 묶어 놨다가 요새 모두 짚 주고, 뭐 사료 주고 하지 뭐, 풀 주는 데가 어디 있나.

- 그래서 여기 전부 풀 구덩이 아니냐.

- 들에.

아무도 안 하고, 베는 사람이 없으니까?

- 그 아무도 안 베고 뭐 모두 그 놈의 자식, 모두 그 놈의 자식 소 그 것 뭐 전부 풀 구덩이인데, 이놈의 자식 누가 소를 저 그렇게 주나, 요새 모두 짚, 짚 주고, 그 사, 사료 주고 하지.

예, 예전처럼 그렇게 좀 풀 좀 베 가지고 먹이면은 풀이 좀 없을 것인데?

- 그 아, 말려 가지고 주면 소고기 맛도 있고 멋지지.

- 그렇지만 그 좀 안 하냐, 그 아.

사람이 그 이 힘드니까 안 하지요?

- 어, 안 하잖아, 게을러 빠져 가지고.

- 그래 사료는 뭐 삼만 원 가도 그 놈을 사 먹이지, 그 놈의 자식 풀.

비싼 것, 그것 먹이고?

- 그, 맞아요, 맞아, 맞아요.

- 요새는, 요새 어떤 사람 밭에 그 뭐, 풀 옥수수, 옥수수 같은 것 간 다고 하더라.

- 갈아 가지고 인제 말려 가지고 인제 소 준다고 하더라.

아, 그 이제 워낙 어, 비, 사료 값이 비싸니까 그?

- 비싸, 그래, 그 맞아.

- 저기 저, 거기 논에도 거기 풀 그 왜 또 먹는 풀 있다고 하던데, 그 것을 뭐, 뭐 이 요새 저 문흥리 저리로 가면 이 뭐 여덟 마지기 가을해 놓고, 가을해 놓으면 벼 베서, 안 베냐, 그렇지.

- 비:맘 모싱'끼 할 따'아네812) 그 노:는 따'이그덩.
- 그' 가은 노'마 보'메 고만 모싱'끄 할 따'아레 그 두 분 빈:데.

아, 그거 해' 가'주고 머 소?

- 이야, 어, 어, 거, 글 말라'아 가주 구'마 소' 준'다그.
- 그, 그애 가' 마이 가'러, 오데 그늠 마이 가비여.

아::, 꺼르, 그, 그, 그'럼 부분 이'따, 그치네?

- 예, 마:니' 이'써.

－ 베면 모심기를 할 동안에 그 노는 땅이거든.

－ 그 갈아 놓으면 봄에 그만 모심기할 동안에 그 두 번 벤다고 하네.

아, 그것을 해 가지고 뭐 소?

－ 예, 어, 어, 그, 그것을 말려 가지고 그만 소 준다고.

－ 그, 그래 가지고 많이 갈아, 요새 그렇게 많이 갈아.

아, 그래, 그, 그, 그런 부분이 있다, 그렇지요?

－ 예, 많이 있어.

■ 주석

1) 이는 농기계의 일종인 외래어 트랙터(tractor)이며 주로 무거운 짐이나 농기계를 끄는 장치를 말한다.
2) 이미 잘 알려진 내용이지만 '품앗이'는 주로 농어촌에서 힘든 일을 서로 거들어주며 품을 지고 갚고 하는 일을 말한다. 즉, 품의 대가로 돈이나 물품을 주고받는 것이 아니라 서로 품으로써 갚는 것을 말한다.
3) 아래부터 이 지역에서 유행한 '반심기'에 대한 설명이 이어지고 있다. 이것은 품앗이와 놉의 형태를 섞은 형태의 방식이다. 제보자의 설명대로, 이 방식은 마을에서 집집마다 나올 수 있는 일꾼들이 나와서 일을 함께 하고서 그 일꾼의 숫자와 농지의 소유에 따라 다시 품값을 정산하는 방식이다.
4) 이는 '하루'로 대역되며 이는 이 지역어를 비롯하여 경남, 전남지역어에도 분포하는 것으로 보고된 바 있다.
5) 이는 '심어'로 대역되며 이 어형은 이 지역어를 비롯하여 경상, 강원, 함경지역어에도 분포하는 것으로 보고된 바 있다. '숨(植: 심- → 슴-(후설모음화현상) → 숨-(원순모음화현상))- -어(연결형어미)'의 구성으로 이루어진 이 지역어형이다.
6) 이는 '십오만원이니까'로 대역되며 '십오만원 + -이(서술격조사) + -께네(연결형어미)'의 구성으로 이루어진 어형이다.
7) 이는 논이나 밭의 단위명사인 '마지기'의 이 지역어형이다.
8) 이는 '나중에'로 대역되며 '내종(乃終) → 내중(고모음화) → 내주(음절말비음탈락) → 내지(전설모음화)'의 과정을 거쳐 실현된 예이다.
9) 이는 이 제보자가 살던 자연부락에 예전의 행정단위였던 반을 가리키던 말이다. 이 자연부락에 두 개의 반으로 나뉘어졌고 그것이 아래, 윗반으로 부른 것이다.
10) 여기서 아주 약한 사람은 '농사를 적게 짓는 사람'을 뜻하는 말이다.
11) 이는 '줄이'로 대역되며 여기서 '줄'은 '모를 심을 때 모를 반듯하게 심기 위한 못줄'을 가리키는 말이다.
12) 이는 '줄에다'로 대역되며 경구개음화현상에 대한 과도교정형으로 실현된 어형이다.
13) 이는 '표(標)를'로 대역되며 이 지역어에서 이중모음의 실현제약에 따른 실현형이다.
14) 이는 '요리하면, 요리면'으로 대역되며 '요라-(요리하 → 요라-(축약)) + -먹(연결형어미)'의 구성으로 이루어진 어형이다.
15) 이는 '넘기면'으로 대역되며 '넘기-(넘기- → 늠기-(모음중화) → 님기-(전설모음화현상) → 닝기-(연구개음화현상)) + -마(연결형어미)'의 구성으로 이루어진 이 지역어형이다.
16) 이는 '저절로'로 대역되는 이 지역어형이며 '지대루'형으로도 실현된다.
17) 이는 '손이'로 대역되며 '손(手) + -이(주격조사) → 손~이(비모음화현상) → 소~이

(비음탈락현상)'의 과정을 거쳐 실현된 이 지역어형이다.

18) 이는 '어떻게'로 대역되는 이 지역어형이다.

19) 이는 수사 '네'로 대역되며 '네 → 니(고모음화현상)'의 과정을 거쳐 실현된 이 지역어형이다.

20) 이는 '포기'로 대역되며 '포기 → 푀기(움라우트현상) → 페기(이중모음실현제약에 따른 단모음화) → 피기(고모음화현상)'의 과정을 거쳐 실현된 예이다.

21) 이는 '사람들은'으로 대역되며 '사람 + -들(복수표지접미사) + -은(보조사) → 사암 드른(어중자음탈락현상) → 사암더른(모음중화현상) → 사암더름(후행어절에 의한 순음화현상)'의 과정을 거쳐 실현된 예이다.

22) 이는 '하루에'로 대역되며 '하르 + 에'의 구성으로 이루어진 이 지역어형이다. 여기서 제보자의 발화 내용에 따르면 이 마을의 사람들은 대개 잘 심는 사람이 하루에 한 마지기를 심지만 영주에서 전문적으로 모심기를 하러 오는 사람은 하루에 두 마지기까지 심는다는 사실을 알 수 있는 부분이다.

23) 이는 '순간에'로 대역되며 이는 '빵하-(뻔하다) + -이(부사화접미사)'의 구성으로 이루어진 이 지역어형이다.

24) 원래 마지기는 지역에 따라 다른데, 논의 경우는 150평에서 300평까지이며 이 지역어에서는 주로 200평이, 밭의 경우는 100평에 해당한다. 여기서 '떠지'는 20평에 해당하는데 정확히 이를 나타낼 수 있는 단위가 없어서 그냥 이 지역어의 단위를 그대로 표현했다. 기존의 전통적인 단위로 '무보(畝步)'가 30평을 나타내므로 이 단위가 비교적 가까운 단위에 해당한다.

25) 이는 '완전히'로 대역되며 '완전히 → 완저이(어중자음탈락)'의 과정을 거쳐 실현된 이 지역어형이다.

26) 이는 '새벽'으로 대역되며 '새벽 → 새벅(이중모음실현제약에 따른 단모음화) → 새 븍(모음중화현상) → 새북(원순모음화현상) → 새부(음절말자음탈락현상)'의 과정을 거쳐 실현된 이 지역어형이다.

27) 이는 '김'으로 대역되며 이 지역어를 비롯한 경북지역어에서는 이 어형과 함께 '지 슴' 등으로 수의적으로 실현된다. '지슴'형은 충청과 함경도방언에서도 분포하는 것으로 보고된 바 있다.

28) 이는 '아이논매기'로 표현해야 할 부분이 잠시 제보자의 착오로 발화 실수가 일어난 형태이다. 이 지역어의 '아이논매기'는 '애벌논매기'로 대역된다.

29) 이는 '벌써'로 대역되며 이 지역어에서 '하마, 하머' 등의 형태로 수의적으로 실현되는 어형이다.

30) 이는 '올라오면'으로 대역되며 '올라오(上昇:) → 올로(축약)- + -만(연결형어미)'의 구성으로 이루어진 이 지역어형이다.

31) 이는 '호미'로 대역되며 이 지역어에서는 'ㅔ'와 'ㅐ'모음이 중화된 지역이므로 수의적으로 '호메~이, 호매~이, 호맹이, 호맹이' 등으로 실현된다. '호맹이' 형은 여러 방언에 걸쳐 분포되는 것으로 보고되어 있다.

32) 이는 '뺴쪽한'으로 대역되며 '빼쪽한 → 빼쭉한(이화작용에 의한 모음변이현상) → 삐쭈한(고모음화현상) → 삐쭈간(ㅎ탈락현상) → 삐쭈가(음절말자음탈락현상)'의 과정을 거쳐 실현된 이 지역어형이다.

33) 이는 '찍어'로 대역되며 '찌거'로 발화되어야 할 어형인데 발화 실수가 일어난 어형으로 판단된다. 이 지역어에서 '찝다'는 '집다'로 대응된다.

34) 이는 '저러하면'으로 대역되며 '저러하- + -믄(연결형어미) → 저라믄(축약) → 즈라믄(모음중화현상)'의 과정을 거쳐 실현된 예이다.

35) 이는 '손으로'로 대역되며 '손(手) + -을(도구격조사) → 소~늘(비모음화현상) → 소~을(비자음탈락현상)'의 과정을 거쳐 실현된 이 지역어형이다.

36) 이는 '들어가면'으로 대역되며 '드가-(들(入)- + 가(去)- → 드가-(유음의 탈락) + -마(연결형어미)'의 구성으로 이루어진 어형이다.

37) 여기서 넘기는 대상은 김을 말한다. 호미로 김의 뿌리를 찍어서 파서 흙덩이 채로 넘긴다는 뜻이다.

38) 이는 '두벌논매기'로 대역되며 '두벌논매기 → 두벌논(축약) → 두블논(모음중화) → 두불논(원순모음화현상) → 두불농(후행 어절에 의한 연구개음화현상)'의 과정을 거쳐 실현된 이 지역어형이다.

39) 이는 '뿌리'로 표현해야 할 부분이며 일부만 표현된 예이다.

40) 이는 '열흘'로 대역되며 이 지역어에서는 수의적으로 '열'로도 실현된다. 이는 '열흘 → 여를(어중ㅎ음탈락) → 여을(어중ㄹ음탈락)'의 과정을 거쳐 실현된 예이다.

41) 이 지역어에서는 두벌논매기를 하는 것을 '두벌논을 젓다'로 표현하는 것을 알 수 있는 부분이다. 애벌논매기 때는 호미로 하므로 논을 맨다고 하지만 '두벌논매기'는 호미를 사용하지 않고 손으로 하기 때문에 '젓다'라는 표현을 쓰는 것을 알 수 있다.

42) 이는 '자배기'로 대역되는 이 지역어형이며, 경북지역에서는 '버지기'로도 실현되는 어형이다.

43) 이는 '힘들지'로 대역되며 '심'은 힘의 이 지역어형이다. 이미 잘 알려진 대로 이 어형은 경구개음화현상에 의하여 재구조화가 된 어형이다.

44) 여기서 '세월에 하면'이라는 부분은 '시간이 많이 걸리면'이라는 뜻의 비유적 표현이다.

45) 이는 '아우르다'로 대역되는 이 지역어형이다.

46) 이는 '기다랗다'로 대역되며 이 지역어형은 경구개음화가 실현된 어형이다.

47) 이는 '밀면'으로 대역되며 '밀(推)- + -마(연결형어미) → 미마(ㄹ탈락현상)'의 과정을 거쳐 실현된 예이다.

48) 이는 '우리가'로 대역되며 '우리 + -으(주격조사 : -가 → -거(모음변이) → 그(모음중화) → 으(어중자음탈락현상)'의 구성으로 이루어진 이 지역어형이다.

49) 이는 '다니는'으로 대역되며 '댕기(行)- + -느(현재진행선어말어미)- + -ㄴ(관형사형어미) → 댕이는(어중자음탈락현상)'의 구성으로 이루어진 이 지역어형이다.

50) 이는 수동식 제초기를 말하는데 포기 사이에 수동으로 미는 방식이며 양쪽에 바퀴가 있어서 풀을 제거하는 방식의 기계이다.

51) 여기서 약은 제초제를 말한다.

52) 이는 '누구'로 대역되며 '누'의 수의적 발화실수형이다.

53) 이는 '많았거든'으로 대역되며 '많(多)- + -앳(과거시상)- + -거든(연결형어미)'의 구성으로 이루어진 이 지역어형이다.

54) 이는 '쫓겠어'로 대역되며, '훑이- + -넉(의문형어미)'의 구성으로 이루어진 어형이다. '훑이다'는 '훑다'에서 발생한 어휘로 판단되는 이 지역어형이다.

55) 이는 '끼워'로 대역되며 '찡가(介)- + -아(연결형어미)'의 구성으로 이루어진 이 지역어형이다.

56) 이는 '덩그렇게'로 대역되는 이 지역어형이다.

57) 이는 '떠들리었잖아'로 대역되며 축약이 이루어져 실현된 어형이다.

58) 이는 '파리가'로 대역되며 '파래이 + -그(주격조사)'의 구성으로 이루어진 이 지역어형이다. 수의적인 변이형인 '파랭이'형은 경북과 강원지역어에 분포하는 것으로 보고되어 있다.

59) 이는 '있나, 있니'로 대역되며 '있(有)- + -노(의문형어미) → 인노(비음동화)'의 구성으로 이루어진 이 지역어형이다. 이미 잘 알려져 있다시피 '-노'와 같이 모음이 '오/우'형의 의문형어미는 설명의문문에 사용되는 어미지만 이 경우에는 판정의문문에 사용된 경우이다. 이 지역어에서도 두 가지 의문형이 가끔 혼란이 일어나고 있음을 볼 수 있는 부분이다.

60) 이는 '말이야'로 대역되며 '말(語) + -으아(보조사)'의 구성으로 이루어진 이 지역어형이다.

61) 이는 '쇠파리'의 이 지역어형으로 발화된 것이지만 발화실수형으로 판단되는 예이다.

62) 이는 '두드리는'으로 대역되며 '띠디(두드리- → 뚜드리-(경음화현상) → 뚜디(축약) → 뛰디(움라우트현상) → 띠디-(이중모음실현제약에 따른 단모음화)- + -은(관형사형어미)'의 구성으로 이루어진 이 지역어형이다.

63) 이는 '집으로'로 대역되며 '집(宅) + -을(도구격조사)'의 구성으로 이루어진 이 지역어형이다.

64) 이는 '거기도'로 대역되며 '그여 + -뜸(보조사)'의 구성으로 이루어진 이 지역어형이다.

65) 이는 '놓으면'으로 대역되며 '놓- + -머(연결형어미) → 노머(어중자음탈락)'의 과정을 거쳐 실현된 이 지역어형이다.

66) 이는 '저녁'으로 대역되며 '저녁 → 즈녁(모음중화현상) → 지녁(전설모음화현상) → 지역(어중자음탈락현상) → 지영(후행자음에 의한 비음화현상)'의 과정을 거쳐 실현된 이 지역어형이다.

67) 이는 '모기도'로 대역되며 이 어형은 이 지역어를 비롯하여 '경상, 강원, 전남, 평안도방언'에 분포하는 것으로 보고된 바 있다.

68) 이는 '도링이, 도리~이, 도리' 등으로 수의적으로 실현되며 '도롱이'로 대역되는 이 지역어형이다. 이것은 '짚이나 띠 따위로 엮어 허리나 어깨에 걸쳐 두르는 비옷'을 가리키며, 예전에 주로 농촌에서 일할 때 비가 오면 사용하던 것으로 안쪽은 엮고

겉은 줄거리로 드리워 끝이 너털너털하게 만든 것이다. 비슷한 의미의 어휘로 '녹사의, 발석, 사의(蓑衣)' 등이 있다.

69) 이는 '산꼭대기에'로 대역되며 '산만데('산'과 '만데'의 결합에 의한 합성어) + -에(처소부사격조사)'의 구성으로 이루어진 이 지역어형이다.

70) 이는 '실컷'으로 대역되며 이 어형은 경기도방언에도 분포하는 것으로 보고된 바 있다.

71) 이는 '새벽'으로 대역되는 이 지역어형이다.

72) 이는 논매기를 할 때 부르는 일종의 노동요의 한 구절이며 그냥 그대로 두었다.

73) 이는 '구르고'로 대역되며 '구불(轉)- + -고(연결형어미) → 구부고(어중유음탈락현상)'의 과정을 거쳐 실현된 이 지역어형이다.

74) 이는 '보통이다'로 대역되며 '보통(普通) + -으다(서술격조사) → 보통~으다(비모음화현상) → 보토~으다(비음탈락현상)'의 과정을 거쳐 실현된 이 지역어형이다.

75) 이는 논의 얕은 물에 담그는 의성어이다.

76) 이는 '뒤집어엎으려고'로 대역되는 이 지역어형이다. 이는 '깨브르- + -ㄹ라꼬(의도형어미)'의 구성을 가진 어형이다.

77) 이는 '흙칠'로 대역되며 '논의 진흙으로 엉망이 된 상태'를 뜻한다. 이 지역어에서는 '흙(土) + 칠'의 구성에 의한 합성어이며 음절말자음이 탈락된 예이다.

78) 이는 '부러뜨리면'으로 대역되며 기본형이 '뿔구- + -마(연결형어미) → 뿔굼(축약)'의 과정을 거쳐 실현된 이 지역어형이다.

79) 이는 '늘'로 대역되며 어형 '장'과 수의적인 변동을 보이는 예이다. 이 어형은 이 지역어를 비롯하여 '경상, 전라, 충청, 함경, 황해도 방언'에 분포하는 것으로 보고된 바 있다.

80) 이는 '자빠아지고'로 실현되어야 할 어형이며 발화실수형이다.

81) 이는 '밟고'로 대역되며 '빠데(踏)- + -구(연결형어미)'의 구성으로 이루어진 어형이다.

82) 이는 '벼를'로 대역되며 '나륵(稻) + -얼(목적격조사) → 나르얼(어중ㄱ음탈락)'의 과정을 거쳐 실현된 어형이다.

83) 이는 '요새는'으로 대역되며 '오새 + 엠(보조사)'의 구성으로 이루어진 이 지역어형이다.

84) 이는 '사들이기 포대'로 대역되며 이는 정부나 농협과 같은 곳에서 벼를 사들이기 위한 규격용 포대를 말한다. 즉, 이는 '매상포대(買上布袋) + -기(접미사) → 매상포대이(어중자음탈락현상)'의 과정을 거쳐 실현된 어형이다.

85) 이는 '적에는'으로 대역되며 '적(的) + -에(처소부사격조사) + -는(보조사) → 쩌게는(어두경음화현상) → 쯔게는(모음중화현상) → 찌개는(전설모음화현상) → 찌기는(고모음화현상) → 찌이는(어중자음탈락현상)'의 과정을 거쳐 실현된 어형이다.

86) 이는 '흔하나'로 대역되며 축약의 결과로 실현된 이 지역어형이다.

87) 이는 '풋거름'으로 대역되며 '모를 심을 논이나 못자리에 밑거름으로 생풀을 베어서 넣는 것'을 말한다. 이 지역어를 비롯하여 경상도방언에서 이 어형은 분포하며 '겡자리'로도 수의적으로 실현된다.

88) 이는 '복합비료'로 대역되며 '복합비료'의 앞부분만 발화가 된 어형이다.

89) 이는 '그러니까'로 대역되는 이 지역어형이며 실제 구성은 '그르이끼(그러니까) + -는(보조사)'의 구성으로 이루어진 어형이다.

90) 이는 '썩혀'로 대역되며 '썩(朽)- + -후- + -아'의 구성으로 이루어진 이 지역어형이다.

91) 이는 '그냥'으로 대역되며 '그냥 → 그양(어중자음탈락현상) → 기양(전설모음화현상)'의 과정을 거쳐 실현된 이 지역어형이다.

92) 이는 '그루터기'로 대역되며 이 어형은 '그루터기 → 끄루떠기(경음화현상) → 끌떠기(축약현상) → 껄떠기(모음중화현상) → 껄떼기(움라우트현상) → 껄띠기(고모음화현상)'의 과정을 거쳐 실현된 이 지역어형이다.

93) 이는 '마바리라고'로 대역되며 '마바리'의 의미 자체가 '논 한 마지기에서 소출이 두 섬의 곡식이 나는 것'을 가리키므로 표준어 대역에 소출이란 말을 넣었다.

94) 이는 '네'로 대역되는 이 지역어의 수사이며 '네 → 니(고모음화)'의 과정을 거쳐 실현된 이 지역어형이다.

95) 이는 '씩'으로 대역되며 '씩 → 쓱(후설모음화) → 썩(모음중화) → 썽(비음화현상)'의 과정을 거쳐 실현된 이 지역어형이다.

96) 이는 '위쪽멧갓'으로 대역되며 '윗 + 갓'의 구성으로 이루어진 어휘이다. '갓'은 '멧갓'의 이 지역어형이며 원래의 의미는 '나무를 함부로 베지 못 하게 가꾸는 산'을 나타내지만 여기서는 '산'의 일반적인 의미로 사용된 어휘이다.

97) 이는 '가지온'으로 실현되어야 할 어형이며 '가지고'로 대역되는 이 지역어형이다.

98) 이는 '잔대도'로 대역되며 여기서 잔대는 초롱꽃과의 여러해살이풀을 가리키며, 높이는 60~120cm 정도이며, 뿌리에서 바로 나온 잎이 잎자루가 길고 거의 원형이고 줄기의 잎은 마주나거나 돌려나고 어긋난다. 7~9월에 종 모양의 보라색 꽃이 피며, 뿌리는 해독과 거담제로 쓰고 어린잎은 식용한다. 우리나라를 비롯해 일본, 중국 등지에 분포한다. 이 잔대의 종류에는 ' 나리잔대, 넓은잔대, 둥근잔대, 두메잔대, 수원잔대, 왕잔대, 털잔대' 등이 있다.

99) 이는 '가면'으로 대역되며 '가(去)- + -면(연결형어미) → 가믐(후행 음에 의한 양순음화)'의 과정을 거쳐 실현된 어형이다. 같은 발화의 '가음'형은 축약이 이루어진 어형이다.

100) 이는 '매야'로 대역되며 '매(束)- + -이(연결형어미)'의 구성으로 이루어진 이 지역어형이다.

101) 이는 '이파리'로 대역되는 이 지역어형이며 '이쁘리'로 실현되어야 할 어형이 단축되어 실현된 어형이다.

102) 이는 '쪽, 오람'으로 대역되는 이 지역어형이다. 이는 마디풀과의 한해살이풀로 높이는 50~60cm 정도이며, 잎은 어긋나고 긴 타원형 또는 달걀 모양의 생김새이다. 7~8월에 붉은 꽃이 피고 열매는 수과(瘦果)를 맺으며 잎은 염료로 쓴다. 중국, 인도차이나가 원산지로 아시아, 유럽에 널리 분포한다. 한자식 이름은 남(藍)이며 다른 한자 이름으로 '오람(吳藍)·숭람(菘藍)·목람(木藍)·마람(馬藍)·다람(茶藍)·현

람(莧藍)・대람(大藍)・소람(小藍)・괴람(槐藍)・엽람(葉藍)・이람(泥藍)・남옥(藍玉)'
등이 있으며 여기서 발화된 어형은 '오람'형이다.

103) 이는 기본형이 '벗다'형이며 '부어'로 대역된다. 이 지역어를 비롯한 군위와 같은
남부경북지역어에서는 '벗다'로 실현된다.

104) 이는 '인제'의 이 지역어형이며 어형 '인제'의 단축형이다.

105) 이는 '삭여놓은'으로 대역되며 '삭이- + -이(연결형어미) → 사이(어중ㄱ음 탈락)'
의 과정과 '낳(置)- + -온(관형사형어미) → 나온(어중ㅎ음탈락)'의 과정을 거쳐 실
현된 이 지역어형이다.

106) 이는 '죽정이만'으로 대역되며 '후제 + -마(보조사)'의 구성으로 이루어진 이 지역
어형이다.

107) 이는 '놈의'로 대역되며 '놈 + -의(관형격조사) → 노무(원순모음화현상)'의 과정을
거쳐 실현된 이 지역어형이다. 이는 이 제보자의 발화에서 '넘'으로 교체가 되기도
한다.

108) 이는 직역으로 대역을 하면 '아무 또' 정도로 해야 되지만 이 발화의 경우 생략된
표현이므로 이를 복원하여 대역을 한 것임을 밝힌다.

109) 이는 '말이라'로 대역되며 어중 위치에서 유음이 탈락되어 실현된 어형이다.

110) 이는 '-로'로 대역되며 이 지역어의 도구격조사인 '-로'형은 '-루, -르, -러' 등과 같
은 다양한 변이형으로 등장한다.

111) 이는 '자로'로 대역되며 '자(尺) + -이(주격조사)'의 구성이다.

112) 여기서 '보리 거름'은 보리를 갈 때 땅속에 넣는 거름을 말한다.

113) 이 제보자의 발화에서는 어간말음이 치조유기음일 경우에 경구개음화가 실현된 어
형으로 발화가 되는 경향이 있으며 이 예도 그런 경우이다.

114) 이는 '베어(서)'로 대역되며 '비(削 : 베- → 비-(고모음화))- + -더(연결형어미)'의
구성으로 이루어진 이 지역어형이다.

115) 이는 '저녁으로'으로 대역되며 '지역(暮) + -으러(도구격조사)'의 구성으로 이루어
진 어형이다. 여기서 '지역'형은 '저녁 → 저녀(어중 음절말자음 탈락) → 즈녀(모
음중화) → 지녀(전설모음화) → 지역(ㄴ음탈락)'의 과정을 거쳐 실현된 어형이다.

116) 이는 '그럴'로 대역되며 '그럴 → 그얼(어중자음탈락) → 그을(모음중화)'의 과정을
거쳐 실현된 이 지역어형이다.

117) 이는 '먹이려고'로 대역되며 '미기- + -ㄹ라고(연결형어미)'의 구성으로 이루어진
이 지역어형이다. '먹일라고 → 메길라고(움라우트) → 메갤라고(모음동화) → 미갤
라고(고모음화현상)'의 과정을 거쳐 실현된 이 지역어형이다.

118) 이는 '구덩이'로 대역되며 '구덩이 → 구뎅이(움라우트현상) → 구딩이(고모음화현
상) → 구딩(모음축약) → 구딩~(비모음화현상) → 구디~(비자음탈락현상)'의 과정
을 거쳐 실현된 이 지역어형이다.

119) 이는 '윗길에도'로 대역되며 이는 '위끼레도'로 실현되어야 할 발화실수형이다.

120) 이는 '도랑에'로 대역되며 '돌'은 '도랑'의 옛 어휘로서 이 지역어형이다.

121) 이는 '여뀌'로 대역되는 이 지역어형이다. 이는 마디풀과의 한해살이풀이며 높이는 40~80cm이며 잎은 어긋나고 피침 모양이다. 꽃은 6~9월에 피며 꽃잎의 끝이 붉은색을 띠는 연녹색 꽃이 아래로 처지는 수상(穗狀) 화서형태로 피고 열매는 수과 (瘦果 : 이는 폐과(閉果)의 한 형태이며 씨는 하나로 되어 있고 익어도 터지지 않는 형태이다. 민간에서는 잎과 줄기는 짓이겨 물에 풀어서 고기를 잡는 데 썼고 잎은 매운맛이 나며 조미료로 쓰이기도 한다. 한국, 일본, 북미, 유럽 등지에 분포한다.

122) 이는 '나면'으로 대역되며 선행음절의 유음의 영향으로 유음화가 실현된 이 지역 어형이다. '나(出)- + -며(연결형어미)'의 구성이다.

123) 이는 '너무'로 대역되며 선행하는 어형으로 실현된 '너므'형의 발화실수형이다.

124) 이는 정확히 표현하려면 '제초기, 김매기틀로'의 어형이 보충되어야 할 부분이다. 즉, 이는 수동식으로 바퀴가 달린 김매기틀로 무논의 김을 제거하는 방식의 제초기를 말한다. 지금은 제초제의 사용으로 많이 사라졌지만 이 김매기틀은 애벌논매기를 하고 나서 두벌이나 세벌 논매기에서 주로 사용하는 수동식 기계였다.

125) 이는 '일제'로 대역되며 발화가 다 이루어지지 않은 표현이다.

126) 이는 '육이오'로 대역되며 이의 이 지역어형이다.

127) 이는 '바퀴'로 대역되며 이 지역어를 비롯한 경상도, 전북, 충남지역어에서 주로 '발통'으로 실현된다.

128) 여기서 주어는 '풀이'이며 주어가 생략된 표현이다.

129) 이는 '넘긴다'로 대역되며 '넘긴다 → 넝긴다(연구개음화현상) → 능긴다(모음중화현상) → 닝긴다(전설모음화현상)'의 과정을 거쳐 실현된 이 지역어형이다.

130) 이는 '논매기'로 대역되며 '논매기 → 놈매기(양순음화현상) → 놈매이(어중자음탈락현상)'의 과정을 거쳐 실현된 이 지역어형이다.

131) 이는 '고랑마다'로 대역되며 '고롱 + -매중(보조사)'의 구성으로 이루어진 이 지역 어형이다.

132) 이는 '다니거든'으로 대역되며 '댕기니(댕기- + 니-)- + 그더(연결형어미)'의 구성으로 이루어진 이 지역어형이다. '댕기-'와 '니-'의 합성으로 이루어진 '댕기니-'형은 아주 조어법상으로 특이한 구성이다.

133) 이는 '정조식(正條植)으로 또는 줄모로'로 대역되며 '정조식으로 → 정조시구로(원순모음동화현상) → 정조시우로(어중자음탈락현상)'의 과정을 거쳐 실현된 이 지역어형이다. 여기서 '정조식'은 '줄모'를 가리키며 이는 모심기를 할 때 줄을 쳐서 줄에 따라 가로와 세로가 반듯하게 모를 심은 것을 말하며 한자어로 '정조식, 조식 (條植)'으로 표현하기도 한다.

134) 이는 '심은'으로 대역되며 '숨(植)- + -었(완료상선어말어미)- + -느(진행형선어말어미)- + -ㄴ(관형사형어미)'의 구성으로 이루어진 이 지역어형이다.

135) 이는 '두벌논매기'의 줄임말이다.

136) 이는 '사뭇'으로 대역되며 충남지역어에 분포하는 것으로 보고되어 있지만 이 지역어를 비롯하여 경북방언에서도 분포하는 예이다.

137) 이는 '애벌논'으로 대역을 했지만 실제 의미는 '애벌논매기'가 정확한 표현이다.

138) 이는 '할 것도, 할 일도'로 대역되는 이 지역어형으로 축약형으로서 발화실수형이라고 할 수 있다.

139) 이는 '포기가'로 대역되며 '피'는 이 지역어를 비롯한 경상도방언에 전반적으로 분포하는 어형이다. 이는 '포기 → 푀기(움라우트현상) → 페기(모음변이) → 피기(고모음화현상)'의 과정을 거쳐 실현된 어형이다.

140) 이는 '늘'로 대역되는 이 지역어형이다. 이는 한자어 '상(常)'이며 '늘상'의 줄임말로 볼 수도 있는 어형이다.

141) 이는 '길도'로 대역되며 '길'이 경구개음화가 되어서 이루어진 이 지역어형이다. 여기서 '길도'라는 의미는 벌로 모심기를 한 경우엔 정조식 모심기와 달리 수동식인 제초기가 들어갈 수 있는 길도 없다는 뜻으로 사용된 경우이다.

142) 이는 '기계로 김매기를 하려면'으로 표현되어야 할 부분이 제보자의 순간적인 착오로 인해 빚어진 발화실수형이다.

143) 이는 '버리면'으로 대역되며 '버리- + -마(연결형어미)'의 구성이 축약으로 이루어진 이 지역어형이다. 이 지역어를 비롯한 경북, 경남지역어 모두 축약현상이 강한 언어적 특징을 보이는 방언이다.

144) 이는 논의 형태가 경지정리가 되지 않아서 구불구불하고, 논의 크기가 작아서 줄모를 심기 힘든 규모의 논을 가리키고 있는 부분이다.

145) 이는 '그것은'으로 대역되며 '그거 + -는'의 구성으로 이루어진 이 지역어형이며 이 구성에서 어중자음 ㄱ음이 탈락된 경우이다.

146) 이는 '호미'의 이 지역어형이며 '호매이, 호맹이, 호매~이'형 등으로 실현되며 이는 이 지역어를 비롯하여 경상도, 강원도, 전라도 지역 등에 광범위하게 분포하는 어형이다. 이 어형은 '호매이'형에 어중자음이 첨가되어 실현된 어형이다.

147) 이는 '네모'로 대역되며 '니모'의 줄임말이며 이 지역어형이다.

148) 이는 '군위'로 대역되며 이는 '군위'의 발화실수형이다. 여기서 군위는 경상북도 군위군을 가리키며 이 지역은 남쪽으로 군위군과 접경을 이루고 있는 지역이다.

149) 이는 '베기'로 대역되며 후설모음화가 이루어져 실현된 이 지역어형이다.

150) 이는 '밟아'로 대역되며 '밟- + -으아(연결형어미)'의 구성으로 이루어진 이 지역어형이며 어중경음화현상이 실현된 예이다.

151) 이는 '낫으로'으로 대역되며 '낫- + 으루(도구격조사) → 나수루(모음동화현상)'의 과정을 거쳐 실현된 이 지역어형이다.

152) 이는 '비가'로 실현되어야 할 어형이지만 발화실수로 인해 실현된 어형이다.

153) 이는 '고랑'으로 대역되며 '고랑 → 골(축약) → 꼴(경음화현상)'의 과정을 거쳐 실현된 이 지역어형이다.

154) 이는 '베어 나가면'으로 대역되며 '베어'형이 생략된 표현이다.

155) 이는 '포기'로 대역되며 '포기 → 푀기(움라우트현상) → 페기(단모음화현상) → 피기(고모음화현상) → 피이(어중자음탈락현상)'의 과정을 거쳐 실현된 이 지역어형

이며 이 지역어를 비롯하여 경남방언에도 실현되는 것으로 보고된 바 있다. 이 어형은 축약형인 '피'형으로 실현되기도 한다.

156) 이는 '요래서'로 대역되며 '어래(요래) + -가(연결형어미)'의 구성으로 이루어진 이 지역어형이다.

157) 이는 외형상으로는 '그래서'로 대역하는 것이 맞지만, 성조의 위치를 고려해서 '그래 가지고'로 대역했다.

158) 이는 '놓으면'으로 대역되며 '놓(置)- + -마(연결형어미)'의 구성으로 이루어진 이 지역어형이며 어중자음이 탈락된 예이다.

159) 이는 '묶는'으로 대역되며 '무꾸(束)- + -느(현재진행)- + -ㄴ(관형사형어미)'의 구성으로 이루어진 어형으로 어간에 ㄴ음첨가가 이루어진 어형이다.

160) 이 어형은 대개 '고무래'에 대응되는 어형이지만 이 지역어에서는 '낟가리'로 대응되는 어휘이다. 경북지역어에서는 '낟가리' 어형은 대개 '발가리'로 대응되는 게 일반적이다. 즉, 논둑 주위에 볏단을 그대로 쌓아두는 형태는 '발가리'가 일반적인데 반해 이 지역어에서는 이 어형으로 특이하게 대응된 경우이다. 이어지는 발화에 등장하는 '당그리'형도 같은 뜻의 어형이다.

161) 여기서는 '볏단'으로 대역을 했지만 그 크기가 작은 볏단을 가리키는 의미이다. 즉, 깨를 묶는 단이라는 의미에서 유래된 것으로 아주 작은 볏단을 말하는 이 지역어 어휘이다.

162) 이는 '이삭은'으로 대역되며 어중ㄱ음이 탈락된 예이다. 이 지역어에서는 어중위치에서 모음 사이의 자음이 탈락되는 경우는 매우 흔한 현상 중의 하나이다.

163) 이는 '간'으로 대역되며 '갈- + -안(관형사형어미)'의 구성으로 어중ㄹ음이 탈락된 예이다.

164) 이는 '두드리거든'으로 대역되며 '두드리- + -거든(연결형어미) → 뚜드리거든(어두경음화현상) → 뚜디리거든(모음동화현상) → 뛰디리거든(움라우트현상) → 띠디리거든(이중모음제약에 따른 단모음화현상)'의 과정을 거쳐 실현된 어형이다.

165) 이는 '발로 밟아서 탈곡을 하는 수동식 탈곡기'를 움직일 때 탈곡장치가 돌아가면서 내는 소리를 흉내낸 의성어이다.

166) 이는 '집에서, 집에'로 대역되며 '집 + -이(처소부사격조사)'의 구성으로 이루어진 이 지역어형이다.

167) 이는 '사람들은'으로 대역되며 '사람 + -들(복수접미사) + -는(보조사) → 하람들는(발화실수에 따른 자음교체) → 하암드는(어중ㄹ음탈락) → 하안드는(위치동화) → 하안더는(모음중화)'의 과정을 거쳐 실현된 이 지역어형이다.

168) 이는 '집안에'로 대역되며 '집안 + -에(처소부사격조사)'의 구성으로 어중ㄴ음이 탈락된 예이다.

169) 이는 '흔히'로 대역되며 '흔히 → 혼~히(비모음화현상) → 흐~이(어중자음탈락)'의 과정을 거쳐 실현된 이 지역어형이다.

170) 이는 '모두, 모조리'로 대역되는 이 지역어형이며 이 지역어에서는 다음 발화에서

실현되는 '마:꺼'형도 실현된다. 대개 이 지역어가 포함된 경상도나 강원도, 전라도 방언에서는 '말카, 마카, 마커' 등으로 실현되는 것으로 보고된 바 있으며, 이 어형은 동일한 형태가 '말끔히'라는 뜻으로도 사용되었다.

171) 이는 '역시, 또한' 등으로 대역되며 이 지역어를 비롯하여 경북지역어에 분포하는 예이다.

172) 이는 '세워'로 대역되며 '세우- + -어(연결형어미)'의 구성이며 축약에 의하여 형성된 이 지역어형이다.

173) 이는 '먹고'로 대역되며 이 지역어를 비롯하여 주로 남부 경북방언에서 많이 실현되는 어형이다. 이 지역어에서는 이 어형과 함께 '먹고'형이 함께 실현된다. 한편이 어형은 남부지방과 강원도 일부 방언에서 실현되는 것으로 보고된 바 있다.

174) 이는 '넣고'로 대역되며 이 동사의 기본형은 '넣다'로 판단되는 어형이며 이에 따라 경음화현상이 일어나서 실현된 이 지역어형이다. 실제로 이 지역어에서 일반적이고 보수적인 어형은 '옇다'이며 '넣다'형은 개신형으로 판단되는 예이다.

175) 이는 '뒤주'로 대역되는 이 지역어형이며 이는 뒤주를 한자를 빌려서 표기한 어형인 두지(斗庋)형이다.

176) 이는 '저희가'로 대역되며 '저어(저희) + -가(주격조사)'의 구성으로 이루어진 이 지역어형이다.

177) 이는 '베지'로 대역되며 이 지역어에서는 '베다'형이 고모음화가 실현된 어형인 '비다'형이다.

178) 이는 '그것도'로 대역되며 '그워 + -떠(보조사)'의 구성으로 이루어진 이 지역어형이다.

179) 이 제보자의 발화에서는 '벼'에 대한 대응형으로 '나럭, 나락'이 수의적으로 변동되어 실현된다.

180) 이는 '손목이'로 대역되며 '손목 + -이(주격조사) → 솜모기(양순음화) → 솜머기(이화작용)'의 과정을 거쳐 실현된 이 지역어형이다.

181) 이는 '이게'로 대역되며 고모음화가 실현된 이 지역어형이다.

182) 이는 '감아쥐니까'로 대역되며 모음변이에 따른 이 지역어형이다.

183) 이는 '많이, 매우' 등으로 대역되는 이 지역어형이며 '어시'형으로도 실현되기도 한다.

184) 이는 '우리는'으로 대역되며 '우리 + -는(보조사) → 우리늠(후행 어절의 순음에 의한 순자음화)'의 과정을 거쳐 실현된 이 지역어형이다.

185) 이는 '아프고'로 대역되며 '아프- + -고(연결형어미) → 아푸고(원순모음화현상)'의 과정을 거쳐 실현된 이 지역어형이다.

186) 이는 '주저앉아'로 대역되며 '주저앉- + -어(연결형어미) → 조저안저(모음변이) → 조즈안즈(모음중화)'의 과정을 거쳐 실현된 이 지역어형이다.

187) 이는 '숫돌하고'로 대역되며 '숫돌 + -하고 → 수똘하고(경음화현상) → 수똘하구(모음상승) → 수똘하우(어중ㄱ음탈락현상)'의 과정을 거쳐 실현된 이 지역어형이다.

188) 이는 '밟는 것'으로 대역을 했으며 이의 완전한 발화가 이루어지지 못한 경우이다.

189) 이는 '경운기에'로 대역되는 이 지역어형이다. 이는 탈곡기의 동력으로 경운기의 원동기의 동력을 이용한 것을 말한다. 즉, 경운기의 원동기에 벨트로 탈곡기에 연결해서 사용한 탈곡기를 말하며, 기존의 인간의 힘을 이용한 탈곡기에서 발전된 형태를 말한다.

190) 이는 '매어서'로 대역되며 '미(매- → 메-(모음중화현상) → 미-(고모음화현상)- + -아가저(연결어미)'의 구성으로 이루어진 이 지역어형이다.

191) 이는 '놓으면'으로 대역되며 '놓(置)- + 으마(연결어미) → 노으마(ㅎ탈락현상) → 노우마(역행원순모음화현상)'의 과정을 거쳐 실현된 이 지역어형이다.

192) 이는 '넣으면'으로 대역되며 이 지역어형은 주로 '옇다, 넣다'로 대응되는데 주로 '옇다'형이 일반적이다. 일반적인 어형 '옇다'형은 '경상, 전남, 강원, 함경방언'에서 분포하는 것으로 보고되어 있고 '넣다'형은 옛말형이다. 이 어형은 '넣(挿)- + -므(연결어미)'의 구성으로 이루어진 것이다.

193) 이는 '나오고'로 대역되며 이 어형은 '나오다'의 이 지역어형인 '노우(오)-'형에서 활용어미가 완전히 실현되지 않은 형태이다.

194) 여기서 '땡깁'형은 탈곡기를 사기 위해 미리 돈을 당겨쓴 것을 말하며, 그전에 모아둔 돈이랑 합쳐서 갚았다는 내용이다. 또 제보자가 이 마을의 다른 사람들에 비해 탈곡기를 일찍 도입하여 농사에 활용했음을 나타내는 말이기도 하다.

195) 이는 '하도'의 이 지역어형이다.

196) 어휘를 일대일 대응을 시키면 '두드리면'으로 대역을 할 수 있지만 이 발화에서는 '타작하면'으로 대역할 수 있는 어휘이다. 원래 타작은 주로 두드리는 도구로 이삭을 떨어지게 했기 때문에 생긴 어휘이며 정확한 의미로 제시하기 위해 '타작하면'으로 대역했다.

197) 이는 '뒤섞이거든, 어지르거든'으로 대역되는 이 지역어형이며 뒤따르는 어형인 '어르지다'와 수의적 교체를 보이는 예이다.

198) 이는 '북데기하고'로 대역되며 '뿍띠하그'로 실현되어야 할 발화실수형이다. 뒤따르는 발화에서의 '뿍띠'가 이 지역어형이다. '뿍띠(북데기 → 뿍데기(어두경음화현상) → 뿍떼기(어중경음화현상) → 뿍띠(축약현상)'의 과정을 거쳐 실현된 이 지역어형이다.

199) 이는 '갈퀴'로 대역되는 이 지역어형이며 이 어형은 주로 경상방언에서 분포하는 어형이다.

200) 이는 '쓸어'로 대역되며 이 어형은 이 지역어를 비롯하여 전국적으로 그 분포 범위가 매우 넓은 어형 중의 하나이다.

201) 이는 '내야'로 대역되며 '내- + -이(연결어미)'의 구성으로 이루어진 이 지역어형이다.

202) 이는 '벼가'로 대역되며 '나락(稻) + -이(주격조사) → 나러이(어중자음탈락현상)'의 과정을 거쳐 실현된 이 지역어형이다.

203) 이는 '묘(墓)'의 이 지역어형이며 이 어형은 이 지역어를 비롯하여 경북방언의 남부 지역에 주로 분포하는 어형이다.

204) 이는 '한목'으로 대역되며 '한목 → 함목(양순음화현상) → 함모(음절말자음탈락현상)'의 과정을 거쳐 실현된 이 지역어형이다.

205) 이는 '조로'로 실현되어야 할 어형이며 우발적인 발화실수로 이루어진 어형이다.

206) 이는 '교대로'로 대역되며 이 지역어는 자음 아래에서 j계이중모음의 실현이 잘 이루어지지 않는 특성을 보이는 지역이다.

207) 이는 아래 발화에서 보충설명이 이루어지고 있지만 실제 의미는 타작을 세 조로 나눠서 하는 것을 설명하는 부분이다. 제보자의 설명에 따르면, 한 조는 탈곡기에 볏단을 넣어서 직접 타작을 하며 총괄하는 조, 한 조는 곡식과 북데기를 끌어내고 담는 역할을 하는 조, 다른 한 조는 짚을 날라서 짚가리를 재고 볏가리에서 볏단을 탈곡기 옆에 나르는 역할을 하는 조로 나누어서 일을 하는 것으로 설명하고 있는 부분이다. 대개 이런 식으로 구형 탈곡기에서 타작을 했다.

208) 이는 '쓸어내고'로 대역되며 '쓸어내고'형에서 치음 아래에서의 전설모음화 현상이 실현된 이 지역어형이며 이 지역을 비롯하여 경북지역어에서 일반적으로 일어나는 음운현상이다.

209) 이는 '그래'로 대역되며 이 지역어형은 고모음화가 실현된 어형이다.

210) 이는 '맞으니'로 대역되며 '맞(슴)- + -으닌(연결형어미, -으닌 → 으닌(ㄴ음탈락현상)'의 구성으로 이루어진 이 지역어형이다.

211) 이는 '기계가'로 대역되며 '기게(器械) + -이(주격조사)'의 구성으로 이루어진 이 지역어형이며 이 지역어에서는 주격조사로 '-이'형이 실현되기도 한다.

212) 이는 '짚가리도'로 대역되며 '짚빼까을 + -더(보조사)'의 구성으로 이루어진 이 지역어형이다. 여기서 '집빼까을'형은 이 지역어를 비롯한 경북지역어에서는 '집뻐까리, 집빼까리, 집까리' 등과 같은 다양한 어형으로 실현되기도 한다. 여기서 '뻐까리, 빼까리'형은 '볏가리'의 이 지역어형이지만, 의미의 확장이 이루어져 부피가 많이 쌓아둔 형태를 가리키는 의미로 쓰이기도 한다.

213) 이는 '하면'으로 대역되며 실제는 대동사로 사용되었기 때문에 '재면'이 더 정확한 뜻이며 '하(爲)- + -만(연결형어미)'의 구성으로 이루어진 어형이다.

214) 이는 '하면'으로 대역되며 이 지역어형인 '하면'으로 실현되어야 하지만 우발적인 발화실수로 이루어진 어형이다.

215) 이는 '종일(終日)'로 대역되며 어중연구개비음이 탈락된 형태의 이 지역어형이다.

216) 이는 '벼의 낟알'로 대역되며 이는 탈곡된 낟알 상태를 가리킨다. 이 지역어에서 '나락'은 식물상태인 '벼', '벼이삭'의 뜻으로도, 탈곡된 '벼의 낟알'의 뜻으로도 사용되는 예이다.

217) 이는 '먼지도'로 대역되며 '먼지 + -도(보조사) → 믄지도(모음중화현상) → 문지도(원순모음화현상)'의 과정을 거쳐 실현된 이 지역어형이다. 이 어형은 이 지역어를 비롯하여 경상도, 전라도, 충북, 제주, 함경도 지역어에 이르기까지 넓은 지역에 걸

처 분포되는 것으로 보고되어 있다.

218) 이는 '무더기를'로 대역되며 '무디(무더기 → 무데기(움라우트현상) → 무디기(고모음화현상) → 무디(축약)) + -를(목적격조사)'의 구성으로 이루어진 이 지역어형이다.

219) 이는 윗부스러기 즉, 위에 있는 부스러기'라는 의미이며 '우(上) + 뿍시리(부스러기)'의 구성으로 이루어진 이 지역어형이다. 이는 '부스러기 → 뿌스러기(어두경음화현상) → 뿌스르기(모음중화현상) → 뿌시르기(전설모음화현상) → 뿌시리기(모음동화현상) → 뿍시리기(ㄱ음첨가현상) → 뿍시리(축약현상)'의 과정을 거친 어형이며, 경북지역어에서는 '뿌시리기, 뿌스러기, 뿍시리기, 뿍시리' 형 등이 실현되지만 실제로 조사된 어형은 드물다.

220) 이는 '대나무비로'로 대역되며 '대비 + -러(도구격조사)'의 구성으로 이루어진 이 지역어형이다.

221) 이는 '쭉정이하고는'으로 대역되며 이는 '쭉띠(쭉덩이 → 쭉뎅이(움라우트현상) → 쭉뗑이(경음화현상) → 쭉띵이(고모음화현상) → 쭉띠(축약)'의 과정을 거쳐 실현된 이 지역어형이다.

222) 이는 '나중에, 뒤에'로 대역되며 이 어형은 '내 + -제(時)'의 구성으로 볼 수 있으며 '나중'과는 별개의 단어로 판단된다. 아마도 '내(來) + 제'의 구성이거나 '내(乃) + 제'의 구성으로 볼 수 있는 어휘이다.

223) 이는 '그것을, 그걸'로 대역되는 이 지역어형이며 어중의 ㄱ음이 탈락되어 실현된 이 지역어형이다.

224) 이는 '도리깨를'로 대역되며 '도리깨 + -러(목적격조사)'의 구성으로 이루어진 이 지역어형이다.

225) 이는 '이만큼'으로 대역되는 이 지역어형이다. 그리고 이 발화는 '북데기타작'에 대해 설명을 하는 부분이다. 즉 '북데기타작'은 탈곡기로 타작을 하다보면 나오는 북데기와 일부 덜 훑어진 벼이삭을 함께 쌓아뒀다가 도리깨를 이용하여 마지막으로 타작을 하는 것을 말한다.

226) 이는 '섞여 놓으면'으로 대역되며 '섞이 − 느(놓(置)- → 노-(ㅎ음탈락현상) → 느(비원순모음화현상))- + -마(연결형어미)'의 구성으로 이루어진 이 지역어형이다.

227) 이는 앞에서도 지적했지만, '낟알, 나락이삭'의 의미로 쓰인 이 지역어형이다.

228) 이는 '외양간에'로 대역되며 '소+마그(馬廐)'의 구성으로 이 어형은 이미 알려진 대로, 경상·강원·전남지역에 분포하는 것으로 보고된 바 있다. '소마그'형은 '소마구'에서 비원순모음화현상이 일어난 어형으로 이 지역어형에서 이런 음운현상이 실현되는 지역이다.

229) 이는 '센'으로 대역되며 '세(强)- + -ㄴ(관형사형어미) → 신(고모음화현상) → 싱(후행어절에 의한 연구개음화)'의 과정을 거쳐 실현된 이 지역어형이며, 성조에 따라 '시다(酸)'와 구분이 된다.

230) 이는 '날린다'로 대역되며 이 어휘는 기존의 방언조사에서는 조사가 이루어져 있

지 않는 어형이지만 이 지역어를 비롯하여 경북지역어에 일반적으로 분포하는 어휘이다. 이 어휘는 곡식 등을 자연적인 바람이나 키 등을 이용하여 바람에 날려서 낟알과 찌꺼기나 먼지 등을 분리하는 행위를 말하는 어휘이다.

231) 이는 '쭉정이는'으로 대역되며 '쭉데기 → 쭉떼기(어중경음화현상) → 쭉띠기(고모음화현상)'의 과정을 거쳐 실현된 어형이며 수의적인 변이형으로 '쭉띠~이'형처럼 비모음화가 실현된 예도 보인다.

232) 이는 '나가고'로 대역되며 어중의 ㄱ음이 탈락된 예이다.

233) 이는 '알갱이'로 대역되며 '알갱이 → 알개이(어중비음탈락)'의 과정을 거쳐 실현된 이 지역어형이다.

234) 이는 쭉정이처럼 아무 것도 없는 비어있는 것을 말하며 '비어'로 대역되는 이 지역어형이다.

235) 이는 '정부수매'로 대역된다. 우리나라에서는 아직도 식량의 자급률이 낮지만 주식인 쌀의 자급을 높이기 위해 간척사업을 통한 농지확보, 경지 정리 및 품종개량에 의한 증산 등을 통하여 자급을 확보하기 위해 다각도로 노력했을 뿐만 아니라 외국산 쌀과의 가격차이 등을 고려하여 정부 주도로 벼를 수매하였는데 이를 농가에서는 '매상(買上)'으로 주로 불렀다. 또 여기서 트랙터 등을 이용한 콤바인 기계로 탈곡을 할 경우 타작을 한 뒤에 벼를 건조시키지 않아도 될 정도로 수확할 수 있으며 이를 바로 정부수매에 가져가도 될 정도라는 뜻으로 사용된 말이다.

236) 이는 '수분이'로 대역되며 '수분이 → 수분~이(비모음화현상) → 수부~이(비자음탈락현상)'의 과정을 거쳐 실현된 이 지역어형이다.

237) 이는 '흩다'로 대역되는 이 지역어형으로 기본형은 '히시다'이다. 이 어휘의 의미는 '무엇인가 쌓여 있는 것을 꼬챙이나 도구를 이용하여 흩어서 펼치는 것'을 뜻한다.

238) 이는 '밥맛'으로 대역되며 '밥맛 → 밤맏(비자음화현상) → 밤마(어절말자음탈락현상)'의 과정을 거쳐 실현된 이 지역어형이다.

239) 이는 '망을'로 대역되며 '망 + -꺼'의 구성으로 이루어진 이 지역어형이다.

240) 이는 '보면'으로 대역되며 '보(視)- + -무(연결형어미) → 버무(모음변이)'의 구성으로 이루어진 이 지역어형이다.

241) 이는 '좋다고'로 대역되며 이 지역어에서는 '좋(好)- + -다'로 구성되며 기본형은 '좋다'형이다.

242) 이는 '버썩하게'로 대역되며 '버썩하- + -이(부사형어미) → 버써가이(어중ㅎ음탈락) → 버써거이(모음변이)'의 과정을 거쳐 실현된 이 지역어형이다.

243) 이는 '밥맛이'로 대역되며 '밥맛 + -이(주격조사) → 밥마이(어중자음 ㅅ음탈락)'의 과정을 거쳐 실현된 예이다. 이 경우, 비음동화가 실현될 수도 있지만 발화과정에서 호흡이 있다보니 비음동화현상은 일어나지 않았던 부분이다.

244) 이는 '하나도'로 대역되며 '하나 + -뜨(보조사) → 하아뜨(어중자음ㄴ음탈락)'의 과정을 거쳐 실현된 이 지역어형이다.

245) 이는 '학남'으로 경상북도 의성군 봉양면의 한 지역으로 판단되는 곳이다.

246) 이는 '예전에는 다섯 마지기의 논에서 타작한 벼를 신작로(新作路)에서 말렸다'는 의미이다. 이 발화에서 목적어인 '벼를'이 생략되어 의미 전달에서 혼선이 빚어질 수 있는 대화이다.

247) 이는 모음중화로 일어난 어형이며 '그저'로 대역되는 이 지역어형이다.

248) 이는 '벼를'로 대역되며 '나럭 + -을(목적격조사)'의 구성에서 어중자음 ㄱ음이 탈락된 예이다.

249) 이는 '벌모'로 대역을 했는데 표준어에는 정확히 대응되는 어형이 없다. 제보자의 발화에서는 '둘거리'로 되어 있지만 제보자의 설명을 볼 때는 '돌거리'로 판단되는 어형이기도 하다. 즉, 제보자의 설명에 따르면, 논의 모양이나 크기가 일정치 않아서 모심기를 하는 인원이 그냥 멋대로 돌아가면서 심는 방식이라는 설명에 따른 것이다. 제보자의 발화 '둘거리'만을 고려했을 때는 '두 사람이 할 수 있는 정도의 논 크기'라는 의미로 볼 수도 있지만 제보자의 설명에서 이런 가능성은 배제되며 따라서 유사어형인 '벌모'로 대역했다.

250) 이는 '논이'로 대역되며 '논이 → 논~이(비모음화현상) → 노~이(어중비음탈락현상)'의 과정을 거쳐 실현된 이 지역어형이다.

251) 이는 '요만한'으로 대역되지만 실제 발화는 '요만큼한'으로 대역될 수 있는 어형이다.

252) 이는 '길쭉한'으로 대역되며 '길쭉한 → 길쭈간(어중ㅎ음탈락현상) → 질쭈간(경구개음화현상) → 질쭈강(후행음절에 의한 연구개음화현상)'의 과정을 거쳐서 실현된 이 지역어형이다.

253) 이는 '둥그런'으로 대역되는 이 지역어형이다.

254) 이는 '가로'로 대역되며 '가수(邊) + -오(방향격조사)'의 구성으로 이루어진 이 지역어형이다.

255) 이는 '가(邊)에도'로 대역되며 '가세(邊) + -뚜(보조사)'의 구성으로 이루어진 이 지역어형이며 이 어형은 이 지역어를 비롯하여 경북지역어에 넓게 분포하는 예이다.

256) 이는 '심으려'로 대역되며 이 어휘의 기본형은 '숨무다'형이다. 이는 이 어휘의 활용형으로서 '숨무(植)- + -ㄹ려(연결형어미)'의 구성으로 이루어진 이 지역어형이며 경북지역어에서는 이 어형과 함께 '숭구다'형도 분포하는 특징을 보인다.

257) 이는 '둘거리'로 발화해야 될 부분이지만 발화실수가 일어난 어형이다.

258) 이는 모두 '수굼포'형의 발화가 제 때에 이루어지지 않아서 일어난 어형이다. 원래 이 어형은 'scoop'에서 유래된 서구계 외래어이다.

259) 여기서는 제보자가 개신형인 '삽'이라는 어형을 사용하고 있는 부분이다. 주로 이 제보자의 경우 '수굼포'형을 많이 쓰고 있지만 개신형인 '삽'형을 사용하기도 함을 볼 수 있는 부분이다.

260) 이는 '생갈이', 구체적으로 애벌갈이를 뜻하는 말이다.

261) 이는 '소로'로 대역되며 '소 + -러(도구격조사)'의 구성으로 이루어진 이 지역어형이며 비원순모음화가 이루어진 어형이다.

262) 이는 '뒤집어'로 대역되며 이는 '디비- + -어(연결형어미)'의 구성으로 이루어진 이 지역어형이다. 이 어형은 동일한 형태가 '뒤지다'의 의미로도 쓰이는데 주로 경상도방언과 함경도방언에 분포하는 것으로 알려져 있다.

263) 이는 '삽이'로 대역되며 '수굼포 + -아(주격조사)'의 구성으로 이루어진 이 지역어형이며 어중자음 ㄱ음이 탈락된 예이다.

264) 이는 '논을 갈거나 파지 않은 본래의 땅'을 가리키는 말이며 '생(生)+땅'의 구성으로 이루어진 어휘이다.

265) 이는 '논둑에'로 대역되며 '논둑 → 논뚝(경음화현상) → 노뚝(어중ㄴ음탈락현상)'의 과정을 거쳐 실현된 이 지역어형이다.

266) 이는 '당겨'로 대역되며 '당기(引)- + -이(연결형어미) → 땅기(어두경음화현상) → 땡기(움라우트현상)'의 과정을 거쳐 실현된 이 지역어형이다.

267) 이는 '길이가'로 대역되며 '찌리~(長, 길이 → 끼리(어두경음화현상) → 찌리(경구개음화현상) → 찌리~(비모음화현상) + -이(주격조사)'의 구성으로 이루어진 이 지역어형이다.

268) 이는 '호미'로 대역되며 '호매기'로 실현되어야 할 어형이지만 제보자의 발화실수로 이루어진 어형이다. 이는 다음의 발화에서도 '호매이'를 '소매이'로 발화하고 있다.

269) 이는 '뾰쪽이'로 대역되며 '뾰쪽이 → 뾰쭈기(고모음화현상)'의 과정을 거쳐 실현된 이 지역어형이며, 다음 발화에 이어지는 '뾰쭉하이'도 같은 어형이다.

270) 이는 '기다랗게'로 대역되며 경구개음화현상과 하다 동사가 결합된 이 지역어형이다.

271) 이는 '볏이'로 대역되며 이 지역어에서는 '빛 ~ 빚'형으로 수의적 변이를 보이는 형태이다.

272) 이는 서양 보습으로 대역되며 '양소비 + 맨지러'의 구성으로 이루어진 이 지역어형이다.

273) 이는 '대는'으로 대역되며 '대는 → 때는(경음화현상) → 때능(후행음절에 의한 연구개음화현상)'의 과정을 거쳐 실현된 이 지역어형이다.

274) 이는 '쑤셔, 후벼'로 대역되는 이 지역어형이며 '히시- + -어(연결형어미)'의 구성으로 이루어진 이 지역어형이다. 이 어휘는 '쑤시거나 후벼서 길을 내거나 모아놓은 것을 흩어버리는 것'을 뜻하는 이 지역어형이다.

275) 이는 '무다리논'으로 대역되며 무다리논은 '물을 댈 수 있는 도랑이나 보가 없어서 위의 논으로부터 물을 내려받아야 물을 댈 수 있는 논'을 가리킨다. 즉, 이 어휘는 '(물 + 다리) + 논'의 구성으로 이루어진 어형이다.

276) 이는 '도랑이'로 대역되며 같은 발화 내에서 '도랑이'로 표현된 어형이 이런 형태로 다르게 발화가 된 것이다. 즉, '도랑 → 다라(음절말자음 탈락 현상)'으로 인해 주격조사가 '-가'형태가 선택된 경우이다.

277) 이는 '살며시'로 대역된 이 지역어형이다. 이 어휘의 의미는 '살며시'라는 의미에 '별 다른 의도가 없이'라는 뜻이 담겨 있는 이 지역어형이다.

278) 이는 '마지기'로 대역되는 이 지역어형이며 어중자음ㄱ음이 탈락된 예이다.

279) 이는 '도랑으로'로 대역되는 이 지역어형이며 이는 모음동화와 축약에 의해 실현
    된 어형이다.

280) 이는 '먹어'로 대역되며 이 지역어를 비롯한 남부 경북지역어는 모두 원순모음화
    가 실현된 어형인 '묵다'형으로 재구조화된 어형으로 실현된다.

281) 이는 '넘어가려'로 대역되며 '넘어가- + -ㄹ러(연결형어미)'의 구성으로 이 지역어
    형이다.

282) 이는 '돌아서면'으로 대역되며 '돌아서- + -믄(연결형어미) → 도라섬(축약) → 도
    라슴(모음중화) → 도르슴(모음동화)'의 과정을 거쳐 실현된 이 지역어형이다.

283) 이는 '말카, 마카' 등의 어형으로 수의적으로 교체되는 형태로서 '모두'라는 의미
    로 쓰인 어형이다.

284) 이는 직역을 하면 '박힌'으로 대역될 수도 있지만 이 상황에서 사용된 직역의 의미
    로는 '스며든'으로 대역하는 것이 더 정확할 것으로 판단된다. 원래 이 지역어의
    '배기다'형은 '박히다'형으로 대응이 되지만 여기서는 물이 흙으로 스며든 것을 뜻
    하는 어휘이다.

285) 이는 '내려와도'로 대역되는 이 지역어형이다. 이는 '니르오- + -도(연결형어미)'의
    구성형이 다시 축약이 되어 실현된 어형이다.

286) 이는 '인제'로 대역되는 이 지역어의 담화표지이다.

287) 이는 '새어'로 대역되는 이 지역어형이다. '새다'형이 이 지역어에서는 '시(씨)아 →
    시애(ㅣ 모음동화)'의 과정을 거쳐 실현된 과도기적 어형이라고 할 수 있는 예이다.

288) 이는 '논에'로 대역되며 '논(畓) + -어(처소부사격조사)'의 구성으로 이루어진 어형
    이다.

289) 이는 '있어야'로 대역되며 '있(有)- + -어에(연결형어미)'의 구성으로 이루어진 어
    형이다. 여기서 매개모음으로 연결된 음은 주로 '으'모음이지만 이 지역어에서는
    중화에 의하여 '어'로 실현된 경우이다.

290) 이는 '논에'로 대역되며 '넌(수의적모음변이) + -는(보조사)'의 구성이지만 여기서
    '-는'은 화용적 기능을 표시한 것으로 볼 수 있는 예이다.

291) 이는 '내려가니까'로 대역되며 '니리가-(내려가 → 내리가-(이중모음실현제약에 따
    른 단모음화) → 니리가-(고모음화현상)) + -니끼리(연결형어미) → 니리가이끼리
    (어중자음탈락현상)'의 과정을 거쳐 실현된 예이다.

292) 요즘과 달리 예전에는 관개시설이 부족한 경우가 대부분이었기 때문에 물을 차례
    로 받아서 대기는 했지만 못 밑에 있는 논은 다른 논과 달리 물이 완전히 없어서
    모내기를 하지 못 하는 경우는 없기 때문에 상대적으로 다른 논에 비해 가격이 비
    싸고 선호하는 토지라는 의미다.

293) 이는 '있으면'으로 대역되며 '있(有)- + -으마(연결형어미) → 이씨마(모음동화)'의
    과정을 거쳐 실현된 이 지역어형이다.

294) 이는 '늘'로 대역되는 이 지역어형이며 '장'의 형태 중에서 음절말자음이 탈락된

예이다. 이 어휘는 '경상, 전라, 충남, 황해, 함경도방언'에 분포하는 것으로 보고된 바 있다.

295) 이는 '들어갔다'로 대역되며 '들(入)-'과 '가-'의 어간이 바로 연결된 어형이다. 이런 합성어는 15세기 중엽에 활발한 조어법이었지만 상대적으로 근대, 현대에 접어들면서 그 생산력이 낮아진 조어법의 한 유형이다.

296) 이는 '벼도'로 대역되며 '나락 + -떠(보조사)'의 구성으로 이루어진 이 지역어형이다.

297) 이는 '만날'의 어형에서 음절말자음이 탈락된 이 지역어형이다.

298) 이는 '옛날에'으로 대역되는 이 지역어형이며 이 지역어의 특성상 이중모음 실현 제약에 따른 현상이다.

299) 이는 '여하튼'으로 대역되며 이 지역에서는 '여핳든 → 여앟든(어중 ㅎ음탈락현상) → 여아뜬(경음화현상)'의 과정을 통하여 실현된 어형이다.

300) 이는 '생각을'으로 대역되며 '머리를'로 대역할 수도 있지만 더 의미를 분명하게 하기 위해 '생각을'으로 대역했다.

301) 이는 '딸려서'로 대역되며 '딸레(딸리- + -어 → 딸레(이중모음실현제약에 따른 고모음화))- + -가주(연결형어미)'의 구성으로 이루어진 어형이다.

302) 이는 '봇물은'으로 대역되며 '봇물 + -은(보조사) → 봄무른(비음화현상) → 봄무르(음절말자음탈락현상)'의 과정을 거쳐 실현된 이 지역어형이다.

303) 이는 '만들어야'로 대역되며 '맨들- + -어애(연결형어미)'의 구성으로 이루어진 이 지역어형이다.

304) 이는 '그래서'로 대역되며 '그러- + -가(연결형어미)'의 구성으로 이루어진 이 지역어형이다.

305) 이는 '돌 + -알(도구격조사)'의 구성으로 이루어진 이 지역어형이다. 이 지역어에서는 '-을(를)~알(랄)'형이 목적격조사로서뿐만 아니라 도구격조사로도 쓰인다.

306) 이는 '개울을'으로 대역되며 '거렁 + -을(목적격조사)'의 구성으로 이루어진 이 지역어형이다.

307) 이는 '메우는'으로 대역되며 '메우- + -느(현재진행선어말어미) + -ㄴ(관형사형어미)'의 구성으로 이루어진 이 지역어형이다.

308) 이는 '논이'로 대역되며 '논(畓) + -이(주격조사) → 논~이(비음화현상) → 노~이(비자음탈락)'의 과정을 거쳐 실현된 이 지역어형이다.

309) 이는 '마지기쯤'으로 대역되며 '마지기 + 쭘(보조사) → 마지이쭘(어중ㄱ음탈락현상)'의 과정을 거쳐 실현된 이 지역어형이다.

310) 이는 '만들면, 결성하면'으로 대역되는 이 지역어형이다.

311) 이는 논이라고 하더라도 적당히 물이 빠지고 물이 차서 벼에 공기 즉, 산소가 적당히 공급되어야 벼가 잘 자라고 건강해진다는 뜻이다.

312) 이는 '힘이'로 대역되며 '심 + -이(주격조사)'의 구성으로 이루어진 어형이다. 이 지역어에서는 힘에 대한 방언형이 '심'으로 이미 재구조화가 된 어형이다.

313) 이는 '그러니까'로 대역되며 '그러 + -니끼네 → 그르니끼네(모음중화) → 그리니끼

네(ㅣ모음동화) → 그리이끼네(비음탈락)'의 과정을 거쳐 실현된 이 지역어형이다.

314) 이는 '개울이'로 대역되며 '거렁 + -이(주격조사) → 거러이(비자음탈락)'의 과정을 거쳐 실현된 이 지역어형이다.

315) 이는 외래어 '콘크리트(concrete)'에 대한 어형이며 이 지역어에서는 이밖에도 '공그리, 콩그리' 등으로 발음되기도 한다. 이를 정확히 표기하면 '콘크리트 관'으로 대역해야 할 어형이다.

316) 이는 '박아서'로 대역되며 '박- + -아(연결형어미)'의 구성에 다시 문법화된 형태소인 '가존'형이 덧붙여진 형태이다.

317) 이는 '가(去)- + -가(연결형어미)'의 구성으로 이루어진 이 지역어형이며, '가서'로 대역된다.

318) 이는 '깊으면'으로 대역되며 '깊(深: 깊- → 짚-(경구개음화현상)- + -으마(연결형어미) → 지푸마(원순모음화현상)'의 과정을 거쳐 실현된 이 지역어형이다.

319) 이는 이 지역어의 한 특징인 어형이 전반적으로 축약이 이루어진 형태의 어형이다. '거틈'은 '거트면'의 축약형이며 '같으면'으로 대역할 수 있는 어형이다.

320) 이는 '찰흙을'으로 대역되며 이 지역어에서는 '흙'이 주로 '흘(土)'형으로 실현되는 지역이다.

321) 이는 '새도록'으로 대역되며 발화실수로 인해 '새다'가 '채다'로 실현된 예이다.

322) 이는 '떡메를'으로 대역되며 '떡메 + -러(목적격조사) : 떡메를 → 떵메를(비음화현상) → 떵메르(음절말자음탈락현상) → 떵메러(모음중화현상)'의 과정을 거쳐 실현된 이 지역어형이다.

323) 이는 '채워야'로 대역되며 '채애, 채애야'로 실현되어야 할 어형이지만 발화실수 또는 이화작용으로 판단되는 어형이다.

324) 이는 '하나 + -떠(보조사)'의 구성으로 이루어진 이 지역어형이다.

325) 이는 '평평하게'로 대역되며 '평(平)하- + -이(부사화접사) → 펭하이(이중모음실현제약에 따른 단모음화) → 핑하이(고모음화)'의 구성으로 이루어진 이 지역어형이다.

326) 이는 '안에'로 대역되며 발화실수에 따른 실현형이다.

327) 이는 '찰흙, 찰흙을'으로 대역되며 '찰흘 → 찰을(어중ㅎ음탈락) → 찰알(모음동화현상) → 차알(이화작용에 의한 음절말유음탈락현상)'의 과정을 거쳐 실현된 이 지역어형이다.

328) 이는 제보자가 태의 착오로 인해 생긴 발화실수형이다.

329) 이는 '들어오는'으로 대역되며 '들어오는 → 들으오는(모음중화현상) → 들오는(축약) → 도로는(모음동화현상)'의 과정을 거쳐 실현된 예이다.

330) 이는 '개울로'로 대역되며 '거렁 + -을(도구격조사) → 거러을(음절말자음탈락현상)'의 과정을 거쳐 실현된 예이다.

331) 이는 '기초를'로 대역되며 '기틀 + -를(대격조사) → 기틀(축약) → 기털(모음중화현상)'의 과정을 거쳐 실현된 어형이며, 추상적으로 많이 쓰이는 '기틀'이 '기초'의 의미로 사용된 예이다.

332) 이는 '말뚝을'으로 대역되며 '말띠 + -르(대격조사)'의 구성으로 이루어진 어형이며 선행하는 '말찔'형은 경구개음화가 실현된 어형이다.

333) 이 제보자의 경우, '나무'에 대한 실현형은 '나무(모), 남ㄱ'형이 공존한다. 다만, '나무'형이 개신형으로 판단되며 개신형이 실현빈도가 더 높은 것으로 판단된다.

334) 이는 '생전(生前)'으로 대역되며 '생전 → 생쩐(모음중화현상) → 생찐(전설모음화현상) → 생낀(경구개음화에 따른 과도교정)'의 과정을 거쳐 실현된 예이다.

335) 이는 '박아'로 대역되며 '박- + -아(연결형어미) → 바아(어중 ㄱ음탈락현상)'의 과정을 거쳐 실현된 이 지역어형이다.

336) 이는 '모두'로 대역되는 이 지역어형이며, 이 어형 외에도 '말까(마까), 말카(마카)' 등으로 실현되기도 한다.

337) 이는 어중자음 '르'음이 탈락된 환경이다.

338) 이는 '고것은'으로 대역되며 '고오(고것 → 고곳(모음동화) → 고오(자음탈락)) + -는'의 구성으로 이루어진 이 지역어형이다.

339) 이는 '많으면'으로 대역되며 '물을 대는 논이' 또는 '물을 대는 지주가'라는 주어가 생략된 표현이다. 이 지역어형 '마느만'은 '많(多)- + -으만(연결형어미)'의 구성으로 이루어진 어형이다.

340) 이는 '감독'으로 대역되는 이 지역어형이며 연못, 저수지나 이곳에서 물길인 보를 총괄하는 책임자를 가리키는 이 지역어형이다.

341) 이는 위에부터로 대역되며 '우(上) + -에(처소부사격조사) + -뿌텀(보조사 '-부터')'으로 구성된 이 지역어형이다.

342) 이는 '자기'로 대역을 했지만 실제로는 '논주인이'의 뜻으로 쓰인 이 지역어형이다.

343) 이는 '대도록'으로 대역되며, '대- + -두루(연결형어미 -도록)'의 구성으로 이루어진 이 지역어형이다.

344) 이는 '위에만'으로 대역되며 '우(上) + -에(처소부사격조사) + -맘(보조사)'의 구성으로 이루어진 이 지역어형이며 처소부사격이 이 제보자는 음성적으로 '-에'형과 서로 수의적으로 교체되고 있다.

345) 이는 '많이'로 대역되는 이 지역어형이며, 주로 '마~이, 마이' 형으로 실현되는 것이 일반적인데 극도로 축약이 이루어진 이 지역어형이다.

346) 이는 '한 번'으로 대역되며 '한 번 → 함 번(양순음화현상) → 함먼(비자음화현상)'의 과정을 거쳐 실현된 이 지역어형이다.

347) 이 문장에는 주어인 못감독 또는 봇감독이 생략된 표현이다.

348) 이는 '순번'으로 대역되는 이 지역어형으로 발화실수형으로 판단되는 예이다.

349) 이는 '밑에까지'로 대역되며 '밑(下)- + -에(처소부사격조사) + -꺼연(보조사 -까지)'의 구성으로 이루어진 이 지역어형이다.

350) 이는 '벼'로 대역되며 이 제보자의 경우 수의적인 변이형으로 '나락 ~ 나럭'으로 교체를 보이고 있다.

351) 이는 '먹으면'으로 대역을 했지만 그 뜻은 '추수하면'이란 뜻으로 쓰인 어휘이다.

352) 이는 '못감독'으로 대역되며 일반적으로는 '못강구 → 목강구(연구개음화현상) → 목깡구(경음화현상)'의 과정을 거쳐 실현된 이 지역어형이며, 경음화현상은 천천히 발음을 하면 수의적으로 실현이 되지 않기도 한다. 여기서 못감독은 저수지 즉, 연못에서 물을 빼서 논에 물을 대주는 사람을 가리키며 보감독은 보에서 논으로 물을 대주는 보를 관리하는 사람을 가리킨다.

353) 여기서 '한 되, 두 되'라는 의미는 해마다 정하는 기준과 논의 크기에 따라 벼를 달리 준다는 의미다.

354) 이는 이 지역의 지명이며 새골에 위치한 저수지를 가리킨다.

355) 여기서 '쫑'은 '배수구'로 대역되며 연못에서 보로 물을 대기 위해 인위적으로 만든 배수구 및 장치를 뜻한다.

356) 이는 '내려대고'로 대역되며 '니리(내리(降)- → 니리-(고모음화현상))대다'의 구성으로 이루어진 어형이다.

357) 이는 '열홀씩'으로 대역되며 '여여(열홀이 축약되어 '여'형으로 된 어형이 중첩된 경우임) + -씩(접미사)'의 구성으로 이루어진 어형이다.

358) 이는 '니리대고'로 발화해야 될 부분인데, 제보자의 우발적인 발화실수가 일어난 예이다.

359) 이는 이 지역의 지명인 정골에 소재하는 못을 가리킨다.

360) 이는 '큰 풍년'으로 대역되며 '순풍년(純豊年) + -이(주격조사) → 숨풍년이(비음동화현상) → 숨풍년~이(비모음화현상) → 숨풍녀~이(비자음탈락현상)'의 과정을 거쳐 실현된 이 지역어형이다.

361) 이는 '반(半)도'로 대역되며 '반지(半之) + -더(보조사)'의 구성으로 이루어진 이 지역어형이다.

362) 이는 '못은'으로 대역되며, '못 + -으릉(보조사)'의 구성으로 이루어진 이 지역어형이다.

363) 이는 '헤프고'로 대역되며 '헤프고 → 히프고(고모음화현상)'의 과정을 거쳐 실현된 이 지역어형이다.

364) 이는 수단위명사인 '마지기'의 이 지역어형으로 모음변이와 음절의 탈락에 의해 형성된 형태이다.

365) 이는 '모두'로 대역되는 이 지역어형이다.

366) 이는 '물세'로 대역되며 '물세 + -가(주격조사) → 물시가(고모음화현상)'의 과정을 거쳐 실현된 이 지역어형이다. 이쪽 논의 경우 무자위로 물을 퍼서 논에 물을 대기 때문에 이에 따른 물의 사용료를 설명하는 말이다.

367) 이는 '전기요금이'로 대역되며 '전기세(電氣稅) + -가(주격조사) → 정기세가(연구개음화현상) → 정지세가(경구개음화현상)'의 과정을 거쳐 실현된 이 지역어형이다. 바로 이어서 나타나는 '정셰에가'형은 이의 변이형이며 둘째음절이 탈락되고 이중모음의 발음에 변형이 일어난 어형이다.

368) 이는 '수곡(收穀)'으로 대역되며 '수곡 → 수옥(어중ㄱ탈락현상) → 수오(음절말자음

탈락현상)'의 과정을 거쳐 실현된 어형이다.

369) 이는 '정부수매 포대'로 대역되며 '매상(買上) + 포대기'의 구성으로 이루어진 이 지역어형이다.

370) 이는 '한 되지만'으로 표현되어야 할 부분인데 발화실수로 인해 단위명사가 생략된 경우이다.

371) 이는 '많이'로 대역되며 '많이 → 마니(어중ㅎ음탈락현상) → 마~니(비모음화현상) → 마~이(비자음탈락현상) → 마~(모음탈락현상)'의 과정을 거쳐 실현된 이 지역 어형이다. 이 어형은 '마~이, 마니, 마이' 형 등과 공존하는 어형이다.

372) 이는 '웅덩이'로 대역되며 '웅덩이 → 웅뎅이(움라우트현상) → 웅딩이(고모음화현상) → 웅딩~이(비모음화현상) → 웅디~이(비자음탈락현상)'의 과정을 거쳐 실현된 이 지역어형이며, 앞에 등장하는 수의적인 변이형으로 '옹데이'형도 보인다.

373) 이 지역의 저수지의 한 이름으로 보인다.

374) 이는 '가두어'로 번역되며 '가두- + -아(연결형어미) → 가다(축약)'의 과정을 거쳐 실현된 이 지역어형이다.

375) 이는 '평평하면'으로 대역되며 '편(平)하- + -마(연결형어미)'의 구성으로 이루어진 이 지역어형이다. 이 지역어를 비롯하여 경북지역어에서는 '평평'이 고모음화가 실현되어 '핀핀, 핀핑, 핑핑' 등으로 실현되기도 한다.

376) 이는 '둘이'로 대역되며 '둘 + -이가(주격조사)'의 구성으로 이루어진 이 지역어형 이다.

377) 이는 '양쪽'으로 대역되는 이 지역어형이다.

378) 이는 한 마지기의 반쯤 되는 즉, '반마지기' 정도로 대역되며 '가웃마지기'으로 대역될 수 있는 이 지역어형이다.

379) 이는 '형님'으로 대역되는 이 지역어형이며, 앞의 한자어 '형주(兄主)'를 썼다가 다시 '형님'형으로 고쳐 표현한 것이 흥미로운 부분이다. 이 제보자의 개인어로서 이 두 어휘는 수의적으로 나타남을 알 수 있는 부분이다.

380) 이는 '힘'으로 대역되는 이 지역어형이며 이 지역어에서 이 어형은 일반적이다.

381) 이는 '한껏'으로 대역되며 '한것 → 항건(연구개음화현상) → 항근(모음중화)'의 과정을 거쳐 실현된 이 지역어형이다.

382) 이는 '양철통'으로 대역되는 이 지역어형이다. 이 지역어를 1:1 대응방식으로 대역을 하면 '양철동이'로 대역을 해야 할 부분이다. 즉, 양철 재료로 이루어진 동이라는 뜻이지만 여기서는 '양철동이'로 대역을 하지 않았다. 현실적으로 이때 사용하는 재료는 주로 양철통으로 이루어진 용기였기 때문이다.

383) 이 제보자의 경우 자모음의 수의적 변동이 심한 편인데, 이 발화의 경우에도 그 정도가 심한 편이다.

384) 이는 '저절로'로 대역되는 이 지역어형이며 이는 '저절로 → 즈즐로(모음중화현상) → 지질로(전설모음화현상)'의 과정을 거쳐 실현된 이 지역어형이다.

385) 이는 '있으니까'로 대역되며 '있(有)- + -으이끼네(연결형어미) → 이씨이끼네(전설

모음화현상)'의 과정을 거쳐 실현된 이 지역어형이다.

386) 이는 '아니면'으로 대역되며 '어이(아니- → 아이-(비음탈락현상) → 어이-(모음교체현상)- + -머(연결형어미)'의 구성으로 이루어진 이 지역어형이다.

387) 이는 '양수기가'로 대역되며 어중자음 ㄱ음이 탈락된 형태이다.

388) 이는 '어디 있나'로 대역되며 '어디 있느'형이 축약된 이 지역어형이다. '있(有)- + -느(의문형어미) → 인느(비자음동화현상)'의 과정을 거쳐 실현된 이 지역어형이다.

389) 이는 '떼'로 대역되며 이에 대한 설명은 제보자가 이어지는 발화에서 설명을 하고 있다. 즉, 잔디나 띠 등이 네모반듯한 크기로 흙이 함께 붙어 있는 것을 말한다.

390) 이는 비료를 담는 포대가 종이가 아닌 비닐을 이용한 포대를 가리키며, '떼' 대신에 비닐로 이루어진 비료포대를 이용하면 된다는 뜻이다.

391) 이 제보자의 발화상의 특징이 수의적인 변이형태가 매우 다양하게 실현되는데, 비료(肥料) 형도 '비로, 비루, 비러, 비으' 형처럼 매우 다양하게 실현된다.

392) 이는 '그것도'로 대역되며 '그것 + -도 → 그거또(어중경음화현상) → 그어또(어중자음탈락현상) → 그어뜨(모음동화현상)'의 과정을 거쳐 실현된 이 지역어형이며, 이는 '거떠'형으로도 실현되기도 한다.

393) 이는 다음의 발화에서 알 수 있듯이, '찰흙의 떼'로 대역되는 이 지역어형이다. 즉, '떼판'의 흙이 찰흙으로 이루어진 것을 뜻한다.

394) 이는 '찰흙'으로 대역되며 이 지역어를 비롯한 경북 남부방언권에서는 주로 '흙'은 '흘'로 실현된다.

395) 이는 '터실터실한'으로 대역되며 이는 '표면이 매끄럽지 않고 거칠고 보푸라기가 일어난 그런 상태 또는 찰지지 않은 상태'를 가리키는 이 지역어형이다.

396) 이는 '말할 것'으로 대역되며 어절경계 속에서 연구개 자음 앞에서 음절말의 유음이 탈락된 예이다. 이 제보자의 발화에서 이런 경향이 발견되는 특징이 있으며 환경은 다르지만 후행하는 '살기 → 사기(유음탈락)'의 예에서도 확인이 된다.

397) 이는 부사 '생전'으로 대역되는 이 지역어형이다. 이는 '생년(生年)'에 바탕을 두고 있는 어휘로 판단된다.

398) 이는 식물인 '바랭이'로 대역되는 이 지역어형이며 수의적으로 '바세 ~ 받세 ~ 바쎄 ~ 받쎄' 등으로 실현되기도 한다. 이 어형은 경북의 다른 지역어에서도 분포하며 지역에 따라 '바래기, 바래~' 등으로 실현되기도 하는 어형이다. 이 식물은 밭에서 흔히 자라는 잡초이며 밑 부분이 지면으로 뻗으면서 마디에서 뿌리가 내리고 곁가지와 더불어 40~70cm로 곧게 자란다. 잎은 줄 모양이며 길이 8~20cm, 너비 5~12mm 정도로 분록색(粉綠色) 또는 연한 녹색이다. 잎혀는 길이가 1~3mm 정도이고, 잎집에는 흔히 털이 있다. 꽃은 7~8월에 피고 수상꽃차례를 이루며, 꽃이삭은 3~8개의 가지가 손가락처럼 갈라진다. 작은 이삭은 대가 있는 것과 없는 것이 같이 달리고 연한 녹색 바탕에 자줏빛이 돌며 흰 털이 있다. 포영(苞穎)은 1개이고 작은 이삭보다 길며 열매는 10월에 익는다. 세계의 온대지방에서 열대지방에 걸쳐 널리 분포한다. 이와 비슷하지만 털이 없는 민바랭이(D. violascens)와 꽃

이삭가지의 가장자리가 밋밋한 좀바랭이(D. chinensis)가 있다(두산백과 참조).

399) 이는 김으로 대역되며 '지심'으로 실현되어야 할 이 지역어형이다.

400) 이는 '뿌리도'로 대역되며 '뿌리~이(根) + -돈(보조사)'의 구성으로 이루어진 이 지역어형이다.

401) 이는 '길고'로 대역되며 이 지역어에서는 경구개음화된 어형인 '질다'로 대응된다.

402) 이는 '그것을'으로 대역되며 '그으(그것 → 그거(음절말자음탈락현상) → 그어(어중자음탈락현상) → 그으(모음중화현상)) + -르(목적격조사)'의 구성으로 이루어진 이 지역어형이다.

403) 이는 직역으로 대역하면 '앞쪽이'로 대역되지만 '앞날'로 대역을 했다.

404) 이는 야생의 식물이며 '물비름'에 해당한다.

405) 이는 '곡식(穀食)'으로 대역되는 이 지역어형이며 다양한 변이형으로 실현되기도 한다.

406) 이는 '넘기면'으로 대역되며 '넘기- + -만(연결형어미)'의 구성으로 이루어진 이 지역어형이며, 움라우트현상과 자음동화현상이 실현된 예이다.

407) 여기서 '문둥이'로 대역을 했지만 실제의 뜻은 '안 좋은 잡초, 풀'이라는 뜻이다.

408) 이는 '생전에'로 대역되며 '생전 + -르(처소격조사) → 생지르(전설모음화현상) → 생기르(구개음화현상에 따른 과도교정)'의 과정을 거쳐 실현된 이 지역어형이며, '생지네' 형으로도 실현되기도 한다.

409) 이는 '호미를'로 대역되며 '호매~이 + -를(목적격조사)'의 구성으로 이루어진 이 지역어형이며 개신형인 '호미'형도 이 제보자의 발화에서 실현된다. 이 어형은 비모음화가 이루어지지 않은 형태인 '호매이, 호맹이' 등으로 수의적으로 실현되기도 한다.

410) 이는 부사 '만날'로 대응되는 이 지역어형이며 수의적으로 변동을 일으키는 어형이다.

411) 이는 '뿌리가'로 대역되며 '뿌리이 + -그(주격조사)'의 구성으로 이루어진 이 지역어형이다.

412) 이 문장은 주어가 생략된 표현이며, 주어 '농부가 또는 사람이'형이 생략된 표현이다.

413) 이는 피의 한 종류로 추정되며 주로 논에서 자라는 '물피(Long-awned barnyard grass, 한국식물생태보감 1, 자연과생태)' 즉 논피를 가리키는 것으로 판단되지만 정확히 추론할 수는 없다. 여기서는 정확히 대응되는 어휘를 찾기가 힘들어서 그대로 '살피'로 대역을 했다.

414) 이는 '여뀌'로 대역되는 이 지역어형이며 '여꾹대'로 수의적으로 실현되기도 한다. 이는 마디풀과의 한해살이풀로 높이는 40~80cm이며 잎은 어긋나고 피침 모양이다. 6~9월에 꽃잎의 끝이 붉은색을 띠는 연녹색 꽃이 수상(穗狀) 화서로 피고 열매는 수과(瘦果)이다. 잎과 줄기는 짓이겨 물에 풀어서 고기를 잡는 데 쓰며 잎은 매운맛이 나며 조미료로 쓰이기도 한다. 한국, 일본, 북미, 유럽 등지에 널리 분포한다(표준국어대사전).

415) 이 지역어에서는 '모자리'를 만드는 것을 '삼다'라는 동사를 이용하는 지역이다.

416) 이는 '인제'로 대역되며 '인져 → 인여(어중자음탈락현상) → 인녀(양음절음화에 따른 ㄴ첨가현상)'의 과정을 거쳐 실현된 이 지역어형이다.

417) 이는 '짓지도'로 대역되며 '짓(作)- + -더(보조사) → 지떠(경음화와 음절말자음탈락현상)'의 구성으로 이루어진 이 지역어형이다.

418) 이 지역의 지주로 판단되는 사람으로 보이지만 정확히 할 수 없다.

419) 이는 '벼'로 대역되며 '나럭, 나락'과 같이 수의적으로 변이되는 어형으로 실현된다.

420) 이는 '줘야'로 대역되며 '조(與)- + -아이(연결형어미) → 좌이'의 과정을 거쳐 실현된 이 지역어형이며 '자이'형으로 수의적으로 실현되기도 한다.

421) 이는 '그것도'로 대역되며 '그것 + -더(보조사) → 그꺼떠(경음화현상) → 그어떠(어중자음탈락)'의 과정을 거쳐 실현된 이 지역어형이다.

422) 이는 '얻어먹어'로 대역되며 '얻어먹- + -어(연결형어미) → 어더머어(어중ㄱ음탈락현상) → 어더머(축약)'의 과정을 거쳐 실현된 이 지역어형이다.

423) 이는 '빼앗길까 봐'로 대역되는 이 지역어형이다.

424) 이 지역어에서는 단독형이 '달(鷄)'로 실현되는 지역이다.

425) 이 지역의 지주로 보이는 사람으로 판단되지만 정확히 알 수 없는 부분이다.

426) 이는 '키웠던'으로 대역되며 '미기(먹이- → 메기-(움라우트현상) → 미기-(고모음화현상)- + -었(과거시상선어말어미) + -는(관형사형어미)'의 구성으로 이루어진 이 지역어형이다.

427) 이는 사람 이름에 해당하므로 내용을 지웠다.

428) 이는 '장리(長利)'로 대역되며 '장니 → 장내(전설모음화현상에 따른 과도교정)'의 과정을 거쳐 실현된 이 지역어형이다. 여기서 '장리'는 '돈이나 곡식을 꾸어 주고, 받을 때에는 한 해 이자로 본디 곡식의 절반 이상을 받는 변리(邊利)를 가리키며, 흔히 봄에 꾸어 주고 가을에 받는 것(표준국어대사전)'을 가리킨다.

429) 이는 '곱'으로 대역되는 이 지역어형이다.

430) 이 제보자의 경우, '먹다' 동사는 '묵다 ~먹다'로 수의적으로 실현되며 '먹어'로 대역되는 이 지역어형이다. 이 어형은 모음 사이에서 어중자음 ㄱ음이 탈락된 경우이며 이 제보자를 비롯한 이 지역어에서는 흔한 현상이다.

431) 이는 '보리'로 대역되며 이 어형은 이 지역어를 비롯하여 경상, 강원, 경기, 충북지역에도 실현되는 것으로 보고되고 있다. 이 발화에서 이야기하고자 하는 시절은 흔히 '보릿고개'로 많이 알려진 춘궁기(春窮期)를 가리킨다.

432) 이는 장리의 한 종류를 가리키는 말로 '곱장리'로 대역되는 이 지역어형이다. 즉, 일반적인 장리가 이자를 곡식의 절반인 50%를 받지만 이는 이자를 100%를 받는 그런 방식이며 이에 대한 설명은 제보자의 다음 발화에서 잘 나타나고 있다.

433) 이는 '열흘만에'로 대역되며 '여흘 + -만(보조사) + -에(처소부사격조사) → 여을마네(어중ㅎ음탈락현상)'의 구성으로 이루어진 이 지역어형이다.

434) 이는 '인제'로 대역되는 이 지역어형이며 '인자, 인제, 자' 등의 어형으로 수의적으

로 실현된다.

435) 이는 '바구니, 소쿠리'로 대역되는 이 지역어형이며 주로 '대래끼'로 실현되는 이 지역어형이다.

436) 이는 '사람'으로 대역되며 어중ㄹ음의 탈락으로 이루어진 어형이다.

437) 이는 '밀기울'로 대역되는 이 지역어형이며 수의적으로 '밀지불'형으로도 실현되기도 하며 이 어형은 경음화현상이 실현된 예이다.

438) 이는 표준어에 대응되는 어형이 없어서 비슷한 어형인 '콩찌끼'로 대역을 했다. 이는 콩인 대두를 이용하여 기름을 짜고 남은 찌꺼기를 말한다.

439) 이는 '기름'으로 대역되는 이 지역어형이며 이 지역은 경구개음화가 모든 환경에서 실현되므로 연구개자음이 경구개음화되는 현상도 당연히 나타난다.

440) 이는 '그것도'로 대역되며 '그것 + -도(보조사) → 그거또(경음화현상) → 그어또(어중ㄱ음탈락현상)'의 과정을 거쳐 실현된 이 지역어형이다.

441) 이는 '물에'로 대역되며 '물(水) + -이(처소부사격조사)'의 구성으로 이루어진 이 지역어형이다.

442) 이는 '근기(根氣)'로 대역되며 '근기 → 건기(모음중화현상) → 겅기(연구개음화현상)'의 과정을 거쳐 실현된 이 지역어형이다. 그 앞의 발화인 '공기늠'이라는 발화도 수의적인 발화실수로 인한 이 어형의 발화이다.

443) 이는 '끓이면'으로 대역되며 '끼리(끓이- → 끄리-(어중ㅎ음탈락현상) → 끼리-(움라우트현상))- + -머(연결형어미)'의 구성으로 이루어진 이 지역어형이다.

444) 이는 '아무'로 대역되며 '아무 → 암(축약) → 앙(연구개음화현상)'의 과정을 거쳐 실현된 이 지역어형이다.

445) 이는 '곡기도'로 대역되며 '곡기(穀氣) + -더(보조사) → 꼬끼더(경음화현상) → 꼬깨더(고모음화현상에 따른 과도교정)'의 과정을 거쳐 실현된 이 지역어형이다.

446) 이는 '하나도'로 대역되며 '하나 + -떠(보조사) → 하아떠(어중자음탈락현상)'의 과정을 거쳐 실현된 이 지역어형이다.

447) 이는 '꼬챙이같이'로 대역되며 이 지역어에서는 '꼬챙이'형이 '꼬쟁이'로 대역되며 이 어형에 비모음화현상이 실현된 어형이다.

448) 이는 '개울'을 가리키는 이 지역어형이다.

449) 이는 '퍼먹으면'으로 대역되며 '퍼먹- + -으맘(연결형어미)'의 구성으로 이루어진 이 지역어형이다.

450) 이는 '막혀서'로 대역되며 '미키(막히- → 마키-(융합현상) → 매키-(움라우트현상) → 메키-(모음중화현상) → 미키-(고모음화현상)- + -어가(연결형어미)'의 구성으로 이루어진 이 지역어형이다.

451) 이는 '후벼'로 대역되며 '히비(후비- → 휘비-(움라우트현상) → 히비(단모음화현상)) + -이(연결형어미)'의 구성으로 이루어진 이 지역어형이다.

452) 이는 '놓으니까'로 대역되며 '놓(置)- + -이끼니(연결형어미)'의 구성으로 이루어진 이 지역어형이다.

453) 이는 '소나무가'로 대역되며 이 지역어의 실현형은 처소부사격형이지만 문맥상 주어에 해당되므로 이렇게 대역을 했다.

454) 이는 '벗겨'로 대역되며 '삐끼-(벗기- → 버끼-(어중경음화현상) → 베끼-(움라우트현상) → 비끼-(고모음화현상) → 삐끼-(어두경음화현상)) + -이(연결형어미)'의 구성으로 이루어진 이 지역어형이다.

455) 녹음된 음성파일의 음성이 정확히 들리지 않은 부분이다.

456) 이는 '산이'로 대역되며 '산(山) + -이(주격조사) → 산~이(비모음화현상) → 사~이(비자음탈락현상)'의 과정을 거쳐 실현된 이 지역어형이다.

457) 이는 '놓거든'으로 대역되며 '낳(置)- + -그덕(연결형어미)'의 구성으로 이루어진 이 지역어형이다. 이 지역어를 비롯한 경북지역어에서는 '놓다'형에 대한 대응형으로 '낳다, 낳다'형으로 수의적으로 실현된다.

458) 이는 '방아확에'으로 대역되며 '호박 + -아(처소부사격조사)'의 구성으로 이루어진 이 지역어형이다.

459) 제보자가 지금의 집으로 이사를 가기 전에 있었던 곳을 가리킨다.

460) 이는 '두드리면'으로 대역되며 '띠디리-(두드리- → 뜨드리-(어두경음화현상) → 뚜뒤리-(움라우트현상) → 뛰뒤리-(움라우트현상) → 띠디리-(단모음화현상) + -마(연결형어미)'의 구성으로 이루어진 이 지역어형이다.

461) 이는 '밀 깍지'로 대역되며 '밀 + 껵지'의 구성으로 이루어진 이 지역어형이다.

462) 이는 요즘의 이장에 해당되며 예전 시골 동네의 우두머리를 일컫는 말을 가리킨다.

463) 이는 '뒤져'로 대역되는 이 지역어형이다. 지역에 따라 '뒤베다'로 수의적으로 발화되기도 한다.

464) 이는 '빼앗기고'로 대역되며 이 어형은 성조에 따라 '빼끼'거(빼앗기다), 빼'끼거(벗기다)'와 같이 다른 의미로 실현된다.

465) 이는 '뒤적이니까'로 대역되는 이 지역어형이며 '물건을 찾기 위해 쑤시면서 뒤적이는 것'을 가리킨다.

466) 이는 '우리보다'로 대역되며 '우리 + -브더(비교격조사)'의 구성으로 이루어진 이 지역어형이며 수의적인 음성변이형으로 '-버더'로도 실현된다.

467) 이는 '하니까'로 대역되며 '하(爲)- + -이끼네(연결형어미)'의 구성으로 이루어진 이 지역어형이다.

468) 이는 '되'로 대역되며 이 지역어형으로 '도배기'가 일반적으로 실현되지만 이는 음성적인 변이형이다. 즉, 이는 '도배기 → 또배기(경음화현상) → 떠배기(모음변이현상) → 떠배이(어중ㄱ음탈락)'의 과정을 거쳐 실현된 이 지역어형이다.

469) 이는 '등겨'로 대역되며 '쌀땅그레 + -어(목적격조사)'의 구성으로 이루어진 이 지역어형이다. 이는 '쌀(米) + 땅그레(당갈 : 단 가루)'의 구성으로 이루어진 어형이다.

470) 이는 '비하면, 비교하면'으로 대역되는 이 지역어형이다.

471) 이는 '불어나는'으로 대역되며 '붓- + -느(현재진행선어말어미) + -ㄴ(관형사형어미)'의 구성으로 이루어진 이 지역어형이다.

472) 이는 '말가웃'으로 대역되며 '말(斗) + -가웃(접사)'의 구성으로 이루어진 이 지역어형이며, '-가웃, -가웃'으로 실현되기도 한다.

473) 이는 '불어나니까'로 대역되며 '붓- + -니끼네(연결형어미)'의 구성으로 이루어진 이 지역어형이다.

474) 이는 '퍼떡'으로 대역되는 이 지역어형이며 발화실수형이다.

475) 이는 '조그마한'으로 대역되며 '쪼맨하- + -ㄴ(관형사형어미)'의 구성으로 이루어진 이 지역어형이다.

476) 이는 '거기, 고기'로 '고기 → 고이(어중ㄱ음탈락현상)'의 과정을 거쳐 실현된 이 지역어형이다.

477) 이는 '닭하고'로 대역되며 이 지역어에서는 주로 '닭'은 '달'로 실현되지만 이 제보자의 경우 간혹 '닥'형으로도 실현되고 있다.

478) 이는 '며칠도'로 대역되는 이 지역어형이며 '미칠(며칠 → 미칠(이중모음실현제약에 따른 단모음화)) + -드(보조사) → 미치드(어중자음ㄹ음탈락)'의 과정을 거쳐 실현된 이 지역어형이다.

479) 이 표현은 보기에 따라 표현이 잘못된 것으로 보이지만 비유적 표현이다. 제보자가 고생을 지게에 비유하여 고생을 삶과 함께 늘 지고 다녔다는 의미로 표현한 부분이다.

480) 녹음 파일에서 정확히 제보자의 음성을 인식할 수가 없는 부분이다.

481) 이는 '많지 않잖아'로 대역되며 이의 축약으로 이루어진 이 지역어형이다.

482) 이는 '고추'로 대역되며 이 지역어에서는 주로 '꼬치'형이 보수적이고 많이 사용되지만 개신형인 '꼬추'형으로도 실현되기도 한다.

483) 이는 '우리도'로 대역되며 이는 음운도치에 의한 발화실수형이다.

484) 이는 녹음파일상으로 음원이 확인되지 않은 부분이다.

485) 이는 '훨씬'으로 대역되며 이 어형은 전설모음화에 따른 과도교정형으로 실현된 이 지역어형이다.

486) 이는 '샀으니'로 대역되며 '사- + -었(과거시상선어말어미)- + -니(연결형어미)'의 구성으로 이루어진 이 지역어형이다.

487) 이는 '심었다고'로 대역되며 '슴(植 : 심- → 슴-(전설모음화에 따른 과도교정형))- + -었(과거시상선어말어미)- + -다고(연결형어미)'의 구성으로 이루어진 이 지역어형이다. 앞선 발화의 '츠마따'는 이 발화에 대한 발화실수형이다.

488) 이는 '사면'으로 대역되며 '사(買)- + -만(연결형어미)'의 구성으로 이루어진 이 지역어형이다. 이 제보자의 경우, 수의적인 음성변이형이 다양하게 실현되는 특징을 보이는데 연결형어미 '-면'에 대응되는 이 지역어형도 '-마(머), -만(먼), -맘(멈)' 등으로 실현된다.

489) 이는 '뽑으니까'로 대역되며 '뽑- + -어(으 → 어(모음중화)) + -이께네(니께네 → 이께네(비음탈락현상))'의 구성으로 이루어진 이 지역어형이다.

490) 이는 '모종을'으로 대역되며 '모줌 + -얼(목적격조사)'의 구성으로 이루어진 이 지

역어형이다.

491) 이는 '편평한'으로 대역되며 '탠하- + -어(연결형어미) → 태녀(어중ㅎ음탈락현상)'의 과정을 거쳐 실현된 이 지역어형이다.

492) 이는 '모판같이'로 대역되며 '모펀 + -겉이(비교격조사) → 모펑겉이(연구개음화현상) → 모펑거치(경구개음화현상)'의 과정을 거쳐 실현된 이 지역어형이다.

493) 이는 '모래'로 대역되며 이 지역어의 대응형은 주로 '몰개'형이지만 이 어형은 발화 실수형으로 판단된다.

494) 이는 '뿌려'로 대역되며 '헌치-(흩이- → 흐치-(경구개음화현상) → 허치-(모음중화현상) → 헌치-(ㄴ음첨가현상)' + -어(연결형어미)'의 구성으로 이루어진 이 지역어형이다.

495) 이는 '드문드문'으로 대역되며 이 지역어를 비롯한 경북지역어에서는 이 어형 외에도 '다문'형으로도 실현된다. 후행하는 발화의 '담'은 이 어형의 축약형이다.

496) 이는 '그게, 그것이'로 대역되며 '그게 → 그기(고모음화현상)'의 과정을 거쳐 실현된 이 지역어형이다. 이 어형은 성조가 첫음절에 고조가 실현되면 '거기'의 의미로 쓰인다.

497) 이는 '사이에'로 대역되며 '상간(相間) + -에(처소격조사)'의 구성으로 이루어진 이 지역어형이다.

498) 이는 '한꺼번에, 처음부터' 등으로 대역될 수 있는 이 지역어형이며 이 어형은 경북지역어에서 지역에 따라 '함부로'로 대응되기도 한다.

499) 이는 '고것은, 그것은'으로 대역되며 '고오(고것 → 고곳(모음동화현상) → 고고(음절말자음탈락) → 고오(어중자음탈락현상)) + -ㄴ(보조사)'의 구성으로 이루어진 이 지역어형이다.

500) 이는 '나중에'로 대역되는 이 지역어형이며 이 지역어를 비롯한 경북지역어에서는 '내저, 내중, 나재' 등으로 실현되기도 한다.

501) 이는 '역시, 또한' 등으로 대역되며 이 어형은 '매, 맨, 멍' 등으로 실현되기도 한다.

502) 이는 '사름은'으로 대역되며 '사람'형은 모음중화가 일어난 어형이다. 여기서 '사름'은 '모를 옮겨 심은 지 4~5일쯤 지나서 모가 완전히 뿌리를 내려 파랗게 생기를 띠는 일'을 가리키는 것이지만 여기서는 모종을 옮겨서 그 모종이 뿌리를 내려서 살아나는 경우를 가리킨다.

503) 이는 '더북하고'로 대역되는 이 지역어형이다.

504) 이는 '생장이'로 대역되는 이 지역어형이다.

505) 이는 농기계인 '관리기'로 대역되는 이 지역어형이다. 이는 씨를 뿌리기 위해 고랑을 만드는데 사용하는 농기계나 기구를 가리키는 말이며 여기서는 주로 동력을 통한 기계를 가리킨다.

506) 이는 농기계인 '경운기'로 대역되는 이 지역어형이다. 이는 동력을 이용하여, 논밭을 갈아 일구어 흙덩이를 부수는 기계를 가리킨다.

507) 이는 '심으면'으로 대역되며 '숭구- + -아마(연결형어미)'의 구성으로 이루어진 이

지역어형이며 음운의 탈락과 음절도치가 이루어진 실현형이다.

508) 이는 '꽂으면'으로 대역되며 '꼽(揷)- + -아마(연결형어미) → 꼬밤(어말모음탈락)'의 구성으로 이루어진 이 지역어형이다.

509) 이는 '가득, 한껏' 등으로 대역되는 이 지역어형이며 이는 연구개음화와 음절말자음이 탈락되어 실현된 예이다.

510) 이는 '흙손'으로 대역되며 '흙칼 → 흑칼(음절말자음단순화) → 흥칼(비음화현상)'의 과정을 통해 실현된 예이다. '흙칼'형은 이 지역어를 비롯한 경상도방언 외에도 강원, 충청, 함경방언에도 실현되는 것으로 보고되어 있으며 경북지역어에서는 '흘칼'형으로도 많이 실현된다. '흙'의 경우, 이 제보자의 발화에서는 주로 '흘'형으로 실현이 되는 경향을 보인다.

511) 이는 '사름'으로 대역되며 어중 유음이 탈락되어 실현된 예이다.

512) 이는 '작대기'로 대역되며 '작대기 → 짝때기(경음화현상) → 짝때이(어중ㄱ음탈락현상)'의 과정을 거쳐 실현된 어형이다. 여기서 작대기는 고추가 뿌리를 내린 다음에 성장을 하면서 바람에 넘어지지 않도록 고추의 줄기에 받침대로서 작대기를 꽂아서 지탱을 하고자 한 경우이다. 요즘은 개량이 되어서 쇠로 된 받침대가 판매되지만 예전에는 모두 대나무나 싸리, 아카시아와 같은 가느다란 나무를 이용해서 만들었다.

513) 이는 '포기'로 대역되며 '포기 → 푀기(움라우트현상) → 피기(이중모음실현제약에 따른 단모음화 및 고모음화현상) → 피이(어중ㄱ음탈락현상)'의 과정을 거쳐 실현된 이 지역어형이다.

514) 이는 '지주'로 대역되며 전설모음화가 실현된 형태이다.

515) 여기서 줄은 고추나무가 넘어지지 않도록 받침대를 세우고 다시 고추나무 양쪽으로 그 받침대를 따라서 줄로 매어서 더 단단하게 고정을 시키기 위해서 줄로 매는 것을 말한다.

516) 이는 '길로부터'로 대역되며 '질(路 : 길 → 질(경구개음화현상)) + -러(도구격조사) + -브뜬(보조사)'의 구성으로 이루어진 이 지역어형이다.

517) 이는 '고추 꽃이'로 대여되며 이 지역어에서는 성조의 실현양상에 따라서 의미차가 실현되는 양상을 보이는 예이다.

518) 이는 '약을'로 대역되며 '약(農藥) + -으럴(목적격조사)'의 구성으로 이루어진 이 지역어형이다.

519) 이는 '진딧물'로 대역되는 이 지역어형이며 이는 이 지역어를 비롯하여 '경상도, 강원, 전북, 충청도방언'에 두루 실현되는 어형으로 보고되어 있다.

520) 이는 '구멍'으로 대역되며 이 지역어를 비롯한 경북지역어에서는 15세기국어형인 '구무'형이 노년 세대에서는 널리 사용되는 예이다.

521) 이는 '모두'로 대역되며 수의적인 변이형으로 '마껄, 말끔, 마컨' 등과 같이 다양한 형태로 실현된다.

522) 이는 '가시나무'로 대역을 했지만 실제로는 '아카시아나무'를 가리킨다. 우리나라의

경우, 60년대 이후에 산에 나무를 심는 사방사업을 많이 했는데, 그 중에서 빨리 자라는 나무인 아카시아나무를 많이 심었고 이 나무의 어린 가지를 많이 잘라서 땔감이나 여러 용도로 많이 농촌에서 사용을 했다. 이런 이유로 아카시아나무는 굵은 나무가 드물었고 흔히 '가시나무'로 많이 불리어지기도 했다.

523) 이는 '착색약'으로 대역을 해야 되지만 일반적으로 많이 사용되고 있는 어휘인 '착색제'로 대역을 했다. 주로 과일이나 채소류 중에서 색깔이나 성장을 촉진하기 위해 사용하는 약을 가리킨다.

524) 이는 '약을'으로 대역되며 '약 + -이로(목적격조사)'의 구성으로 이루어진 이 지역어형이다.

525) 이는 '익으니'로 대역되며 '익- + -어이(-으니 → -어니(모음중화현상) → -어이(어중자음탈락현상)'의 구성으로 이루어진 이 지역어형이다.

526) 이는 '마르면'으로 대역되며 '마르(乾)- + -마아(연결형어미)'의 구성으로 이루어진 이 지역어형이다. 이 제보자의 경우, 수의적인 음성변이가 많은 것이 특징이며 이에 따라 연결형어미 '-면'형에 대해 '-마, -마아, -만, -머, -먼, -멀, -모' 등으로 다양하게 대응되고 있다.

527) 이는 '마당에'로 대역되며 '마다~(마당 → 마당~(비모음화현상) → 마다~(비자음탈락현상) + -아(처소부사격조사)'의 구성으로 이루어진 이 지역어형이다.

528) 이는 '내년, 뒤 해'로 대역되며 '후(後) + 해'의 구성으로 이루어진 이 지역어형이다.

529) 이는 '집사람은'으로 대역되는 이 지역어형이다. '할마이'는 '할머니'로 대역되지만 노년층에서는 본인의 부인인 '집사람'을 가리키는 말로 사용되는 어휘이다. 이 제보자의 경우, 지역어조사를 하기 한 해 전에 부인이 돌아가신 것으로 알려졌으며 이 자리를 빌어 다시 한 번 삼가 고인의 명복을 빈다.

530) 이는 '지어'로 대역되며 '짓(作)- + -이(연결형어미)'의 구성으로 이루어진 이 지역어형이다.

531) 이는 '기계가'로 대역되며 '기계(器械) + -아(주격조사)'의 구성으로 이루어진 이 지역어형이다. 여기서 기계는 고추를 말릴 수 있는 건조기(乾燥機)를 말한다.

532) 이는 '비닐하우스'로 대역되며 이는 '비닐하우스(vinyl house)'를 가리키며 주로 농촌 지역어에서 식물을 재배하기 위해서 많이 사용하는 온실이다.

533) 이는 '하얗게'로 대역되며 이는 고추를 말릴 때 고추가 잘못 말라서 색이 바래져서 고추의 상품성이 없어진 경우를 말한다.

534) 이는 '없고'로 대역되며 '없- + -고 → 업꼬(경음화현상) → 으꼬(모음중화 및 음절말 자음탈락현상) → 우꼬(원순모음화현상)'의 과정을 거쳐 실현된 이 지역어형이다.

535) 이는 '한껏, 가득'으로 대역되며 일본계 외래어 'いっぱい'이다. 이 제보자의 경우 어린 시절 일제강점기에 살았기에 일본계 외래어가 간혹 등장한다.

536) 이는 '건고추가, 마른 고추가'로 대역되며 '그영꼬치(乾고추) + -가(주격조사)'의 구성으로 이루어진 이 지역어형이다.

537) 이는 '굴에서'로 대역되며 '굴(窟) + -썩(처소부사격조사)'의 구성으로 이루어진 이

지역어형이다. 여기서 '굴'은 앞에서 제시된 '비닐하우스'를 가리키며 이 지역에서는 비닐하우스를 이용하여 고추농사를 많이 짓는 지역이다.

538) 이는 '생전에'로 대역되며 '생긴(生前 : 생전 → 생즌(모음중화현상) → 생진(전설모음화현상) → 생간(경구개음화현상에 의한 과도교정)) + -어(처소부사격조사)'의 구성으로 이루어진 이 지역어형이다.

539) 이는 '꼭지'로 대역되며 이 지역어를 비롯한 경북지역어에서는 '꼭때~이, 꼭때이' 형으로 실현되기도 한다.

540) 이는 '이제'로 대역되는 이 지역어형이다.

541) 이는 '그냥'으로 대역되며 이 지역어를 비롯하여 남부방언에 다양하게 실현되는 어형이다.

542) 이는 '적'으로 대역되며 이는 '적 → 쩍(경음화현상) → 쯕(모음중화현상) → 찍(전설모음화현상) → 찌(음절말자음탈락현상)'의 과정을 거쳐 실현된 이 지역어형이다.

543) 이는 '괭이'로 대역되며 '팽이 → 꽹이(경음화현상) → 깽이(단모음화현상) → 깽~이(비모음화현상) → 깨~이(비음탈락현상)'의 과정을 거쳐 실현된 이 지역어형이다.

544) 이는 '도리원 시장에'로 대역되며 '도른(도리원) - 자(장 → 자(비자음탈락현상)) + -안(처소부사격조사)'의 구성으로 이루어진 이 지역어형이다. 여기서 도리원은 경상북도 봉양면의 면소재지가 있는 곳인 화전리를 가리킨다. 현재도 이 지역에는 닷새마다 열리는 재래시장이 있으며 이 시장을 가리키며 제보자가 살고 있는 곳은 이곳에서 멀지 않은 곳이다.

545) 이는 '저녁'으로 대역되며 '저녁 → 저역(어중ㄴ음탈락현상) → 즈역(모음중화현상) → 지역(전설모음화현상)'의 과정을 거쳐 실현된 이 지역어형이다.

546) 이는 '이슬(露)'로 대역되며 '이슬 → 이실(전설모음화현상)'의 과정을 거쳐 실현된 이 지역어형이다.

547) 이는 '그냥'으로 대역되며 이 지역어형인 '기양'에서 어두음의 탈락에 따라 실현된 이 지역어형이다.

548) 이는 '시루에'로 대역되며 '시리 + -에(처소부사격조사)'의 구성으로 이루어진 이 지역어형이다.

549) 이는 경상북도 봉양면 신평리를 말하며 신평리는 산이 가까이 있어서 이 지역에 비해 땔감을 상대적으로 구하기가 편한 지역이다.

550) 이는 음성파일에서 인식하기가 힘든 부분이다.

551) 이는 '좋은'으로 대역되며 '좋은 → 조은(어중ㅎ음탈락현상) → 존(축약현상) → 종(후행음에 의한 연구개음화현상)'의 과정을 거쳐서 실현된 이 지역어형이다.

552) 이는 일본계 외래어(たま)이며 '씨알'에 대응된다.

553) 이는 '묻히어 지거든'으로 대역되는 이 지역어형이다. 이는 '즈-(지- → 즈-(전설모음화에 따른 과도교정형)) + -그덩(연결형어미)'의 구성으로 이루어진 이 지역어형이다.

554) 이는 시장에 가서 마늘을 팔아서 돈을 장만하고 다른 사람들이 사갔다는 뜻으로

표현을 한 부분이다.

555) 이는 '벼'로 대역되며 주로 이 지역어를 비롯하여 '경상도, 강원도, 전라도, 충청도 방언'에 걸쳐 널리 분포되는 어형이다. 이 지역어를 비롯하여 경북지역어에서는 수의적으로 '나락, 나락'형으로 실현된다.

556) 이는 '대번에, 대번'으로 대역되며 '대번 → 대분(모음중화현상) → 대분(원순모음화현상) → 대붕(후행어절에 의한 연구개음화현상)'의 과정을 거쳐서 실현된 이 지역어형이다.

557) 이는 '갈아야'로 대역되며 '갈(耕)- + -으애(연결형어미)'의 구성으로 이루어진 이 지역어형이다. 이 제보자의 경우 어미 '-야'에 대한 대응형은 주로 '-애'형이며 개신형으로 '-야'형으로도 실현되기도 한다.

558) 이는 '질면'으로 대역되며 '질- + -맘(연결형어미)'의 구성으로 이루어진 이 지역어형이다.

559) 이는 '노타리'로 대역되며 영어계열의 외래어, 'rotary hoe(회전식 제초기)'에서 유래된 것으로 판단되는 외래어이다. 이는 경운기에 부착하여 굵은 흙을 잘게 부술 때, 사용하는 둥그런 채 바퀴 모양의 농기구를 말한다. 전통적으로 농사일에 소를 이용할 때는 써레를 사용하였으나 경운기를 사용하면서 이 농기구를 대신 사용하게 된다(네이버사전 참고).

560) 이는 '경운기'로 대역되며 앞의 어형인 '게응그'형도 수의적 변이형이다.

561) 이는 '추위가 나기'로 대역되며 요즘은 이런 표현은 잘 사용하지 않는 표현방식이다.

562) 이는 '일기예보'로 대역되며 이 어형은 축약과 함께 모음변이가 일어나서 조금은 낯선 표현으로 나타난 경우이다.

563) 이는 '추위'로 대역되며 '추부'형에서 비원순모음화가 일어나서 실현된 어형이다.

564) 이는 '구멍'으로 대역되며 '굵기 → 궁기(연구개음화현상) → 궁그(후설모음화현상)'의 과정을 거쳐 실현된 이 지역어형이다.

565) 이는 '불면'으로 대역되며 '불(吹)- + -모(연결형어미)'의 구성으로 이루어진 이 지역어형이며 'ㄹ탈락현상'이 적용된 어형이다.

566) 이는 '빠끔하게'로 대역되며 '빠꿈하-(빠끔하- → 빠꿈하-(원순모음화현상)) + -구(연결형어미)'의 구성으로 이루어진 이 지역어형이다.

567) 이는 '묶는'으로 대역되며 연구개자음이 탈락되어 실현된 어형이다.

568) 이는 '덩그렇게'로 대역되는 이 지역어형이다.

569) 이는 지난해 늦가을에 마늘을 심고 그 위에 비닐을 이용하여 덮어둔 상황에서 마늘의 새싹이 비닐 구멍을 통해 올라오면서 떠들린다는 사실을 표현한 것이다.

570) 이는 '갈고랑이'로 대역되는데 이 지역어에서는 '갈퀴'로도 쓰이기도 한다.

571) 이 발화에서는 의존명사인 '거'형이 실현되어야 할 부분이지만 의존명사가 생략된 부분이다. 표준어를 대역할 때는 이를 반영하여 대역을 했다.

572) 이는 '집어'로 대역되며 '찝(握 : 집- → 찝(경음화현상)- + -어가주(연결형어미)'의 구성으로 이루어진 이 지역어형이다.

573) 이는 '하나씩'으로 대역되며 '하너(하나 → 하너(모음변이)) + -윽(접미사 : 씩 → 쓱(전설모음화에 따른 과도교정형) → 윽(자음탈락현상))'의 구성으로 이루어진 이 지역어형이다.

574) 이는 '빼내야'로 대역되며 '빼내- + -이(연결형어미)'의 구성으로 이루어진 이 지역 어형이다.

575) 이는 '매우'로 대역되는 이 지역어형이며 주로 '억수로, 억수'형으로 실현되며 이 어형은 축약형이다.

576) 이는 마늘을 심는 관리기의 경우 한 번에 서너 줄씩 심을 수 있음을 설명하는 부 분이며 표현이 조금 모호하게 처리된 부분이 있다.

577) 이는 '기계도'로 대역되며 '기애(機械 : 기계 → 기개(단모음화현상) → 기애(어중ㄱ 음탈락현상)) + -두(보조사)'의 구성으로 이루어진 이 지역어형이다.

578) 이는 '서는'으로 대역되며 '서(立)- + -느(현재진행선어말어미)- + -ㄴ(관형사형어 미)'의 구성으로 이루어진 이 지역어형이다.

579) 이는 '묶(束)- + -으므(연결형어미)'의 구성으로 이루어진 이 지역어형이며 원순모 음화현상이 실현된 예이다.

580) 이는 '두더지'로 대응되며 '디지기 + -저뜨(비교격조사)'의 구성으로 이루어진 이 지역어형이다.

581) 이는 '밑에서'로 대역되며 '밑 + -어선(처소부사격조사)'의 구성으로 이루어진 이 지역어형이다.

582) 이는 '깊게'로 대역되며 '깊- + -으거(연결형어미) → 지프거(경구개음화현상) → 지 푸거(원순모음화현상)'의 과정을 거쳐 실현된 이 지역어형이다.

583) 이는 '솟구쳐'로 대역되며 '솟- + -이(피동접미사)- + -이(연결형어미)'의 구성으로 이루어진 이 지역어형이다.

584) 이는 '손으로'로 대역되며 '손 + -을(도구격조사)'의 구성으로 이루어진 이 지역어 형이다.

585) 이는 '아이들, 자식들'으로 대역되는 이 지역어형이다.

586) 이는 '논이'로 대역되며 '논(畓) + -이(주격조사) → 논~이(비모음화현상) → 노~이 (비자음탈락)'의 구성으로 이루어진 이 지역어형이다.

587) 이는 '줄기'로 대역되는 이 지역어형이며 원래의 정확한 뜻은 '꽃대'가 더 적합하다.

588) 이는 '귀퉁이에'로 대역되며 '귀퉁이 → 귀팅이(움라우트현상) → 귀튀(비음탈락 및 축약현상) → 귀티(단모음화현상)'의 과정을 거쳐 실현된 이 지역어형이다.

589) 이는 '뿌려서'로 대역되며 '삐리(뿌리- → 쀠리-(움라우트현상) → 삐리-(단모음화현 상))- + -가주(연결형어미)'의 구성으로 이루어진 이 지역어형이다.

590) 이는 '통마늘이'로 대역되며 이 어형은 제보자의 발화실수형으로서 음운의 도치가 일어나서 실현된 어형이다.

591) 이 부분은 조사자의 음성파일이 정확히 들리지 않는 부분이다.

592) 이는 '사름'으로 대역되는 이 지역어형이며 여기서 '사름 마늘'은 마늘을 파종해서

올라온 모종 상태의 마을을 가리키는 말이다.

593) 이는 '하니까'로 대역되며 '하(爲)- + -이께(연결형어미)'의 구성으로 이루어진 이 지역어형이다. 연결형어미 '-이께'형은 '-이끼네'의 축약형으로 판단된다.

594) 이는 '드니까'로 대역되며 '들- + -이끼르(연결형어미)'의 구성으로 이루어진 이 지역어형이다.

595) 위의 발화 내용 중에서 한 마지기에 필요한 마늘이 30접 정도 된다고 했는데, 이 기준으로 볼 때 마늘 씨 값의 산정은 오류가 있는 것으로 판단된다.

596) 이는 경상북도 의성군 봉양면 문흥리를 일컫는다. 이 마을은 1914년 의성군 금뢰면 문흥동에 호상동 일부를 편입하여 봉양면 문흥동으로 되었다가 1988년 동을 리로 바꾸면서 지금처럼 문흥리로 되었다. 이 마을은 주로 마늘을 주요 농작물로 짓는 지역이며 '문흥(글흥골·상문), 하문, 호상(湖上·널목·판향(板鄕)), 새마을(새마실·새마), 무랭이(물량(勿良))로 구성된다(한국향토문화전자대전, 한국학중앙연구원; 네이버지식대백과사전).

597) 이는 '전부'로 대응되는 이 지역어형이며 장음이 길게 실현된 어형이다.

598) 이는 '가을에'로 대역되며 '가을(秋) + -게(처소부사격조사)'의 구성으로 이루어진 이 지역어형이다.

599) 이는 '이제'로 대역되며 선행하는 어휘인 '나락'의 어절말자음이 연음으로 실현된 이 지역어형이다.

600) 이는 '보습'으로 대역되며 이 어형은 이 지역어인 경북지역어와 강원지역어에 분포하는 어형이며, '소부'형으로도 실현되기도 한다.

601) 이는 '매서, 소에 멍에를 매서'로 대역되며 '미-(매- → 미-(고모음화현상)) + -아가여(연결형어미)'의 구성으로 이루어진 이 지역어형이다.

602) 이는 '갈면'으로 대역되며 '갈(耕)- + -마(연결형어미) → 가마(ㄹ탈락현상)'의 과정을 거쳐 실현된 이 지역어형이다.

603) 이는 '보습 날'을 가리킨다.

604) 이는 '피해서'로 대역되며 '피(避)하- + -어가(연결형어미)'의 구성으로 이루어진 이 지역어형이다.

605) 이는 '넘기면'으로 대역되며 '닝기(넘기- → 넝기(연구개음화현상) → 능기(모음중화현상) → 닝기(전설모음화현상)- + -믄(연결형어미)'의 과정을 거쳐 실현된 이 지역어형이다.

606) 이는 '쇠면'으로 대역되며 '시(쇠 → 시(단모음화현상))- + -머(연결형어미)'의 구성으로 이루어진 이 지역어형이다.

607) 이는 '뚝새풀, 둑새풀'로 대역되는 이 지역어형이며 이 밖에도 '독새풀, 촉새풀' 등으로도 실현되는 지역이 있다. 이는 논밭 같은 습지에서 무리지어 살며 줄기는 밑부분에서 여러 개로 갈라져 곧게 서고 높이가 20~40cm이다. 잎은 편평하고 길이가 5~15cm, 폭이 1.5~5mm이며 흰색이 도는 녹색이다. 잎혀는 반달 모양 또는 달걀 모양이며 길이가 2~5mm이고 흰색이다. 꽃은 5~6월에 피고 꽃 이삭은 원기

둥 모양으로 길이가 3~8cm이며 연한 녹색이고, 작은 이삭은 길이가 3~3.5mm이고 좌우로 납작하며 1개의 꽃이 들어 있다. 포영(苞穎:작은이삭의 밑에 난 한 쌍의 포)은 밑 부분이 서로 합쳐지고 끝이 둔하며 3개의 맥이 있고 맥에 털이 있다. 호영(護穎:화본과 식물 꽃의 맨 밑을 받치고 있는 조각)은 포영의 길이와 비슷하고 끝이 둔하며 5개의 맥이 있고 뒷면에 짧은 까끄라기가 있다. 수술은 3개이고, 암술은 1개이며, 꽃밥은 오렌지색이다. 소의 먹이로 쓰는데, 꽃이 핀 것은 소가 먹지 않는다. 한방에서는 뿌리를 제외한 식물체 전부를 간맥낭(看麥娘)이라는 약재로 쓰는데, 전신부종을 내리고 어린아이의 수두와 복통설사에 효과가 있다. 또한 종자는 찧어서 뱀에 물린 데 바른다. 북아메리카를 제외한 북반구 온대와 한대에 분포한다(두산백과, 네이버지식대백과).

608) 이는 뚝새풀이 비료 대신에 도움이 된다는 말이다.

609) 이는 '까짓'으로 대역되며 '까지, 까짓'으로 실현되기도 한다.

610) 이는 '돌멩이'로 대역되며 '돌멩이 → 돌멩~이(비모음화현상) → 돌메~이(비자음탈락현상) → 돌미~이(고모음화현상)'의 구성으로 이루어진 이 지역어형이다.

611) 이는 '묶어서'로 대역되며 '묶(束)- + -아가지(연결형어미)'의 구성으로 이루어진 이 지역어형이다.

612) 이는 '놓고'로 대역되며 '넣(置 : 놓 → 넣(모음변이현상))- + -고(연결형어미) → 너꼬(경음화현상) → 러꼬(선행 어절의 자음에 의한 유음화현상)'의 과정으로 이루어진 이 지역어형이다.

613) 이는 '홅이'로 대역되는 이 지역어형이며 이 지역어를 비롯하여 경북지역어에서는 '홀끼, 홀깨(께)' 등으로 실현된다.

614) 이는 '짚'으로 대역되며 '짚 → 집(비음화현상)'의 과정을 거쳐 실현된 이 지역어형이다.

615) 이는 '도리깨로'로 대역되며 '도리깨 + -ㄹ(도구격조사)'의 구성으로 이루어진 이 지역어형이다.

616) 이는 '두드려서'로 대역되며 '띠디이(두드리 → 뚜드리(경음화현상) → 뚜디리(전설모음화현상) → 뛰디리(움라우트현상) → 띠디리(단모음화현상) → 띠드리(후설모음화현상) → 띠드이(어중ㄹ음탈락현상))- + -어가(연결형어미)'의 구성으로 이루어진 이 지역어형이다.

617) 이는 '외양간'으로 대역되며 이 지역어를 비롯한 경북지역어에서는 '마구, 마구깐, 마기, 소마구' 등으로 실현된다.

618) 이는 '보리쌀도'로 대역되며 '벌살(麥米) + -더(보조사)'의 구성으로 이루어진 이 지역어형이다. 이 지역어를 비롯하여 경북지역어에서는 '보살'로 많이 실현된다.

619) 이는 '밀을'로 대역되며 '밀 + -루(목적격조사)'의 구성으로 이루어진 이 지역어형이다.

620) 이는 '밀가루'로 대역되는 이 지역어형이며, 수의적으로 '밀가리, 밀가르, 밀까루'로도 실현되기도 한다.

621) 이는 '자식'으로 대역되는 이 지역어형이다.

622) 이는 '매상이라도'로 대역되며 '매상 + -이(서술격조사) + -라도(연결형어미) → 매상~이라도(비모음화현상) → 매사~이라도(비자음탈락현상)'의 구성으로 이루어진 이 지역어형이다.

623) 이는 '저절로'로 대역되는 이 지역어형이며 수의적으로 '지둘'형으로도 실현되기도 함을 볼 수 있다.

624) 이는 '국수'로 대역되며 이는 이 지역어를 비롯하여 경상도, 강원도, 전남도, 함경도방언에도 분포하는 것으로 보고되어 있다.

625) 이는 '좋은'으로 대역되며 '좋- + -은(관형사형어미) → 조은(ㅎ탈락현상) → 조음(후행어절에 의한 양순음화현상) → 조움(역행원순모음화현상)'의 과정을 거쳐 실현된 이 지역어형이다.

626) 이는 '역시'로 대역되며 '매, 맨' 등으로 실현되는 이 지역어형이다.

627) 이는 '모두'로 대역되며 '마컨, 마커(크), 말커, 마끄' 등과 같이 다양한 음성형으로 실현되기도 한다.

628) 이는 '마무리한다'로 대역되는 이 지역어형이며, 이 어형은 전남방언에서 '어떤 일을 하려고 오랫동안 계획하다'의 의미를 지니고 있는 것으로 보고된 바 있다. 여기서 이 어휘는 보리이삭을 자리개타작으로 떨어뜨리고 이를 햇빛에 말린 다음에 수염과 보리의 낟알을 분리시키는 일련의 타작 과정을 가리키는 말이다.

629) 이는 '수염도'로 대역되며 '시미 → 시메(고모음화에 따른 과도교정형)'의 과정을 거쳐 실현된 이 지역어형이며 이 지역어를 비롯하여 경북지역어에서는 주로 '시미'로 실현된다.

630) 이는 '어그러지다'로 대역을 했지만 실제 의미는 보리 짚에서 보리이삭이 떨어진다는 의미를 나타내는 표현이다.

631) 이는 '햇빛'으로 대역되며 축약된 이 지역어형이다.

632) 이는 '날려, 떨어뜨려'로 대역되며 '지- + -이(연결형어미)'의 구성으로 이루어진 이 지역어형이다. 이 동사는 바람에 곡식이나 어떤 것을 날려서 먼지나 티끌을 알곡과 분리시키는 작업을 가리키는 어휘이며 경북지역어에 전반적으로 분포하는 어휘다.

633) 이 부분은 풍구가 나오기 전에 보리타작을 마무리할 때의 모습을 묘사한 부분이다. 즉, 보리의 수염이나 티끌, 돌멩이 등을 곡식과 분리하기 위한 방법으로 자연 바람이나 돗자리 등의 자리를 이용하여 인위적인 바람을 일으켜서 이를 분리하는 작업을 설명한 것이다. 즉, 키에 수염이나 티끌 등이 포함된 보리를 담아서 높이 들고서 자연바람이나 돗자리에 의한 인위적 바람에 날리면 수염이나 티끌은 조금 더 날아가고 곡식의 낟알은 바로 떨어지는 것을 방법을 이용한 것이다.

634) 이는 '키'로 대역되며 경구개음화현상에 의한 실현형이며 이 어형은 전국적으로 상당히 넓은 지역에서 분포하고 있는 것으로 알려져 있다.

635) 이는 '돗자리, 초석(草席)'으로 대역되는 이 지역어형이다. 이 어휘는 '초석'과 '자리'

과 합쳐져 이루어진 합성어이며 의미의 중복이 이루어진 예이다. 여기서 '돗자리, 초석'은 주로 남부지방에서 많이 만들어진 자리로서 왕골이나 부들의 줄기를 가늘게 찢어서 만든 고운 자리를 가리킨다.

636) 이는 '귀퉁이'로 대역되는 이 지역어형이며 이 지역어를 비롯하여 경북지역어에 널리 분포하는 어형이다.

637) 이는 '밟고'로 대역되는 이 지역어형이며 경북지역어에서는 '삐데다'형으로 실현되는 지역도 있다.

638) 이는 '까끄라기가'로 대역 이는 '까끄라기 → 까끄래기(움라우트현상) → 까끄래이(어중ㄱ음탈락현상) → 까끄랭이(비모음첨가현상) → 까끄랭~이(비모음화현상) → 까끄래~이(비음탈락현상)'의 과정을 거쳐 실현된 이 지역어형이다.

639) 이는 '모두'로 대역되는 이 지역어형이며 이는 수의적인 음성변이형이 다양하게 실현되는 양상을 보인다.

640) 이는 '날려'로 대역되며 '지(지 → 찌(경음화현상))- + -가(연결형어미)'의 구성으로 이루어진 이 지역어형이다.

641) 이는 '어찌하나'로 대역되며 '우야 + -노(설명의문형어미)'의 구성으로 이루어진 이 지역어형이다.

642) 이는 '괭이로'로 대역되며 '깨~이(괭이 → 꽹이(경음화현상) → 깽이(단모음화현상) → 깽~이(비모음화현상) → 깨~이(비자음탈락현상) + -가(도구격조사)'의 구성으로 이루어진 이 지역어형이다.

643) 이는 '쪼아야'로 대역되며 '쫏- + -어에(연결형어미)'의 구성으로 이루어진 이 지역어형이다. 이는 15세기국어의 '좃다'에서 경음화현상만이 이루어진 채 이 지역어로 연결된 어형이다.

644) 이는 '곰방메를'로 대역되며 '곰배 + -르(목적격조사)'의 구성으로 이루어진 이 지역어형이다. 여기서 '곰방메'는 흙덩이를 깨거나 골을 다듬고 씨를 뿌린 뒤에 흙을 고르는 농기구를 가리킨다.

645) 이는 '대고'로 대역되며 여기서 '대다'의 의미는 '곰방메를 이용하여 땅에다 대고'라는 뜻이다.

646) 이는 '메운다'로 대역되며 '미우(메우 → 미우(고모음화현상))- + -ㄴ다(종결형어미)'의 구성으로 이루어진 이 지역어형이다. 이 어형은 이 지역어를 비롯한 경북지역어에서는 '미꾸다'형으로도 실현되기도 한다.

647) 이는 '되게'로 대역되며 '되게 → 데게(단모음화현상) → 디게(고모음화현상)'의 과정을 거친 이 지역어형이다.

648) 이는 '저게'로 대역되며 '저게 → 저기(고모음화현상) → 저이(어중ㄱ음탈락현상)'의 과정을 거쳐 실현된 이 지역어형이다.

649) 이는 '해마다'로 대역되며 '해 + -매둥(보조사)'의 구성으로 이루어진 이 지역어형이다.

650) 이는 '얼어 부풀었거든'으로 대역되며 '얼다'와 '부풀다'의 어간끼리 합성이 이루어

진 이 지역어형이다. 이런 합성법은 주로 15세기국어까지 생산적이었으며 근대국어 이후에는 비생산적으로 바뀌었지만 경북지역어에서는 이런 합성법이 여전히 나타나며 이 예도 그런 예 중의 하나이다.

651) 이는 '동보리'로 대역되는 이 지역어형이다. 여기서 '동보리'는 보리의 한 품종으로 판단되며 겉보리의 한 보급품종의 이름이다. 보리는 종자에 껍질이 붙었느냐 떨어졌느냐에 따라 겉보리와 쌀보리로 나누어지는데, 성숙한 뒤에 외영과 내영이 종자에 밀착되어서 떨어지지 않는 것을 겉보리(皮麥)라고 하고, 영이 잘 떨어지는 것을 쌀보리(裸麥)라고 한다. 또 이삭에 달린 씨알의 줄 수에 따라서, 여섯줄보리와 두줄보리로 나누며, 여섯줄보리의 이삭 횡단면의 모양에 따라서, 육모보리와 네모보리(늘보리)로 나누기도 한다. 또 보리는 가을에 파종을 하는 유무에 따라서 가을보리와 봄보리로 구분하는데, 한국에서는 대부분 가을보리를 재배한다. 이 밖에도 줄기 길이에 따라 단간종·중간종·장간종으로 구별하고, 성숙기에 따라서 조숙종·중숙종·만숙종으로 분류하기도 한다. 종자의 크기는 겉보리가 길이 6~8mm, 너비 3~4mm, 두께 2mm 내외다. 1,000알의 무게는 겉보리가 30~45g, 두줄보리는 40~50g, 쌀보리는 30~40g이다. 한국에서 현재 재배되고 있는 중요한 보리의 장려품종은 크게 나누어서 겉보리와 쌀보리가 있으며, 맥주 양조용으로 재배하는 맥주보리로 나눌 수 있다(두산백과, 네이버 지식대백과사전을 참조함.).

652) 이는 '길고'로 대역되며 '질(길 → 질(경구개음화현상))- + -고(연결형어미) → 지고(어중ㄹ음탈락현상)'의 과정으로 이루어진 이 지역어형이다.

653) 이는 '껍데기'로 대역되며 '껍데기 → 껍떼기(경음화현상) → 껍띠기(고모음화현상) → 껍띠이(어중ㄱ음탈락현상)'의 과정을 거쳐 실현된 이 지역어형이다.

654) 이는 '심고'로 대역되며 이 제보자의 경우 동사 '심다'형에 대해 일반적으로는 '수무다'형으로 대응되지만 간혹 개신형인 '심다'형으로 실현되기도 한다. 이 어형은 연구개음화현상이 실현된 이 지역어형이며 선행하는 실현형인 '시응꼬'형도 수의적인 음성변이형이다.

655) 이는 '한 번'으로 대역되며 '한번 → 한분(원순모음화현상) → 함분(양순음화현상) → 하문(어중ㅂ음탈락현상) → 하뭄(후행음절에 의한 양순음화현상)'의 과정을 거쳐 실현된 이 지역어형이다.

656) 이는 '거름'으로 대역되며 어절말음이 탈락된 형태로 실현된 이 지역어형이다.

657) 이는 '타야'로 대역되며 '타- + -이(연결형어미 : -에 → -이(고모음화현상))'의 구성으로 이루어진 이 지역어형이다.

658) 이는 '번이지'로 대역되며 '번이지 → 븐이지(모음중화현상) → 부니지(원순모음화현상) → 부이지(ㄴ음탈락현상)'의 과정을 거쳐 실현된 이 지역어형이다.

659) 이는 '되고'라는 어휘가 생략된 부분이라고 할 수 있다.

660) 이는 조사자의 발화가 정확히 인지되지 않는 부분이다.

661) 이는 '밟을수록'으로 대역되며 '빠대- + -ㄹ수룩(연결형어미)'의 구성으로 이루어진 이 지역어형이다.

662) 이는 '보리하고'로 대역되며 '버리하고 → 버리학(축약현상)'의 과정을 통해 실현된 이 지역어형이다.

663) 이는 '보리하고'로 대역되며 '버리하구 → 버리하욱(음운도치현상)'의 과정을 통해 실현된 발화실수형이다.

664) 이는 '타야'로 대역되며 '타- + -애(연결형어미)'의 구성으로 이루어진 이 지역어형이다.

665) 이는 '비슷하지'로 대역되며 '비슥하- + -지(종결형어미)'의 구성으로 이루어진 이 지역어형이다. 이 어형은 이 지역어를 비롯하여 경북, 강원, 경기, 전북, 충청, 함북 방언에도 분포하는 것으로 보고된 바 있다.

666) 이는 '대강, 들쭉날쭉'으로 대역되는 이 지역어형이다.

667) 이는 '못'으로 대역되며 이는 후행하는 비음의 영향으로 인해 양순비음동화 현상이 실현된 이 지역어형이다.

668) 이는 '잡으면'으로 대역되며 '잡(執)- + -으만(연결형어미) → 자으만(ㅂ탈락현상) → 자음만(양음절화에 의한 ㅁ첨가현상)'의 과정을 통해 실현된 이 지역어형이다.

669) 이는 '복사뼈가'로 대역되며 후행하는 '복상때'의 어형의 발화실수형이다.

670) 이는 '데어서'로 대역되며 '대(데 → 대(모음중화현상)- + -어(연결형어미)'의 구성으로 이루어진 이 지역어형이다.

671) 이는 '삼동에'로 대역되며 이는 '삼도(三冬 : 삼동 → 삼도(ㅇ탈락현상))'의 과정을 통해 실현된 이 지역어형이다. 의미상으로는 삼동보다 삼복이 더 타당하며 '삼복'을 착각한 발화실수형으로 판단된다.

672) 이는 '마을에'로 대역되며 '마실(村) + -으(처소부사격조사)'의 구성으로 이루어진 이 지역어형이다.

673) 이는 '도리어'로 대역되는 이 지역어형이다.

674) 이는 '솔가지'로 대역되며 이 밖에도 경북지역어에서는 '소깝'형으로도 실현되기도 한다.

675) 이는 '쩌'로 대역되며 '찌- + -어(연결형어미) → 쩌(축약현상) → 쩌(단모음화현상) → 쯔(모음중화현상)'의 과정을 거쳐 실현된 이 지역어형이다.

676) 이는 '조금씩'으로 대역되며 '짜매꿈스' 정도로 실현되어야 할 어형으로 이는 이 제보자의 발화실수형이다.

677) 이는 '이제'로 대역되는 이 지역어형이다.

678) 이는 '들이대면'으로 대역되며 '들(入)-'와 '대(觸)-'의 두 동사 어간이 바로 결합된 합성어이다. 이는 '드대(들대 → 드대(ㄹ탈락현상))- + -마(연결형어미)'의 구성으로 이루어진 이 지역어형이다.

679) 이는 '털면'으로 대역되며 '털- + -마(연결형어미)'의 구성으로 이루어진 이 지역어형이다.

680) 이는 '껍데기가'로 대역되며 '껍띠이(껍데기 → 껍뗴기(경음화현상) → 껍띠기(고모음화현상) → 껍띠이(어중ㄱ음탈락현상) + -가(주격조사)'의 구성으로 이루어진 이

지역어형이다.

681) 이는 '집어넣어'로 대역되며 이는 '자(집- + -아 → 자(축약현상)- + 옇(揷)-'의 구성으로 이루어진 이 지역어형이다.

682) 이는 '실컷'으로 대역되며 '실컷 → 실껌(후행어절에 의한 양순비음화현상)'의 과정을 거쳐 실현된 이 지역어형이다.

683) 이는 '저녁도'로 대역되며 '지역(저녁 → 저역(ㄴ탈락현상) → 즈역(모음중화현상) → 지역(전설모음화현상))- + -떡(보조사)'의 구성으로 이루어진 이 지역어형이다.

684) 이는 '귀찮고'로 대역되며 '귀찮- + -고(연결형어미) → 귀찬코(융합현상) → 귀창코(연구개음화현상) → 기창코(단모음화현상)'의 과정을 거쳐 실현된 이 지역어형이다.

685) 이는 '구수하고'로 대역되는 이 지역어형이며, 이는 남부방언에 두루 분포하는 어형으로 보고되어 있다.

686) 이는 '가을에'로 대역되며 '가을 + -게(처소부사격조사)'의 구성으로 이루어진 이 지역어형이다.

687) 이는 이 지역 밀의 한 품종으로 판단되지만 정확히 알려진 것은 없다.

688) 이는 '떨어지거든'으로 대역되며 원래는 '늘지거덥'형으로 실현되어야 할 어형이다. 이는 '을지(늘지 → 을지(ㄴ탈락현상))- + -거덥(연결형어미)'의 구성으로 이루어진 이 지역어형이며 '늘지(찌)다, 널지(찌)다'형은 '떨어지다'로 대역되는 이 지역어형이다.

689) 이는 '손으로'로 대역되며 '손 + -을(도구격조사)'의 구성으로 이루어진 이 지역어형이다.

690) 이는 '줄기는, 줄거리는'으로 대역되며 이 지역어형은 경상, 경기, 충청, 황해도방언에도 실현되는 것으로 보고된 바 있다.

691) 이는 '자식들'로 대역되며 '자윽(자슥 → 자윽(어중ㅅ음탈락현상)) + -들 → 자윽뜰(경음화현상)'의 과정을 거쳐 실현된 이 지역어형이다.

692) 이는 '포기만'으로 대역되며 '포기 → 푀기(움라우트현상) → 페기(단모음화현상) → 피기(고모음화현상) → 피이(어중ㄱ음탈락현상) → 피(축약현상)'의 과정을 거쳐 실현된 이 지역어형이다.

693) 이는 '실컷'으로 대역되는 이 지역어형이다.

694) 이는 '뽑아서'로 대역되며 '뽑- + -아가(연결형어미) → 뽑악(축약현상)'의 과정을 거쳐 실현된 이 지역어형이다.

695) 이는 '한 아름'으로 대역되는 이 지역어형이다. '아름'형의 어중 유음이 탈락되고 과도교정에 의한 이중모음으로 실현된 어형이다.

696) 이는 '아이들이'로 대역되며 이 지역어에서 이 어형은 성조가 첫 음절에 고조가 실현되면 '아들(子)이'란 의미가 된다.

697) 이는 '마리씩만'으로 대역되며 '바리 + -썩(씩 → 쓱(후설모음화현상) → 썩(모음중화현상) → 썽(비음화현상) + -매(보조사)'의 구성으로 이루어진 이 지역어형이다.

698) 이는 '돼지도'로 대역되며 '데지(豚) + -더(보조사)'의 구성으로 이루어진 이 지역어 형이다.

699) 이는 '먹는데'로 대역되며 '먹(食)- + -느(현재진행선어말어미)- + -ㄴ데(연결형어 미)'의 구성으로 이루어진 이 지역어형이다. 대개 이 어형의 경우 일반적으로 '멍는 데'로 실현되는 것이 일반적이지만 여기서는 치조비음화가 실현되어 '먼는데'로 형 으로 실현된 것이 특징적이다.

700) 이는 '나중에'로 대역되는 이 지역어형이다.

701) 이는 '남의'로 대역되며 '남(他) + -의(관형격조사) → 나믜(단모음화현상) → 나무 (원순모음화현상)'의 과정을 거쳐 실현된 이 지역어형이다.

702) 이는 '외양간에'로 대역되며 '마구 + -에(처소부사격조사) → 마게(축약현상)'의 과 정을 거쳐 실현된 이 지역어형이다.

703) 이는 '썩지도'로 대역되며 '썩(腐)- + -더(연결형어미)'의 구성으로 이루어진 이 지 역어형이다.

704) 이는 '아궁이에'로 대역되며 '부어(부석 → 부억(ㅅ탈락현상) → 부어(어말자음탈락 현상)) + -에(처소부사격조사)'의 구성으로 이루어진 이 지역어형이다. 대개 이 지 역어를 비롯하여 경북지역어의 경우 '부석'형이지만 이 제보자의 경우 개신형으로 실현된 에이다.

705) 이는 '끓이고'로 대역되며 '끓이고 → 끄리고(ㅎ음탈락현상) → 끼리고(움라우트현 상)'의 과정을 거쳐 실현된 이 지역어형이다.

706) 이는 '외양간에'로 대역되며 '소마꺼 + -에(처소부사격조사)'로 구성된 이 지역어형 이다. 이 지역어에서는 '마구(ㄱ)'와 '소마구(ㄱ)'가 같은 의미로 '외양간'으로 쓰인다.

707) 이는 '자도'로 대역되며 '자- + -으(연결형어미)'의 구성으로 이루어진 이 지역어형 이다.

708) 이는 '차고'로 대역되며 '찹(寒)- + -고(연결형어미)'의 구성으로 이루어진 이 지역 어형이다.

709) 이는 '훈기(薰氣)가'로 대역되며 이의 발화실수형이다.

710) 이는 '그게'로 대역되며 '그게 → 그기(고모음화현상) → 그이(ㄱ탈락현상)'의 과정 을 거쳐 실현된 이 지역어형이다.

711) 이는 '땅에'로 대역되며 '따(地) + -아(처소부사격조사)'의 구성으로 이루어진 이 지 역어형이다.

712) 이는 '썩혀서'로 대역되며 '썩히- + -아가(연결형어미)'의 구성으로 이루어진 이 지 역어형이다.

713) 이는 '외양간에'로 대역되며 '소마그 + -에(처소부사격조사)'의 구성으로 이루어진 이 지역어형이다.

714) 이는 '찬밥을'으로 대역되며 '씨금바브'형으로 실현되어야 할 어형이며 발화실수형 이다. 즉, '씨금밥(식은밥 → 씬근밥(경음화현상) → 씨금밥(양순음화현상)) + -을 (목적격조사) → 씨금바브(어말ㄹ음탈락현상)'의 과정을 거쳐 실현된 어형이다.

715) 이는 '박바가지'로 대역되며 원래 바가지는 박으로 된 것이었지만 바가지의 재료가 다양해짐으로써 '박빠가지'형으로 실현된 예이다.

716) 이는 '플라스틱은, 플라스틱바가지는'으로 대역되며 이는 영어계 외래어이다. 플라스틱으로 된 바가지는 아무래도 밥의 따뜻한 기운이 밖으로 빠져 나가지 못하고 용기의 바깥과 안의 온도 차이에 따라 물기가 맺히게 되어 밥의 맛이 떨어진다는 이야기를 하고 있는 부분이다.

717) 이는 '그릇에'로 대역되는 이 지역어형이며 '그륵 + -에(처소부사격조사)'의 구성으로 이루어진 이 지역어형이다.

718) 이는 '끈적끈적한'으로 대역되었지만 이의 뜻은 '물기가 배어 나와서 약간 끈적한 상태'를 가리키는 이 지역어 어휘다.

719) 이는 '그러니'로 대역되며 '그러니 → 그르니(모음중화현상) → 그리니(전설모음화현상) → 그리이(어중ㄴ음탈락현상)'의 과정을 거쳐 실현된 이 지역어형이다.

720) 이는 '시렁에'로 대역되며 '실겅 + -어(처소부사격조사) → 실겅~어(비모음화현상) → 실거~어(비자음탈락현상) → 실거~(축약현상)'의 과정을 거쳐 실현된 이 지역어형이다.

721) 이는 '서늘한'으로 대역되며 '서늘허- + -ㄴ(관형사형어미) → 서느런(ㅎ탈락현상) → 서으런(ㅎ탈락현상)'의 과정을 거쳐 실현된 이 지역어형이다.

722) 이는 '된장에'로 대역되며 '된장 + -아(처소부사격조사) → 덴장아(단모음화현상) → 딘장아(고모음화현상) → 딘장~아(비모음화현상) → 딘자~아(비음탈락현상) → 딘자~(모음축약현상)'의 과정을 거쳐 실현된 이 지역어형이다.

723) 이는 '시원하고'로 대역되는 이 지역어형이다.

724) 이는 '없으니'로 대역되며 '없(無)- + -으니(연결형어미) → 업쓰니(경음화현상) → 업씨니(움라우트현상) → 업씨이(ㄴ탈락현상)'의 과정을 거쳐 실현된 이 지역어형이다.

725) 이는 '찰보리'로 대역되며 이는 겉보리의 일종인 강보리와 찰성의 쌀보리인 마산과맥을 교잡하여 육성한 겉보리이다. 1982~1983년 생산력 검정시험에서 우수성을 인정받고 1984년 장려품종으로 결정되면서 '찰보리'라는 이름이 붙여졌다. 잎은 초록색으로 길이·나비 등이 중간 정도이다. 줄기는 굵고, 이삭이 촘촘하며 까락[芒]의 길이는 길다. 전국평균 표준품종 올보리를 5월 9일에 출수하는 데 비해 출수기가 2일 늦지만 성숙기는 6월 12일로 같다. 줄기와 이삭의 길이는 올보리에 비해 약간 길며 내한성·내습성은 올보리와 같고 내도복성과 흰가루병 저항성은 비교적 강하다. 차진 성분으로 아밀로오스 함량이 아주 적다. 올보리에 비해 호화온도가 71.5℃로 낮으므로 밥하는 데에 시간이 덜 걸리고 흡수율은 높고 퍼짐성이 좋다. 밥의 끈기는 좋은 편이고, 식으면 굳어지는 정도가 올보리보다 많이 낮아 밥맛이 부드럽다. 또 쌀이나 메보리에 비해 콜레스테롤 억제 효과가 높다. 전라남도와 제주도를 제외한 전국의 장려품종으로 지정되었으나, 1월 최저평균기온이 -7℃ 이상인 지역에서 재배하는 것이 좋은 것으로 알려져 있다(두산백과, 네이버지식대백과).

726) 이는 '개밥'으로 대역되며 '개밥 → 개밖(후행어절에 의한 연구개음화현상)'의 과정을 거쳐 실현된 이 지역어형이다.

727) 이는 '굵다란'으로 대역되며 이 지역어를 비롯한 경북지역어에서는 이밖에도 '굴딴한'으로도 실현되기도 한다.

728) 이는 '씹으면'으로 대역되며 '씹- + -으며 → 씨버머(모음중화현상) → 씨범(축약현상)'의 과정을 거쳐 실현된 이 지역어형이다.

729) 이는 '그게'로 대역되며 '그게 → 그기(고모음화현상) → 그이(ㄱ탈락현상)'의 과정을 거쳐 실현된 이 지역어형이다.

730) 이는 '맛이'로 대역되며 이 제보자의 경우 수의적인 음성변이가 많이 실현되는데 선행 발화에서는 '마시'로 발음이 되었지만 여기서는 다시 '맞'형으로 발음이 된 예이다.

731) 이는 '이만큼'으로 대역되며 '이 + -마지(의존명사)'의 구성으로 이루어진 이 지역어형이다.

732) 이는 '난쟁이'의 이 지역어형으로 주로 '난재~'형으로 많이 실현된다.

733) 이는 '없고'로 대역되며 '없(無)- + -거(연결형어미) → 업꺼(경음화현상) → 읍꺼(모음중화에 따른 이화현상) → 으꺼(어중ㅂ음탈락현상)'의 과정을 거쳐 실현된 이 지역어형이다.

734) 이는 '들어가도록'으로 대역되며 '드가- + -그라(연결형어미)'의 구성으로 이루어진 이 지역어형이다.

735) 이는 '마지기씩'으로 대역되며 '마지기 + -스(접미사)'의 구성으로 이루어진 이 지역어형이다.

736) 이는 '농사'로 대역되며 '농사'의 축약형이다.

737) 이는 직역하면 '볏가리'로 대역할 수 있지만 이 어형은 '짚가리'라는 의미로 쓰인 예이다.

738) 이는 '모퉁이'로 대역되며 이 지역어를 비롯한 경북지역어에서는 이 어형뿐만 아니라 대체로 '모티이, 모티~'형으로 실현되기도 한다.

739) 이는 '작대기'로 대역되며 '작대기 → 짝때기(경음화현상) → 짝때~기(비모음화현상) → 짝때~이(어중ㄱ음탈락현상)'의 과정을 거쳐 실현된 이 지역어형이다.

740) 이는 '방울'로 대역되며 '방울 → 빵울 → 빵을(비원순모음화현상) → 빠을(연구개비음탈락현상)'의 과정을 거쳐 실현된 이 지역어형이다. 실제로 이 지역어를 비롯한 경북지역어에서는 이 어형 외에 '빵울'로 실현도 되며 이 어형은 경상도, 전라도, 충청도방언, 평안도방언에도 실현되는 것으로 보고된 바 있다.

741) 이는 '밀짚'으로 대역되며 '밀집 → 밀찝(경음화현상) → 밀찌(ㅂ탈락현상)'의 과정을 거쳐 실현된 이 지역어형이다.

742) 이는 '땋아서'로 대역되며 '땋- + -아다(연결형어미) → 따아다(ㅎ탈락현상)'의 과정으로 이루어진 이 지역어형이다.

743) 이는 '포플러(poplar)나무' 등으로 대역되며 '뽀뿔러나무 → 뽀뿐남(축약현상)'의 과

정을 거쳐 실현된 이 지역어형이다. 이는 버드나뭇과의 낙엽 활엽 교목이며 줄기
는 높이 30미터 정도로 곧게 자라고, 잎은 광택이 난다(표준국어대사전). 식물학적
으로 사시나무속은 사시나무절(節)·황철나무절·흑양나무절·당버들절 등 으로
구분하는데, 일반적으로 흑양나무절에 속하는 것을 포플러나무라고 부른다. 흑양
버들(black poplar/P. nigra)은 유럽과 아시아 서부에 분포하며 가지가 둔한 각도로
벌어져서 원뿔형 모양의 외관을 이룬다. 어린 가지와 잎에 털이 없다. 잎은 어긋나
고 넓은 삼각형으로 가장자리에 둔한 톱니가 있으며 맥, 잎자루, 어린 가지는 붉은
빛이 돈다. 잎자루는 길고 수직으로 편평하기 때문에 약간의 바람이 불어도 잎이
흔들린다. 꽃은 2가화이며 잎이 피기 전에 피고 미상꽃차례로 달린다. 열매는 삭과
로서 2~4개로 갈라져 솜 같은 긴 털이 달린 종자가 나온다.

양버들(lombardy poplar/P. nigra var. italica)은 가지가 곧게 서서 빗자루 같은 외
형으로 되며 한국에서 가장 흔한 가로수종이다. 미루나무(cottonwood/ P. deltoides)
는 미국산 포플러나무이며 유럽에 건너가서 유럽산 흑양나무와의 사이에 많은 천
연잡종이 생겼는데 이것을 캐나다포플러(P. canadensis)라고 부른다. 또한 이탈리아
에서 이 잡종을 개량한 이태리포플러(P. eurameri cana)는 생장이 빠르고 목재는 흰
색에서 회색빛을 띤 흰색이 돌며 가벼워서 성냥개비·포장용재·펄프재료로 사용
한다. 또, 우리나라에서는 미국산 은백양(P.alba)과 수원사시나무(P.glandulosa) 사이
에서 생긴 천연잡종을 은사시나무(P. tomentiglandulsa)라고 하며 이것을 실험적으
로 만든 것을 은수원사시나무 또는 현사시나무라고 부른다(두산백과, 네이버지식
백과사전 참조).

744) 이는 '배추'로 대역되며 이 어형은 이 지역어를 비롯한 경상도, 전라도, 충청도, 강
원도, 경기도방언에 이르기까지 널리 분포된 예이다.

745) 이는 '무는'으로 대역되며 이 어형은 이 지역어를 비롯한 경상도, 전라도방언에 분
포하는 어형으로 보고되어 있다.

746) 이는 '모두'로 대역되며 이 어형은 이 제보자의 음성변이형이 다양하게 실현된 이
지역어형이다.

747) 이는 '깨끗이'로 대역되며 '깨끈- + 이'의 결합으로 이루어진 이 지역어형이다.

748) 이는 '전부'로 대역되며 '전부 → 전보(모음변이현상) → 점보(양순음화) → 점모(비
음화현상)'의 과정을 거쳐 실현된 어형이다.

749) 이는 '메밀도'로 대역되며 '미물(木麥 : 메밀 → 메믈(후설모음화현상) → 메물(원순모
음화현상) → 미물(고모음화현상) + -또(보조사)'의 구성으로 된 이 지역어형이다.

750) 이는 '갈아야'로 대역되며 '갈(耕)- + -어애(연결형어미)'의 구성으로 이루어진 이
지역어형이다.

751) 이는 '거의'로 대역되며 이 지역어를 비롯하여 이 어형은 남한지역에 두루 분포하
는 어형이다.

752) 이는 '모종을'으로 대역되는 이 지역어형이다.

753) 이는 '이 만큼'으로 대역되며 '이 + -망끔(의존명사)'의 구성으로 이루어진 이 지역

어형이다.

754) 이는 '개울물을'로 대역되며 '거렁 + 물'의 합성으로 이루어진 이 지역어형이다.

755) 이는 '배추속, 배추속고갱이'로 대역되는 이 지역어형이다.

756) 이는 '영 비었고, 집이 영 비었고'로 대역되며 '염'은 후행음절에 의한 양순음화가 실현된 이 지역어형이다.

757) 이는 '어찌 할까'로 대역되며 '어야 + -고(의문조사)'의 구성으로 이루어진 이 지역 어형이다.

758) 이는 '나중에'로 대역되며 '내지(乃終) + -에(처소부사격조사)'의 구성으로 이루어진 이 지역어형이다.

759) 이는 '일정하게'로 대역되며 '일쩡하게'의 축약형이다.

760) 이는 '놓으면'으로 대역되며 '노우망'으로 실현되어야 할 어형으로 발화실수로 실현 된 어형이다. '놓(置)- + -으만(연결형어미) → 노으만(ㅎ탈락현상) → 호으만(음절 말자음의 유추에 의한 발화실수) → 호으망(후행어절에 의한 연구개음화현상) → 호우망(원순모음화현상)'의 과정을 거쳐 실현된 이 지역어형이다.

761) 이는 '플라스틱용기, 포트'로 대역되며 이는 영어 'pot'에서 유래된 외래어로 판단된 다. 즉, 요즘은 씨앗을 팔기도 하지만 식물의 씨앗을 싹을 나게 해서 모종을 한 포 기씩 플라스틱 용기에 담아서 판매하는데, 이 플라스틱 용기를 외래어 그대로 '포 트, 뽀또, 뽀트' 등으로 사용한 것이다.

762) 이는 '벌레가'로 대역되며 '벌개 + -가(주격조사)'의 구성으로 이루어진 이 지역어 형이다. 이 어형은 경북지역에 일반적으로 분포하는 어형이며, 이밖에도 '벌갱이, 벌개~이' 형도 경북지역어에 분포하며 이 어형은 남부방언에 두루 분포하는 것으 로 보고되어 있다.

763) 이는 '하나씩'으로 대역되며 '하너 + -어(접미사 : 씩 → 쓱(후설모음화현상) → 슥 (자음중화) → 스(음절말자음탈락현상) → 서(모음중화) → 어(어중ㅅ음탈락현상)'의 구성으로 이루어진 이 지역어형이다.

764) 이는 '두 개까지'로 대역되며 '개(個) + -꺼정(보조사)'의 구성으로 이루어진 이 지 역어형이다.

765) 이는 '식 올렸다'로 대역되며 식물의 성장과정을 사람의 혼인에 비유하여 표현한 부분이다.

766) 이는 '펴고'로 대역되며 모음에 의한 원순모음화현상이 일어난 이 지역어형이다.

767) 이는 '올라오면'으로 대역되며 '올라오- + -면(연결형어미) → 올로면(축약현상) → 올로멍(후행어절에 의한 연구개음화현상)'의 과정을 거쳐 실현된 이 지역어형이다.

768) 이는 '무가'로 대역되며 '무시 + -어(주격조사)'의 구성으로 이루어진 이 지역어형 이다.

769) 이는 '드문드문하게'로 대역되며 '따문따문하이'로 실현되어야 할 어형으로 축약형 이다.

770) 이는 '뿌려'로 대역되며 '뿌리(散)- + -이(연결형어미) → 뿌리(축약현상) → 쀠리(움

라우트현상) → 삐리(단모음화현상)'의 과정을 거쳐 실현된 이 지역어형이다.

771) 이는 '동안에'로 대역되며 '동안 + -에(처소부사격조사) → 똥아네(경음화현상) → 따네(축약현상) → 따레(유음화현상)'의 과정을 거쳐 실현된 이 지역어형이다.

772) 이는 '모종 파를'로 대역되며 '모줌 - 파 + -로(목저격조사)'의 구성으로 이루어진 이 지역어형이다.

773) 이는 '논고랑에'로 대역되며 '놀꼴 + -이(처소부사격조사)'의 구성으로 이루어진 이 지역어형이다.

774) 이는 '시장에'로 대역되며 '장 + -아(처소부사격조사) → 장~아(비모음화현상) → 자~아(비자음탈락현상)'의 과정을 거쳐 실현된 이 지역어형이다.

775) 이는 제보자의 음성이 잘 인식되지 않는 부분이다.

776) 이는 '빈 땅'으로 대역을 했지만 정확히 표현하면 '놀리는 땅, 즉 휴경지(休耕地)'를 가리키는 말이다.

777) 이는 경상북도 의성군 봉양면의 한 자연부락 이름이다.

778) 이는 '길가'로 대역되며 '질(道 : 길 → 질(경구개음화현상)) + 가(邊) → 질까(경구개음화현상 → 지까(ㄹ음탈락현상)'의 과정을 통해 실현된 이 지역어형이다.

779) 이는 '저희들'로 대역되며 '저그(저희) + -더(복수접미사 : 들 → 덜(모음중화현상) → 더(음절말음탈락현상)'의 구성으로 이루어진 이 지역어형이다.

780) 이는 '논배미인데'로 대역되는 이 지역어형이다. 이 지역어를 비롯한 경북지역어에 서는 이 어형 외에도 '도가리' 형도 분포하기도 한다.

781) 이는 '이게'로 대역되며 '이게 → 이기(고모음화현상) → 이이(ㄱ탈락현상)'의 과정을 거쳐 실현된 이 지역어형이다.

782) 이는 '좋으냐, 좋나'로 대역되며 '좋(好)- + -노(의문형어미)'의 구성으로 이루어진 이 지역어형이다.

783) 이는 '놓으면'으로 대역되며 '놓(置)- + -으만(연결형어미) → 노으만(ㅎ탈락현상) → 노우만(원순모음화현상)'의 과정을 거쳐 실현된 이 지역어형이다.

784) 이는 조사자의 착오로 인한 발화실수형이다.

785) 이는 '가를, 가장자리를'로 대역되며 '갓(邊)- + -을(목적격조사)'의 구성이며 이 어형은 이 지역어를 비롯하여 '경북, 경남, 전남, 강원, 충청방언'에 분포하는 것으로 보고된 바 있다.

786) 이는 '물곬을'으로 대역되며 '도고 + -ㄹ(목적격조사)'의 구성으로 이루어진 이 지역어형이며, '도구'형으로도 실현된다.

787) 이는 '벌레가'로 대역되며 '벌겅이 → 벌갱~이(비모음화현상) → 벌개~이(비자음탈락현상)'의 구성으로 이루어진 이 지역어형이다.

788) 이는 '되'로 대역되며 이는 이 지역어를 비롯하여 경북지역어에서 분포하는 어형이다.

789) 이는 '먹을'로 대역되며 '먹(食)- + -을(관형사형어미) → 머을(ㄱ음탈락현상) → 멀(축약현상)'의 과정을 거친 이 지역어형이다.

790) 이는 '이내'로 대역되며 이 지역어를 비롯하여 경상도지역에서 분포하는 어형이다.

791) 이는 '훨씬'으로 대역되는 이 지역어형이다.

792) 이는 '감자 + -어(보조사)'의 구성으로 이루어진 이 지역어형이다.

793) 이는 '밟으면, 삐대면'으로 대역할 수 있는 이 지역어형이다.

794) 이는 '들어가야'로 대역되며 '드가 + -이(연결형어미)'의 구성으로 이루어진 이 지역어형이다.

795) 이는 '구멍을'으로 대역되며 '구무(穴) + -울(목적격조사)'의 구성으로 이루어진 이 지역어형이다.

796) 고구마의 파종시기에 대해 제보자가 나이가 많아서 순간적으로 오류를 일으킨 부분이다. 고구마는 줄기를 심으며 지역에 따라 차이가 있지만 늦봄, 초여름에 이식을 하는 것이 일반적이다. 그리고 추수는 가을에 한다.

797) 이는 조사자의 음성파일이 잘 들리지 않는 부분이다.

798) 이는 '심어'로 대역되며 '수무- + -아(연결형어미)'의 구성으로 이루어진 이 지역어형이다.

799) 이는 '쑥'으로 대역되며 이는 국화과에 속하는 쑥, 산쑥, 덤불쑥, 참쑥, 물쑥 따위를 통틀어 이르는 말이며 우리나라에는 약 27종의 쑥이 분포하는 것으로 보고되어 있다.

800) 이는 '참쑥'으로 대역되며 이는 국화과의 여러해살이풀이다. 높이는 20~50cm이며, 땅속줄기가 옆으로 뻗는다. 잎은 어긋나고 겉에는 긴 털과 흰 점이 있다. 7~9월에 머리꽃이 담홍자색의 좁은 고깔꽃차례(圓錐花序)로 피고 열매는 여윈 열매(瘦果)를 맺는다. 어린순은 식용하고 자란 것은 약용한다. 산과 들에서 자라는데 우리나라 각지에 분포한다(Artemisia lavandulaefolia : 표준국어대사전 참조).

801) 이는 '망초'로 대역되며 국화과의 두해살이풀이다. 높이는 1.5미터 정도이고 온몸에 털이 있으며, 잎은 어긋나고 피침 모양이다. 여름에 흰색의 머리꽃이 좁은 고깔꽃차례(圓錐花序)로 피고 열매는 여윈 열매(瘦果)를 맺는다. 북아메리카가 원산지로 길이나 들에 나는데 우리나라 각지에 분포한다(Erigeron canadensis : 표준국어대사전 참조).

802) 이는 '가시덤불'로 대역되며 이는 가시나무의 넝쿨이 어수선하게 엉클어진 수풀을 가리킨다.

803) 이는 '나중에'로 대역되는 이 지역어형이다.

804) 이는 '되게'로 대역되며 '되게 → 데게(단모음화현상) → 디기(고모음화현상)

805) 이는 '넘겨'로 대역되며 '넘기- + -이(연결형어미) → 넘기(축약현상) → 늠기(모음중화현상) → 님기(전설모음화현상) → 닝기(연구개음화현상) → 밍기(선행어절에 의한 양순음화현상)'의 과정을 거쳐 실현된 이 지역어형이다.

806) 이는 '그저께'로 대역되는 이 지역어형이며, 이 지역어를 비롯하여 경상도방언, 충북방언에서 분포하는 것으로 보고되어 있다.

807) 이는 풀을 베는데 사용하는 기계인 예초기가 작동하는 소리를 흉내낸 의성어이다.

808) 이는 '제대로'로 대역되며 '제대로 → 지대로(고모음화현상) → 지댈(축약현상)'의

과정을 거쳐 실현된 이 지역어형이다.

809) 이는 '낫으로'로 대역되며 '낫 + -을(도구격조사)'의 구성으로 이루어진 이 지역어형이며 이 어형 '-을/얼'은 모음중화에 따라 수의적으로 실현된다.

810) 이는 '구덩이'로 대역되며 '구덩이 → 구등이(모음중화현상) → 구딩이(전설모음화현상) → 구딩~이(비모음화현상) → 구디~이(비음탈락현상)'의 과정을 거쳐 실현된 이 지역어형이다.

811) 이는 '문흥리'로 대역되며 경상북도 의성군 봉양면의 문흥리를 가리키는 말이다.

812) 이는 '동안에'로 대역되며 '동안 + -에(처소부사격조사) → 똥아네(어두경음화현상) → 땅아네(모음동화현상) → 따아네(연구개비음탈락현상)'의 과정을 거쳐 실현된 이 지역어형이다. 그리고 이 발화의 의미는 '봄부터 모심기를 하기 전까지'라는 의미이다.

● ● ● ⬤

씨게' 338

원대가'린 158
우러나다
　우'리남 282
우리
　우'라 150, 151
　으리 362
우습다
　우'서버 42
운
　우운 196
운상
　운:상' 148, 149
운판
　우운 196
웅덩이
　옹'데이 332
　웅디~'이 332
워낙
　하'두 162, 163, 170, 171
위
　우(') 18, 58, 144, 192, 318, 319,
　　366
　우'에 326
　우'예 194, 326
윗부스러기
　우뿍씨'리 302
유군
　유군' 216, 217
　유그'이라 216
으스대다
　우씨데'억 276

은장부
　응짝뿌 122
음덕
　응:더' 166
음식
　음(:)석' 78, 152, 158, 172, 182
　음서'근 174
　음성' 210
의논
　이논 72
의사
　이'사 118
의성
　으성' 108, 392
의성군
　으성'구네 94
이게
　이'기 102, 103
이내
　여'느 360
이다
　(가'다)이러 18
이래
　이르 420
　이애 378
이래서
　이'래가 422
　이'래가'주 124
　이'래간 88
　이래가주 30
　이래거 62

● ● ● **자**